FACULTÉ DE DROIT DE POITIERS

DROIT ROMAIN

DE L'ÉDIT PROVINCIAL

DROIT FRANÇAIS

DE LA COMPÉTENCE

DES

TRIBUNAUX CIVILS FRANÇAIS

ENTRE ÉTRANGERS

THÈSE POUR LE DOCTORAT

PAR

Victor BOISSEAU

AVOCAT

POITIERS

IMPRIMERIE BLAIS, ROY ET Cie

7, RUE VICTOR-HUGO, 7

1890

DROIT ROMAIN

DE L'ÉDIT PROVINCIAL

DROIT FRANÇAIS

DE LA COMPÉTENCE

DES

TRIBUNAUX CIVILS FRANÇAIS

ENTRE ÉTRANGERS

THÈSE POUR LE DOCTORAT

PRÉSENTÉE ET SOUTENUE LE 26 JUIN 1890

PAR

Victor BOISSEAU

AVOCAT

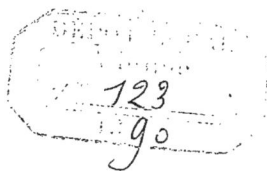

POITIERS

IMPRIMERIE BLAIS, ROY ET Cie

7, RUE VICTOR-HUGO, 7

—

1890

FACULTÉ DE DROIT DE POITIERS

MM. THÉZARD (I ⬡), *Doyen, professeur de Code civil.*

DUCROCQ (✻ I ⬡), *Doyen honoraire, professeur honoraire, professeur à la Faculté de Droit de Paris, correspondant de l'Institut.*

ARNAULT DE LA MÉNARDIÈRE (I ⬡), *professeur de Code civil.*

LE COURTOIS (I ⬡), *professeur de Code civil.*

NORMAND (I ⬡), *professeur de Droit criminel.*

PARENTEAU-DUBEUGNON (I ⬡), *professeur de Procédure civile.*

ARTHUYS (I ⬡), *professeur de Droit commercial.*

BONNET (I ⬡), *professeur de Droit romain.*

PETIT (A ⬡), *professeur de Droit romain, assesseur du Doyen.*

BARRILLEAU (A ⬡), *professeur de Droit administratif.*

BRISSONNET (A ⬡), *professeur adjoint, chargé du cours d'Économie politique.*

SURVILLE, *agrégé, chargé du cours de Droit international privé.*

DIDIER, *agrégé, chargé du cours d'Histoire générale du Droit français public et privé.*

COULON (I ⬡), *secrétaire.*

COMMISSION :

PRÉSIDENT : M. ARNAULT DE LA MÉNARDIÈRE, PROFESSEUR.

SUFFRAGANTS :
M. NORMAND,	} PROFESSEURS.
M. BONNET,	
M. SURVILLE,	AGRÉGÉ.

MEIS

DROIT ROMAIN

L'ÉDIT PROVINCIAL

INDICATIONS BIBLIOGRAPHIQUES

ADAM. — *Les antiquités romaines.*

ARNOLD. — *Le système romain de l'administration provinciale jusqu'à Constantin.*

BECKER-MARQUARDT. — *Manuel des antiquités romaines.*

BERGFELD. — *De jure et conditione provinciarum romanarum ante Cæsaris principatum.*

BOUCHAUD. — *Mémoire sur les édits.* (Académie des inscriptions et belles-lettres, XXXIX et XLI.)

BRUNS. — *Fontes juris romani.*

CAQUERAY (DE). — *Explication des passages de droit privé de Cicéron.*

CUQ. — *Etude historique sur le conseil des Empereurs.* (Académie des inscriptions et belles-lettres, X, 311.)

DUPONT. — *De la constitution et des magistratures romaines sous la République.*

FAURE. — *Histoire de la préture.*

GLASSON. — *Etude sur Gaius.*

GIRAUD. — *L'édit prétorien.* (Compte-rendu des séances de l'Académie des sciences morales et politiques, XCIII, 329-357.)

— *Compte-rendu de la restitution de l'édit essayée par Rudorff.* (Revue de législation ancienne et moderne. Années 1870-1871, pp. 193 à 218.)

HOUDOY. — *De la condition et de l'administration des villes chez les Romains.*

HUMBERT. — *De la condition des pérégrins.* (Académie de législation de Toulouse), tome XIX, p. 15.

JOUSSERANDOT. — *L'édit perpétuel restitué et commenté.*

LATREILLE. — *Histoire des institutions judiciaires des Romains.*

LEIST. — *Vesuch einer Geschichte der Römischen Rechssystem.*

LENEL (Otto). — *Das edictum perpetuum, ein versuch zu dessen Wiederherstellung.*

MADVIG. — *La constitution et l'administration de l'État romain.*

MARQUARDT-MOMMSEN. — *Manuel d'antiquités romaines.*

MARX. — *Essai sur les pouvoirs des gouverneurs de province.*
MAYNZ. — *Cours de droit romain.*
MISPOULET. — *Les institutions politiques des Romains.*
MOMMSEN. — *Römische Staatsverwaltung.*

NIEBUHR. — *Histoire romaine.*

ORTOLAN. — *Histoire de la législation romaine.*

PERSON. — *Essai sur l'administration des provinces sous la République.*

RIVIER. — *Introduction historique au droit romain.*
RODIÈRE. — *Le préteur pérégrin.* (Académie de législation de Toulouse, XVII, 324.)
RUDORFF. — *De juris dictione edictum, edicti perpetui quæ reliqua sunt...*
     —   *Ueber die Julianische Edictsredaction* (dans la Zeitschrift für rechtsgeschichte, III, pp. 1 à 90.)
     —   *Die processeröfnung nach dem Edict.* (Même revue, t. IV, pp. 1 à 123.)

SERRIGNY. — *Droit public et administratif.*
SIGONIUS. — *De jure provinciarum.*
SWEPPE. — *Römische Rechsgeschichte.*

TROISFONTAINES. — *Introduction à l'histoire du droit public romain.*
     —   *Condition des pérégrins à Rome.*

VOIGT. — *Du jus naturale.* II et IV.

WADDINGTON. — *Fastes des provinces asiatiques de l'empire.*
WILLEMS. — *Le droit public romain.*

DROIT ROMAIN

DE L'ÉDIT PROVINCIAL

INTRODUCTION

L'édit était une sorte d'ordonnance générale que les magistrats du peuple romain avaient l'habitude de rendre en entrant en charge, et dans laquelle ils exposaient à leurs futurs administrés le droit qu'ils appliqueraient pendant la durée de leurs fonctions. Dès que Rome eut des provinces, les magistrats auxquels elle en confiait l'administration suivirent cet usage; il y eut dès lors des édits provinciaux, de même qu'il y avait à Rome un édit urbain.

L'esprit essentiellement conservateur des Romains fit que les magistrats ne s'écartaient guère des dispositions contenues dans l'édit de leurs prédécesseurs ; ils en conservaient la forme et le fond, se bornant en général à combler des lacunes quand le besoin s'en faisait sentir et à tenir l'édit au courant des progrès accomplis par la législation romaine.

De plus, les édits ne différaient guère d'une province à l'autre. La forme, la structure matérielle de l'édit était évidemment la même. C'était, à part quelques particularités spéciales à la province, celle de l'édit des préteurs de Rome.

Quant à son contenu, l'édit, la nature même des choses l'indique, et nous avons d'ailleurs à cet égard le témoignage de Cicéron(1), comprenait trois sortes de dispositions : 1° des règles relatives aux rapports entre les citoyens romains de la province; 2° des dispositions concernant les rapports entre les Romains et les pérégrins, et qui n'étaient autres que les règles du *jus gentium* ; 3° des règles relatives exclusivement aux rapports des pérégrins entre

---

(1) *Ad Atticum*, VI, 1.

1

eux. Enfin il comprenait aussi des dispositions spéciales nécessitées par la juridiction des magistrats municipaux.

Toutes ces dispositions étaient, en général, les mêmes dans toutes les provinces. Il n'existait guère de divergences entre les divers édits provinciaux que sur les points prévus par le droit spécial de chaque province, et encore ces divergences n'apparaissaient-elles que dans les rapports des pérégrins d'une même province entre eux et dans des cas spéciaux et peu nombreux.

Il existait dès lors tout un fonds commun que l'on retrouvait dans les divers édits des provinces; en un mot, l'édit se retrouvait dans chaque province avec un caractère d'unité; seulement, certaines additions y étaient faites, qui variaient selon le droit propre de chaque province.

C'est cet édit que nous nous proposons d'étudier sous le nom d'édit provincial. Nous examinerons les autorités qui ont qualité pour le rendre, sa forme, son contenu, les travaux auxquels il a donné lieu... De là la division suivante de notre travail :

Chapitre Ier. — Des provinces et des magistrats provinciaux ;
Chapitre II. — Du *jus edicendi* dans les provinces ;
Chapitre III. — Constitution de l'Édit provincial ;
Chapitre IV. — Droit applicable d'après l'Édit provincial ;
Chapitre V. — Travaux sur l'Édit provincial.

CHAPITRE PREMIER

DES PROVINCES ET DES MAGISTRATS PROVINCIAUX

§ 1. — **Sens du mot provincia.** — *Provinciæ appellabantur, quod populus romanus eas provicit, id est antè vicit* (1). Paul Diacre voit dans le mot *provincia* une contraction du mot *providentia* ou *provincere*. La *provincia* serait donc une région soumise à la domination du peuple romain à la suite d'une conquête par les armes.

Mais le mot *provincia* semble avoir une origine plus lointaine et un sens plus compréhensif. Dès l'origine, nous trouvons ce mot employé pour désigner le domaine dans lequel un magistrat exerçait spécialement, et à l'exclusion de ses collègues, les droits et les prérogatives de l'*imperium*. Ce domaine peut être idéal, et correspondre simplement à ce que nous appelons compétence. C'est ainsi que nous trouvons *provincia urbana, provincia peregrina* (2). C'est donc le ressort dans lequel chaque magistrat exerce sa juridiction. Le Sénat pouvait délimiter à son gré, suivant les circonstances, la *provincia* de chaque magistrat.

En 241 avant J.-C. (513 de la fondation de Rome), la Sicile fut réduite en province romaine: *Sicilia prima omnium provincia appellata* (3). Dès lors on appela province romaine une région située en dehors de l'Italie et gouvernée par un magistrat romain. La marque d'infériorité vis-à-vis de l'Italie est que le sol provincial, *prædium populi romani* (4), était soumis à l'impôt foncier perçu en nature (*vectigal*) ou en argent (*stipendium*) (5).

§ 2. — **Des provinces sous la République.** — Quand un général recevait la *deditio* d'un peuple vaincu, il rédigeait, avec le concours

---

(1) Festus, v° *Provinciæ*.
(2) *Provincia urbana*, ressort dans lequel le préteur urbain exerce sa juridiction. *Provincia peregrina*, ressort dans lequel le préteur pérégrin exerce sa juridiction.
(3) Cicéron, *in Verrem*, II, 1.
(4) Cicéron, *in Verrem*, II, 3, 7.
(5) Gaius, II, 21.

d'une commission de dix sénateurs (*decem legati*), une *lex* ou *forma provinciæ*, qui réglait l'organisation de la province (1). La commission se faisait généralement assister par les conseils d'hommes originaires du pays même (2).

Cette *lex provinciæ* fixait la condition des villes situées dans la province (condition fort inégale, nous le verrons); elle déterminait les limites de leurs territoires respectifs et la nature de leurs rapports; elle partageait le territoire en un certain nombre de *conventus*, circonscriptions judiciaires, et *civitates*, ayant chacune une condition et des obligations propres, mais conservant pour la plupart leur religion, leurs lois et leurs usages (3), auxquels on apportait seulement quelques modifications (4).

Cette *lex provinciæ* prenait le nom du général qui l'avait rédigée. C'est ainsi que nous trouvons : la *lex Rupilia* pour la Sicile, la *lex Æmilia* pour la Macédoine, la *lex Cæcilia* pour la Crète, la *lex Pompeia* pour la Bithynie.

La *lex provinciæ* se bornait habituellement à poser quelques principes de juridiction. Elle était complétée au fur et à mesure par les édits des gouverneurs ou des sénatus-consultes (5).

La condition des villes contenues dans chaque province était fort inégale. La maxime constante des Romains fut de diviser (6). Ils exigeaient d'abord la dissolution des ligues ou associations de villes, puis, en donnant à chacune des droits et des obligations différentes, ils créaient des intérêts distincts et s'assuraient, par la désunion de leurs ennemis, le moyen le plus facile de tenir les peuples sous leur dépendance.

On peut ramener à trois catégories principales les villes soumises à la domination romaine, mais chaque catégorie comprenait des populations inégalement libres. Voici les trois catégories que l'on peut distinguer : 1°) les villes jouissant du *jus civitatis romanæ coloniæ civium*, colonies de citoyens fondées en province ou *municipia civium*, villes provinciales ayant obtenu le *jus civitatis ;* 2°) les *civitates* jouissant du *jus latii* (*oppida, municipia latina, latini coloniarii*) (7); 3°) les *civitates peregrinæ*, qui se divisaient en *civi-*

---

(1) V. Poinsignon, *Provinces romaines*. Lorsqu'il s'agissait de petites provinces, Tite-Live rapporte que la commission n'était composée que de cinq délégués.

(2) Tite-Live, XLIV, 29.

(3) F. Bergfeld, *Commentatio de jure et de conditione provinciarum romanarum ante Cæsaris principatum*.

(4) Ulpien, XI, 18; Gaius, I, 185; III, 122.

(5) Glasson, *Étude sur Gaius*.

(6) Montesquieu, *Grandeur et décadence des Romains*, chap. VI.

(7) Le droit latin fut accordé à de nombreuses cités dans les provinces pour les préparer à recevoir le droit de cité.

tates fœderatæ, civitates liberæ et civitates stipendiariæ ou *dediticiæ*.
Les *civitates fœderatæ* étaient peu nombreuses (1). Ces cités
avaient contracté un traité d'alliance avec Rome « *ut eosdem, quos*
« *populus Romanus amicos atque hostes habeant* (2) ». A cette condition, elles étaient exemptes de tout impôt, conservaient leur autonomie et même la juridiction dans l'étendue de leur territoire (3).

Les *civitates liberæ* (*sine fœdere immunes et liberæ*) étaient au contraire fort nombreuses ; une loi ou un sénatus-consulte leur accordait la liberté et l'exemption d'impôts ; elles étaient autonomes (4). Mais les privilèges que le peuple romain leur accordait
étaient révocables, et le Sénat priva de la liberté et rendit tribu-
taires, dans la suite, certaines villes libres (5). Rome annulait ses
concessions quand elle le jugeait à propos.

Les *civitates stipendiariæ*, *dediticiæ*, formaient la grande majorité
des villes provinciales ; elles étaient soumises à des *stipendia* et
impôts indirects ; leur sol était *ager publicus*. Elles étaient placées
sous l'autorité immédiate du gouverneur. Une *lex civitatis* réglait,
après la conquête, les droits et les devoirs de chacune de ces cités et les édits des gouverneurs complétaient cette *lex*. Quelques-
unes de ces cités, en Grèce particulièrement, jouissaient d'une
autonomie apparente. En 190, le général romain à Phocée « *urbem agrosque et suas leges restituit* (6) ». Mais les magistrats de ces
cités n'étaient que les auxiliaires du gouverneur et ils agissaient
sous sa responsabilité. Les *civitates stipendiariæ* différaient des cités fédérées ou *liberæ* en ce qu'elles étaient soumises au paiement
de l'impôt ; des colonies ou municipes, en ce qu'elles n'avaient pas
de constitution à la mode romaine ou latine (7).

Les premières provinces (la Sicile (241), la Sardaigne et la Corse
(238), l'Espagne citérieure et l'Espagne ultérieure (206), etc.,
furent gouvernées au début par des préteurs. On augmentait leur
nombre à mesure que l'on faisait des conquêtes nouvelles (8). Les
préteurs tiraient entre eux au sort les diverses provinces (9).
Mais Rome étendant constamment son empire, elle ne pouvait

(1) Massilia, en Gaule, était une *civitas fœderata*.
(2) Tite-Live, XXXVIII, 8.
(3) V. *Corpus inscriptionum latinarum*, I, 204.
(4) Cicéron, *ad Atticum*, VI, 2 ; *de Provinciis consularibus*, III.
(5) Suétone, *Auguste*, 47.
(6) Tite-Live, XXXVII, 32.
(7) V. Bouché-Leclercq, *Manuel des inst. romaines*, p. 106.
(8) Loi, 2, § 28, D., *de Origine juris*, 1, 2.
(9) Sauf les cas exceptionnels où le Sénat intervenait pour attribuer tel ou tel
département *extra ordinem* à un candidat.

accroître indéfiniment le nombre de ses préteurs. On eut recours
à la *prorogatio*. On plaça à la tête des provinces, non plus des magistrats romains, des préteurs en charge, mais des personnages
ayant rempli immédiatement auparavant une magistrature, des
préteurs sortant de charge. On prolongeait leur pouvoir (*prorogabatur imperium*), et ils prenaient le titre de *proprætores*. Quelquefois
même on investit de l'*imperium* un simple particulier.

Cette prorogation fut rarement employée dans le début. Mais
Sylla ayant transformé la préture en magistrature urbaine (1), elle
devint d'un usage régulier. Désormais, la durée de la magistrature
prétorienne est de deux années : l'une passée à Rome, où l'*imperium* militaire était suspendu, l'autre dans les provinces. Tout
d'abord, on fit intervenir le peuple. Le plébiscite donnait une
seconde fois au citoyen prorogé le titre de magistrat; mais bientôt, en se basant sur la perpétuité de l'*imperium* militaire, le Sénat,
de sa propre autorité, conserva au fonctionnaire sortant la mission dont il était chargé, avec le titre de promagistrat.

Les consuls ne furent pas tout d'abord utilisés comme gouverneurs de provinces ; ils n'apparaissent hors de Rome que comme
chefs de l'armée. Mais le consulat, ayant subi la même transformation que la préture, le proconsulat devint aussi régulier que
la propréture, et les consuls, qui n'avaient eu jusque-là comme
provinciæ que des commandements militaires, reçurent comme les
préteurs, à leur sortie de charge, des gouvernements provinciaux,
avec le titre de proconsuls (*prorogato imperio*) (2). Dès lors, les
provinces furent les unes prétoriennes, les autres consulaires.
On envoyait surtout les consuls dans les provinces où l'on avait
à craindre ou des troubles ou la guerre, ou lorsqu'il se trouvait
quelque circonstance qui semblait exiger un commandement plus
étendu (3).

Le Sénat, qui avait en main la gestion des finances, l'administration des provinces et la politique extérieure, répartissait an-
nuellement (*nominare*) les provinces entre les consuls et les préteurs (4); il assignait à chacune d'elles sa dotation (*ornare provinciam*)
en hommes, en argent, en prestations et en fournitures (5).

(1) D'après certains auteurs, cette réforme ne devrait pas être attribuée à Sylla.
Elle remonterait à l'an 632. Sylla se serait borné à la confirmer.
(2) C'est en cette qualité que Cicéron fut envoyé en Cilicie, en l'an 55.— Il s'établit
entre le proconsul et le propréteur la même différence qu'entre le consul et le préteur.
Le premier a 12 faisceaux tandis que le second n'en a que 6.
(3) Bouchaud (8e mémoire), *Des édits des magistrats romains mais provinciaux*.
Académie des sciences morales et politiques, t. V, pp. 369-370.
(4) Une province est consulaire ou prétorienne suivant l'importance de l'armée
qui s'y trouve. C'est pour cela que le caractère de la province change souvent.
(5) Bouché-Leclercq, p. 107.

A l'origine, il n'y avait pas d'époque déterminée pour faire la répartition des provinces. En 631, la loi *Sempronia* décida que les provinces consulaires seraient désignées avant la nomination des consuls, afin d'éviter toute partialité de la part du Sénat.

Entre les consuls, le partage se fait, soit par accord amiable, soit par voie de tirage au sort. Les consuls tirent au sort avant leur entrée en fonctions. C'est toujours par la voie du tirage au sort que les provinces sont réparties entre le préteurs ; ils ne tirent au sort qu'après leur sortie de charge.

Le proconsulat et la propréture sont annuels, comme les magistratures proprement dites ; l'année commence le jour de l'entrée du magistrat dans sa province. La prolongation des pouvoirs au-delà de l'année réglementaire ne pouvait être décidée que par le Sénat. Elle n'avait jamais lieu que dans des cas exceptionnels, lorsque les circonstances semblaient rendre désirable le maintien à son poste du titulaire.

Depuis Sylla, l'exercice de la promagistrature n'était séparé de celui de la magistrature que de fait. Ce n'était, en réalité, qu'une seule magistrature, en droit *prorogabatur imperium*.

En 52 et 51 avant J.-C. la loi *Pompeia* supprima la prorogation et décida que les proconsuls ou ' les propréteurs ne seraient envoyés dans les provinces que cinq ans après leur consulat ou leur préture. Cette règle, abrogée par César après Pharsale, fut remise en vigueur par Auguste et maintenue par ses successeurs.

Il y avait entre la *nominatio provinciarum* et l'exercice du gouvernement provincial un intervalle de dix-huit mois pour les consuls, de dix mois pour les préteurs.

Le gouverneur d'une province est accompagné d'un questeur chargé de la comptabilité, de *legati* nommés par le Sénat pour aider le gouverneur dans ses fonctions de général ou de juge, d'amis (*comites*) formant la *cohors prætoria*, d'employés subalternes : scribes, licteurs, hérauts, enfin de ses esclaves pour son service personnel. Il ne pouvait amener sa femme dans sa province, mais cette défense fut levée sous l'Empire, et Alexandre Sévère, qui voulut la remettre en vigueur, ne put y réussir.

Lorsque le gouverneur avait une armée sous ses ordres, on mettait à sa disposition le nombre nécessaire de tribuns militaires (*tribuni militum*) et toujours un certain nombre de *præfecti* (1).

Il y avait ordinairement un questeur par province , dans les

---

(1) Ces officiers, destinés à l'origine à commander les troupes amenées d'Italie et les corps auxiliaires levés en provinces, furent plus tard employés au gré du gouverneur même dans le service civil.

provinces prétoriennes et trois dans les provinces consulaires ; ils étaient désignés par le sort (1). En cas de décès d'un questeur ou en cas d'insuffisance du nombre des questeurs en exercice, les fonctions du questeur décédé étaient confiées à un autre personnage (*pro quæstore*) (2). Le questeur qui, exceptionnellement. était appelé à exercer les attributions de gouverneur prenait le titre de *quæstor pro prætore*.

Sous la République, le gouverneur réunit à proprement parler tous les pouvoirs : il a le commandement des troupes, le droit d'enrôler les soldats, les citoyens comme les provinciaux, et celui de faire toutes les réquisitions exigées par la guerre. L'administration et la police sont entre ses mains : il a le droit de faire exécuter tous les travaux qu'il juge utiles, soit dans l'intérêt de ses communications avec ses sujets, soit dans celui de la défense de sa province, et il prend, sous sa responsabilité, toutes les mesures nécessaires pour assurer la sécurité du pays. D'importants pouvoirs financiers lui appartiennent : il surveille la rentrée de l'impôt, en impose quelquefois d'autres, en se conformant à la *lex provinciæ*, et ordonnance toutes les dépenses qui peuvent être faites. Enfin, il exerce la juridiction civile et criminelle. Il n'y a pas lieu de distinguer s'il est magistrat ou promagistrat, prorogé ou non ; ses pouvoirs, sauf ce qui regarde les auspices et le droit religieux (3), sont exactement les mêmes dans les deux cas. Il est revêtu de l'*imperium* et l'exerce dans toute sa plénitude : *imperium* civil et *imperium* militaire.

§ 3. — Des provinces sous l'Empire. — *Postquam, Bruto et Cassio cæsis, nulla jam publica arma ; Pompeius apud Siciliam oppressus ; exutoque Lepido, interfecto Antonio, ne Julianis quidem partibus nisi Cæsar dux reliquus : posito triumviri nomine, consulem se ferens, et ad tuendam plebem tribunitio jure contentum ; ubi militem donis, populum annona, cunctos dulcedine otii pellexit, insurgere paulatim, munia senatus, magistratuum, legum in se trahere, nullo adversante... Neque provinciæ illum rerum statum abnuebant, suspecto senatus populique imperio ob certamina potentium et avaritiam magistratuum ; invalido legum auxilio, quæ vi, ambitu, prostremo pecunia turbabantur* (4).

Augustus cuncta discordiis civilibus fessa, nomine principis, sub imperium accepit (5). Auguste reçut, en l'an 29 avant J.-C., l'impe-

---

(1) Tacite, *Annales*, XI, 21 ; Gaius, I, 6.
(2) Cic., *in Verrem*, I, 13.
(3) Les promagistrats n'avaient pas le droit de rendre des auspices (Ihering, *Esprit du droit romain*, t. I, p. 254) et ne pouvaient, dans les premiers temps du moins, arriver au triomphe (Tite-Live, XXVIII, 3.)
(4) Tacite, *Annales*, I, 2.
(5) Tacite, *Annales*, I, 1.

rium militare suprème avec le *prænomen imperatoris* qui le rendait maitre de l'armée ; en l'an 23, l'*imperium proconsulare* sur toutes les provinces, qui faisait de lui le juge en appel des magistrats provinciaux; dans la même année, la puissance tribunitienne, qui lui assurait l'inviolabilité et le droit d'intercession (1); en 19, la puissance censoriale (préfecture des mœurs) ; en l'an 12, la dignité de Grand Pontife. Cumulant dans sa personne toutes les magistratures, ou du moins celles qui pouvaient lui assurer la haute direction des affaires, Auguste travailla à rétablir l'ordre « pour faire sentir le bonheur du gouvernement d'un seul (2). ».

Une des mesures les plus importantes du nouveau régime fut de partager les provinces avec le Sénat ; sur 22 provinces, 10 furent attribuées au Sénat et nommées provinces *populi romani*, 12 furent attribuées à l'empereur : *provinciæ Cæsaris* (an 727). Auguste prit pour lui celles où stationnaient des légions et laissa au Sénat les territoires depuis longtemps pacifiés. «*Provincias validiores et quas annuis magistratuum imperiis regi, nec facile nec tutum erat, ipse suscepit ; cæteras proconsulibus sortito permisit, et tamen nonnullas commutavit interdum; atque ex utroque genere plerasque sæpe adiit (3).* »

Les provinces sénatoriales continuèrent de se diviser en prétoriennes et consulaires (4). Leurs gouverneurs portaient le titre de proconsuls ou *prætorii pro consule*. Ils n'avaient pas de commandement militaire à exercer, leur attribution spéciale était la juridiction. Aussi, appelle-t-on ces provinces *jurisdictiones*. Lorsqu'il y avait lieu d'établir un corps de troupe important dans une province du Sénat, il était placé sous les ordres d'un légat (5).

L'intervalle de cinq ans est maintenu comme minimum entre la gestion de la magistrature et le gouvernement d'une province. La durée des fonctions de gouverneur est d'un an, comme sous la République. Toutefois, les exemples de prorogations répétées ne font pas défaut. Vers la fin du règne de Tibère, P. Petronius resta proconsul d'Asie pendant plusieurs années ; Vibius Marsus et Silanus conservèrent le gouvernement d'Afrique, l'un trois ans, l'autre six ans.

Comme sous la République, les proconsuls ont sous leurs ordres

(1) Les empereurs comptaient les années de leur règne d'après les années de leur tribunat. Ce qui prouve l'importance qu'ils attachaient à cette fonction.
(2) Montesquieu, *Grandeur et décadence des Romains*, chap. XIII.
(3) Suétone, *Octave*, 47.
(4) Il y eut aussi parfois des échanges entre le Sénat et l'Empereur, ainsi, par exemple, sous Tibère, l'Achaïe et le Macédoine devinrent provinces impériales. Sous Claude, l'Achaïe et le Macédoine firent retour au Sénat.
(5) Par exemple pour l'Afrique.

des légats (*legati pro prætore*) et des questeurs. Ceux-ci ont, en leur propre nom, le *jus edicendi*, comme les édiles curules de Rome. Quant aux légats des proconsuls, ils ne l'ont pas de leur propre chef, et ne peuvent l'exercer qu'au nom du proconsul.

Il est en outre établi des *procuratores* chargés de recueillir les impôts dus au fisc et les revenus du domaine impérial.

Les provinces impériales sont administrées par des légats (*legati Cæsaris pro prætore*) nommés par l'empereur pour un temps indéterminé(1) et choisis parmi les *consulares* ou les *prætorii*, suivant le rang de la province. Les *legati* ont le commandement militaire et la juridiction. Nous examinerons bientôt s'ils ont le *jus edicendi* en leur nom propre ou s'ils ne l'exercent qu'au nom de l'empereur.

Au-dessous du légat impérial, sont placés, dans chaque province, à titre d'auxiliaires, le *legatus Augusti legionis*, qui commande la légion stationnant dans la province et a rang sénatorial, et le *legatus juridicus*, dont les fonctions ne sont pas exactement connues. Marquardt pense qu'il faut entendre par là un délégué de l'empereur chargé de la juridiction.

Quant aux fonctions de questeur, elles sont remplies par un *procurator provinciæ* qui, indépendamment de ses attributions financières, est appelé parfois à représenter temporairement le gouverneur ; il prend alors le titre de *procurator vice præsidis*.

Une troisième classe de provinces comprenait celles pour lesquelles l'état peu avancé de la civilisation, comme dans les Mauritanies et la Thrace, ou le caractère difficile des habitants, comme en Judée, rendaient impossible, au moins pendant un certain laps de temps, l'établissement de l'organisation provinciale. On les gérait comme de véritables domaines ; elles étaient confiées, non pas à un fonctionnaire de l'État, mais à un administrateur nommé par l'empereur et responsable envers lui seul. Il administrait le pays comme une sorte de vice-roi et avec des pouvoirs qui variaient suivant les temps, suivant les lieux et suivant les circonstances (2). Son titre est : *procurator et præses, procurator pro legato, procurator cum jure gladii, præses*.

M. Mommsen dit que ces pays étaient considérés, à l'origine, moins comme de véritables provinces que comme des États annexés à l'Empire. L'empereur ne les administrait pas en vertu du pouvoir proconsulaire et par l'intermédiaire de sénateurs, mais en vertu du droit propre du roi ou du prince, qui lui avait été

---

(1) Le *legatus Cæsaris* conserve ses fonctions aussi longtemps qu'il plaît à l'Empereur.

(2) Marquardt et Mommsen, *Manuel des antiquités romaines*, IV, p. 355.

transféré (1). Aussi voit-on l'empereur envoyer comme *procuratores*
en Mauritanies ou en Judée, de simples affranchis. Bien que
simples chevaliers, ces gouverneurs ont une situation et une compétence analogues à celles des *legati;* mais ils sont, dans une certaine mesure, subordonnés à l'autorité du légat impérial le plus
voisin.

L'Égypte occupait, parmi ce groupe de provinces, une situation
à part. Auguste la considérait comme formant une partie de son
patrimoine; l'administration en était confiée à un *procurator*, qui
prenait le titre de *præfectus*. Celui-ci, malgré l'importance de
la province et les pouvoirs dont il était revêtu, pouvait n'être qu'un
chevalier et même un simple affranchi. Au-dessous de lui étaient
placés d'autres fonctionnaires impériaux, parmi lesquels le *juridicus Alexandriæ* (également chevalier romain) tient le premier
rang.

Les revenus des biens privés de l'empereur, ainsi que les impôts dus au fisc, sont administrés par des *procuratores Cæsaris* dans
toutes les provinces; ces *procuratores* sont pris parmi les *equites*
ou les *liberti;* Claude leur donna une juridiction spéciale aux affaires fiscales, sauf appel à l'empereur. C'est pour distinguer
les *procuratores* fiscaux et les *procuratores Augusti* (qui étaient à la
tête de certaines provinces), que l'on désigne les gouverneurs sous
les noms de *procurator* et *præses*, puis plus tard sous le nom de
præses, qui devint le terme générique pour désigner tous les gouverneurs des provinces (2).

A partir de Septime-Sévère (198), une tendance à l'unification se
manifeste et les provinces procuratoriennes sont assimilées de
plus en plus aux autres provinces. En même temps, le lot des
provinces de César, toujours accru, finit par absorber l'une après
l'autre toutes les provinces sénatoriales. Sous Alexandre Sévère
(222), l'unification est faite et l'on cherche à séparer le pouvoir civil du pouvoir militaire: le pouvoir civil est confié à des *præsides*,
le pouvoir militaire à des *duces*. Dès lors, il n'y a plus de raison de
maintenir la distinction des provinces en sénatoriales et impériales, puisque tous les gouverneurs sont des fonctionnaires civils.
Cette distinction disparut dans la pratique au profit du pouvoir
impérial.

Les cités contenues dans toutes ces provinces étaient, comme
sous la République, soumises à des conditions très diverses. On
distinguait toujours les *civitates fœderatæ* (*liberæ*) et les *civitates*

(1) Marquardt et Mommsen, II, p. 236.
(2) C'est là du moins l'explication que donne M. Hentzen: *Inscriptions de l'Algérie*
dans les *Annali dell' instituto di corresp., Archeol.*, 1860, p. 45.

immunes, les colonies jouissant du *jus civitatis*, les municipes, jouissant du *jus latii*, les colonies et les municipes, jouissant du *jus italicum;* mais la politique des empereurs tendait à la centralisation et à l'unification de l'Empire. Pour amener les cités à une condition égale et uniforme, le droit de latinité d'abord, le droit de cité ensuite furent accordés aux cités. A la suite de la guerre sociale, Rome avait dû accorder le droit de cité à tous les peuples latins (1). Dans les provinces, les localités non occupées par des colons semblent, en grande partie du moins, avoir été préparées à la romanisation par la collation du droit latin. Nous voyons un exemple de cette politique dans la condition que possédèrent successivement la Gaule cisalpine et la Narbonnaise. Tandis que la Gaule cisalpine progressait du degré préparatoire à la parfaite égalisation avec l'Italie, la province narbonnaise la suivait dans cette phase préparatoire (2).

C'est ainsi que, lentement, par la diffusion du droit latin, les empereurs préparent les peuples à obtenir le droit de cité. L'unification de l'Italie s'était faite par degrés, les empereurs préparaient de même l'unification de leur immense empire. En 212, *in orbe romano qui sunt, ex constitutione imperatoris Antonini, cives romani effecti sunt* (3). La réforme de Caracalla, que Justinien attribue à tort à Antonin le Pieux, faisait disparaître toute distinction entre les divers habitants de l'Empire et enlevait aux privilèges de l'Italie toute raison d'être. La tendance marquée du gouvernement impérial fut dès lors d'effacer les distinctions administratives et politiques entre l'Italie et les provinces, entre les provinces et entre les *civitates*. La *libertas* des *civitates fœderatæ* et *liberæ* devint de plus en plus nominale, et le gouvernement étendit son pouvoir sur les municipes, les colonies, englobant tout l'Empire dans une administration civile et uniforme.

§ 4. — **Réformes dans l'organisation et l'administration provinciales attribuées à Dioclétien.** — Le règne de Dioclétien est marqué par deux réformes importantes : la première a trait au remaniement des provinces. Dioclétien assimila complètement l'Italie aux provinces en la fractionnant en districts nombreux et la soumettant à l'impôt foncier. Borghesi attribue à Aurélien la division provinciale de l'Italie (4). On a démontré en effet que l'œuvre de Dioclétien ne devait lui être attribuée qu'en partie. Ce travail de centralisation était commencé dans l'Empire, longtemps avant l'avènement de

(1) *V.* Montesquieu, *Grandeur et décadence des Romains*, chap. IX.
(2) Mommsen, *Römische, Geschichte*, III, p. 553.
(3) Loi 17, D., *de Statu hominum*, 1, 5.
(4) Borghesi, *Œuvres*, II, p. 416.

cet empereur. Quoi qu'il en soit, l'œuvre est achevée sous Dioclétien, et dès lors, à part la capitale, Rome, gouvernée par un préfet de la ville, le reste de l'Empire est placé sous l'administration civile et uniforme des quatre préfets du Prétoire (1). Chaque préfet gouverne un nombre déterminé de diocèses, dont chacun est administré par un *vicarius* subordonné au préfet. Chaque diocèse est subdivisé en provinces gouvernées par des *rectores, præsides, correctores,* qui dépendent, à leur tour, du *vicarius*. Dans les villes, Dioclétien créa des *curatores* élus comme les décurions, qui recevaient l'investiture de l'empereur et représentaient dans la commune les intérêts du pouvoir central.

La deuxième réforme de Dioclétien fut la séparation définitive du pouvoir militaire et du pouvoir civil. Le *præses* n'est plus investi que de l'autorité civile. Quand l'organisation militaire est complète, on voit l'Empire divisé entre de grands commandements militaires appelés *magistri peditum, magistri equitum* ou *magistri peditum et equitum*. Sous leurs ordres, se trouvent des *comites* et des *duces* (2). Les limites des commandements militaires ne coïncident pas avec les provinces.

Au temps de Constantin, le nivellement est achevé : il n'y a plus de constitutions particulières, toutes les cités sont ramenées à un type uniforme ; on ne trouve plus, dès lors, dans tout l'empire, que des sujets du même maître régis par le droit romain.

---

(1) Dioclétien divisa l'Empire en quatre préfectures : préfecture d'Orient (4 diocèses), préfecture d'Illyrie (1 diocèse), préfecture d'Italie (2 diocèses), préfecture des Gaules (3 diocèses).

(2) Quelques-uns sont *dux et præses :* en Mauritanie, en Sardaigne.

CHAPITRE II

DU « JUS EDICENDI » DANS LES PROVINCES

§ 1er. — Définition de l'édit et du jus edicendi. — Pris dans son sens grammatical, *edicere* ne signifie rien autre chose que *palam vel libere aperteque dicere*, et c'est là le sens dans lequel Tertullien emploie ce mot quand il dit : « *Dum in quem statum non resurgat, edicitur in quem resurgat subauditur.* » En ce sens, tout le monde, même les particuliers, peuvent « *edicere* ».

Mais l'usage n'a pas consacré cette signification. Dans son sens définitif, *edicere* signifie faire aux citoyens une communication qui présente le caractère d'un acte réglementaire(1). *Edicimus quod jubemus fieri*, dit Donat. Ceux qui ont le droit de faire ces communications ont ce qu'on appelle le *jus edicendi*. Les arrêtés qu'ils rendent se nomment des édits.

§ 2. — Magistrats ayant le jus edicendi. — Tout les magistrats de Rome avaient le *jus edicendi*. Les consuls, censeurs, tribuns, édiles, questeurs, même les prêtres et les généraux, ont rendu des édits. Il y a quelque difficulté sur le point de savoir si, dès l'origine, les magistrats ont eu le *jus edicendi*. Nous examinerons la question tout à l'heure. Quoi qu'il en soit, il est certain que, sous la République, les magistrats provinciaux faisaient des édits : nous avons, entre autres, le témoignage formel de Cicéron (2).

Sous l'empire, après la division des provinces en provinces du Sénat et provinces d'Auguste, il est certain également que le *jus edicendi* appartenait aux proconsuls des provinces du Sénat. Mais

---

(1) Glasson, *Étude sur Gaius*, p. 221.
(2) *Ad Atticum*, V. 21, 11; *in Verrem*, II, 1, 41.

quelques auteurs affirment que les gouvernants des provinces de César (*legati Augusti*) n'avaient pas le *jus edicendi*.

« Il n'est pas inutile de rappeler, dit Glasson (1), que le *jus edicendi* n'appartenait pas, sous l'Empire, indistinctement à tous les magistrats qui gouvernaient les provinces. Ce droit existait au profit des proconsuls des provinces sénatoriales; mais dans les provinces de l'empereur on ne reconnaissait pas le *jus edicendi* au *legatus Augusti*, pas plus qu'on ne l'aurait accordé, dans une province du Sénat, au *legatus proconsulis*. C'était l'empereur lui-même qui promulguait l'édit, ou le légat en son nom. »

Cette affirmation nous paraît hasardée. D'abord Gaius dit formellement que les *præsides* ont, dans leur province, le *jus edicendi* et le mot *præses* comprend tous les gouverneurs de provinces : proconsuls ou *legati Cæsaris*. « *Præsidis nomen generale est : eoque et proconsules, et legati Cæsaris, et omnes provincias regentes, licet senatores sint, præsides appellantur. Proconsulis appellatio specialis est* (2). » De plus, nous pouvons citer des édits de *legati Cæsaris* ou de préfets d'Égypte, qui étaient eux aussi sous la dépendance directe de l'empereur. Nous pouvons mentionner notamment un édit de Petronius, président de Syrie, qui ordonne de condamner les Juifs sans les entendre (3). D'autre part, Tacite nous apprend que les préfets d'Égypte étaient envoyés dans ce pays « *ut decreta eorum perinde haberentur, ac si magistratus romani constituissent* (4) ». Philon loue Æmilius Flaccus, préfet d'Égypte, « *quod bonas leges in urbem (Alexandrinam) totamque provinciam induxerit* (5) ». Trajan rappelle à Pline qu'il l'a envoyé en Bythinie « *ut formandis ipsius provinciæ moribus ipse moderaretur, et ea constitueret quæ ad perpetuam ejus provinciæ quietem essent profutura* (6) ». Ailleurs, Pline, qui était *legatus Augusti pro prætore* en Bithynie, rappelle l'édit de son prédécesseur Servilius Calvus (7) et il le loue « *quo secundum mandata Trajani hetærias esse vetuerit* (8) ». Il est vrai que le prédécesseur de Pline était un proconsul, car la Bithynie avait d'abord été province du Sénat. Trajan y avait envoyé Pline pour réparer les désordres causés par la mauvaise administration des proconsuls. Pline informe l'empereur de tous ses actes, mais Trajan lui reproche presque, dans ses lettres, de ne pas agir assez de son initiative

(1) *Op. cit.*, p. 254.
(2) Loi 1, D., *de Officio præsidis*, 1, 18.
(3) Joseph, *Antiquités Judaïques*, livre XIX, c. 6.
(4) Tacite, *Annales*, XII, 60.
(5) Philo, *in Flacc.*, c. p. 966.
(6) Pline le Jeune, lettre 110, livre X.
(7) Pline le Jeune, lettre 64, livre X.
(8) Pline le Jeune, lettre 97, livre X.

personnelle. Il nous paraît résulter de l'ensemble de cette correspondance que Pline, *legatus Cæsaris pro prœtore*, avait certainement le *jus edicendi*.

Nous pourrions multiplier les exemples, citer de nombreux textes qui mentionnent des édits de *legati Cæsaris*. C'est ainsi qu'il existe un édit du préfet qui gouvernait l'Égypte en l'an 63 après J.-C. qui a été retrouvé en 1818 dans l'oasis de Thèbes par un Français M. F. Caillaud (1). L'empereur Alexandre mentionne les *interdicta in albo præsidis* (2). Zénon, dans une constitution adressée à tous les fonctionnaires, en 475, parle de l'édit que tout gouverneur de province avait l'habitude d'envoyer avant même d'arriver à son poste. Dans cette constitution rendue « *ut omnes judices, tam civiles, quam militares, post administrationem depositam quinquaginta dies in civitatibus vel certis locis permaneant* », l'empereur Zénon dit : « *Administrationem autem deponere non volumus decessorem, antequam successor ad provinciæ fines pervenerit : licet litteris ad eum seu programmate, vel edicto ad officium, et provinciales usus fuerit* (3). » Cette constitution ne fait aucune distinction entre les proconsuls et les *legati Cæsaris*.

Nous concluons de tout ce qui précède que les *legati Cæsaris* ou les préfets avaient le *jus edicendi* au même titre que les proconsuls : ils ne devaient en user qu'avec précaution et devaient craindre, comme Pline, de mécontenter leur empereur (4); mais ils ne doivent pas être assimilés aux légats des proconsuls. Ces *legati proconsulis* étaient de simples lieutenants, des auxiliaires des proconsuls; ils ne possédaient que les pouvoirs qui leur étaient délégués et ils n'avaient aucunement le *jus edicendi*.

Quant aux questeurs, qui étaient envoyés dans les provinces du Sénat, ils avaient la juridiction des édiles curules (5), et ils publiaient un édit dans le genre de celui que les édiles curules publiaient pour Rome. Dans les provinces de l'empereur, on n'envoyait pas de questeurs et « *ob id hoc edictum in his provinciis non proponitur* (6) ».

Sous l'Empire, le préfet du prétoire rendait aussi des édits. Nous en trouvons une mention dans une constitution d'Alexandre, en 236, ainsi conçue : « *Formam a præfecto prætorio datam, etsi generalis sit, minime legibus vel constitutionibus contraria : si nihil postea*

(1) F. Caillaud, *Voyage à l'oasis de Thèbes*, p. 115.
(2) Loi 1, Code, *de Interdictis*, 8, 1.
(3) Loi 1, § 1, Code, *Ut omnes judices*, 1, 49.
(4) Pline craint toujours : *aut excessisse aut non implesse officii partes*. Livre X, lettre 56.
(5) Gaius, 1, 6.
(6) Gaius, I, 6, *in fine*.

ex auctoritate mea innovatum est : servari æquum est (1). » Nous connaissons aussi deux *edicta Aproniana*, ainsi appelés du nom de leur auteur, Apronius, qui fut préfet de la ville de Constantinople en 339 (2).

§ 3. — Époque à laquelle les magistrats ont commencé à rendre des édits.

— On a beaucoup discuté sur la question de savoir à quelle époque précise les magistrats ont commencé à rendre des édits.

Bouchaud a prétendu que les magistrats ont eu de tout temps le droit de rendre des édits, mais sans toucher aux lois anciennes ou aux nouvelles (3).

D'autres auteurs nient que les magistrats, et spécialement le préteur, aient pu, dans les premiers temps de leur magistrature, rendre des édits généraux, car c'eût été, disent-ils, faire acte de législateur et par là même outrepasser leurs droits (4). Tout ce qu'ils pouvaient faire, c'était de rendre, dans certaines contestations, des édits obligatoires pour les parties en cause; ces décisions étaient nommées *interdits*, parce qu'elles intervenaient *entre* deux plaideurs.

Dans une troisième opinion, les préteurs ont commencé à rendre des édits généraux aussitôt après la divulgation des formules des *legis actiones* par Cneius Flavius, secrétaire d'Appius Claudius Cacus, en 450.

Dans une quatrième opinion, qui nous paraît la meilleure, les préteurs n'ont commencé à rendre des édits généraux qu'en 467, époque où fut portée la loi *Hortensia*, qui rendit les plébiscites applicables aux patriciens et permit au Sénat de voter des sénatus-consultes. Le Sénat n'usa pas, sous la République, du pouvoir législatif que lui conférait la loi *Hortensia*, dans la sphère du droit privé, on ne connaît aucun sénatus-consulte qui ait trait au droit privé antérieur à l'Empire. Au contraire, en ce qui touche le droit public, il paraît avoir déployé une grande activité législative. Peu après la loi *Hortensia*, en effet, Rome commença la série de ses conquêtes et l'établissement de son immense empire. Or, c'est le Sénat qui déterminait la condition des provinces. Le préteur ne fit qu'imiter le Sénat, en rendant, lui aussi, des décisions réglementaires, et, d'un autre côté, les magistrats en provinces conservèrent, dans leur charge, l'habitude de faire des règlements généraux, qu'ils avaient prise comme magistrats de Rome.

(1) Loi 2, Code, *de Officio præfecti prætorio Orientis et Illyrici*, 1, 26.
(2) Glasson, *op. cit.*, p. 215. Note. —*Cpr.* Schweppe, *Römische Rechsgeschicte*, § 72.
(3) Bouchaud, *Monographie sur l'édit*. (Acad. des inscript. et belles-lettres, xxxix, pp. 346 et s.)
(4) De Caqueray, *Explication des passages de droit privé contenus dans les œuvres de Cicéron*, p. 231.

Ainsi s'explique le pouvoir réglementaire des magistrats provinciaux. On peut tout aussi facilement rendre compte de l'habitude où ils étaient d'afficher les actes qu'ils rendaient en vertu de
ce pouvoir. Cela tient à ce que la divulgation des formules des *legis
actiones* par Cneius Flavius avait été vue avec la plus grande faveur par le peuple. Ce précédent détermina les magistrats à faire
de même pour leur édit.

§ 4. — **Publication de l'édit provincial. Règles observées par
les gouverneurs dans la publication de leur édit. Diverses sortes
d'édits.** — Les gouverneurs de provinces proclamaient et publiaient
leur édit à leur entrée en fonctions comme le préteur à Rome (1).
Cet édit était d'abord lu à haute voix par son auteur lui-même.
Cicéron nous apprend (2) que les préteurs qui entraient en charge
montaient sur la tribune aux harangues (*in concionem descendisse,
ut edicerent quæ essent observaturi in jure dicundo*). Et la même règle
devait s'appliquer aux gouverneurs de provinces.

Il arrivait parfois que le gouverneur proposait son édit avant
d'entrer dans sa province. Dans ce cas, il l'envoyait à son prédécesseur qui ne devait pas quitter la province, ni déserter ses fonctions avant l'arrivée de son successeur.

Cette proclamation faite, l'édit était ensuite publié par voie
d'affiches (3). La publication résultait de l'exposition de l'édit
apud forum, palam, unde de plano recte legi possit. Ordinairement,
l'édit était proposé sur un *album*, ce qui fut fait dès les temps les
plus anciens, dit Tite-Live (4). L'édit restait ainsi affiché pendant
toute la durée des fonctions du magistrat qui l'avait rendu et il
était permis d'en prendre copie (*describere*) (5). Mais on devait le
respecter, et celui qui aurait méconnu cette prescription aurait été
tenu de l'*actio popularis de albo corrupto* (6). Le gouverneur pouvait le transporter avec lui. Accurse dit que les magistrats (le
préteur) écrivaient leurs édits sur une muraille blanche, mais il
se trompe, car, s'il en avait été ainsi, les magistrats n'auraient
pas pu le transporter avec eux, et, de plus, la loi 7, § 5, *de Jurisdictione*, condamne celui qui aurait arraché l'édit de la peine qui frappe
celui qui l'aurait maculé. Il est probable que l'édit était publié
non sur le mur lui-même, mais sur un tableau apposé au mur.

C'était une coutume observée strictement chez les Romains,
que les nouveaux magistrats transportaient dans leurs édits quel-

(1) Glasson, *op. cit.*, p. 255.
(2) Cic., *de Finibus*, II, 22; *de Officiis*, III, 20.
(3) Cic., *de Finibus*, II, 22; *de Officiis*, III, 20.
(4) Tite-Live, *Hist.*, I, 32; VIII, 46.
(5) Mommsen, *Römische Staatsverwaltung*, I. p. 196.
(6) Glasson, *op. cit.*, p. 222.

ques–uns de ceux de leurs prédécesseurs, changeaient et réformaient les autres, et quelquefois, lorsqu'ils le jugeaient convenable, en ajoutaient de nouveaux qui étaient entièrement à eux. Suivant que l'on se place à l'un ou à l'autre de ces points de vue, l'édit change de nom. Envisagé dans son ensemble, l'édit que les magistrats publiaient au commencement de leur administration s'appelait : *edictum, edictum annuum, edictum jurisdictionis perpetuæ causâ propositum, edictum perpetuum* (1). Les dispositions reproduites des édits plus anciens étaient connues sous le nom de : *edicta translatitia* ou *tralatitia.* Les règles nouvelles introduites par le magistrat lui-même s'appelaient *edicta nova.*

Il y avait aussi les *edicta repentina* ou *prout res incidit,* qui étaient des dispositions que les magistrats rendaient dans des circonstances particulières et survenant tout à coup. Ils ne réglaient que l'affaire spéciale pour laquelle ils étaient rendus et n'avaient point d'autre application (2).

Enfin, il existait des *edicta breviora* et *monitoria,* dans lesquels le gouverneur donnait de simples avis (3) et des *edicta peremptoria,* par lesquels il terminait les différends en cas de non-comparution.

Les gouverneurs désireux d'une bonne renommmée observaient d'habitude trois principes dans la composition et l'application de leur édit : 1° *ne quid edicerent contra legem vel formulam provinciæ* (Verrès avait violé la loi *Rupilia); 2° ne quod in urbe antehac sanxerant, edictis everterent provincialibus ; 3° ne quid ipsi unquam decernerent adversus edictums uum* (4).

Le plus souvent, les gouverneurs reproduisaient les règles fondamentales des édits de leurs prédécesseurs. Cicéron écrit à Appius Pulcher, son prédécesseur, qu'il a composé son édit à Rome : « Je n'y ai rien ajouté, écrit-il, si ce n'est ce que les publicains étaient venus me prier à Samos, de transporter de ton édit dans le mien. J'ai rédigé avec soin le chapitre relatif à la diminution des dépenses des cités. *Sed hoc ex quo suspicio nata est me exquisivisse aliquid in quo te offenderem, tralatitium est. Neque enim eram tam desipiens ut privatæ rei causa legari putarem* (5).

(1) Ce n'est pas sous Adrien que l'édit prétorien fut appelé perpétuel, comme on l'a cru. Edit perpétuel ne signifie pas plus que Edit annuel.
(2) Loi 7, pr., D., *de Jurisdictione,* 2, 1.
(3) Pline, *Epist.,* V, 21.
(4) Cicéron, *in Verrem,* 1, 16; II, 1; *ad Atticum,* VI, 1.
(5) Cicéron, *ad Appium,* III, 8.

Dans le choix des dispositions nouvelles à ajouter aux édits *tralatitia*, les gouverneurs devaient être très prudents et consulter avec soin les intérêts de la province. Cicéron félicite Lucullus à ce sujet. « *In eo tanta fuerit prudentia in constituendis temperandisque civitatibus, tanta æquitas ut multo post steterit Asia, Luculli institutis servandis et quasi vestigiis persequendis* (1). » Cicéron envoie de semblables éloges à son frère Quintus (2). Enfin, Cicéron lui-même, quand il fut proconsul de Cilicie, eut soin de ne rien changer à l'édit *tralatitium* qu'avec la plus grande attention. Il se conforma, autant que possible, aux usages locaux. Quant aux cas non prévus, il renvoya à l'édit qu'il avait publié à Rome pendant sa préture. Il écrit à Atticus « : *De Bibuli* (3) *edicto, nihil novi, præter illam exceptionem, de qua tu ad me scripseras, nimis gravi præjudicio in ordinem nostrum. Ego tamen habeo* ἱσοδυναμοῦσαν, *sed tectiorem, ex Q. Mucii, P.F. edicto asiatico,* « *extra quam si ita negotium gestum est, ut eo stari non oporteat ex fide bona:* » *Multaque sum secutus Scævolæ; in iis illud, in quo sibi libertatem censent Græci datam, ut Græci inter se disceptent suis legibus* (4). »

Les gouverneurs s'inspiraient aussi des édits des préteurs urbain et pérégrin. Ils respectaient avant tout les lois de la province, mais, à défaut de lois écrites, ils s'inspiraient de l'édit des préteurs urbain et pérégrin : du premier lorsqu'il s'agissait de citoyens ; du second lorsqu'il s'agissait de *non cives*, en tenant compte, dans tous les cas, de tout ce qui « *in provincia, secundum Reipublicæ formam, regionis situm et qualitatem mores et consuetudines hominum, aliter edicendum erat.* »

Cicéron reproche vivement à Verrès de ne pas avoir pris pour fondement de son *edictum Siciliense* les principes de l'édit urbain. « *Cur ea capita (edicti urbani) in edictum provinciale transferre nolueris? Utrum digniores homines existimasti eos, qui habitabant in provincia, quam nos, qui æquo jure uteremur? An aliud Romæ æquum est, aliud in Sicilia? Non enim hoc potest hoc loco dici, multa esse in provinciis aliter edicenda: non de hereditatum quidem possessionibus, non de mulierum hereditatibus. Nam utroque genere video non modo ceteros, sed te ipsum totidem verbis edixisse, quot verbis edici Romæ solet.* » « *Iterum jam quæro abste, sicut modo in illo capite Anniano de mulierum hereditatibus, nunc in hoc de hereditatum possessionibus, cur ea capita in edictum provinciale transferre nolueris* (5)? »

(1) Cicéron, *Quæst. Acad.*, II, 1.
(2) Cicéron, *ad Fratrem*, lettre 1, livre I.
(3) Bibulus, un de ses prédécesseurs.
(4) Cicéron, *ad Atticum*, VI, 1.
(5) Cicéron, *in Verrem*, I, 46.

§ 5. — La loi Cornelia(1). Est-elle applicable à l'édit provincial ?
— En général, les magistrats, dans les provinces comme à Rome,
exerçaient très sagement le *jus edicendi*. Ils reproduisaient en
grande partie l'édit de leur prédécesseur et n'apportaient des modifications à l'édit *translatitium* qu'avec la plus grande réserve.
Dans l'application de l'édit qu'ils avaient publié, ils s'abstenaient
d'ordonner quoi que ce soit à l'encontre des règles qu'il contenait.
« *Cum ego*, dit Cicéron, *in edicto tralatitio centesimas me observaturum
haberem cum anatocismo anniversario, ille ex syngrapha postulabat qua-
ternas. Quid ait ? Inquam. Possumne contra meum edictum ? At ille
profert senatus consultum... ut qui Ciliciam obtineret, jus ex illa syngrapha diceret* (2). » Mais tous les magistrats n'étaient pas aussi
intègres.

Verrès, par des *edicta repentina*, avait modifié, suivant les besoins
de certaines causes, les règles contenues dans son édit. Cicéron
lui fait un reproche, non seulement d'avoir introduit dans son édit
des dispositions destinées à favoriser les intrigants et à dépouil-
ler les honnêtes gens, mais même d'avoir violé lui-même son édit,
pour favoriser ses créatures ou ses complices (3) : « *Quid ? illa cujus-
modi sunt, quæ ex tempore, ab Apronio admonitus, edixit ? Q. Septitio
honestissimo homine, equitequc Romano, resistente Apronio, et affir-
mante, se plus decuma non daturum, exoritur peculiare edictum repen-
tinum, ne quis frumentum de area tolleret ante quam cum decumano
pactus esset. Ferebat hanc quoque iniquitatem Septitius, et imbri frumentum corrumpi in area patiebatur : quum illud edictum repente uber-
rimum et quæstuosissimum nascitur, ut ante Kalendas sext. omnes decumas
ad aquam deportatas haberent. Hoc edicto non Siculi (nam eos quidem
jam superioribus edictis satis perdiderat, atque afflixerat), sed isti ipsi
equites romani, qui suum jus retinere se contra Apronium posse erant
arbitrati, splendidi homines et aliis prætoribus gratiosi, vincti Apronio
traditi sunt...* (4). »

L'exemple de Verrès devait être souvent imité à Rome, et surtout dans les provinces, par des fonctionnaires déshonnêtes. Ce
procédé des *edicta repentina*, qui modifiaient l'édit général rendu
au commencement de leur magistrature, pouvait favoriser de cou-
pables complaisances, et l'édit publié sur *l'album*, au début de la
magistrature, n'offrait plus aucune sécurité aux citoyens (5).
Il est vrai que le gouverneur qui aurait édicté des dispositions

(1) An de Rome 687, 67 avant J.-C.
(2) Cicéron, *ad Atticum*, VI, 21, § 11.
(3) Cicéron, *in Verrem*, III, 14.
(4) Cicéron, *in Verrem*, I, 46.
(5) Glasson, *op. cit.*, p. 238.

iniques se serait exposé à en subir lui-même l'application et aurait pu, une fois sorti de charge, être mis en accusation (1). Mais les provinciaux, pour adresser leurs plaintes à Rome, devaient se mettre sous le patronage de la famille du général qui avait conquis la cité ou la province ; le recours était illusoire, de même que la responsabilité du gouverneur ; car les provinciaux ne couraient que rarement les chances d'un procès devant un jury romain, et le gouverneur n'avait pas de supérieur hiérarchique (2). A moins d'être un Verrès et d'avoir un Cicéron pour accusateur, le coupable peut compter d'avance sur l'impunité.

Il fallait apporter un remède à cette situation. Un plébiscite de l'année 687 (689-687 ?) connu sous le nom de loi *Cornelia*, essaya d'apporter le remède (3). La loi *Cornelia* défendit aux magistrats de modifier désormais, dans l'année de leur magistrature, l'édit qu'ils avaient publié en entrant en fonctions. « *Aliam deinde legem Cornelius, etsi nemo repugnare ausus est, multis tamen invitis tulit, ut prætores ex edictis suis perpetui jus dicerent ; quæ res cunctam gratiam ambitiosis prætoribus, qui varie jus dicere solebant, sustulit* (4). »

On a discuté pour savoir si la loi *Cornelia* était applicable à l'édit provincial ; mais comme c'est précisément dans les provinces que cette loi présentait une utilité incontestable, on ne peut douter qu'elle fût applicable dans toutes les provinces. Elle a été faite surtout en vue des provinces. « Un plébiscite de l'année 687, connu sous le nom de loi *Cornelia*, dit M. Glasson(5), essaya de mettre un terme aux abus que commettaient les magistrats, en décidant qu'à l'avenir les magistrats n'auraient plus le droit de modifier, dans l'année de leurs fonctions, l'édit qu'ils avaient publié au début, et devraient toujours conformer leurs décisions à cet édit. *Cette loi était générale ; elle s'appliquait en province comme à Rome.* » Elle a contraint les gouverneurs de provinces, comme les magistrats de Rome, à publier désormais des édits perpétuels et à les respecter intégralement pendant l'année de leur magistrature.

Les excès des préteurs des provinces avaient même éveillé déjà la sollicitude du Sénat. L. Æmilius Paulus, en 585, avait fait voter un sénatus-consulte « *ut prætores ex edictis suis perpetuis jus dice-*

---

(1) Loi 1, § 1, D., *Quod quisque juris in alterum statuerit ut ipse eodem jure utatur*, 2, 2.

(2) L'*intercessio*, si puissante à Rome, par cela même qu'elle permettait à un magistrat d'annuler ou de paralyser toute décision d'un autre magistrat égal ou inférieur, ne fonctionnait pas en province. Glasson, *op. cit.*, p. 257.

(3) V. Rudorff, *op. cit.*, préface. p. 7.

(4) Asconius, scoliaste de Cicéron, cité par Glasson, *op. cit.*, p. 239, note *a*.

(5) Glasson, *op. cit.*, p. 239.

rent (1) ». Ce sénatus-consulte fut rendu parce qu'à cette époque quelques préteurs avaient été condamnés pour avoir administré leur province *avarè et crudeliter* (2). On conçoit, en effet, que l'éloignement de Rome, l'absence du Sénat et du peuple, le défaut d'intercession, donnaient aux magistrats sans scrupules l'espoir de l'impunité et facilitaient leurs exactions. Aussi, les fonctions de gouverneurs étaient-elles très recherchées. Les magistrats, ruinés par des élections coûteuses et des fonctions gratuites, allaient refaire leur fortune dans les provinces. Pour les gouverneurs malhonnêtes, tout était prétexte à exaction ; les malheureux provinciaux étaient obligés de fournir des cadeaux au gouverneur (*frumentum honorarium, aurum coronarium*), de l'argent, des bêtes pour les jeux, de lui payer parfois des taxes supplémentaires, de loger et nourrir ses soldats ou de lui acheter le droit de n'avoir pas de garnison ; après quoi ils envoyaient des députés pour faire le panégyrique du gouverneur, par crainte du successeur.

Le sénatus-consulte dont nous venons de parler d'abord, et la loi *Cornelia* ensuite, essayèrent de mettre un terme à ces abus. Mais il n'y eut guère que sous l'Empire que les magistrats furent exactement surveillés. Tant que dura la République, ils furent à peu près seuls maîtres de leurs actes, n'ayant aucune autorité supérieure, aucun tribun qui puisse revenir sur leurs décisions, quelque arbitraires et quelque odieuses qu'elles soient.

Malgré la loi *Cornelia* les magistrats n'en conservèrent pas moins le droit de publier des édits *repentina*. La réforme fut que les magistrats ne purent que compléter par ces édits celui qu'ils avaient publié au début de leur magistrature, sans jamais pouvoir le modifier. Ces édits pouvaient toucher aux matières les plus diverses ; souvent ils concernaient, comme l'*edictum perpetuum*, l'administration de la justice, et intervenaient à l'occasion d'une circonstance qui n'avait pas été prévue. Mais les gouverneurs en rendaient aussi dans l'exercice de leurs fonctions politiques ou administratives et alors ces *edicta repentina* portaient sur les objets les plus divers (3). Ils continuèrent aussi à pouvoir rendre des *edicta breviora* et *monitoria*, et des *edicta peremptoria*.

§ 6. — **Les magistrats faisaient-ils acte de législateurs en publiant leurs édits?** — On s'est souvent demandé si les magistrats romains, notamment le préteur à Rome, faisaient acte de législateurs en publiant leurs édits. La question se pose également à propos

(1) Tite-Live, *Epitome*, livre 43.
(2) Tite-Live, livre 43, c. 2 et 10.
(3) Cic., *in Verrem*, III, 14.

de l'édit provincial pour les gouverneurs de provinces. Nous ne croyons pas que les magistrats romains aient jamais eu la prétention de se poser en législateurs. Si l'édit avait été une loi, il aurait pu modifier la loi. Or, loin de s'attribuer un pareil droit, les magistrats romains se sont toujours attachés, « tout au moins en apparence, » à respecter le droit civil. Ils se bornaient seulement à en assurer l'exécution, à le plier aux exigences de la pratique, à l'assouplir par des motifs d'équité. Mais la loi ne peut pas tout prévoir, et il arrive souvent que des dispositions excellentes au moment où elles sont édictées deviennent par la suite inutiles et même dangereuses. Seuls dépositaires, pendant longtemps, de l'autorité judiciaire, les préteurs à Rome et les gouverneurs dans les provinces comprirent que, dans certains cas, s'ils ne comblaient pas les lacunes de la loi civile, « le citoyen lésé dans son droit serait victime de l'injustice; que, dans d'autres cas, l'application de la loi civile constituerait une flagrante iniquité ». Alors, ils ne se contentèrent pas d'assurer l'application du droit civil, ils essayèrent d'en combler les lacunes et même d'en corriger la rigueur.

A ce point de vue, le procédé des magistrats romains n'offre aucun caractère spécial, il est de tous les temps. « En y regardant de près, on arrive à se convaincre que, sous bien des rapports, de nos jours, les tribunaux, dans la plupart des pays, en particulier en France et surtout en Angleterre, emploient les procédés des magistrats romains. Le juge n'est-il pas obligé de statuer, même dans le silence de la loi, sous peine de commettre, en France, un déni de justice, et en pareil cas ses fonctions ne l'obligent-elles pas à combler une lacune de cette loi? On se fait aussi une singulière idée de la mission de nos tribunaux lorsqu'on s'imagine qu'elle consiste tout simplement dans l'application d'un texte de la loi à un fait litigieux. Les procès ne se présentent jamais sous une forme aussi simple. Aucun plaideur ne sera assez naïf ou assez imprudent pour émettre une prétention absolument contraire à un texte de loi. En réalité, les procès naissent toujours d'une difficulté que n'a pas prévue le législateur, et il faut bien alors que le juge complète ou corrige la loi. »

Mais la différence qu'il y a entre les magistrats d'aujourd'hui et les magistrats romains, « c'est que le magistrat romain, au lieu d'attendre le procès pour lui appliquer la loi, fait reconnaître à l'avance comment il tranchera les difficultés qui pourront se présenter devant lui; il procède par voie de dispositions générales et réglementaires, comme on dirait aujourd'hui ». Mais jamais il n'a fait acte de législateur. Avant la loi *Cornelia*, l'édit n'était même pas obligatoire pour le magistrat qui l'avait rendu; le magistrat

« donnait des indications aux plaideurs sans se lier envers eux, »
et si la loi *Cornelia* est venue décider que tout ce que les magistrats
auraient décidé dans leur édit serait obligatoire, pour eux, pendant
toute la durée de leur magistrature, c'est tout simplement afin
d'empêcher certains abus dont nous avons parlé et d'assurer une
meilleure administration de la justice, en mettant les plaideurs à
l'abri de l'arbitraire. Mais jamais cette loi n'a entendu conférer
une partie du pouvoir législatif aux magistrats judiciaires. Après
comme avant la loi *Cornelia*, les édits ne durent jamais que le
temps que dure le pouvoir des magistrats dont ils tirent leur force ;
et s'ils se transmettent de magistrature en magistrature, c'est
parce que les dispositions qu'ils consacrent ont été sanctionnées
par l'usage, et rien de plus.

Les édits ne passèrent du droit non écrit dans le droit écrit que
plus tard, après la réforme de Salvius Julianus accomplie par ordre
de l'empereur Adrien.

§ 7. — **Réforme de Salvius Julianus. A-t-elle porté sur l'édit
provincial ?** — Nous avons dit que tout les magistrats du peuple
romain avaient le droit, pendant la durée de leur magistrature, de
prendre et de publier des mesures réglementaires dans le ressort de
leurs attributions et dans les limites de leur compétence (1). Nous
savons également que l'édit le plus important fut, avec celui des
gouverneurs de provinces, l'édit des préteurs à Rome. L'édit prétorien se fixa d'assez bonne heure ; chaque préteur reproduisait, à
son entrée en fonctions, les règles fondamentales des édits de ses
prédécesseurs, en omettant seulement les dispositions qui ne se
trouvaient plus en rapport avec les mœurs de l'époque ; il se forma
vite une sorte de législation prétorienne, composée d'un choix
des institutions les plus équitables que le droit des gens avait ins-
pirées. On peut dire que le droit prétorien est définitivement constitué
vers la fin de la République, au temps de Cicéron (2). On apprenait
déjà plus dans les écoles, à cette époque, la loi des XII Tables, mais
l'édit du préteur.

Dès que le droit prétorien eut acquis une certaine fixité, les
jurisconsultes comprirent la nécessité de commenter l'édit, de ne
pas laisser cette partie du droit coutumier à l'état de pure pratique, de lui imprimer un certain caractère scientifique (3). Dès
lors ils essayèrent de coordonner la multitude des édits publiés
chaque année par les préteurs depuis la création de cette magis-

(1) Rivier. p. 25.
(2) Glasson, *op. cit.*, p. 224.
(3) Glasson, *op. cit.*, p. 244.

trature, et de faire cesser la confusion qui en résultait dans la législation. Le but de tous peut être résumé ainsi : ramener à des principes précis et peu nombreux la masse informe des édits des magistrats de Rome et des provinces : en un mot codifier le droit (1).

Le jurisconsulte Servius Sulpicius, contemporain de Cicéron, avait entrepris sur l'édit un ouvrage dont il n'a écrit que deux livres. Après lui, Aulus Offilius, son élève, ami de Jules César, a fait également sur l'édit un travail de coordination, qui paraît avoir été beaucoup plus complet, mais sur lequel les renseignements font défaut.

Après la chute de la République, ou du moins, après l'établissement de la nouvelle constitution par Auguste, la forme de la juridiction fut changée. Par deux lois *Juliæ*, les actions de la loi qui avaient été respectées par la loi *Æbutia* furent supprimées et, sauf les actions *centumvirales* et le *damnum infectum*, les procès ne furent plus dénoués *lege aut per sponsionem*, mais par des formules et des exceptions : on eut recours à des paroles rédigées par le préteur (2). Les lois nouvelles suscitèrent de nouveaux édits, les nouveaux édits de nouveaux commentaires. C'est ainsi que Antistius Labéon, Massurius Sabinus, Sextus Pedius, Fabius Mela, firent des commentaires *ad edictum prætoris* (3). Mais on n'a presque rien conservé de ces écrits.

Pomponius dit que, sous Marc-Aurèle, il y avait 18 préteurs « *qui in civitate jus dicebant* (4) ». Plusieurs avaient été institués pour des affaires spéciales, fidéicommis, tutelle, etc. Et tous ces préteurs, ainsi que les autres magistrats, avaient le *jus edicendi*. Sous Adrien, les dispositions des édits devaient former une masse énorme de dispositions *diffusæ et variæ* dans les nombreux édits.

Sur l'ordre de l'empereur Adrien, Salvius Julianus réunit et coordonna les édits de tous les magistrats en un seul édit, et il ajouta à cet ensemble les dispositions qui lui parurent nécessaires (5). Il proposa ensuite son édit à l'approbation de l'empereur. L'édit proposé par Salvius Julianus fut approuvé par Adrien et un sénatus-consulte lui donna force de loi : « *Ipse Julianus, legum et edicti perpetui subtilissimus conditor, in suis libris hoc retulit : ut si quid*

(1) V. l'article de Rudorff intitulé : *Ueber die Julianische edictsredaktion*, dans la *Zeitschrift für Rechtsgeschichte*, III, pp. 11 et suiv.
(2) Gaius, IV, 30, 108.
(3) Loi 18, Dig., *de Operis libertorum*, 38, 1 ; loi 6, § 2, Dig., *de Bonorum possessionibus*, 37, 1 ; Loi 39, Dig., *de Solutionibus*, 46, 3 : Rudorff, préface, pp 8 et 9.
(4) Loi 2, § 32, Dig., *de Origine juris*, 1, 2.
(5) Loi 3, Dig., *de Conjungendis cum emancipato liberis*, 37, 8.

*imperfectum inveniatur, ab imperiali sanctione hoc repleatur; et non ipse
solus, sed et divus Hadrianus in compositione edicti et senatus consulto,
quod eam secutum est, hoc apertissime definivit, ut, si quid in edicto
positum non inveniatur, hoc ad ejus regulas ejusque conjecturas et imi-
tationes possit nova instruere auctoritas* (1). » Dans la constitution
Dedit, Justinien fait allusion à une *oratio* que l'empereur Hadrien
aurait prononcée dans le Sénat à cette occasion.

L'édit de Salvius Julien, consacré ainsi par un sénatus-consulte,
fut appelé édit perpétuel; mais dans un sens tout différent de celui
que la loi *Cornelia* attachait au même mot. Nous avons vu que
Cornelius, tribun du peuple, avait fait voter une loi qui ordonnait
aux magistrats romains de se conformer à l'édit qu'ils avaient publié en entrant en charge et leur défendait d'y rien changer pendant tout le cours de leur magistrature. L'édit était invariable,
mais seulement pour celui qui l'avait rendu ; le successeur pouvait donner un édit nouveau et retrancher ou ajouter à l'édit de
son prédécesseur, les dispositions qu'il voulait. L'empereur Adrien
ordonna que l'édit de Salvius Julien fût respecté par les magistrats
à venir et demeurât invariable, tant que des dispositions législatives ne l'auraient pas modifié (2).

On a beaucoup discuté la question de savoir si la réforme de Julien a porté seulement sur l'édit urbain ou si elle n'a pas embrassé
aussi l'édit provincial. La question est également discutée en ce
qui concerne l'édit du préteur pérégrin, mais elle ne nous intéresse qu'en ce qui touche à l'édit provincial.

Une première opinion prétend que la réforme de Julien a en-
globé tous les édits en un seul, que l'*edictum perpetuum* a été une
codification générale de tous les édits, qu'après Adrien il n'a
plus existé qu'un seul édit dans tout l'empire. Schweppe affirme
que l'empereur Adrien visait surtout les provinces. Et c'est aussi
l'opinion de M. Laferrière et de Rudorff (3).

Mais cette opinion nous paraît beaucoup trop absolue. L'œuvre
de Julien n'aurait pu embrasser toutes les coutumes des peuples
si nombreux soumis à la domination romaine : « Un pareil procédé eût probablement jeté la confusion dans les dispositions de
l'édit. C'est qu'en effet, au temps d'Hadrien, le droit romain n'était
pas encore parvenu à cette unité qu'on relève dans les œuvres de
Justinien. On appliquait dans les différentes parties de l'Empire

---

(1) Constitution *Tanta*. L. 2, § 18, Code, *de l'eteri jure enucleando*, 1, 17.
(2) Accarias, *Précis de droit romain*, I, p. 56.
(3) Schweppe, *Römische Rechtsgeschichte*, § 71 ; La Ferrière, *Histoire du droit
français*, II, p. 359; Rudorff, *Ueber die Julianische edictsredaktion*, dans le *Zeitschrift für Rechtsgeschichte*, III, pages 16 et suivantes, et préface, page 12.

des droits très divers. Le droit civil romain, dans le sens strict de ce mot, était réservé aux citoyens romains. Un certain nombre d'habitants des provinces avaient conservé le droit de leur cité ou de leur contrée ; les Romains avaient même laissé à quelques villes *dediticcs* leurs lois propres, quoiqu'elles se fussent rendues à merci ; enfin on appliquait le droit des gens entre citoyens romains et *peregrini* ou entre *peregrini* de contrées différentes, et c'était même le seul droit par lequel étaient régis les hommes libres *sine civitate.* L'œuvre de Julien aurait pris des proportions considérables et aurait présenté une certaine obscurité, si elle avait dû s'appliquer à toutes ces personnes (1). »

De plus, nous pouvons remarquer que les jurisconsultes contemporains de Salvius Julianus parlent peu de son édit. Pomponius, qui est un commentateur plus rapproché de nous, en parle à peine à côté des autres jurisconsultes, si peu que Hugo a pu douter que l'édit de Julien fût une œuvre nouvelle. Il croit que le préteur continua de parler en son propre nom comme jadis : le mot *per-petuum* signifierait, d'après lui, annuel, comme jadis. Si l'œuvre de Julien avait compris dans une vaste compilation l'édit urbain, l'édit pérégrin et l'édit provincial, les jurisconsultes eussent au moins mentionné une si importante réforme.

Enfin, nous trouvons un argument décisif en faveur du maintien de l'édit provincial, dans ce fait, que nous possédons deux commentaires de l'édit composé par le jurisconsulte Gaius : l'un *ad edic-tum urbanum*, l'autre *ad edictum provinciale.* S'il n'y avait eu qu'un seul édit, Gaius n'aurait certainement pas fait deux commentaires distincts.

Mais, dit-on, Gaius n'a pas écrit deux commentaires ; en réalité, le prétendu commentaire *ad edictum urbanum* n'existe pas ; Gaius a seulement écrit quelques *libri singulares* sur différentes dispositions qui, autrefois, étaient propres à l'édit urbain. « Ce qui prouve bien que le commentaire *ad edictum provinciale* est une œuvre générale sur l'édit, c'est que Gaius y fournit des exemples qui ne peuvent pas s'expliquer dans un traité sur l'édit provincial proprement dit. Ainsi, il relève la condition : *si navis ex Asia venerit,* il parle du *fundus Tusculanus,* du vin de Campanie, du froment d'Afrique, etc. (1). Il y a plus, dans le sixième livre de son commentaire sur l'édit provincial, Gaius parle des règles de succession du droit civil romain, non seulement de celles qui résultent de la loi des XII Tables, mais encore de celles qui ont été établies par le droit nouveau, c'est-à-dire par le sénatus-consulte Tertullien et même par

(1) L. 33, D., *de Heredibus instituendis,* 28, 5; L. 74, D., *de Verborum obligationi-bus,* 45, 1; L. 32, D., *de Damno infecto,* 39, 2.

le sénatus-consulte Orphitien, qui date de l'an 178 de notre ère. Comment expliquer cette étude sur le droit civil de succession propre aux citoyens romains et établie, soit longtemps avant l'édit de Julien, soit même après cet édit, s'il s'agit d'un travail sur le droit provincial (1)? On ne peut comprendre cette méthode qu'à la condition d'admettre que, sous ce titre restreint, ad edictum provinciale, Gaius a en réalité écrit un commentaire sur l'édit, sur le seul édit qui existait depuis la réforme d'Hadrien (2). »

Cette objection n'est pas sérieuse. Peut-on admettre en effet que Gaius ait commis deux erreurs aussi grossières que celles qu'on lui prête dans la dénomination des édits qu'il commentait? Il faut être dénué de tout sens pratique d'interprétation pour oser le soutenir. Sans doute, Paul et Ulpien ont intitulé leurs ouvrages: Commentaires ad edictum, sans distinguer s'il s'agissait de l'édit urbain ou de l'édit provincial ; mais c'est qu'à leur époque la réforme de Caracalla était faite : « Sans doute, toutes les différences n'avaient pas disparu entre Rome et la province, notamment en ce qui concerne l'administration de la justice et le régime des biens. Mais il n'en est pas moins vrai que, pour les personnes, le droit civil romain était d'une application générale et presque absolue. On comprend dès lors qu'en fait, l'édit provincial, sans disparaître, ait perdu une grande partie de son utilité et de ses caractères propres; qu'en conséquence, les jurisconsultes ne se soient plus attachés qu'à expliquer l'édit urbain devenu l'édit par excellence, l'édit de droit commun de tout l'Empire. Mais tout autre était la situation au temps de Gaius. La nécessité de plusieurs édits, l'un urbain, l'autre pérégrin, d'autres encore provinciaux, était la conséquence de la variété de condition des personnes et des biens (3). »

Enfin, dans tous ses ouvrages, Gaius oppose toujours les institutions du droit civil romain à celles du droit provincial. Il n'y a donc pas lieu de s'étonner si, dans un commentaire du droit civil, il mentionne les dispositions du droit civil qui régissent la matière dont il s'occupe. Il le devait même, car le gouverneur de la province devait s'occuper, dans son édit, des citoyens romains qui vivaient dans sa province et y étaient régis par le droit civil romain (4).

---

(1) Lois 1 et 3, D., de Hereditatis petitione, 5, 3. —Hereditas ad nos pertinet aut vetere jure aut. Novo : vetere e lege duodecim Tabularum, vel ex testamento... vel ab intestato novo jure fiunt heredes omnes, qui ex senatus consultis, aut ex constitutionibus ad hereditatem vocantur.—Cpr. L. 2 pr. et § 2, Familiæ erciscundæ, 10, 2.

(2) Glasson, op. cit., pp. 308 et suiv.

(3) Cf. Glasson, op. cit., p. 310.

(4) Cf. Glasson, op. cit., p. 311.

Nous concluons donc que l'édit de Julien n'a nullement embrassé l'édit provincial, mais que ce dernier édit est au contraire toujours resté distinct de l'édit perpétuel. « Malgré l'œuvre de Julien, dit Glasson (1), les différentes parties de droit honoraire ont conservé leur existence propre : édit urbain, édit pérégrin, édit provincial, édit des édiles curules. »

Mais comme l'empereur Adrien avait donné force législative à l'édit de Julien, ainsi que nous l'avons dit plus haut, cet édit était obligatoire dans toute l'étendue de l'Empire, par conséquent en province comme à Rome.

Nous avons déjà remarqué plusieurs fois que les divers édits, à côté de particularités très remarquables, présentaient de nombreux points de contact (2). « Une foule de dispositions du droit romain appartenaient aussi au *jus gentium*, et notamment, parmi les modes d'acquérir, la tradition qui était le plus fréquent de tous, l'occupation, l'accession, tous les contrats consensuels, tous les contrats *re*, y compris le *mutuum*, les différentes applications de la stipulation (sauf la formule *spondesne ? spondeo*). »

Il existait donc déjà dans l'édit urbain un véritable droit commun de l'empire, et dans cette mesure l'œuvre de Julien est aussi devenue une loi générale, que les magistrats provinciaux ont dû respecter, comme ils étaient tenus de respecter les lois, les sénatus-consultes et les plébiscites. Mais ce fut là toute sa portée vis-à-vis de l'édit provincial.

§ 8. — **Les magistrats ont-ils conservé le jus edicendi après la réforme de Julien ?** — Faut-il conclure de ce qui précède, comme l'ont voulu certains auteurs (3), que les magistrats romains, les préteurs à Rome, les gouverneurs dans leur province, aient perdu le *jus edicendi* ? Nous ne le croyons pas ; car, ainsi que le fait très justement remarquer M. Glasson (4), « si, par la mise en vigueur de l'édit perpétuel de Salvius Julianus, les magistrats de Rome et des provinces avaient perdu complètement le *jus edicendi*, l'édit d'Hadrien aurait, en réalité, obtenu plus de force qu'une loi. Les lois, les plébiscites, les sénatus-consultes, ne s'opposaient pas, tant s'en faut, aux édits des magistrats ; ils les provoquaient même, car les édits étaient destinés à assurer leur application. Les magistrats conservèrent le *jus adjuvandi, supplendi, corrigendi, juris civilis gratia*, et ce droit s'appliqua à l'édit de Julien devenu une loi, comme il s'appliquait aux autres lois. »

(1) Glasson, *loc. cit.*
(2) Glasson, *loc. cit. suprà.*
(3) V. notamment : Puchta, *Cursus institut.*, I, p. 568.
(4) Glasson, *op. cit.*, p. 312.

Gaius, d'ailleurs, nous le dit formellement: «*Jus edicendi habent omnes magistratus populi romani : sed amplissimum jus est in edictis duorum prætorum urbani et peregrini ; quorum in provinciis jurisdictionem præsides eorum habent : item in edictis ædilium curulium, quorum jurisdictionem in provinciis populi Romani quæstores habent : nam in provincias Cæsaris omnino quæstores non mittuntur, et ob id hoc edictum in his provinciis non proponitur* (1). » Si les magistrats avaient perdu le *jus edicendi* après l'édit de Julien, il est certain que Gaius ne s'exprimerait pas comme il le fait (2).

Mais est-ce à dire que le préteur et le président aient pu, comme ils l'auraient pu auparavant, pour les édits de leurs prédécesseurs, abroger par une disposition nouvelle une règle consacrée, par l'édit de Julien? Assurément non. Les magistrats purent toujours rendre des édits obligatoires pendant tout le temps de leur magistrature, et ils eurent le droit de statuer sur les cas non prévus par l'édit général, mais il leur fut défendu de modifier les dispositions arrêtées par Salvius Julianus. C'est par ce côté que la puissance des magistrats fut singulièrement affaiblie. « Autrefois, le magistrat, à son entrée en fonctions, se trouvait en réalité en présence de dispositions de l'édit qui avaient perdu toute force avec les pouvoirs de ses prédécesseurs. Désormais, l'édit de Julien s'imposait à lui comme toutes les autres lois, et, on peut ajouter sans crainte, d'une façon plus gênante et plus restrictive. En effet, les autres lois laissaient au préteur le moyen d'organiser sa procédure, et on sait combien la mise en pratique d'une loi permet de la modifier dans son application. L'édit de Julien était au contraire lui-même une loi de procédure, c'est-à-dire une loi destinée à assurer l'application des autres, et, par cela même, il échappait bien plus aux entreprises des magistrats. Lorsqu'une disposition de l'édit perpétuel paraissait surannée, devenait gênante dans l'application, il fallait en demander l'abrogation à l'empereur; tant que cette abrogation n'était pas obtenue, les magistrats devaient la respecter et l'appliquer. Mais s'agissait-il de combler une lacune de l'édit perpétuel, d'assouplir telle de ses dispositions à des exigences nouvelles, alors reparaissait le *jus edicendi*. C'est ce qui résulte bien, sinon du commencement, qui est un peu obscur, du moins de la fin du passage de la constitution *Tanta*, où il est parlé des effets produits par l'édit de Julien. » On voit par là, conclut M. Glasson, quelle a été la portée de l'innovation d'Hadrien : « elle a

---

(1) Gaius, I, 6.
(2) Dans le même sens : Rudorff, préface page 16; Demangeat, *Précis de droit romain*, I, p. 88.

enlevé aux magistrats le *jus edicendi* sur toutes les parties de l'édit urbain qui ont passé dans l'édit de Julien; pour le reste, le *jus edicendi* a persisté tel qu'il existait autrefois (1). »

Cette opinion, d'ailleurs, concorde très bien avec le motif qui a poussé Adrien à promulguer ainsi un édit perpétuel. Si le *jus edicendi* avait été conservé sans restriction aux magistrats, ce droit aurait pu devenir dangereux pour l'autorité impériale, surtout dans les provinces. Adrien s'est moins proposé de codifier l'édit que d'enlever aux magistrats le droit de le rendre (2).

§ 9. — L'édit provincial a-t-il été promulgué et unifié comme l'édit urbain ? — Nous avons dit que, dans les provinces, tous les gouverneurs publiaient un édit à leur entrée en fonctions; ils s'appuyaient en général sur les édits antérieurs, ils s'inspiraient du *jus provinciale*, de l'édit urbain, du droit des gens et de l'équité. C'est par ces édits et celui du préteur pérégrin que le droit romain fusionna lentement avec le droit des peuples vaincus. Nous avons dit aussi que l'œuvre de Julien n'a embrassé que les édits des préteurs, mais n'a nullement atteint l'édit provincial. Les gouverneurs des provinces ont conservé le *jus edicendi* en droit. Il se peut qu'en fait, l'ingérance de plus en plus grande des empereurs dans l'administration des provinces ait réduit à une faible importance le *jus edicendi* des gouverneurs. Mais ils n'en ont pas moins conservé le pouvoir de faire des édits et ils en ont usé même après Dioclétien (3). Il semble résulter de là que l'édit provincial n'a pas été unifié comme l'édit urbain et qu'il a toujours conservé son caractère essentiellement variable et divers. Cependant Gaius a publié un commentaire *ad edictum provinciale* et la généralité des dispositions qu'il commente peut bien faire croire qu'il a commenté, non pas un édit spécial à une province, mais un édit général, réunissant les édits de toutes les provinces.

L'édit provincial a-t-il donc été l'objet d'une codification après la réforme de Julien, relative à l'édit urbain ? Certains auteurs ont cru qu'Adrien avait publié et promulgué par un sénatus-consulte, un édit provincial commun à toutes les provinces ; d'autres ont attribué cette œuvre à Marc-Aurèle. « L'édit prétorien avait une durée limitée, lorsqu'Adrien résolut de lui imprimer le caractère d'immutabilité que l'équité et la science réclamaient également ; il le rendit perpétuel. Celui que le grand jurisconsulte du siècle, Salvius Julianus, avait promulgué pendant sa préture, fut choisi, à ce que l'on croit, pour devenir ainsi la loi constante de Rome et de l'Italie.

(1) Glasson, *op. cit.*, p. 313.
(2) *Cf.* Rudorff, préface, page 16; Demangeat, *op. cit.*, I, p. 88.
(3) Constitution de Zénon, L. 1, § 1, Code, *ut Omnes judices*, 1, 49.

A partir de l'édit perpétuel, le droit prétorien n'apparaît plus dans la législation comme une source de dispositions nouvelles. Un pas restait encore à faire ; il restait à doter les provinces d'une loi uniforme et stable. Marc-Aurèle se hâta de promulguer l'édit provincial qui paraît n'avoir guère été que l'édit perpétuel lui-même généralisé et appliqué hors de l'Italie » (1).

Nous reconnaissons que Gaius n'a pas étudié dans son commentaire *ad edictum provinciale* un édit spécial à une province, et qu'il a commenté un édit provincial général ; mais cela ne prouve pas du tout que les édits provinciaux aient été unifiés et qu'ils aient été l'objet d'une promulgation officielle. Nous croyons, au contraire, que Gaius a choisi les dispositions communes à tous les édits provinciaux, qu'il les a réunies et a voulu faire un édit modèle, utile à toutes les provinces. Ce que Julien avait fait pour l'édit urbain, Gaius l'a tenté pour les édits provinciaux : il a voulu créer un édit perpétuel et unique applicable à toutes les provinces. Mais Julien avait composé son édit par ordre d'Adrien, et Adrien avait fait rendre un sénatus-consulte pour donner à cet édit force de loi. L'édit provincial de Gaius n'a jamais reçu une promulgation officielle. A vrai dire, elle était inutile, car la diffusion du droit romain avait fait des progrès considérables sous les empereurs ; le droit romain, amendé ou complété par le droit des gens, était devenu d'une application presque générale. De plus, les gouverneurs de provinces se transmettaient les uns aux autres certaines règles (*edicta tralatitia*) qui formaient la base commune à tous les édits des provinces. Complétant ensuite leur édit, en s'inspirant de ceux des provinces voisines, ou de l'édit urbain, les gouverneurs des diverses provinces devaient publier des édits peu différents entre eux. Sous l'influence du pouvoir central, qui voulait réaliser l'unité de l'empire et l'unité de législation, une fusion de tous ces édits devait nécessairement s'opérer pour aboutir à la formation d'un édit général et uniforme applicable à toutes les provinces. Le commentaire de Gaius *ad edictum provinciale* était un traité sur le droit commun des édits provinciaux (2), et avait pour but de proposer comme modèle l'édit dont il présentait l'application.

Nous croyons donc que l'édit provincial n'a jamais été l'objet d'un travail d'unification et d'une promulgation officielle ; mais l'organisation provinciale sur un modèle uniforme, le droit de cite accordé avec largesse à de nombreuses cités, la centralisation administrative, la législation générale des empereurs, achevèrent

---

(1) Amédée Thierry, *Hist. de la Gaule sous l'adm. romaine*. Introduction, III, 13. — *Cf.* Heineccius, *Œuvres posthumes*.
(2) Glasson, *op. cit.*, p. 319.

partout la romanisation. Rome adoptait les dieux des nations vaincues, elle en prenait aussi les institutions qui lui paraissaient bonnes. Le trésor juridique de Rome s'accrut en même temps que son empire (1). Le *jus provinciale* à cette époque est un amalgame de *jus civile* local et de *jus civile romanum*. Le *jus provinciale* est applicable même aux citoyens romains, pour toutes les relations où le *jus gentium* est insuffisant, ou que le *jus civile romanum* repoussait (2). Le *jus gentium*, le *jus provinciale* et le *jus civile romanum* sont fondus ensemble par une mutuelle absorption et forment cet admirable droit qui nous est parvenu. Les usages purement locaux, tout ce qu'il y avait de spécial à une contrée, d'étroit ou de mesquin, devait peu à peu s'élargir, s'épanouir ou disparaître. Certains usages purement locaux peuvent subsister encore à l'époque de Gaius, mais la romanisation fait des progrès de plus en plus grands, et quand la centralisation est réalisée, la formation rationnelle d'un droit unique commun à tout l'*orbis romanus* n'est pas loin d'être achevée. Il ne resta bientôt plus qu'un magnifique corps de droit universel fondé sur la raison et sur les besoins généraux de la société humaine, et ce corps de droit a pu, jusqu'à nos jours, régner comme raison écrite, même en dehors des pays romains.

(1) *Cf.* Rivier, p. 24.
(2) Voigt, *Das jus naturale*, II, pp. 517 à 526.

CHAPITRE III

CONSTITUTION DE L'ÉDIT PROVINCIAL

(*Plan et Méthode. Divisions. Contenu.*)

Sommaire. — § 1. Exposition et délimitation du sujet. — § 2. Plan et méthode de l'édit provincial. Division. Ordre général des matières. Contenu. — § 3. Discussion de Rudorff et de Lenel au sujet des divisions et subdivisions. Système de Rudorff au sujet des interdits, des stipulations prétoriennes et des exceptions. — § 4. Formules. — § 5. Edit des questeurs.

§ 1ᵉʳ — **Exposition et délimitation du sujet.** — Nous avons examiné, dans le chapitre précédent, quels étaient les magistrats provinciaux qui avaient le *jus edicendi*, les règles générales qu'ils observaient d'ordinaire dans la publication de leur édit, ainsi que les modifications successives qui ont été apportées à l'exercice du *jus edicendi*; il nous faut maintenant entrer dans plus de détails et étudier la constitution même de l'édit provincial, voir quels ont été le plan et la méthode suivis par les gouverneurs dans la confection de leurs édits, quels en étaient la structure matérielle, les divisions, le contenu, enfin quelles règles suivaient d'habitude les gouverneurs dans la détermination du droit applicable à chaque catégorie de personnes soumises à leur juridiction. Ces différentes questions feront l'objet d'autant de paragraphes distincts.

§ 2. — **Plan et méthode de l'édit provincial. Division. Ordre général des matières. Contenu.** — Nous n'avons que peu de renseignements sur la façon dont étaient constitués les édits provinciaux, et sur la méthode suivie par les gouverneurs des provinces pour la confection de ces édits. Ceux que nous possédons nous sont fournis par un texte de Cicéron (*ad Atticum,* VI, 1) dans lequel l'orateur romain indique la façon dont il a rédigé son édit comme proconsul en Cilicie.

Ce texte est ainsi conçu : « *Breve autem edictum est propter hanc meam* διαίρεσιν, *quod duobus generibus edicendum putavi : quorum unum est provinciale, in quo est de rationibus civitatum, de ære alieno (*sc. *civitatum), de usura, de syngraphis ; in eodem omnia de publicanis : alterum*¡*, quod sine edicto satis commode transigi non potest, de hereditatum possessionibus, de bonis possidendis, magistris faciendis, vendendis : quæ ex edicto (*sc. *urbano) postulari et fieri so–*

lent (*sc. imperio prætoris*); *tertium de reliquo jure dicundo* (*sc.ex ordine judiciorum privatorum*) αγραφον *reliqui ; dixi me de eo genere mea decreta ad edicta urbana accommodaturum* (1). »

On le voit, dans ce passage, Cicéron nous indique la façon dont il a rédigé son édit. La première partie est relative au droit propre à la province et traite notamment des comptes des villes, de leurs dettes, des publicains, *de usura, de syngraphis.* La seconde partie se rapporte au droit privé et réglemente l'envoi en possession de biens, l'*emptio bonorum,* qui exigeait un envoi préalable en possession des créanciers par le magistrat. Quant à la *jurisdictio,* Cicéron déclare qu'il s'en réfère à l'édit du préteur urbain.

Telle était la division des proconsuls, telle était du moins la division que Cicéron adopta pour son édit, et il a soin de dire « *meam* διαιρεσιν » en parlant de la division de son édit. Mais Cicéron était trop soucieux du respect de la tradition et des usages pour s'être écarté beaucoup du plan ordinaire des édits. On peut tenir pour certain que la division indiquée par Cicéron était, à peu de chose près, la division suivie en général par les gouverneurs de provinces pour leurs édits. On sait, en effet, que les magistrats romains avaient l'habitude de reproduire dans leurs édits la plus grande partie des dispositions des édits de leurs prédécesseurs, et, d'autre part, le droit provincial ne différait guère de province à province (2). La division de Cicéron est d'ailleurs très logique. Ainsi que l'a fort bien fait remarquer Giphanius (3) et après lui M. Glasson (4), l'édit n'était que la mise en pratique de l'*officium* du magistrat qui le rendait. Il portait sur tout ce qui rentrait dans l'*officium* du magistrat par lequel il était rendu, et rien que sur ce qui rentrait dans cet *officium,* dans la mesure où cet *officium* n'était pas déjà déterminé par les lois ou des sénatus-consultes (5). Il était naturel que les gouverneurs, qui réunissaient entre leurs mains presque tous les pouvoirs, réglementassent dans une partie spéciale les règles particulières aux provinces et les difficultés que pouvait soulever l'interprétation des lois et usages locaux.

Il est incontestable qu'il y a eu dans les édits des gouverneurs une partie propre à la province qui portait sur certaines ques-

(1) Cic., *ad. Atticum,* VI, 1.
(2) Edgard Marx, *Essai sur les pouvoirs du gouverneur de province,* p. 117. « Il n'est pas besoin d'ajouter que si cet édit (l'édit des gouverneurs) n'avait force de loi (?) que dans les limites de la province où le gouverneur exerçait son autorité, en fait, grâce à l'*edictum translatitium,* il était rare de rencontrer des divergences bien profondes dans la jurisprudence des différents gouverneurs. » Glasson, *op. cit.,* page 255.
(3) *Economia juris,* p. 131.
(4) *Op. cit.,* p. 296.
(5) Lenel, *op. cit.,* p. 45.

tions déterminées. Cette partie comprenait l'ensemble des lois et usages qui étaient en vigueur au moment de la conquête et qui avaient été respectés par les Romains, lesquels constituaient ce qu'on appelle « *le jus provinciale* ». Le gouverneur traitait dans cette partie, comme le dit Cicéron, du droit propre à la province et des institutions particulières aux provinciaux, notamment des comptes des villes, des dettes, des publicains, *de usura, de syngraphis*, etc. Elle contenait des dispositions spéciales nécessitées par la juridiction propre aux magistrats municipaux (1), par la *lex provinciæ*, par les mœurs, les usages et les coutumes de la région. C'était certainement la plus originale.

La seconde partie, qui était plus générale, concernait les rapports des Romains entre eux et avec les pérégrins. Elle reproduisait les règles relatives à la procédure, la mise en œuvre des actions, les moyens d'exécution. Pour cette partie, le gouverneur s'inspirait de l'édit des préteurs urbain et pérégrin. Il calquait son édit sur celui du préteur urbain pour les citoyens de sa province et sur celui du *prætor peregrinus* pour les *non cives*, de même que pour la première partie il s'inspirait des édits de ses prédécesseurs, s'attachant à observer la tradition établie par eux et à respecter les lois et les usages locaux. Cicéron, on l'a remarqué, dit à Atticus, dans le texte qui précède, que, sur un grand nombre de questions, il s'est borné à un simple renvoi à l'*edictum urbanum*, sans même se donner la peine d'en transcrire les dispositions. On voit par là l'influence immense que devait avoir l'édit du préteur urbain.

Chacune de ces parties de l'édit provincial ainsi constitué a varié suivant les époques. La première partie, relative au droit propre de la province, a d'abord été très importante. Nous l'avons déjà dit, les Romains laissaient souvent aux vaincus, au moment de la conquête, par esprit politique, leurs anciennes lois et leurs anciens usages. La loi constitutive de la province se bornait, en général, à poser à leur égard quelques principes de juridiction. Les gouverneurs étaient obligés de suppléer dans leur édit au laconisme de ces lois, et il fallait de plus qu'ils réglementassent dans ce même édit les principales difficultés que soulevait l'application des divers droits locaux en usage dans leur province. Les dispositions qu'ils prenaient au début de la conquête, dans cette partie de leur édit, étaient nécessairement importantes et nombreuses. Puis, l'importance de cette même partie a progressivement diminué avec les progrès du droit, la concession du droit de latinité et du droit de

(1) Jousserandot, *L'Edit perpétuel restitué et commenté*, I, p. 56.

cité. Ainsi que l'a dit M. Cuq (1), une fois la conquête terminée et les peuples soumis habitués à la domination romaine, « les efforts progressifs des Romains ont toujours été de généraliser l'application du droit romain et de le substituer aux lois et aux coutumes que les peuples conquis et les *civitates liberæ* avaient conservées ». Il est certain que, lentement, la fixation du droit prétorien s'opérant dans les provinces, le *jus provinciale* n'y tint pas la même place qu'au début de la conquête. Le droit provincial fusionna bientôt avec le droit romain sous l'influence du droit des gens, dont l'importance devint de jour en jour plus grande. Le droit prétorien une fois fixé, l'édit eut bientôt acquis une forme unique et générale dans les provinces. Chaque province avait son édit particulier à l'origine; plus tard, il n'y eut, en fait, qu'un seul édit applicable à toutes les provinces. L'organisation des provinces sur un modèle uniforme, le droit de cité accordé avec largesse à de nombreuses cités, la centralisation administrative, l'ingérence de plus en plus grande des empereurs dans l'administration des provinces, la législation générale qu'ils édictèrent, tendirent à diminuer de plus en plus l'importance de la première partie de l'édit, relative au droit propre de la province.

Quant à la partie de l'édit provincial relative au droit privé et à la *jurisdictio*, elle a suivi les progrès du droit, tels qu'ils ont été réalisés par les édits des préteurs urbain et pérégrin. On sait en effet que, pour cette partie, les gouverneurs s'inspiraient presque exclusivement des édits des deux préteurs de Rome. Nous avons déjà vu que Cicéron adressait, entre autres reproches, à Verrès, celui de n'avoir pas pris pour modèle l'édit du préteur urbain et de n'y avoir pas puisé, pour son *edictum provinciale*, un grand nombre de dispositions applicables en Sicile comme à Rome (2). De plus, Cicéron dit lui-même dans le texte cité plus haut, dans lequel il indique la façon dont il a constitué son édit pour la province de Cilicie, que, sur un grand nombre de points, il s'est borné à une simple référence à l'*edictum urbanum*, sans même se donner la peine d'en transcrire les dispositions. Enfin, on trouve encore une autre preuve que la partie de l'édit provincial relative au droit privé et à la *jurisdictio* était, en grande partie, calquée sur l'édit des préteurs urbain et pérégrin, dans l'uniformité de plan que présentent les commentaires de Gaius *ad edictum provinciale* et ceux de Paul et d'Ulpien *ad edictum* (3). Quand on compare en effet le

---

(1) Cuq, *Revue critique*, 1886, pp. 10 et suiv.
(2) Cic., *in Verrem*, II, 1, 43, 46.
(3) C'est ce qui explique pourquoi tous les auteurs qui ont essayé de reconsti-

commentaire de Gaius *ad edictum provinciale* avec les commentaires de Paul et d'Ulpien *ad edictum*, on constate que le plan est identique. Gaius n'a modifié l'ordre que pour deux matières; il place les stipulations prétoriennes avant les exceptions et il ne parle *de religiosis et sumptibus funerum* qu'après avoir parlé des legs; nous verrons tout à l'heure comment il convient d'expliquer ces différences. Les magistrats des provinces, en publiant leur édit, avaient naturellement une tendance à se reporter à l'édit qu'ils avaient publié comme préteurs à Rome. Quant aux proconsuls, ils suivaient en général les édits de leurs prédécesseurs, en s'inspirant aussi de l'édit des préteurs urbain et pérégrin. En fait, le même édit se transmettait de magistrature en magistrature, comme constituant des usages respectés (1). Il s'ensuivit qu'après la fixation du droit prétorien, lorsque l'édit des préteurs urbain et pérégrin eut pris une forme stable et définitive, la partie de l'édit provincial que nous étudions, et qui était justement calquée sur les édits des préteurs urbain et pérégrin, prit elle-même une forme stable et définitive. Elle fut, à part quelques détails spéciaux, à peu de chose près, la même pour toutes les provinces. Les édits provinciaux consacrèrent, à partir de cette époque, à quelques détails près, les mêmes règles, imposèrent la même procédure, continrent les mêmes matières que les autres édits des provinces et les édits urbain et pérégrin. Le magistrat, tout en tenant compte des usages locaux, accordait la formule dans les mêmes cas.

C'est en se plaçant dans cet ordre d'idées que la loi *Rubria* (705) accordait aux magistrats municipaux de la Gaule Cisalpine le droit d'imposer une caution *damni infecti*, laquelle, disait la loi, sera fournie de la manière indiquée à Rome par l'édit du préteur pérégrin.

J(udex) esto. S(ei), antequam id judicium | q(ua) d(e) r(e) a(gitur) factum est, Q. Licinius damni infectei eo nomine q(ua) d(e) | r(e) a(gitur) eam stipulationem, quam is quei Romæ inter peregri | nos jus deicet inalbo propositam habet, L. Seio repro meississet, | tum quicquid eum Q. Licinium ex ea stipulatione L. Seio d(are) f(acere) opor | teret ex f(ide) b(ona) d(um)t(axat) H S, e(jus) j(udex) Q. Licinium L. Seio, sei ex decreto II vir(ei) | IIII vir(ei) præfect(ei)ve Mutinensis, quod ejus is II vir IIII vir præfec(tus) | ve ex lege Rubria seive id pl(ebei)v. sc(itum)est decreverit, Q. Lucinius eo | nomine qua d(e) r(e) a(gitur) Le Seio damnei infectei repromittere no | luit c(ondemnato) ; S(ei) n(on) p(arret), a(bsolvito) (2).

tuer l'édit perpétuel n'ont pas hésité à se servir du commentaire de Gaius, *ad édictum provinciale* pour leur travail de reconstitution.

(1) Glasson, *op. cit.*, p. 271.
(2) *Lex Rubria*, 705, XX; *Corpus inscript. lat.*, I, p. 116.

Après la rédaction de l'édit perpétuel de Julien, les divisions et subdivisions, l'ordre suivi dans les règles de droit privé des édits provinciaux, l'enchaînement des matières, étaient à peu de chose près les mêmes, sauf toujours les quelques règles particulières aux provinces tendant à devenir de plus en plus rares, que dans l'édit perpétuel qui n'était, comme tout le monde sait, que la reproduction des dispositions antérieures du droit prétorien (1), qu'un édit modèle, un prototype à l'usage duquel les magistrats de l'avenir devraient rédiger leur propre édit.

Lenel a donné, à ce sujet, un tableau indiquant l'ordre et la rubrique connue ou supposée de chacun des titres de l'édit perpétuel de Salvius Julianus. Il est ainsi établi (2) :

1. De iis qui in municipio colonia foro jure dicundo præsunt ;
2. De ipsius prætoris jurisdictione ;
3. De edendo ;
4. De pactis et conventionibus ;
5. De in jus vocando ;
6. De postulando ;
7. De vadimoniis ;
8. De cognitoribus et procuratoribus et defensoribus ;
9. De calumniatoribus ;
10. De in integrum restitionibus ;
11. De receptis ;
12. De satisdando ;
13. Quibus causis præjudicium fieri non oportet ;
14. De judiciis omnibus ;
15. De his quæ cujusque in bonis sunt ;
16. De religiosis et sumptibus funerum ;
17. De rebus creditis ;
18. Quod cum magistro navis, institore eove, qui in aliena potestate erit, negotium gestum erit ;
19. De bonæ fidei contractibus ;
20. De re uxoria ;
21. De liberis et de ventre ;
22. De tutelis ;
23. De furtis ;
24. De jure patronatus ;
25. De bonorum possessionibus ;
26. De testamentis ;
27. De legatis ;

(1) Glasson, *op. cit.*, p. 265.
(2) Otto Lenel, *Das Edictum perpetuum, ein Versuch zu dessen Wiederherstellung.* Leipsig, 1883.

28. De operis novi nuntiatione;
29. De damno infecto;
30. De aqua et aquæ pluviæ arcendæ;
31. De liberali causa;
32. De publicanis;
33. De prædiatoribus (Quanta dos sit?);
34. De vi turba incendio ruina naufragio rate nave expugnata;
35. De injuriis;
36. Qui, nisi sequantur, ducantur;
37. Qui, neque sequantur, neque ducantur;
38. Quibus ex causis in possessionem eatur;
39. De bonis possidendis, proscribendis, vendundis;
40. Quemadmodum a bonorum emptore vel contra eum agatur;
41. De curatore bonis dando;
42. De re judicata;
43. De interdictis;
44. De exceptionibus;
45. De stipulationibus prætoriis.

Étant donné ce double principe : 1·) que les édits provinciaux étaient, pour la partie relative au droit privé, calqués sur les édits urbain et pérégrin, et 2·) que l'édit perpétuel de Julien n'est que la reproduction des édits urbain et pérégrin, il est certain que, si l'ordre donné par Lenel est celui de l'édit perpétuel, il doit aussi être celui de la partie de l'édit provincial relative au droit privé, à cette époque. Nous ne ferons exception que pour deux matières : 1·) pour le titre XVI de *Religiosis et sumptibus*, qui ne devait pas exister dans l'édit provincial, le sol provincial ne pouvant pas devenir *locus religiosus* (1); 2°) pour le titre XLV de *Stipulationibus prætoriis*, que Gaius, dans son commentaire *ad edictum provinciale*, place avant les exceptions. (Titre XLIV de Lenel, *de Exceptionibus*.) Or, il est peu probable que Gaius ait changé l'ordre de l'édit provincial dans son commentaire. Car il est admis, aujourd'hui, partout le monde, que, dans leurs commentaires, les jurisconsultes qui ont écrit sur les édits des magistrats ont en général suivi l'ordre des édits qu'ils commentaient (2).

§ 3. — **Discussion de Rudorff et de Lenel au sujet de la division en parties et en titres. Système de Rudorff au sujet des interdits, des stipulations prétoriennes et des exceptions.** — La plupart des auteurs qui se sont occupés de l'édit perpétuel admettent comme exact, tout au moins dans ses grandes lignes, l'ordre et l'enchaîne-

(1) Gaius, II, 7.
(2) Glasson, *op. cit.*, pp. 278,279.

ment des matières tel que nous venons de l'établir d'après Lenel (1).
Il est à remarquer, d'ailleurs, que le tableau de Lenel a été dressé
en s'inspirant du travail de Rudorff sur l'édit perpétuel, *de Jurisdictione edictum, edicti perpetui quæ reliqua sunt* , et d'une dissertation du même auteur : *Ueber die Julianische edictsredaction* dans
la *Izeitschrift für Rechtsgeschichte* (2). Les deux éminents auteurs
sont d'accord sur l'ordre des matières et le plan général de l'édit.
Il n'y a guère de différence entre leurs systèmes que dans les détails. Nous ne les suivrons pas dans leurs discussions. Ce serait
sortir des limites de notre sujet. Il y a cependant une différence
que nous tenons à mettre en lumière, à cause de sa liaison directe
avec notre étude.

Nous savons que, d'après Lenel, l'édit perpétuel ne comprenait
qu'une seule division en un certain nombre de titres. La conception de Rudorff est tout autre, à ce sujet (3). A son avis, il faut
commencer par supprimer les trois derniers titres consacrés aux
interdits, aux exceptions, et aux stipulations prétoriennes. Ces
titres ne comprendraient, d'après lui, qu'une masse informe de formules et seraient étrangers à l'édit en lui-même. Cette partie écar-
tée, l'édit se diviserait, d'après Rudorff, en trois parties :

Première partie : *De Jurisdictione, id est de actionibus in jure instituendis.* Cette partie irait jusqu'au titre *de Judiciis omnibus.*

Deuxième partie : *De Judiciis, id est de litibus per judicem deciden-
dis.* Cette seconde partie se subdiviserait elle-même en deux cha-
pitres : le premier comprendrait les *judicia de rebus* et serait relatif
aux actions qui concernent les biens et à leurs formules; le premier titre de ce chapitre aurait pour rubrique « *de Judiciis omnibus* »
et le dernier « *de Jure patronatus*»; le second chapitre comprendrait les *judicia de possessionibus* et aurait pour objet de protéger la
possession qu'on a obtenue du magistrat : le premier titre de ce
chapitre aurait pour rubrique « *de Bonorum possessionibus* »; et le
dernier « *de Injuriis* ».

Troisième partie : *De Re judicata, id est de executione sententiarum.*
Les règles de cette troisième partie seraient relatives à l'exécution.

Enfin, viendrait une foule de dispositions comprenant les formules des interdits, des exceptions et des stipulations prétoriennes.

A notre avis, c'est Lenel qui est dans la vérité. Comme le fait
fort justement remarquer M. Glasson (4), « plus on divise et sub-
divise les édits, plus on s'écarte de l'esprit des anciens juriscon-

(1) Glasson, *op. cit.*, pp. 284 et suiv.
(2) III, pp. 1 à 90.
(3) Rudorff, article déjà cité dans la *Zeitschrift für Rechtsgeschichte.*
(4) Glasson, *op. cit.*, p. 284.

sultes romains ». « Les anciens jurisconsultes de Rome n'attachaient pas aux classifications et aux divisions qui en sont la
conséquence l'importance qu'on leur attribue de nos jours. »
Leur esprit pratique les portait beaucoup plutôt à l'analyse qu'aux
généralisations de la science moderne. De plus, la façon même
dont s'est constitué le droit prétorien s'oppose à l'admission de
savantes divisions dans les édits des magistrats. Le droit prétorien ne s'est formé que peu à peu, du contact du droit civil avec
les droits des pérégrins. A mesure que le droit se développait et
qu'une disposition nouvelle était introduite dans l'édit, on la mettait à la place qui semblait la plus convenable, mais sans plan ni
méthode préconçus. Il n'est pas supposable que les magistrats
romains aient pu même songer, dans le début, à donner de savantes
divisions à leurs édits. Or, comme les Romains étaient essentiellement conservateurs (1) et que nous savons, d'autre part, qu'en
fait, les magistrats se gardaient, en général, de ne rien changer au
fond même et à la forme des édits de leurs prédécesseurs, il est
très logique de croire que la pratique du début fut toujours conservée. Nous croyons même que la division de Cicéron, indiquée
au début de ce chapitre pour les édits provinciaux, et qui existait
certainement en fait, quant à l'ordre et à la suite des matières,
n'était pas matériellement indiquée dans l'édit. Les magistrats
se bornaient à faire suivre logiquement les matières, en grou-
pant toutes celles qui avaient, pour une raison ou pour une autre, une certaine affinité entre elles. Mais nous ne croyons pas
qu'ils aient jamais songé à donner à leurs édits les divisions
savantes qu'on leur prête.

Quant à l'idée de Rudorff, qui consiste à dire que les titres relatifs aux interdits, stipulations prétoriennes et exceptions, étaient
en dehors de l'édit, elle est au moins très contestable. Nous ne
saurions l'admettre. On n'en trouve nulle part aucune trace. De
plus, cette idée ne concorde aucunement avec la théorie d'un *seul*
album que soutient Rudorff et à laquelle nous arrivons. « N'est-
il pas téméraire, dit M. Glasson (2), de mettre en dehors de l'œuvre
des magistrats romains (préteurs urbain, pérégrin, gouverneurs)
les derniers titres consacrés aux interdits, aux exceptions et aux
stipulations prétoriennes ? »

§ 4. — Formules. — Reste une difficulté relative aux formules que
les magistrats promettaient de délivrer aux plaideurs, et qu'ils

---

(1) Sur les habitudes conservatrices des Romains, *V*. Ihering, traduction de
Meulenaere, I, p. 329.
(2) Glasson, *op. cit.*, p. 291.

avaient l'habitude d'exposer d'avance dans leur édit (1). Où se trouvaient ces formules? Faisaient-elles l'objet d'un tableau distinct, d'un *album* spécial? Ou bien, au contraire, chaque disposition ou règle contenue dans l'édit était-elle immédiatement suivie des formules qui y étaient relatives? Cujas prévoit la question, mais la laisse sans solution (2). Rudorff prend parti pour la seconde opinion, qu'il s'efforce de démontrer. D'après cet auteur, chaque disposition de l'édit est immédiatement suivie des formules qui y ont trait.

Rudorff, pour démontrer son système, part d'une idée que nous croyons absolument fausse, et qui consiste à admettre que Gaius a suivi le plan de l'édit, en écrivant son quatrième commentaire; or Gaius, dit-il, fait constamment suivre l'explication d'une action de la formule qui y a trait.

Il nous semble que Rudorff est loin d'avoir fait sa preuve. Et d'abord il ne nous paraît pas exact que Gaius ait adopté le plan de l'édit pour exposer, dans son quatrième commentaire, la théorie des actions (3). L'ordre des matières indiqué par Gaius dans ce commentaire est en opposition manifeste avec celui adopté par Rudorff (4). De plus, en ce qui concerne spécialement la place des formules, Gaius ne s'est évidemment préoccupé que de la commodité de son enseignement. Autre est l'œuvre du magistrat qui ne se préoccupe que des besoins de la pratique.

Mais, dit Rudorff, certains textes du Digeste font allusion aux formules insérées sous les titres de l'édit. — L'argument n'est pas concluant.

a). Les textes en question peuvent très bien s'expliquer avec le système de deux albums; il suffit d'admettre que ceux-ci portaient exactement la même division. Le magistrat qui rendait son édit aurait reproduit, d'après cette opinion, dans l'un et l'autre album les mêmes titres avec les mêmes rubriques. Dans le premier, il aurait exposé les règles du droit, et dans le second les formules afférentes à chaque matière. Cette théorie n'a rien en elle-même qui ne soit très acceptable.

b). On peut invoquer, en faveur de l'existence des deux albums, un texte de Cicéron du « *pro Roscio comœdo* » (5), dans lequel l'orateur romain semble bien indiquer qu'il y avait deux albums:

(1) Cicéron, *pro Roscio comœdo*, VIII, 24.
(2) *Observ.*, VIII, 15.
(3) Rudorff, préface sur *l'édit perpétuel*, p. 11.
(4) Rudorff semble d'ailleurs avoir lui-même renoncé à cette idée dans sa dissertation de la *Zeitschrift für Rechtsgeschichte*.
(5) VIII, 24.

« *Sunt jura, sunt formulæ de omnibus rebus constitutæ, ne quis aut in genere injuriæ, aut ratione actoris errare possit. Expressæ sunt enim ex unius cujusque damno, dolore, incommodo, calamitate, injuria, publicæ a prætore formulæ, ad quos privata res lis accommodatur.* »

c). Un texte d'Ulpien peut encore être produit à l'appui du système des deux albums : « *Edere est, copiam describendi facere, vel in libello complecti et dare, vel dictare. Eum quoque edere Labeo ait, qui producat adversarium ad album, ut demonstret, quod dictaturus est, vel in dicendo, quo uti velit* (1). »Tout en reconnaissant que ce texte est loin d'être clair, il nous semble cependant, qu'il peut être invoqué comme désignant l'album spécial des formules ; le·demandeur, nous dit Ulpien, conduit son adversaire devant l'album et lui mon tre la formule qu'il choisira et dont il demandera la délivrance au magistrat pour s'en servir ensuite en justice (2).

d). Enfin, l'opinion de Rudorff se heurte à une objection qu'il nous paraît bien difficile d'écarter. Lorsque Dioclétien remplaça la procédure formulaire par la procédure extraordinaire, il a pu, dans le système des deux albums, très facilement réaliser cette réforme; il n'a eu qu'à supprimer purement et simplement l'album des formules. Au contraire, s'il avait existé un album unique, il aurait dû le remanier complètement, et certainement nous trouverions dans les textes des traces de ce bouleversement de l'édit. Or, aucun texte n'indique que la suppression du système formulaire ait amené des modifications dans l'édit des magistrats.

Par suite, il résulte de là, et de tout ce qui précède, que la question de savoir si l'édit se composait d'un ou de deux albums est restée tout au moins fort douteuse, quoi qu'en dise Rudorff.

Si on admettait le système de Rudorff sur les formules (un seul album indiquant les formules à la suite de chaque disposition de l'édit), il faudrait reconnaître que le remplacement de la procédure formulaire par la procédure extraordinaire a dû amener une modification complète dans l'édit provincial. La procédure extraordinaire a pris naissance en grande partie dans les provinces. Le nombre des causes que le *præses* devait juger *cognita causa* devenant constamment de plus en plus grand, l'édit provincial a dû subir avant l'édit urbain les effets de cette transformation de la procédure. Dès lors, si on admettait le système de Rudorff, l'édit provincial aurait dû présenter de grandes différences avec l'édit perpétuel, tout au moins dans la forme. Or, nous savons, au contraire, qu'à cette époque, à part les différences relatives au droit

(1) Loi 1, § 1. D., *De Edendo*, 2, 13.
(2) Giraud, *Revue de législation ancienne et moderne*, 1870-1871, p. 212; Glasson *op. cit.*, p. 302.

provincial, les deux édits étaient presque identiques. C'est une raison de plus pour faire douter de l'exactitude du système de Rudorff.

§ 5. — Édit des questeurs. — Nous avons vu que, dans certaines provinces, les questeurs publiaient l'édit des édiles (1), dont ils remplissaient les fonctions (2). Cet édit intéressait, pour certaines parties, le droit privé ; les édiles avaient la surveillance des rues et marchés et, à ce titre, jugeaient certaines contestations relatives aux ventes d'esclaves, d'animaux et autres objets mobiliers. « *Sed etiam in mancipiorum venditione fraus venditoris omnis excluditur. Qui enim scire debuit de sanitate, de fuga, de furtis præstat edicto ædilium* (3). *Ceterum sciendum est ædilitio edicto prohiberi nos canem, verrem, aprum, ursum, leonem ibi habere qua vulgo iter sit* (4). » Les édits des questeurs dans les provinces portaient sur les mêmes matières.

(1) *Proponebant et ædiles curules edictum de quibusdam causis quod edictum juris honorarii portio est.* L. 1, § 7, D., *de Jure nat.*, 1, 2.
(2) Gaius, I, 6.
(3) Cicéron, *de Officiis.* III, 17.
(4) Inst., loi 1, § 1, *si Quadrupes*, 4, 9.

CHAPITRE IV

DROIT APPLICABLE D'APRÈS L'ÉDIT PROVINCIAL

§ 1ᵉʳ — **Juridiction du gouverneur.** — Nous avons vu, au début de
cette étude, qu'il y avait dans chaque province un nombre considérable de villes dont la condition était fort inégale : 1°) Villes jouissant du *jus civitatis romanæ*, *coloniæ civium*, colonies de citoyens
fondées en province, ou *municipia civium*, villes provinciales ayant
obtenu le *jus civitatis;* 2°) *Civitates* jouissant du *jus latii* (*oppida, municipia latina, latini coloniarii*); 3°) *Civitates peregrinæ*, se divisant en
civitates fœderatæ, *civitates liberæ* et *civitates stipendiariæ* ou *dedi-
tiæ*.

Le gouverneur avait une autorité plus ou moins grande et plus
ou moins directe, sur chacune de ces différentes classes de cités.
Il y avait même certaines villes, comme les *civitates liberæ*, *sine
fœdere immunes et liberæ*, et les *civitates fœderatæ*, qui échappaient
presque complètement à l'autorité du gouverneur. Elles étaient, en
principe, en dehors de sa *provincia*, et ce n'était qu'exceptionnellement qu'il pouvait s'immiscer dans leurs affaires, et seulement sur
l'ordre du Sénat (1). Elles conservaient leurs anciennes lois et
coutumes et avaient une juridiction propre sur tous les habitants,
régnicoles ou Romains. De plus, il y avait d'autres cités, comme
les colonies (colonies de citoyens romains, colonies de Latins,
colonies militaires) et les municipes, qui, bien que faisant partie
de la *provincia* du gouverneur, jouissaient cependant d'une certaine
autonomie, et échappaient, sur certains points, à l'autorité directe
du magistrat romain qui gouvernait la province.

Mais, à part ces exceptions, la juridiction du gouverneur s'é-
tendait à toutes les cités de la province (*civitates stipendiariæ, dediticiæ*...) De plus, au point de vue des personnes, la juridiction du
gouverneur était générale, elle s'étendait sur tous les habitants

(1) Tite-Live, XXXVIII, 48.

des provinces : citoyens romains domiciliés dans la province, *Latini coloniarii*, ou populations auxquelles Rome avait conféré la latinité, membres des *liberæ civitates* qu'un motif juridique quelconque rendait ses justiciables, provinciaux, enfin ceux qui constituaient la catégorie des apolides, savoir : les *cives romani* ayant subi la *media capitis deminutio*, les affranchis *Latins Juniens* et les affranchis *dediticcs*.

Mais ce n'était pas tout. Il fallait encore tenir compte des étrangers qui devenaient justiciables du gouverneur à raison du *forum contractus*, et de plusieurs cas exceptionnels de compétence. Enfin, les parties avaient le droit de s'entendre dans tous les cas pour accepter la juridiction du gouverneur.

Il fallait que le gouverneur réglementât dans son édit la façon dont il rendrait la justice entre ces diverses catégories de personnes, et quel droit il appliquerait à chacune d'elles. Il avait à tenir compte, suivant les cas, du droit romain, du *jus gentium*, des droits et usages locaux, dans la mesure où ils avaient été maintenus par la loi constitutive de la province, par des lois postérieures, des sénatus-consultes, ou autrement, etc. De plus, il y avait aussi des lois votées à Rome qui s'étendaient aux provinces, et qui étaient applicables entre tous les habitants de l'Empire, sans distinction de nationalité, qu'il était obligé de prendre en considération. Tantôt une loi, faite originairement pour Rome, était ensuite étendue aux provinces. C'est ce qui eut lieu pour la loi *Ælia Sentia*, relative aux affranchissements faits par un débiteur en fraude des droits de ses créanciers, pour la loi *Julia Titia*, relative à la tutelle, ainsi que pour les lois sur l'usure, telles que celles qui furent rendues en 193 (1). D'autres fois, le sénatus-consulte, l'édit, le rescrit s'appliquaient dès le principe à tout l'Empire. Parfois aussi, et même déjà sous la République, certaines lois concernaient spécialement les provinces, tel que la loi *Apuleia de sponsu* (2). Il s'élevait même parfois des difficultés sur le point de savoir si une loi concernait à la fois les Romains et les pérégrins, ou si, au contraire, elle ne s'appliquait exclusivement qu'aux premiers.

Le gouverneur était obligé de tenir compte de toutes ces lois, de tous ces droits et usages divers, ainsi que des différentes classes de personnes soumises à sa juridiction, pour la rédaction de son édit.

« C'est du contact du droit romain avec la législation des pro-

---

(1) Tite-Live, XXV. 7. La loi 5, D., *de Manumissionibus*, 40, 1, nous fournit encore un exemple d'une loi que l'empereurs Marc-Aurèle étendit pareillement aux provinces.

(2) Rudorff, *Geschichte des Römischer Rechts*, I, § 20, p. 50.

vinces, c'est de l'édit du préteur pérégrin et de ceux des magistrats provinciaux qu'est né et s'est développé le *jus gentium*. » A un point de vue général, on peut dire que l'édit des gouverneurs de provinces fut, avec celui du préteur pérégrin à Rome, le berceau du *jus gentium*. Ce sont ces deux édits qui contribuèrent, pour la plus large part, à la formation d'un droit général des pérégrins, applicable d'abord aux rapports des pérégrins avec les Romains ou des pérégrins entre eux, puis étendu ensuite aux citoyens romains en dehors de leurs rapports avec les pérégrins.

§ 2. — **Droit applicable. Principes.** — En ce qui concerne le droit qu'appliquait le gouverneur dans son édit, il y a deux règles principales qui dominent toute la matière : 1°) entre citoyens Romains le gouverneur appliquait le droit romain ; 2°) entre citoyens romains et *peregrini* et entre *peregrini* dans leurs rapports entre eux, en principe le droit des gens, subsidiairement le droit local. C'est à notre avis une erreur grave que de penser qu'à Rome, « aux brillantes années de l'Empire, les pérégrins se trouvaient d'abord sous l'empire de leur droit local, de leur loi personnelle, que le gouverneur était chargé de leur appliquer » et qu' « entre eux ils usaient du droit de leur cité ». C'était le droit des gens qui s'appliquait avant tout et réglait les rapports des citoyens romains avec les *peregrini* et des *peregrini* entre eux. Le droit local n'était pris en considération par le gouverneur que subsidiairement, entre certaines personnes, ou lorsque le *jus gentium* était insuffisant.

Il est indispensable d'insister sur ces différents points. Nous allons d'abord étudier le droit applicable suivant les différentes classes de justiciables ressortissant de la compétence du gouverneur. Nous examinerons ensuite les principales applications des *jura peregrinorum* (*jus civile* des *liberæ civitates* englobées dans l'*orbis romanus* et *jus provinciale*) dans les cas où le droit des gens est insuffisant pour régler certaines institutions indispensables aux relations commerciales entre *peregrini* et *cives et peregrini*.

§ 3. — **Droit applicable suivant les différentes classes de justiciables ressortissant de la compétence du gouverneur.** — La juridiction du gouverneur, avons-nous dit, s'étendait à tous les habitants des provinces : citoyens romains, *Latini coloniarii*, populations auxquelles Rome avait conféré le droit de la latinité, membres des *liberæ civitates* au sein de l'*orbis romanus*, pérégrins, provinciaux, apolides, membres des États souverains étrangers en relation diplomatique avec Rome.....

Examinons la question qui nous occupe pour chacune de ces classes de personnes.

1. *Latini coloniarii.* — Ce sont les habitants des colonies latines,

4

organisées sur le modèle des anciennes cités latines disparues.

Leur condition est réglée par une sorte de *formula* venue de Rome, qui a dû plus tard devenir uniforme (1). Leur droit privé est en principe celui de leur cité, et ils jouissent, en outre, du *commercium* qui comprend la *testamenti factio* active et passive (2). Mais ils n'ont pas le *connubium*.

En ce qui concerne les droits de famille et les successions *ab intestat*, il y avait pour eux un *jus dediticiorum* calqué, en grande partie, sur le droit romain, qu'il reproduisait dans ses traits essentiels. Ce *jus dediticiorum* avait pour eux la valeur d'un *jus municipale*. Il est probable que l'édit des gouverneurs n'est pas étranger à la constitution de ce droit.

Le sol de la cité est en dehors de la concession et demeure étranger au *jus Quiritium* : il reste provincial, pérégrin. Il n'est pas susceptible d'un véritable *dominium* et doit payer le *vectigal*. Cette infériorité ne peut être effacée que par la concession du *jus italicum*, dont l'effet est d'assimiler le sol provincial au sol italique et de le rendre par conséquent accessible à la véritable propriété Romaine.

2. *Populations auxquelles Rome a conféré le droit de latinité.* — A côté des *Latini coloniarii*, et sur la même ligne, on doit placer les populations auxquelles Rome a conféré la latinité.

C'est sous l'Empire que le droit de latinité fut surtout accordé. On le concéda à des pays entiers. (Ex. : Italie, Gaule, Espagne), en dehors de toute idée de colonisation et sans déplacement aucun de personnes. C'était une pure faveur, une récompense accordée aux pays auquels il était concédé. Cette collation était un acheminement vers le droit de cité.

Les populations auxquelles Rome avait concédé la latinité étaient absolument dans la même situation juridique que les *Latini coloniarii*.

3. *Apolides*. — Après les *Latini coloniarii* et les populations auxquelles Rome avait concédé le droit de latinité, venait la classe des *Apolides* ou individus *sine civitate*. Ils se divisaient en trois catégories : A). Affranchis *Latins Juniens;* B). Affranchis et pérégrins *déditices ;* C). *Cives Romani* ayant subi la *media capitis deminutio*.

A). *Affranchis Latins Juniens.* Parmi les *Apolides*, il faut placer en première ligne les affranchis *Latins Juniens* dont la condition est calquée sur celle des *Latini coloniarii*. Dès lors, point de

---

(1) V. *Lex Julia municipalis* (700 R.), trouvée à Héraclée, en 1731.
(2) Ulpien, XX, 8.

connubium (1). Quant au *commercium*, ils l'ont en principe, mais restreint. Ils ont le *commercium* en ce sens qu'ils peuvent être propriétaires, qu'ils peuvent exercer toutes les actions et se servir des modes de droit civil de transfert de la propriété (2). Mais au point de vue de la *factio testamenti*, le *commercium* subit pour eux une restriction. Ils peuvent être témoins, *libripens*, ou *familiæ emptor* dans un testament (3). Mais quant à tester eux-mêmes, la loi *Junia Norbana* le leur défend (4). Il s'ensuit que leurs biens reviennent *jure peculii* à leur patron ou aux héritiers de celui-ci (5). Ils pouvaient être institués héritiers ou appelés à un legs, mais ils n'avaient pas ce qu'on appelait le *jus capiendi directo*, ils ne pouvaient acquérir le bénéfice de l'institution ou du legs faits en leur faveur que si, dans les 100 jours du décès du testateur, ils étaient devenus citoyens romains (6). Un sénatus-consulte étendit leur incapacité aux donations à cause de mort, s'ils n'étaient pas citoyens romains au temps du décès (7). Mais ils pouvaient recueillir un fidéicommis (8). Enfin, la loi *Junia Norbana* leur avait enlevé le droit d'être tuteur testamentaire (9), ne leur laissant que la faculté d'être tuteur *ex lege Norbana* (10), et d'être appelés à la tutelle dative.

En dehors de ce qui touche au *jus commercii* dans les limites où ce droit leur est accordé par la loi *Junia Norbana* et pour les points que cette loi ne réglait pas, le gouverneur dut intervenir dans son édit et appliquer aux *Latins Juniens*, par analogie, comme aux *Latini coloniarii*, le *jus civile Romanorum* qui perdit aussi, comme pour les *Latini coloniarii*, son caractère de *jus civile* pour revêtir la qualité de *jus dediticiorum* (11).

B). *Affranchis dedilices. Pérégrins dedilices*. A côté et au dessous des *Latins Juniens* figurent, dans la classe des *Apolides*, les affranchis dediticies qui sont assimilés, avec adjonction de certaines prohibitions spéciales, aux pérégrins dediticies. (Loi *Ælia Sentia*.)

a) Pérégrins dediticies. On entendait par pérégrins dediticies les peuples qui, après avoir pris les armes contre Rome, s'étaient rendus à discrétion, *qui, ut victi sunt, se dediderunt* (12).

(1) Ulpien, V. 4, 9; Gaius, I, 66.
(2) Ulpien, XIX, 6.
(3) Ulpien, XI, 16; XX, 8.
(4) Ulpien, XX, 14; Gaius, I, 23.
(5) Gaius, III, 56, 58; Accarias, *Précis*, I, p. 115.
(6) Ulpien, XVII, 1; XXII, 3; Gaius, I, 23.
(7) Lois 9, 22, 35, D., de *Mortis causa*, 39, 6.
(8) Gaius, I, 24; II, 275; Ulpien, XXV, 7.
(9) Gaius, I, 23; Ulpien, XI, 16.
(10) Ulpien, XI, 19.
(11) En ce sens: Voigt, *op. cit.*, II, p. 748.
(12) Gaius, I, 14.

Les peuples *dediti* étaient au dernier degré de la liberté, *pessima libertas* (1). Ils perdaient leur existence politique, leur *patria* ou *origo*, et étaient soumis à la tutelle de Rome, qui leur garantissait seulement l'existence et la liberté personnelles. Dès lors, point de droit local; le seul droit des gens, dans ce qu'il a de plus vague, peut, en principe, être invoqué par eux.

Quelquefois, cependant, Rome leur constituait un droit privé et leur abandonnait une partie de leurs lois nationales en qualité de *jus dediticiorum*, mais seulement à titre gracieux (2), la concession était révocable au gré du vainqueur.

Le gouverneur leur appliquait purement et simplement le droit des gens et par exception leur droit local à titre de *jus dediticiorum*.

b) Affranchis dédilices. On sait qu'il faut entendre par là les affranchis qui avaient été condamnés comme esclaves à des peines infamantes, comme la marque ou la torture (3).

De même que les pérégrins déditices, ils ne pouvaient invoquer aucun droit local, n'appartenant à aucune *civitas certa*. Ils avaient seulement la capacité du *jus gentium*. Ils étaient exclus de Rome et de 100 milles autour de la ville; s'ils y paraissaient, ils pouvaient être vendus comme esclaves, sans plus d'espoir d'affranchissement, ou du moins s'ils étaient affranchis, à la condition de rester les esclaves du peuple romain, *servi publici* (4). Ils ne pouvaient jamais acquérir la cité à moins que leur maître mourant insolvable ne les instituât héritiers (5); la latinité elle-même leur était interdite. Ils ne pouvaient tester (6) ni recueillir aucune libéralité testamentaire, pas même par voie de *fidéicommis* (7). Après leur mort, leurs biens retournaient en principe à leur patron (8).

Par exception, lorsque, sans le vice qui les avait relégués dans la classe des déditices, les affranchis seraient devenus citoyens, leurs enfants recueillaient leur succession à l'exclusion du patron et des descendants de celui-ci. Le gouverneur leur accordait un interdit par voie de *cognitio extraordinaria* ou la *bonorum possessio unde cognati*, si l'on admet que cette *bonorum possessio* était de droit des gens.

Les enfants de l'affranchi déditice naissaient dans la même con-

(1) Gaius, I, 26.
(2) Voigt, *op., cit.*, II, p. 314.
(3) Paul, IV, 12, 3; Suét., *Auguste*, 11.
(4) Gaius, I, 27.
(5) Ulpien, 1, 14, 26, 27.
(6) Gaius, 1, 25; III, 75; Ulpien, XX, 14.
(7) Gaius, I, 25; II, 285.
(8) Gaius, III, 74, 76.

dition que leur père. Ils ne faisaient partie, comme lui, d'aucune *civitas certa* et ne pouvaient par conséquent invoquer aucun droit local. Mais ils n'étaient pas exclus, comme leur père, du voisinage de Rome. Ils pouvaient y venir, même du vivant de celui-ci. C'étaient des *peregrini* ordinaires *sine civitate*. Leurs biens, àleur mort, étaient des biens vacants, d'après les principes. Mais il est vraisemblable que le gouverneur dans les provinces, et le préteur pérégrin à Rome intervenaient, dans leur édit, pour régler plus équitablement la situation de ces enfants, « à supposer, comme dit Voigt, que le droit lui-même ne fût pas venu à leur secours au moyen d'une application analogue du *jus civile Romanorum* (1) ».

C). *Cives Romani ayant subi la media capitis deminutio.* Enfin figurent dans la classe des *Apolides* ceux qui ont été condamnés à une peine entraînant la *media capitis deminutio*.

Entraînaient la *media capitis deminutio* l'interdiction de l'eau et du feu, la déportation, les travaux publics perpétuels (2).

Les citoyens qui avaient été condamnés à une de ces peines étaient privés de la liberté et devenaient *peregrini sine civitate*. Le *jus civile* leur devenait complètement étranger (3). Ils ne pouvaient invoquer que le droit des gens (4). Leur mariage se transformait en mariage de droit des gens. Ils ne pouvaient tester (5), et la *bonorum possessio* même leur était refusée (6). Une amnistie seule, provenant d'une loi ou d'un plébiscite, pouvait les relever de leur déchéance (7) et plus tard une *restitutio in integrum* émanant du prince. Leurs biens étaient confisqués. Mais ceux qu'ils acquéraient *jure gentium* depuis leur condamnation leur restaient propres. Il est probable qu'il en était pour la dévolution de ces biens, après la mort des *capite minuti*, comme des biens des affranchis déditices, et que le préteur à Rome et le gouverneur dans les provinces, au lieu de les laisser au fisc, les attribuaient, par un moyen juridique quelconque (*bonorum possessio unde cognati* ou tout autre moyen) aux enfants des *capite minuti*.

4. *Membres des États étrangers souverains en relations diplomatiques avec Rome.* — *Liber populus*, dit Proculus (8), *est is, qui nullius alterius populi potestati est subjectus, sive is fœderatus est : item sive æquo fœdere in amicitiam venit, sive fœdere comprehensum est, ut is popu-*

(1) Voigt, *op. cit.*, II, p. 760.
(2) Inst., I, 12, 1; Lois 2, § 1 ; 17, § 1, D., *de Pœnis*, 48, 19.
(3) Loi 17, § 1, D., *de Pœnis*, 48. 19.
(4) Lois 17, § 1, D., *de Pœnis*, 48, 19.
(5) Ulpien, XX, 14.
(6) Loi 13, D., *de Bonorum possessionibus*, 37, 1.
(7) Cic., *pro Domo.*, Suét, *Caligula*, 15; *Claude*, 12.
(8) Loi 7, § 1, D., *de Captivis et postliminio*, 49, 15.

*lus alterius populi majestatem comiter conservaret : hoc enim adjicitur,
ut intelligatur alterum populum superiorem esse : non ut intelligatur
alterum non esse liberum.*

Les membres de ces *liberi populi,* en dehors de *l'orbis romanus,*
avaient accès devant le gouverneur, à raison du *forum contractus,*
et de plusieurs autres cas exceptionnels de compétence. Le gouverneur leur appliquait le *jus gentium.* Ils avaient le droit d'en invoquer toutes les règles et toutes les institutions. Mais ils ne pouvaient pas bénéficier de leur droit propre. Les institutions de leur
droit national ne furent jamais admises par les gouverneurs de
province, pas plus d'ailleurs que par les préteurs à Rome. Le droit
romain put se les approprier et se les assimiler après les avoir plus
ou moins transformées. Mais le principe de l'exclusion du droit
des États souverains étrangers subsista toujours avec toute sa
rigueur primitive. Les divers témoignages qui ont été invoqués
à l'encontre de cette opinion sont relatifs aux *liberæ civitates* au
sein de l'empire romain (1).

5. *Membres des liberæ civitates au sein de l'orbis romanus.* — Nous
avons vu que les *liberæ civitates* au sein de l'empire romain étaient
soustraites, en principe, à l'autorité du gouverneur, et qu'elles
avaient, pour se gouverner, des magistrats autonomes, qui avaient
une juridiction propre sur tous les habitants de la cité, régnicoles
ou romains.

Les membres de ces cités étaient donc en principe soumis à la
juridiction des magistrats de leur cité, et ce ne pouvait être qu'exceptionnellement, qu'ils devenaient justiciables du gouverneur.

Lorsque cette hypothèse se produisait, le gouverneur appliquait
aux membres de ces cités entre eux, lorsqu'ils étaient soumis
au même droit local, le droit de leur cité. Dans le cas, au contraire, où ils appartenaient à des cités différentes et ayant des
droits divers, ou encore lorsqu'ils avaient difficulté avec des citoyens romains, des provinciaux, ou toute autre catégorie de personnes, le gouverneur appliquait le *jus gentium,* et, subsidiairement,
le *jus provinciale* (2), dans les cas où le *jus gentium* était insuffisant.

6. *Pérégrins ordinaires. Provinciaux.* — On entend en général par
pérégrins ordinaires, les individus qui font partie d'un peuple ami,
allié ou hôte du peuple romain, et par provinciaux, les individus
qui font partie des peuples subjugués par Rome. Les uns et les
autres sont, en principe, régis par le *jus gentium,* tant dans leurs

(1) *Cf.* Voigt. *op. cit.,* II, pp. 695, 697; IV, App., XII, § 31.
(2) *Cf.* Voigt, II, pp. 517, 526.

rapports entre eux, que dans leurs rapports avec les citoyens romains ou autres justiciables du gouverneur. Ce n'est que subsidiairement, ainsi que nous l'avons déjà fait remarquer, et pour certaines matières déterminées, qu'ils sont régis par le *jus provin-ciale.*

Les mêmes règles leur étant applicables, nous les confondrons dans tout le cours de cette étude sous le nom générique de pérégrins.

Pour se rendre un compte exact du droit qui était applicable aux pérégrins, il convient de passer rapidement en revue les diverses parties du droit, et de rechercher, dans chacune d'elles, d'après quelles règles statuait le gouverneur.

A). *Droits de famille.* Les pérégrins n'avaient pas le *connubium*, à moins de concession spéciale. Ils ne pouvaient pas, par suite, contracter de justes noces, avec une femme citoyenne. Mais ils pouvaient se marier, soit d'après leur loi locale, soit d'après le *jus gentium :* d'après leur loi locale, quand il s'agissait de membres d'une même *civitas libera* au sein de *l'orbis romanus,* ou de deux provinciaux de la même province, soumis à la même loi (c'était le mariage *secundum leges moresque peregrinorum,* auquel Gaius fait allusion) (1) : d'après le droit des gens, dans tous les autres cas, pourvu, toutefois, que le vœu des parties se soit élevé au-dessus du *concubinatus* et qu'elles aient entendu réaliser un mariage, autant qu'il était en elles (c'était le mariage du droit des gens, *sine connubio non legitimum*) (2).

Ces deux mariages tenaient le milieu entre les justes noces et le *concubinatus.* Ils étaient inférieurs au premier, supérieurs au second.

Le mariage *secundum leges moresque peregrinorum* produisait tous les effets de droit civil que lui attribuait le droit provincial ou le *jus* de la *libera civitas* des conjoints. S'il avait lieu entre Galates, il produisait les effets du mariage, d'après la loi Galate (3) ; si entre Bithyniens, ceux du mariage d'après la *lex Bithynorum,* etc.... Les gouverneurs dans les provinces, comme le préteur à Rome, étaient tenus, croyons-nous, d'en faire respecter les effets (4).

Quant au mariage de droit des gens, il produisait les effets suivants : la femme n'avait que le titre d'*uxor injusta.* Mais elle tombait, en cas d'adultère, sous le coup de la loi *Julia* (5), sans toutefois

(1) Gaius, I, 92.
(2) Gaius, I, 57, 75. Lois 13 pr., §§ 1 et 4, D., *ad Legem Juliam,* 48, 5. Loi 37, § 2, D., *ad Municipalem,* 50, 1.
(3) *V.* Gaius, I, 55, au sujet de la *patria potestas* Galate.
(4) Gaius, I, 55.
(5) Loi 13, § 1, D., *ad Legem Juliam,* 48, 5.

que le mari eût le privilège de pouvoir poursuivre seul pendant 60 jours, comme l'époux d'une *uxor justa*. Les enfants étaient également ment *liberi non justi;* ils suivaient la condition de leur mère, sauf l'application de la loi *Mensia* ou *Minicia* (1). Mais la règle *pater is est quem nuptiæ demonstrant* s'appliquait, car le père était connu (2).

Le mariage du pérégrin devenu citoyen prenait le caractère de justes noces. Mais tant qu'il restait pérégrin, le *matrimonium non justum* n'avait aucun effet civil ; il ne produisait pas la *patria potestas* romaine, sauf concession spéciale (3) et la *manus* ne pouvait être acquise (4). Il engendrait, au contraire, la dette alimentaire entre les époux, le père et les enfants, l'action *rei uxoriæ* et certaines *retentiones dotis*, comme les *retentiones propter mores, impensas*, mais non la *retentio propter liberos* (5).

L'adoption était interdite entre citoyen romain et pérégrin. Mais entre pérégrins membres d'une même cité, l'adoption était possible, conformément aux lois de cette cité (6).

Les pérégrins n'étaient pas aptes à la tutelle, ni à la curatelle, soit activement, soit passivement, ces deux institutions étant toujours demeurées *juris civilis* (7). En revanche, leurs lois personnelles admettaient en général, une tutelle, même testamentaire, à laquelle le gouverneur devait forcément avoir égard (8). De même pour la curatelle (9). Enfin, il est certain que les gouverneurs des provinces reçurent des instructions de l'empereur pour nommer des curateurs aux adolescents, même non Romains (10). A plus forte raison durent-ils nommer des tuteurs.

On peut rattacher aux droits de famille tout ce qui est relatif à l'affranchissement et au patronat. Le *potestas dominica* était de droit des gens (11), mais les formes de l'affranchissement et les *jura patronatus*, ayant été établis uniquement pour les Romains, étaient étrangers aux *peregrini*. Ceux-ci ne pouvaient employer que les

---

(1) Le manuscrit de Gaius porte Minicia, celui d'Ulpien Mensia. Cette loi décidait que l'enfant né du mariage d'une *civis Romana* avec un pérégrin devait suivre la condition de son père, et être ainsi pérégrin, malgré la cité de sa mère, tandis que l'enfant du mariage d'une *civis Romana* avec un Latin était *civis*. Ulpien, III, 3 ; V, 8 ; Gaius, I, 80.

(2) Loi 5, D., *De in jus vocando*, 2, 4. Ces diverses observations s'appliquent au mariage des citoyens qui ont subi la *media capitis deminutio*.

(3) Gaius, I, 55, 128 ; Ulpien, X, 3.

(4) Gaius, I, 108.

(5) Voigt, *op. cit.*, II, p. 849, et autorités qu'il cite.

(6) Cic., *ad Familiarem*, 13, 19.

(7) Inst., I, 13, 1.

(8) *Cf.* Humbert, *loco cit.*, p. 19.

(9) Gaius, I, 197.

(10) Gaius, I, 198. Loi 12, § 2, D., *de Tutoribus et curatoribus datis*, 26, 5.

(11) Gaius, I, 9. 52. Inst., I, 8, 1. Loi 5, § 1, D., *de Statu hominum*, 1, 5.

modes d'affranchissement consacrés par la loi de leur *civitas*. L'affranchi suivait la condition du *manumissor*, et leurs droits et devoirs respectifs étaient réglés par la loi du *manumissor*.

B.) *Droit de propriété*. L'antique propriété romaine, propriété quiritaire, n'était accessible qu'aux citoyens romains, ou à ceux qui avaient le *jus commercii*, comme les Latins. Les pérégrins n'ayant pas le *commercium*, ne pouvaient y prétendre (1). Mais à l'époque classique, sous l'influence du préteur pérégrin à Rome et du gouverneur dans les provinces, le caractère politique de la propriété s'est amoindri ; on reconnaît au pérégrin la qualité de propriétaire.

Il faut déterminer dans quelle mesure et comment les pérégrins pouvaient acquérir et transmettre.

Il est un point hors de doute. Les modes civils de transfert de la propriété (*mancipatio, in jure cessio, usucapio, adjudicatio*) n'étaient pas accessibles aux pérégrins. Par suite, ceux-ci ne pouvaient être propriétaires de choses *mancipi* (2). Ils ne pouvaient avoir sur ces sortes de choses qu'une simple détention, simple fait matériel n'engendrant aucun droit. Mais il est vraisemblable que le préteur à Rome, et les gouverneurs dans les provinces ont dû protéger par des interdits cette propriété de fait des pérégrins. Quant aux choses *nec mancipi*, dont le *dominium* se transférait par la simple tradition, les pérégrins étaient sur le même pied que les citoyens (3). Ils pouvaient, par suite, acquérir par occupation les choses qui en étaient susceptibles, l'occupation comme la tradition étant de droit des gens. De plus, sous la pression des exigences de la pratique, on fit un pas de plus : on admit les pérégrins à la propriété des meubles *mancipi* (4), notamment des esclaves et des bêtes de trait ou de somme (5). Mais nous ne croyons pas qu'on ait jamais admis rien de pareil pour les immeubles *mancipi* (fonds italiques, ruraux ou urbains, servitudes rurales italiques) (6), la propriété de ces immeubles ne pouvant, entre citoyens même, se transmettre que par les modes civils. Ils ne furent jamais susceptibles que d'une simple détention de la part des pérégrins.

Il en fut autrement pour les fonds provinciaux. On sait que, depuis la guerre sociale, les fonds provinciaux étaient dans une condition tout à fait différente de celle des fonds italiques. L'État seul en était propriétaire, les particuliers (citoyens ou autres) ne

(1) Gaius, II, 40.
(2) Ulpien, XIX, 1, 4, 5 ; Gaius, II, 22.
(3) Gaius, II, 19 ; Ulpien, XIX, 7.
(4) *Fragm. Vat.*, § 47 ; Ulpien, I, 16.
(5) Gaius, I, 52.
(6) Gaius, II, 40.

pouvaient en avoir que la possession. Cette possession était accessible aux pérégrins. Elle se transmettait par la tradition et était protégée par la *præscriptio longi temporis* et la *rei vindicatio utilis*.

La propriété qui existait au profit des pérégrins sur les choses *nec mancipi* et sur les meubles *mancipi* n'était pas une propriété de droit des gens; ce n'était pas davantage l'*in bonis* (1), c'était le *dominium ex jure Quiritium* lui-même (2).

Les pérégrins qui ne pouvaient avoir, comme nous l'avons dit plus haut, qu'une simple détention sur les immeubles italiques, n'étaient protégés, au début, dans leur détention, que par des interdits que le magistrat romain accordait pour assurer la paix et le bon ordre. Ils ne pouvaient invoquer la *publicienne*, l'usucapion n'étant pas admise en leur faveur.

C'est pour remédier à cet état de choses que le préteur introduisit la *præscriptio longi temporis*. Cette *præscriptio* était soumise aux mêmes règles que l'usucapion quant à la bonne foi, à la juste cause, au mode de calcul du délai, et à l'*accessio temporis*. Elle procurait au possesseur pérégrin d'un immeuble italique acquis *a domino* ou *a non domino*, un moyen de défense contre la revendication du propriétaire. Mais ce n'était, au début, qu'un moyen de défense ; si celui qui prescrivait venait à perdre la possession, il ne pouvait revendiquer. Mais le préteur, par extension de l'idée première, finit par accorder en pareille hypothèse une *rei vindicatio utilis*.

En matière de servitudes, les servitudes prédiales rurales, *res mancipi*, ne pouvant dans le début s'acquérir que par les modes civils, échappaient aux pérégrins. Mais là encore, l'office du préteur leur en facilita l'accès, en décidant que les servitudes étaient susceptibles d'une *quasi possessio*. Dès lors, la quasi-tradition suffit aux pérégrins pour les acquérir, dès que le propriétaire du fonds dominant commençait à les exercer avec l'assentiment du propriétaire du fonds servant (3). Les servitudes établies par quasi-tradition, de quelque nature qu'elles fussent (urbaines ou rurales), étaient, comme toutes les servitudes de droit prétorien, protégées soit par l'action *confessoria utilis*, soit par une exception (4). Enfin, une extension de la *præscriptio longi temporis*, analogue à celle de

---

(1) Gaius, I, 54; II, 40.
(2) *Fragm. Vat.*, 47; Humbert, *loco cit.*, pp. 21, 22.
(3) Loi 1, § 2. D., *de Servitutibus prædiorumc*. 8, 3. — *Cf.* Loi 8, p., Code, *de Præscriptione*. 7, 39.
(4) Loi 3, § 3 et loi 9, D., *de Operis novi nunciatione*. 39, 1 ; Loi 16, D., *Si servitus vindicetur*. 8, 5.

la possession et de la tradition, permit à ceux qui avaient reçu les servitudes *a non domino*, d'en conserver désormais l'exercice. La *longa quasi possessio* nécessaire à cet effet devait être accompagnée de la bonne foi, mais sans *justa causa*, l'absence de précarité, de clandestinité et de violence était seule exigée (1), le laps de temps restant à l'appréciation du juge.

C). *Droits de succession ab intestat et testamentaire.* A l'époque classique, les pérégrins ne jouissent d'aucun droit de succession *ab intestat*, d'après la loi romaine ; car il n'y a pas d'agnation entre eux, et l'organisation romaine de la famille est spéciale aux citoyens. Mais ils peuvent transmettre et succéder *ab intestat*, s'ils ont une loi nationale, et que cette loi leur reconnaisse ce double droit. C'était d'après la loi du défunt provincial ou membre d'une *libera civitas* au sein de l'*orbis romanus* qu'était réglée la dévolution de sa succession *ab intestat*(2). Plus tard, la *bonorum possessio unde cognati*, qui appelait les cognats, quelle que fût leur nationalité, à la propriété bonitaire des biens du défunt, s'appliqua aux pérégrins, et les rendit, à ce point de vue, égaux aux citoyens (3).

En matière de testament, faute de la *testamenti factio* active et passive, les pérégrins étaient incapables de laisser, d'après la loi romaine, un testament valable, d'être institués héritiers, de recevoir un legs et d'être témoins dans un testament (4). Il n'était apporté exception à ces règles qu'en matière de testaments militaires où les pérégrins pouvaient être institués héritiers et recevoir des legs (5). Mais les pérégrins qui appartenaient à une cité pouvaient valablement tester suivant la loi de leur cité (6). Enfin, depuis Auguste jusqu'à Adrien, les fédéicommis furent permis aux pérégrins (7). Adrien les attribua au fisc.

D). *Donations.* La donation n'étant pas par elle-même un mode d'acquisition, et la propriété n'étant transférée, à l'époque classique, que par l'emploi d'un des modes de transmission ordinaire, les pérégrins pouvaient faire et recevoir des donations entre vifs, en les réalisant par un mode de transmission de la propriété dépendant du droit des gens (tradition, délégation, remise de dette par *acceptilatio* ou par pacte *de non petendo*). Mais il est probable que les donations à cause de mort, à cause de leur assi-

(1) Loi 1, § 23, D., *de Aqua et aquæ pluviæ arcendæ*, 39, 3.
(2) Voigt, *op. cit.*, IV, p. 324; Humbert, *loc. cit.*, p. 24.
(3) Loi 13, D., *de Bonorum possessionibus*, 37, 1.
(4) Ulpien, XXII, 2; Gaius, I, 25; II, 104.
(5) Gaius, II, 110.
(6) Ulpien, XX, 14.
(7) Gaius, II, 285; Ulpien, XXV, 1. — *Cf.* Voigt., *op. cit.*, p. 853; Accarias, *op. cit.*, I, p. 986.

milation aux legs, leur étaient interdites (1). On y remédiait au moyen de la *mortis causa capio* (2). La loi *Cincia* était applicable à la donation entre vifs faite par un citoyen romain à un pérégrin (3).

E). *Obligations.* C'est surtout en matière d'obligations, que les règles générales, posées par nous, au début de ce chapitre, relativement à la détermination du droit auquel étaient soumis les pérégrins, trouvent leur application.

En principe, dans leurs rapports d'obligations entre eux, comme avec les autres classes de justiciables, les pérégrins usent des facilités assez larges que leur offre le droit des gens. Le gouverneur ne se réfère au droit local que dans des cas exceptionnels difficiles à déterminer, ou lorsque le *jus gentium* est insuffisant.

C'est sur le terrain des obligations que le *jus gentium* a fait ses plus importantes conquêtes. Presque tous les contrats étaient de droit des gens, et, par conséquent, accessibles aux pérégrins (4). Il en était ainsi : 1°) des contrats consensuels : *emptio venditio, locatio conductio, societas, mandatum ;* 2°) des divers contrats innommés sanctionnés par l'action *præscriptis verbis* (5); 3°) des contrats *re : depositum, commodatum, pignus.* Le *mutuum*, quoique *stricti juris*, était accessible aux pérégrins (6).

La stipulation, contrat solennel *stricti juris* par excellence, fut d'abord réservée aux seuls citoyens romains. La formule à l'aide de laquelle ce contrat se formait, *spondesne? spondeo*, n'était pas accessible aux pérégrins. Mais les nécessités pratiques aidant, on fut amené à donner une grande extension à cette forme de contracter et à la permettre aux pérégrins. La stipulation, dans sa forme primitive, *spondesne? spondeo*, ne fut jamais accessible aux pérégrins, au moins jusqu'à l'époque de Gaius (7). Mais ils pouvaient user de ce contrat en stipulant ou promettant, à l'aide des formes suivantes : *dabis? dabo ; promittis? promitto ; fidepromittis? fidepromitto ; fidejubes? fidejubeo ; facies? facio* (8).

L'accès de la stipulation ouvert aux pérégrins, toutes les obligations entre pérégrins ou entre Romains et pérégrins purent désormais être sanctionnées, la stipulation étant un moule dans lequel

---

(1) *Cf.* Loi 32, § 8, D., *de Donationibus inter virum et uxorem*, 24, 1.
(2) Loi 55, D., *de Conditionibus et demonstrationibus.* 35, 1.
(3) *Fragm. Vat.*, 259.
(4) Gaius, III, 115, 119, 120, 133; Inst., I, 2, 2; Loi 1, D., *Locati conducti*, 19, 2.
(5) Loi 7 pr., 1, 2, D., *de Pactis*, 2, 14; Loi 25, D., *de præscriptis verbis*, 19, 5. Loi 15, pr. D., *de Interdictis et relegatis*, 48, 22; Loi 1, D., *de Præcario*, 43, 26.
(6) Gaius, III, 142; Inst., 1, 2, 2.
(7) Gaius, III, 93.
(8) Gaius, III, 92, 93, 96, 119, 120.

on pouvait couler toutes sortes d'opérations juridiques quelconques (1).

Les contrats ainsi formés par stipulation, au moyen des formules accessibles aux pérégrins, étaient identiques à ceux des Romains : mêmes modalités, mêmes obligations accessoires ; une différence cependant : le pérégrin ne pouvant employer la formule *spondesne ? spondeo*, n'est pas *sponsor ;* il s'appelle *fidepromissor* ou bientôt *fidejussor*.

L'obligation du *fidepromissor*, comme celle du *sponsor*, ne passait pas en principe aux héritiers ; mais il y avait exception s'il s'agissait d'un *fidepromissor* ou *sponsor* pérégrin, dont le droit de la cité admettait la transmissibilité aux héritiers (2). Dans ce cas, si le *fidepromissor* ou *sponsor peregrinus*, dont le droit de la cité admettait la transmissibilité des obligations de la *sponsio* ou de la *fidepromissio* aux héritiers, venait à mourir, avant d'avoir accompli son obligation de débiteur accessoire, le créancier, citoyen ou pérégrin, envers lequel il s'était engagé, comme caution, avait le droit de poursuivre ses héritiers devant le gouverneur de la province qui accordait l'action concédée d'après le droit local du *sponsor* ou *fidepromissor* (3).

L'obligation des *fidejussores* a toujours été transmissible aux héritiers (4).

Un autre mode de s'obliger, qui resta longtemps spécial aux citoyens, fut le contrat *litteris*. C'était un contrat consensuel, qui consistait en écritures portées sur le *codex* ou livre domestique des Romains ; par suite, les pérégrins, n'ayant pas l'usage du *codex*, ne pouvaient s'obliger *litteris*, dans cette forme. La *transcriptio a persona in personam* leur était certainement refusée ; quant à la *transcriptio a re in personam*, il y avait controverse (5).

L'usage des *arcaria nomina*, simple moyen de preuve de la numération des espèces, était commun aux citoyens et aux pérégrins (6). De plus, il y avait deux sortes d'écrits particuliers aux pérégrins et remplaçant pour eux, les *transcriptitia nomina* du *codex :* les *syngraphæ* et les *chirographa* (7). Dans les *chirographa* et les *syngraphæ,* l'écriture émanait du débiteur et non du créancier comme dans les *transcriptitia nomina* du *codex :* elle constituait une recon-

(1) Inst., III, 18, 3.
(2) Gaius, III, 20.
(3) Voigt., *op. cit.*, IV, app. XVI, § 12, p. 322.
(4) Inst. Loi 2, *de Fidejussoribus*, 3, 20.
(5) Gaius, III, 133.
(6) Gaius, III, 131, 132.
(7) Gaius, III, 134.

naissance de dette. Le *chirographum* n'était signé que du débiteur, c'était un simple billet qui restait entre les mains du créancier. Les *syngraphæ*, au contraire, étaient rédigées en double et portaient la signature des deux parties.

Il y a controverse sur la véritable portée des *chirographa* et des *syngraphæ*. Les uns soutiennent qu'ils ne constituaient qu'un simple moyen de preuve (*instrumenta, cautiones*), d'autres, au contraire, y voient de vraies causes d'obligations. Ce qui est certain, c'est que l'exception non *numeratæ pecuniæ* s'appliquait à ces écrits (1) et que les *usuræ* étaient assurées par la *condictio* (2).

Les quasi-contrats étaient accessibles aux pérégrins, comme la *negotiorum gestio*, la communauté, l'*indebiti solutio*. La *condictio indebiti* ou *sine causa* était applicable (3).

La théorie des délits et des quasi-délits existait aussi au profit comme à l'encontre des pérégrins, sauf au cas de délit à modifier parfois l'action primitive et à y introduire la fiction de la cité (4).

C'est de cette façon, par le détour d'une fiction, qui leur supposait la qualité de citoyens, que les pérégrins furent admis à exercer, et qu'on put exercer contre eux, l'action *furti*, celle de la loi *Aquilia* et l'action *injuriarum*, toutes actions de droit civil, dérivant des XII tables ou d'une loi.

Quant aux actions pénales prétoriennes, elles furent données pour et contre les pérégrins aussi bien que pour et contre les citoyens.

Enfin les modes d'extinction des obligations ont été également ouverts aux pérégrins, l'*acceptilatio* comme les autres (5).

§ 4. — Application des jura peregrinorum dans les cas où le droit des gens est insuffisant. Mesure de cette application. — Nous venons de voir quel était le droit appliqué par le gouvernement suivant les différentes classes de justiciables, dans les contestations de diverses sortes dont il pouvait être saisi. Nous avons vu que, dans certaines matières qui n'étaient pas du domaine du *jus gentium*, comme le testament, l'adoption, les successions *ab intestat*, c'est le droit provincial et le *jus civile* des *liberæ civitates*, qui étaient appliqués, dans les rapports des pérégrins entre eux. Mais il y a mieux, il y avait certaines matières où, même dans les rapports des citoyens romains avec les pérégrins, il y avait lieu de tenir compte du *jus provinciale* et du droit civil des *liberæ civitates*. C'était dans le cas

---

(1) Loi 5, Code, *de Non numerata pecunia*, 4, 30.
(2) *Cf.* Loi 41, § 2, D., *de Usuris et fructibus*, 12, 1.
(3) Loi 15, D., *de Condictione indebiti*, 12, 6.
(4) Gaius, IV, 37.
(5) Loi 107, D., *de Solutionibus*, 46, 3; Loi 8, § 4, D., *de Acceptilatione*, 46, 4.

où le *jus gentium* ne fournissait pas de règles juridiques suffisantes pour donner satisfaction aux exigences de la vie commerciale, dans les relations d'affaires entre les deux classes de personnes dont nous venons de parler, notamment en matière de prêt à intérêts et d'hypothèque (1).

En ce qui concerne le prêt à intérêts, la stipulation, même avec ses formes de droit des gens, n'était pas trouvée suffisante dans les relations d'affaires entre pérégrins, *liberæ civitates* ou membres de ces cités et citoyens romains; on avait recours aux *syngraphæ*, institution de pur droit pérégrin, ainsi que nous l'avons déjà dit. Il existe un nombre considérable de textes attestant la conclusion de prêts à intérêts sous la forme de *syngraphæ* par des citoyens romains à des provinciaux, à des *liberæ civitates* et à des membres de ces cités (2).

De même, en matière de crédit réel, le droit romain n'avait encore admis, à l'époque de Cicéron, ni le *pignus* comme droit réel, ni l'hypothèque; et d'autre part, la *fiducie* appartenait au *jus civile;* par suite, lorsqu'il y avait lieu d'établir une sûreté réelle, dans une affaire entre citoyens romains et pérégrins, *liberæ civitates* ou membres de ces cités, on était obligé de recourir à l'hypothèque, institution de droit hellénique. Nous ne citerons que deux exemples de ces sortes de constitutions : 1°) Lysianas, citoyen de Temnos, ville provinciale, qui constitue, comme garantie d'un prêt, une hypothèque au profit d'Appuleius Decianus, sur un fonds situé à Appollinis, *libera civitas* de Mysie (3), et 2°) Philoclès d'Alabanda, *libera civitas* de Carie, qui en constitue une, sur un fonds de sa cité, au profit de M. Cluvius, citoyen romain, pour garantir un prêt à lui fait par ce citoyen (4).

§ 5. — Organisation de la justice. Procédure. — L'organisation de la justice par l'édit du gouverneur, dans les provinces, et les formes de la procédure étaient, comme la plupart des règles de droit privé en général, calquées sur le système de la capitale. Les *liberæ civitates* échappaient seules à cette organisation, puisqu'elles avaient conservé, ainsi que nous l'avons déjà dit, non seulement leurs lois et leurs usages, mais encore une administration autonome et une juridiction propre sur tous les habitants, régnicoles ou Romains. Le gouverneur n'avait guère à intervenir dans son édit,

---

(1) *Cf.* Voigt., *op. cit.*, IV, app. XVI, § 14, p. 328.

(2) Cic., *ad. Attic.*, V, 21; *pro Domo*, 50; *pro. Sest.*, 26. *Phil.* II, 37, 38; V, 47; Egger, *Études historiques sur les traités publ. chez les Grecs et les Rom.*, pp. 176-179; Voigt., *op. cit.*, IV, p. 330.

(3) Cic., *pro Flacc.*, 21.

(4) Cic., *ad. Fam.*, 13, 56.

à l'égard de ces cités, que dans des cas assez rares. Dans toutes les autres parties de la province, au contraire, le gouverneur organisait lui-même l'administration de la justice et la procédure dans son édit. Il fixait les époques où il jugerait au milieu du *conventus*, et indiquait comment il jugerait, comment il exercerait la juridiction, en se conformant aux lois de la province, aux sénatus-consultes, aux usages et à son édit.

Il n'y a pas, à ce sujet, à distinguer suivant les époques, comme il faudrait le faire s'il s'agissait du préteur urbain. Sans compter que la loi *Æbutia* est presque contemporaine de la création de la première province, les *legis actiones* n'étaient pas applicables à l'immense majorité des affaires que le gouverneur avait à juger, et si le préteur pérégrin n'eût pas inventé déjà des formules de procédure distinctes de celles du droit civil, l'honneur de cette création aurait certainement appartenu aux gouverneurs des provinces.

De même que le préteur à Rome, le gouverneur dans les provinces terminait lui-même l'affaire ou donnait des juges. Il tranchait lui-même la difficulté dans les procès de minime importance, et lorsque les parties s'entendaient pour s'en remettre à sa décision (1). Mais, le plus souvent, son rôle se bornait à donner un juge aux plaideurs et à terminer la partie de l'instance qui se passait *in jure* à Rome.

Les juges étaient choisis suivant l'*edictum* ou suivant la *lex provinciæ*; suivant l'*edictum*, quand la *lex provinciæ* ne statuait pas à ce sujet, ce qui arrivait le plus souvent; suivant la *lex provinciæ* dans le cas contraire.

Dans le cas où la matière était réglée par la *lex provinciæ*, le gouverneur s'y conformait. Cicéron nous en donne un exemple à propos de la Sicile(2). Tout procès en Sicile, lorsqu'il existait entre deux citoyens de la même cité, devait être jugé par un de leurs concitoyens. Si ces deux adversaires étaient de deux villes différentes, le gouverneur tirait au sort d'après la loi *Rupilia*. S'il y avait une cité en cause, c'était le Sénat d'une autre localité qui devait juger. De plus, par une faveur spéciale, dans les affaires où les deux adversaires étaient l'un Romain, l'autre Sicilien, le juge devait être de la qualité du défendeur. Dans tous les autres cas, le juge était un citoyen romain établi dans la province.

Dans le cas où la *lex provinciæ* ne statuait pas, le gouverneur observait d'ordinaire les règles suivantes: il donnait en général

(1) Cic., *ad Atticum*, V, 21.
(2) Cic., *in Verrem*, II, 13.

comme juges, des citoyens romains *selecti ex conventu civium romanorum,* toutes les fois que le procès intéressait un citoyen, même
si l'autre partie était un pérégrin. Lorsqu'au contraire les deux
plaideurs étaient des pérégrins appartenant à une même cité, il
les renvoyait devant des *recuperatores* de leur cité commune (1).
Enfin, si les plaideurs appartenaient à des cités différentes, le
gouverneur choisissait les *recuperatores* parmi les indigènes du
pays où était jugé le procès. Cicéron rapporte que c'était souvent
un moyen de se faire bien voir des populations que de leur donner un de leurs concitoyens pour connaître de leurs affaires :
« *Græci exsultant,* dit Cicéron (2), *quod peregrinis judicibus utuntur*;
nugatoribus quidem, inquies; *Quid refert tamen se* αυτονομιαν *adeptos
putant.* »

Quant à la procédure suivie devant le gouverneur pour la délivrance de la formule, elle était exactement la même qu'à Rome,
devant les préteurs urbain et pérégrin. Les parties présentes *in
jure* devant le gouverneur, après un exposé sommaire de leur
différend, le magistrat *edebat actionem,* indiquait dans l'édit l'action qui se rapportait au litige ; quelquefois il en créait une nouvelle, à défaut des prévisions de l'édit ; enfin, il pouvait de prime
abord *denegare actionem,* refuser l'action, s'il pensait que la prétention du demandeur ne méritait pas son attention. Les actions se
prêtaient d'ailleurs à la variété des faits, grâce à la facilité des
præscriptiones, des *exceptiones* et des *fictiones.*

L'action délivrée, le gouverneur rédigeait la formule en termes
solennels (*verba concepta*) (3). Par la *formula, includebat judicem,* il
liait le juge, à qui l'appréciation des faits restait souverainement,
mais dont la décision juridique était, pour ainsi dire, dictée d'a-
vance, à part quelques détails d'application, si étrange qu'elle pût
lui paraître. C'est ce pouvoir de rédaction d'une formule, dont les
termes avaient la portée que nous venons d'indiquer, qui procura
au préteur à Rome et aux gouverneurs dans les provinces, le moyen
de faire bénéficier les pérégrins des institutions du droit civil romain. Les magistrats romains usaient à cet effet de deux procédés:
tantôt ils assimilaient nettement le pérégrin au citoyen, lorsqu'ils
estimaient que le droit civil était conforme à la raison, en introdui-
sant dans la formule une fiction d'après laquelle ils supposaient
chez le pérégrin la qualité de citoyen : c'étaient les actions *fic-
tices* (4) ; tantôt ils rédigeaient la formule *in factum* au lieu de la

(1) *Cf.* Cic., *ad Atticum,* VI, 1, 15.
(2) *Ad Atticum,* VI, 1.
(3) Gaius, IV, 30.
(4) Gaius, IV, 37.

laisser *in jus*, et ainsi mettaient le juge à même de prononcer sur un simple fait, relatif à un pérégrin, alors que celui-ci n'aurait pas pu invoquer un droit semblable *ex jure Quiritium* (1) : c'était la formule *in factum* (2), qui fut sans doute la forme originaire de toute formule et qui amena la création du système formulaire. En tous cas, c'est par ces détours ingénieux que le préteur à Rome et les gouverneurs, dans les provinces, rendirent les pérégrins aptes à jouir du droit civil romain ; bien plus, qu'ils leur donnèrent le bénéfice d'une législation souvent plus équitable que la législation romaine, puisqu'ils créaient, à côté du droit civil, un droit honoraire plus large et plus humain. La supériorité de ce droit s'établit rapidement : les citoyens romains y eurent recours, et le préteur urbain s'inspira souvent des innovations contenues dans l'édit de son collègue, le préteur pérégrin, et de celles que renfermaient les édits des gouverneurs de province. A la fin de l'époque classique, la fusion était accomplie.

La délivrance de la formule renvoyait *in judicio*, devant un ou plusieurs juges, déterminés d'après les règles plus haut posées et choisis : par les parties elles-mêmes, par voie de récusation, sur des listes dressées à cet effet par le gouverneur, ou, à défaut de manifestation de volonté des parties, par le gouverneur lui-même.

A la différence des *judicia* romains, qui pouvaient être *legitima*, il ne pouvait y avoir lieu, en province, qu'à des *judicia imperio continentia*, qui ne duraient que le temps pendant lequel le magistrat était en fonctions, et n'éteignaient le droit déduit en justice qu'*exceptionis ope*. Afin d'éviter de voir l'instance éteinte au préjudice du demandeur, les gouverneurs ordonnaient aux juges de terminer l'instruction de l'affaire avant le moment où leurs attributions viendraient à cesser. C'est là l'origine de la limitation des *judicia legitima*.

L'instance engagée devant le juge, le gouverneur avait néanmoins la haute main sur elle ; il devait en surveiller la marche ; il pouvait exiger que l'une des parties fournit des garanties à l'autre ; il avait le droit de forcer le juge à rendre sa sentence. Enfin, en cas de décès ou d'empêchement, il en nommait un autre et lui fournissait tous les renseignements nécessaires pour remplir sa mission.

(1) Loi 11, *de Præscriptis verbis*, 19, 5.
(2) Gaius, IV, 46, 58, 60.

CHAPITRE V

TRAVAUX SUR L'ÉDIT PROVINCIAL

(Commentaire de Gaius ad Edictum Provinciale).

§ 1. — **Ouvrage unique sur l'édit provincial. Commentaire de Gaius a dedictum provinciale.** — Les jurisconsultes romain sont beaucoup écrit sur les édits des préteurs de Rome, et de nombreux commentaires, sur cette importante matière, nous sont parvenus. Nous ne possédons, au contraire, qu'un seul ouvrage sur l'édit provincial : le Commentaire de Gaius *ad edictum provinciale*, et encore ne nous est-il parvenu que les fragments insérés au Digeste par Tribonien (340 fragments).

§ 2.—**Vie de Gaius.**— Gaius vivait sous Antonin le Pieux et sous Marc-Aurèle (161 à 180) : cela résulte clairement de certains passages de ses écrits. En effet, c'était une règle arrêtée chez les jurisconsultes romains, de réserver le nom de *divus* aux empereurs décédés et déclarés *divi* par le Sénat (1). Or, dans ses Institutes, Gaius cite l'empereur Antonin sans l'appeler *divus*, mais un peu plus loin, dans le même ouvrage, Gaius qualifie Antonin de *divus*. Probablement l'empereur Antonin venait de mourir. De plus, dans la loi 9, au Digeste, *ad senatus consultum Tertullianum* (2), Gaius s'exprime ainsi, à propos du sénatus-consulte Orphitien : « *Sacratissimi principis nostri oratione cavetur.* » Or, c'est par Marc-Aurèle que le sénatus-consulte Orphitien fut proposé au Sénat. C'est donc que Gaius vivait aussi sous le règne de cet empereur.

L'incertitude la plus grande subsiste sur le lieu de la naissance de Gaius, sur la ville où il professait, où il a écrit, où il a vécu. Bremer n'hésite pas à décider que Gaius est né à Troas et qu'il a enseigné le droit à Béryte (3). Ce qui est assez généralement admis,

---

(1) *Cf.* Gaius, I, 30, 55, 62, 73, 77, 80, 84, 85, 92, 93, 94; II, 143, 163, 221, 280, 285, 287; III, 73, 121, 122.

(2) 38, 17.

(3) Bremer, *Rechtslehre und Rechtslehrer im Römischer Kaiserrecht*, p. 81.

c'est que Gaius est né en Asie Mineure; mais les uns, comme MM. Mommsen (1) et Demangeat (2), pensent qu'il y passa la plus grande partie de sa vie et qu'il y composa ses ouvrages ; d'autres, au contraire, croient que Gaius a demeuré à Rome et y a professé (3).

Nous serions tenté d'adopter de préférence l'opinion de MM. Mommsen et Demangeat, car si Gaius avait vécu longtemps et professé à Rome, on ne s'expliquerait pas le silence de ses contemporains à son égard. Il est probable que Gaius a vu le jour en Asie Mineure, et qu'après y avoir reçu une éducation essentiellement grecque, il s'est rendu à Rome, où il a complété son éducation, puis est venu ensuite s'établir définitivement en province, dans une ville d'Orient, probablement, où il a enseigné et écrit les ouvrages que l'on connaît de lui.

Quoi qu'il en soit, ce qui est certain, c'est que Gaius montre dans tous ses ouvrages une connaissance approfondie du droit des personnes, et qu'il s'attache sans cesse à rapprocher le droit des Romains de celui des provinciaux. C'est une étude de droit comparé qu'il fait dans tous ses ouvrages ; partout il établit un parallèle constant entre la condition des Romains et celle des pérégrins, la condition du sol provincial et celle du sol romain, les fidéicommis à Rome et dans les provinces, etc.

Gaius était un stoïcien. Ses principales qualités d'écrivain et de jurisconsulte sont la clarté et la méthode, il se fait remarquer par des connaissances juridiques très étendues, il se montre à la fois historien, jurisconsulte, philosophe. Il appartenait à l'école des Sabiniens.

Les principaux ouvrages connus de Gaius sont :

1° *Institutiones*, 4 commentaires, 901 paragraphes, parvenu en entier ;

2° *Libri VII Rerum quotidianarum* ou *Aureorum* (26 fragments au Digeste);

3° *De casibus liber singularis* (7 fragments au Digeste) ;

4° *Libri ad edictum prætoris urbani* (46 fragments au Digeste) ;

5° *Libri ad edictum ædilium curulium* (11 frag.) ;

6° *Libri VI ad Legem duodecim Tabularum* (29 frag.) ;

7° *Libri XV ad Legem Juliam et Papiam Poppæam* (30 frag.) ;

8° *Liber singularis ad Legem Gliciam* (4) ;

---

(1) Mommsen, *Jahrbuch des gemeinen Deutschen Rechts*, III, 1, 14.
(2) Demangeat, *Droit Romain*, t. Ier, p. 99.
(3) Caillemer, notes sur Gaius, pp. 3 et 4.
(4) Il y a discussion sur le nom et l'existence de cette loi, et par suite du traité de Gaius.

9° *De verborum obligationibus, libri III* (12 frag.) ;

10° *Libri III de manumissionibus* (5 frag.) ;

11° *Liber singularis de formula hypothecaria* (6 frag.) ;

12° *Libri II fideicommissorum* (12 frag.) ;

13° *Liber singularis de tacitis fideicommissis* (L. 23, D., *de His quæ ut indignis,* 34,9) ;

14° *Liber singularis de re uxoria*, rappelé avec éloge par Justinien dans sa const. *Omnem,* § 1, et cité aussi sous le nom de *Liber singularis dotaliciorum* :

15° *Liber singularis regularum* (L. 21, D., *de Adopt.*, 1,7);

16° *Libri Regularum* (6 frag.) (1);

17° *Ad Senatus consultum Orphitianum liber singularis* (L. 8, D., *ad s. c. Tertull.*, 38,17) ;

18° *Ad Senatus consultum Tertullianum liber singularis* (L. 9, D., *eod. tit.*) ;

19° Gaius nous dit lui-même qu'il a écrit des notes sur Quintus Mucius (2) et sur les *bonorum possessiones* (3) ;

20° Enfin *libri XXXII, ad edictum provinciale* (340 frag.).

A côté de Gaius, on peut citer comme jurisconsultes provinciaux, ayant passé leur vie en partie ou en totalité dans une province, Quintus Cervidius, Scævola, Tertullianus, Triphonius, etc... (4).

Ulpien, originaire de Tyr, vécut aussi probablement très longtemps en province. Il parle fréquemment dans ses écrits de l'Égypte, de l'Arabie, et de la Syrie. Il n'est pas impossible, d'après Bremer, qu'il ait enseigné le droit à Béryte et y ait connu les Instituts de Gaius.

§ 3. — **Commentaire de Gaius ad edictum provinciale.** — C'est l'ouvrage de Gaius dont nous possédons le plus grand nombre de fragments au Digeste. On peut même dire que ce traité est le seul qui nous ait fait connaître quelques textes de l'édit provincial. Gaius est le premier et le seul jurisconsulte qui ait, à notre connaissance, commenté l'édit provincial.

Le commentaire de Gaius *ad edictum provinciale* proprement dit comprenait 30 livres. Les livres 31 et 32 étaient consacrés à l'édit des édiles curules.

Gaius semble avoir écrit son commentaire sur l'édit provincial avant les Instituts, car il renvoie de ses Instituts à son commen-

(1) Il y a controverse sur le point de savoir si cet ouvrage est distinct du précédent ou s'il se confond avec lui.

(2) *Cpr.* Com., 1, § 188.

(3) Gaius, *Inst.*, III, 33, 34.

(4) Bremer, *op. cit.*, p. 90.

taire *ad edictum provinciale* (1). Il a été composé sous le règne d'Antonin le Pieux et bien certainement après l'édit perpétuel de Julien (2).

Mais Gaius a-t-il en réalité écrit un commentaire unique sur un édit général, le seul qui existait depuis la réforme d'Adrien? Nous ne le croyons pas. Gaius a composé un commentaire *ad edictum urbanum* et un commentaire *ad edictum provinciale* ; il est donc certain que l'édit urbain et l'édit provincial avaient chacun une existence distincte ; d'ailleurs, la variété de condition des personnes et des biens avait pour conséquence la nécessité de plusieurs édits urbain, pérégrin, provinciaux.

Mais si Gaius n'a pu faire un commentaire sur un édit unique applicable dans tout l'*orbis romanus*, a-t-il eu l'intention d'expliquer l'édit en vigueur dans la province où il écrivait? Mommsen a prétendu que Gaius avait donné un commentaire de l'*edictum Asiaticum*; Gaius écrivant en Asie Mineure, ainsi que le prétend Mommsen, aurait expliqué l'édit de sa province (3).

Mais Huschke a fait remarquer que, dans ce cas, Gaius eût intitulé son commentaire *ad edictum Asiaticum*, ainsi qu'on avait coutume de désigner les édits des provinces : *ad edictum Siciliense* (4), *Cilicience* , ... (5).

Nous croyons plutôt que Gaius a choisi les dispositions communes à tous les édits provinciaux, les a réunies, et a voulu faire un édit modèle, utile à toutes les provinces, un traité sur le droit commun des édits provinciaux. Nous serions tenté de voir une preuve de ce que nous avançons dans le caractère général des dispositions du commentaire de Gaius que nous retrouvons dans le Digeste. Il est certain que Tribonien et les autres commissaires délégués par Justinien ont eu soin d'écarter toutes les particularités du droit provincial qui tenaient, au temps de Gaius, à la condition des pérégrins, ou au régime des biens. Ils n'ont conservé que les fragments susceptibles d'une application générale. Mais il est à remarquer aussi que ces fragments contiennent des règles de droit devenues depuis presque des axiômes et sont la base de ce droit romain qui a pu régir tout le monde ancien et conserver son autorité dans la suite des siècles, à titre de raison écrite.

A notre avis, Gaius n'a pas expliqué un édit spécial à une province ; il a fait un choix de toutes les règles contenues dans les

(1) *Cf.* notamment : Gaius, III, 33, 188.
(2) Fitting, *Alter der Schriften römischen Juristen*, pp. 19 et 20.
(3) Cicéron, proconsul de Cilicie, avait pris pour modèle l'*edictum Asiaticum* publié par Scévola.
(4) Cic., *in Verr.*, *passim*.
(5) Cic., *ad Attic.*, VI, 1.

divers édits provinciaux et en a composé un édit provincial unique. Cet édit n'a pas reçu de consécration officielle ; mais par le seul fait que la romanisation devenait de jour en jour plus complète, l'œuvre de législation devait s'opérer d'elle-même, et les édits fusionner en un édit uniforme et général servant de modèle à tous les gouverneurs.

Si l'on compare le plan et la méthode suivis par Gaius dans son commentaire *ad edictum provinciale* avec le plan et la méthode employés par Paul et Ulpien pour leurs commentaires *ad edictum urbanum*, on relève deux différences d'une certaine importance. Nous les avons déjà signalées plus haut à propos de la constitution de l'édit provincial. Le moment est venu de les expliquer.

Ces deux différences sont les suivantes : 1°) Gaius place la matière des stipulations prétoriennes avant les exceptions. Il consacre les livres 27 et 28 aux premières et les livres 29 et 30 aux secondes. Paul et Ulpien traitent, au contraire, d'abord des exceptions, et ce n'est qu'après avoir expliqué cette importante matière qu'ils passent aux stipulations prétoriennes. Paul consacre les livres 69 à 71 aux exceptions et les livres 72 à 78 aux stipulations prétoriennes. Dans Ulpien, les exceptions sont traitées dans les livres 74 à 76, et les stipulations prétoriennes dans les livres 77 à 81 ; 2°) Paul et Ulpien, après avoir traité, dans leurs commentaires *ad edictum urbanum,* des actions divisoires et de l'action *ad exhibendum,* expliquent l'importante matière *de religiosis et sumptibus funerum* avant de passer au *mutuum* et aux autres contrats. Gaius, au contraire, ne dit rien à ce sujet, dans son commentaire *ad edictum provinciale.* Il consacre les livres 6, 7 et 8 aux actions réelles, aux actions divisoires, à l'action *ad exhibendum ;* dans le livre 9 il parle ensuite *de rebus creditis ;* et ce n'est que dans le livre 19 qu'il s'occupe *de religiosis et sumptibus funerum*, en même temps que du *damnum infectum*, et après avoir consacré le livre 18 à la théorie des legs. Comment expliquer ces deux particularités ?

Pour la première différence, relative à la place des stipulations prétoriennes et des exceptions, on l'explique généralement par l'esprit de méthode inhérent au caractère même de Gaius. « Il est à peu près certain, dit-on, que, sur ce point, le plan de l'édit provincial était identique à celui de l'édit urbain ; si le jurisconsulte Gaius s'est permis de le modifier, c'est qu'il y a vu un défaut de méthode, et en effet la stipulation prétorienne n'est-elle pas établie en faveur du demandeur comme l'*actio,* et dès lors n'est-il pas logique de s'en occuper avant de parler des exceptions, c'est-à-dire des moyens établis en faveur du défendeur ? »

Nous ne sommes pas de cet avis. Qu'il y ait un défaut de méthode à placer les exceptions avant les stipulations prétoriennes, nous n'y contredisons pas. Mais qu'on fasse remonter à Gaius le mérite de la différence existant sur ce point, entre son commentaire et ceux de Paul et d'Ulpien, cela nous paraît au moins téméraire. Ne serait-il pas plus logique de soutenir, à défaut de renseignements précis, que ce défaut de méthode qu'aurait relevé Gaius a été aperçu par les gouverneurs de provinces et relevé par eux dans leurs édits, et que c'était une différence entre l'édit provincial et les édits urbain et pérégrin? La question d'ailleurs est secondaire.

Quant à la différence relative à la matière *de religiosis et sumptibus funerum*, tout le monde est d'accord pour reconnaître qu'elle s'explique par une de ces différences nombreuses qui ne permettaient pas de confondre le sol provincial avec le sol italique. Il ne fait de doute pour personne que cette particularité du commentaire de Gaius existait aussi dans l'édit provincial et constituait une différence importante entre cet édit et les édits des préteurs urbain et pérégrin. Il est évident, en effet, que l'édit provincial ne devait contenir aucune disposition qui fût consacrée aux *loci religiosi*, le sol provincial ne pouvant pas, d'après l'opinion dominante des Romains, devenir *locus religiosus*. « *Sed in provinciali solo placet plerisque solum religiosum non fieri, quia in eo solo dominium populi romani est vel Cæsaris ; nos autem possessionem tantum vel usumfructum habere videmur : utique tamen etiamsi non sit religiosum, pro religioso habetur.* »

L'édit provincial ne contenant aucune disposition sur les *loci religiosi*, Gaius a dû chercher une place pour cette matière. Il a été amené à la traiter à la place qu'il lui a assignée dans son commentaire, après s'être occupé des legs, en même temps que du *damnum infectum*, pour une double raison : parce que les questions relatives aux funérailles sont ordinairement prévues dans les actes de dernière volonté ; et parce que ces questions pouvaient donner lieu à un dommage imminent pour le voisin. C'est là que l'esprit méthodique de Gaius apparaît dans toute sa force.

§ 4. — **Travaux des Modernes. Conclusion.** — L'édit provincial n'a pas été l'objet d'études spéciales de la part des Modernes comme l'édit perpétuel. Heineccius seul (Œuvres posthumes) a donné une courte histoire de l'édit provincial, mais aucun auteur n'a essayé depuis de continuer son œuvre.

Notre but était de montrer l'importance de l'édit provincial et d'en fournir un aperçu général.

Si l'édit provincial était mieux connu, si le plan, la méthode et les matières qui le composent étaient minutieusement définis, nous croyons que cette étude jetterait un jour nouveau sur l'influence qu'a exercée le droit provincial sur les progrès des institutions et de la législation romaine. Si notre modeste étude pouvait réussir à appeler sur l'édit provincial l'attention des hommes compétents, « d'autres compléteraient alors ce que nous n'avons qu'ébauché; et ce livre n'aurait pas été sans utilité (1) ».

(1) Jousserandot, *op. cit.*, préface, p. 35.

TABLE DES MATIÈRES

DROIT FRANÇAIS

DE LA COMPÉTENCE

DES

TRIBUNAUX CIVILS FRANÇAIS

ENTRE ÉTRANGERS

BIBLIOGRAPHIE

INDICATION DES PRINCIPAUX AUTEURS ET OUVRAGES CITÉS DANS LE COURS DE CETTE ÉTUDE

ALAUZET. — *Commentaire du Code de commerce.*

ALBERT SIMON. — *La faillite en droit international.*

ANTOINE. — *De la succession légitime et testamentaire en droit international privé,* avec une préface de M. Dubois.

ARNTZ. — *Cours de droit civil français.*

ASSER ET RIVIER. — *Eléments de droit international privé, ou du conflit des lois.* (Traduction de Rivier.)

AUDRY ET RAU. — *Cours de droit civil français.*

BAR. — *Das international privat und strafrecht.*

BARD. — *Précis de droit international.*

BARDE. — *Théorie traditionnelle des statuts, ou principes du statut réel et du statut personnel, d'après le droit civil français.*

BEACH-LAURENCE. — *Commentaire sur les éléments du droit international de Wheaton.*

BECKER. — *Etudes de droit international.*

BERTAULD. — *Questions pratiques et doctrinales.*

BIOCHE. — *Dictionnaire de procédure.*

BLUNTSCHLI. — *Le droit international codifié,* traduit par Lardy.

BOITARD. — *Leçons de procédure civile.*

BOISTEL. — *Précis de droit commercial.*

BONCENNE. — *Théorie de la procédure civile.*

BONFILS. — *De la compétence des tribunaux français à l'égard des étrangers.*

BONNIER. — *Eléments de procédure civile.*

BOULLENOIS. — *Traité de la personnalité et de la réalité des lois.*

BOURJON. — *Droit commun de la France.*

BRAVARD-VEYRIÈRES. — *Traité de droit commercial.*

BROCHER. — *Théorie du droit international privé.*

—   *Cours de droit international privé, suivant les principes con sacrés par le droit positif français.*

—   *Nouveau traité de droit international privé au double point de vue de la théorie et de la pratique.*

—   *Commentaire du traité Franco-Suisse du 15 juin 1869.*

CALVO. — *Le droit international.*

CARRÉ. — *Organisation judiciaire.*

CARRÉ ET CHAUVEAU. — *Lois de procédure civile.*

CLUNET. — *Journal du droit international privé* (1874-1890).

COGORDAN. — *La nationalité au point de vue des rapports internationaux.*

DALLOZ. — *Répertoire alphabétique de législation, de doctrine et de jurisprudence.*

—   *Recueil périodique de jurisprudence, de législation et de doctrine.*

DELISLE. — *Principes de l'interprétation des lois, des actes, des conventions entre les parties et spécialement des législations française et étrangères concernant l'étranger en France, avec l'examen critique de la jurisprudence moderne.*

DELVINCOURT. — *Cours de Code civil.*

DEMANGEAT. — *Histoire de la condition civile des étrangers en France.*

— *Une saisie-arrêt peut-elle être valablement pratiquée en France par le créancier d'un particulier ou d'un gouvernement étranger ?* (Revue pratique, 1856, t. I, pp. 385 et suiv.)

— *De la compétence des tribunaux français dans les contestations entre étrangers.* (Clunet, 1877, pp. 109 et suiv.)

DEMANGEAT (sous Fœlix). — *Traité du droit international privé.*

DEMANTE ET COLMET DE SANTERRE. — *Cours analytique de Code civil.*

DEMOLOMBE. — *Cours de Code civil.*

DENISART. — *Collection de décisions nouvelles.*

DESFONTAINES. — *Influence de l'émigration sur la condition des personnes.*

DESPAGNET. — *Précis de droit international privé.*

DRAGOUMIS. — *Condition civile des étrangers.*

DUBOIS (sous Carle). — *La faillite dans le droit international.*

DURAND. — *Essai de droit international privé.*

DURANTON. — *Cours de droit français.*

FENET. — *Recueil des travaux préparatoires du Code civil.*

FÉRAUD-GIRAUD. — *De la compétence des tribunaux français pour connaître des contestations entre étrangers.* (Clunet, 1880, pp. 137 à 173, et 225 à 245; et 1885, pp., 225 à 249, 375 à 396.)

FŒLIX. — *Traité de droit international privé,* annoté par Demangeat.

FOLLEVILLE (Daniel de). — *Traité de la naturalisation.*

— *Leçon d'ouverture du cours de droit international privé.*

GAND. — *Code des étrangers.*

GASCON. — *Code diplomatique des aubains.*

GERBAUT. — *De la compétence des tribunaux français à l'égard des étrangers, en matière civile et commerciale.*

GLASSON. — *De la compétence des tribunaux français entre étrangers.* (Clunet, 1881, pp. 105 à 183.) (*France judiciaire,* 1er avril 1881.)

GOUGET ET MERGER. — *Dictionnaire de droit commercial.*

HAUS. — *Du droit privé qui régit les étrangers en Belgique.*

JACOTTON. — *Caution judicatum solvi.* (Revue de législation. 1852, pp. 179 et suiv.)

KLUBER. — *Droit des gens moderne de l'Europe.*

LAROQUE, SAYSSINEL ET DUTRUC. — *Dictionnaire de contentieux commercial.*

LAURENT. — *Principes de droit civil français,* l.

— *Droit civil international,* I, IV, VI.

— *De la compétence des tribunaux belges relativement aux étrangers.* (Clunet, 1877, pp. 499 et suiv.)

LEGAT. — *Code des étrangers.*

LEHR (Ernest). — *Eléments de droit civil germanique.*

— *Eléments de droit civil espagnol.*

LOISEAU. — *Conflit des lois françaises et étrangères en matière de tutelle des mineurs.*

LYON-CAEN. — *De la condition légale des sociétés étrangères en France.*

LYON-CAEN ET RENAULT. — *Précis de droit commercial.*

MAILHER DE CHASSAT. — *Traité des statuts.*

MARCADÉ. — *Explication théorique et pratique du Code civil.*

MARTENS (DE). — *Précis du droit des gens moderne de l'Europe,* annoté par Vergé.

— *De l'exécution des jugements en Russie.* (Clunet, 1848, p. 142.)

MASSÉ. — *Le droit commercial dans ses rapports avec le droit des gens et le droit civil.*

MASSOL. — *De la séparation de corps et de ses effets.*

MERLIN. — *Répertoire de jurisprudence.*

— *Questions de droit.*

MITTERMAÏER. — *Principes du droit privé allemand,* traduit par Lardy.

NORSA. — *Revue de jurisprudence italienne.* (Revue du droit international privé, (1874, p. 264.)

NOUGUIER. — *Des tribunaux de commerce.*

ORILLARD. — *De la compétence et de la procédure des tribunaux de commerce.* Paris, 1855.

PARDESSUS. — *Cours de droit commercial.*

PASQUALE-FIORE. — *Droit international privé.*

POTHIER. — *Traité des personnes.*

PROUDHON. — *Traité de l'état des personnes.*

RENAULT. — *La faillite dans les rapports internationaux.* (Le Droit, 11 et 12 décembre 1880.)

RENOUARD. — *Traité des faillites et banqueroutes.*

RIPERT. — *Quelques questions sur la faillite en droit international privé.* (Revue critique de législation, 1877, pp. 705 et suiv.)

RODIÈRE. — *Cours de procédure civile.*

ROUGELOT DE LIONCOURT. — *Du conflit des lois personnelles et françaises.* (Mémoire couronné.)

ROUSSEAU ET DEFAIT. — *Code annoté des faillites.*

RUBEN DE COUDER. — *Dictionnaire de droit commercial, industriel et maritime.*

SOLOMAN. — *Condition des étrangers.*

SAPEY. — *Les étrangers en France sous l'ancien et le nouveau droit.*

SIREY. — *Recueil général des lois et arrêts.*

STELIAN. — *La Faillite.* (Étude de législation comparée et de droit international.)

SURVILLE ET ARTHUYS. *Cours de droit international privé.*

THOMAS. — *Etudes sur la faillite.*

TOULLIER. — *Le droit civil français,* continué par Duverger.

ULLMER. — *Le droit public suisse.*

VALETTE. — *Cours de Code civil.*

VATTEL. — *Le droit des gens,* complété par Pradier-Fodoré.

WHÉATON. — *Eléments de droit international.*

WEISS. — *Droit international privé.*

WESTLAKE. — *La doctrine anglaise en matière de droit international privé.*

ZACHARIÆ. — *Le droit civil français,* traduit de l'allemand et annoté par Massé et Vergé.

PRINCIPALES ABRÉVIATIONS

C. civ.	Code civil.
C. comm.	Code de commerce.
C. n.	Collection nouvelle des arrêts rendus de 1791 à 1830 (Devilleneuve et Carette).
Civ. cass.	Arrêt de cassation rendu par la Chambre civile de la Cour de cassation française.
Civ. rej.	Arrêt de rejet rendu par la même Chambre.
Clunet.	Journal du droit international privé de Clunet.
Cpr.	Comparer.
Crim. cass.	Arrêt de cassation de la Chambre criminelle.
Crim. rej.	Arrêt de rejet rendu par la même Chambre.
D.	Dalloz. Recueil périodique.
D. Répert.	Dalloz. Répertoire alphabétique.
Eod.	Même auteur.
Loc. cit.	Passase déjà indiqué.
N.	Note.
N°.	Numéro.
Op. cit.	Ouvrage cité.
P.	Page.
Req. régl.	Arrêt de la Chambre des requêtes de la Cour de cassation portant règlement de juges.
Req. rej.	Arrêt de rejet rendu par la même Chambre.
Rev. de dr. int.	Revue de droit international (de Gand).
S.	Sirey. Recueil général des lois et arrêts.
S. L. annot.	Sirey. Lois annotées.
Trib. civ.	Tribunal civil.
Trib. comm.	Tribunal de commerce.
Trib. correct.	Tribunal correctionnel.
V.	Voir.
V°.	Mot.

DE LA COMPÉTENCE

DES

TRIBUNAUX CIVILS FRANÇAIS ENTRE ÉTRANGERS

INTRODUCTION

SOMMAIRE. — 1. Généralités. Indication du sujet.

1. « Le genre humain ne forme qu'une grande famille, a dit Portalis (1); mais la trop grande étendue de cette famille l'a obligée de se séparer en différentes sociétés qui ont pris le nom de peuples, de nations, d'États, et dont les membres se rapprochent par des liens particuliers indépendamment de ceux qui les unissent au système général. De là, dans toute société politique, la distinction des nationaux et des étrangers. Comme citoyen, on ne peut appartenir qu'à une société particulière, on appartient, comme homme, à la société générale du genre humain. »

A toute époque et dans tous les pays, la législation a réglementé la condition juridique des étrangers ; ces règles ont varié avec les événements et suivant les mœurs de chaque nation. Très maltraités dans l'antiquité, les étrangers aujourd'hui sont à peu près les égaux des nationaux. Les guerres, les traités et surtout le commerce, qui, suivant l'expression de Montesquieu, « guérit des préjugés destructeurs », ont beaucoup fait pour l'avancement des relations internationales et pour l'amélioration du sort de l'étranger.

C'est de nos jours surtout que s'est accentué le mouvement qui porte les peuples vers un mutuel rapprochement. Notre siècle voit tous les jours s'étendre de plus en plus les relations entre habitants de territoires différents ou appartenant à des nationalités diverses, grâce à la multiplication et au perfectionnement des voies

(1) Locré, t. Ier, p. 191, nos 12 et 13. Séance du 3 frimaire an X.

de communication. « En s'éclairant, disait Prost de Royer à la fin du siècle dernier, les peuples brisent les barrières qui les séparent et commencent enfin à se considérer comme une grande famille qui, avec plusieurs branches, a un seul droit public. Les arts, les sciences, les voyages, le commerce ouvrent et assurent les communications que la guerre n'interrompt plus. L'aubaine anéantie, la neutralité armée, la raison éclairée, les mœurs adoucies, tout prépare à l'Europe une meilleure existence et de nouveaux principes. »

En France surtout, le développement du commerce, les besoins de l'industrie, l'organisation de grandes entreprises, quelquefois aussi les séductions d'une grande ville attirent en foule des étrangers dont le nombre va sans cesse en grandissant. Quelques-uns même semblent avoir perdu tout esprit de retour dans leur patrie, résident d'une manière permanente au milieu de nos concitoyens, ont en France leur établissement, leur famille et participent en quelque sorte à la vie nationale.

« La France, dit M. Leroy-Beaulieu, est probablement l'État de l'Europe qui compte dans son sein la plus forte proportion d'étrangers. A cet égard, notre pays n'est pas sans une certaine analogie avec les pays de colonisation, avec les nouvelles contrées des deux hémisphères, et cette ressemblance ne fait que s'accroître d'année en année (1). »

Ces rapports journaliers engendrent nécessairement des contestations, soit entre les Français et les étrangers, soit entre ces étrangers eux-mêmes, et en face de l'impossibilité de concilier les intérêts des parties, la justice doit souvent intervenir pour statuer sur la question qui fait l'objet du débat et trancher la difficulté.

Mais nos tribunaux sont-ils compétents pour statuer sur ces contestations ? Telle est la question qui se pose.

Quand le débat s'élève entre Français et étrangers, aucune difficulté sérieuse ne saurait se produire; plusieurs articles de notre Code civil prévoient cette hypothèse ; il ne peut s'élever que des difficultés de détail. Mais si le procès a lieu entre deux étrangers, la question de la compétence de nos tribunaux donne lieu aux controverses les plus vives. C'est cette question que nous voulons étudier.

L'intérêt est général. Il s'agit de savoir si les étrangers résidant dans les limites du territoire d'une souveraineté, et qui ont procès entre eux, ont le droit de s'adresser aux tribunaux du pays qu'ils habitent ou s'ils doivent, au contraire, être renvoyés devant

(1) V. *Revue critique*, 1885, p. 378.

les juges de leur nation, si les tribunaux d'un pays doivent la justice à tous ceux qui habitent le territoire ou s'ils ne la doivent qu'aux seuls nationaux. Il s'agit en un mot de déterminer l'étendue du pouvoir judiciaire d'une nation sur les étrangers qui résident dans le pays, en même temps que le droit de ceux-ci de s'adresser ou non aux tribunaux du pays dans lequel ils se sont fixés.

Nous laisserons de côté les difficultés qui peuvent naître en droit administratif et en droit criminel, pour nous occuper exclusivement de celles qui peuvent s'élever en matière civile et commerciale.

Mais avant d'étudier la législation française actuelle, il nous parait utile de résumer les principes qui ont régi notre matière dans les législations antérieures.

CHAPITRE I

APERÇU HISTORIQUE. — EXPOSITION ET DÉLIMITATION DU SUJET.

§ Ier

ANCIENNES LÉGISLATIONS

1

INDE. — ÉGYPTE. — JUDÉE. — GRÈCE.

2. A leur naissance jalouses et égoïstes, armées pour la conquête, les nations traitent l'étranger comme un ennemi. La rigueur des lois à son égard a sa source dans le régime théocratique qui domine presque toujours à l'origine des sociétés. L'étranger est celui qui ne participe pas au culte de la cité, celui que les dieux de la cité ne protègent pas (1). Droits civils et politiques lui sont refusés. Il ne saurait être question pour lui de s'adresser à la justice ; la justice n'existe pas pour lui. Il en était ainsi, notamment, dans les législations Hindoues, Égyptiennes et Juives.

3. En Judée, cependant, il y avait une classe particulière d'étrangers, les prosélytes d'habitation, qui avaient obtenu le droit de se fixer en Palestine et pouvaient s'y faire rendre justice. Leurs litiges étaient portés devant un tribunal composé de juges pris soit parmi les Hébreux, soit parmi les prosélytes eux-mêmes (2).

4. En Grèce, il fallait distinguer. A Sparte, la législation était très dure pour les étrangers. Ils étaient, comme dans les législations Hindoues, Égyptiennes et Juives, regardés comme des barbares et traités en ennemis. On ne leur reconnaissait aucun

---

(1) Fustel de Coulanges, *La Cité antique*, livre III, chap. XIII.
(2) Bonfils, *De la Compétence des tribunaux français à l'égard des étrangers*, 1865, p. 10.

droit ni civil ni politique, et l'accès des tribunaux leur était rigoureusement interdit. On ne leur permettait qu'un séjour très
restreint dans la ville, et si leur genre de vie pouvait exciter le
goût de la richesse ou du luxe chez les Spartiates, on les chassait
impitoyablement (1). A Athènes, au contraire, ville philanthrope
et éclairée, la législation était relativement très douce pour les
étrangers. On leur facilitait l'accès du territoire, afin qu'y appor-
tant leurs produits, leurs talents et leur or, ils contribuent à la
renommée et à la richesse du pays. Ils étaient divisés en trois
classes : *les isotèles, les métèques et les étrangers ordinaires* comprenant les passants, les voyageurs et les barbares.

5. Les isotèles étaient des étrangers auxquels avait été concédée, par l'effet d'un traité ou d'un décret, la jouissance de tout ou
partie des droits civils. Ils avaient, pour ester en justice, la même
capacité que les citoyens, et pouvaient agir comme eux, directement et personnellement devant les tribunaux d'Athènes, sans
avoir besoin de recourir au concours ou à l'assistance de qui que
ce soit.

6. Il en était autrement des métèques. Les métèques étaient
des étrangers autorisés à résider dans l'Attique à la suite d'une
enquête, à laquelle il était procédé par les soins de l'Aréopage.
On ne leur accordait que certains droits limitativement déterminés. Ils avaient le droit de se faire rendre justice. Mais la justice
était régie pour eux par des règles particulières. Ils relevaient
tout d'abord d'une juridiction spéciale, celle du polémarque (2).
De plus, ils ne pouvaient agir personnellement devant cette juridiction. Il fallait, pour qu'ils eussent accès auprès du polémarque,
qu'ils fussent assistés de leur *prostate.* On appelait ainsi le citoyen
d'Athènes choisi par le métèque comme patron. Le prostate assis-
tait le métèque dans tous les actes de la vie civile et répondait
de lui envers l'État. L'action devant le polémarque était intentée
au nom du prostate (3).

7. Quant aux étrangers ordinaires, (passants voyageurs, barbares, nés et vivant en dehors de la civilisation grecque), ils
étaient en principe dénués de tout droit, même de celui de se
faire rendre justice. Mais, en pratique, cette rigueur excessive
n'était pas appliquée. En tout cas, elle n'a pas survécu à l'accrois-
sement des relations commerciales d'Athènes avec le dehors. Il

(1) Plutarque, *Vie de Lycurgue.*
(2) G. Perrot, *Essai sur le droit public d'Athènes*, pp. 258 et suiv.
(3) Le choix du patron avait une grande importance pour les étrangers, car à
Athènes on jugeait d'un étranger par le patron qui le représentait.

parait établi que les étrangers non résidants pouvaient postuler près des tribunaux d'Athènes avec le concours d'un proxène (1).

II

LÉGISLATION ROMAINE

SOMMAIRE. — 8. Législation primitive. Droit religieux. *Cives* et *hostes*. Etrangers sans droits. — 9. Le droit devient civil, de religieux qu'il était. L'étranger ne peut plaider qu'en empruntant le masque d'un patron. — 10. Changement de politique de la part de Rome. Pérégrins et Barbares. Dans les contestations entre étrangers, le préteur statue *ex æquo et bono*. — 11. Création du préteur pérégrin. Compétence. — 12. Limites de sa juridiction. — 13. Il applique le droit des gens. — 14. Procédure. — 15. Compétence *ratione personæ. Forum contractus.* 16. Lieu du paiement. — 17. *Forum rei.* — 18. Actions réelles. — 19. Barbares.

8. A Rome, comme dans toutes les nations à leur naissance, la législation primitive nous offre l'identification du droit et de la religion. Tous les droits sont déifiés. Mais ce n'est plus, comme dans les législations qui précèdent, le culte des dieux privés qui l'emporte, c'est celui du dieu de l'État : l'intérêt domestique est dominé par celui de la cité.

L'isolement le plus complet est le caractère dominant du droit de cette période. « Là où la guerre est l'état permanent, l'état légal, si l'on peut ainsi parler, dit M. Laurent (2), l'étranger doit être considéré comme un ennemi, parce que, de fait, il l'est. Or, telle était la condition du monde ancien de l'Italie. » Les étrangers, considérés comme ennemis, étaient sans droits. Les droits civils leur étaient refusés, les droits naturels eux-mêmes ne leur étaient pas accessibles. Aussi ne pouvait-il être question pour l'étranger, à cette époque, de se faire rendre justice à Rome. C'était la lance au poing que le Quirite paraissait devant le juge, « *signo justi dominii*, » dit Gaius. Or, le vaincu ne pouvait porter la lance. Il n'y avait qu'un moyen pour lui d'obtenir justice, c'était de se choisir un patron parmi les citoyens Romains (3). Par compensation, le patron héritait des biens de son client.

9. Un peu plus tard, lorsque Rome eut soumis les territoires qui l'environnaient et incorporé dans la cité Romaine les habitants de ces territoires, un changement important se produisit : la loi des XII Tables fondit en un seul droit national les législations

(1) Les proxènes étaient des citoyens généreux qui assumaient volontairement la charge de représenter les étrangers en justice et de les protéger.
(2) Laurent, *Droit civil international*, t. Iᵉʳ, p. 137.
(3) Mackeldey, *Man. de droit romain*, p. 84.

diverses des anciennes races. En même temps, le droit se dégagea définitivement des nuages religieux dont les pontifes et les patriciens enveloppaient son origine et ses mystères. Il se fit civil, de religieux qu'il était. Mais au point de vue qui nous occupe, la condition de l'étranger ne fut pas changée. La procédure romaine était un véritable combat judiciaire, et bien que la *festuca* des actions de la loi eût remplacé la lance du guerrier (1), l'étranger ne pouvait pas engager la lutte devant les juridictions romaines. Il fallait, pour qu'il lui fût permis de se faire rendre justice, qu'il se mit sous la protection d'un citoyen choisi comme patron, qui engageait la lutte pour lui et le représentait dans tous les actes de la vie judiciaire.

10. Mais cet état de choses dura peu. Rome, étendant continuellement son empire, ne pouvait songer à continuer le système, qu'elle avait suivi jusque-là, d'amener les vaincus dans ses murailles et de les incorporer dans la cité. Elle dut changer de tactique. Au lieu de chercher à augmenter le nombre de ses citoyens, elle songea au contraire à le restreindre, tout en étendant sa domination au dehors. Les peuples alliés ou soumis furent désormais des « *Peregrini* », les autres des « Barbares » en dehors de la civilisation et de la géographie (2).

Les *peregrini* n'étaient pas à proprement parler des étrangers ; ils étaient sujets de Rome. Les véritables étrangers étaient les barbares, tous ceux qui ne se trouvaient pas « *in orbe romano* ». Mais comme les *peregrini* n'étaient pas citoyens romains, les légistes du moyen-âge ont assimilé les aubains aux *peregrini*. A ce point de vue, il convient d'examiner la condition de ces derniers devant la justice romaine.

Les *peregrini* étaient dans une condition très inférieure à celle des citoyens, mais « cette infériorité », dit M. Giraud, « était toute politique (3) ». On leur accordait l'accès des tribunaux comme aux citoyens eux-mêmes sans l'assistance d'aucun patron. Les mêmes magistrats qui rendaient la justice aux citoyens, le préteur à Rome et le gouverneur dans les provinces, étaient également investis de la juridiction à l'égard des *peregrini*. Les actions de la loi avec leurs formules rigoureuses étaient réservées aux seuls citoyens, mais les magistrats romains statuaient sur les procès des *peregrini* « *ex æquo et bono* ». Les *peregrini* pouvaient réclamer devant la justice tous les droits qui ont leur source dans l'équité naturelle

(1) Gaius, IV, 6.
(2) Ortolan, *Explication historique des Institutes*, 1, p. 26.
(3) Giraud, *Tables de Salpensa et de Malaga*, p. 116, note 1.

et dont l'ensemble constitue le *jus gentium*. ils n'étaient exclus que des droits civils *stricto sensu*, spécialement réservés aux citoyens et à un petit nombre de privilégiés. Les Romains permettaient souvent aux peuples qu'ils soumettaient de conserver leurs anciennes lois, et on rencontre dans plusieurs hypothèses un certain nombre de textes qui nous montrent les *peregrini* jugés conformément aux *leges civitatis suæ*.

11. Après la soumission de l'Italie par les armées romaines, les relations entre Romains et *peregrini*, et entre *peregrini* des différentes provinces, s'étendirent. Rome devint la première place commerciale de la Méditerranée. Une foule d'étrangers attirée par d'importantes négociations afflua à Rome. De là une source nouvelle de contestations. Le nombre en devint bientôt si considérable que le préteur urbain n'y put plus suffire, et qu'en 507 on dut instituer un préteur spécial qui fut appelé *prætor peregrinus*, « *eo quod plerumque inter peregrinos jus dicebat* (1) ».

La principale mission du préteur pérégrin consistait en effet à rendre la justice aux pérégrins. Il statuait sur les contestations qui s'élevaient entre citoyens romains et prérégrins et entre pérégrins seulement. Mais sa compétence n'était pas exclusive de celle de son collègue, le préteur urbain. Le préteur pérégrin ne fut créé que pour venir en aide au préteur urbain et non pour diminuer son autorité. Le préteur urbain conserva en droit, après la création du préteur pérégrin la même juridiction qu'il avait auparavant. Il continua en droit à pouvoir statuer sur les contestations qui s'élevaient entre citoyens romains et pérégrins et même entre pérégrins seulement, si ceux-ci consentaient à être jugés par lui. Mais, en fait, l'hypothèse se produisit rarement, les pérégrins ne consentant pas, en général, à se soustraire à la juridiction de leur magistrat spécial, le préteur pérégrin.

12. La juridiction du préteur pérégrin était, comme celle du préteur urbain, limitée à l'enceinte de Rome. Elle ne pouvait, contrairement à ce qu'a soutenu Niébuhr (2), s'exercer ni en Italie, ni en Sicile, ni en Sardaigne. Pour exercer sa juridiction en dehors de Rome, le préteur pérégrin devait en recevoir l'ordre du Sénat (3).

13. Le préteur pérégrin appliquait à ses justiciables, comme le faisait avant lui le préteur urbain, les règles du droit desgens. Il n'était pas resserré, comme le préteur urbain pour les citoyens

(1) Loi 2, § 28, D., *De origine juris*, 1, 2 ; Faure, *Le Préteur pérégrin*, p. 95 ; Ortolan, *Explic. histor.*, titre I, p. 170.
(2) Niébuhr, *Histoire romaine*, VI, p. 411.
(3) Faure, *Le Préteur pérégrin*, p. 94.

romains, dans les limites étroites du droit civil. Il avait la plus
large latitude pour l'appréciation des faits et la solution de l'affaire. Il n'était astreint, dit M. Giraud, qu'aux lois de l'équité (1).

Aussi exerça-t-il de bonne heure une influence considérable sur
les progrès du droit et de la procédure. En s'inspirant du droit
des gens et de l'équité, et avec l'aide de son édit annuel, le préteur pérégrin introduisit un élément plus large et plus libéral
dans la législation. Il créa un véritable droit des pérégrins et
plusieurs des améliorations importantes qu'il apporta à la législation passèrent plus tard dans le droit civil (2).

14. Quant à la procédure, le préteur pérégrin ne suivit d'a-
bord aucune règle fixe. Les actions de la loi, dont l'application
était réservée aux citoyens romains, n'étaient pas, sauf exception (3), de son domaine. Mais l'honneur du préteur pérégrin est
d'avoir développé les germes de la procédure formulaire et de
l'avoir érigée en système. Les étrangers qui avaient un procès à
faire juger se rendaient devant le préteur pérégrin qui les renvoyait
devant un *judex* habituellement choisi par les étrangers eux-
mêmes. Dans une sorte d'instruction adressée au juge, le préteur
pérégrin lui indiquait les points à examiner dans l'affaire, et
suivant les résultats de l'examen, les décisions à prononcer (4).
Cette instruction devint la formule. La simplicité de cette procédure, qui fonctionnait très régulièrement dans les procès intéressant des étrangers, frappa les Romains à un tel point que la
loi *Æbutia*, votée vers l'an 200, introduisit dans la procédure le
système des formules prétoriennes, d'abord en concurrence avec
les actions de la loi, puis à l'exclusion de celles-ci (5).

15. Pour la compétence *ratione personæ*, elle nous paraît déterminée par la loi 19 au Digeste, *De judiciis*. Le juge du lieu du
contrat était compétent à moins que la personne qui avait contracté
avec l'étranger de passage n'en connût le prochain départ : « *quem
scit indè confestim profecturum.* » Pour être justiciable du juge du
lieu, le marchand devait y avoir, sinon son domicile, du moins un
établissement, *taberna vel officina*. Il importait peu que l'obligation provint du fait du débiteur lui-même ou de son préposé.
Comme les pérégrins, presque tous négociants, avaient, soit à
Rome, soit dans les autres villes de l'Italie, des comptoirs et des

(1) Giraud, *Histoire du droit romain*, partie II, section I, chap. III, § 6.
(2) Beach-Laurence, *Commentaire sur les éléments du droit international de
Wheaton*, t. III, pp. 2 et 185.
(3) Gaius, IV, 13.
(4) Gaius, IV, 39.
(5) Gaïus, IV, 30, 31.

établissements, le *forum contractus* avait une importance considérable.

16. Le débiteur pouvait aussi être assigné devant le juge du lieu du paiement, au moins quand il ne s'agissait pas d'une *condictio certi* (1). Mais quand l'action *de eo quod certo loco* eut été créée, on put même réclamer en un lieu la dette qui, d'après la convention, devait être payée dans un autre (2). Cette action devait avoir une fréquente application entre Romains et pérégrins, comme entre pérégrins eux-mêmes.

17. En dehors des obligations, la règle *actor sequitur forum rei* était applicable. Mais le *forum rei* n'indiquait pas seulement, comme aujourd'hui, le tribunal du domicile du défendeur, il comprenait également la patrie ou *origo* du défendeur, et de plus la ville de Rome, qui était considérée comme le domicile général, le *forum originis* de tous, le *domicilium orbis terrarum* : « *Roma communis nostra patria est,* » dit Modestin.

18. La maxime *actor sequitur forum rei* s'appliqua longtemps aux actions réelles, comme aux actions personnelles. Ce n'est qu'en 385 que Valentinien III, Théodose et Arcadius ordonnèrent de poursuivre le défendeur en matière réelle immobilière, devant le tribunal de l'objet litigieux.

19. Il importe de ne pas oublier que tout ce que nous venons de dire ne s'applique qu'aux pérégrins, aux peuples alliés ou soumis par les armes, qui se trouvent dans les limites de l'*orbis romanus*. Quant aux « barbares », c'est-à-dire ceux qui vivent loin du monde romain et qui n'obéissent pas à ses lois, ils sont, en principe, dénués de tout droit au regard de la législation romaine; ils ne jouissent même pas du bénéfice du *jus gentium* (3). Il n'y a ni droit ni justice pour eux.

§ II

ANCIEN DROIT FRANÇAIS

SOMMAIRE. — 20. Division.

20. L'Étude que nous abordons de la situation des étrangers devant les tribunaux français dans notre ancien droit se subdivisera en trois paragraphes : — I. Condition des étrangers dans la légis-

---

(1) *Institutes*, livre 4, titre 6, § 33.
(2) Loi 1, D., *De eo quod certo loco*, 13, 4.
(3) Loi 5, § 2, D., *De captivis et postliminio reversis*, 49, 15.

lation Barbare. — II. Condition des étrangers à l'époque Féodale.
— III. Condition des étrangers dans l'ancien droit Monarchique
Français.

I

SOMMAIRE. — 21. Étrangers en Germanie. Associations. Patronage. Hospitalité. —
22. Étrangers après l'invasion de l'Empire romain. Personnalité des lois. Dispositions favorables aux étrangers. — 23. Domination Franque. Condition plus
précaire des étrangers. — Commencement de la féodalité.

21. En Germanie, tous les hommes libres étaient répartis en un
certain nombre de petites communautés groupées autour d'un
chef (1); ils étaient tenus les uns vis-à-vis des autres par un pacte
de garantie mutuelle excessivement strict, en vertu duquel tout
affilié était obligé, en cas de difficulté, de se soumettre à un arbitrage dans lequel l'assemblée de tous ses coassociés jouait le rôle
d'arbitre. La décision de cette assemblée était souveraine, nul ne
pouvait s'y soustraire (2). Ce mode de rendre la justice ne béné-
ficiait qu'aux membres de la communauté, car il était le résultat
d'une convention entre ces personnes. L'étranger *warganeus*,
celui qui ne faisait pas partie de la communauté, ne pouvait participer à aucun des avantages accordés aux membres de l'association. « *Peregrinum qui patronum non habebat vendebant Saxones* (3). »
Il n'avait droit à aucune protection, il pouvait être mis à mort ou
réduit en servitude. Les hommes libres seuls avaient droit au
wergheld, en cas de dommage ou d'injure. Le *warganeus* ne pouvait demander justice que si un homme libre consentait à lui servir de caution. A cette condition seulement, l'étranger était admis
à faire valoir ses droits devant l'assemblée publique des guer-
riers (4).

Mais à côté de ces règles rigoureuses, il faut citer le respect de
l'hospitalité que pratiquaient très largement les Germains : « *Hos-
pitiis non alia gens effusius indulget, quemcumque mortalium arcere
tecto nefas habetur* (5). » Il faut constater la facilité avec laquelle les
liens de patronage se contractent. Il suffit qu'un *warganeus* ait habité pendant trois nuits sous le toit d'un Germain pour que celui-ci

(1) Tacite, *De moribus Germanorum*, c. 13.
(2) Florus, *Hist.*, livre 1, ch. xii; Velleius Paterculus, *Hist.*, liv. II, ch. cxvii.
(3) Meginhard, *Translatio Sancti Viti*, c. 13.
(4) Klimrath, *Travaux sur l'histoire du droit français*, t. I, § 164.
(5) Tacite, *De morib. Germ.*, 22 ; Demangeat, *Histoire de la condition civile des
étrangers en France*, page 26.

soit tenu de le prendre sous sa protection (1). Désormais, le Germain devra payer le *wergheld* qui pourrait être dû pour un délit du *warganeus*, il devra le représenter en justice et le défendre s'il en est besoin.

22. Au cinquième siècle, quand les Germains envahirent l'empire Romain, ils apportèrent avec eux leurs coutumes et leurs lois. Mais ils ne les imposèrent pas aux vaincus. Ils laissèrent à chaque peuplade soumise l'usage de sa loi propre (2) ou le choix de celle qu'elle voulait suivre (3). C'est le système des lois personnelles. En même temps, la notion de l'étranger est changée. L'étranger n'est plus, comme précédemment en Germanie, celui qui ne fait partie d'aucune association, celui qu'aucune obligation personnelle et réciproque ne rattache à une communauté d'hommes libres. Désormais, le *warganeus* est toute personne qui n'appartient pas à la race au milieu de laquelle elle vit, tout membre d'une peuplade établie sur le sol gaulois, par rapport aux membres des autres peuplades et aux Gallo-Romains.

Durant cette période, par suite du système de la personnalité des lois, tout étranger, membre d'une peuplade établie sur le sol gaulois, qui se trouvait au milieu d'une peuplade voisine, avait le droit de demander, outre la faculté de suivre sa loi naturelle, celle d'être jugé par les juges de sa nation. Mais cette faculté n'appartenait qu'aux membres des peuplades soumises et réunies à l'Empire. L'étranger isolé était traité comme le *warganeus* en Germanie. Lorsqu'il n'était pas réduit en servitude, il était obligé de se laisser juger par les juges de la nation dans laquelle il était venu s'établir (4).

23. Quand la conquête fut complète, que les barbares furent fixés et que les Francs eurent soumis tous les autres barbares, la condition de l'étranger devint plus précaire. Désormais l'étranger fut tout individu qui échappait à la domination Franque. Les Francs organisaient les pays conquis, la terre était partagée entre eux, on en défendait l'accès aux envahisseurs du pays. La condition des étrangers en général fut plutôt une coutume qu'une loi, mais on peut assurer que la coutume fut dure à leur égard ; il semble que ce fut presque toujours le servage (5). La plupart des lois de l'époque furent obligées d'enjoindre qu'on leur donnât

(1) Lehueron, *Inst. Carlovingiennes*; Demangeat, *loc. cit.*, p. 28. *Revue des Deux-Mondes* du 15 novembre 1865, page 367.
(2) Loi des Burgondes, LX, 1; Loi des Ripuaires, XXXI, 3, 4.
(3) Loi des Lombards, II, 57.
(4) Demangeat, *op. cit.*, pp. 55 et 118.
(5) Montesquieu, *Esprit des lois*, XXX, 15.

l'hospitalité et de défendre qu'on les tuât, qu'on les réduisît en esclavage, sous peine de très fortes amendes (1).

Le régime des lois personnelles persiste encore, mais pour l'invoquer, l'étranger doit se mettre sous la protection d'un puissant, il doit se recommander à ce puissant, qui, en échange de la liberté et du travail de l'étranger, lui accorde sa protection. Sinon, l'étranger doit se soumettre à la justice du territoire sur lequel il se trouve (2); c'est la féodalité qui commence.

II

LÉGISLATION FÉODALE

SOMMAIRE. — 24. Territorialité des lois. Les aubains sont justiciables des tribunaux du territoire sur lequel ils se trouvent. Plèges.

24. A l'époque féodale, vers la fin du xe siècle, une révolution importante se produit dans la sphère du droit. Le régime des lois personnelles tombe complètement en désuétude et est remplacé par le système de la territorialité absolue des coutumes. La législation est devenue territoriale, de personnelle qu'elle était (3).

Profitant des modifications qui se sont introduites dans les idées et les mœurs, les seigneurs ont transformé en fiefs héréditaires les domaines purement viagers qu'ils avaient reçus des rois Francs et exercent sur leurs terres une souveraineté absolue (4). Chaque seigneur a une loi, une coutume, qui régit tous les habitants de son domaine, et cette loi, quelle que soit la manière dont elle s'est formée, s'arrête aux limites de sa souveraineté. Tout homme qui quitte le territoire auquel il est attaché par les liens de la hiérarchie féodale devient aussitôt étranger aux lois de ce territoire. Au contraire, s'il pénètre sur le domaine d'une autre seigneurie, il est immédiatement soumis aux lois qui la régissent (5).

Les étrangers durant cette période ne sont pas dans le royaume ceux qui viennent d'un royaume voisin, ce sont, dans chaque souveraineté, les hommes venus d'une autre souveraineté, dans chaque diocèse, ceux d'un autre diocèse, tous les individus qui quittent la seigneurie sur laquelle ils sont nés pour aller s'établir ailleurs. On les désigne sous le nom générique d'*aubains*.

(1) Demangeat, *op. cit.*, n° 14.
(2) Demangeat, *op. cit.*, pp. 35 et 118.
(3) Mignet, *De la féodalité*, 1re partie, chap. III. — Michelet, *Origines du droit français*.
(4) La Ferrière, *Hist. du droit*, t. IV, p. 420.
(5) Ortolan, *Explication historique des Institutes*, t. I, p. 538.

La condition de l'aubain variait suivant les coutumes et avec le bon plaisir du seigneur (1). Mais partout il était, par suite même du principe de la territorialité des lois, justiciable des tribunaux de la souveraineté sur laquelle il se trouvait. Il ne pouvait demander à être renvoyé devant le juge de sa seigneurie ou de sa nation ; son créancier ne pouvait le poursuivre que devant le tribunal de sa résidence actuelle.

L'aubain n'avait pas le droit de réclamer directement justice. Il devait avoir un plège, un répondant, s'il voulait ester en justice sur un autre territoire que le sol natal : « *Quant aucuns plède en le cort d'aucun sègneur auquel il n'est ne hons ne ostes, il doit livrer plèges d'estre à droit, et qu'il ne traveillera pas à celi à qui il veut plédier en cort de crestienté. Et li plèges doivent être tels que li sires, en qui cort le ples est, les puist justicier (2).* » L'effet de ce plège obligeait la caution à subir toutes les conséquences résultant du procès où elle était intervenue. On était plège des droits, des dommages-intérêts et des frais (3).

III

ANCIEN DROIT MONARCHIQUE FRANÇAIS

SOMMAIRE. — 25. Diverses classes d'étrangers au début de cette période. Ils sont tous justiciables du seigneur sur la terre duquel ils se sont établis. — 26. Modifications importantes à partir du XVIe siècle. Incompétence des tribunaux français dans les contestations entre étrangers. Juridiction des consuls. — 27. Exceptions. Matières immobilières. — 28. Action civile née d'un crime ou délit. — 29. Exécution de jugements étrangers. — 30. Matières commerciales et maritimes. Ordonnances de 1349, 1535, 1565, 1673 et 1781. — 31. En dehors de ces exceptions, le principe de l'incompétence reprenait son empire. Fondement de ce principe. — 32. Tempéraments. Étrangers domiciliés. — 33. Prorogation de juridiction. — 34. Droit applicable. — 35. Caution *judicatum solvi*.

25. Dans cette période nous trouvons au début deux classes d'étrangers : 1º les étrangers ou *aubains* qui ne sont pas nés dans le diocèse où ils sont venus s'établir (4) ; 2º les *mescrus* ou *mesconnus* (5), que l'on appelle aussi *espaves* (6), qui étaient nés hors du royaume, « *de si loingtains lieux que l'on ne peut au royaume avoir*

(1) De Laurière, *Glossaire*, vº *Aubain*.
(2) Beaumanoir, *Coutumes de Beauvoisis*, chap. 43, § 32.
(3) Bonfils, *op. cit.*, p. 15.
(4) *Établissements de Saint Louis*, II, 30, 87.
(5) *Établissements de Saint Louis*, I, 96.
(6) Ducange, *Glossaire*, vº *Espava; de espave facta*, animaux errants sans maîtres.

cognoissance de leurs nativitez (1). » Les uns et les autres étaient, comme dans la période féodale, justiciables du seigneur sur la terre duquel ils étaient établis (2).

26. Mais cela dura peu. Vers le xvi⁰ siècle, lorsque la royauté eut définitivement enlevé la justice aux seigneurs et que l'aubaine fut devenue un droit régalien, il n'y eut plus qu'une seule classe d'étrangers, les *épaves*, les *mescrus*, les méconnus, qu'on désigna aussi sous le nom d'*aubains*. Désormais, l'extranéité consiste, purement et simplement, dans le fait d'échapper à la souveraineté du roi de France (3).

Imbus des théories du droit Romain et poussés par l'habitude constante de cette époque de tout ramener à cette législation, nos anciens jurisconsultes avaient introduit dans la jurisprudence la fameuse distinction romaine des facultés du droit des gens et des facultés du droit civil. On accordait les premières aux étrangers, on leur refusait les secondes.

Au point de vue de la justice, les étrangers pouvaient plaider devant les tribunaux français lorsque la contestation qui les divisait avait lieu avec des régnicoles. Mais quand le procès s'élevait entre étrangers, la jurisprudence admettait généralement que les tribunaux français ne devaient pas connaitre de la contestation. Nos jurisconsultes basaient leur décision sur la règle générale qui, en matière personnelle, attribue compétence au juge du domicile. « Le principe, dit Merlin, s'exprime en quatre mots : *actor sequitur forum rei*, et le résultat universellement reconnu est que, toute convention et tout traité politique à part, la juridiction sur les contrats n'appartient qu'au juge domiciliaire des parties contre lesquelles on en poursuit l'exécution (4). » Il existait, il est vrai, un arrêt du Parlement de Bordeaux, de septembre 1775 (5), jugeant qu'un étranger pouvait être poursuivi devant les tribunaux du royaume par ses créanciers étrangers, bien qu'il fût domicilié à l'étranger. Il s'agissait, dans l'espèce, d'un Irlandais qui avait fait faillite à Dublin, et qui s'était retiré en France pour échapper aux poursuites de ses créanciers. Le Parlement de Bordeaux, jugea qu'il importait à toutes les nations, de fermer la porte à la fraude des négociants, qui ne s'expatriaient le plus souvent, que pour aller jouir en paix, sous une autre domi-

(1) Carpentier, v⁰ *Espavus.*
(2) *Établissements de Saint Louis,* I, 96, II, 30, 31, 270.
(3) Loysel, *Institutes coutumières,* règle XLVIII; Bacquet, *Traité de l'aubaine,* I, ch. iii, n⁰ˢ 18 et 19.
(4) Merlin, *Répertoire,* v⁰ *Étranger,* § 2.
(5) Rapporté par Merlin, *Répertoire,* v⁰ *Étranger,* § 2.

nation, de la fortune qu'ils avaient élevée sur les débris de celle
de leurs concitoyens (1). Mais cet arrêt ne fit pas jurisprudence.
Le Parlement de Paris avait déjà jugé, le 7 août 1732, par application de la règle : *actor sequitur forum rei,* qu'un Anglais ne pouvait être poursuivi en France, pour des billets par lui souscrits en
pays étranger, au profit d'un étranger. Une sentence analogue fut,
postérieurement à l'arrêt de Bordeaux, rendue par le Parlement
de Douai, en ses deux arrêts, des 15 juillet 1782 et 14 décembre
1785 (2).

Pour obtenir justice et terminer les différends qui les divisaient,
les étrangers devaient plaider devant leurs consuls respectifs en
France. Les étrangers avaient à tenir compte de la résidence du
défendeur pour déterminer celui de leurs consuls qui était compétent *ratione personæ.* Le consul avait pleine juridiction en matière
civile et commerciale, sur tous les nationaux résidant dans le ressort de son consulat. « Obligés de reconnaître sa juridiction et de
se soumettre, sauf appel, à ses décisions, ses nationaux ne pouvaient
s'adresser à la justice du pays (3). » Tel était le pouvoir de la juridiction consulaire en France que ses sentences pouvaient être exécutées par la force publique française, moyennant l'autorisation
expresse du roi, et même cette autorisation n'était pas nécessaire
en matière commerciale, elle n'était exigée qu'en matière purement
civile. « L'article 19 du traité conclu entre l'Espagne et la Grande-
Bretagne en 1657, rendu commun à la France par le traité des
Pyrénées, portait que les sujets de l'une de ces deux puissances,
commerçant ou passant dans le territoire de l'autre, ne pouvaient,
pour les contestations élevées entre eux, saisir, sous quelque
prétexte que ce fût, la justice du pays. L'appel de la décision
consulaire devait être porté devant les juges de la terre natale.
Les juges français devaient donc se garder de prendre connaissance des litiges qui s'élevaient entre les sujets d'un gouvernement représenté en France par un consul. » Tout démêlé, tout
différend, était de la compétence exclusive du consul. Le Parlement d'Aix jugea, le 22 avril 1742, que le consul d'Espagne était
seul compétent pour connaître des procès entre Espagnols (4).

27. Mais tout ce que nous venons de dire n'était rigoureusement exact qu'en matière purement civile et quand il s'agissait
d'une action mobilière. Il était admis que les étrangers pouvaient

(1) Merlin, *loc. cit.,* et *Questions de droit,* v° *Étranger,* § 2, n° 1 ; Bonfils, *op.
cit.,* § 18, p. 16.
(2) Merlin, *Questions de droit,* v° *Etranger,* § 2, n°ˢ 4 et 5.
(3) Bonfils, *op. cit.,* § 19, p. 17.
(4) Bonfils, *op. cit.,* § 19, p. 17.

plaider entre eux, lorsque l'action était relative à des biens immobiliers situés en France.

28. L'étranger pouvait aussi demander la réparation du dommage causé en France par un fait punissable d'après la loi. « Quant aux accusations privées, elles peuvent être intentées par quiconque a été personnellement offensé, *pourvu qu'il ait la capacité d'ester en jugement, ce qui comprend l'étranger* et même l'infâme (1). »

29. Les tribunaux français étaient encore compétents lorsqu'il ne s'agissait que de donner la force exécutoire en France aux jugements et actes émanés des autorités étrangères.

30. Les besoins du commerce avaient fait apporter une autre dérogation très importante à l'incompétence des tribunaux français. A différentes époques de l'année, se tenaient, dans certaines villes, de grandes foires qui attiraient un nombre considérable de marchands étrangers venus de tous les pays. Il fallait leur donner un moyen facile et rapide de faire exécuter les contrats qu'ils passaient en France, même avec d'autres étrangers ; leur refuser justice eût été les éloigner des foires françaises. Pour encourager le commerce et attirer les étrangers, Philippe de Valois publia, le 6 août 1349, sur les privilèges et la tenue des foires de Champagne et de Brie, une ordonnance par laquelle il déclarait que, dans ces foires, tous les marchands étrangers pouvaient amener et vendre leurs marchandises en franchise de droits. Par la même ordonnance, il instituait un tribunal particulier composé de juges, nommés gardiens des foires qui, avec l'aide de six ou huit principaux marchands, devaient connaître « *des cas et contrats faits et advenus esdites foires* (2) ». L'édit du 1er février 1535, adressé par François Ier au conservateur des foires de Lyon, lui attribuait compétence pour les difficultés nées entre tous les marchands fréquentant lesdites foires et relatives aux « *devoirs et marchandises ou autres faits de foire* ». La déclaration de Charles IX, du 28 avril 1565, rendue par les soins du chancelier de L'Hôpital, vint corroborer cet édit, et permit de procéder devant les juges consuls des lieux où la marchandise avait été achetée ou vendue, où l'on avait promis de la livrer ou d'effectuer le paiement. « Et quant à la marchandise vendue ou achetée ou promise livrer et paiement pour icelle destiné à faire en ladite ville (Paris) par les marchands en gros et détail... avons

---

(1) Denisart, *Collect. de décisions nouvelles*, t. Ier, p. 107; Faustin-Hélie, *Instruction criminelle*, t. Ier, p. 658.

(2) *Recueil des anciennes lois françaises*, t. IV, p. 554. *V.* également une déclaration du 21 avril 1464, t. X, p. 481.

iceux juges et consuls desdits marchands de nostre dite ville de Paris déclaré et déclarons juges compétents (1). » Ces principes puisés dans la loi 19, 1, D., *De judiciis*, étaient adoptés, dès le XIII° siècle, d'après le témoignage de Pierre Desfontaines, par la jurisprudence coutumière. L'ordonnance de mars 1673 les consacra définitivement dans l'article 17 du titre XII en ajoutant, comme nouveau lieu de compétence, le domicile du débiteur . « Dans les matières attribuées aux juges et consuls, le créancier pourra faire donner l'assignation à son choix, ou au lieu du domicile du débiteur, ou au lieu auquel la promesse a été faite et la marchandise fournie, ou au lieu auquel le paiement doit être fait (2). » Cette ordonnance ne reconnaissait pas expressément aux étrangers le droit de saisir nos tribunaux de leurs litiges, mais « s'ils n'avaient pas ce choix, dit Boullenois, souvent ils ne seraient pas à portée de se faire rendre si facilement justice et se faire payer, et le commerce en souffrirait (3) ». L'intérêt du commerce avait fait admettre les marchands étrangers à plaider devant nos tribunaux ; le même motif fit étendre à toutes les opérations de commerce faites en France la faculté qui, à l'origine, ne s'appliquait qu'aux actes passés en foire (4). De plus, en vertu de plusieurs ordonnances ou édits de nos rois, on assimilait aux Français les marchands étrangers établis dans les villes de Lyon et de Bordeaux, les Suisses servant dans les troupes du roi ou mariés dans le pays et les habitants d'Avignon (5). Enfin, l'ordonnance de la marine d'août 1681 permettait expressément aux étrangers de saisir les tribunaux français de leurs contestations : « Les juges de l'Amirauté connaîtront, privativement à tous autres et entre toutes personnes, de quelque qualité qu'elles soient, même privilégiées, Français et étrangers, tant en demandant qu'en défendant, de tout ce qui concerne la construction, les agrès et apparaux, armement, avitaillement et équipement, vente et adjudication des vaisseaux (6). » (Article 1er du titre II.)

31. En dehors de ces exceptions, le principe de l'incompétence reprenait son empire. Mais il ne faut pas s'y tromper, si on déci-

(1) *Recueil des anciennes lois françaises*, t. XIV, p. 181.
(2) *Recueil des anciennes lois françaises*, t. XIX, p. 107.
(3) Boullenois, *Traité des statuts réels et personnels*, tome Ier, p. 608.
(4) Merlin, *Répertoire*, v°. *Étranger*, § 2.
(5) Edits de Louis XI, 1463; de Charles IX, 1569; d'Henri III, mars 1583; Lettres patentes de Louis XIII, mars 1611, et de Louis XIV, mars 1660.
(6) *Recueil des anciennes lois françaises*, t. XIX, p. 283. Cette disposition avait été introduite par Colbert dans le but de favoriser le développement de notre marine.

dait dans notre ancien droit que les tribunaux français étaient incompétents pour juger les contestations qui s'élevaient entre étrangers, ce n'était pas par application du principe invoqué aujourd'hui par la jurisprudence, « que la justice n'est due qu'aux nationaux », mais uniquement, en vertu de la règle qui veut que le défendeur soit cité devant le juge de son domicile. Si nos tribunaux étaient incompétents, c'était purement et simplement parce que les étrangers n'avaient pas en général de domicile en France, et que la source de compétence faisait ainsi défaut.

32. Aussi lorsque les étrangers avaient un domicile en France, ce qu'on leur permettait en vertu des lois romaines et notamment de la loi, 20, D., *Ad municip...* où il est dit que : « *Domicilium re et facto transfertur,* » ils pouvaient être assignés devant les tribunaux français même par d'autres étrangers (1). Merlin est très catégorique à ce sujet. « Les étrangers domiciliés en France, dit-il (2), peuvent être poursuivis devant les juges de France pour toutes les actions qu'autorise le droit des gens, et, conséquemment, pour toutes les dettes qu'ils ont contractées, pour toutes les promesses qu'ils ont faites, sans distinguer si elles ont été faites ou contractées au profit d'un étranger ou d'un Français. »

33. Enfin, il était admis, comme tempérament au principe de l'incompétence, que les étrangers pouvaient proroger, par leur consentement, la juridiction des tribunaux français et soumettre à leurs décisions la solution de leurs contestations (3). « Quand on dit que le lieu du contrat et le lieu du paiement sont incompétents parmi nous, ce n'est, dit Boullenois (4), que lorsque l'une des parties demande son renvoi et n'est pas revendiquée, ou qu'elle ne comparaît pas, et cela ne saurait avoir lieu quand les deux parties consentent à plaider dans l'un ou l'autre de ces deux endroits. » Denisart ajoutait même que la partie qui n'acceptait pas cette juridiction devait le déclarer *in limine litis* (5).

34. Dans le cas où les étrangers saisissaient valablement les tribunaux français de leurs contestations, ceux-ci devaient juger d'après la loi française: « *Quantum ad formas et litis ordinationem*, et d'après la loi étrangère : « *Quantum ad decisoria.* » (Brodeau.)

35. L'étranger en présence d'un autre étranger était tenu de

---

(1) Demangeat, *op. cit.*, p. 142.
(2) Merlin, *Questions de droit*, vᵒ *Étranger*, § 2, nᵒ 4. Arrêts du Parlement de Douai, des 15 juillet 1782 et 24 décembre 1785.
(3) Féraud-Giraud, *De la compétence des tribunaux français pour connaître des contestations entre étrangers.* Clunet, 1880, p. 139.
(4) Boullenois, *Des statuts réels et personnels*, t. I, p. 608; Merlin, *Répertoire*, vᵒ *Étranger*, § 2; Pothier, *Des personnes*, t. II, sect. 2.
(5) Denisart, *Collect. de décisions nouv.*, t. VIII, vᵒ *Étrangers*, § 3.

fournir la caution *judicatum solvi* en matière civile (1). En matière commerciale, la caution n'était pas due. Le Parlement de Paris avait jugé, le 23 août 1591, que la caution était due même entre étrangers. Bourjon doutait que cette sentence eût une base bien solide. Il reconnaissait que le défendeur pouvait réclamer caution, mais il doutait que ce droit existât au profit du demandeur (2). Pothier professait une opinion différente : « Lorsque deux étran- « gers plaident ensemble, dit-il, si le défendeur l'exige du de- mandeur (la caution), il ne peut l'y faire condamner qu'il ne l'offre respectivement de son côté (3). »

§ III

DROIT INTERMÉDIAIRE

SOMMAIRE. — 36. Assemblée constituante. Assimilation complète des étrangers et des Français. Justice égale pour tous. — 37. Décret de messidor an III. Régime d'exception et de suspicion.

36. L'Assemblée constituante, pénétrée des idées d'humanité qui inspirèrent les philosophes du XVIIIᵉ siècle, se hâta d'effacer, au nom des droits de l'homme et de la fraternité universelle, toutes les distinctions qui séparaient les étrangers des nationaux ; les uns et les autres furent confondus pendant quelque temps sous la même loi (4). La conséquence naturelle fut que les étrangers purent plaider devant les tribunaux, de la même manière et dans les mêmes conditions que les Français eux-mêmes.

37. Mais l'enthousiasme primitif dura peu. La guerre refroidit bien vite ces bonnes dispositions vis-à-vis des étrangers, et à partir du décret du 23 messidor an III, non seulement on commença à leur retirer les faveurs et les concessions qu'on leur avait faites, mais on vota à l'unanimité l'abrogation du décret de la Constituante, et on les ramena sous un régime d'exception et parfois de suspicion jusqu'au moment où fut discuté et promulgué le Code civil (5). Il leur fut dès lors très difficile de plaider devant nos tribunaux. Mais l'époque était si troublée que la question a dû se présenter bien rarement.

(1) Parlement de Paris, 27 mai 1567, 23 août 1571.
(2) Bourjon, *Droit com. de la France,* liv. I, ltitre VII, chap. 1.
(3) Pothier, *Des personnes,* titre XII.
(4) Féraud-Giraud. Clunet, 1880, p. 140; Décret des 6 août 1790 et 8 avril 1791 ; Constitution du 3 janvier 1791.
(5) Féraud-Giraud. Clunet, 1880, p.140.

§ IV

DROIT FRANCAIS MODERNE

38. Le Code civil suivit un système intermédiaire entre celui de l'Assemblée constituante et celui du décret de messidor an III. Il fonda toute la partie de notre législation qui concerne les étrangers sur le système de la réciprocité, et non pas sur le système de la réciprocité simple, mais sur le système de la réciprocité diplomatique; c'est ainsi que l'article 11 fut définitivement constitué comme suit : « L'étranger jouira en France des mêmes droits civils que ceux qui sont ou seront accordés aux Français par les traités de la nation (*lisez faits avec la nation*) à laquelle cet étranger appartiendra. » (Art. 11 C. civ.)

Par exception l'article 13 C. civ. décide que « l'étranger qui aura été admis par l'autorisation du roi (*du Président de la République*) a établir son domicile en France, y jouira de tous les droits civils tant qu'il continuera d'y résider. » (Art. 13 C. civ.)

Des règles de compétence furent en même temps établies pour les contestations qui pourraient s'élever entre Français et étrangers. *Article 14.* — « L'étranger, même non résidant en France, pourra être cité devant les tribunaux français, pour l'exécution des obligations par lui contractées en France avec un Français; il pourra être traduit devant les tribunaux de France, pour les obligations par lui contractées en pays étranger envers des Français. » *Article 15.* — « Un Français pourra être traduit devant un tribunal de France, pour des obligations par lui contractées en pays étranger, même avec un étranger. »

Mais aucun article du Code ne prévoit d'une manière directe le cas d'une contestation entre deux ou plusieurs étrangers. Le Code civil est muet sur la question. Le Code de procédure civile n'est pas plus explicite. Le seul document que nous possédions à ce sujet est l'histoire de la discussion qui s'est élevée au Conseil d'Etat à propos de l'article 14, dans la séance du 6 thermidor an IX, entre Cambacérès, Defermon, Réal, Tronchet ; encore cette discussion n'est-elle pas de nature à éclairer beaucoup la difficulté (1).

---

(1) Bertauld, *Quest. de droit*, p. 154.

« A la séance du 6 thermidor an IX, le consul Cambacérès dit
qu'il est nécessaire d'ajouter à cet article (on discutait l'article 14
du Code civil) une disposition pour les étrangers qui, ayant
procès entre eux, consentent à plaider devant les tribunaux
français. Une courte discussion s'engage sur la caution *judicatum
solvi*, puis M. Defermon rappelle la seconde exception proposée
par le consul Cambacérès pour les étrangers qui, ayant procès
l'un contre l'autre, consentent à plaider devant un tribunal
français; il considère ce consentement comme établissant un arbitrage qui doit avoir son effet. Il demande si un étranger peut
traduire devant un tribunal français un autre étranger qui a
contracté envers lui une dette payable en France. M. Tronchet
répond que le principe général est que le demandeur doit porter
son action devant le juge du défendeur; que cependant, dans
l'hypothèse proposée, le tribunal aurait le droit de juger si sa
juridiction n'était pas déclinée. M. Defermon observe que ce
serait éloigner les étrangers des foires françaises que de leur
refuser le secours des tribunaux pour exercer leurs droits sur les
marchandises des étrangers avec lesquels ils ont traité. M. Réal
répond que, dans ce cas, les tribunaux de commerce prononcent.
M. Tronchet ajoute que la nature des obligations contractées en
foire ôte à l'étranger défendeur le droit de décliner la juridiction
des tribunaux français. Mais l'article en discussion ne préjuge
rien contre ce principe, il est tout positif: on ne peut donc en
tirer une conséquence négative. Il ne statue que sur la manière de
décider les contestations entre un Français et un étranger et ne
s'occupe pas des procès entre étrangers. L'article est mis aux
voix et adopté (1). »

39. Depuis le Code civil et le Code de procédure, aucune loi
n'est venue suppléer au silence de notre législation et réglemen-
ter le point qui nous occupe. Aussi ne faut-il pas s'étonner que les
auteurs soient divisés sur la solution à donner à cet important problème juridique de la compétence de nos tribunaux entre étrangers:
l'absence de textes législatifs, le silence presque absolu des travaux préparatoires et les vives controverses qui se sont élevées à
propos de l'article 11, sur les droits qui sont garantis aux étrangers
par la législation française, ont donné lieu, sur la question de la
compétence des tribunaux français entre étrangers, à plusieurs
opinions dans la doctrine et ont amené dans la jurisprudence une
confusion fâcheuse par les solutions contradictoires qui four-
millent dans ses arrêts.

(1) Locré, t. II, p. 44.

La jurisprudence qui fait la loi en cette matière, vu l'absence d'une règle législative, décide qu'en principe les tribunaux français sont incompétents pour connaître des contestations qui s'élèvent entre étrangers; de nombreuses décisions judiciaires sont intervenues en ce sens et cette opinion a été soutenue de l'autorité de jurisconsultes éminents : Aubry et Rau (1), Demolombe (2), Toullier (3), Duranton (4), Pardessus (5), Féraud-Giraud (6), etc.

« Si telle était la volonté positive du législateur, dit M. Laurent (7), il faudrait s'incliner sauf à protester au nom de la conscience publique contre une loi qui permet au débiteur de mauvaise foi de se jouer de son créancier. » Mais nous ne croyons pas que la loi ait établi l'incompétence de nos tribunaux pour statuer sur les contestations entre étrangers. Une opinion qui tend à prévaloir dans la doctrine professe que les tribunaux français sont compétents pour juger toutes les contestations, quelle que soit la nationalité des parties en cause, et qu'ils doivent appliquer aux contestations entre étrangers les mêmes règles de compétence qu'aux contestations entre Français. MM. Bonfils (8), Glasson (9), Laurent (10) ont défendu cette doctrine avec talent.

« Si les procès-verbaux du Conseil d'État ne nous donnent pas une solution nette et déterminée, dit M. Bonfils (11), ils ont néanmoins leur utilité. Ils nous indiquent la pensée première de nos législateurs, leur volonté de s'incliner devant la règle que le demandeur doit saisir le juge du défendeur, et cette autre pensée encore, que les plaideurs étrangers peuvent proroger la juridiction de nos tribunaux. Puisque aucun article de loi postérieur n'est venu déterminer le juge des contestations entre étrangers, c'est donc le principe général de toute la procédure du droit moderne, c'est la règle du droit des gens, admise par le consentement unanime des nations, proclamée par nos législateurs, la règle *actor sequitur forum rei*, qui reprend son empire. C'est donc devant le juge du domicile du défendeur que doit être portée la

(1) Aubry et Rau, VIII, § 748 *bis*, p. 143, et note 33.
(2) Demolombe, I, n° 261, p. 427.
(3) Toullier, I, p. 265.
(4) Duranton, I, n° 152.
(5) Pardessus. *Droit commercial*, 1477, n° 3.
(6) Féraud-Giraud. Clunet, 1880, p. 437 et suiv.
(7) Laurent, *Droit civil*, 548-549.
(8) Bonfils, *De la compétence des tribunaux français à l'égard des étrangers.* Paris, 1865.
(9) Glasson. Clunet. 1881, p. 105.
(10) Laurent, *Droit civil international*, t. I, n° 440, p. 551.
(11) Bonfils, *op. cit.*, n° 178, p. 150.

demande. Seul il est compétent pour connaître d'une action personnelle. Ce principe domine toute la matière. »

« Il n'y a pas de loi, dit M. Glasson (1), qui défende aux tribunaux français de connaître des contestations entre étrangers, ni de lois qui établissent, en pareil cas, des règles spéciales de compétence; mais il résulte nettement de la discussion au Conseil d'État que les étrangers ont le droit de s'adresser, même entre eux, à nos tribunaux. Dès lors, et dans le silence de la loi, pour déterminer le tribunal compétent, il faudra bien appliquer le droit commun, l'article 59 du Code de procédure. »

« Il faudrait un texte bien positif, dit M. Laurent (2), pour enlever aux étrangers un droit qui leur appartient en vertu des principes les plus élémentaires. On conçoit l'incompétence quand l'étranger est sans droit. On ne la conçoit plus quand il a presque tous les droits privés dont jouissent les Français. »

40. Nous allons essayer d'établir la théorie soutenue par ces auteurs; c'est celle qui nous paraît la plus conforme à la justice, au droit et aux progrès de la civilisation.

Nous exposerons d'abord le système de la jurisprudence, en indiquant les principaux arguments sur lesquels elle s'appuie pour soutenir son système. Nous réfuterons ensuite ce système et les arguments invoqués pour le soutenir. Puis, après avoir indiqué les raisons qui nous font repousser le système de la jurisprudence, nous nous efforcerons de faire ressortir les motifs qui nous ont porté à adopter un système contraire. Nous montrerons enfin par les applications que nous ferons de notre théorie, qu'elle donne complètement satisfaction aux intérêts des étrangers, en même temps qu'elle conduit à des conséquences absolument logiques et conformes aux vrais principes du droit et de l'équité.

---

(1) Glasson. Clunet, 1881, pp. 105 et suiv.
(2) Laurent, *Droit civ. int.*, t. I, p. 552, n° 440.

CHAPITRE II

SYSTÈME DE LA JURISPRUDENCE

41. Le système de la jurisprudence peut se résumer en trois propositions.

I. — Les tribunaux français sont, en principe, incompétents pour statuer sur les différends qui s'élèvent entre étrangers : c'est la règle générale.

II. — Dans des cas nombreux, cette règle reçoit des exceptions et nos tribunaux sont obligés de juger : c'est la compétence obligatoire.

III. — En dehors de ces cas, on retombe dans la règle : nos tribunaux sont incompétents. Mais l'incompétence n'est pas absolue ; elle est purement relative. Nos tribunaux peuvent, s'ils le jugent convenable, se déclarer compétents : c'est la compétence facultative.

Nous allons développer successivement chacune de ces trois propositions.

SECTION I

PRINCIPE DE L'INCOMPÉTENCE. — ARGUMENTS DE LA JURISPRUDENCE

§ Ier

RÈGLE GÉNÉRALE

42. Les tribunaux français sont en principe incompétents pour statuer sur les contestations qui s'élèvent entre étrangers.

La jurisprudence fournit à l'appui de ce principe un certain nombre d'arguments. Nous allons indiquer les principaux.

§ II

ARGUMENTS DE LA JURISPRUDENCE

43. I. — La jurisprudence invoque d'abord la tradition. Nos anciens Parlements se déclaraient en général incompétents pour connaître des contestations entre étrangers (1). Par son silence, le Code consacre la tradition.

44. II. — Les tribunaux français n'ont été institués que pour rendre la justice aux nationaux. Le droit de la réclamer et de l'obtenir est un privilège attaché à la qualité du Français (2). « Les tribunaux français institués pour rendre la justice aux nationaux ne sont pas tenus de prononcer sur les contestations qui s'élèvent entre étrangers habitant le territoire (3). » « Si le droit de rendre la justice est un des apanages de la souveraineté, celui de la réclamer et de l'obtenir est un des avantages que le sujet est seul fondé à exiger du souverain ; sous ce double rapport, chaque monarque ne doit la justice qu'à ses sujets et doit la refuser aux étrangers, à moins qu'il n'ait un intérêt reconnu à faire juger le procès dans ses États ou que, dans les traités, il n'y ait des stipulations dérogatives à ces maximes de droit public (4). »

Dans ses arrêts les plus récents, la jurisprudence invoque encore cet argument (5). « Les tribunaux français, dit le Tribunal de la Seine, sont institués pour rendre la justice aux nationaux et, en principe, ils ne doivent statuer sur les contestations entre étrangers que dans les cas déterminés par la loi (6). » « En prin-

(1) Boullenois, t. I, pp. 607 et suiv. ; Merlin, *Répertoire*, v° *Etranger*.
(2) Cass. req., 2 avril 1833. D., v° *Droit civil*, n° 314.
(3) Cass. rej., 16 mai 1849. D., 1849, 1, 256; Paris, 7 mai 1875. D., 1876, 2, 137.
(4) Colmar, 30 sept. 1815. D., *Rép.*, v° *Droits civils*, n°s 324-325.
(5) Alger, 4 mars 1874. S., 1874. 2, 103 ; Chambéry, 11 fév. 1880. Clunet, 1881, p. 511.
(6) Trib. civ. Seine, 5 mai 1880. Clunet, 1880 p. 299. V. également, Req., rej., 2 avril 1833. D., *Rép.*, v° *Droits civils*, n° 314; Lyon, 25 fév. 1857. S., 1857, 2, 625 ; Paris. 15 juin 1861. S. 1861, 2, 455; Alger, 4 mars 1874. S. 1874, 2, 103; Chambéry, 11 fév. 1880. *Le Droit*, 16 janv. 1881; Trib. civ. Amiens, 25 février 1882. Clunet. 1883, p. 63.

cipe général, les tribunaux français ont été institués pour juger les Français en leur appliquant la loi française. La dette de justice ne s'impose qu'en faveur des nationaux, elle n'existe pas pour les étrangers, elle ne peut être réclamée par eux (1). »

45. III. —Les contestations entre étrangers donnent souvent lieu à l'application des lois étrangères, soit qu'il s'agisse d'apprécier la capacité requise par tel ou tel acte chez un étranger, soit qu'il s'agisse d'interpréter les faits juridiques auxquels cet étranger a pris part. Décider que les tribunaux français sont obligés de se prononcer sur ces contestations, c'est les mettre dans la nécessité de prendre connaissance des lois de tous les pays de l'univers (2). La diversité de ces lois, la difficulté de les bien connaître exposeraient souvent nos tribunaux à mal juger (3). La dignité de la justice pourrait même se trouver compromise par la contrariété des décisions qui pourraient intervenir sur la demande en France et en pays étranger (4). Ne convient-il pas d'ailleurs que les lois d'un État soient appliquées par les magistrats qui rendent la justice en son nom? Nous rencontrons à chaque pas cette proposition énoncée sous une forme ou sous une autre dans les arrêts de la jurisprudence qui veut voir une corrélation intime entre l'idée de la juridiction et celle de la loi d'après laquelle le procès doit être jugé. « Les tribunaux français, dit la Cour de Lyon, peuvent se refuser à juger les contestations entre étrangers lorsqu'ils auraient, hors le cas d'une nécessité précise, à faire application de la loi étrangère (5). » De même la Cour de Paris disait le 19 mars 1875 : « Il y a de justes motifs pour un tribunal français de déclarer son incompétence, alors qu'il s'agit d'un fait pouvant donner lieu à l'application de la loi étrangère (6). » Des arrêts considèrent formellement la désignation du juge compétent comme une conséquence de la désignation de la loi à appliquer : « Tout ce qui tient aux tutelles, dit la Cour de Bastia, dépend du statut personnel, lequel suit en tous lieux la personne et continue de la régir même en pays étranger, et par une conséquence naturelle, toutes les questions qui se rattachent à ce statut ne peuvent être soumises

(1) Nancy, 16 mars, 1878. Clunet, 1878, p. 371.
(2) Paris, 15 juin, 1861. S. 1861, 2, 455; Bastia, 8 déc. 1863. D., 1864, 2, 1 ; Alger, 4 mars 1874. S., 1874, 2, 103.
(3) Paris, 15 juin 1861. S., 1861, 2, 455; Bastia, 8 déc. 1863. D., 1864, 2, 1.
(4) Lyon, 25 février 1857. S., 1857, 2, 625; Trib. civ. Seine, 5 mai 1880. Clunet, 1880, p. 299.
(5) Lyon, 25 juillet 1857. S., 1857, 2, 625.
(6) Paris, 19 mars 1875. Clunet, 1876, p. 181; Paris, 23 juin 1836. D. 1836, 2, 164, Rép., v° Droits civils, n° 314; V. également Paris, 7 mai 1875. Clunet, 1876, p. 270 ; Trib. civ. Seine, 5 mai 1880. Clunet, 1880, p. 299; Trib. civ. Seine, 12 août 1881. Le Droit, 26 août; Trib. civ. Seine, 14 fév. 1887. Clunet, 1887, p. 609.

qu'aux tribunaux des pays où il est en vigueur (1). » Enfin la
Cour d'Alger (2), après avoir décidé que c'est à la juridiction étrangère à appliquer le statut personnel de l'étranger, va jusqu'à dire
« qu'il s'agit du respect dû au principe de la souveraineté et des
conflits et des dangers que pourrait faire naître son oubli. »

46. IV. — Et, quand même nos juges pourraient arriver à bien
connaître les législations étrangères et à les appliquer sagement,
pourrait-on les obliger à assurer l'exécution de ces lois qui n'ont
rien d'obligatoire en France(3), et qui peuvent même être contraires
à notre état social(4)? Pourrait-on les obliger à juger dans des cas
où la situation des parties ne permet pas d'assurer une sanction
sérieuse aux décisions qui interviendraient (5)?

47. V. — L'intérêt bien entendu des Français exige qu'on adopte
le principe de l'incompétence. A-t-on le droit de dérober aux justiciables français un temps dont nos tribunaux leur sont rede-
vables? L'expédition des affaires qui les concernent ne va-t-elle pas
subir des retards préjudiciables si nos tribunaux emploient leur
temps à juger des procès entre étrangers (6)?

48. VI. — Les tribunaux français ne sont pas obligés de connaître
des contestations qui s'élèvent entre étrangers, parce que la
maxime *actor sequitur forum rei* s'y oppose et que cette maxime est
la sauvegarde du droit sacré de défense (7). Ce principe général
du droit proclamé par les rédacteurs du Code civil et du Code de
procédure veut que le défendeur soit assigné devant le juge de
son domicile. (Articles 2 et 59 C. pr. civ.) Par application de cette
règle, les tribunaux étrangers sont seuls compétents toutes les fois
que l'étranger défendeur a conservé un domicile dans son pays,
ce qui est le cas le plus fréquent. Il faut donc renvoyer les étrangers devant leurs juges naturels, c'est-à-dire devant les juges de
leur pays. Il y va d'ailleurs de leur intérêt. Les magistrats de leur
pays seront plus aptes à leur rendre bonne et saine justice.

49. VII. — Enfin, pour que nos tribunaux soient obligés de connaître des différends qui s'élèvent entre étrangers, il faudrait
qu'un texte formel leur reconnût compétence. Or, ce texte fait défaut. Les articles 14, 15 et 16 du Code civil ne sont relatifs qu'aux

---

(1) Bastia, 8 déc. 1873. D., 1874, 2, 1 ; Alger, 4 mars 1874. S., 1874, 2, 103 ; Trib.
civ. Seine, 12 août 1881. *Le Droit,* 1881, 26 août.
(2) Alger, 4 mars 1874. S., 1874, 2, 103.
(3) Paris, 15 juin, 1861. S., 1861, 2, 455 ; Bastia, 8 décembre 1863. D., 1864, 2, 1.
(4) Paris, 25 nov. 1839. D., *Rép.,* v° *Droits civils,* n° 318 ; Rennes, 16 mars 1842.
S., 1842, 2, 211. D., *Rép.,* v° *Mariage,* n° 305.
(5) Paris, 6 janv. 1888. Clunet, 1888, p. 787.
(6) Paris, 15 juin 1861. S., 1861, 2, 455 ; Paris, 6 janv. 1888. Clunet, 1888, p. 787.
(7) Cass., 22 janv. 1806. D., *Rép.,* v° *Comp. civ. des trib. d'arrond.,* n° 277.

procès entre Français et étrangers. Le silence de la loi, relativement aux contestations entre étrangers, prouve la volonté du
législateur de ne pas obliger nos tribunaux à statuer sur ces contestations (1).

SECTION II

EXCEPTIONS APPORTÉES PAR LA JURISPRUDENCE AU PRINCIPE DE L'INCOMPÉTENCE. — COMPÉTENCE OBLIGATOIRE

SOMMAIRE. — 50. Généralités. Division.

50. La jurisprudence apporte de nombreuses dérogations à la
règle générale que nous venons d'exposer. Dans certains cas,
d'après la jurisprudence, les tribunaux français sont obligés de se
déclarer compétents et de juger les contestations entre étrangers
qui leur sont soumises. La compétence, dans ce cas-là, est dite
compétence obligatoire : obligatoire pour nos tribunaux, qui ne
peuvent se dessaisir de l'affaire, obligatoire pour le défendeur,
qui soulèverait en vain l'exception d'incompétence (2).

Ces exceptions sont fort nombreuses ; mais elles peuvent se
grouper en deux classes : les unes reposent sur des considérations juridiques qui se rattachent soit à la qualité particulière des
parties en cause, soit à la nature du litige ; les autres se rattachent à la procédure.

Nous allons examiner successivement ces deux groupes d'exceptions :

1° Exceptions résultant de règles de droit ;

2° Exceptions résultant de règles de procédure.

(1) Trib. civ. Seine, 27 décembre 1881. Clunet, 1882, p. 309.
(2) V. Féraud-Giraud, De la compétence des tribunaux français pour connaître
des contestations qui s'élèvent entre étrangers. Clunet, 1880, p. 154.

§ 1er

PREMIER GROUPE

EXCEPTIONS RÉSULTANT DE RÈGLES DE DROIT

A

ÉTRANGERS ADMIS A DOMICILE

SOMMAIRE. — 51. Ils sont assimilés aux Français pour la jouissance des droits civils. — 52. L'étranger demandeur domicilié peut citer devant les tribunaux français un étranger non admis à domicile; il peut invoquer l'article 14. — 53. Peu importe que le défendeur appartienne ou non à la même nationalité que le demandeur. — 54. L'étranger défendeur domicilié en France est soumis à la juridiction française même si le demandeur n'a pas de domicile en France. — 55. Peu importe que les parties appartiennent ou non à la même nationalité. — 56. Application de ces règles a été faite en matière de question d'État. — 57. L'autorisation accordée à un étranger d'établir son domicile en France peut n'être que tacite. — 58. L'autorisation s'étend à la femme et aux enfants de l'étranger soumis à sa puissance. — 59. La condition de résidence exigée par l'article 13 peut donner lieu à des difficultés; les tribunaux apprécient. — 60. En dehors de l'autorisation du gouvernement, l'étranger ne peut avoir en France qu'un domicile de fait. — 61. Ce domicile est impuissant à conférer la jouissance des droits civils. — 62. Mais il peut entraîner dans certains cas la compétence des tribunaux français. — 63. La simple résidence ne suffit pas pour donner compétence à nos tribunaux.

51. Les étrangers qui auront été admis par autorisation du gouvernement à établir leur domicile en France y jouiront de tous les droits civils tant qu'ils continueront d'y résider. C'est la disposition textuelle de l'article 13 du Code civil. La jurisprudence en conclut que tout étranger admis à domicile en vertu de l'article 13 doit être traité, au point de vue de la compétence des tribunaux, comme un véritable Français (1).

52. Si c'est l'étranger demandeur qui a été autorisé à établir son domicile en France, il pourra certainement citer devant les tribunaux français un étranger non admis à domicile, comme pourrait le faire un Français. Il pourra même invoquer le bénéfice de l'article 14, et citer devant les tribunaux français l'étranger même non résidant, pour l'exécution des obligations contractées envers lui, soit en France, soit à l'étranger (2); car le droit d'invoquer

(1) Metz, 17 janv. 1839. S., 1839, 2, 474; Cass., 23 juillet 1855. S., 1856, 1, 147. D., 1855, 1, 353; Rennes, 27 avril 1847. S., 1847, 2, 444; Cass., 12 nov. 1872. S., 1873, 1, 17.

(2) Cass., 23 juillet 1855. S., 1856, 1, 147; Cass., 12 nov. 1872. Clunet, 1874, p. 180; Trib. comm. Havre, 27 mai 1874. Clunet, 1875, p. 187; Trib. civ., Seine, 28 déc. 1875. Le Droit, 12 janv. 1876.

le bénéfice de l'article 14 est un droit civil attaché à la qualité de
Français et l'étranger admis à domicile est assimilé au Français
pour la jouissance des droits civils. Cette solution n'a jamais fait
difficulté ; la jurisprudence à toujours jugé en ce sens.

53. Il n'y a pas à distinguer entre le cas où le défendeur ainsi
actionné devant les tribunaux français appartient au même pays
que l'étranger demandeur admis à domicile, et le cas où ils sont
de nationalité différente. Une pareille distinction serait contraire
aux dispositions combinées des articles 13 et 14 du Code civil (1).

54. Si c'est le défendeur au contraire qui a en France un domicile autorisé du gouvernement, il sera soumis à la juridiction du
tribunal français même si le demandeur n'a pas de domicile en
France. Ayant les droits d'un Français, il ne saurait en décliner les
charges et s'il peut invoquer l'article 14 il doit se soumettre aux
exigences de l'article 15. L'étranger peut sans doute conserver
la condition qui lui est propre; mais dès qu'il a demandé et
obtenu l'autorisation de se fixer sur notre territoire et qu'il a
ainsi consenti à changer sa situation primitive contre celle que
que lui offrait la loi française, il se trouve régi activement et passivement par la disposition de l'article 13 ; il accepte avec les
droits, les devoirs que lui impose la loi sous l'empire de laquelle il
s'est volontairement placé (2).

55. Peu importe d'ailleurs que l'obligation dont on réclame l'exécution ait été contractée par l'étranger admis à domicile antérieurement ou postérieurement au décret d'autorisation. Dès que
l'une des deux parties en cause a été autorisée à résider en France
les tribunaux français sont compétents (3). Mais des lettres de naturalisation obtenues par l'un des deux étrangers depuis l'introduction de l'instance ne sauraient avoir pour effet de rendre
les tribunaux compétents pour statuer sur la contestation précédemment engagée (4).

56. La jurisprudence, qui refuse en général de connaître des
questions d'état entre étrangers, a fait plusieurs fois application,
en ces matières, de la règle que nous venons d'exposer. Il a été
jugé notamment que les tribunaux français étaient compétents
pour connaître d'une demande en séparation de corps introduite

(1) Cass. req., 12 nov. 1872. Clunet, 1874, p.180. S., 1873, 1, 17 et la note. D., 1874,
1, 168.
(2) Metz, 17 janv. 1839. S., 1839, 2, 474; Rennes, 27 août 1847. S., 1847, 2, 444;
Alger, 16 nov. 1874. Clunet, 1876, p. 268.
(3) Metz, 17 janv. 1839. S., 1839,2, 474. D., 1839, 2, 139; Rennes, 27 août 1847. S.,
1847, 2, 444. D., 1847, 2,170; Cass., 23 juillet 1855. S., 1856, 1, 147.— *Contra*: Cass.,
28 juin 1820. S. *C. annotés*, art. 14, n° 79.
(4) Rouen, 29 févr. 1840. S., 1840,2, 256, et Lyon, 6 mars 1889. D., 1889, 2, 273.

devant eux, par une femme étrangère contre son mari étranger,
mais admis à domicile, sans que celui-ci pût opposer un déclinatoire fondé sur l'incompétence du tribunal saisi (1). Il en serait
de même d'une action en divorce (2).

· **57.** L'autorisation accordée à un étranger d'établir son domicile
en France peut n'être que tacite : il suffit qu'il y ait, de la part du
gouvernement, des actes impliquant la volonté de lui accorder ce
bénéfice (3) et ne laissant aucun doute sur cette volonté. Ainsi
il a été jugé qu'un étranger nommé par le gouvernement professeur à une école de musique est censé avoir été autorisé à
établir son domicile en France (4). Il a été jugé également que le
fait, pour un étranger, d'être investi par commission du gouvernement français du titre, avec exercice, de courtier maritime (art. 14
et dernier de l'arrêté ministériel du 6 mai 1844) implique l'autorisation prévue par l'article 13 du Code civil d'établir son domicile en
France et par suite l'exercice des droits civils en France et la juridiction pour lui et envers lui des tribunaux français (5). Mais il a
été jugé au contraire « qu'un docteur étranger autorisé par décret
à exercer la médecine en France n'est point par cela seul autorisé
par le gouvernement a établir son domicile en France et à y jouir
des droits civils (6) ».

Les juges français sont également compétents quand il s'agit de
contestations relatives à des établissements de bienfaisance fon-
dés en France par des étrangers, existant avec l'agrément exprès
ou tacite de l'autorité ; peu importe même que ces établissements
soient destinés exclusivement au soulagement des étrangers, car
ces établissements ne forment point des personnes morales
étrangères, ce sont en réalité des sociétés françaises et la nationalité du fondateur ou leur but ne peuvent changer ce caractère (7).

58. L'autorisation accordée à un étranger d'établir son domicile s'étend virtuellement à sa femme ainsi qu'aux enfants mineurs soumis à sa puissance paternelle. Lorsque ces personnes
remplissent en outre, en résidant en France, la seconde condition
exigée par l'article 13, elles doivent tout aussi bien que leur mari
ou père y être admises à la jouissance des droits civils (8).

---

(1) Cass., 23 juillet 1855. S., 1856, 1, 147; Metz, 26 juillet 1865. S., 1866, 2, 237;
Trib. civ. Marseille, 23 avril 1875. Clunet, 1876, pp. 185 et 186.
(2) Paris, 13 mars 1879. S., 1879, 2, 289. *Cf.* jurisp. citée *infra*.
(3) Paris, 11 oct. 1827. D., *Rép.*, v° *Droits civils*, n° 386; Alger, 21 mars 1860.
S., 1861, 2, 65; Alger, 16 nov. 1874. Clunet, 1876, p. 268.
(4) Paris, 11 oct. 1827. S., *Codes annotés*, art. 13, n° 8.
(5) Alger, 16 nov. 1874. Clunet, 1876, p. 268 et note.
(6) Trib. civ. Seine, 4 mai 1878. Clunet, 1878, p. 494.
(7) Douai, 22 juillet 1852. S., 1853, 2, 233.
(8) Bordeaux, 14 juillet 1845. S., 1846, 2, 394.

59. L'article 13 exige deux conditions pour qu'un étranger ac-
quière en France un domicile légal entrainant compétence :
1° une autorisation du gouvernement ; 2° la résidence de l'étranger autorisé.

Cette deuxième condition pourra donner lieu à des difficultés
dans la pratique, lorsqu'il s'agira de constater si l'étranger a conservé ou perdu sa résidence en France. La solution de cette
question de fait dépendra uniquement des circonstances. Si la
résidence est fictive, si elle a cessé, l'autorisation sera inopé-
rante(1); si l'absence n'est qu'accidentelle, momentanée, se prolon-
geant même dans des conditions qui n'impliquent pas un transfert
de résidence hors du territoire français, il n'en résultera aucune
déchéance (2).

60. Mais parmi ces étrangers qui sont fixés en France, bien peu
ont demandé et obtenu l'autorisation exigée par l'article 13, bien
qu'ils aient en France leurs intérêts, leur maison, leur famille,
et que souvent ils aient perdu toute idée de retour dans leur
pays. Les tribunaux français sont-ils compétents pour statuer
sur les contestations qui concernent les étrangers ainsi domiciliés en France ? Nous disons domiciliés : mais l'étranger peut-il
donc être véritablement domicilié en France sans l'autorisation
du gouvernement? Peut-il, sans cette autorisation, avoir dans notre pays, non pas seulement une longue résidence, un domicile
de fait, mais un domicile légal, celui dont parle l'article 102 du
Code civil ? La question est vivement controversée. La jurisprudence admet en général que l'étranger résidant en France ne
peut, sans autorisation du Gouvernement, et « quelle que soit la durée de son séjour », acquérir en France un domicile légal produi-
sant les effets ordinaires de ce domicile (3). « Un étranger, quelle
que soit la durée de son séjour ne peut être réputé légalement domicilié en France même en y faisant le commerce, en y prenant
une résidence, en y acquérant des immeubles. Les termes de
l'article 13 du Code civil sont formels et rigoureux et n'admettent pas d'équivalent à l'autorisation pour l'établissement par
l'étranger d'un domicile en France (4). » Mais si l'étranger ne peut

(1) Douai, 9 déc. 1829. S., 1832, 2, 648; Bordeaux, 14 juillet 1845.S., 1846, 2,394.
(2) *V.* Féraud-Giraud. Clunet,1885, p. 246; Demolombe,t. I, n° 270. Aubry et Rau,
t. I, p. 312, § 79.
(3) Bordeaux, 5 août 1870. Clunet, 1874, p. 180; Paris, 29 juillet 1872; Clunet,
1874, p. 122. S. 1873, 2,, 148; Trib. civ. Seine, 16 déc. 1879. Clunet, 1879, p. 544;
Cass., 12 janv. 1869. S., 1869, 1, 139; Cass., 19 mars 1872. S.,1872, 1, 238; Paris,
14 juillet 1871.D.,1872,2, 65; Paris, 10 juillet 1880. Clunet, 1880, p. 474; Bordeaux,
24 mai 1876. S., 1877, 2, 109; Paris, 19 juillet 1872. D., 1872,2, 225.
(4) Paris, 29 juillet 1872. Clunet, 1874, p. 122. — En ce sens : Paris, 21 avril 1838.
S., 1839,2, 71; Rouen, 29 fév. 1840. S., 1840, 2, 256; Paris, 25 août 1842. S.,1842, 2,

3

acquérir en France un domicile légal sans autorisation du gouvernement, il peut du moins acquérir un domicile de fait (1).
« Il y a lieu, au point de vue juridique, de distinguer entre la
constitution par un étranger d'un domicile de fait sur le territoire
français et l'acquisition d'un domicile légal. Si le premier, en présence des facilités accordées à l'étranger de se fixer en France,
dépend pour ainsi dire de sa seule volonté, le second ne peut être
atteint, quelque persévérante et quelque éclatante qu'ait été la
manifestation, que par une autorisation expresse émanée du souverain (2). » Attendu, dit la Cour de cassation que l'article 13 a pour
objet d'indiquer comment un étranger peut acquérir la jouissance
des droits civils ; que l'autorisation du gouvernement ne s'impose
pas à l'étranger comme une condition préalable à l'établissement de
son domicile en France, mais comme un moyen d'assurer les effets
de cet établissement relativement aux droits civils dont il veut
se procurer la jouissance; qu'aucune loi ne s'oppose à ce que l'étranger fixé en France sans y avoir obtenu cette autorisation y ac-
quière et y conserve un domicile de fait (3). »

61. « Ce domicile peut suffire pour entrainer au profit de l'étranger certains effets juridiques (4), notamment en matière de succession (5) et de mariage (6). Mais il est impuissant à conférer la
jouissance des droits civils. Il faut, pour qu'il en soit ainsi, que
l'étranger ait obtenu l'autorisation de fixer son domicile en
France (7). » « Un domicile de fait, dit le Tribunal du Havre, est
suffisant à la vérité pour entraîner, au profit de l'étranger, certains
effets juridiques, notamment en matière de mariage, mais impuissant pour conférer aucun de ces droits civils qui ne dépendent

372; Douai, 12 juillet 1844. S., 1844, 2, 491; Paris, 5 déc. 1844. S., 1844, 2, 617 ;
Paris, 15 déc. 1855. S., 1856, 2, 159; Bordeaux, 5 août 1870. Clunet, 1874, p. 180; Paris,
14 juillet 1871. S., 1871, 2, 141; Paris, 29 juillet 1872. S., 1873, 2, 148; Bordeaux, 5 août
1872. S., 1872, 2, 269; Paris, 10 juillet 1880. Clunet, 1880, p. 474; Cass., 12 janv. 1869.
S., 1869, 1, 139; Cass., 19 mars 1872. S., 1872, 1, 238; Cass., 5 mai 1875. S., 1875, 1,
409; Cass., 24 mai 1876. S., 1877, 2, 109.— Contra : Paris, 15 mars 1831. S., 1831, 2,
237; Paris, 15 déc. 1853. S., 1854, 2, 105; Caen, 12 juillet 1870. S., 1871, 2, 57; Aix,
28 août 1872. S., 1873, 2, 265; Pau, 11 mars 1874. S., 1875, 1, 409. Et trois arrêts
anciens de Cassation, 8 Thermidor an XI, 30 nov. 1814, 24 avril 1827.
(1) Cass. Req., 7 juillet 1874. Clunet, 1876, p. 28. S., 1875, 1, 19; Cass., 24 avril
1827. S., 1827, 1, 579; Pau, 11 mars 1874. S., 1875, 1, 409, sous cassation; Aix,
28 août 1872. S., 1873, 2, 265; Paris, 29 juillet 1872. Clunet, 1874, p. 122.
(2) Paris, 29 juillet 1872. Clunet, 1874, p. 122.
(3) Cass., 7 juillet 1874. Clunet, 1876, p. 28. S., 1875, p. 19. — En sens contraire :
Cass., 10 mars 1858. S., 1858, 1, 529; Paris, 20 janv. 1872. S., 1873, 2, 148; Cass., 5 mai
1875. S., 1875, 1, 409.
(4) Paris, 29 juillet 1872. Clunet, 1874, p. 122.
(5) Cass. Req., 7 juillet 1874. Clunet, 1876, p. 28.
(6) Paris, 29 juillet 1872. Clunet, 1874, p. 122.
(7) Paris, 29 juillet 1872 déjà cité. Jurisprudence constante.

que de la nationalité(1). » On trouve cependant quelques décisions contraires. Le Tribunal de Rouen (2) ne craint pas de déclarer qu'il est reconnu par la doctrine et la jurisprudence que l'étranger qui a son domicile réel en France y jouit des mêmes droits civils que l'étranger admis par l'autorité à y résider, et les Cours d'Aix et de Pau, faisant application du principe, ont jugé, la première (3) qu'un étranger établi en France depuis de longues années pouvait invoquer le bénéfice de l'article 14 du Code civil et la deuxième que la succession mobilière d'un étranger dans ces conditions devait être régie par la loi française (4). Mais ce ne sont là que des décisions isolées.

62. Quant à la question de savoir si ce domicile de fait est suffisant pour entraîner la compétence des tribunaux français, la jurisprudence n'a pas une théorie bien définie. Elle refuse généralement au demandeur étranger qui n'a en France qu'un domicile de fait le droit de citer devant les tribunaux français un étranger qui n'a en France ni domicile ni résidence (5). Mais lorsqu'il s'agit d'apprécier la situation du défendeur, la jurisprudence admet plus facilement qu'il pourra être traduit devant les tribunaux français par un autre étranger non domicilié, s'il a un domicile de fait en France. Il faut reconnaître, dit M. Féraud-Giraud, que lorsque la résidence d'un étranger se prolonge et qu'il acquiert un véritable domicile en France, et par suite qu'il perd, en fait, son domicile d'origine, ce n'est pas sans quelque hésitation que les tribunaux français repoussent leur compétence (6). Il est même de jurisprudence constante que le défen-

(1) Trib. civ. Havre, 22 août 1872. Clunet, 1874, pp. 122, 123.
(2) Rouen, 22 juin 1864. D., 65, 3, 13.
(3) Aix, 28 août 1872. Clunet, 1874, p. 123. S., 1873, 2, 265.
(4) Pau, 11 mars 1874. S., 1875, 1, 409. *Cf.* dans le même sens : Trib. civ. Seine, 12 fév. 1889. Clunet, 1887, p. 314.
(5) Colmar, 30 déc. 1845. S., 1847, 2, 62; Cass., 2 août 1833. S., 1833, 1, 435; Rouen, 29 fév. 1840. S., 1840, 2, 256; Paris, 13 mars 1849. S.,1849, 2, 637; Trib. civ. Seine, 24 déc. 1880. Clunet, 1881, p. 59. — *Contrà* : Aix, 28 août 1872. Clunet, 1874, p. 123.
(6) M. Féraud-Giraud. Clunet, 1880, p. 158. On peut consulter à ce sujet : Cass., 2 avril 1833. S., 1833, 1, 435; Cass., 5 janv. 1847. S., 1847,1, 364; Cass.,8 avril 1851, S., 1851, 1, 335; Douai, 22 juillet 1852. S., 1853, 2, 223; Caen, 5 janv. 1846. S., 1847, 2, 456; Aix, 3 juillet1873. Clunet, 1875, p. 273; Req., 7 mars 1870. D., 1872, 1, 326; Paris, 19 déc. 1876. Clunet, 1877, p. 39; Cass., 7 juillet 1874. Clunet, 1876, p. 28. S., 1875, 1, 19; Caen, 29 janv. 1873. Clunet, 1877, p. 143; Trib. civ. Seine, 3 mai 1879. Clunet, 1879, p. 489; Trib. civ. Seine, 1er août 1879. Clunet, 1879, p. 546; Trib. civ. Seine, 16 déc. 1879. Clunet, 1879, p. 541; Trib. civ. Seine, 24 déc. 1880. Clunet, 1881, p. 59; Paris, 18 juillet 1880. Clunet, 1880, p. 475; Trib. civ. Seine, 18 mars 1880. Clunet, 1880, p. 191; Trib. civ. Seine, 17 oct. 1881. Clunet, 1882, p. 415; Trib. civ. Seine, 22 déc. 1881. Clunet, 1882, p. 414; Trib. civ. Seine, 22 avril 1882. Clunet, 1882, p. 543; Trib. civ. Seine, 21 fév. 1884. Clunet, 1884, p. 499; Trib.

deur excipe vainement de son extranéité pour décliner la compétence des juges français, s'il est hors d'état de justifier d'un domicile à l'étranger. Il ne suffit pas d'exciper de son extranéité, il faut que le défendeur prouve qu'il a son domicile à l'étranger, et « c'est au défendeur devenu demandeur en son exception, à justifier de son domicile hors de France, et il ne peut, par de vagues allégations, se jouer du demandeur et le réduire à l'impossible(1)».

63. Quant à la simple résidence du défendeur, la jurisprudence n'hésite pas à décider qu'elle ne saurait donner compétence aux tribunaux français (2). La Cour d'Alger, le 18 août 1848, avait jugé que l'étranger qui n'a qu'une simple résidence en Algérie peut y être traduit devant les tribunaux du pays à raison d'une obligation souscrite par lui en pays étranger au profit d'un étranger ; son arrêt s'appuie sur l'ordonnance du 16 avril 1843, d'après laquelle la résidence habituelle vaudrait domicile en Algérie. Le principe est posé d'une manière fort générale par la Cour, alors que, s'agissant d'appréciations commerciales, cela n'était pas nécessaire dans l'espèce pour attribuer compétence au tribunal français, l'exécution de l'obligation devant avoir lieu en Algérie. Quoi qu'il en soit, et alors qu'on se rangerait à cette jurisprudence abandonnée par la Cour d'Alger elle-même, il est évident qu'elle ne pourrait être généralisée; elle ne serait légale qu'en Algérie puisqu'elle reposerait sur une disposition réglementaire spéciale à ce pays (3).

civ. Seine, 9 août 1884. Clunet, 1884, p. 498; Trib. civ. Seine, 21 janvier 1885. Clunet, 1885, p. 176; Trib. civ. Seine, 7 oct. 1886. Clunet, 1886, p. 492. Douai, 8 févr. 1886. Clunet, 1888, p. 784. — Contrà : Rouen, 29 fév. 1840. S., 1840, 2, 256 : Paris, 13 mars, 1849. S., 1849, 2, 637; Lyon, 25 fév. 1857. S., 1857, 2, 625; Req. rej., 10 mars 1858. S., 1858, 2, 529.

(1) Trib. civ. Seine, 18 mars 1880. Clunet, 1880, p. 191. V. dans ce sens ; Caen, 5 janv. 1846. S., 1847, 2, 456; Cass., 8 avril 1851. S., 1851, 1, 335; Paris, 12 janv. 1858. S., 1858, 2, 542; Req. rej., 7 mars 1870. S., 1872, 1, 361; Caen, 29 janv. 1873. Clunet, 1877, p. 145, et la plupart des jugements et arrêts cités note précédente; V. cependant Paris, 23 juillet 1870, D., 1871, 2, 24; Cass., 7 juil. 1874. S., 1875, 1, 19; Paris, 19 déc. 1876. Clunet, 1877, p. 39; Paris, 9 nov. 1878. Clunet, 1879, p. 62; Trib. civ. Seine, 3 mai 1879. Clunet, 1879, p. 489; Trib. civ. Seine, 22 déc. 1881. Clunet, 1882, p. 414; Trib. civ. Seine, 7 avril 1886. Clunet, 1886, p. 492; Dijon, 7 avril 1887. Clunet, 1887, p. 87; Trib. civ. Seine, 14 fév. 1887. Clunet, 1887, p. 609; Paris, 6 janv. 1888. Clunet, 1888, p. 786; Alger, 16 mai 1888. D., 1890, 2, 94.

(2) Colmar, 30 déc. 1815. S., Codes annotés, art. 14, n° 83; Cass., 2 avril 1833. S., 1833, 1, 435; Paris, 9 nov. 1839; Gaz. des Trib. du 10: Trib. civ. Seine, 22 janvier 1840. Gaz. des Trib., 23; Bourges, 8 déc. 1843. D., 44, 2, 150; Aix, 4 mai 1885. D., 1886, 2, 129.

(3) Alger, 13 janvier 1868. S., 1872, 1, 190; Alger, 4 mars 1874. S., 1874, 2, 103; Cass., 20 mai 1862. S., 1862, 1, 673; Cass., 5 février 1872. S., 1872, 1, 190; Alger, Chambres réunies, 12 sept. 1848 et 19 mars 1851, suivi de rejet, 26 juillet 1852, V. Féraud-Giraud. Clunet, 1880, p. 162.

B

64. Les tribunaux français sont compétents pour statuer sur les contestations entre étrangers, même en matière personnelle et mobilière, dans les cas où il existe des traités diplomatiques qui donnent aux nationaux des pays avec lesquels ils ont été conclus le droit de s'actionner les uns les autres devant les tribunaux de France. La compétence est déterminée d'après les termes mêmes du traité. Plusieurs traités de ce genre ont été conclus entre la France et un certain nombre de nations. Afin de ne pas faire double emploi, nous renvoyons pour les détails au système de la compétence. (Chapitre III, section IV.)

C

Actions mixtes, actions personnelles immobilières.

65. La jurisprudence admet encore la compétence obligatoire de nos tribunaux quand il s'agit d'actions immobilières ayant pour objet des immeubles situés en France (1). Nos tribunaux ont le devoir d'en connaître et l'étranger défendeur ne saurait utilement décliner leur compétence.

La compétence du juge territorial pour connaître de ces actions se fonde sur le statut réel sans tenir aucun compte de la qualité ou du domicile des parties (2). Ce n'est d'ailleurs que l'application de l'article 3 du Code civil aux termes duquel « les immeubles, même ceux possédés par des étrangers, sont régis par la loi française ».

C'est la nature de la matière qui fixe ici la compétence ; il importe peu que les parties qui sont en cause soient des nationaux

(1) Req. rej., 22 janv. 1806, arrêt cité par Fœlix, t. Ier, no 154, p. 323.
(2) Cass., 19 avril 1852. D., 1852, 1, 801.

ou des étrangers ; il importe peu que l'action soit pétitoire ou possessoire, réelle ou mixte. Dès qu'une action est immobilière, elle doit être portée devant le tribunal de la situation de l'immeuble (1).

66. La jurisprudence a fait maintes fois application de cette règle, notamment en matière successorale. C'est ainsi que les tribunaux français se sont déclarés compétents pour interpréter un testament fait en pays étranger en ce qui concerne les dispositions relatives à des immeubles situés en France, bien que la succession fût ouverte en pays étranger (2). Les tribunaux français se sont encore déclarés compétents pour régler le partage des immeubles situés en France et composant la succession d'un étranger bien que le *de cujus* fût mort à l'étranger et que les héritiers fussent tous étrangers (3). Et la même solution est admise lorsqu'il s'agit de régler les difficultés que présente la liquidation de la succession d'un étranger au point de vue des immeubles situés en France (4). Jugé notamment que les tribunaux français sont seuls compétents pour connaître de la question de savoir si un immeuble situé en France, énoncé au contrat de mariage d'un étranger comme apporté en dot par son épouse d'origine française, doit être restitué par celle-ci à la succession de son mari, en ce que sous la clause d'apport se cacherait en réalité une donation déguisée. (Art. 3 C. civ.) (5).

67. Mais il faut qu'il s'agisse d'actions immobilières ; une action n'a pas ce caractère par cela seul qu'elle serait née à l'occasion de la détention d'immeubles alors que la question soulevée entre le demandeur et le défendeur ne touche ni à la propriété ni à la possession d'immeubles. C'est ce que la Cour de cassation a jugé le 10 janvier 1883 (6). — Dans l'espèce, un Italien demandait à d'autres

---

(1) Colmar, 12 août 1817. S., 1817, 2, 316;

(2) Metz, 23 juillet 1845 ; Cass., 10 nov. 1847. S., 1848, 1, 52. Dans ce cas, en faisant cette interprétation, ils peuvent refuser de se soumettre à l'appréciation qu'une autorité étrangère aurait déjà faite de la clause litigieuse. Cass., 10 nov. 1847, précité.

(3) Cass., 14 mars 1837, S., 1837, 1, 195 ; Req. rej., 2 février 1832. S., 1832, 1, 133 ; Orléans, 4 août 1859. S., 1860, 2, 37 ; Req. rej., 19 avril 1859. S., 1859, 1, 411 ; Toulouse, 7 déc. 1863. S., 1864, 2, 241 ; Paris, 12 août 1873. S., 1875, confirmé par Req. rej., 7 juillet 1874. S., 1875, 1, 19 ; Bordeaux, 19 août 1879, Clunet, 1880, p. 586. — *Contrà :* Paris, 13 mars 1850. S., 1851, 2, 791. *V.* aussi : Paris, 28 juin 1834. S., 1834, 2, 385. Par cet arrêt, la Cour de Paris a reconnu sa compétence pour statuer sur une action héréditaire, mais ce n'est qu'après avoir posé le principe de la compétence facultative et indiqué les circonstances qui l'autorisaient à retenir la connaissance de l'affaire.

(4) Cass., 22 mars 1865. S., 1865, 1, 175 ; Req. rej., 10 novembre 1847. S., 1848, 1, 52 ; Cass., 14 mars 1837. S., 1837, 1, 195.

(5) Cass., 22 mars 1865. S., 1865, 1, 175.

(6) Cass., 10 janv. 1883. S., 1883, 1, 460.

Italiens, des dommages-intérêts à raison de l'indue occupation des diverses parcelles de terrain pour la construction du tunnel du Mont-Cenis ; cette occupation avait cessé bien avant l'instance engagée. Le demandeur n'intentait donc pas une action réelle, mais une action personnelle qui était naturellement de la compétence des tribunaux des domiciles des défendeurs. C'est ce qu'a déclaré le Cour de cassation (1).

68. A l'inverse, les tribunaux français se déclarent incompétents pour connaître des actions relatives à des immeubles même appartenant à des Français, situés en pays étranger. L'incompétence est absolue, *ratione materiæ* (2). Nos tribunaux ne peuvent connaître des actions réelles relatives à ces immeubles qu'accessoirement à une autre demande pour laquelle ils sont compétents (3).

69. Une action personnelle et mobilière ne deviendrait pas réelle immobilière par l'effet de conclusions additionnelles tendant à obtenir une affectation hypothécaire sur les biens du défendeur. Dès lors, si le litige a existé entre étrangers, les tribunaux français n'en restent pas moins incompétents pour connaître de l'action (4).

70. Tout ce que nous venons de dire est relatif aux actions réelles immobilières. Nos tribunaux seront encore compétents pour connaître de l'action relative à un immeuble situé en France lorsque cette action sera de la nature de celles qu'on appelle mixtes. Elle peut en effet être considérée comme action réelle, et rentrer à ce titre dans la compétence de nos juges (5). Les tribunaux français sont compétents pour connaître d'une demande en mainlevée d'inscription hypothécaire prise sur un immeuble situé en France en vertu d'un contrat passé entre étrangers en pays étranger, encore que la contestation soulèverait des questions de compensation ou de règlement de comptes, c'est là une action mixte, compétemment portée devant le tribunal de la situation de l'objet litigieux (6). Si au contraire l'action mixte a pour objet un territoire situé en pays étranger, les tribunaux français ne seront compétents qu'autant que cette action, considérée comme personnelle, pourra être portée devant eux, malgré la nationalité étrangère des deux parties (7).

(1) Cela était certainement bien jugé, quelle que soit l'opinion que l'on ait sur le point de départ de notre jurisprudence en cette matière.
(2) Cass., 6 janvier 1841. S., 1841, 1, 24.
(3) Cass., 19 avril 1852. S., 1852, 1, 801.
(4) Req. rej., 2 août 1833. S., 1833, 1, 435.
(5) Bordeaux, 18 décembre 1846. D., 1847, 2, 43.
(6) Bordeaux, 18 décembre 1846. D., 47, 2, 43.
(7) Douai, 3 avril 1848. S., 1848, 2, 625 ; Nancy, 10 juin 1871. S., 1871, 2, 130.

71. Quant aux actions personnelles immobilières, elles sont très rares dans notre droit par suite de l'article 1138 C. civ., d'après lequel la convention de donner est par elle-même translative de propriété de la chose qu'elle a pour objet, en même temps qu'elle est génératrice d'obligations. Nous ne connaissons pas de décisions de jurisprudence relatives à ces sortes d'actions. Mais il est probable que si nos tribunaux avaient à se prononcer, ils les assimileraient quant à la compétence aux actions réelles mobilières.

D

ACTIONS CIVILES RÉSULTANT D'UN CRIME, DÉLIT OU QUASI-DÉLIT

SOMMAIRE. — 72. Crime ou délit, Compétence. — 73. Unanimité si l'action civile est exercée concurremment à l'action publique, devant les tribunaux de répression.— 74. Compétence également si l'action civile est portée séparément à l'action publique devant les tribunaux civils. — 75. Délit et quasi-délit civil. Compétence.

72. Les tribunaux français sont encore compétents pour statuer sur les actions personnelles et mobilières entre étrangers, lorsqu'elles ont pour objet la réparation d'un dommage causé par un fait prévu et puni par la loi pénale et commis sur la personne d'un étranger en France ou contre les biens qu'il y possède. La compétence en pareil cas est fondée sur l'article 3, § 1, du Code civil, aux termes duquel les lois de police et de sûreté obligent tous ceux qui habitent le territoire. Il faut évidemment que les faits qui motivent l'action aient eu lieu sur le territoire français et non pas à l'étranger (1).

73. La jurisprudence est unanime pour reconnaître sa compétence lorsque l'action civile est exercée concurremment avec l'action publique devant les tribunaux de répression. « Le tribunal saisi de la prévention d'un délit est nécessairement compétent pour statuer sur les intérêts civils qui s'y rattachent (2). » « Quiconque est victime d'un délit peut en poursuivre la réparation devant les tribunaux répressifs (3). »

74. Elle admet encore d'une manière générale que nos tribunaux sont compétents pour connaître de l'action civile intentée par un

(1) Nancy, 9 fév. 1886. D., 1887, 2, 31; Cass., 12 fév. 1885. Clunet, 1885, p. 303, et arrêts cités notes suivantes. Jugé de même en Belgique. Clunet, 1874, p. 38, note.

(2) Cass., 15 avril 1842. S., 1842, 1, 473 ; Bordeaux, 11 août 1842. S., 1843, 2, 216; Cass., 22 juin 1826, S., 1827, 1. 200.

(3) Trib. corr. Seine, 9 août 1884. Clunet, 1885, p. 303; Cour Paris, Ch. correct., 20 nov. 1884. Clunet, 1885, p. 303 ; Cass. crim., 12 février 1885. Clunet, 1885, p. 303.

étranger contre un autre étranger, alors même que cette action est exercée séparément à l'action publique devant les tribunaux civils (1).

75. Elle est même allée plus loin et elle décide généralement que l'action civile résultant d'un délit ou d'un quasi-délit, quoique insuffisant pour motiver une action devant les tribunaux de répression, peut être valablement portée devant les tribunaux civils (2). (Articles 1382 et 1383.) Il a été jugé notamment que les tribunaux français sont compétents pour connaître de l'usurpation d'un nom ou d'un titre dans les registres de l'état civil, commise par un étranger au préjudice d'un autre étranger (3).

E

ORDRE PUBLIC

SOMMAIRE. — 76. Lois d'ordre public. Compétence. Obligation de cohabitation des époux. — 77. Puissance paternelle. Protection due à l'enfant. Tutelle. — 78 Demandes en aliments. — 79. Certains tribunaux ne se déclarent compétents qu'autant que les mesures à prendre ont un caractère provisoire ou conservatoire. — 80. Demandes en nullité de brevets d'invention.

76. Du principe posé par l'article 3 § 1 du Code civil, la jurisprudence conclut également à la compétence obligatoire de nos tribunaux, toutes les fois qu'il s'agit d'une demande qui se rapporte à l'exercice d'un droit ou à l'accomplissement d'un devoir dérivant d'une loi qui touche à l'ordre public. C'est ainsi que les tribunaux français se sont déclarés compétents pour ordonner à une femme étrangère de réintégrer le domicile conjugal (4), au mari de recevoir chez lui sa femme et de subvenir à ses besoins, selon ses facultés et son état (5). (Art. 214 C. civ.) « Le mariage, dit la Cour de Paris, est un contrat qui participe à la fois du droit naturel et du droit des gens. Abstraction faite de ses effets civils, qui dépendent de la législation particulière sous

---

(1) Douai, 22 juillet 1852. S., 1853, 2, 233.

(2) Article 1382 : « Tout fait quelconque de l'homme qui cause à autrui un dommage oblige celui par la faute duquel il est arrivé à le réparer. » — Article 1383 : « Chacun est responsable du dommage qu'il a causé, non seulement par son fait, mais encore par sa négligence ou par son imprudence. »

(3) Paris, 21 mars 1862. S., 1862, 2, 411 ; Cass. req., 31 mars 1875. Clunet, 1876 p. 272.

(4) Alger, 6 juin 1870. D., 1870, 2, 214. S., 1871, 2, 45 ; Evreux, 15 fév. 1861. D., 1862, 3, 39 ; Bastia, 21 mai 1856. S., 1871, 2, 45.

(5) Paris, 19 déc. 1833. S., 1834, 2, 384 ; Paris, 3 août 1878. Clunet, 1878, p. 495, Trib. civ. Seine, 31 août 1878. Clunet, 1879, p. 66; Trib. civ. Seine, 3 mai 1879. Clunet, 1879, p. 489; Trib. civ. Seine, 12 août 1879, confirmé par Paris, 20 avril 1880. Clunet, 1880, p. 300.

l'empire de laquelle il a été consenti, il engendre pour les époux
des droits et des devoirs qui les suivent partout et dont l'observation s'impose à eux en pays étranger comme dans leur propre
patrie. Qu'ainsi, comme il est de l'essence même du mariage que
la femme habite avec son mari, de même il résulte pour le mari une
obligation naturelle de recevoir sa femme dans son domicile et de
subvenir à ses besoins. Qu'il ressort de là que les tribunaux ne
sauraient refuser la protection de la justice, soit au mari, soit à
la femme, qui la sollicitent dans le but d'obtenir l'accomplissement de ces obligations ou la garantie des droits qui en dérivent
et dont la violation troublerait l'ordre public (1). S'il est vrai
que les effets civils du mariage contracté entre étrangers ne
peuvent être réglés que conformément à leur statut personnel
et par les tribunaux de leur pays, il n'en est pas de même des
effets de ce mariage qui dérivent de la loi naturelle et du
droit des gens. Parmi ces effets, il faut ranger l'obligation imposée au mari de recevoir la femme et de pourvoir à ses besoins.
Cette obligation ne résulte d'aucune législation positive, mais
découle de l'essence même du mariage; l'exécution peut donc en
être poursuivie devant les tribunaux de tout pays où réside le
mari (2). » Dans le cas où l'existence du mariage, source de cette
obligation, serait contestée, il n'y aurait pas lieu pour le tribunal de
se dessaisir, mais seulement de surseoir jusqu'à la solution de la
question par les juges compétents. La question de validité du mariage ne constitue qu'une question préjudicielle et alors même
qu'elle aurait été régulièrement posée, il n'y aurait pas lieu pour le
tribunal de se dessaisir, mais seulement de surseoir jusqu'après
la solution de ladite question par les juges compétents (3).

77. C'est encore par mesure de police que nos tribunaux se
déclarent compétents pour contraindre l'enfant à rentrer sous l'autorité paternelle qu'il aurait méconnue (4), pour organiser la tutelle des mineurs étrangers lorsqu'ils ont été abandonnés par leur
père étranger ou lorsqu'aucune mesure de précaution n'a été

(1) Paris, 3 août 1878. Clunet, 1878, p. 495. — Dans le même sens, même affaire : Trib. civ. Seine, 31 août 1878. Clunet, 1879, p. 66. Par un premier jugement
confirmé par l'arrêt précité de la Cour de Paris, le tribunal s'était déclaré compétent pour statuer sur cette affaire. — V. également : Evreux, 15 févr. 1861. D.,
1862, 3, 39; Bastia, 31 mars 1866. D., 1867, 2. 14.
(2) C. Paris, 20 avril 1880. Clunet, 1880, p. 301, arrêt confirmant, avec adoption de
motifs, un jugement du Tribunal civil de la Seine du 12 août 1879.
(3) C. Paris, 20 avril 1880. Clunet, 1880, p. 301. — V. en ce sens : Trib. civ.
Seine, 3 mai 1879. Clunet, 1879, p. 489.
(4) Paris, 9 mai 1846. Gazette Trib., 12 mai 1846; Paris, 10 juillet 1855. S., 1855.
2, 677; Trib. civ. Seine, 3 févr. 1872. Revue droit int., 1872, p. 353.

prise dans leur intérêt (1); pour ordonner qu'ils resteront provisoirement confiés à la garde de leur mère ou d'une tierce personne (2), enfin pour prononcer l'interdiction d'un étranger qui n'a ni domicile ni famille connus à l'étranger (3).

78. Nos tribunaux ont également plusieurs fois reconnu que l'obligation alimentaire est une loi de police obligeant tous ceux qui habitent le territoire et qu'ils sont compétents pour connaître d'une demande de ce genre dirigée par un étranger contre un autre étranger (4). « L'obligation de se fournir des aliments est une loi de police qui oblige à la fois les Français et les étrangers (5).» « Les demandes en pension alimentaire, dit la Cour de Paris, rentrent dans les matières d'ordre public et les tribunaux français doivent en retenir la connaissance (6). »

Spécialement nos tribunaux sont compétents pour statuer sur la demande alimentaire formée par les père et mère contre leurs enfants. « L'obligation imposée aux enfants de fournir des aliments à leurs père et mère a son principe dans la filiation même et non dans les circonstances qui autorisent les parents à demander l'application de l'art. 205 du Code civil. Le droit de réclamer des aliments est acquis au père de famille par le seul fait de sa qualité de père légitime (7). »

Il en est de même entre époux. L'obligation pour le mari de fournir des aliments à sa femme est une obligation de droit naturel dont l'exécution peut être réclamée devant le tribunal du domicile du défendeur (8).

79. La jurisprudence n'est pas unanime pour reconnaître sa compétence en ces matières. Certains tribunaux ne se déclarent compétents qu'autant qu'il s'agit de simples mesures provisoires et conservatoires. C'est la solution adoptée par le Tribunal de la Seine dans le jugement du 18 mai 1861 (9) à propos d'une demande en réintégration du domicile conjugal; il y a là, dit en

---

(1) Trib. civ. Seine, 10 avril 1877. Clunet, 1878, p. 275; Trib. civ. Briey, 24 janv. 1878. Clunet, 1878, p. 285; Trib. Seine, 19 mai 1888. Clunet, 1888, p. 791.

(2) Paris, 9 mai 1846. Gazette des Trib., 1846, 12 mai ; Paris, 10 juil. 1855. S., 1855, 2, 677; Trib. civ. Seine, 3 févr. 1872. Revue de droit int., 1872, p. 353.

(3) Trib. civ. Seine, 19 mai 1888. Clunet, 1888, p. 791.

(4) Trib. civ. Seine, 10 mai 1876. Gazette des Trib., 15 juin 1876; Trib. civ. Seine, 22 mai 1877. Clunet, 1877, p. 429; Trib. civ. Seine, 3 mai 1879. Clunet, 1879, p. 489, Paris, 20 avril 1880. Clunet, 1880, p. 300; Trib. civ. Seine, 23 juill. 1885. Clunet; 1886, p. 205.

(5) Trib. civ. Seine, 10 mars 1876. Clunet, 1876, p. 184.

(6) Paris, 5 mai 1885. Clunet, 1885, p. 670.

(7) Trib. civ. Seine, 22 mai 1877. Clunet, 1877, p. 429.

(8) Paris, 19 déc. 1833. S., 1834, 2, 384.

(9) Trib. civ. Seine, 18 mai 1861. D., 1862, 3, 40.

substance le tribunal, une action civile dérivant du fait réel du mariage qui ne peut être jugée par les tribunaux français; on ne peut attribuer à cette action un caractère provisoire ayant pour objet d'assurer l'existence et la sécurité de la femme, caractère qui seul pourrait rendre les parties justiciables des tribunaux français.

La Cour de Paris s'est également déclarée incompétente pour statuer sur une demande en aliments qu'un père avait dirigée contre sa fille. Suivant la Cour, il importe peu que cette demande prenne sa source à la fois dans le droit naturel et dans le droit écrit, car l'incompétence des tribunaux français pour juger les contestations entre étrangers est absolue alors qu'elle est opposée par l'une des parties. Ce principe peut, sans doute, recevoir des exceptions, mais il faut qu'il s'agisse de mesures conservatoires qui peuvent être ordonnées sans toucher au fond du droit, ce qui ne se rencontre pas dans l'espèce, dit la Cour (1) ; la demande en pension alimentaire formée par un père contre sa fille ne saurait être considérée comme ayant ce caractère (2).

La Cour d'Alger a fait application du même principe dans un arrêt récent (3) : « L'obligation pour les enfants de fournir des aliments à leurs parents, naissant du mariage, dit-elle, c'est à la loi qui régit l'union conjugale des époux qu'il y a lieu de recourir pour reconnaître s'ils peuvent être tenus, et dans quelle proportion, de servir à leurs parents une pension alimentaire, que cette loi est constitutive de leur statut personnel et que, par suite, les tribunaux français sont incompétents pour connaître de la demande. »

De ce qu'il y a lieu d'appliquer une loi étrangère la Cour conclut que les tribunaux français sont incompétents; mais n'y a-t-il pas le plus souvent une véritable urgence à statuer sur des demandes de ce genre, et quand il s'agit d'étrangers qui résident en France, n'est-il pas contraire à l'humanité de renvoyer un père à poursuivre ses enfants devant le tribunal de leur pays d'origine, qui peut être fort éloigné et où ils n'ont ni biens ni domicile (4)?

80. Les tribunaux français ont encore, dans d'autres questions, fait application du principe qu'il leur appartient de prononcer sur les contestations relatives à des intérêts d'ordre public, et spé-

(1) Paris, 24 août 1875. S., 1876, 2, 212.
(2) V. la jurisprudence sur la question. Clunet, 1876, p. 84 ; 1877, p. 429; 1878, p. 494; 1883, pp. 184 et 200.
(3) Alger, 16 janv. 1882. Clunet, 1882, p. 626.
(4) Revue critique, 1883, p. 383. V. Trib. civ. Seine, 3 mai 1879. Le Droit, 14 juin 1879. V. en sens contraire : Paris, 24 août 1875. S., 1876, 2, 212.

cialement, le Tribunal de la Seine s'est déclaré compétent pour connaître de la demande formée par un étranger et tendant à la nullité d'un brevet pris en France par un autre étranger (1).

« La délivrance d'un brevet est un acte de la puissance publique ; les tribunaux français sont essentiellement compétents pour connaître des conditions et des circonstances dans lesquelles un tel acte a été sollicité et obtenu, et pour décider si son bénéfice doit être maintenu au breveté. Il importe peu que les parties entre lesquelles a été soulevée la question de validité du brevet soient toutes étrangères ; le principe que les tribunaux français ne sont point, en matière personnelle et mobilière, tenus de juger entre étrangers, ne peut recevoir son application, lorsqu'il s'agit d'intérêts de droit public et d'actes émanant de l'autorité souveraine. Un brevet constitue une loi d'ordre public créant un privilège sur toute l'étendue du territoire et s'imposant au respect de tous par les dispositions pénales qui répriment la contrefaçon...

« Il est impossible d'admettre que les contestations auxquelles l'exercice d'une telle prérogative gouvernementale peut donner naissance, même entre étrangers, soient renvoyées à l'appréciation d'une juridiction étrangère, et qu'une autre justice que la justice nationale soit appelée à se prononcer sur le maintien ou la suppression d'un monopole concédé par les pouvoirs nationaux et sur l'applicabilité d'une loi répressive. »

F

MESURES PROVISOIRES ET CONSERVATOIRES

Sommaire. — 81. Compétence pour les mesures provisoires et conservatoires. — 82. Division. — 83. Mesures provisoires à l'égard des personnes. — 84. Incertitudes de la jurisprudence relativement à la provision *ad litem*. — 85. Mesures conservatoires dans l'intérêt des enfants mineurs . Compétence pour les mesures provisoires. Incompétence pour les mesures ayant un caractère définitif et absolu. — 86. Mesures provisoires dans l'intérêt des imbéciles et des fous. — 87. Mesures provisoires à l'égard des biens. Mesures provisoires dans l'intérêt des biens d'un aliéné ou d'un mineur. — 88. Mesures provisoires à l'effet d'assurer la fortune de la femme. — 89. Mesures conservatoires en matière de succession. — 90. Mesures provisoires et conservatoires en matière commerciale. — 91. Saisie-arrêt. Il n'y a pas à distinguer si le tiers-saisi est Français ou étranger. — Controverse sur la nature de la saisie-arrêt. Dans ses résultats c'est un acte d'exécution ; dans son principe un acte de pure précaution. — 92. L'étranger porteur d'un titre authentique ou privé peut former saisie-arrêt. — 93. Étranger porteur d'un jugement étranger. — 94. Étranger porteur d'aucun titre. — 95. Les tribunaux français sont-ils compétents pour statuer sur la validité de la saisie-arrêt ? — Compétence si les tribunaux français sont compétents pour

(1) Trib. civ. Seine, 26 juill. 1879. D., 1880, 3, 39. Clunet, 1880, p. 100. V. égal. Trib. civ. Seine, 17 nov. 1885. Clunet, 1886, p. 187.

statuer sur le fond, ou si la saisie a été pratiquée en vertu d'un titre exécutoire ou d'un jugement dont on demande l'exéquatur. — 96. Incompétence si nos tribunaux sont incompétents quant au fond. — 97. Mais ils ne prononcent pas pour cela la nullité de la saisie. Doctrine de la jurisprudence. Résumé.

81. Il est encore admis, dans un intérêt d'ordre public et par application des principes posés dans l'article 3 du Code civil, que les tribunaux français sont compétents pour ordonner des mesures urgentes ayant un caractère provisoire et conservatoire, alors même qu'à raison de la nationalité des parties, ils ne pourraient statuer sur le fond du droit (1). « Si, en principe, les tribunaux français sont incompétents pour prononcer sur une contestation entre étrangers, alors surtout que leur juridiction est déniée par l'une des parties, il en est autrement lorsque le litige n'est relatif qu'à l'exécution de mesures purement conservatoires sur lesquelles une décision est urgente pour la sauvegarde des intérêts en présence (2). » « L'humanité commande aux tribunaux de prendre de semblables mesures dans l'intérêt même des étrangers résidant sur le territoire français (3). » Ces mesures en effet sont commandées par la nécessité de faire cesser un scandale public ou d'accorder à ceux qui en ont besoin une protection qui exige, pour être efficace, une prompte solution. Nos tribunaux ont le devoir de prendre ces mesures parce qu'ils sont chargés de faire respecter l'ordre public et de protéger tous ceux qui habitent la France. (Art. 3, § 1, C. civ.)

82. Ces mesures provisoires ou conservatoires peuvent être prises soit à l'égard des personnes, soit à l'égard des biens.

a) Mesures provisoires à l'égard des personnes.

83. C'est surtout en matière de séparation de corps que la jurisprudence a eu souvent l'occasion d'appliquer le principe qu'il appartient aux juges français de prendre les mesures commandées par l'intérêt public aussi bien que par la nécessité de protéger tous ceux qui habitent le territoire.

C'est ainsi que nos tribunaux, tout en refusant de statuer sur le

---

(1) Aix, 6 janv. 1831. D., 1832, 2, 173; Paris, 28 juin 1853. D., 1853, 5, 200; Lyon, 25 fév. 1857. S., 1857, 2, 625; Metz, 26 juillet 1865. S., 1866, 2, 237 ; Poitiers, 15 juin 1847. S., 1848, 2, 438; Paris, 14 août 1857. *Revue critique*, 1858, p. 133; Alger, 28 avril 1875. Clunet, 1875, p. 274 ; Paris, 24 août 1875. S., 1876, 2, 212 ; Cass., 16 avril 1878. Clunet, 1878, p. 506; Trib. civ. Seine, 12 août 1881. Clunet, 1882, p. 627; Paris, 28 avril 1882. Clunet 1882, p. 546: Trib. civ. Seine, 4 déc. 1884. *Gaz. Trib.*, 4 janvier 1885. Clunet, 1886, p. 95. La Cour de Turin a jugé dans le même sens, 13 juin 1874. Clunet, 1874, p. 330; 1875, p. 46.
(2) Trib. civ. Seine, 31 mars 1876. Clunet, 1877, p. 429. *Le Droit*, 19 avril 1876.
(3) Trib. civ. Seine, 27 avril 1875. Clunet, 1876, p. 362.

fond du droit, se sont déclarés compétents pour autoriser une femme mariée étrangère, plaidant en séparation de corps contre son mari, à quitter provisoirement le domicile conjugal, lui désigner une maison tierce où elle pourra temporairement résider (1), lui assigner comme domicile séparé un immeuble dépendant de la communauté et dans lequel elle réside, et enjoindre au mari d'en sortir (2), ou même l'autoriser à rester seule au domicile conjugal par mesure de prudence, de police ou même de convenance(3). Ils peuvent allouer une pension alimentaire à l'époux qui, dans l'état d'abandon où il se trouve, ou dans celui où le place la séparation du fait temporaire pendant l'instance en séparation de corps judiciaire, se trouverait sans ressources (4); mais, dans ce cas, les tribunaux ont l'habitude de fixer un délai dans lequel l'époux demandeur « sera tenu de former une demande devant les juges compétents (5) ». « Faute d'introduction de la demande devant la juridiction compétente dans le délai fixé par le jugement, la pension alimentaire cessera d'être due (6). »

84. Les décisions de la jurisprudence témoignent d'une certaine indécision sur le point de savoir s'il peut être accordé par mesure provisoire une provision *ad litem* à l'époux qui se propose d'intenter une action en séparation de corps ou en divorce devant les tribunaux compétents.

Le Tribunal civil de la Seine, appelé plusieurs fois à se prononcer sur cette question, a jugé dans des sens différents. Par un jugement du 27 avril 1875 (7), le Tribunal, bien que se déclarant in-

---

(1) Paris, 28 avril 1823. S., 1823, 2, 203; Lyon, 25 fév. 1857. S., 1857, 2, 625; Angers, 20 fév. 1861. S., 1861, 2, 409; Metz, 26 juill. 1865. S., 1866, 2, 237; Alger, 6 juin 1870. S., 1871, 2, 45: Trib. civ. Seine, 4 déc. 1884. Clunet, 1886, p. 95;

(2) Arrêt de Metz précité, 26 juill. 1865.

(3) Poitiers, 15 juin 1847. S., 1848, 2, 438; Paris, 28 juin 1853. D., 1853, 5, 200; Trib. civ. Seine, 21 janv. 1880. Clunet, 1880, p. 194 ; Trib. civ. Dijon, 26 janv. 1885. *Gaz. Trib.*, 2 mai 1885.

(4) Paris, 19 déc. 1833. S., 1834, 2, 384; Paris, 28 juin 1853. D., 1853, 2, 200 ; Lyon, 25 fév. 1857. S., 1857, 2, 625; Metz, 26 juillet 1865. D., 1865, 2, 160; Trib. civ. Seine, 1er déc. 1877. Clunet, 1878, p. 45; Paris, 9 août 1878. *France judiciaire*, 1879, p. 41; Trib. civ. Seine, 31 août 1878. Clunet 1879, p. 66.; Trib. civ. Seine, 3 mai 1879. Clunet, 1879, p. 489; Trib. civ. Seine, 13 avril 1880. Clunet, 1880, p. 303; Paris, 20 avril 1880. Clunet, 1880, p. 300; Trib. civ. Seine, 12 et 18 août 1881. Clunet, 1881, p. 526; Paris, 28 avril 1882. Clunet, 1882, p. 546 ; Trib. civ. Seine, 14 fév. 1883. Clunet, 1883, p. 295; Trib. civ. Seine, 4 déc. 1884. Clunet, 1886, p. 95 ; Trib. civ. Dijon, 26 janv. 1885. *Gaz. Trib.* du 2 mai.

(5) Alger, 28 avril 1875. Clunet, 1875, p. 274 ; Cass., 16 avril, 1878. Clunet, 1878, p. 506 ; Trib. civ. Seine, 1er déc. 1877. Clunet, 1878, p. 45; Trib. civ. Seine, 13 avril 1880. Clunet, 1880, p. 303 ; Trib. civ. Seine, 18 août 1881. Clunet, 1881, p. 527.

(6) Trib. civ. Seine, 27 avril 1875. Clunet, 1876, p. 362; Cass., 16 avril 1878. Clunet, 1878, p. 506; Trib. civ. Seine, 13 avril 1880. Clunet, 1880, p. 303 ; Trib. civ. Seine, 18 août 1881. Clunet, 1881, p. 527.

(7) Clunet, 1876, p. 362.

compétent pour statuer au fond, a accordé une provision *ad litem*
à une femme étrangère afin de lui permettre de saisir la juridiction compétente de sa demande en séparation de corps contre
son mari.Mais il avait soin de stipuler « que la provision ne serait
exigible que du jour où la femme justifierait de l'acte introductif
d'instance ». En 1877 au contraire (1), il a jugé « que le tribunal
étranger compétent pour statuer sur la demande au principal avait
seul qualité pour accorder à la demanderesse en séparation une
pension destinée à faire face aux frais de cette instance », et le 21
janvier 1880 il rendait une décision dans le même sens (2). En
1881, par deux jugements successifs (3), il revenait à sa première
décision et accordait la provision demandée. En 1883, au contraire, il proclamait son incompétence en affirmant que «les juges
étrangers juges du fond sont seuls compétents pour statuer sur
une demande de provision *ad litem* (4) ». Enfin, en 1885 (5), il revenait de nouveau à sa première décision et se déclarait compétent pour accorder la provision *ad litem*. Mais, dans tous les cas,
le Tribunal de la Seine n'a jamais refusé d'accorder, lorsqu'elle
lui a été justement demandée, une provision pour « les frais du
voyage que la partie demanderesse est obligée d'accomplir à l'effet
de se rendre dans le pays où elle doit trouver les juges compétents pour connaître de sa demande (6) », ni même « une pension
alimentaire lui permettant de vivre jusqu'au jour où elle pourra
obtenir de la juridiction compétente l'allocation de secours alimentaires (7) ».

85. Les tribunaux français ont aussi, malgré leur incompétence
au fond, le pouvoir de prendre des mesures conservatoires et de
sûreté dans l'intérêt des enfants mineurs, en cas de dissentiment
entre époux (8), notamment d'en confier temporairement la garde
à la mère, au père ou à un tiers (9).

(1) Trib. civ. Seine, 1er déc. 1877. Clunet, 1878, p. 45.
(2) Clunet, 1880, p. 194.
(3) Trib. civ. Seine, 12 août 1881. Clunet, 1882, p. 627; Trib. civ. Seine, 18 août
1881. Clunet, 1881, p. 526.
(4) Trib. civ. Seine, 13 janv. 1883. Clunet, 1883, p. 169 ; Trib. civ. Seine,
23 janv. 1883. Clunet, 1883, p. 292.
(5) Trib. civ. Seine, 28 fév. 1885, *Gaz. des Trib.*, 8 avril.
(6) Trib. civ. Seine, 1er déc. 1877. Clunet, 1878, p. 45; Trib. civ. Seine, 18 août
1881. Clunet, 1881, p. 526; Trib. civ. Seine, 23 janv. 1883. Clunet, 1883, p. 292.
(7) Trib. civ. Seine, 23 janv. 1883. Clunet, 1883, p. 292.
(8) Paris, 10 juillet 1855. S., 1855, 2, 677 ; Trib. civ. Seine, 1er déc. 1877. Clunet,
1878, p. 45 ; Trib. civ. Seine, 21 janv. 1880. Clunet, 1880, p. 194 ; Trib. civ. Seine,
13 avril 1880. Clunet, 1880, p. 303; Trib. civ. Seine, 23 janv. 1883. Clunet, 1883,
p. 292.
(9) Angers, 20 fév. 1861. S., 1861, 2, 409; Paris, 10 juill. 1855. S., 1855, 2, 677;
Trib. civ. Seine, 1er déc. 1877. Clunet, 1878, p. 45. V. text. *Gaz. Trib.*, 17-18 déc,
1877; Trib. civ. Seine, 18 août 1880. Clunet, 1881, p. 526.

Ils ont aussi reconnu leur compétence pour organiser provisoirement la tutelle suivant les règles du droit français : « C'est là une mesure provisoire protectrice des droits et des intérêts des mineurs (1). »

Mais ils se sont déclarés incompétents pour ordonner des mesures ayant un caractère définitif et absolu. Spécialement, dit le Tribunal de la Seine (2), les tribunaux français ne peuvent ordonner la remise d'une jeune fille mineure confiée par un étranger qui prétend être son père aux soins d'un autre étranger docteur en médecine autorisé à exercer la médecine en France.

On ne peut considérer non plus comme n'ayant qu'un caractère purement conservatoire une demande en dation d'un conseil judiciaire formé entre époux étrangers par le mari contre la femme (3).

86. Les tribunaux français peuvent encore ordonner des mesures provisoires dans l'intérêt d'un imbécile ou d'un fou, lui nommer par exemple un curateur temporaire. La Cour de cassation de Turin a consacré la même doctrine : « Les tribunaux italiens sont incompétents pour prononcer l'interdiction d'un étranger résidant en Italie, mais ils peuvent lui nommer un conseil provisoire (4). »

Il n'est pas nécessaire pour pouvoir nommer un curateur temporaire à un étranger, quand il est tombé dans un état d'esprit qui le met dans l'impossibilité de se conduire lui-même et de gérer son patrimoine, que nos tribunaux aient reçu une commission rogatoire transmise par l'autorité nationale de l'aliéné (5).

b) Mesures provisoires à l'égard des biens.

87. Nos tribunaux ne sont pas seulement compétents pour assurer la protection due aux personnes, mais il leur appartient également de prendre des mesures destinées à assurer la conservation des biens (6).

(1) Trib. civ. Lille, 12 juin 1884. Clunet, 1885, p. 94. *V.* sur cette question : Trib. civ. Seine, 10 avril 1877. Clunet, 1878, p. 275; Cass., 19 juin 1878. Clunet, 1878, p. 508; Besançon, 30 nov. 1887. D., 1888, 2, 113.
(2) Trib. civ. Seine, 4 mai 1878. Clunet, 1878, p. 493-494.
(3) Cass. Req., 16 août 1878. Clunet, 1878, p. 500.
(4) Cour de Milan, 25 juin 1872. Clunet, 1875, p. 46; Cour de cassation de Turin, 13 juin 1874. Clunet, 1874, p. 330; 1875, p. 46.
(5) Féraud-Giraud, 1880. Clunet, p. 170. — *Contrà :* Fœlix, t. Ier, p. 339.
(6) Angers, 20 février 1861. S., 1861, 2, 409; Metz, 26 juillet 1865. S., 1866, 2, 237. D., 1865, 2, 160. — *Adde :* Paris, 28 août 1823. D., *Rép.*, v° *Droits civils*, n° 318; Paris, 28 juin 1853. D., 1853, 5, 200; Trib. civ. Seine, 1er déc. 1877. Clunet, 1878, p. 45; Trib. civ. Seine, 13 avril 1880. Clunet, 1880, p. 303; Trib. civ. Seine, 18 août 1881. Clunet, 1881, p. 526; Trib. civ. Seine, 28 fév. 1885. *Gaz. Trib.* du 8 avril.

4

C'est ainsi que nos juges se reconnaissent le droit de pourvoir provisoirement à l'administration du patrimoine d'un aliéné ou d'un mineur. La Cour de cassation a reconnu aux tribunaux français le pouvoir d'ordonner, par mesure conservatoire, que des valeurs léguées à un mineur étranger, au lieu d'être remises à son père, tuteur et administrateur légal de ses biens, resteraient déposées entre les mains d'un tiers pour être employées par lui à l'éducation et aux besoins du mineur (1).

88. C'est ainsi encore que nous trouvons de nombreux arrêts ordonnant des mesures provisoires à l'effet d'assurer la conservation de la fortune de la femme. « Il importe peu que ces mesures portent atteinte aux droits d'administration du mari. »

« Spécialement, nos tribunaux ont la faculté d'ordonner que le produit d'un legs fait à la femme sera employé en un titre de rente immatriculé au nom de celle-ci et déposé chez un notaire (2). » Ils peuvent autoriser une femme poursuivant à l'étranger son divorce ou sa séparation de corps « à toucher elle-même les revenus de ses biens à titre alimentaire (3) »; « à faire personnellement et sous son nom l'emploi provisoire des sommes reçues (4) »; « à gérer provisoirement un fonds de commerce commun aux deux époux (5). » Ils peuvent enfin ordonner l'apposition des scellés sur les valeurs de communauté (6), ou prescrire le dépôt, à la Caisse des dépôts et consignations, des valeurs mises ainsi sous scellés (7).

Mais nos tribunaux se refusent à statuer sur les effets que pourrait avoir relativement aux biens le divorce ou la séparation que les tribunaux étrangers ont seuls compétence pour prononcer et que peut-être ils n'admettront pas, alors même que la demande paraîtrait fondée sur de justes raisons. Notamment ils refusent de statuer sur l'attribution même provisoire de biens faisant partie de l'association conjugale. « Cette attribution dépend de la liquidation que peut seul ordonner le tribunal étranger compétent sur le fond, au cas où il prononcerait le divorce ou la séparation (8). »

89. En matière de succession, nos tribunaux se reconnaissent

(1) Cass., 25 août 1847. S., 1847, 1, 714.
(2) Req. rej., 16 avril 1878. Clunet, 1878, p. 506.
(3) Angers, 20 fév. 1861. S., 1861, 2, 409.
(4) Metz, 26 juillet 1865. S., 1866, 2, 237.
(5) Angers, 20 février 1861. S., 1861, 2, 409; Lyon, 1er avril 1854. S., 1854, 2, 587. — Dans le même sens : trib. civ. de Genève, 24 oct. 1882. Clunet, 1883, p. 554.
(6) Lyon, 1er avril 1854. S., 1854, 2, 587; Trib. civ. Seine, 21 fév. 1885. Clunet, 1885, p. 185.
(7) Trib. civ. Seine, 21 fév. 1885. Clunet, 1885, p. 185.
(8) Trib. civ. Seine, 18 août 1881. Clunet, 1881, p. 526.

le droit d'ordonner des mesures purement conservatoires toutes les fois « qu'une décision est urgente pour la sauvegarde des intérêts en présence (1) »; notamment pour ordonner l'apposition de scellés sur les biens délaissés par un étranger en France et l'inventaire de ces biens quoique la succession soit ouverte à l'étranger, et que les héritiers soient tous étrangers (2), à moins que ce droit [n'ait été exclusivement réservé par les traités aux consuls (3).

Ils peuvent encore ordonner le dépôt des valeurs mobilières composant la succession dans un endroit déterminé (4). Tout en reconnaissant ce droit aux tribunaux français, la Cour de cassation (5) décide cependant que les juges n'ont pu, sans excéder leurs pouvoirs, prononcer une condamnation en dommages-intérêts contre l'étranger détenteur de ces valeurs pour le cas où il n'en effectuerait pas le dépôt (6).

90. On est généralement d'accord pour décider que nos tribunaux de commerce sont compétents pour connaître des contestations commerciales entre étrangers ; *a fortiori* le sont-ils pour ordonner des mesures provisoires ou conservatoires. Il a été jugé notamment qu'une « société étrangère ayant son siège à l'étranger peut demander au tribunal de commerce (de Marseille) contre le gérant d'une succursale (à Marseille), et dont la conduite inspire des appréhensions, la nomination d'un administrateur chargé de gérer cette succursale (7).

91. *Saisie-arrêt.* Faut-il également admettre que nos tribunaux sont compétents d'une manière obligatoire quand la mesure, tout en étant conservatoire, n'a plus pour but de garantir ces intérêts élevés que protègent les lois de police et de sûreté, mais tout simplement de préserver les intérêts pécuniaires de l'étranger? La question se présente principalement lorsqu'un créancier étranger

(1) Trib. civ. Seine, 31 mars 1876. Clunet, 1877, p. 429.

(2) Paris, 12 août 1840. S., 1840, 2, 442 ; Trib. civ. Seine, 31 mars 1876. Clunet, 1877, p. 429.

(3) Trib. civ. Nice, 9 juillet 1883. Clunet, 1884, p. 72. *V.* pour la liste des conventions conclues par la France relativement au réglement des successions : Aperçu de l'état actuel des législations civiles de l'Europe, de l'Amérique, etc., par M. Amiaud. Paris, 1884, p. 159.

(4) Paris, 8 août 1842, sous Cass., 18 août 1847. S., 1847, 1, 645, 646.

(5) Cass., 18 avril 1847. S., 1847, 1, 645.

(6) On ne saurait ériger en principe cette solution : Tout jugement doit avoir une sanction. La compétence de nos tribunaux pour ordonner des mesures conservatoires emporte nécessairement leur compétence pour en assurer l'exécution. La sanction coercitive qui est ajoutée au jugement ne change en rien la nature de la mesure qui reste toujours conservatoire des droits des parties intéressées.

(7) Trib. comm. Marseille, 25 fév. 1878. Clunet, 1878, p. 372 ; Trib. comm. Marseille, 5 avril 1877. Clunet, 1878, p. 161 ; Aix, 13 fév. 1882. Clunet, 1883, p. 498.

2— 52 —

veut saisir-arrêter en France des sommes qui sont dues à son débiteur, étranger lui-même. Remarquons de suite qu'il importe peu
que le tiers saisi soit Français ou étranger; en effet, s'il est Français
il aura garde de ne pas respecter l'opposition faite entre ses mains;
car le saisissant, invoquant l'art. 15, pourrait lui demander
des dommages-intérêts; et s'il est étranger, il sera également tenu
d'obéir à une défense faite par un officier ministériel français.
Comment l'étranger, qui peut être condamné en France à payer
une provision à un autre étranger, ne pourrait-il être astreint
à suspendre, dans l'intérêt d'un autre étranger, le paiement des
sommes dont il est débiteur ?

Cette question a donné lieu à de grandes difficultés : une première
controverse s'est élevée sur la nature de la saisie-arrêt. Un premier
système, qui compte en sa faveur quelques décisions anciennes de
jurisprudence, pense que la saisie-arrêt est avant tout un acte
d'exécution qui appelle nécessairement l'examen du fond de l'affaire et que, par conséquent, suivant le principe admis par la jurisprudence, nos tribunaux sont incompétents. En effet, l'art. 563 C.
pr. civ. prescrit à peine de nullité de dénoncer la saisie au débiteur
saisi, avec assignation en validité dans la huitaine, et l'art. 568 décide que le tiers saisi ne peut être assigné en déclaration affirmative
s'il n'y a un titre authentique ou un jugement qui ait déclaré valable la saisie-arrêt. Si donc le titre qui sert de base à la saisie-
arrêt est contesté, ou si l'opposition n'a été formée qu'en vertu
de l'autorisation du juge, la demande en validité de l'opposition
doit être accompagnée de la demande en condamnation au payement, ce qui s'observe constamment dans la pratique. Or, comme
les tribunaux français sont, d'après la jurisprudence, incompétents
pour statuer sur le fond de la contestation entre étrangers, si le
défendeur propose le déclinatoire d'incompétence, le saisissant
ne pourra faire suivre sa saisie-arrêt d'une demande en validité
dans la huitaine et l'opposition sur deniers sera nulle (art. 565
C. pr. civ.), car si on applique aux étrangers le Code de procédure
il faut évidemment le leur appliquer dans toutes ses dispositions.
Incompétents pour connaître de la validité de la saisie, nos juges ne
pourront qu'en prononcer la nullité (1).

Mais ce système n'a pas prévalu en jurisprudence. Actuellement nos tribunaux distinguent avec soin, dans la procédure de
la saisie-arrêt, deux phases différentes : d'une part, la saisie-arrêt
en elle-même et la défense de payer adressée au tiers saisi; et d'au-

(1) V. Bonfils, pp. 177 et 178; Bordeaux, 16 août 1817. D., Rép., v° Droits civils,
n° 331, p. 118; Paris, 24 avril 1841. S., 1844, 2, 537; Douai, 12 juillet 1844. S., 1844,
2, 491. V. également : Aix, 13 juillet 1831. S., 1853, 2, 45.

tre part, l'appréciation de la validité de cette saisie quant à sa forme ou à la valeur du droit qui en est le fondement. La saisie-arrêt présente, en effet, un double caractère : si dans ses résultats elle aboutit à un acte d'exécution, elle n'en est pas moins, dans sa nature et dans son principe, un acte conservatoire et de pure précaution (1). C'est ce qui résulte des art. 557 et 558 C. pr. civ., qui dispensent expressément cette saisie de la condition fondamentale des voies d'exécution, de l'existence d'un titre exécutoire entre les mains du créancier qui poursuit.

L'article 557 permet d'arrêter en vertu d'un acte sous seing privé; il est même permis de saisir-arrêter sans titre, pourvu que l'on soit autorisé à le faire par le juge du domicile du débiteur ou du tiers saisi. (Art. 558 C. pr. civ.)

92. La saisie-arrêt débute par la défense faite par le créancier au tiers saisi de disposer des sommes dont il est débiteur. Tout étranger muni d'un titre quelconque, authentique ou sous seing-privé, pourra, comme les Français, eux-mêmes, signifier une semblable défense, bien que le débiteur de cet étranger soit lui-même étranger, et que le tiers saisi le soit également ; sans qu'il y ait lieu de distinguer si le titre qui sert de base à la créance a été passé en France ou à l'étranger, ou si les deux obligations sont payables en France ou à l'étranger. Car, d'une part, l'opposition est une mesure purement conservatoire, et nous savons que la jurisprudence s'est toujours déclarée compétente pour connaître de semblables mesures, et, d'autre part, il est admis que les actes passés à l'étranger ont la même valeur que les actes sous seing privé passés en France (2). (Art. 557. C. pr. civ.)

93. Il en est de même si l'étranger est porteur d'un jugement étranger passé en force de chose jugée d'après les lois de son pays; mais il faut au préalable que ce jugement ait été rendu exécutoire en France (3). Autrement, il ne constituerait pas un titre suffisant.

94. Si l'étranger qui veut faire saisie-arrêt n'est porteur d'aucun titre, il pourra en référer au président du tribunal du domicile du tiers détenteur des valeurs à saisir, pour obtenir une permission que ce magistrat délivrera, s'il croit la demande justifiée, et qui permettra au créancier étranger de pratiquer la saisie-

(1) Bordeaux, 24 mai 1869. S., 1870, 2, 23; Bordeaux, 12 juillet 1880. D., 1880, 2, 232.
(2) Cass., 23 mars 1868. D., 1868, 1, 368.
(3) Paris, 31 janvier 1873. S., 1874, 2, 33. V. dans le même sens: Griolet, note sous arrêt Cassation. D., 1868, 1, 369.

arrêt (1). La Cour d'Aix (2) a décidé cependant que le juge français
est incompétent pour ordonner, même par mesure conservatoire,
au profit d'un étranger, la séquestration dans un port de France du
navire appartenant à son débiteur étranger. La Cour s'est laissée
entraîner par le motif que l'obligation avait été contractée et
devait même être exécutée hors de France. Mais il n'y a pas lieu
de distinguer entre le cas où la naissance ou l'exécution du contrat a lieu en France et celui où elle a lieu à l'étranger ; une
pareille distinction ne paraît pas admissible, alors surtout qu'il ne
s'agit que de mesures conservatoires ne préjugeant pas le fond.
L'ordonnance qui autorise la saisie ne préjuge en effet en rien
la question de compétence sur la demande en validité. Ce sont là
deux questions distinctes, et l'on comprend que le magistrat
appelé à donner cette autorisation ne soit pas nécessairement
le même que celui qui aura à apprécier la validité de la
saisie (3).

95. Jusqu'ici, la saisie-arrêt n'est qu'un acte conservatoire ;
mais cette première formalité accomplie, pour que la saisie-arrêt
soit valable et produise ses effets, le saisissant doit, dans le délai
de huitaine, dénoncer au débiteur saisi l'existence de la saisie-
arrêt et l'assigner en validité (art. 563 C. pr. civ.) sous peine de nullité. (Art. 565.) De simple mesure conservatoire, la saisie-arrêt
entre dans la classe des actes d'exécution. C'est à ce moment
surtout que naissent les difficultés. Les tribunaux français sont-
ils compétents pour maintenir cette saisie ou pour la déclarer nulle? Les tribunaux français seront toujours compétents
pour statuer sur la validité de la saisie, quant au fond, lorsque
cette demande n'est que la conséquence d'une demande principale
tendant à faire déclarer exécutoire un jugement rendu à l'étranger (4). De même, si le saisissant a pratiqué la saisie au moyen
d'un titre exécutoire, l'appréciation de la validité de cette saisie ne
comportant plus que l'examen de la régularité des actes de procédure, les tribunaux français seront compétents pour statuer (5).
Il en sera encore de même toutes les fois que, malgré l'extranéité
des parties, les tribunaux français seront compétents pour statuer
sur le fond, comme par exemple si le débiteur ou le créancier avait

<hr>

(1) Aix, 6 janvier 1831. S., 1833, 2, 43 ; Paris, 8 avril 1874. S., 1876, 2, 144 ;
Paris, 5 août 1832. S., 1833, 2, 20 ; Trib. comm. Marseille, 13 fév. 1880. Clunet,
1880, p. 302.
(2) Aix, 13 juillet 1831. S., 1833, 2, 45. V. également : Paris, 6 août 1817 ; 24 avril
1841 ; Bordeaux, 16 août 1817 ; Douai, 12 juillet 1844, déjà cités.
(3) Paris, 26 janv. 1861. S., 1861, 2, 273.
(4) Paris, 5 août 1832. S., 1833, 2, 20.
(5) Paris, 7 janvier 1883. S., 1833, 2, 245 ; Paris, 17 mai 1836. S., 1836, 2, 309.

obtenu du gouvernement l'autorisation d'établir son domicile (1), si l'on se trouve dans un des cas prévus par l'art. 420 C. pr. civ. (2), lorsque le défendeur a renoncé expressément ou tacitement à opposer le déclinatoire d'incompétence, etc..., etc. Compétents pour condamner le défendeur étranger, il est naturel que nos juges puissent statuer sur la validité de la saisie qui n'est en réalité que la conséquence de la condamnation qu'ils sont appelés à prononcer et il n'y a pas lieu de distinguer à cet égard si le titre invoqué par le créancier est authentique ou privé, ou si le président du tribunal, usant de la faculté que lui donne l'art. 558 C. pr., a autorisé la saisie-arrêt.

96. Mais en dehors de ces hypothèses, lorsque [les tribunaux français sont incompétents pour statuer sur le fond de la cause, et que la saisie n'a été pratiquée qu'en vertu de l'autorisation du juge ou d'un acte, et que le titre ou le montant de la créance sont contestés, comme il y a lieu de constater l'existence même de la créance, nos tribunaux seront incompétents pour le faire et il y aura lieu de porter cette partie du litige devant les tribunaux étrangers (3). La Cour d'Aix admet, il est vrai, que le droit d'autoriser la saisie emporte virtuellement celui de statuer sur l'opposition de la partie saisie (4). Mais, ainsi que le fait remarquer la Cour de Paris (5), il n'y a pas de relation nécessaire entre l'autorisation d'une mesure conservatoire des droits apparents des parties et le jugement de ces mêmes droits, et rien n'autorise nos tribunaux, par cela seul qu'ils sont compétents pour autoriser la saisie, à statuer sur la valeur du droit qui en est le fondement.

97. Ce n'est pas à dire que dès que le tribunal devra se déclarer incompétent à cause de l'extranéité des parties, il devra, aux termes de l'article 565 du Code de procédure civile, prononcer la nullité de la saisie. Cette opinion, qui compte en sa faveur un certain nombre de décisions anciennes de jurisprudence, est aujourd'hui abandonnée.

La doctrine actuelle de la jurisprudence peut se résumer ainsi : le tribunal auquel on demande de valider la saisie doit, lorsqu'il y a lieu de constater l'existence même de la créance, surseoir à

(1) V. supra jurisp. déjà citée pp. 30 et suiv.
(2) Nos tribunaux sont compétents pour connaître de la validité de la saisie faite pour sûreté d'une créance commerciale. Limoges, 4 juin 1856. S., 1856, 2, 467 ; Grenoble, 14 mars 1857. S., 1858, 2, 583 ; Alger, 8 fév. 1860. S., 1861, 2, 301 ; Montpellier, 31 janv. 1874. S., 1874, 2, 255.
(3) Trib. civ. Seine, 8 août 1872. S., 1876, 2, 144. V. note de M. Dubois sur arrêt de Paris, 8 avril 1874. S., 1876, 2, 144.
(4) Aix, 6 janvier, 1831. S., 1833, 2, 43.
(5) Paris, 8 avril 1874. S., 1876, 2, 144.

statuer et accorder un délai pendant lequel l'intéressé aura à poursuivre son action principale devant les tribunaux compétents, en justifiant devant le tribunal français de ses diligences. Le tribunal français ne devra statuer que lorsque la décision sur l'action principale aura été rendue par les tribunaux compétents (1), ou s'il est justifié que le demandeur apporte une négligence intentionnelle à la poursuite de cette action (2).

Jusque-là, la nullité de la saisie ne pourrait être prononcée que si elle tenait à des vices de forme indépendants du fond. Dès que le juge étranger aura statué, le tribunal français examinera le jugement pour lui donner la force exécutoire et prononcera ensuite la validité de la saisie-arrêt (3).

Le tiers saisi restera en dehors du débat qui peut s'agiter entre le saisi et le saisissant et n'aura pas à suivre les deux étrangers devant les tribunaux étrangers. L'article 570 C. pr. civ. dit bien que le tiers saisi sera assigné devant le tribunal qui doit connaître de la saisie, mais l'article 571 lui permet, s'il n'est pas sur les lieux, de faire sa déclaration devant le juge de son domicile et si cette déclaration est contestée, il peut, d'après l'article 570, demander son renvoi devant son juge. L'article 570, a dit la Cour de Paris, s'applique au tiers saisi étranger comme au tiers saisi français (4).

Enfin, on doit concilier autant que possible les prescriptions de la loi avec les conditions exceptionnelles où l'on se trouve (5).

G

MATIÈRES COMMERCIALES

SOMMAIRE. — 98. Les tribunaux français sont compétents dans les cas prévus par l'art. 420 C. pr. civ. — 99. Arguments invoqués par la jurisprudence à l'appui de cette compétence. Tradition. — 100. Termes de l'art. 420 reproduisant ceux de l'art. 17, titre XII, ordonnance de mars 1673. — 101. La limitation aux marchés faits en foire qui tenait aux anciens usages n'a pas passé dans notre jurisprudence moderne. — 102. Arguments des termes de l'art. 631 C. comm. — 103. Les actes de commerce constituent des contrats de droit des gens. — 104. Les lois commerciales tiennent des lois de police. — 105. En réalité, l'intérêt du commerce est le seul fondement de cette dérogation. — 106. Historique de la

(1) Aix, 6 janvier 1831. S., 1833, 2, 43 ; Paris, 18 avril 1846. D., 1846, 4, 273 ; Paris, 19 janvier 1850. S., 1850, 2, 462 ; Paris, 4 janvier 1856. S., 1856, 2, 170 ; Cass., 23 mars 1868. S., 1868, 1, 328 ; Paris, 8 avril 1874. S., 1876, 2, 145 ; Trib. civ. Seine, 6 mars 1880. Clunet, 1881, p. 60 ; Trib. civ. Seine, 10 avril 1880. Clunet, 1880, p. 301. V. également : Trib civ. de Villefranche, 23 décembre 1881. Clunet, 1882, p. 423.

(2) Féraud-Giraud. Clunet, 1880, pp. 235, 236.

(3) Arrêts cités note 1.

(4) Paris, 5 février 1848. S., 1848, 2, 186.

(5) Féraud-Giraud. Clunet, 1880, p. 236.

jurisprudence. Conclusion. — 107. En dehors des cas prévus par l'art. 420 C.
pr. civ., le principe de l'incompétence reprend son empire. Applications.
Lettre de change. — 108. Mesures provisoires et conservatoires.

98. La jurisprudence admet également la compétence obligatoire de nos tribunaux lorsque la contestation entre étrangers est relative au commerce et qu'on se trouve dans un des cas prévus par l'article 420 du Code de procédure. C'est la plus importante dérogation, au point de vue de la pratique, que la jurisprudence ait admise à son principe d'incompétence. Au début, la jurisprudence décidait que dans ce cas la compétence des tribunaux français n'était que facultative, mais aujourd'hui elle paraît définitivement fixée dans le sens de la compétence obligatoire (1).

99. Pour introduire une dérogation aussi considérable à son principe général, la jurisprudence a invoqué les arguments suivants (2) :

1° Elle invoque d'abord la tradition : « Dans l'intérêt du commerce international et pour encourager les transactions par l'octroi de garanties sérieuses, l'ancienne législation accordait aux étrangers le droit de saisir les tribunaux français des difficultés nées entre eux à l'occasion d'engagements commerciaux contractés en France. » « Ce droit résultait des dispositions de l'article 17, titre XII, de l'ordonnance du mois de mars 1673, interprétée ainsi par l'usage, la jurisprudence constante des parlements et la doctrine des auteurs les plus accrédités (3). »

100. 2° « Rien n'autorise à croire que le législateur moderne ait entendu modifier un état de choses aussi utile et aussi fermement établi ; il a voulu, au contraire, manifester son intention formelle de le maintenir en se servant, dans l'article 420 du Code de procédure civile, des termes mêmes dont se servait l'ordonnance de 1673 précitée ; dans la nouvelle comme dans l'ancienne législa-

(1) Montpellier, 23 janv. 1841 S., 1841. 2, 193 ; Douai, 3 avril 1845. D., 1845, 2, 250 ; Paris, 13 mars 1849. S., 1849, 2, 637 ; Paris, 17 avril 1852. D., 1854, 5, 325 ; Paris, 24 juin 1853. D., 1854, 5, 325 ; Paris, 3 mai 1855. D., 1855, 2, 106 ; Paris, 9 nov. 1878. Clunet, 1879, p. 62 ; Douai, 10 nov. 1854. D., 1855, 2, 104 ; Nancy, 22 nov. 1873. S., 1874, 2, 13 ; Alger, 16 nov. 1874. Clunet, 1876, p. 268 ; Cass., 9 mars 1863 S., 1863, 1, 225 ; Cass., 10 juillet 1865. S., 1865, 1, 350 ; Cass., 22 nov. 1875. D., 1877, 1, 373 ; Aix, 1er avril 1879. Clunet, 1880, p. 577 ; Douai, 16 juillet 1879. Clunet, 1880, p. 577 ; Chambéry, 11 fév. 1880. Le Droit, 16 janv. 1881 ; Paris, 10 juillet 1880. Clunet, 1880, p. 474 ; Cass., 19 déc. 1881. Clunet, 1882, p. 288 ; Aix, 12 janv. 1882. Clunet, 1884, p. 385 ; Bordeaux, 21 sept. 1882, et 10 avril 1883. Clunet, 1883. p. 516 ; Paris, 21 mai 1885, D., 1886, 2, 15. Clunet, 1885, p. 542. Paris, 6 déc. 1889. Clunet, 1889, p. 808.
(2) Arrêt de la Cour de Nancy, 22 nov. 1873, S., 74, 2, 13. — Cet arrêt contient un véritable exposé des motifs de la jurisprudence.
(3) Même arrêt.

tion, les mêmes termes expriment évidemment la même idée et répondent aux mêmes besoins. Aujourd'hui, en présence de l'extension prodigieuse que prennent, de peuple à peuple, sur tous les points du globe, les relations internationales, ces besoins se sont encore accrus et demandent plus que jamais satisfaction (1). »

101. 3° Il est vrai que, en ces matières, les règles anciennement admises paraissaient spécialement applicables aux engagements pris en foire; mais cette limitation de la règle n'a pas passé dans la jurisprudence moderne. Écoutons la Cour de Nancy : « En vain on objecte que l'article 17 titre XII de l'ordonnance de 1673 ne s'appliquait qu'aux marchés faits en foire et que par cela même l'article 420 Pr. c. devrait ne s'appliquer aussi qu'aux marchés de même nature; dès l'origine, les meilleurs esprits, les jurisconsultes les plus estimés, et au premier rang Merlin, repoussèrent cette interprétation pour assimiler aux marchés faits en foire « tous actes de commerce passés entre étrangers dans un lieu quelconque de la France, soit avec délivrance de la marchandise en ce lieu, soit avec obligation d'y effectuer le payement ». Depuis lors, cette assimilation, justifiée par le maxime *ubi eadem causa ibi idem effectus*, a constamment et très justement prévalu (2). »

102. 4° La jurisprudence, pour justifier sa compétence en matière commerciale, puise encore un autre argument dans l'article 631 C. comm. qui défère au tribunaux de commerce la connaissance des contestations relatives aux actes de commerce entre toutes personnes, sans faire aucune distinction entre Français et étrangers. « Par l'extrême généralité de son troisième paragraphe, l'article 631 du Code de commerce se montre encore plus favorable à la compétence des tribunaux français que l'article 420 promulgué longtemps avant lui; il semble, en effet, régir tous les actes de commerce passés entre étrangers sur le territoire français, sans distinction (3). »

103. 5° D'ailleurs, les actes de commerce constituent des contrats du droit des gens. La Cour de cassation motivait ainsi la compé-

(1) Même arrêt.
(2) Nancy, 22 nov. 1873. S., 1874, 2, 13. — *Adde :* Paris, 10 nov. 1825. S., 1826, 2, 282; Cass., 24 avril 1827. S., 1828, 1, 242, D., v° *Droits civils*, n° 344; Cass. 26 nov. 1828 S., 1829, 1, 9. D., v° *Droits civils*, n° 344; Cass., 26 avril 1832. S., 1832, 1, 455, D., 1832, 1, 184, v° *Droits civils*, n° 345; Montpellier, 23 janv. 1841. S., 1841, 2, 193; Cass., 18 août 1856. S., 1857, 1, 586. D., 1857, 1, 39; Cass., 9 mars 1863. S., 1863, 1, 225. D., 1863, 1, 176; Cass., 10 juillet 1865. S., 1865, 1, 350; Bordeaux, 5 août 1868, D., 1869, 2, 211; Aix, 28 août 1872. S., 1873, 2, 265. D., 1874, 5, 239; Cass., 22 nov. 1875. S., 1876, 1, 213. D., 1877, 1, 373.
(3) Même arrêt. Nancy, 22 nov. 1873; Cass., 22 nov. 1875. Clunet, 1877, p. 143 : « Les art. 631 et 420 doivent être appliqués sans distinction de nationalité. » S., 1876, 1, 213.

ténce de nos tribunaux dans un arrêt du 24 avril 1827 : « Attendu qu'il s'agit d'un acte de commerce, conséquemment d'un contrat du droit des gens soumis dans son exécution aux lois et aux tribunaux du pays où il a eu lieu (1). » « La disposition plus libérale de l'article 631 s'explique par la considération que les actes de commerce constituent des contrats du droit des gens, comme l'a dit la Cour suprême dans son arrêt du 24 avril 1827 (2). »

Il est vrai que la Cour de Caen, dans un arrêt du 5 janvier 1846, a fortement critiqué cet argument : « On ne voit pas en quoi les actes de commerce sont du droit des gens plutôt que du droit civil ; on ne conçoit pas qu'un contrat commutatif, tel qu'une vente, un prêt, soit du droit des gens et soumis comme tel aux tribunaux français, s'il a un but commercial, et du droit civil, s'il n'est pas commercial ; il faut donc dire que les tribunaux français sont compétents pour juger les uns aussi bien que les autres (3). » Mais ce n'est là qu'un arrêt isolé.

104. 6° La jurisprudence a invoqué encore un autre argument. « N'est-ce-pas, a-t-on dit, une loi de police que celle qui concerne la rapidité et la bonne foi, si nécessaires dans les affaires de commerce : « Les lois commerciales appartiennent en quelque sorte à la catégorie des lois de police, dont s'occupe l'article 3 du Code civil, comme l'enseigne M. Pardessus et après lui M. Demolombe (4). »

105. Tels sont les arguments principaux que la jurisprudence invoque pour justifier une dérogation à son principe général. En réalité, c'est l'intérêt du commerce qui est le véritable fondement de cette dérogation que les tribunaux ont essayé d'établir juridiquement. « Il convient, dit le Tribunal de commerce de Marseille, que les étrangers établis en France pour y faire le commerce ne soient pas gênés dans leur commerce par la difficulté d'obtenir justice et que, par suite, les tribunaux français usent de la faculté qu'ils ont de statuer sur les réclamations et de prêter main-forte à l'exercice de leurs droits, même à l'égard d'autres étrangers (5). »

106. La jurisprudence n'a pas toujours consacré la même doctrine. Le 6 février 1822, la Chambre civile de la Cour de cassation rejetait le pourvoi formé contre un arrêt de la Cour de Paris, du

(1) Cass., 24 avril 1827. S., 1828, 1, 212. D., Rép., v° Comp. com., n° 520 ; Cass., 26 avril 1832. S.,1832, 1, 455. D., 1832, 1, 184 ; Paris, 24 mars 1817, 10 nov. 1825 et 13 mars 1869.
(2) Nancy, 22 nov. 1873, déjà cité.
(3) Caen, 5 janvier 1846. S., 1847, 2, 456.
(4) Arrêt de Nancy, déjà cité.
(5) Trib. comm. Marseille, 16 nov. 1874. Clunet, 1875, p. 432. V. aussi Clunet, 1875, pp. 164, 192, 273, 356.

30 avril 1819, en déclarant « que les tribunaux français ne sont compétents pour connaître des contestations qui s'élèvent entre des étrangers que dans les cas où ils y sont légalement autorisés et que, dans l'espèce, la Cour de Paris, en reconnaissant qu'elle ne se trouvait dans aucun de ces cas, n'avait violé aucune loi ». Et elle ajoutait : « La Cour de cassation, après en avoir mûrement délibéré et avoir examiné la question sous toutes ses faces, est demeurée convaincue que l'article 420 du Code de procédure civile ne pouvait régir les étrangers qui avaient contracté entre eux ; que cet article n'était fait que pour les nationaux.. (1). » Quelques années plus tard, la Cour de cassation rendait des arrêts contraires et décidait que les actes de commerce sont du droit des gens, soumis dans leur exécution aux tribunaux du pays où ils ont eu lieu ; que l'article 420 ne fait aucune distinction entre les étrangers et les Français, et qu'il est certain que les tribunaux français sont tenus de prononcer sur les actes de commerce faits en France par des étrangers (2). Depuis cette époque, la jurisprudence est unanime. Dans tous les cas prévus par l'article 420 C. pr. civ., la compétence est de droit, elle n'est point facultative ; l'étranger cité ne peut la décliner, pas plus que le juge ne peut refuser de juger (3). La Cour de Nancy concluait en ces termes, le 22 novembre 1873 : « Le droit pour les étrangers de saisir les tribunaux français implique pour ceux-ci comme conséquence logique et nécessaire le devoir de statuer sous peine de déni de justice ; s'il en était autrement, le droit dont il s'agit, dépourvu de sanction, deviendrait illusoire, ce qu'on ne saurait admettre (4). »

107. Mais en dehors des cas où la compétence des tribunaux français trouve son fondement dans les dispositions de l'article 420 C. pr. civ., le principe général reprend son empire (5). Ainsi, en 1877, la Cour de cassation a jugé que les tribunaux français étaient incompétents pour connaître des contestations relatives à des engagements commerciaux qui avaient été contractés et qui devaient recevoir leur exécution en pays étranger (6).

(1) Cass., 8 avril 1818. C. n., 5, 1, 461 ; Paris, 15 avril 1825. C. n., 8, 2, 63.
(2) Cass., 24 avril 1827. C. n., 8, 1, 579 ; Cass., 26 nov. 1828. D., *Rép.*, v° *Compét. comm.*, n° 520.
(3) Féraud-Giraud. Clunet, 1880, p. 167.
(4) Nancy, 22 nov. 1873, déjà cité.
(5) Pau, 2 février 1870. S., 1870. 2, 139.
(6) Cass., 17 juillet 1877. S., 1877, 1, 450 ; Aix, 13 juillet 1831. S., 1833, 2. 45 ; Paris, 13 mars 1849. S., 1849, 2, 637 ; Douai, 5 juin 1851. D., 1853, 2, 164 ; Paris, 8 mars 1853. D., 1855, 2, 76 ; Rouen, 23 avril 1855. D., 1855, 2, 167 ; Paris, 8 avril 1865. S., 1865, 2, 201 ; Paris, 23 juillet 1870. D., 1871, 2, 24 ; Bruxelles, 14 nov. 1871 et 23 juillet 1873. Clunet, 1874, pp. 39 et 325 ; Paris, 2 janv. 1875. Clunet, 1876.

La jurisprudence a fait plusieurs fois application de cette règle, notamment en matière de lettre de change. « Les tribunaux
français sont incompétents, dit le Tribunal de commerce de la Seine,
pour connaitre de la demande en paiement d'une lettre de change payable à l'étranger et acceptée par un étranger domicilié en
pays étranger (1). » « Un tribunal de commerce français est incompétent pour statuer sur une action en paiement d'une lettre de
change formée par un étranger contre un étranger, bien que cette
lettre ait été tirée d'une ville située dans le ressort du tribunal de
commerce, si elle est payable à l'étranger en monnaie étrangère
et ne porte aucune signature de commerçant français (2). »
    La Cour de Bordeaux (3) a fait tout récemment application du
même principe. Dans l'espèce, il s'agissait de la demande en paiement d'une lettre de change tirée de Londres par un Anglais sur
un autre Anglais : l'acceptation avait été faite à Londres et le paiement devait être effectué à Londres. Le contrat de change avait
donc été formé à l'étranger et c'est là aussi que le paiement devait
avoir lieu. Dans l'espèce, l'étranger défendeur, qui n'avait pas sa
résidence en France au moment du contrat, était domicilié dans
le ressort de la Cour de Bordeaux au moment où l'action avait été
intentée contre lui. Le Tribunal de commerce de Bordeaux s'était
déclaré compétent, en se fondant sur ce que l'Anglais défendeur
avait son domicile en France, au moment où l'action était intentée
contre lui (4). La Cour de Bordeaux, faisant droit sur l'appel de
l'Anglais défendeur, a annulé le jugement du tribunal de commerce
en se fondant d'une part sur ce que la lettre de change avait été
tirée, acceptée et qu'elle devait être payée à l'étranger, et d'autre
part sur ce que « l'étranger défendeur n'avait pas de domicile en
France quand il s'était engagé (5) ».
    108. En matière commerciale, les tribunaux français sont évi-

p. 104; Cass., 17 juillet 1877. S., 1877, 1, 449; Cass., 25 janv. 1878. S., 1878, 1, 300.
V. aussi Trib. comm. Seine, 5 déc. 1878. Clunet, 1879, p. 66.
    (1) Trib. comm. Seine, 29 avril 1873, sous Paris. Clunet, 1876, p. 104.
    (2) Trib. comm. Seine, 5 déc. 1878. Clunet, 1879. p. 66. Le Droit, 21 décembre 1878.
— En ce sens : Trib. comm. Seine, 7 sept. 1882. Clunet, 1883, p. 292 ; Cour Paris,
28 juillet 1879. Clunet, 1879, p. 547.
    (3) Bordeaux, 10 avril 1883. Clunet, 1883, pp. 516 et 517.
    (4) Trib. comm., Bordeaux, 21 sept. 1882. Clunet, 1883, pp. 516-517.
    (5) Cour de Bordeaux, 10 avril 1883. Clunet 1883, p. 516, 517. La théorie de la
Cour de Bordeaux aboutit, dans l'espèce, à un véritable déni de justice. L'étranger étant domicilé en France échappe légalement à toute poursuite; il ne peut être
actionné en France où il a son domicile, ni en Angleterre lieu du contrat. Dans ce
dernier pays en effet le fait du domicile du défendeur en pays étranger rend la
justice anglaise incompétente ; il faut être domicilié en Angleterre, pour avoir
droit à la justice anglaise). Dans l'espèce, l'article 420, § 2 et § 3, n'était certes pas
applicable; mais l'espèce ne rentrait-elle pas dans le § 1 de cet article?

demment compétents pour prendre des mesures qui ne préjugent pas le fond et n'ont d'autre objet que de laisser les choses entières jusqu'à ce que l'affaire ait été jugée par l'autorité compétente (1) ; peu importe d'ailleurs que l'étranger ait ou non son domicile en France et que l'obligation ait été contractée et doive être exécutée en France ou à l'étranger (2). L'incompétence de nos tribunaux sur le fond ne fait pas obstacle à ce qu'ils prennent de pareilles mesures, de même que le seul fait qu'une mesure conservatoire a été ordonnée par le président d'un tribunal de commerce français ne suffit pas pour rendre le tribunal compétent et lui permettre de statuer sur le fond, si, d'après les règles du droit commun sur la compétence, le tribunal étranger peut seul connaître de la contestation. En ordonnant de telles mesures, le président fait usage d'un pouvoir tout à fait distinct du pouvoir judiciaire qui doit statuer sur le fond du procès (3).

H

EXTRANÉITÉ ACQUISE FRAUDULEUSEMENT

SOMMAIRE. 109. — Elle ne peut être invoquée pour décliner la juridiction des tribunaux français. Applications.

109. La jurisprudence admet encore une exception à la règle qui établit l'incompétence des tribunaux français pour juger les contestations entre étrangers si l'extranéité de l'une des parties n'a été acquise qu'au moyen d'un changement de nationalité obtenu dans le but unique de faire fraude à loi française et de se soustraire à des obligations et à une juridiction auxquelles cette partie était tenue de se soumettre sans cette manœuvre frauduleuse. Il n'y aurait pas lieu de prendre en considération devant les tribunaux français une exception d'extranéité, si cette extranéité avait été acquise dans de pareilles conditions (4).

Les tribunaux ont fait plusieurs fois application de cette règle. On s'est demandé notamment si le débiteur français qui s'est fait naturaliser Suisse, uniquement en vue de se dérober à la juridiction française, sera reçu à se prévaloir de la règle *actor sequitur forum rei* que consacre au profit des Suisses l'article 1 du traité

(1) Aix, 6 janv. 1831. S., 1833, 2, 43 ; Aix, 16 avril 1877. Clunet, 1878, p. 161 ; Aix, 13 fév. 1882. Clunet, 1883, p. 498.
(2) V. cependant Aix, 13 juillet 1831. S., 1833, 2, 45.
(3) Trib. comm. Marseille, 25 fév. 1878. Clunet, 1878, p. 372.
(4) Cass., 16 décembre 1845. S., 1846, 1, 100; Cass., 19 juillet 1875. S., 1876, 1, 289. D., 1876, 1, 5 ; Cass., 18 mars 1878. S., 1878, 1, 198, confirmant Paris, 17 juillet 1876. S., 1876, 2, 249 ; Trib. civ. Seine, le 4 février 1882. Clunet, 1882, p. 544.

du 15 juin 1869. La jurisprudence a décidé que ce débiteur opposerait en vain l'exception d'extranéité (1).

Plusieurs applications ont également été faites en matière de séparation de corps et de divorce. Avant la loi sur le divorce, il a été jugé notamment que le Français d'origine, naturalisé Suisse et actionné par sa femme en séparation de corps devant les tribunaux français, ne peut invoquer l'art 1 de la convention du 15 juin 1869 pour décliner leur compétence, si cette naturalisation n'a été obtenue que dans le but de se soustraire à la juridiction française, de paralyser l'exercice des droits de la femme demanderesse et d'obtenir en Suisse un divorce prohibé par la loi française. La naturalisation obtenue dans ces circonstances, non seulement en fraude des droits de la femme, mais encore en fraude de la loi française, ne peut être opposée à la femme. Les tribunaux français sont compétents pour statuer sur la demande en séparation et doivent repousser l'exception d'extranéité (2).

Enfin, le Tribunal de la Seine a fait tout récemment application de la théorie de la jurisprudence en décidant que la naturalisation étrangère, acquise par un Français au cours d'un procès en dation de conseil judiciaire dans le but de se soustraire à l'instance régulièrement introduite contre lui, ne pouvait être invoquée en France comme obtenue *in fraudem legis*. Mais le tribunal, tout en proclamant sa compétence, doit réserver l'appréciation de l'acte de naturalisation qui devra produire ses effets quand les juges statueront sur le fond du débat (3).

I

EXÉCUTION DE JUGEMENTS ÉTRANGERS

SOMMAIRE. — 110. Compétence des tribunaux français pour donner force exécutoire aux actes ou jugements émanés d'une autorité étrangère. — 111. Arguments de la jurisprudence à l'appui de cette dérogation, à son principe. — 112. Droits de l'étranger qui a obtenu l'exequatur.— 113. Incompétence des tribunaux français pour examiner le fond du débat.

110. Le principe d'après lequel les étrangers ne sont pas admis à s'actionner devant les tribunaux français ne s'oppose pas à ce

(1) Toulouse, 27 juillet 1874. S., 1876, 2, 149; Cass., 19 juillet 1875. S., 1876, 1, 289.
(2) Cass., 19 juillet 1875. D., 1876, 1, 5. Clunet, 1876, p. 5; Toulouse, 27 juillet 1874. Clunet, 1876, p. 183; Trib. civ. Seine, 4 fév. 1882. Clunet, 1882, p. 544. *Cf.* Paris, 30 juin 1877. Clunet, 1878, p. 268.
(3) Trib. civ. Seine, 8 mars 1884; Cour de Paris, 26 juin 1884. Clunet, 1884, p. 637.

qu'un créancier étranger puisse demander à ces tribunaux de rendre exécutoire en France contre son débiteur étranger un acte reçu ou un jugement rendu par un officier public ou par un juge étranger (1). (Art. 546 C. pr. civ. et 2123 C. civ.). « Les tribunaux français sont compétents pour rendre exécutoire en France un jugement étranger même rendu entre parties de nationalité étrangère, quand même le défendeur n'aurait en France qu'un domicile de fait (2). » La jurisprudence est unanime sur ce point. On a seulement discuté la question de savoir quels étaient les pouvoirs de nos tribunaux appelés à donner la force exécutoire à un jugement étranger, s'ils pouvaient reviser au fond les jugements étrangers ou bien s'ils devaient accorder un simple *pareatis*. On sait que la jurisprudence admet le droit de revision au fond (3). La compétence de nos tribunaux pour ordonner l'exécution, en France, d'un acte ou d'un jugement étranger n'a été contestée, à notre connaissance, que par un arrêt de la Cour de Paris du 15 juin 1861 (4). « La voie d'exécution disparaît, attendu que le droit d'agir est absent, » disait la Cour de Paris. Mais cet arrêt a été cassé par le Cour de cassation, le 10 mars 1863, et la Cour de Paris ayant elle-même modifié sa solution dans les arrêts qu'elle a rendus depuis (5), il n'y a plus eu de dissentiment dans la jurisprudence.

119. Les arguments que la Cour de cassation a invoqués à l'appui de sa décision sont : 1° que les dispositions des articles 2123 C. civ. et 546 C. proc. civ. sont générales et absolues et ne font aucune distinction entre les jugements rendus entre étrangers et Français d'une part, et ceux rendus entre étrangers seulement d'autre part ; et 2° que le refus de connaître de la demande d'exequatur constituerait un déni de justice, puisque l'étranger ne peut, en vertu des règles de la souveraineté territoriale, s'adresser qu'aux tribunaux français pour obtenir l'exécution, en France, des décisions judiciaires rendues à l'étranger (6). Il ne s'agit pas d'ailleurs de juger un procès entre deux étrangers, mais d'assurer l'exécution de décisions régulièrement intervenues et qui ont réglé les droits des parties.

(1) Paris, 7 janv. 1833. S., 1833, 2, 145 ; Paris, 17 mai 1836. S., 1836, 2, 309 ; Paris, 6 mai 1859. S., 1859, 2, 480 ; Cass., 10 mars 1863. S., 1863, 1, 293 ; Paris, 22 fév. 1869. S., 1869, 2, 144 ; Trib. civ. Seine, 20 juillet 1881. *Le Droit*, 21 juillet 1881 ; Trib. civ. Seine, 1 août 1879. Clunet, 1879, p. 546 ; Trib. civ. Seine, 1er avril 1884 et Cour Paris, 13 janv. 1885. Clunet, 1885, p. 553. — *Contrà :* Paris, 15 juin 1861. S., 1861, 2, 455.
(2) Trib. civ. Seine, 1er avril 1884. Clunet 1885, p. 553, et C. de Paris, 13 janv. 1885.
(3) Douai, 3 janv. 1845. D., 1848, 2. 66.
(4) Paris, 15 juin 1861. D., 1861, 2, 176. S., 1861, 2, 455.
(5) Paris, 22 février 1869. D., 1869, 2, 186. S., 1869, 2, 144.
(6) Cass., 10 mars 1863. S., 1863, 1, 293 ; cassant Paris, 15 janvier 1861. S., 1861, 2, 455. D., 1861, 2, 176.

112. L'étranger qui aura obtenu l'exequatur pourra se livrer sur les biens meubles et immeubles que son débiteur possédera en France à toutes les exécutions que comporte son titre et qu'autorisent les lois françaises. Il devra, dans tous ses actes, se conformer rigoureusement aux prescriptions de ces lois et les incidents auxquels donneront lieu les actes d'exécution devront être portés devant les tribunaux français.

113. Quant aux questions de fond que le titre exécutoire ne résoudrait pas, la jurisprudence laisse aux tribunaux étrangers le soin de les résoudre : « Les tribunaux français sont incompétents pour examiner le fond du débat en cas de demande d'exequatur quand le jugement étranger est rendu entre deux étrangers (1), sauf, dans ce cas, aux tribunaux français, en prononçant le sursis, à ordonner les mesures conservatoires nécessaires pour sauvegarder les droits des parties (2).

§ I I

DEUXIÈME GROUPE

EXCEPTIONS RÉSULTANT DE RÈGLES DE PROCÉDURE

SOMMAIRE. — 114. Généralités. Division.

114. En dehors des cas où la contestation s'élève entre deux étrangers qui se trouvent seuls en cause devant le tribunal français, il peut se faire que le débat s'élève entre eux à propos d'actions déjà portées devant nos tribunaux ou intéressant des tiers. Des règles de procédure viennent, dans ce cas, modifier les règles générales sur la compétence (3). De ces règles spéciales la jurisprudence déduit la compétence obligatoire de nos tribunaux.

Nous allons examiner les différentes hypothèses qui peuvent se présenter.

A. — Pluralité de défendeurs.

B. — Intervention.

C. — Demandes incidentes.

D. — Demandes en garantie.

(1) Trib. civ. Seine, 18 août 1883. Clunet, 1884, p. 189.
(2) Féraud-Giraud. Clunet, 1880, p. 234.
(3) Féraud-Giraud. Clunet, 1880, p. 171 ; Cass., 7 juillet 1845. S., 1845, 1, 738 ; Paris, 4 janv. 1856. S., 1856, 2, 170 ; Cass. Req., 27 janvier 1857, S., 1857, 1, 161 ; Lyon, 21 juin 1871. S., 1872, 2, 201.

A

PLURALITÉ DE DÉFENDEURS

SOMMAIRE. — 115. Compétence des tribunaux français, quand il y a un Français en cause.

115. L'article 59, § 2, du Code de procédure civile dispose qu'en matière personnelle, dans le cas où l'action est formée contre plusieurs personnes, le demandeur peut assigner à son choix devant le tribunal du domicile de l'un des défendeurs. L'application de cette disposition a conduit la jurisprudence à permettre à tout étranger de citer devant les tribunaux français un autre étranger, lorsque la demande formée contre celui-ci est en même temps dirigée contre un ou plusieurs Français (1).

Mais le tribunal français n'est compétent à l'égard de ces étrangers « que si l'action formée contre tous les défendeurs est basée sur le même principe d'obligation et si elle n'a pas eu pour but de distraire le défendeur étranger de ses juges naturels (2) ». Si la situation de tous les défendeurs implique un intérêt commun et solidaire, ou engage entre eux un débat sérieux, si l'intérêt français et l'intérêt étranger des défendeurs sont liés entre eux, cet intérêt français amènera valablement devant les tribunaux français toutes les parties en cause et les y fera maintenir. Sinon l'étranger pourra demander et obtenir son renvoi de l'instance ou la disjonction de la cause (3).

B

INTERVENTION

SOMMAIRE. — 116. Compétence des tribunaux français déjà saisis.

116. Les tribunaux français compétemment saisis d'une contestation entre Français et étrangers, ou même entre étrangers seulement, peuvent connaître de la contestation que l'intervention

(1) Colmar, 30 décembre 1815, cité par F.-Giraud. Clunet, 1880, p. 172 ; Cass., 2, février 1832. S., 1832, 1, 133; Trib. civ. Seine,24 déc. 1833. *Gaz. Trib.*, 5 janvier 1834; Trib. civ. Seine, 16 mars 1840. *Gaz. Trib.*, 17 mai 1840 ; Paris, 28 mars 1873. Clunet, 1875, pp. 18, 19; Aix. 25 janvier 1876. Clunet, 1877, p. 226; Paris, 20 mars 1879. Clunet, 1880, p. 474; D., 1880, 2, 193. S., 1880, 2, 49.

(2) Paris, 20 mars 1879. Clunet, 1880, p. 474. D., 1880, 2, 193. S., 1880, 2, 49.

(3) Féraud-Giraud. Clunet, 1880, p. 171, 172 et la note. *V.* Paris, 8 mai 1863. D., 1863, 2, 73 ; Paris, 20 mars 1879. D., 1880, 2, 193. Clunet, 1880, p. 474. S., 1880, 2, 49.

d'un tiers étranger fait naître entre deux étrangers, dans le cas surtout où la solution de la demande originaire est subordonnée à celle de la demande en intervention (1). La Cour de Paris, tout en se déclarant compétente pour statuer sur la demande formée par un étranger en revendication d'objets mobiliers saisis par un Français contre son débiteur étranger, a cependant décidé de surseoir jusqu'au jugement sur la question de propriété élevée entre les deux étrangers, alors d'ailleurs que cette question était déjà pendante devant la juridiction étrangère (2).

C

DEMANDES INCIDENTES

Sommaire. — 117. Compétence du tribunal saisi de la demande principale.

117. Les tribunaux français, quand ils sont compétents pour statuer au fond sur une demande portée devant eux par deux étrangers, le sont également pour connaître des questions incidentes qui peuvent être soulevées au cours du procès, alors même que ces questions ne seraient pas de leur compétence si elles étaient portées devant eux par demande principale, toutes les fois qu'il est nécessaire de les apprécier pour la solution du litige régulièrement porté devant eux.

D

DEMANDES EN GARANTIE

Sommaire. — 118. Compétence du tribunal saisi de la demande principale. Distinction de la jurisprudence. Incertitude. Affaire London [Chatam and Dover railway.

118. Lorsque les tribunaux français ont été valablement saisis d'une contestation principale, il leur appartient également de connaître d'une action récursoire en garantie formée par l'une des parties, même étrangère, contre un autre étranger, toutes les fois que l'étranger appelé en garantie a été ou doit être réputé partie dans le contrat primitif intervenu entre le Français et l'étranger et qui forme la base de l'action principale, car il y a alors connexité réelle entre la demande principale et la demande en ga-

---

(1) Cass., 7 juillet 1845. S., 1845, 1, 738. D., 1845, 1, 334 ; Lyon, 21 juin 1871. S., 1872, 2, 201 ; Cass., 19 mai 1830. S., 1830, 1, 522 ; Cass., 9 février 1832. S., 1832, 1, 133 ; Req. rej., 1er avril 1873. S., 1873, 1, 101.

(2) Paris, 4 janvier 1856. S., 1856, 2, 170.

rantie, et cette connexité rend la disjonction impossible (1).

Il en est de même, et nos tribunaux sont encore compétents lorsque les actions récursoires en garantie ou en sous-garantie sont la suite d'un contrat passé en France (2); mais il en serait autrement si le défendeur en garantie était resté étranger à la convention qui sert de base à l'action principale (3) ou si l'action en garantie était la suite d'un contrat passé à l'étranger (4).

Telle semble être la distinction que la jurisprudence tend à établir, mais à vrai dire elle ne paraît pas bien fixée en cette matière; elle ne nous présente pas sur ce point une doctrine ferme et constante. La Cour de cassation a plusieurs fois décidé que les tribunaux français sont incompétents pour statuer sur l'action en garantie exercée par un étranger contre un autre étranger (5). Dans un arrêt du 15 janvier 1878 elle déclare que l'article 181 (6) déroge à la règle de compétence établie par l'article 59, § 1er mais qu'il n'autorise pas un tribunal à retenir, sous prétexte qu'il s'agit d'une action en garantie, une contestation dont la connaissance ne lui appartient pas, à cause de la nature du litige ou de la nationalité des parties (7). D'autres arrêts ont admis, au contraire, la compétence de nos juges pour connaître de l'action en garantie (8). La question s'est présentée en 1877, dans un affaire très intéressante qui a subi les différents degrés de juridiction : un étranger partant de Paris pour Londres avait remis et fait enregistrer à la gare du chemin de fer du Nord un colis également à destination de Londres. Le colis ne fut pas présenté à l'arrivée et le voyageur

(1) Féraud-Giraud. Clunet, 1880, p.171 ; Douai, 10 mars 1870. S., 1870, 2, 288. D., 1870, 2, 158 ; Cass., 2 août 1876, Clunet, 1876, p. 360.

(2) Mêmes arrêts.

(3) Cass., 27 janv. 1857. S., 1857, 1, 161. D., 1857, 1, 142 ; Cass., 15 janvier 1878. S., 1878, 1, 300. D., 1878, 1, 170.

(4) Jugé également que l'incompétence des tribunaux français pour connaître des contestations entre étrangers ne cesse pas, alors même qu'il s'agirait d'une demande en garantie formée contre un étranger par un autre étranger défendeur à une action principale régulièrement portée devant la juridiction française, mais qui elle-même n'est pas contestée. Cass., 17 juillet 1877. S., 1877, 1, 449. D., 1878, 1, 366.

(5) Cass., 27 janvier 1857. S., 1857, 1, 161 ; Cass., 17 juillet 1877. S., 1877, 1, 449; Cass., 15 janvier 1878. S., 1878, 1, 300. V. également : Trib. comm. Seine, 7 nov. 1874, confirmé par Paris, 19 mars 1875, sous cass. S., 1877, 1, 449; Trib. comm. Seine, 6 mars 1884. Clunet, 1884, p. 503 ; Aix, 1er avril 1879. Clunet, 1880, p. 577 ; Paris, 17 déc. 1885. Clunet, 1886, p. 209.

(6) Article 181 : « Ceux qui seront assignés en garantie seront tenus de procéder devant le tribunal où la demande originaire sera pendante, encore qu'ils dénient être garants ; mais s'il paraît par écrit ou par l'évidence du fait que la demande originaire n'a été formée que pour les traduire hors de leur tribunal, ils y seront renvoyés. »

(7) Cass., 15 janvier 1878. S., 1878, 1, 300 .

(8) Douai, 10 mars 1870. S., 1870, 2, 288 ; Cass., 2 août 1876. Clunet, 1876, p. 360; Trib. comm. Havre, 14 mars 1881. Clunet, 1882, p. 73.

fit assigner la compagnie française des chemins de fer du Nord devant le Tribunal de commerce de la Seine en paiement de la valeur du colis perdu. La défenderesse appela en garantie la compagnie anglaise *London Chatam and Dover railway*. Celle-ci exerça à son tour une action en sous-garantie contre la compagnie *South Eastern railway* qui avait participé au transport pour partie. Le tribunal a condamné la compagnie française 'envers le demandeur. Il a de plus accueilli le recours contre la première compagnie anglaise, *London Chatam and Dover railway*. Mais quant au recours exercé par cette compagnie contre la seconde compagnie anglaise, le tribunal s'est d'office déclaré incompétent (1). Sur l'appel de la Compagnie *London Chatam* la Cour de Paris a confirmé cette décision (2). Le pourvoi en cassation formé contre cet arrêt fut admis par la Chambre des requêtes (3), mais rejeté par la Chambre civile (4). Dans cette affaire, la Cour de cassation n'a consacré qu'une partie de la distinction que nous avons indiquée plus haut. Ces compagnies pouvaient être regardées comme ayant toutes participé au contrat passé en France. En effet, il existe des traités internationaux entre la France et l'Angleterre, et les billets sont délivrés et les bagages enregistrés directement de Paris pour Londres. Il en résulte que chacune des trois compagnies, dans l'espèce, avait ainsi, vis-à-vis des deux autres, le double rôle de mandant et de mandataire, de telle sorte que la compagnie du Nord ne stipulait pas seulement pour elle, mais encore pour les compagnies anglaises qu'elle avait mission de représenter (5). C'est en ce sens que s'est prononcé M. Demangeat. Les tribunaux français auraient donc pu accueillir le recours contre les deux compagnies anglaises.

SECTION III

APPLICATION DU PRINCIPE DE LA JURISPRUDENCE. — COMPÉTENCE FACULTATIVE

SOMMAIRE. — 119. Système de la compétence facultative. — 120. Arguments à l'appui de ce système. — 121. La compétence de nos tribunaux est facultative à un double point de vue : pour les plaideurs et pour les magistrats. — 122. Ce système peut se résumer en deux propositions. — 123. Division.

119. Dans toutes les hypothèses que nous venons d'examiner, la compétence de nos tribunaux est obligatoire. Le défendeur

(1) Trib. comm. Seine, 7 nov. 1874. Clunet, 1876, p. 180.
(2) Paris, 19 mars 1875, sous Cass. S., 1877, 1, 449.
(3) Cass. Req., 2 août 1876. Clunet, 1876, p. 360.
(4) Cass., ch. civ., 17 juillet 1877. Clunet, 1878, p. 162.
(5) V. Demangeat. Clunet, 1877, p. 109.

opposerait en vain l'exception d'incompétence ; nos juges ne sauraient se dessaisir de l'affaire. En dehors de ces hypothèses, il semble que le principe admis par la jurisprudence doive reprendre son empire et que nos tribunaux soient nécessairement incompétents pour statuer sur les contestations qui peuvent s'élever entre étrangers. Il n'en est rien. La jurisprudence a reculé devant les conséquences logiques de sa doctrine, et, s'attribuant une compétence qu'elle nomme *compétence facultative,* elle admet que nos tribunaux peuvent, s'ils le jugent à propos, connaître des différends qui s'élèvent entre deux étrangers, lorsque, d'un commun accord, ces étrangers les soumettent à leur arbitrage.

120. Ce système repose sur la discussion qui a eu lieu au Conseil d'État à propos de l'article 14 du Code civil. Dans la séance du 6 thermidor an IX, M. Defermon rappelle la proposition du consul Cambacérès qui voulait faire ajouter à l'article 14 du Code civil une disposition concernant les étrangers qui, ayant procès entre eux, consentent à plaider devant les tribunaux français : il considère ce consentement comme établissant un arbitrage qui doit avoir son effet. Il demande si un étranger peut traduire devant un tribunal français un autre étranger qui a contracté envers lui une dette payable en France. M. Tronchet répond que le principe général est que le demandeur doit porter son action devant le juge du défendeur ; que cependant, dans l'hypothèse proposée, le tribunal aurait le droit de juger si sa juridiction n'était pas déclinée (1). « En principe général, dit la Cour de Nancy (2), les tribunaux français ont été institués pour juger les Français en leur appliquant la loi française. Sans rechercher l'origine et la cause de l'obligation de l'État et du droit des citoyens, on comprend que la dette de justice ne s'impose qu'en faveur des nationaux, n'existe pas pour les étrangers, ne peut être réclamée par eux. » Mais ce principe, d'une exacte vérité, n'implique pas nécessairement l'exclusion des étrangers et l'interdiction de protéger au besoin leurs intérêts quand ils sollicitent la justice française. Une telle rigueur, si elle existait, serait souvent la source de dommages, d'injustices, de regrettables refus et devrait bientôt disparaître devant les exigences des relations internationales chaque jour plus multipliées et plus impérieuses (3). « Cette prohibition n'est écrite nulle part dans nos Codes, et il est même certains cas où la compétence des tribunaux français en face des étrangers n'est pas

(1) Loire, t. II, p. 43 et 44.
(2) Nancy, 16 mars 1878. Clunet, 1878, p. 371.
(3) Nancy, 16 mars 1878. Clunet, 1878, p. 371. *V.* aussi : Caen, 29 janvier 1873. Clunet, 1877, p. 145.

contestable. Le législateur français n'est pas resté indifférent aux intérêts des étrangers placés dans des circonstances qui leur rendraient nécessaire ou désirable la justice de nos tribunaux ; il s'en est occupé lors de la discussion, au Conseil d'État, de l'article 8 du projet devenu l'article 14 du Code civil. Cette discussion établit d'une manière évidente, qu'en déterminant les cas dans lesquels les Français pourraient appeler l'étranger devant nos tribunaux, cet article n'avait rien de limitatif et ne prononçait aucune interdiction. Il a été reconnu au contraire que si des étrangers consentaient à venir ensemble solliciter la justice française, les tribunaux auraient la faculté d'accueillir leur requête et de les juger ; leur consentement pourrait être considéré comme établissant un arbitrage devant avoir son effet (1). » « Ces déclarations du législateur sont d'accord avec le véritable esprit de justice, avec les nécessités internationales. Il serait d'ailleurs d'une rigueur extrême et difficile à admettre de fermer la porte du prétoire à ceux qui viennent avec confiance solliciter nos décisions. Sans transformer les juges français en arbitres ordinaires, mais en leur conservant, au contraire, leur caractère et leurs fonctions, on comprend la faculté qui leur est laissée de statuer sur des contestations entre étrangers, quand ceux-ci se sont entendus pour se présenter devant eux (2). » Pour qu'il en soit autrement, il faudrait que l'incompétence de nos tribunaux fût une incompétence absolue, générale, d'ordre public. Or, loin d'être une incompétence *ratione materiæ* et d'ordre public (3), l'incompétence de nos tribunaux est au contraire une incompétence relative, *ratione personæ*. Elle découle, non de la nature de la contestation, qui rentre dans les attributions générales des tribunaux français, mais de la qualité des parties. Elle constitue pour les étrangers une exception toute personnelle dont ils peuvent renoncer à se prévaloir. Mais cette renonciation ne lie en aucune manière les juges français qui, de leur côté, sont toujours maîtres de se dessaisir du litige qui leur a été soumis.

121. La compétence de nos tribunaux pour statuer sur les contestations entre étrangers est, on le voit, dans le système de la jurisprudence, facultative à un double point de vue : elle est facultative pour les plaideurs qui peuvent la repousser; elle l'est pour les magistrats français qui peuvent refuser de statuer (4).

(1) Nancy, 16 mars 1878. Clunet, 1878, p. 371.
(2) Même arrêt, *cod. loc.*
(3) *Cf.* Cass. 5 mars 1879. Clunet, 1879, p. 486, et arrêts cités plus loin.
(4) Trib. civ. Seine, 4 mai 1878. Clunet, 1878, p. 493; Paris, 7 mai 1875. D., 1876, 2, 137.

« Attendu, dit la Cour de cassation, que les tribunaux français n'ont une compétence *positive* pour juger les contestations entre étrangers que dans les cas où la loi leur en attribue la connaissance ; que, dans les autres cas, leur compétence n'étant pas réglée par la loi est *facultative*, en ce sens que les tribunux ne [sont valablement saisis du différend qu'autant qu'ils consentent à le juger et que les parties en cause reconnaissent volontairement cette juridiction ; que si elles la déclinent et excipent, comme elles en ont le droit, de l'incompétence des tribunaux français à leur égard, il est certain, en droit, que cette incompétence qui n'est établie qu'en faveur des étrangers n'est pas absolue, mais seulement facultative, et que par conséquent, d'après l'article 169, elle doit être proposée avant toute exception sur le fond (1) ; Attendu que les tribunaux français peuvent, sauf les cas particuliers autorisés par la loi, s'abstenir de connaître des contestations qui s'élèvent entre des étrangers, lors même que ceux-ci, par leur consentement formel, se soumettraient à leur juridiction... (2). »

122. Tout ce système de la compétence facultative est donc basé, d'après la jurisprudence : 1° sur la nature de l'incompétence de nos tribunaux pour statuer sur les contestations entre étrangers, incompétence qui n'est que *ratione personæ*, et 2° sur ce que le tribunal jugeant dans ce cas fait œuvre d'arbitre d'après les travaux préparatoires. Dès lors, pour qu'un jugement soit possible, il faut le concours de deux volontés et l'on peut résumer ce système dans les deux propositions suivantes :

1° Il faut d'abord que les deux parties soient d'accord pour déférer leurs contestations au tribunal français ; si le défendeur ne veut pas se laisser juger, il peut opposer l'exception d'incompétence et demander à être renvoyé devant les juges de son pays. Le tribunal français est alors tenu de se déclarer incompétent (pourvu bien entendu que le défendeur propose le déclinatoire à un moment où, d'après la nature de l'incompétence, l'exception peut encore être opposée) ;

2° Mais quand même le défendeur étranger s'est soumis expressément ou tacitement à la juridiction de nos juges, le tribunal français n'est pas pour cela obligé de connaître de l'affaire ; le consentement de l'étranger à être jugé par lui ne le lie en aucune façon. Il ne remplit en effet que le rôle d'un arbitre et l'arbitrage n'est pas forcé. Il aura un pouvoir discrétionnaire à l'effet de décider quelle conduite il doit tenir et, suivant les circonstan-

(1) Cass., 10 mars 1858. S., 1858, 1, 529 ; Cass., 29 mai 1833. S., 1833, 1, 522 : D , 1833, 1, 252.
(2) Cass., 10 mars 1858. S., 1858, 1, 529.

ces, il pourra ou retenir l'affaire ou bien se déclarer d'office incompétent.

123. Nous allons d'abord examiner en détail ces deux propositions. Nous étudierons ensuite les principales applications qu'en
a fait la jurisprudence.

§ Iᵉʳ

PRINCIPE

Discussion des deux propositions.

PREMIÈRE PROPOSITION.

SOMMAIRE. — 124. L'étranger non domicilié (en dehors des cas de compétence
obligatoire) peut décliner la compétence des tribunaux français. — 125. Mais il
faut être en dehors des cas de compétence obligatoire. Etranger qui ne peut justifier d'un domicile à l'étranger. — 126. Il faut de plus que l'exception d'incompétence ait été proposée en temps utile. L'incompétence est *ratione personæ*.
Lorsqu'elle n'a pas été proposée *in limine litis*, les parties sont censées y avoir
renoncé. Historique de la jurisprudence. — 127. L'exception d'incompétence est
personnelle au défendeur. Elle ne peut être invoquée par ses créanciers. —
— 128. Elle n'appartient pas non plus aux héritiers. — 129. Quid si le tribunal
se déclare compétent malgré le déclinatoire d'incompétence ? Règlement de
juges. — 130. Litispendance. — 131. La renonciation à se prévaloir de l'exception d'incompétence peut résulter de diverses circonstances. Election de domicile. Indication d'un lieu de paiement en France. — 132. Travail confié à un
ouvrier en France. Déclaration qu'on est prêt à répondre à une action devant les tribunaux français. — 133. Acte passé en France ou devant y recevoir
son exécution. Appréciation de la volonté des parties d'après les circonstances. — 134. Droit pour les étrangers de saisir d'un commun accord les tribunaux français au moment où naît la difficulté. — 135. La renonciation à se
prévaloir de l'exception d'incompétence ne peut pas résulter de la comparution
en conciliation. Défendeur défaillant. — 136. La renonciation des parties les
lie d'une manière irrévocable.

124. Toutes les fois qu'une contestation civile s'élève entre
étrangers, en matière personnelle mobilière (ou sur une question
d'état) en dehors des cas dans lesquels nous venons de voir que
la compétence est obligatoire, l'étranger défendeur n'est pas tenu de
se laisser juger par nos tribunaux, il peut utilement opposer le
déclinatoire d'incompétence. « En dehors de certains cas exceptionnels où la compétence est obligatoire, dit le Tribunal de la
Seine, l'étranger appelé en cause par un autre étranger peut tou-
jour décliner la compétence du juge français, qui aurait pour résultat de le soustraire à ses juges naturels (1). » C'est un droit
pour chaque individu d'être jugé par les tribunaux de son pays,

(1) Trib. civ. Seine, 7 et 14 nov. 1879. Clunet, 1879, p. 542. — En ce sens: Trib. civ.
Seine, 7 mai 1885. Clunet, 1886, p. 85.

dit la Cour de cassation (1). Nul ne doit être distrait sans son aveu du tribunal de son domicile (2). L'étranger non domicilié en France, qui a dans un autre pays un véritable domicile devant le tribunal duquel le débat peut être porté, invoque les droits sacrés de la défense quand il demande à être renvoyé devant ses juges naturels. Il fut reconnu au Conseil d'État que les juges français ne pourraient juger que si leur compétence n'était pas déclinée (3). La demande de l'étranger est juste et raisonnable, conforme aux principes de notre législation, à l'équité (4). Le tribunal doit donc faire droit au déclinatoire proposé et renvoyer les parties à se pourvoir devant le juge compétent (5). « En matière personnelle et civile, dit le Tribunal de la Seine, l'étranger assigné en France par un autre étranger peut décliner la compétence des tribunaux français. L'étranger ne relève que de la juridiction de son pays et ne saurait être distrait de ses juges naturels à moins que, soit à raison de la nature de l'action, soit à raison de conventions diplomatiques, le juge français n'ait reçu compétence pour statuer (6). Les tribunaux français ne sont pas compétents pour connaitre des contestations existant entre deux étrangers, dit encore le Tribunal de la Seine ; s'il leur est loisible de retenir la connaissance de semblables contestations lorsque leur juridiction est acceptée par les deux parties, il n'en saurait être ainsi lorsque leur juridiction est déclinée par l'une d'elles (7). »

125. Mais il faut, pour que l'exception d'incompétence soit accueillie, que l'étranger défendeur ne soit dans aucun des cas où nous avons vu que la compétence était obligatoire, notamment qu'il n'ait pas un domicile autorisé en France. Il est même de jurisprudence constante que le défendeur excipe vainement de son extra-

(1) Cass., 27 nov. 1822. S., 1822, 1, 161 ; Cass., 30 juin 1823. S., 1823, 1, 222 ; Cass., 18 août 1847. S,. 1847, 1, 645.
(2) Rouen, 12 mai 1874. Clunet, 1875, p. 356.
(3) Séance du 6 thermidor an IX.
(4) V. Bonfils, n° 248, p. 188 et note 2.
(5) Cass., 14 avril 1818 ; Paris, 28 avril 1823 ; Cass., 2 avril 1833. S., 1833, 1, 435 ; Paris, 9 mai 1833. Gazette des Trib., 10 mai 1833 ; Paris, 9 nov. 1839. Gazette des Trib., 10 nov. 1839 ; Trib. Seine, 22 janv. 1840. Gazette des Trib., 23 janv. 1840 ; Trib. Seine, 20 nov. 1841. Gazette des Trib., 21 nov. ; Bourges, 8 déc. 1843. S., 1844, 2, 491 ; Angers, 20 février 1861. S., 1861, 2, 409 ; Paris, 8 avril 1865. S., 1865, 2, 210 ; Metz, 26 juill. 1865. S., 1866, 2, 237 ; Paris, 7 mai 1875. D., 1876, 2, 137 ; Paris, 24 août 1875. S., 1876, 2, 212 ; Paris, 13 mars 1879. S., 1879, 2, 289 ; Trib. civ. Seine, 4 mai 1878. Clunet, 1878, p. 493 ; Trib. civ. Seine, 7 et 14 nov. 1879. Clunet, 1879, p. 542 ; Trib. civ. Seine, 13 avril 1880. Clunet, 1880, p. 304 ; Trib. civ. Seine, 7 mai 1885. Clunet, 1886, p. 85. — Contra : Pau, 3 décembre 1836. S., 1837, 2, 363 ;
(6) Trib. civ. Seine, 7 mai 1885. Clunet, 1886, p. 84.
(7) Trib. civ. Seine, 4 mai 1878. Clunet, 1878, p. 493.

néité pour décliner la compétence des juges français lorsqu'il est hors d'état de justifier d'un domicile à l'étranger (1).

126. Il faut, de plus, pour que le tribunal soit tenu de faire droit au déclinatoire, que le défendeur l'ait proposé en temps utile, et qu'il n'ait fait aucun acte impliquant renonciation au droit de s'en prévaloir. La jurisprudence, après quelques hésitations, paraît définitivement fixée pour décider que l'exception d'incompétence tirée de l'extranéité des parties est à leur égard une incompétence *ratione personæ* qui doit être, à peine de déchéance , proposée *in limine litis* (2), avant toute discussion sur le fond (3). Elle ne pourrait être soulevée pour la première fois en appel (4), a plus forte raison en cassation (5). « L'exception d'extranéité du défendeur doit être proposée *in limine litis* même en chambre du conseil; devant cette juridiction spéciale le développement oral des moyens des parties équivaut à des conclusions écrites (6). » « Une demande de sursis (formée par une femme) jusqu'à ce qu'elle ait été pourvue d'une autorisation qu'elle jugeait nécessaire pour res-

(1) Paris, 19 décembre 1876. Clunet, 1877, p. 39; Trib. civ. Seine, 1er août 1879. Clunet, 1879, p. 546; Trib. civ. Seine, 18 mars 1880. Clunet, 1880, p. 191; Trib. civ. Seine, 22 décembre 1881. Clunet, 1882, p. 414; Trib. civ. Seine, 21 février 1884. Clunet 1884, p. 499; Trib. civ. Seine, 21 janvier 1885. Clunet, 1885, p. 176, et autres arrêts déjà cités.

(2) Douai, 1er déc. 1834. D., 1835, 2, 60; Paris, 25 janv. et 23 nov. 1840. *Gaz. des Trib.*, 26 janv. et 29 nov.; Trib. civ. Seine, 3 juillet 1840. *Gaz. des Trib.*, 4 juillet; Douai, 3 avril 1845. D., 1845. 4, 251; Bordeaux, 18 déc. 1846. D., 1847, 2, 43; Cass., 21 juillet 1851. D., 1851, 1, 266; Douai, 17 juin 1853, sous Cass. S., 1856, 1, 150; Paris, 13 fév. 1858. D., 1858, 2, 56; Cass., 15 avril 1861. S., 1861, 1, 721; Paris, 8 février 1865. S., 1865, 2, 210; Alger, 6 juin 1870. S., 1871, 2, 45; Lyon, 21 juin 1871. S., 1872, 2, 201; Caen, 29 janvier 1873. D., 1876, 2, 224; Aix, 3 juillet 1873. Clunet, 1875, p.273; Rouen, 12 mai 1874. Clunet, 1875, p. 356; Alger, 28 avril 1875. Clunet, 1875, p. 274; Paris, 7 mai 1875. Clunet, 1876, p. 270; Trib, Seine, 21 janvier 1880. Clunet, 1880, p. 194; Amiens, 24 août 1880. Clunet, 1882, p. 313; Caen, 16 août 1880. Clunet, 1881, p. 262; Trib. civ. Seine, 22 nov. 1881. Clunet, 1882, p. 300; Trib. civ. Seine, 23 déc. 1881. Clunet, 1882, p. 322; Trib. civ. Seine, 10 juin 1882. Clunet, 1882, p. 189; Paris, 21 mai 1883. Clunet, 1883, p. 542; Alger, 23 mai 1882. Clunet, 1883, p. 158.

(3) Alger, 23 mai 1882. Clunet, 1883, p.158.

(4) Cass., 4 sept. 1811. D., *Rép.*, v° *Droits civils*, n° 310; Cass., 29 mai 1833, S. 1833, 1, 522; Douai, 7 mai 1828. D., 1829, 2, 123. S., 1828, 2, 76; Douai, 4 déc. 1834. D., 1835, 2, 60; Douai, 3 avril 1845. D., 1845, 4, 251; Bordeaux, 18 déc. 1846. D., 1847, 2, 43; Metz, 10 juill. 1849. S., 1850, 2, 275; Douai, 17 juin 1853. S., 1856, 1,150 ; Paris, 13 fév. 1858. D., 1858, 2, 56; Cass., 15 avril 1860. S., 1861, 1, 722; Paris, 8 avril 1865. S., 1865, 2, 210; Cass., 7 mars 1870. S.,1872, 1, 351; Lyon, 21 juin 1871. S., 1872, 2, 201; Alger, 6 juin 1870. S., 1871, 2, 45; Cass., 21 juillet 1851. D. 1851, 1, 266; Rouen, 12 mai 1875. S., 1877, 2, 105; Nancy, 16 mars 1878. S., 1878, 2, 200; Cass., 5 mars 1879. S. 1879, 1, 208. Sous l'ancien droit la doctrine était la même. Denizart, v° *Etranger*, § 3. Mais la jurisprudence était loin d'être unanime et on peut citer un grand nombre de décisions contraires.

(5) Cass., 4 sept. 1811. D., *Rép.*, v° *Droits civils*, n° 310; Cass., 27 nov. 1822. S., 1822, 1, 161; Cass., 21 juill. 1851. D., 1851, 1, 266; Cass., 15 avril 1861. D., 1861, 1, 421. S., 1861, 1, 722.

(6) Trib. civ. Seine, 10 juin 1882. Clunet, 1882, p. 189.

ter en justice ne saurait être considérée comme une défense au fond
couvrant l'exception d'incompétence (1). » « De même, dans le cas
où le président du tribunal, en vertu de l'article 3 C. civ., aura
ordonné des mesures provisoires contre des époux étrangers, le
fait par le défendeur d'avoir comparu devant lui et même d'avoir
subi sans protester l'apposition des scellés sur ses biens ne constitue
pas une fin de non-recevoir au déclinatoire d'incompétence (2). Il
a été jugé au contraire que l'exception d'incompétence, quoique
proposée dans l'acte d'appel, est couverte, si l'avocat, assisté de
l'avoué, plaide le fond sans invoquer cette incompétence. Mais il
suffit que le déclinatoire ait été proposé et plaidé en 1re instance
pour pouvoir être reproduit en appel : peu importe que l'avocat
ait aussi plaidé au fond. Le Tribunal de la Seine a jugé, le 22 décembre 1863, que le défendeur qui soulève l'exception de caution
judicatum solvi, alors surtout qu'il ne fait pas de réserve, est réputé
par cela même déchu du droit de proposer le déclinatoire d'incompétence (3).

Lorsque l'exception d'incompétence n'a pas été proposée
in limine litis les parties sont censées y avoir renoncé (4). Autrement, dit M. Weiss (5), l'incertitude la plus complète régnerait
dans le débat engagé. A tout instant de la procédure, l'étranger
pourrait se soustraire aux conséquences de son choix primitif et
l'action de la justice serait subordonnée au bon plaisir d'un
plaideur mécontent ou fantasque. L'acceptation tacite, qui résulte
du défaut d'exception opposée par le défendeur *in limine litis*,
forme entre les parties un véritable compromis, un engagement
de répondre devant la justice française et cet engagement, qui a
été pris à la face de nos tribunaux, il ne peut dépendre de l'une
des parties de le déchirer. « Il importe à la dignité de la justice
que des étrangers, après avoir sollicité des décisions, ne puissent les
repousser au gré de leurs caprices en suivant le jeu de leurs intérêts (6). » Cette opinion rallie à peu près tous les suffrages.

Quelques arrêts anciens avaient déclaré que l'exception d'incompétence invoquée par l'étranger défendeur était *ratione materiæ* ou
d'ordre public et que par conséquent le défendeur pouvait l'opposer
en tout état de cause et qu'elle pouvait même être invoquée d'office
par les juges (7). Le 10 novembre 1818, la Cour de Metz avait dé-

(1) Trib. civ. Seine, 22 nov. 1881. Clunet, 1882, p. 300.
(2) Amiens, 24 août 1880. Clunet, 1882, p. 313.
(3) Bonfils, *op. cit.* n° 223, p. 191.
(4) Caen, 16 août 1880. Clunet, 1881, p. 262.
(5) *Droit int.*, p. 931.
(6) Caen, 29 janv. 1873. Clunet, 1877, p. 145.
(7) Metz, 10 nov. 1818. Cass., 30 juin 1823. S., 1823, 1, 278.

cidé qu'en matière personnelle et mobilière, l'exception d'incompétence pouvait être proposée par l'étranger en tout état de cause. Mais cette opinion n'a pas prévalu : la jurisprudence admet unanimement aujourd'hui que l'ordre public n'est nullement intéressé dans cette question, puisque nos tribunaux sont institués pour juger ces contestations et que la qualité (d'étranger) du défendeur les empêche seule d'en connaitre. Suivant elle, l'ordre public ne peut être en jeu que s'il s'agit de questions intéressant l'état des étrangers.

Plusieurs jugements et arrêts (les anciens surtout) décident en effet que l'incompétence de nos tribunaux est absolue quand ils sont saisis de contestations en matière d'état par deux étrangers, et qu'il ne leur est pas permis de juger les contestations de cette nature (1). Le défendeur pourrait donc en cette matière proposer en cours d'instance le déclinatoire d'incompétence et les tribunaux devraient même d'office se déclarer incompétents (2).

Mais ce n'est là qu'une opinion (ainsi que nous le verrons plus loin en traitant les questions d'état). La jurisprudence la plus récente tend de plus en plus à assimiler les questions d'état aux autres questions et elle décide généralement que l'incompétence de nos tribunaux est en ces matières, comme en matière personnelle ordinaire, purement relative, qu'elle doit être proposée *in limine litis*, et qu'elle ne pourrait l'être pour la première fois ni en appel ni en cassation (3).

127. L'exception d'incompétence résultant de la qualité d'étranger est personnelle au défendeur : elle ne peut être proposée par les créanciers de l'étranger exerçant, en vertu de l'article 1166 du Code civil, les droits de leur débiteur, à moins qu'ils ne soient eux-mêmes étrangers (4).

128. Cette exception ne saurait non plus appartenir aux héritiers à moins qu'il ne fussent eux-mêmes étrangers non domiciliés (5).

129. Il peut arriver que le défendeur étranger oppose en temps utile l'exception d'incompétence et que, néanmoins, le tribunal se

---

(1) *V.* notamment Paris, 23 juin 1836. S., 1836, 2, 160; Alger, 28 avril 1875. Clunet, 1875, p. 274; Paris, 7 mai 1875. Clunet, 1876, p. 270; Paris, 4 février 1876, sous Cass. S., 1879, 1, 305; Trib. Seine, 1er déc. 1877. Clunet, 1878, p. 45; Trib. Seine. 5 mai 1880. Clunet, 1880, p. 299; Alger, 24 juillet 1882. Clunet, 1884, p. 191.

(2) *V.* notamment Cass., 16 mai 1849. D., 1849, 1, 256. Nos tribunaux se déclarent compétents pour connaitre des questions d'état soulevées incidemment à une question principale qu'ils ont qualité pour juger. Cass., 15 avril 1861. S., 1861, 1, 722; Lyon, 21 juin 1871. S., 1872, 2, 201.

(3) V. *infra* jurisprudence.

(4) Bordeaux, 18 déc. 1846. D., 1847, 2, 43.

(5) Bonfils, n° 228, p. 193.

déclare compétent. Quand le débat s'agite entre Français, le défendeur peut, aux termes de l'article 19 de l'ordonnance du mois d'août 1737 (que la jurisprudence considère comme n'ayant pas été abrogée par les art. 363 et suivants du Code de procédure), négliger la voie de l'appel et intenter directement une demande en règlement de juges devant la Cour de cassation (1). En sera-t-il de même entre étrangers? L'étranger défendeur peut-il introduire une demande en règlement de juges, et spécialement peut-il s'adresser à la Cour de cassation, si le tribunal français devant lequel il était traduit s'est déclaré compétent malgré le déclinatoire et la demande en renvoi devant un autre juge? La jurisprudence fait une distinction. Le défendeur étranger dont le déclinatoire aura été rejeté pourra valablement introduire une demande en règlement de juges, *omisso medio*, devant la Cour de cassation, s'il demande à être renvoyé devant un autre tribunal français appartenant à l'ordre judiciaire. Cette voie lui sera fermée au contraire, s'il demande son renvoi devant un tribunal étranger : il n'aura dans ce cas que la voie ordinaire de l'appel. La Cour de cassation n'admet pas qu'il y ait règlement de juges entre nos tribunaux et ceux d'une puissance étrangère. Le principe de la souveraineté des nations s'y oppose. Il en serait ainsi alors même que les jugements émanés de l'un des deux pays seraient exécutoires dans l'autre en vertu de traités diplomatiques (2).

130. L'étranger ne peut pas davantage invoquer devant nos tribunaux l'exception de litispendance sous prétexte qu'une juridiction étrangère serait déjà saisie de la contestation (3) : « L'exception de litispendance ne peut être opposée qu'autant qu'il y a litispendance devant les tribunaux français (4). » « La litispendance ne peut exister entre deux juridictions appartenant à des nations différentes, par suite il n'y a pas lieu à l'exception de litispendance lorsque le défendeur a été assigné pour la même action devant un tribunal étranger et devant un tribunal français (5). » « La litispendance ne peut exister qu'entre tribunaux du

(1) Recueil général des anciennes lois françaises, t. XXII, p. 33 ; Cass., 12 déc. 1864. S., 1865, 1, 128; Cass., 13 janv. 1869. D., 1872, 1, 60; Cass., 15 déc. 1874. D., 1875, 1, 384.
(2) Paris, 23 thermidor an XII. D., v° *Règl. de juges*, n° 41; Cass. rej., 27 nov. 1822. D., v° *Droits civils*, n° 320; Cass. 25 janv. 1825. D., v° *Droits civils*, n° 324. S., 1825, 1, 196; Cass., 30 mai 1827. S., 1827, 1, 609; Cass., 27 janv. 1847. D., 1847, 1, 183.
(3) Bastia, 14 déc., 1839. S., 1840, 2, 454; Paris, 11 déc. 1855. S., 1856, 2, 302; Rouen, 9 fév. 1859. S., 1860, 2, 25; Cass., 11 déc. 1860. S., 1861, 1, 331.
(4) Cass., 6 février 1878. Clunet, 1878, p. 372.
(5) Paris, 25 juillet 1877. Clunet, 1878, p. 163. *V.* texte, *Gaz. des Trib.* du 5 sept.

même pays, chargés par le même pouvoir de rendre la justice (1). »

La litispendance et la connexité, disait récemment la Cour de Paris, n'existent qu'entre tribunaux français et ne s'appliquent pas aux contestations portées devant lesdits tribunaux et les tribunaux étrangers (2). Il n'y a donc pas lieu, pour un tribunal français, de s'arrêter à la demande de sursis faite par le défendeur jusqu'à la décision à intervenir d'un tribunal étranger par suite de laquelle ledit défendeur pourrait être exposé à payer deux fois (3). Les difficultés d'exécution et les risques qui peuvent dériver de la possibilité d'un jugement contraire à l'étranger ne peuvent faire obstacle en France à la libre décision d'un tribunal régulièrement saisi (4).

131. Nous avons vu que le défendeur qui n'avait pas proposé l'exception d'incompétence en temps utile était censé y avoir renoncé. Le silence gardé par le défendeur *in limine litis* n'est pas le seul fait dont on puisse induire sa renonciation à invoquer l'incompétence de nos tribunaux. Différentes circonstances peuvent être interprétées comme impliquant chez le défendeur l'intention de se soumettre à leur juridiction. La volonté des parties à cet égard doit être interprétée d'après les formules employées dans le contrat et les circonstances de fait qui l'ont accompagné. Nos juges ont un pouvoir discrétionnaire pour décider si les parties ont entendu en contractant renoncer ou non à l'exception d'extranéité (5).

On admet généralement que l'élection de domicile faite dans un contrat pour son exécution en France est attributive de juridiction : l'étranger devient dès lors non recevable à proposer l'incompétence du tribunal du domicile qu'il a choisi (6). La compétence de ce tribunal en pareil cas est obligatoire, du moins pour les parties, qui ne peuvent revenir sur le consentement qu'elles ont donné, et proposer une exception d'incompétence qui, à vrai dire, n'existe plus, parce que leur consentement l'a fait disparaitre.

1877. La question est controversée; mais la jurisprudence tend à adopter la solution donnée par la Cour de Paris. Paris, 11 déc. 1855. D., 1855, 5, 200; Cass., 11 déc. 1860. D., 1861, 1, 106.
(1) V. arrêts cités ci-dessus.
(2) Paris, 15 juin 1883. Clunet, 1884, p. 65. V. aussi Litispendance. Clunet, 1878, p. 163 et note, 1879, p. 212, 1881, p. 256, 1882, p. 202, 1884, p. 626.
(3) Trib. civ. Seine, 29 mai 1873. Clunet, 1875, p. 21; Paris, 15 juin 1883. Clunet, 1884, p. 65. Voyez cependant un cas où le sursis est de droit : Clunet, 1875, v° *Acte de l'état civil*, p. 16.
(4) Trib. civ. Seine, 29 mai 1873. Clunet, 1875, p. 21.
(5) Cass., 7 mars 1870. S., 1872, 1, 351; Paris, 13 mars 1879. S., 1879, 2, 289; Trib. civ. Seine, 13 juillet 1877. Clunet, 1878, p. 161.
(6) Trib. civ. Seine, 26 juillet 1879. D., 1880, 3, 39.

·La simple indication, en France, d'un lieu de paiement qui ne saurait à elle seule entraîner élection de domicile peut du moins, jointe aux autres circonstances de la cause, telles que la passation de l'acte en France faire présumer aux juges que les parties ont entendu investir la justice française du règlement de leurs contestations (1).

132. Lorsqu'un étranger s'adresse, en France, à un ouvrier étranger qui s'y trouve même accidentellement et le charge d'un travail de peu d'importance à exécuter sur les lieux et qui doit y être réglé, les parties sont censées avoir accepté, pour le règlement des difficultés qui peuvent les diviser, la juridiction française (2).

Il a été jugé également que l'étranger résidant en France qui s'est fait rayer des registres de la population de la ville étrangère où il avait antérieurement son domicile ne peut décliner la compétence des tribunaux français s'il a déclaré « qu'il était prêt à répondre à toute action civile que sa femme pourrait intenter contre lui devant les tribunaux français (déclaration faite à la préfecture de police de la Seine), alors surtout que la femme invoque les dispositions de l'article 214 C. civ. pour obtenir des aliments. Dans ces circonstances, par égard tant au caractère d'urgence que présente la cause qu'au fait de la résidence du défendeur à Paris, le Tribunal de la Seine est compétent pour statuer (3). »

133. Nos tribunaux voient souvent dans le fait que l'acte a été passé en France ou doit y recevoir son exécution une présomption de l'engagement pris par les parties de renoncer à l'exception d'extranéité.

Étant donnée la latitude qu'elle se reconnaît pour interpréter la volonté des parties d'après les différentes clauses du contrat et les circonstances de fait essentiellement variables, il ne faut pas s'étonner si la jurisprudence a rendu plusieurs fois des décisions contradictoires. C'est ainsi que la Cour de Paris (4) a décidé dans une espèce que le fait de se marier en France en déclarant accepter le régime de la communauté tel qu'il est fixé par le Code civil n'emportait pas attribution de compétence aux tribunaux français pour connaître ultérieurement d'une demande en séparation de biens, tandis que le contraire avait déjà été jugé par la Cour de cassation (5) dans une autre affaire où l'on excipait d'une clause

(1) Paris, 17 avril 1852. D., 1854, 5, 325.
(2) Féraud-Giraud. Clunet, 1880, p. 227 et note 1.
(3) Trib. civ. Seine. Clunet, 1878, p. 494.
(4) Paris, 13 mars 1879. S., 1879, 2, 289.
(5) Cass., 7 mars 1870. S., 1872, 1, 351.

semblable insérée dans un contrat de mariage. Les circonstances particulières de chaque espèce, notamment les conditions de résidence différentes dans lesquelles se trouvaient les parties au moment du contrat, ont pu décider les juges à donner à la volonté des parties une interprétation différente.

134. Lorsque les termes du contrat et les circonstances dans lesquelles l'obligation est intervenue n'impliquent pas l'engagement des parties de renoncer à l'exception d'extranéité, elles n'en sont pas moins libres d'investir d'un commun accord les tribunaux français de la connaissance de leurs contestations; on ne saurait leur retirer, au moment où naissent les difficultés, le droit qu'elles avaient, au moment où la convention était conclue, de soumettre d'un commun accord leur différend à la décision du tribunal français. Cette soumission résulterait du fait, de la part du demandeur, d'intenter son action devant la juridiction française, et, de la part du défendeur, de ne pas proposer l'exception *in limine litis*.

135. « La renonciation à se prévaloir de l'exception d'extranéité ne peut résulter ni de la comparution du mari en conciliation, ni du fait par lui d'avoir opposé à sa femme devant le tribunal saisi d'une première exception l'incompétence tirée de ce que lors de l'assignation, il avait un autre domicile que la femme, alors surtout que, lorsqu'il a présenté cette exception, acte lui a été donné de réserves faites d'opposer l'incompétence à raison de sa nationalité (1). » « Lorsque le défendeur est défaillant, il est présumé accepter la juridiction française (2). »

136. La renonciation des parties au droit de se prévaloir de l'incompétence, qu'elle soit expresse ou qu'elle soit tacite, les lie d'une manière irrévocable ; le demandeur qui a saisi un tribunal français ne peut revenir sur la détermination qu'il a prise et demander à ce tribunal de se déclarer incompétent. D'un autre côté le défendeur qui aura accepté la juridiction devant laquelle il était cité, ne pourra pas davantage revenir sur son acceptation formelle ou tacite, soit en cours de procédure devant les premiers juges, soit en appel; il devra proposer son exception *in limine litis* pour qu'elle soit prise en considération (3).

(1) Trib. Seine, 21 janvier 1880. Clunet, 1880, p. 194.
(2) Amiens, 25 fév. 1882. Clunet, 1883, p. 63.
(3) Rouen, 12 mai 1874. Clunet, 1875, p. 356; Cass., 5 mars 1879. Clunet, 1879, p. 486.

DEUXIÈME PROPOSITION

137. Lorsque le défendeur étranger accepte la juridiction française, qu'il renonce à se prévaloir de l'incompétence, et spécialement quand il néglige de faire valoir l'exception au début de l'instance, nos tribunaux ont le choix entre deux partis: accepter la renonciation faite par le défendeur à se prévaloir du bénéfice de l'exception d'incompétence, rester saisis et juger l'affaire, ou bien se déclarer d'office incompétents. Eux seuls sont juges du point de savoir s'ils doivent rester saisis ou renvoyer les parties devant les juges de leur pays: « Nos tribunaux sont maîtres d'apprécier dans quel cas il convient que leur juridiction soit exercée (1). »

138. Les tribunaux français ont incontestablement le pouvoir de statuer, car le droit de rendre la justice dans les limites de leurs ressorts est l'objet et le but de leur institution (2). Ils se trouvent donc valablement saisis dès que le seul obstacle qui pouvait paralyser leur juridiction a disparu et que l'étranger a refusé d'opposer une exception qui est personnelle et dont il peut ne pas se prévaloir. Enfin, le pouvoir de nos tribunaux a été formellement reconnu dans la discussion de l'article 14 du Code civil au Conseil d'État, à la suite des explications échangées à ce sujet entre MM. Defermon, Réal, Tronchet et le consul Cambacérès (3). D'ailleurs, « s'il n'y a aucune loi qui les oblige à juger les différends entre étrangers, il n'y en a aucune qui leur défende d'en connaître (4) ». « Aucune loi ne s'oppose à ce que les tribunaux français jugent les contestations élevées en France entre étrangers lorsque leur juridiction est reconnue par le consentement réciproque des parties (5). » « Si les tribunaux français ne sont pas obligés de juger les contestations civiles entre étrangers en

(1) Trib. civ. Seine, 13 janv. 1883. Clunet, 1883, p. 169.
(2) Rouen, 12 mai 1874. Clunet, 1875, p. 356.
(3) Féraud-Giraud. Clunet, 1880, p. 225; Nancy, 16 mars 1878. Clunet, 1878, p. 371.
(4) Rouen, 12 mai 1874. Clunet, 1875, p. 356.
(5) Cass., 30 juin 1823. S., 1824, 1, 279.

matière personnelle et mobilière, ils peuvent rester saisis lors-qu'aucune des parties ne conteste plus leur compétence (1). »

139. Mais de ce que nos tribunaux ne sont pas obligés de se déclarer incompétents, il ne faut pas conclure qu'ils sont tenus de juger, alors que l'on ne se trouve pas dans un cas de compétence obligatoire. « Le droit qu'ont les tribunaux de statuer sur les contestations entre étrangers n'est point pour eux une obligation, c'est une simple faculté (2). » « Les tribunaux français, dit la Cour de cassation, peuvent, sauf les cas particuliers où la compétence est obligatoire, s'abstenir de connaître des contestations qui s'élèvent entre des étrangers lors même que ceux-ci, par leur consentement formel, se soumettraient à leur juridiction (3). » « Attendu, disait-elle dans son arrêt du 29 mai 1833, que les tribunaux français n'ont une compétence positive sur les contestations entre étrangers que dans le cas où la loi leur en attribue la connaissance ; que, dans les autres cas, leur compétence n'étant pas réglée par la loi est *facultative*, en ce sens que les tribunaux ne sont valablement saisis du différend qu'autant qu'ils consentent à le juger et que les parties en cause reconnaissent volontairement cette juridiction (4). »

On justifie la faculté qui est ainsi laissée aux tribunaux français en disant qu'ils ne doivent la justice qu'à ceux que la loi leur indique expressément, c'est-à-dire aux Français ; qu'on ne peut les contraindre à apprécier des lois étrangères, et que les tribunaux français, saisis par des étrangers, ne sont à proprement parler que des arbitres volontaires et que, dès lors, il doit leur être permis, comme à tout arbitre, de refuser de juger. Mais le véritable motif est que la prorogation volontaire de juridiction confère au juge la faculté, sans lui imposer l'obligation de sortir du cercle de ses attributions relativement aux parties en cause.

Le consentement des parties, suffisant pour donner à nos tribunaux le pouvoir de juger, n'est pas assez puissant pour les empêcher de se déclarer incompétents. La volonté seule des parties exprimée au moment du contrat ou lorsque naît la difficulté qui les divise ne saurait priver les tribunaux du droit de se désinvestir d'office. Et si les parties ne sont pas obligées de se soumettre à leur décision, si elles ont une simple faculté de recourir à leur autorité, d'un autre côté, les tribunaux ne sont pas tenus de déférer aux convenances et à la volonté des parties et ils conservent

(1) Cass., 5 mars 1879. Clunet, 1879, p. 486.
(2) Cass., 5 mars 1879. Clunet, 1879, p. 486.
(3) Cass., 10 mars 1858. S., 1858, 1, 529.
(4) Cass., 29 mai 1833. S., 1833, 1, 522. D. *Rép.*, v° *Droits civils*, n° 314.

toujours la faculté de les renvoyer devant les juges de leur pays
au lieu de retenir le jugement du procès (1).

140. Nous avons vu que l'exception d'incompétence devait être
invoquée par le défendeur *in limine litis* et qu'il ne pouvait la
proposer pour la première fois ni en appel ni en cassation. Nos tribunaux, au contraire, conservent la faculté de se dessaisir de
l'affaire en tout état de cause. Les tribunaux d'appel ne sont pas
liés en ce qui concerne cette faculté par la décision des premiers
juges : ils peuvent se déclarer incompétents alors même que
le tribunal de première instance aurait retenu la connaissance
du procès. L'appréciation du 1ᵉʳ juge ne saurait enchaîner le juge
d'appel qui a un droit égal et dont la faculté reste entière. Sa situation de juge supérieur la lui conférerait au besoin, par suite
des règles générales sur l'organisation judiciaire en France (2).
Mais il y a plus. Non seulement la Cour d'appel pourra refuser
de statuer sur les contestations entre étrangers dont auraient
connu les premiers juges; mais même en cours d'instance et après
avoir accepté la contestation elle pourra se dessaisir de l'affaire
et remettre les parties en l'état où elles se trouvaient avant d'avoir
saisi les premiers juges. Les tribunaux de première instance eux-
mêmes pourraient très légalement se dessaisir en cours d'instance
d'une contestation dont ils auraient commencé à connaître, si, à la
suite de la réalisation de mesures préparatoires qu'ils auraient
ordonnées, ou sur la production de pièces nouvelles, de conclusions
modifiées, sur l'avis qui leur est donné d'un changement de condition des plaideurs, ils reconnaissent que l'exercice de leur autorité serait inutile, impossible ou dangereux (3).

141. Mais la décision définitive étant intervenue, la Cour de cassation ne pourrait refuser de statuer sur le pourvoi formé devant
elle contre cette décision. En s'abstenant, elle priverait les parties
d'un recours que la loi autorise. « D'un côté, dit M. Féraud-Giraud, cette sentence rendue par un juge qui n'est point incompétent ne peut pas disparaître *de plano* ; elle ne peut, d'un autre

(1) Cass., 14 avril, 1818. D., *Rép.*, vᵒ *Droits civils*, nᵒˢ 314 et 319 ; Cass., 30 juin 1823.
S., 1823, 1, 278 ; Cass., 2 avril 1833. S., 1833, 1, 435; Cass., 29 mai 1833. S., 1833, 1,
522. D., *Rép.*, vᵒ *Droits civils*, nᵒ 314 ; Paris, 23 juin 1836. D., *Rép.*, vᵒ *Droits civils*,
nᵒ 314; Bastia, 11 avril 1843. D., *Rép.*, vᵒ *Droits civils*, nᵒˢ 304 et 314; Bourges,
8 déc. 1843. S., 1844, 2, 491 ; Paris, 13 mars 1849. S., 1849, 2, 637; Cass., 26 juill.
1852. D., 1852, 1, 249; Rouen, 23 avril 1855. S., 1857, 2, 383; Cass., 27 janv. 1857.
S., 1857, 1, 161. D., 1857, 1, 142; Lyon, 25 fév. 1857. S., 1857, 2, 625; Paris,
13 fév. 1858. D., 1858, 2, 56; Cass., 10 mars 1858. S., 1858, 1, 529. D., 1858, 1, 313 ;
Cass., 15 avril 1861. S., 1861, 1, 724; Metz, 26 juill. 1865. D., 1865, 2, 160 ; Cass.,
17 juill. 1877. S., 1877, 1, 449. D., 1878, 1, 366 ; Cass., 5 mars 1879. S., 1879, 1, 208.
(2) Féraud-Giraud. Clunet, 1880, p. 230.
(3) Féraud-Giraud. Clunet, 1880, p. 232.

côté, subsister qu'en subissant les contrôles dont elle peut être l'objet d'après nos lois, et la Cour de cassation, qui, elle, ne juge pas les parties, ni les faits, mais les jugements et les arrêts, au point de vue de leur conformité avec la loi, n'aura pas à s'arrêter à l'extranéité des parties. Elle ne le pourrait pas même ; cette exception, n'ayant été soulevée au cours du procès ni par les parties, ni d'office, ne pourrait pas être proposée pour la première fois devant la Cour, à cause de sa nature, ce que nous avons déjà fait remarquer. La Cour de cassation statuera donc sur le pourvoi porté devant elle. Ajoutons qu'au point de vue du droit son contrôle ne sera efficace que si on excipe de la violation d'une loi française, l'erreur des tribunaux français sur l'appréciation ou sur l'interprétation d'une loi étrangère ne pouvant donner lieu à cassation que si la violation de la loi étrangère est devenue le principe d'une contravention aux lois françaises (1). »

142. La loi elle-même apporte une exception formelle à tout ce système. Aux termes de l'article 7 du Code de procédure : « Les parties pourront toujours se présenter volontairement devant un juge de paix, auquel cas il juge leur différend, soit en dernier ressort, si les lois ou les parties l'y autorisent, soit à la charge de l'appel encore qu'il ne fût le juge naturel des parties ni à raison du domicile du défendeur, ni à raison de la situation de l'objet litigieux. » Ce texte confère aux parties une faculté que le refus du juge ne peut rendre nulle puisqu'il détruirait le but de la loi (2).

§ II

APPLICATIONS

Considérations qui déterminent nos tribunaux à retenir la connaissance de l'affaire ou au contraire à se déclarer incompétents.

SOMMAIRE. — 143. Principales considérations déterminant la jurisprudence à retenir la connaissance de l'affaire ou à se déclarer incompétente. Division.

143. Nous avons dit que la jurisprudence accorde aux tribunaux français un pouvoir discrétionnaire à l'effet d'apprécier s'il est plus convenable d'après les circonstances ou la nature du litige d'en retenir la connaissance ou au contraire de se déclarer in-

_____

(1) Cass., 5 mai 1868. S., 1868, 1, 365 ; Cass., 9 nov. 1868. S., 1869, 1, 122 ; Féraud-Giraud. Clunet, 1880, p. 233.

(2) Bonfils, n° 232, p. 196.

compétents (1). Aussi est-il difficile d'établir une classification bien distincte et déterminée des faits que nos tribunaux prennent surtout en considération pour retenir la connaissance des contestations entre étrangers qui sont portées devant eux. La jurisprune présente pas sur ce point une théorie uniforme. Nous pouvons dire cependant d'une manière générale qu'elle attache une grande importance à la nature de la question qui fait l'objet du débat et à l'endroit où a été passé l'acte qui donne lieu au procès, ainsi qu'à celui où l'exécution doit avoir lieu.

Nous allons examiner successivement ces trois hypothèses et déterminer, autant que possible, les différents motifs que la jurisprudence a de préférence invoqués pour retenir la connaissance de la cause ou envoyer les parties à se pourvoir devant qui de droit.

I. — Actes faits en France.

II. — Actes faits à l'étranger.

III. — Questions d'État.

I

ACTES FAITS EN FRANCE

Sommaire. — 144. Compétence des tribunaux français quand l'acte a été fait en France ou doit y recevoir son exécution. — 145. Id. quand l'examen du procès peut se faire plus facilement en France. — 146. Séparation de biens. Contrat de mariage fait en France, devant un notaire français, en conformité de la loi française.

144. La jurisprudence attache une importance toute particulière à cette circonstance que l'acte qui donne lieu à la contestation a été passé en France ou doit y recevoir son exécution. La compétence n'est point obligatoire dans ce cas, car le seul fait que le contrat a été passé en France ou doit y recevoir son exécution ne saurait être attributif de juridiction, de telle sorte que nos tribunaux soient obligés de statuer sur la contestation portée devant eux (2). Mais le plus souvent, à raison de cette circonstance, et lorsque le défendeur n'oppose pas l'exception d'incompétence, nos tribunaux retiennent la connaissance de l'affaire (3). Il importe peu qu'il s'agisse de matières civiles ou commerciales en dehors des cas prévus par l'article 420 du Code de procédure

(1) C'est pour cela que la jurisprudence appelle *facultative* la compétence de nos tribunaux. — Paris, 7 mai 1875. Clunet, 1876, p. 270; Trib. civ. Seine, 13 janv. 1883. Clunet, 1883, p. 169.

(2) Cass., 22 janv. 1806. S., *Codes annotés*, art. 14, n° 81.

(3) Aix, 3 juill. 1873. Clunet, 1875, pp. 273-274; Trib. civ. Seine, 26 mars 1887. Clunet, 1889, p. 810. — V. également; Cass., 8 avril 1851. S., 1851, 1, 335. D., 1851, 1, 137; Caen, 5 janv. 1846. S., 1847, 2, 456. D., 1846, 2, 169.

civile (1). « La loi française, » dit le Tribunal de la Seine, « en permettant aux étrangers de faire en France soit avec des nationaux, soit avec d'autres étrangers, tous les contrats du droit des gens, leur garantit tacitement le moyen d'en assurer l'exécution dans les conditions arrêtées entre eux; la nécessité de maintenir le bon ordre et la foi due aux contrats doit faire admettre la compétence des tribunaux français pour connaître des contestations nées entre étrangers sur des actes faits en France et devant y recevoir leur exécution (2). » « Considérant, dit la Cour de Caen, que la loi, en permettant aux étrangers non autorisés à établir leur domicile en France, d'y faire non seulement avec les nationaux, mais encore avec des étrangers, tous les actes du droit des gens, leur garantit tacitement les moyens d'en assurer l'exécution sur les biens que ces étrangers possèdent en France, et que la nécessité de maintenir le bon ordre et la foi due aux contrats, autant que la politique de la France et ses relations avec les autres États, doit faire admettre la compétence des tribunaux du pays pour connaître des contestations nées entre étrangers sur des actes faits et exécutés en France (3). » « Dans les questions qui ne touchent en rien au statut personnel les tribunaux français peuvent statuer sur les contestations relatives à l'exécution ou à l'interprétation d'actes faits en France entre étrangers. » « Refuser à l'étranger de juger dans de semblables conditions les contestations qui s'élèvent entre d'autres étrangers et lui, ce serait lui opposer des obstacles qui équivaudraient, dans une certaine mesure, à un déni de justice (4). »

Il a été jugé notamment à propos d'un billet à ordre : « Lorsque des étrangers ont souscrit au profit d'un autre étranger un billet à ordre et lorsque, comme garantie de cet engagement, ils ont donné en nantissement un titre de rente appartenant à la femme et immatriculé en son nom; lorsque le bénéficiaire de ce billet était domicilié en France à l'échéance; enfin, lorsque le titre de rente a été déposé entre les mains d'une tierce personne domiciliée en France, ces diverses circonstances démontrent que les conventions intervenues entre les parties devaient recevoir leur exécution en France, tant pour le paiement du billet que pour la

(1) Trib. civ. Seine, 27 avril 1878. Clunet, 1878, p. 379; Trib. civ. Seine, 18 mars 1880. Clunet, 1880. p. 191; Chambéry, 11 fév. 1880. Clunet, 1881, p. 511; Paris, 15 fév. 1882. Clunet, 1882, p. 212; Trib. civ. Seine, 21 fév. 1884. Clunet, 1884, p. 499. — Cf. également : Paris, 28 juin 1831. S., 1831, 2, 385; Caen, 5 janv. 1846. S., 1847, 2, 456; Cass., 8 août 1851. S., 1851, 1, 335; Paris, 17 avril 1852. D., 1854, 5, 325; Trib. civ. Seine, 13 juillet 1877. Clunet, 1878, p. 161.

(2) Trib. civ. Seine, 13 juillet 1877. Clunet, 1878, p. 161.

(3) Caen, 5 janvier 1846. S., 1847, 2, 456.

(4) Trib. civ. Nice, 30 nov. 1875. Clunet, 1877, p. 143.

restitution du gage, par suite le tribunal français est compétent pour statuer sur les difficultés d'exécution d'un pareil engagement (1). »

Il a été jugé de même à propos d'une société : « Une société étrangère peut être valablement assignée en France, en la personne et devant le juge du domicile de son représentant, pour l'exécution d'un contrat passé en France (2). »

145. Nos tribunaux se déclarent également compétents lorsque l'examen du procès peut se faire plus facilement en France, lorsqu'il s'agit de vérifier des faits qui se sont accomplis en France et d'apprécier les conséquences qui peuvent en résulter (3).

146. La jurisprudence s'est souvent reconnue compétente en matière de séparation de biens en se fondant sur cette circonstance que « le contrat de mariage avait été passé en France devant un notaire et en conformité des prescriptions de la loi française, et que le mariage avait été célébré en France (4) ». Il est vrai que, dans la plupart des espèces sur lesquelles nos tribunaux ont été appelés à se prononcer, il se rencontrait d'autres circonstances qui, à elles seules, justifiaient pleinement leur compétence et qu'ils ne manquent pas, en effet, de relever dans les considérants de leurs arrêts. Le défendeur était domicilié en France où y résidait depuis de longues années (5); il n'avait plus de domicile connu dans son pays d'origine (6), et ne prouvait pas en avoir conservé un autre hors de France. Toutefois, ces arrêts insistent sur cette considération que le fait s'est accompli en France, que le contrat y a été passé, qu'il doit y recevoir son exécution, de telle sorte qu'il est permis de croire que même en l'absence de toute autre circonstance, les magistrats auraient, du consentement des parties, retenu la connaissance de la cause.

---

(1) Trib. civ. Seine, 13 juillet 1877. Clunet, 1878, p. 161.

(2) Cass. Req., 10 août 1875. Clunet, 1876, p. 459.

(3) Douai, 22 juillet 1852. S., 1853, 2, 223 ; Trib. civ. Nice, 15 mai 1875, confirmé par Aix, 25 janvier 1876. Clunet, 1877, p. 226.

(4) Trib. civ. Seine, 29 juin 1872. Clunet, 1874, p. 127. — V. également dans le même sens : Req., 7 mars 1870. S., 1872, 1, 361 ; Trib. civ. Seine, 17 juillet 1879. Clunet, 1879, p. 550. — Contrà : Trib. civ. Seine, 17 janv. 1878. Clunet, 1878, p. 370 ; Trib. civ. Amiens. 25 fév. 1882. Clunet, 1883, p. 63 ; Lyon, 23 février 1887. Clunet, 1887, p. 469. D. 1888, 2, 33.

(5) Cass., 8 avril 1851. S., 1851, 1, 335. D., 1851, 1, 137 ; Caen, 5 janv. 1846. S., 1847, 2, 456. D., 1846, 2, 169.

(6) Mêmes arrêts.

II

Sommaire. — 147. Incompétence si l'acte qui donne lieu au procès a été passé à l'étranger.

147. A l'inverse, si l'acte ou la convention qui donne lieu au procès a été passé ou conclu à l'étranger, la jurisprudence se déclare presque toujours incompétente; peu importe d'ailleurs que l'acte soit civil ou commercial,dès que l'on ne se trouve dans aucune des hypothèses prévues par l'article 420 du Code de procédure (1). « Il y a de justes motifs pour les tribunaux de se déclarer incompétents alors qu'il s'agit d'un fait accompli sur le territoire étranger et pouvant donner lieu à l'application des dispositions des lois étrangères. (2) » Jugé notamment à propos de la location d'un immeuble : « Les tribunaux français sont incompétents pour connaître de l'exécution d'un contrat passé en pays étranger et ayant pour objet la location d'un immeuble situé en pays étranger (3). La jurisprudence est même allée plus loin. Elle s'est déclarée incompétente alors même que l'acte passé à l'étranger pouvait ou devait être exécuté en France (4). La Cour de Rouen (5) a même consacré cette doctrine à propos d'une dette contractée en pays étranger, dans une hypothèse où les deux parties avaient en France leur domicile de fait, pour parler le langage de nos tribunaux. Des arrêts maintiennent également cette doctrine dès que l'acte a été passé et exécuté à l'étranger, ou que le fait qui est la source du procès s'est accompli hors de France, alors même que le débat s'engage sous forme d'action en garantie, au cours d'une instance qui a pour objet l'exécution d'un contrat passé en France (6).

Nous devons remarquer que, dans plusieurs de ces procès, le défendeur avait opposé le déclinatoire d'incompétence ; mais les tribunaux, en insistant sur cette considération que l'acte ou le contrat a été passé à l'étranger, montrent suffisamment qu'ils au-

---

(1) Metz, 6 juin 1823. D., Répert., v° Droits civils, n° 306; Paris, 13 mars 1849. S., 1849, 2, 637.

(2) Trib. civ. Seine, 7 nov. 1874. Clunet, 1876, p. 180; Cour de Paris, 19 mars 1875. Clunet, 1876, p, 180.

(3) Paris, 7 mai 1872. Clunet, 1874, p. 122.

(4) Rouen, 23 avril 1855. S., 1857, 2, 383.

(5) Rouen, 29 février 1840. S., 1840, 2, 256.

(6) Paris, 19 mars 1875, confirmé par Cass., 17 juillet 1877. S., 1877, 1, 449; Cass., 15 janv. 1878. S., 1878, 1, 300.

raient fait usage de leur faculté de ne pas retenir la connaissance de l'affaire, alors même que les deux parties auraient accepté leur juridiction.

III

148. C'est surtout en matière de questions d'état et de capacité que le principe de l'incompétence des tribunaux français a été proclamé et appliqué par la jurisprudence. « Les tribunaux français, dit un arrêt de la Cour de Paris du 23 juin 1836, peuvent s'abstenir de juger les contestations qui s'élèvent entre étrangers; c'est pour eux un devoir lorsqu'il s'agit de statuer sur une question qui intéresse l'état des personnes (1). « La compétence des tribunaux français est, dit-elle encore, facultative en matière de contestations entre étrangers. Lorsque la contestation porte sur le droit des personnes tel que peut le déterminer le statut personnel étranger sans application à aucun intérêt né en France, il convient à la justice française de se déclarer incompétente (2). » Le 5 mai 1880, le Tribunal civil de la Seine, après avoir décidé que les tribunaux français ne doivent statuer sur les contestations entre étrangers que dans les cas déterminés par la loi, ajoute : «S'il leur est loisible, en dehors de ces cas, de décider entre étrangers

(1) Paris, 23 juin 1836. S., 1836, 2, 160.
(2) Paris, 7 mai 1875. D., 1876, 2, 137. — V. Paris, 23 juin 1836. D., 1836, 2, 161; Paris, 26 nov. 1839. Gaz. des Trib. du 29; Rennes 16 mars 1842. S., 1842, 2, 211; Cass., 6 mars 1877. S., 1879, 1, 305.

qui acceptent d'un commun accord la juridiction française, il leur est, par conséquent, facultatif de décliner, même d'office, la con- naissance du procès. L'exercice de cette faculté s'impose, lorsqu'il s'agit de prononcer sur l'état des personnes(1). »

149. Pour justifier son incompétence, la jurisprudence s'appuie principalement sur le motif suivant : c'est que tout ce qui tient à l'état dépend du statut personnel ; or, le statut personnel suit l'é- tranger sur le territoire français. Dès lors, dit la jurisprudence, toutes les questions qui se rattachent à ce statut ne peuvent être soumises qu'aux tribunaux du pays où il est en vigueur. Il y a une corrélation intime entre l'idée de la juridiction compétente et celle de la loi d'après laquelle le procès doit être jugé. Cette considé- ration que tel rapport de droit doit être régi par une loi étrangère suffit à elle seule pour attribuer juridiction exclusive aux tribu- naux étrangers (2).

Après avoir établi que le statut personnel suit l'étranger en France, la Cour d'Alger ajoute : « Considérant que les déroga- tions à un principe de droit international, tel que celui qui réserve à chacun le statut personnel et par suite, à moins d'accord con- traire de tous les intéressés, la juridiction, quant à ce, des tribu- naux de sa nation, ne sauraient facilement se présumer (3). » « Les étrangers, dit M. Demolombe, qui a adopté sur ce point la théorie de la jurisprudence, demeurent soumis en France aux lois étrangères pour ce qui concerne leur état et leur capacité; or, il me semble que la conséquence de ce principe doit être que les questions qui concernent leur état et leur capacité ne peuvent être aussi jugées que par les tribunaux étrangers (4) ». « Le statut personnel, disait M. l'avocat général Foucher devant la Cour de Rennes, suit le national partout où il se transporte, tant qu'il ne perd pas sa nationalité. Les tribunaux de nos pays sont donc seuls compétents pour statuer sur les contestations que ce statut peut faire naître (5). »

150. La jurisprudence invoque aussi les dangers qu'entraî-

(1) Trib. civ. Seine, 5 mai 1880. Clunet, 1880, p. 299. — V. également Alger, 28 avril 1875. Clunet, 1875, p. 274; Paris, 7 mai 1875. Clunet, 1876, p. 270; Paris, 4 fév. 1876, sous cassation. S., 1879, 1, 308; Trib. civ. Seine, 1er déc. 1877. Clunet, 1878, p. 45. — Cf. également : Trib. civ. Seine, 3 mai 1885. Clunet, 1888, p. 781.
(2) Paris, 7 mai 1875. Clunet, 1876, p. 270; Trib. civ. Seine, 5 mai 1880. Clunet, 1880, p. 299; Trib. civ. Seine, 18 août 1882. Clunet, 1882, pp. 620-621. — V. également : Trib. civ. Seine, 3 mai 1888. Clunet, 1888, p. 781.
(3) Alger, 4 mars 1874. S., 1874, 2, 103.
(4) Demolombe, Du mariage, t. II, n° 432, p. 538.
(5) Rennes, 16 mars 1842. S., 1842, 2, 211. —En ce sens: Bastia, 8 déc. 1863. D., 1864, 2, 1; Alger, 4 mars 1874. S., 1874, 2, 103; Trib. civ. Seine, 12 août 1881. Le Droit, 26 août.

nerait avec elle la nécessité de faire application d'une loi étrangère : « Les tribunaux seraient alors exposés à de graves
erreurs; la dignité de la justice pourrait même se trouver compromise par la contrariété des décisions qui pourraient intervenir sur la même demande en France et en pays étranger (1). »

D'ailleurs les mesures conservatoires que les tribunaux français
peuvent prendre sont suffisantes pour accorder à l'étranger la
protection à laquelle il a droit (2).

151. On fait généralement une exception à la règle de l'incompétence de nos tribunaux en cette matière, à l'égard des étrangers
autorisés à établir leur domicile en France, et la jurisprudence a
eu plusieurs fois l'occasion de consacrer cette dérogation à son
principe en ce qui concerne la séparation de corps (3). Il en est de
même pour l'étranger qui a en France un domicile de fait depuis
de longues années et qui a perdu toute trace de son domicile
d'origine ou de celui de ses ancêtres. La simple résidence au contraire peut bien entraîner compétence pour des mesures conservatoires, mais, en dehors de ces mesures conservatoires, il faut un
véritable domicile pour attribuer juridiction aux tribunaux français et empêcher l'étranger d'opposer le déclinatoire d'incompétence dans une matière aussi importante que celle des questions
d'état (4). Mais il est de jurisprudence constante que le défendeur,
même dans le cas où il n'a en France qu'une simple résidence,
excipe vainement de son extranéité pour décliner la compétence
des juges français lorsqu'il est hors d'état de justifier d'un domicile
à l'étranger (5). Il en est de même s'il est dans l'impossibilité de dire
à quelle nationalité il appartient (6).

(1) Lyon, 25 fév. 1857. S., 1857, 2, 625.
(2) En ce sens : Poitiers, 15 juin 1847. S., 1848, 2, 438; Rennes, 16 mars 1842.
S., 1842, 2, 211 ; Lyon, 25 fév. 1857. S., 1857, 2, 625 ; Trib. civ. Seine, 27 avril 1875.
Clunet, 1876, p. 362.
(3) Cass., 23 juillet 1855. S., 1856, 1, 148; Metz, 26 juillet 1865. S., 1866, 2, 238.
(4) V. dans ce sens : Marseille, 15 fév. 1874. Clunet, 1875, pp. 273-274 ; Aix, 3 juillet 1874. Clunet, 1875, pp. 273-274 ; Trib. civ. Nice, 30 nov. 1875. Clunet, 1877, p. 144;
Trib. civ. Seine, 18 mars, 1880. Clunet, 1880, p. 191; Trib. civ. Seine, 20 avril 1882.
Clunet, 1882, p. 543 ; Trib. civ. Seine, 21 fév. 1884. Clunet, 1884, p. 499.
(5) Marseille, 15 fév. 1873. Clunet, 1875, pp. 273, 274 ; Aix, 3 juillet 1873. Clunet,
1875, p. 273-274; Trib. civ. Nice, 30 nov. 1875. Clunet, 1877, p. 143; Paris, 19 déc.
1876. Clunet, 1877, p. 39; Trib. civ. Seine, 18 mars 1880. Clunet, 1880, p. 191; Trib.
civ. Seine, 1er août 1879. Clunet, 1879, p. 546; Trib. civ. Seine, 20 avril 1882. Clunet,
1882, p. 343; Trib. civ. Seine, 22 déc. 1881. Clunet, 1882, p. 414 ; Trib. civ. Seine,
17 oct. 1884. Clunet, 1882, p. 415; Trib. civ. Seine, 21 fév. 1884, p. 499; Trib.
civ. Seine. 22 janv. 1885. Clunet, 1885, p. 176; Trib. civ. Seine, 9 août 1884.
Clunet, 1884, p. 498 ; Dijon, 7 avril 1887. Clunet, 1888, p. 87. — Cf. dans le même
sens: Lyon, 23 fév. 1887. Clunet, 1887, p. 469. — Contrà : Trib. civ. Seine, 5 janv.
1887. Clunet, 1889, p. 812 ; Paris, 6 janv. 1888. Clunet, 1888, p. 786; Trib. civ.
Seine, 4 déc. 1884. Clunet, 1886, p. 96.
(6) Marseille, 15 fév. 1873. Clunet, 1875, pp. 273, 274 ; Aix, 3 juillet 1873. Clunet,

152. Nous devons mentionner également que nos tribunaux n'hésitent pas à statuer sur une question d'état concernant deux étrangers quand cette question s'élève incidemment à une demande principale pour laquelle ils sont compétents. Il a été jugé, par exemple, que le tribunal français valablement saisi d'une demande en partage et liquidation d'une succession est également compétent pour examiner la validité d'un mariage et la légitimité des enfants qui en sont issus (1). De même, le tribunal saisi d'une demande en nullité de vente pour cause de minorité, et par suite d'incapacité du vendeur, est par cela même saisi de la question de savoir quelle est la nationalité du vendeur et si la détermination de la majorité ou de la minorité en dépend (2). »

153. La demande en rectification d'actes de l'état civil, dressés en France, pourra aussi être portée par un étranger, soit devant le tribunal au greffe duquel est ou sera déposé le double du registre dans lequel l'acte a été inscrit, soit devant le tribunal déjà saisi d'une question principale, lorsque cette demande sera formée incidemment à l'action déjà intentée. Le Tribunal de la Seine, tout en reconnaissant la compétence des tribunaux français pour ordonner la rectification d'un acte de naissance, dressé en France, décide qu'il en est ainsi, sauf à surseoir à prononcer jusqu'à ce que les tribunaux étrangers, aient statué sur la question d'état, soulevée par la demande en rectification de l'acte dont il s'agit (3). Il se peut, en effet, que ce soit en réalité une action portant sur une question d'état, de nature à entraîner la rectification de certains actes de l'état civil. Dans cette hypothèse, et alors que la rectification de l'acte n'est ainsi demandée qu'accessoirement et par voie de conséquence, il faudra observer les règles ordinaires de compétence et de procédure en matière personnelle. L'action devra donc être portée devant le tribunal du domicile du défendeur étranger qui, tout en prononçant sur la question, ordonnera la rectification, dans les registres de l'état civil, des erreurs ou omissions qu'il aurait constatées (4).

154. Il faudrait aussi reconnaître la compétence du tribunal français dans le ressort duquel le défendeur étranger a son do-

1875, pp. 273, 274; Trib. civ. Seine, 22 déc. 1881. Clunet, 1882, p. 414. — En ce sens : V. Féraud-Giraud. Clunet, 1885, pp. 387 et suiv., et Lyon, 23 fév. 1887. Clunet, 1887, p. 469.

(1) Lyon, 21 juin 1871. S., 1872, 2, 201 ; Cass., 15 avril 1861. S., 1861, 1, 722 ; Cass., 13 déc. 1865. S., 1866, 1, 157.

(2) Cass., 7 janvier 1879. Clunet, 1879, pp. 68-69.

(3) Trib. civ. Seine, 13 déc. 1873. Clunet, 1875, p. 16.

(4) Cass., 14 mai 1831. D., Rép., v° Droits civils, n° 138.

micile pour statuer sur la demande d'un autre étranger revendiquant le droit de porter le titre et le nom du défendeur. L'usurpation d'un nom ou d'un titre dans les registres de l'état civil constitue un délit ou quasi-délit dont un étranger peut poursuivre la réparation devant les tribunaux français contre un autre étranger (1).

Le Tribunal civil de la Seine s'est cependant déclaré incompétent pour connaître d'une question de ce genre, en se fondant sur des arguments que nous avons indiqués ailleurs à savoir : « que les tribunaux français sont institués pour rendre la justice à leurs nationaux, et que, le statut personnel suivant l'étranger en tous lieux, il incomberait alors à ces tribunaux d'appliquer la loi étrangère, aux risques d'incertitudes et d'erreurs qui engageraient la dignité de la justice et l'autorité de ses décisions (2). »

155. Le 27 mars 1833, la Cour d'Orléans avait décidé qu'une action en réclamation d'état constitue une demande personnelle qui doit être portée devant les tribunaux étrangers du pays du défendeur. Par arrêt du 14 mai 1834, la Cour de cassation confirma cette décision (3).

156. La Cour de cassation a donné la même solution dans une espèce où les époux étaient domiciliés en Algérie, à Bône, et où il s'agissait d'une action en contestation de légitimité intentée par le frère du mari défunt. La Cour d'Alger s'était déclarée incompétente. La Cour de cassation a approuvé cette décision (4).

157. Il en serait de même pour les actions en désaveu (5). Le demandeur en désaveu ne sera en général recevable à former sa demande devant les tribunaux français qu'autant que le défendeur aura un domicile en France, ou qu'il se trouvera dans l'impossibilité de prouver qu'il a conservé un domicile dans son pays d'origine (6).

158. Les tribunaux français sont encore incompétents lorsqu'il s'agit de pourvoir un étranger d'un tuteur. « D'après les principes généraux du droit international, dit la Cour de Bastia, tout ce qui tient aux tutelles dépend du statut personnel, lequel statut suit en tous lieux la personne et continue de la régir (7), même en pays étranger. Par une conséquence naturelle, toutes les ques-

(1) Douai, 22 juillet 1852. S., 1853, 2, 223. D., 1853, 2, 121.
(2) Trib. civ. Seine, 5 mai 1880. Clunet, 1880, p. 299.
(3) Cass., 14 mai 1834. D., *Répert.*, v° *Droits civils*, n° 138.
(4) Cass., 26 juillet, 1852. D., 1852, 1, 249.
(5) Trib. civ. Seine, 25 juin 1875. Clunet, 1877, p. 355 ; Cass., 6 mars 1877. D., 1877, 1, 287.
(6) *V.* Clunet, 1880, p. 469.
(7) *V.* Clunet, 1880, p. 469. — *V.* également : Cass., 6 mars 1877. D., 1877, 1, 289.

tions qui se rattachent à ce statut ne peuvent être soumises qu'aux tribunaux du pays dans lequel il est en vigueur et dans lequel le mineur a conservé son domicile. Comment admettre que les tribunaux français puissent juger des questions dépendantes d'une tutelle organisée d'après les lois étrangères? Comment appliqueraient-ils des lois qui leur sont probablement inconnues et qui n'ont rien d'obligatoire en France (1)? »

Cependant les tribunaux français se déclarent souvent compétents pour pourvoir à la nomination d'un tuteur, selon la loi nationale du mineur étranger, lorsque ce mineur a son domicile en France (2). C'est ainsi que le Tribunal de la Seine a considéré comme valable et régulière la délibération d'un conseil de famille ayant pour objet de nommer un tuteur à un mineur étranger domicilié en France (3). Il est vrai que, dans l'affaire sur laquelle le Tribunal était appelé à se prononcer, il s'agissait d'un enfant abandonné par son père qui se trouvait détenu dans une prison de la Suisse par suite d'une condamnation prononcée contre lui par la Cour criminelle de Genève. « Il appartient au Tribunal, dit ce jugement, alors qu'il n'a pas été pourvu à la défense des intérêts des mineurs dans la forme et suivant les règles établies par la loi du pays auquel les rattache leur filiation, d'assurer la protection due en France à leur personne et à leurs biens (4). »

159. Un certain nombre de conventions internationales ont donné aux consuls le pouvoir d'organiser la tutelle de leurs nationaux. La France a conclu des traités de ce genre avec l'Espagne (convention consulaire du 7 janvier 1862, art. 20, n° 7), avec l'Italie (convention consulaire du 26 juillet 1862, art. 9, n° 7), avec le Portugal (convention consulaire du 11 juillet 1866, art. 8, n° 7), avec la Grèce (convention consulaire du 7 janvier 1876, art. 15-1° *in fine*), enfin avec l'État de Salvador (convention consulaire du 5 juin 1878, art. 15). Les consuls de ces diverses nations en France nommeront un tuteur aux mineurs de leur pays domiciliés sur notre territoire, suivant les règles établies par leur législation nationale, et procéderont à son remplacement s'il y a lieu. La Cour de cassation a jugé en ce sens que le tuteur nommé à un mineur espagnol, établi en France, par le con-

---

(1) Bastia, 8 décembre 1863. S., 1864, 2, 20. — *V.* cependant : Trib. civ. Seine, 10 avril 1877. Clunet, 1878, p. 275.
(2) Cass., 19 juin 1878. Clunet, 1878, p. 508.
(3) Trib. civ. Seine, 10 avril 1877. Clunet, 1878, p. 275.
(4) Trib. civ. Seine, 10 avril 1877. Clunet, 1878, p. 275. — *V.* Trib. civ. Lille, 12 juin 1884. Clunet, 1885, p. 94; Trib. civ. de Briey, 24 janv. 1878. Clunet, 1879, p. 285.

sul de sa patrie, ne peut, en cas de décès, être remplacé par un
conseil de famille convoqué par le juge de paix français (1).

160. — Le principe de l'incompétence doit aussi s'appliquer à
l'action en interdiction ou en dation d'un conseil judiciaire formée
contre un étranger (2). Il faudrait se référer à la loi de l'étranger, appliquer la loi nationale de la partie en cause. Il en résulte
que l'étranger doit être renvoyé devant ses juges naturels qui
sont bien mieux à même d'appliquer son statut personnel. Cependant, un arrêt de la Cour de Caen du 29 janvier 1873, après
avoir statué sur l'exception d'incompétence soulevée en appel, a
affirmé la compétence de la Cour en ces termes : « Considérant
qu'il paraît juste et utile que l'action introduite contre la dame
veuve M... soit portée devant le Tribunal de Falaise et la Cour
de Caen, dans les ressorts desquels elle réside depuis plus de
quarante ans, et où il sera plus facile qu'ailleurs d'examiner si
son état et ses habitudes motivent les mesures que réclament les
adversaires ; que d'ailleurs la dame M... n'a point de domicile en
Angleterre... se déclare compétente (3) ». Mais ce sont les circonstances particulières de la cause qui ont déterminé la Cour à
se déclarer compétence.

Quoi qu'il en soit d'ailleurs et « en supposant que les tribunaux
français ne soient pas compétents, dans certains cas, pour statuer
sur l'état civil d'un étranger et pour modifier sa capacité juridique,
en ce qui concerne les actes passés en France, les jugements prononçant l'interdition d'un étranger peuvent néanmoins acquérir force
de chose jugée, lorsqu'ils ne sont pas attaqués dans la forme et dans
les délais indiqués par la loi (4) ». Dans un arrêt du 29 janvier 1866,
la Cour de cassation s'exprimait ainsi : « Attendu qu'en admettant,
ce qu'il n'échet d'examiner, que les tribunaux français soient incompétents d'une manière absolue pour statuer sur des contestations
entre étrangers et restreindre par la dation d'un conseil judiciaire
la capacité civile de l'un d'eux, le jugement intervenu au mépris
de cette incompétence n'est point nul de plein droit et conserve
toute son autorité jusqu'au moment où la réformation ou l'annulation en a été poursuivie et obtenue par les voies légales (5). »
Un arrêt de la Cour de Rouen du 5 décembre 1853 constate dans ses

(1) Cass., 19 juin 1878. D., 1878, 1, 317 ; Bastia, 8 décembre 1863. D., 1864, 2, 1.
(2) Cass., 29 janv. 1866. S., 1866, 1, 105 ; Alger, 4 mars 1874. S., 1874, 2, 103.
Clunet, 1875, p. 114 ; Trib. civ. Seine, 7 avril 1876. Clunet, 1877, p. 146 ; Trib. civ.
Seine, 22 nov. 1881. Clunet, 1882, p. 300. — V. également : Angers, 20 fév. 1861. S.,
1861, 2, 409 ; Metz, 26 juillet 1865. S., 1866, 2, 237.
(3) Caen, 29 janvier 1873. D., 1876, 2, 224.
(4) Trib. civ. Seine, 7 avril 1876. Clunet, 1877, p. 146.
(5) Cass., 29 janv. 1866. S., 1866, 1, 105.

considérants que le ministère public a qualité pour requérir et les
tribunaux français compétence pour ordonner la dation d'un conseil judiciaire à un étranger résidant en France et qui n'a aucun
parent connu dans ce pays (1). De même le Tribunal civil de la Seine
a déclaré le 19 mai 1888 (2) que si, en principe, les tribunaux français étaient incompétents pour statuer sur les questions concernant
l'état et la capacité des étrangers, la règle n'était pas absolue et qu'ils
pouvaient, au contraire, se déclarer compétents dans la matière
qui nous occupe, si la partie dont l'interdiction était réclamée demeurant en France n'avait ni domicile ni famille connus à l'étranger
et que le statut personnel qui la régissait n'était pas contraire à la
loi française, l'ordre public étant intéressé à la mesure sollicitée.

Mais dans un arrêt rendu le 4 mars 1874, la Cour d'Alger déclare que les tribunaux français ne doivent la justice qu'aux
Français et ne peuvent l'imposer aux étrangers dans leurs rapports entre eux, et que, par conséquent, la juridiction entre étrangers ne peut avoir d'autre base que le consentement des parties.
Aussi reconnaît-elle fondée l'exception d'incompétence bien que
proposée pour la première fois en appel (3). De même le Tribunal de la Seine, par jugement du 22 novembre 1881, affirmait son
incompétence en ces termes : « L'acceptation par une femme
étrangère de la juridiction française sur une demande en séparation de corps formée contre elle, ne s'oppose pas à ce qu'elle
excipe de son extranéité pour être jugée selon son statut personnel sur une nouvelle demande formée contre elle par son
mari à fin de lui faire nommer un conseil judiciaire (4).

161. La jurisprudence n'admet pas non plus la compétence de
nos tribunaux à l'effet de déclarer l'absence d'un étranger,
sur la demande d'un autre étranger, pas plus d'ailleurs que sur
celle d'un Français. La question s'est présentée devant la Cour de
Douai en 1854. L'administration de l'enregistrement s'était
adressée au Tribunal de Dunkerque, à l'effet de faire déclarer
l'absence d'un Espagnol, propriétaire d'un immeuble en France,
et de se faire ensuite envoyer en possession de cet immeuble. Le
Tribunal se déclara incompétent. La Cour de Douai décida, au
contraire, que la juridiction française était compétente par cela
seul que la demande était formée par un Français, et que le
Tribunal de Dunkerque avait pu spécialement en être saisi,
comme étant celui de la situation de l'immeuble. La Cour statuant

(1) Rouen, 5 déc. 1853. D. 1854, 2, 123.
(2) Trib. civ. Seine, 19 mai 1888. Clunet, 1888, p. 791.
(3) Alger, 4 mars 1874. S., 1874, 2, 193.
(4) Trib. civ. Seine, 22 nov. 1881. Clunet, 1882, p. 800. — V. Clunet, 1884, p. 351.

ensuite au fond décida que la demande devait être rejetée et qu'il n'appartenait pas aux tribunaux français de déclarer l'absence d'un étranger (1). C'est le juge du domicile qui, par la nature des choses, est le seul compétent pour déclarer l'absence. Autrement « il y aurait impossibilité de remplir les formalités tutélaires de la déclaration d'absence, qui supposent essentiellement que la personne qui a disparu avait en France un domicile ou une résidence (2) ». Nos tribunaux seraient incompétents alors même que l'étranger posséderait des biens en France ; ils ne deviendraient compétents que si l'étranger avait établi son domicile en France.

162. Nos tribunaux ne seraient pas compétents pour statuer sur l'opposition formée par un père étranger au mariage que sa fille se propose de contracter en France. La Cour de Rennes s'est déclarée incompétente pour connaître d'une demande en mainlevée d'opposition. Dans l'affaire sur laquelle elle était appelée à se prononcer, le futur époux français avait été mis en cause. « Mais, dit la Cour de Rennes, le prétendant à la main d'une jeune fille étrangère est sans qualité pour intervenir dans l'instance sur la demande en mainlevée de l'opposition formée par le père au mariage de sa fille, alors même que celle-ci se serait solennellement engagée à l'épouser par une promesse obligatoire suivant les lois de son pays (3). »

Quant à l'élection de domicile en France que doit contenir l'acte d'opposition (art. 176 C. civ.), la Cour de Rennes, et après elle le Tribunal de la Seine n'ont pas cru devoir s'y arrêter. Cette mention de l'acte d'opposition ne peut être interprétée en ce sens que l'étranger a entendu renoncer au droit d'opposer l'incompétence des tribunaux français. « L'élection de domicile faite dans une opposition à mariage conformément aux prescriptions de l'article 176 C. civ. emporte entre Français attribution de juridiction au tribunal dans le ressort duquel le mariage doit être célébré ; mais elle ne saurait produire le même effet lorsqu'il s'agit d'étrangers, les lois qui concernent l'état et la capacité des personnes les régissent, même en dehors de leur lieu d'origine (4), » « On confond deux choses essentiellement distinctes : la forme et le fond. Pour la forme, il faut nécessairement suivre celle que commande

(1) Douai, 2 août 1854. S., 1854, 2, 700.
(2) Demolombe, t. II, n° 14 bis, p. 15, avec la Cour de Douai, 2 août 1854. S., 1854, 2, 700.
(3) Rennes, 16 mars 1842. S., 1842, 2, 211. — V. aussi Trib. civ. Seine, 22 août 1878. Clunet, 1878, p. 503.
(4) Trib. civ. Seine, 22 août 1878. Clunet, 1878, p. 503. — V. également les conclusions de M. l'avocat général Foucher, sous Rennes, 16 mars 1842. D., v° Mariage, n° 307.

la loi du pays où l'action est intentée (*locus regit actum*), ne fût-ce que pour faire déclarer l'incompétence du juge saisi. » « Mais le fond doit être jugé d'après les lois de la mère patrie. » « Les tribunaux seuls de ce pays peuvent juger entre le père et la fille et ce sera seulement lorsque l'autorité nationale aura prononcé que, forte de sa décision, la fille pourra se présenter devant l'officier de l'état civil français afin de contracter un mariage valable (1). »

163. De même « les tribunaux français n'ont pas à connaître des demandes formées par une femme étrangère contre son mari pour être autorisée à procéder à un acte de la vie civile, pour la validité duquel cette autorisation est nécessaire (2) ». Mais lorsque la compétence des tribunaux ne sera pas contestée, au fond, ils pourront toujours, si l'autorisation est nécessaire, décider s'il y a lieu de l'accorder en l'état du refus du mari (3). Dans le cas où cette autorisation ne lui serait pas nécessaire d'après sa loi nationale, comme les questions de capacité sont essentiellement réglées d'après le statut personnel, la femme étrangère n'aurait pas besoin d'une autorisation pour ester en justice en France (4).

164. Ce que nous venons de voir pour les demandes d'autorisation est également vrai pour les demandes en nullité de mariage. Nos tribunaux sont incompétents pour connaître de ces sortes de demandes entre étrangers qui n'acceptent pas leur juridiction (5). Toutefois, comme une pareille action met en question l'existence même du mariage, c'est-à-dire l'acte qui a privé la femme de la nationalité qu'elle avait avant son mariage, pour la placer dans la nationalité de son mari, si la demanderesse est Française d'origine, et qu'elle plaide pour faire annuler l'acte qui la prive de cette qualité, on doit considérer que le procès ne s'agite pas entre deux étrangers, et l'exception d'incompétence opposable à l'action d'étrangers plaidant l'un contre l'autre tombe-

(1) Conclusions de M. l'avocat général Foucher, sous Rennes, 16 mars 1842. D., v° *Mariage,* n° 307. —|V. Circ. min., 4 mars 1831; Cass., 14 mai 1834. D., v° *Droits civils,* n° 138.

(2) Trib. civ. Seine, 27 nov. 1839. *Gaz. des Trib.* du 28. Arrêt cité par Fœlix, p. 332, note 2. — V. Clunet, 1880, p. 151.

(3) Besançon, 20 mai 1864. S., 1864, 2, 146; Cass., 5 août 1840. S., 1840, 1, 768; Cass., 25 janv. 1843. S.,1843, 1, 247 ; Orléans, 5 mars 1849.S., 1849, 2, 630; Cass., 10 mars 1858. S., 1858, 1, 449; Trib. civ. Seine, 10 juin 1882. Clunet, 1882, p. 189.

(4) Bastia, 16 février 1844. S.,1844, 2, 663; Trib. civ. Seine, 12 avril 1882. Clunet, 1882, p. 619.

(5) Trib. civ. Seine, 29 avril 1882. Clunet, 1883, p. 168.

rait (1). « Autrement, l'étranger qui aurait abusé de la faiblesse ou des passions d'une femme pour lui faire contracter un mariage se ferait un titre de sa mauvaise action pour priver celle qu'il aurait trompée de son recours à la justice de son pays (2). » Il en serait de même si l'époux demandeur, Français au jour du mariage, avait conservé ou recouvré cette qualité au jour de l'action en justice (3). On trouve cependant un jugement du Tribunal de la Seine (4) décidant « que la femme, Française d'origine, qui a épousé un étranger et dont le mariage est attaqué par un étranger, est fondée à décliner la compétence du tribunal français en se prévalant de sa qualité d'étrangère, jusqu'à ce que son titre ait été infirmé ». Mais ce n'est qu'une décision isolée.

Nos tribunaux seraient encore compétents et le défendeur à la demande en nullité serait non recevable à opposer le déclinatoire, si la question de validité du mariage se produisait incidemment à une demande formée contre un officier de l'état civil français, qui, sommé de consacrer une nouvelle union, s'y refuserait (5), ou si les époux avaient un domicile autorisé en France (6). Il en serait de même si ce n'était qu'à titre d'exception et de moyen de défense que la question était présentée, parce qu'il n'y a de véritablement jugé dans une sentence que le dispositif qui répond à la demande portée devant le juge ; les motifs importent peu, ils peuvent toujours être ultérieurement débattus (7). Ainsi, lors d'une demande en séparation de corps, un des époux excipe de la nullité du mariage qui ne permettrait pas à l'action de se produire, on examinera l'exception, et, si elle est admise, la demande en séparation sera repoussée. Il y aura là un préjugé, mais la question de nullité de mariage pourra renaître dans un autre procès ; il n'en serait pas de même si elle était présentée, non à titre d'exception, mais de demande principale directe ou reconventionnelle, parce qu'en pareil cas il y aurait chose jugée et non une simple

(1) Poitiers, 7 janv. 1845. S., 1845, 2, 215; Cass., 16 déc. 1845. S., 1845, 1, 100; Paris, 13 juin 1857. S., 1857, 2, 579; Paris, 2 mars 1868. S., 1869, 2, 332; Trib. Seine, 2 janv. 1872. S.,1872, 2, 248; Trib. civ. Seine, 2 juillet 1872. Clunet, 1874, p. 74; Paris, 28 mai 1880 (arrêt confirmant jugement du Trib. de la Seine du 17 mars 1880). Clunet, 1880, p. 300. — Contrà : Trib. civ. Seine, 29 mai 1882. Clunet, 1883, p. 168. — Consulter aussi Cour de la Hollande septentrionale, 30 mai 1861. Revue de Droit international, 1882, p. 421, et C. de Venise, 9 juillet 1872.

(2) Trib. civ. Seine, 2 juillet 1872. Clunet, 1874, p. 74.

(3) Paris, 17 juillet 1876. D., 1878. 2, 1.

(4) Trib. civ. Seine, 29 avril 1882. Clunet, 1883, p. 168.

(5) Trib. civ. Seine, 24 décembre 1833. Gaz. Trib., 5 janv. 1834; 16 mars 1840. Gaz. du 17 mai, cité par Fœlix, 1, n° 458, p. 332.

(6) Trib. civ. Seine, 30 juin 1876. Clunet, 1877, p. 146.

(7) Cass., 2 fév. 1832. S., 1832, 1, 133; Cass., 15 avril 1861. S., 1861, 1, 722; Cass., 13 déc. 1865. S., 1866, 1, 157. — V. également, Lyon, 24 juin 1871. S., 1872, 2, 201.

énonciation de motifs n'ayant qu'une influence morale sur les décisions ultérieures (1).

Le Tribunal civil de la Seine a appliqué le principe de l'incompétence en cette matière à l'occasion d'un procès qui a eu un certain retentissement. Il s'agissait de la demande en nullité de mariage introduite, devant le Tribunal civil de la Seine, par Madame Maria-Mercédès-Martinez de Campos contre son mari, fils du maréchal Serrano, duc de la Torre. Le mariage et le contrat avaient été célébrés à Paris suivant les lois françaises. Le Tribunal s'est déclaré incompétent. « En principe, dit-il, les tribunaux français ne sont pas tenus de connaitre des litiges entre étrangers ; ils sont particulièrement tenus à en décliner l'examen, lorsque ces litiges engagent des questions d'état ou de capacité, qui, conformément à l'art. 3 C. civ., doivent être résolues suivant la loi étrangère (2). »

165. Les tribunaux français sont également incompétents pour statuer entre étrangers sur les demandes en séparation de corps (3); dès que l'incompétence est proposée par le défendeur, elle est généralement admise (4), quelle que soit la résidence effective des parties ou de l'une d'elles en France (5). Il est suffisant pour la sûreté des personnes et la sauvegarde de leurs

(1) Cass., 15 avril 1861. S., 1861, 1, 722; Cass., 13 déc. 1865. S., 1866, 1, 157; Lyon, 21 juin 1871. S., 1872, 2, 201; Trib. civ. Seine, 15 mars 1883. Clunet, 1883, p. 392. — V. toutefois, Trib. corr. Seine, 9 déc. 1879. Clunet, 1880, p. 189; Trib. civ. Seine, 22 mars 1881. Clunet, 1882, p. 64; Trib. civ. Seine, 23 fév. 1883. Clunet, 1883, p. 398.

(2) Trib. civ. Seine, 27 déc. 1881. Clunet, 1882, p. 309.

(3) Paris, 23 juin 1836. D., 1836, 2, 160; Paris, 24 avril 1844. S., 1844, 2, 568; Poitiers, 15 juin 1847. S., 1848, 2, 438; Cass., 16 mai 1849. S., 1849, 1, 478; Lyon, 25 fév. 1857. S., 1857, 2, 625; Lyon, 10 mars 1858. S., 1858, 2, 529; Paris, 23 juin 1859. S., 1860, 2, 261; Angers, 20 fév. 1861. S., 1861, 2, 409; Metz, 26 juillet 1865. S., 1865, 2, 237. — Adde : Trib. civ. Seine, 27 avril 1875. Clunet, 1876, p. 362; Trib. civ. Seine, 21 janv. 1880. Clunet, 1880, p. 194; Trib. civ. Seine, 13 avril 1880. Clunet, 1880, p. 300.

(4) Paris, 26 avril 1823. S., 1824, 2, 65; Cass., 30 juin 1823. S., 1824, 1, 49; Metz, 25 avril 1825. S., 1827, 2, 192; Paris, 30 juillet 1831. Gaz. Trib. du 31; Paris, 23 juin 1836. D., 1836, 2, 160; Paris, 24 août 1844. S., 1844, 2, 568; Poitiers, 15 juin 1847. S., 1848, 2, 637; Cass., 16 mai 1849. D., 1849, 1, 256. S., 1849, 1, 478; Lyon, 25 fév. 1857. S., 1857, 2, 625; Cass., 10 mars 1858. S., 1858, 1, 529; Paris, 23 juin 1859. D., 1860, 2, 213. S., 1860, 2, 261; Angers, 20 fév. 1861. S., 1861, 2, 409; Metz, 26 juillet, 1865. D., 1865, 2, 160. S., 1866, 2, 237; Alger, 28 avril 1875. Clunet, 1875, p. 274; Trib. civ. Seine, 27 avril 1876. Clunet, 1876, p. 362; Trib. civ. Seine, 1er déc. 1877. Clunet, 1878, p. 45; Nancy, 16 mars 1878. S., 1878, 2, 200; Trib. civ. Seine, 21 janv. 1880. Clunet, 1880, p. 194; Trib. civ. Seine, 13 avril 1880. Clunet, 1880, p. 303; Amiens, 24 août 1880. S., 1880, 2, 89; Trib. civ. Seine, 3 déc. 1884. Gaz. Trib., 4 janv. 1885.

(5) Notamment les arrêts précités de Paris, 24 août 1844. S., 1844, 2, 568; Poitiers, 15 juin 1847. S., 1848, 2, 637; Cass., 16 mai 1849. S., 1849, 1, 478; Lyon 25 fév. 1857. S., 1857, 2, 625; Paris, 23 juin 1859. S., 1860, 2, 262; Metz, 16 juillet 1865. S., 1866, 2, 237; Amiens, 24 août 1880. S., 1880, 2, 89; Trib. civ. Seine, 3 déc. 1884. Gaz. des Trib. du 4 janv. 1885.

intérêts que nos tribunaux puissent ordonner des mesures provisoires et conservatoires (1). Il importerait peu que la femme
demanderesse en séparation eût été Française avant son mariage,
puisque le mariage lui a fait perdre sa nationalité, pour lui attribuer celle de son mari. Elle ne pourrait se prévaloir d'une qualité qu'elle a perdue (2). Mathieu, Genevois en résidence à Paris,
y épousa, en 1835, la demoiselle Parner, Française. Sur la
demande en séparation de corps formée peu de temps après par
la dame Mathieu, son mari invoqua sa qualité d'étranger et
demanda son renvoi devant les tribunaux suisses, seuls compétents, disait-il, à raison de la nature de l'action. Le Tribunal de la
Seine s'est déclaré incompétent en ces termes :

« Attendu qu'aux termes de l'art. 19 C. civ., la femme française qui a épousé un étranger suit la condition de son mari ;
qu'ainsi la contestation sur laquelle le tribunal est appelé à
statuer s'agite entre étrangers ; qu'en semblable circonstance,
les tribunaux français ont la faculté de refuser leur juridiction
en toute matière lorsqu'ils le jugent à propos, mais que cette
faculté devient une obligation lorsqu'il s'agit d'une question
d'état, qui, entre étrangers, ne peut être jugée que suivant les
principes du statut personnel, et par les juges de ce statut, c'est-
à-dire du pays auquel les parties appartiennent par leur nationalité ; que, si, de cet état de choses, il peut résulter quelques
inconvénients, d'une part, il en résulterait de bien plus grands
si les juges français, au risque d'erreurs bien naturelles en appliquant une loi étrangère, constituaient un état qui ne serait pas
reconnu légal par les autorités étrangères sous l'empire desquelles seules sont placées les personnes des étrangers ; d'autre
part, les inconvénients disparaissent devant l'obligation qui incombe aux tribunaux français de prendre les mesures et pré-
cautions qui intéressent la personne et les biens des étrangers,
et qui motivent le droit qui appartient aux tribunaux de statuer
sur les mesures provisoires réclamées par la demanderesse ;
le tribunal se déclare incompétent sur la demande en séparation de corps; renvoie les parties devant les juges qui en doivent connaître. »—Appel par la dame Mathieu.—Arrêt : « La Cour,
adoptant les motifs des premiers juges, confirme (3). »

Cela a même été jugé dans une espèce où la demanderesse,

(1) Poitiers, 15 juin 1847. S., 1848, 2, 438. D., 1848, 2, 149; Lyon, 25 fév. 1857.
S., 1857, 2, 625; Angers, 20 fév. 1861. S., 1861, 2,409; Metz, 26 juill. 1865. S., 1866,
2, 237. D., 1865, 2, 460.
(2) Féraud-Giraud, 1880, Clunet, p. 150. et la plupart des arrêts cités plus haut.
(3) Paris, 25 nov. 1839. D., v° Droit civil, n° 318.

Française avant son mariage, avait épousé un étranger frappé de mort civile par les lois de son pays. Un Polonais réfugié en France avait contracté un mariage avec une Française dans la ville de Saintes. Le Tribunal de cette ville, saisi par la femme, en 1843, d'une demande en séparation de corps, prononça la séparation demandée contre le mari; sur l'appel, la Cour de Poitiers infirma la décision des premiers juges (1), et cet arrêt fut confirmé par la Chambre des requêtes (2). On faisait remarquer à la Cour que les Polonais, nés sujets russes, qui avaient pris part aux révolutions de leur pays, étaient frappés de mort civile par les lois de l'empire de Russie et que les parties devaient pouvoir trouver des juges quelque part; mais, dit la Cour de cassation, « si des mesures de rigueur ont été prescrites par le gouvernement Russe pour suspendre l'exercice des droits civils et politiques, ces mesures tiennent aux rapports qui existent entre les étrangers et leur gouvernement, elles ne peuvent avoir d'influence sur l'application, en France, des principes en matière de juridiction et de compétence (3) ». Et un jugement semblable a été rendu par le Tribunal de la Seine, le 4 décembre 1884 (4). « Quelle que soit, au point de vue de l'exercice des droits civils et politiques, la situation résultant pour l'étranger des lois de son pays d'origine, ces lois concernent les rapports existant entre l'étranger et son gouvernement, mais ne peuvent influer sur l'application, en France, des principes en matière de juridiction et de compétence. »

Mais lorsque la femme, Française d'origine ou par naturalisation, est restée Française malgré la naturalisation de son mari à l'étranger, les tribunaux français sont compétents pour connaître de l'action en séparation dirigée par le mari (5).

166. Tous ces arrêts considèrent l'incompétence de nos juges pour connaître des demandes en séparation de corps entre étrangers comme absolue et consacrent le *for* d'origine comme seul compétent. Mais cette jurisprudence ayant été vivement critiquée comme aboutissant dans certains cas à de véritables dénis de justice (6), peu à peu la jurisprudence s'est rapprochée du système admis en matière personnelle ordinaire et qui considère la compétence du tribunal du domicile comme une juridiction prorogée par l'accord des parties et des juges, laissant à ceux-ci la faculté, sans

(1) Poitiers, 15 juin 1847. S., 1848, 2, 438.
(2) Cass., 16 mai 1849. S., 1849, 1, 478.
(3) Cass., 16 mai 1849. S., 1849, 1, 478.
(4) Clunet, 1886, p. 95. — *Contrà:* Aix, 3 juillet 1873. Clunet, 1875, p. 273.
(5) Douai, 3 août 1858. D., 1858, 2, 218.
(6) *V.* notamment: Cass., 16 mai 1849. S., 1849, 1. 478; Trib. civ. Seine, 4 déc. 1884. Clunet, 1886, p. 95.

leur imposer l'obligation de juger. Plusieurs décisions des tribunaux se sont prononcées en ce sens (1) et on trouve même des jugements et arrêts déclarant que nos juges sont compétents pour prononcer la séparation de corps entre étrangers, d'abord lorsque le mari a été admis à domicile (2), et ensuite dans tous les cas où ces tribunaux seraient compétents pour un Français (3).

167. Les conventions diplomatiques pourraient faire aux citoyens des États qui les ont conclues des situations exceptionnelles. Au sujet du traité franco-suisse de 1869, il a été jugé que les conventions avec la Suisse n'avaient point modifié, en ce qui concerne les demandes en séparation de corps, la situation des résidants, et que la compétence des tribunaux français pouvait être utilement repoussée par le défendeur au début de l'instance (4). Depuis, il a été également jugé que, si aucune exception d'incompétence n'était proposée en temps opportun, les tribunaux français devaient connaître des demandes de cette nature (5). Mais ces dernières décisions ont été vivement critiquées, et assez généralement on admet que, précisément en exécution des traités, les tribunaux français ne doivent pas juger les demandes en séparation de corps que porteraient devant eux des résidants Suisses (6). En ce qui concerne les Espagnols, la Chambre des requêtes de la Cour de cassation a jugé, par arrêt du 3 juin 1870, que, par application des conventions des 7 janvier 1863 et 6 février 1870, la femme d'un Espagnol résidant en France pouvait citer son mari en séparation de corps devant le tribunal français de sa résidence (7).

168. Sous l'empire de la législation sur le divorce, inscrite dans le Code civil, la jurisprudence française s'était autrefois prononcée, dans un arrêt célèbre (Mme Mac-Mahon contre Mac-Mahon) rendu par la Cour de cassation le 22 mars 1806, pour la

---

(1) Cass., 10 mars 1858 : S., 1858. 1, 529 ; Paris, 20 janv. 1865, arrêts cités par Fœlix, n° 155. — V. également : Rouen, 12 mai 1875. Clunet, 1875, p. 356 ; Cass., 5 mars 1879. S., 1879, 1, 208 ; Lesenne, Revue pratique de droit français, 1867 ; Nancy, 16 mars 1878. Clunet, 1878, p. 371. S., 1878, 2, 200.

(2) Cass., 23 juill. 1855. S., 1856, 1, 148. D., 1855, 1, 353.

(3) Féraud-Giraud. Clunet, 1880, p. 156 et les arrêts cités en note ; Trib. civ. Marseille, 15 févr. 1873, confirmé par Aix, 3 juill. 1873. Clunet, 1875, p. 274 ; Trib. civ. Seine, 21 janv. 1880. Clunet, 1880, p. 94 ; 13 avril 1880. Clunet, 1880, p. 303.

(4) Angers, 20 fév. 1861. S., 1861, 2, 409.

(5) Rouen, 12 mai 1874. Clunet, 1875, p. 356 ; Cass., 1er juillet 1878. Clunet, 1878 p. 450.

(6) Trib. civ. Seine, 12 août 1881. Clunet, 1882, p. 627 ; Paris, 28 avril 1882. Clunet 1882, p. 546 ; Trib. civ. Seine, 13 fév. 1883. Clunet, 1883, p. 295. — V. aussi : Décision du Tribunal cantonal de Vaud, 1er avril 1885, en matière de séparation de biens. Clunet, 1885, p. 210.

(7) V. Féraud-Giraud, 1885. Clunet, p. 20 ; Arguments. Alger, 2 janv. 1882. Clunet, 1883, p. 54 ; Trib. civ. Seine, 5 mai 1880, 22 nov. 1881 et 29 avril 1882. Clunet, 1880, p. 299 : 1882, p. 300, et 1883, p. 166.

compétence des tribunaux français dans ce genre de questions entre étrangers.

Maintenant que la législation française a rétabli le divorce, il y a lieu de se demander si nos tribunaux admettent la même solution, ou au contraire s'ils se déclarent incompétents.

— On peut poser, en règle générale, que les tribunaux français sont en principe incompétents pour statuer sur une demande en divorce entre époux étrangers (1). « Il est de principe, dit le Tribunal de la Seine, que les tribunaux français ne peuvent connaître des contestations entre étrangers quand il s'agit de questions relatives à leur statut personnel et que la décision des tribunaux français aurait pour effet de modifier l'état des parties et leur capacité. Il n'appartient pas aux tribunaux français d'appliquer une législation étrangère et notamment de proclamer la déchéance d'un étranger au regard de son pays (2). » « La faculté de demander le divorce fait partie des droits proprement dénommés droits civils et dont la jouissance est réservée en principe aux nationaux seuls (3). » « S'il est permis aux tribunaux français de statuer entre étrangers, alors d'ailleurs que l'une des parties ne décline pas leur compétence, dit encore le Tribunal de la Seine (4), ils ont toujours la faculté de s'y refuser quand il s'agit de prononcer sur l'état civil des personnes. L'exercice de cette faculté s'impose particulièrement dans le cas où la connaissance du débat, au fond, comporte l'examen et l'application d'une loi étrangère, qui serait en opposition avec les règles du droit public français; spécialement lorsqu'il s'agit de connaître d'une demande en divorce formée par une femme catholique de nationalité autrichienne, la loi civile de l'Empire autrichien ne permettant pas de prononcer le divorce entre époux appartenant au culte catholique et le juge français ne pouvant faire état de cette loi sans violer le principe essentiel du droit public qui consacre l'égalité absolue des citoyens français devant la justice, quelle que soit la religion à laquelle ils appartiennent (4). » « La juridiction française, dit la Cour d'Amiens (5), est incompétente pour statuer entre étrangers plaidant sur une question de statut personnel, spécialement en matière de divorce. Le domicile de fait que l'étranger peut avoir en France ne saurait

(1) Trib. civ. Seine, 5 janvier 1887. Clunet, 1889, p. 812; Dijon, 7 avril 1887. Clunet, 1888, p. 87; Paris, 6 janvier 1888. Clunet, 1888, p. 787; Amiens, 7 décembre 1888. Clunet, 1889. p. 459; Paris, 6 mars 1889 : D., 1890, 2, 128.

(2) Trib. civ. Seine, 14 fév. 1887. Clunet, 1887, p. 609.

(3) Trib. civ. Seine, 16 déc. 1889. Clunet, 1889, p. 813.

(4) Trib. civ. Seine, 16 juillet 1886. Clunet, 1886, p. 707.

(5) Amiens, 17 déc. 1888. Clunet, 1889, p. 459.

à ce point de vue être assimilé dans ses effets juridiques à celui établi dans les conditions de l'article 13 du Code civil. »

Mais les tribunaux français sont compétents si l'une des parties a été autorisée à établir son domicile en France (1). La renonciation au bénéfice de ce domicile faite au cours de l'instance ne modifierait pas cette compétence (2). Et il en est spécialement ainsi quand le mari, autorisé à établir son domicile en France, continue à y résider et qu'il n'existe pas de juridiction à défaut du tribunal français saisi où la demande en divorce puisse être portée (3). La Cour de Dijon a même été plus loin dans cet ordre d'idées, et elle a admis sa compétence obligatoire en matière de divorce, dans une contestation entre étrangers non autorisés à établir leur domicile en France, et ne se soumettant pas volontairement à la juridiction française, en se fondant exclusivement sur ce motif que l'époux qui soulevait l'exception d'incompétence était dans l'impossibilité d'indiquer le tribunal devant lequel devait être portée la contestation (4). Mais le Tribunal de la Seine (5) et la Cour de Paris (6) ont consacré la théorie contraire. Le Tribunal et la Cour se sont déclarés incompétents, alors même qu'il était certain, dans les espèces qui leur étaient soumises, que les tribunaux du pays d'origine des parties en cause se déclareraient incompétents de leur côté, faute, par lesdites parties, d'avoir un domicile dans ce pays. La conséquence nécessaire de semblables décisions est un véritable déni de justice.

Il a été jugé que si les tribunaux français sont incompétents pour statuer sur une demande en divorce entre étrangers quand le défendeur décline leur compétence, il faut reconnaître que, quand celui-ci fait défaut, le tribunal ne peut pas suppléer d'office cette incompétence; que, par suite. la compétence s'impose, surtout quand le mariage a été contracté en France avec une Française d'origine, et qu'il y a lieu en conséquence de prononcer le divorce quand la loi étrangère l'admet.

Enfin, il a été jugé par la Cour de Lyon (7) que les étrangers pouvaient faire convertir en divorce, en France, leur séparation de

(1) Trib. civ. Seine, 12 mai 1887. Clunet, 1889, p. 623; Trib. civ. Seine, 11 déc. 1889. Clunet, 1889, p. 814.
(2) Trib. civ. Seine, 11 déc. 1889. Clunet, 1889, p. 814.
(3) Même jugement.
(4) Dijon, 7 avril 1887. Clunet, 1888, p. 87. — Cf. dans le même sens : Lyon, 23 fév. 1887. Clunet, 1887, p. 469.
(5) Trib. civ. Seine, 14 fév. 1887. Clunet, 1887, p. 609: Trib. civ. Seine, 5 janv. 1887. Clunet, 1889, p. 812.
(6) Paris, 6 janv. 1888. Clunet, 1888, p. 786.
(7) Lyon, 23 fév. 1887. Clunet, 1887, p. 469.

corps prononcée à l'étranger, lorsque leur loi nationale admet d'ailleurs le divorce et décide que le juge compétent pour le prononcer est le juge du domicile, et que la loi applicable est la *lex fori*. Il en est ainsi spécialement, ajoute la Cour, lorsqu'à des considérations théoriques de cette nature viennent se joindre des raisons de fait, telles qu'une résidence prolongée et un principal établissement en France, un mariage célébré sous le régime et dans les formes de la loi française.

Quant aux mesures provisoires et conservatoires, les tribunaux français sont unanimes à reconnaître leur compétence pour les prescrire (1). Il a été jugé notamment que les tribunaux français étaient compétents pour statuer sur une demande en pension alimentaire et sur les mesures préalables que nécessite l'instance en divorce en général, sauf toutefois pour la provision *ad litem* (2). Spécialement le Tribunal de la Seine a décidé qu'incompétent quant au fond pour statuer sur une demande en divorce entre étrangers, mais compétent pour prescrire des mesures provisoires et les rapporter, il avait le droit d'accorder à la femme demanderesse en divorce un délai, afin d'introduire sa demande devant le juge étranger compétent, et pouvait surseoir à statuer, pendant ce temps, sur la demande en réintégration du domicile conjugal reconventionnellement formée par le mari (3).

169. Nos tribunaux sont encore en principe incompétents pour statuer sur les demandes en séparation de biens (4). Un arrêt de la cour de Metz, du 16 juillet 1865, déclare « qu'il n'y a pas de distinction à établir entre la demande en séparation de corps et la demande en séparation de biens ; qu'on ne saurait soutenir que celle-ci ne concerne que des intérêts purement pécuniaires, puisqu'elle porte essentiellement atteinte à la puissance maritale, en privant le mari d'un droit d'administration auquel il ne peut lui-même valablement renoncer (5) ». « Les tribunaux français, dit le Tribunal civil de la Seine, ne doivent juger les contestations entre étrangers que dans les cas prévus par la loi, au nombre desquels ne

(1) Trib. civ. Seine, 18 juillet 1886. Clunet, 1886, p. 707; Trib. civ. Seine, 5 janv. 1887. Clunet, 1889, p. 812; Amiens, 7 déc. 1888. Clunet, 1889, p. 459.
(2) Trib. civ. Seine, 5 janv. 1887. Clunet, 1889, p. 812. — *Cf* cependant : Paris, 26 mars 1889. D., 1890, 2, 128.
(3) Trib. civ. Seine, 16 juillet 1886. Clunet, 1886, p. 707.—*Cpr.* sur toutes ces questions : Féraud-Giraud. Clunet, 1880, pp. 168 et suiv., et 1885, pp. 225 et suiv., 375 et suiv.
(4) Metz, 26 juillet 1865. S., 1866, 2, 237. D., 1865, 2, 160 ; Paris, 13 mars 1879. S., 1879, 2, 289; Trib. civ. Seine, 17 janv. 1878. Clunet, 1878, p. 370. — *Cf.* Dutruc, *Séparation de biens*, n° 102; Bioche, *Dict. procéd.*, v° *Sép. de biens*, n° 12; Aubry et Rau, VIII, § 748 *bis*, p. 144.
(5) Metz, 26 juillet 1865. S., 1866, 2, 237. D., 1865, 2, 160.

figure pas la séparation de biens (1). » La Cour de Paris, par arrêt
du 13 mars 1879, s'est aussi déclarée incompétente. Dans l'espèce,
la femme avant son mariage était Française (2), le contrat de
mariage avait été fait en France et les époux avaient adopté le
régime de communauté tel qu'il est établi par le Code civil (3).
La Cour n'a pas vu là une preuve suffisante de l'intention des parties de soumettre aux tribunaux français les difficultés relatives à
l'exécution de leurs conventions, alors surtout que le mari n'avait
en France qu'une résidence momentanée. Le déclinatoire d'incompétence avait été proposé par le défendeur (4). Enfin, on trouve
un jugement récent du Tribunal d'Amiens décidant que nos tribunaux sont incompétents pour connaître d'une demande en séparation de biens entre un étranger et une Française d'origine, devenue
étrangère par son mariage, alors même que dans leur contrat de
mariage, passé en France, les époux ont déclaré adopter le
droit français, si, au moment du procès, le domicile du mari est à
l'étranger (5).

Mais la jurisprudence est loin d'être unanime sur cette question.
C'est ainsi que la Cour de Paris s'est déclarée compétente, le 30 mai
1826, sur une demande en séparation de biens formée par une
femme d'origine française, alors d'ailleurs que le mariage avait eu
lieu en France et que le mari s'y était établi. « Il est de principe,
dit la Cour, que les tribunaux français ont le pouvoir de juger définitivement entre étrangers toute contestation relative aux intérêts pécuniaires (6). » Dans un autre arrêt, la Cour de Paris avait
admis la même solution, en se basant sur un motif plus général.
Il s'agissait, dans l'espèce, d'une demande en séparation de biens
dirigée contre un mari, français au jour du mariage, et devenu
ensuite étranger. La Cour se déclara compétente disant « que les
actes postérieurs n'ont pu changer la condition de la femme, fixée
par la législation du temps du mariage (7) ». De même, le Tribunal civil de la Seine s'est déclaré compétent pour statuer sur
une demande en séparation de biens, intentée par une femme d'o-
rigine française. Le contrat avait été passé devant un notaire fran-

(1) Trib. civ. Seine, 17 janv. 1878. Clunet, 1878, p. 370.
(2) Paris, 13 mars 1879. S., 1879, 2, 289.
(3) Même arrêt, 13 mars 1879. S., 1879, 2, 289.
(4) Paris, 13 mars 1879. S., 1879, 2, 289. —La Cour laisse entendre qu'elle aurait
pu retenir l'affaire si les deux parties y avaient consenti. — V. dans le même sens :
Trib. civ. Seine, 17 janv. 1878. Clunet, 1878, p. 370 ; Trib. civ. Seine, 20 avril 1882.
Clunet, 1882, p. 543.
(5) Trib. civ. Amiens, 25 févr. 1882. Clunet, 1883, p. 63.
(6) Paris, 30 mai 1826. S., 1826, 2, 238.
(7) Paris, 21 juillet 1848. S., 1848, 2, 405. —V. dans le même sens : *Gaz. Palais*,
1886, suppl., p. 71.

çais, en conformité des prescriptions de la loi française, et le
mariage avait été célébré en France (1). Enfin, le 7 mars 1870,
la Chambre des requêtes s'est aussi déclarée compétente. Dans l'espèce sur laquelle la Chambre des requêtes avait à statuer, le mari
n'avait pas cessé de résider en France et n'avait aucun domicile
connu dans un autre pays; de plus, la femme était Francaise d'origine, le mariage avait été célébré en France, et le contrat de mariage passé devant un notaire francais; par une clause du contrat,
les époux avaient entendu se soumettre aux obligations et profi-
ter des avantages de la loi française. Le juge a vu dans cette clause,
une acceptation tacite de la juridiction française, une sorte d'élection de domicile qui attribuait compétence aux tribunaux francais (2). C'est en ce sens que se sont prononcées les décisions les
plus récentes (3). En réalité, la jurisprudence doit être interprétée
en ce sens que la compétence dépend des circonstances de la cause
et du point de savoir si les époux ont réellement entendu attribuer
juridiction aux tribunaux français pour l'exécution de leurs
conventions matrimoniales (4).

170. Il nous reste une dernière question à examiner : quelle est,
en matière de questions d'état, dans le système de la jurisprudence, la nature de l'incompétence des tribunaux francais quand
ces questions intéressent uniquement des étrangers ? « L'incompétence du tribunal, disait M. l'avocat général Foucher devant
la Cour de Rennes, est, en ces matières, radicale ; elle prend sa
source dans un défaut absolu des principes de juridiction ; elle
s'applique non seulement au Tribunal de Guingamp, mais encore à
tous les tribunaux francais ; l'incompétence est *ratione patriæ* ;
elle est essentiellement d'ordre public, car rien ne touche plus à
l'ordre public que les lois qui règlent l'état des personnes. (5). » «L'i-
dée de juridiction, dit le Tribunal de la Seine, est corrélative de
celle de nationalité ; en conséquence, tant que la nationalité per-
sévère chez un individu, il ne peut relever, quant aux questions qui
touchent à la personne juridique, que de sa juridiction nationale (6). » « Les tribunaux francais, dit la Cour de Paris, peuvent
s'abstenir de juger les contestations qui s'élèvent entre étrangers,
c'est pour eux un devoir, lorsqu'il s'agit de statuer sur une question

(1) Trib. civ. Seine, 29 juin 1872. Clunet, 1874, p. 127.— *Cf.* également : Lyon,
23 fév. 1887. Clunet, 1887, p 469. D., 1888, 2, 33.
(2) Cass., 7 mars 1870. S., 1872, 1, 361.
(3) Trib. civ. Seine, 17 janv. 1878. Clunet, 1878, p. 370 ; Trib. civ. Seine, 30 avril
1882. Clunet, 1882, p. 543. — *Contrà* : Amiens, 25 fév. 1882. Clunet, 1883, p. 63.
(4) *V.* Féraud-Giraud. Clunet, 1880, p. 150, et Clunet, 1879, p. 370.
(5) Rennes, 16 mars 1842. D., v° *Mariage*, n° 307. S., 1842, 2, 211. — V. *Revue
pratique*, 1867, t. XXIII, p. 508.
(6) Trib. civ. Seine, 27 avril 1875. Clunet, 1876, p. 362.

qui intéresse l'état des personnes... Dans ces questions d'état, il
s'agit d'une incompétence d'ordre public que la volonté de l'étranger ne peut modifier (1). »

Un certain nombre d'arrêts décident en effet que l'incompétence
s'impose aux tribunaux français au regard d'étrangers en matière
de questions d'état, et qu'il ne leur est pas permis de juger les contestations de cette nature (2). D'après ces arrêts, l'incompétence
de nos tribunaux aurait en cette matière un caractère absolu, elle
reposerait sur un motif d'ordre public (3) et pourrait être proposée
en tout état de cause. Elle devrait être accueillie pour la première
fois en appel, alors même qu'elle n'aurait pas été proposée en
première instance (4). Le silence des parties ne saurait la couvrir
et le tribunal devrait, dans le silence des parties, la prononcer d'office (5). « Le renvoi demandé par l'étranger devant les tribunaux de
son pays, reposant, dit la Cour de cassation, sur un motif d'ordre
public, peut être opposé en tout état de cause (6). » « Une incompétence de cette nature, dit la Cour d'Alger, n'est personnelle qu'en
apparence et, en réalité, on n'en saurait indiquer qui tienne plus
essentiellement à la matière (7). »

Remarquons que, dans ces décisions de jurisprudence, les tribunaux français sont incompétents à raison de la qualité des parties, à raison de leur nationalité, et non à cause de leur domicile
hors du ressort du tribunal saisi. C'est ce que suppose le Tribunal
civil de la Seine quand il décide que le mari peut encore être recevable à opposer l'incompétence à raison de sa nationalité, bien
qu'il ait déjà proposé l'exception tirée de ce que, lors de l'assignation, il avait un autre domicile (8). « Attendu, dit encore la
Cour de Metz, que le principe d'incompétence de la juridiction
française, qui tient à la qualité, et non à la résidence de l'étran-

(1) Paris, 23 juin 1836. S., 1836, 2, 161.
(2) Paris, 23 juin 1836. S., 1836, 2, 161; Poitiers, 15 juin 1847. S., 1848, 2, 438;
cass. 16 mai 1849. S., 1849, 1, 478; Rennes 16 mars 1842. S., 1842, 2, 211; Alger,
4 mars, 1874. S., 1874, 2, 103; Trib. civ. Seine, 27 avril 1875. Clunet, 1876, p. 362;
Paris, 4 fév. 1876. S., 1879, 1, 308; Trib. civ. Seine, 1ᵉʳ décembre 1877. Clunet, 1878,
p. 45, 2, 61; Trib. civ. Seine, 5 mai 1880. Clunet, 1880, p. 299. — V. cependant:
Alger, 24 juillet 1882. Clunet, 1882, p. 191.
(3) Trib. civ. Seine, 4 nov. 1884. Clunet, 1886, p. 95; Cass., 16 mai 1849. S.,
1849, 1, 478. D., 1849, 1, 256; Trib. civ. Seine, 27 avril 1875. Clunet, 1876, p. 362.
(4) Alger, 4 mars 1874. Clunet, 1875, p. 114; Cass., 30 juin 1823. S., 1824, 1, 48;
Paris, 26 avril 1833. S., 1834, 2, 65; Trib. civ. Seine, 12 août 1842. Gaz. des Trib.,
14 août 1842; Cass., 16 mai 1849. S., 1849, 1, 478. D., 1849, 1, 256; Paris, 9 déc.
1853. S., 1854, 2, 507.
(5) Trib. civ. Seine, 27 avril 1875. Clunet, 1876, p. 362.
(6) Cass., 16 mai 1849. S., 1849, 1, 478. D., 1849, 1, 256.
(7) Alger, 4 mars 1874. S., 1874, 2, 103.
(8) Trib. civ. Seine, 21 janvier 1880. Clunet, 1880, p. 194.

ger, est absolu (1). » Ainsi, d'après un grand nombre de jugements ou arrêts, l'incompétence des tribunaux français est d'ordre public; elle peut être opposée par les parties en tout état de cause, et le tribunal lui-même devrait, dans le silence des parties, la prononcer d'office.

171. Ce système, toutefois, est loin d'être accepté unanimement; il semble même que la solution contraire tende à prévaloir aujourd'hui dans la jurisprudence (2). « Le tribunal français, dit la Cour de Nancy, peut valablement statuer sur une demande en séparation de corps formée par deux époux étrangers résidant en France, et qui, d'un commun accord, entendent déférer cette question au tribunal français, et celle des parties qui a succombé en première instance ne peut valablement décliner pour la première fois, devant la Cour d'appel, la compétence de la justice française (3). » Dans un arrêt du 25 janvier 1840, la Cour de Paris plaçait les questions d'état entre étrangers sur la même ligne que les autres questions qui peuvent s'élever entre eux. Un précédent arrêt du 4 septembre 1811 avait également jugé dans ce sens (4). Par arrêt du 7 mai 1875, la Cour de Paris affirmait encore sa doctrine : « La compétence des tribunaux français est facultative à l'égard d'une contestation entre étrangers, relative à l'état personnel de l'un d'eux ; mais il convient aux tribunaux français de se déclarer incompétents lorsque cette contestation est sans application à aucun intérêt né en France (5). » La Cour de cassation, dans ses arrêts des 15 avril 1861, 1er juillet 1878 et 5 mars 1879, a consacré la même doctrine (6), et les jugements et arrêts récents tendent de plus en plus à assimiler les questions d'état aux autres questions qui peuvent s'élever entre étrangers, et ils décident généralement, « que le droit qu'ils ont de se dessaisir n'est point pour eux une obligation, mais une simple faculté (7). » Loin de reconnaître leur obligation de se déclarer d'office incompétents, nous avons vu que, dans ces dernières années surtout, de nombreux tribunaux avaient refusé de faire usage de la faculté de ren-

(1) Metz, 26 juillet 1865. S., 1866, 2 237.
(2) V. arrêts cités notes précédentes.
(3) Nancy, 16 mars 1878. Clunet, 1878, p. 371. S., 1878, 2, 200. — V. aussi Trib. civ. Seine. Clunet, 1876, p. 362.
(4) Paris, 4 sept. 1811. S., 1811, 1, 402; Fœlix, p. 333.
(5) Paris, 7 mai 1875. D., 1870, 2, 137. Clunet, 1876, p. 270; Alger, 23 mai 1882. Clunet, 1883, p. 158.
(6) S., 1861, 1, 721. Clunet, 1878, p. 450. S., 1879, 1, 208.
(7) Cass., 5 mars 1879. S., 1879, 1, 208; Nancy, 16 mars 1878. Clunet, 1878, p. 371; et la plupart des arrêts cités notes suivantes.

voyer les parties devant les juges de leur pays et avaient retenu la connaissance de l'affaire (1).

C'est donc le système de la compétence facultative que certains tribunaux appliquent en matière de questions d'état concernant uniquement des étrangers. Il suit de là que les parties peuvent accepter la juridiction des tribunaux français, et si le défendeur ne la repousse pas expressément, les tribunaux pourront rester saisis. Dès que cette acceptation résultera de l'état de la procédure, il ne pourra être permis à l'une des parties de revenir à son gré sur le consentement donné, suivant que la marche des débats lui sera favorable ou non. Le consentement, une fois donné par les deux parties, constituera une sorte de contrat judiciaire qui les liera et les empêchera d'exciper utilement d'une exception qu'elles auraient dû présenter dès le début de l'instance, *in limine litis* (2). Le défendeur ne pourra plus dès lors repousser une juridiction qu'il a acceptée et revenir sur son consentement, soit devant les premiers juges, soit en appel (3). De leur côté, les tribunaux pourront, malgré l'acquiescement des parties à leur juridiction, se déclarer. à leur gré, compétents ou incompétents. Ils se déclareront généralement incompétents, si, à cause des circonstances de fait ou de la situation légale que ferait aux plaideurs leur statut personnel, l'appel fait à leur appréciation ne devait avoir aucun résultat, si leur jugement devait rester lettre morte, ou si les règles du statut personnel étaient en contradiction flagrante avec nos lois françaises (4).

(1) Cass., 27 nov. 1822. S., 1822, 1, 161; Metz, 10 juillet 1849. S., 1850, 2, 275; Douai, 17 juin 1853, sous Cass. S., 1856, 1, 150; Paris, 23 juin 1859. S., 1860, 2, 264; Paris, 20 fév. 1858. S., 1858, 2, 72; Cass., 15 avril 1861. S., 1861, 1, 724; Caen, 29 janv. 1873. D., 1876, 2, 224; Aix. 3 juillet 1873. Clunet, 1875. p. 273; Alger, 28 avril 1875. Clunet, 1875, p. 274; Paris, 7 mai 1875. Clunet, 1876, p. 270; Rouen, 12 mai 1875. Clunet, 1875, p. 363. S., 1877, 2, 105; Nancy, 16 mars 1878. Clunet, 1878, p. 371. S., 1878, 2, 200; Cass., 1er juillet 1878. Clunet, 1878, p. 450; Trib. civ. Seine, 21 janvier 1880. Clunet, 1880, p. 194; Trib. civ. St-Lô, 16 juillet 1880, confirmé par Caen, 16 août 1880. Clunet, 1881, p 262. — *V*. aussi Trib. civ. Seine, 22 nov. 1881. *Le Droit* du 27 nov. 1881; Amiens, 24 août 1880. Clunet, 1882, p. 313.

(2) Douai, 7 mai 1828. Cass . 29 mai 1833. S., 1833, 1, 522; Douai, 1 déc. 1834. D., 1835, 2, 60; Paris, 25 janvier et 23 novembre 1840. *Gaz. des Trib.* des 26 janv. et 27 nov.: Metz, 10 juin 1849. S., 1850, 2, 275; Cass., 23 juillet 1855. S., 1856, 1. 168; Paris, 13 févr. 1858. S., 1858, 2, 72; Angers, 23 fév. 1861. S., 1861, 2, 409; Rouen, 12 mai 1875. S., 1877, 2, 104; Metz, 26 juillet 1865. S., 1866, 2, 237; Nancy, 16 mars 1878. S., 1878, 2, 200; Cass., 5 mars 1879. S., 1879, 1, 208; Caen, 16 août 1880. Clunet, 1881, p. 262; Trib. civ. Seine, 21 nov. 1881. Clunet, 1882, p. 300; Trib. civ. Seine, 20 juin 1882. Clunet, 1882, p. 189; Alger, 24 juillet 1882. S., 1884, 2, 27.

(3) Féraud-Giraud. Clunet. 1880, pp. 226 et suiv., et 1885, pp. 225 et suiv., 375 et suiv.; Alger, 23 mai 1882. Clunet, 1883, p. 158; Trib. civ. Seine, 21 déc. 1881. Clunet. 1882, p. 322.

(4) Féraud-Giraud, 1880. Clunet, p. 230, et 1885, pp. 225 et suiv., 375 et suiv.

172. En résumé, quand il s'agit de questions d'état concernant deux ou plusieurs étrangers, la jurisprudence n'est pas parfaitement fixée, puisque nous la voyons tantôt retenir l'affaire, tantôt se déclarer incompétente, dans des hypothèses qui sembleraient cependant appeler une solution identique. Il semble pourtant que son principe est toujours celui de l'incompétence et qu'elle le maintient même plus rigoureusement pour les questions d'état que pour les autres.

Nos tribunaux sont compétents pour statuer sur les questions d'état concernant les étrangers autorisés par le gouvernement à établir leur domicile en France. S'il s'agit, au contraire, d'étrangers non admis à domicile, les tribunaux se déclarent généralement incompétents quand le déclinatoire a été proposé (1). Le Tribunal civil de Marseille et la Cour d'Aix ont cependant prononcé la séparation de corps entre époux étrangers, bien que le défendeur eût décliné la compétence des tribunaux français (2).

Il est arrivé au contraire que des juges ont refusé de statuer sur la demande, alors même que leur juridiction avait été acceptée par les deux parties, par la raison qu'il s'agissait d'une incompétence d'ordre public qui ne pouvait être couverte par le consentement des plaideurs (3); mais en général la jurisprudence semble écarter de plus en plus l'application rigoureuse de son principe, toutes les fois que les deux parties acceptent la juridition du tribunal français, soit expressément, soit tacitement, en ne proposant pas le déclinatoire *in limine litis*. Elle tend de plus en plus à admettre qu'il s'agit ici seulement d'une incompétence à raison de la personne, qui doit être proposée par les parties, dès le début de l'instance, et qui est couverte par une plaidoirie et des conclusions prises sur le fond. C'est ainsi que nous avons cité un arrêt de la Cour de Caen (4) prononçant l'interdiction d'une femme étrangère. C'est ainsi encore que la Cour de Nancy a confirmé un jugement du Tribunal civil de Rocroi prononçant la séparation de corps entre deux époux étrangers (5) et le pourvoi formé

---

(1) Cass., 23 juillet 1855. S., 1856, 1, 148; Lyon, 25 fév. 1857. S., 1857, 2, 625, confirmé par Cass., 10 mars 1858. S., 1858, 1, 529; Paris, 23 juin 1859. S., 1860, 2, 261; Angers, 20 fév. 1861. S., 1861, 2, 409; Metz, 26 juillet 1865. S., 1866, 2, 237; Alger, 28 avril 1875. Clunet, 1875, p. 274; Trib. civ. Seine, 21 janv. 1880. Clunet, 1880, p. 194; Trib. civ. Seine, 13 avril 1880. Clunet, 1880, p. 303.
(2) Trib. civ. Marseille, 15 fév. 1873, confirmé par Aix, 3 juillet 1873. Clunet, 1875, p. 273; Trib. civ. Lyon, 13 août 1856. S., 1857, 2, 625 ; Trib. civ. Marseille, 23 avril 1875. Clunet, 1876, p. 185.
(3) Notamment : Trib. civ. Seine, 27 avril 1875. Clunet, 1876, p. 362.
(4) Caen, 29 janvier 1873. Clunet, 1877, p. 145.
(5) Nancy, 16 mars 1878. S., 1878, 2, 200.

8

contre cet arrêt a été rejeté par la Chambre des requêtes, sur le rapport de M. le conseiller Féraud-Giraud (1).

(1) Cass., 5 mars 1879. S., 1879, 1, 208. — V. Rouen, 12 mai 1874. Clunet, 1875, p. 356; Trib. civ. St-Lô, 16 juillet 1880, confirmé par Caen, 16 août 1880. Le Droit, 6 janvier 1881.

CHAPITRE III

RÉFUTATION DU SYSTÈME DE LA JURISPRUDENCE

SOMMAIRE. — 173. Généralité. Division.

173. Nous venons de terminer l'examen du système que suit la jurisprudence à l'égard des contestations entre étrangers ; en réalité, ce système satisfait à peu près aux nécessités de la pratique, mais la jurisprudence n'arrive à ce résultat qu'au prix de dérogations continuelles au principe d'incompétence qu'elle admet, et, nous devons le reconnaître, en se mettant en contradiction manifeste avec sa doctrine, en donnant à des affaires semblables des solutions opposées. Aussi, ce système a-t-il soulevé, dans la doctrine, les plus vives critiques (1). Fœlix est le premier qui ait protesté contre cette théorie. Après lui, Demangeat, Bonfils, Massé, Laurent, Glasson ont vivement défendu le système de la compétence. Avant de développer ce système, auquel nous avons cru devoir nous rallier, nous allons exposer les principales critiques qui ont été dirigées contre celui de la jurisprudence, en reprenant une à une les trois propositions qui le résument.

SECTION I

RÉFUTATION DU PRINCIPE ET DES ARGUMENTS DE LA JURISPRUDENCE

SOMMAIRE. — 174. Division. — 175. Réfutation du premier argument : La tradition. — 176. Deuxième argument : La justice n'est due qu'aux nationaux. Réfutation. — 177. Troisième argument : Obligation d'appliquer les lois étrangères. Erreurs possibles. Dignité de la justice. Réfutation. — 178. Quatrième argument : Peut-on obliger les tribunaux français à assurer l'exécution de lois qui n'ontrien d'obligatoire en France. Réfutation. — 179. Cinquième argument : Le temps employé par nos tribunaux à connaître des procès entre étrangers sera perdu pour les justiciables français. Réfutation. — 180. Sixième argument : Maxime *Actor sequitur*

(1) Fœlix et Demangeat, t. Ier, pp. 307 et suiv. ; Massé, t. Ier, n° 655, pp. 608 et suiv. ; Bonfils n° 192, pp. 163 et suiv. ; Laurent, *Droit civ. int.*, IV, n° 20, pp. 46 et suiv. ; Glasson, Clunet, 1881, pp. 105 et suiv.

174. Nous avons vu que les arguments invoqués par la jurisprudence à l'appui du principe de l'incompétence pouvaient se réduire à sept. Nous allons les réfuter successivement.

175. *Premier argument.* La jurisprudence invoque d'abord la tradition de l'ancien droit pour décider que deux étrangers ne peuvent saisir les tribunaux français des contestations qui s'élèvent entre eux. Il est vrai que les Parlements de Paris (1) et de Douai (2) s'étaient déclarés incompétents pour connaître de semblables contestations. Mais quand Merlin plaidait l'incompétence de nos Parlements, il ne se fondait pas, comme notre jurisprudence actuelle, sur le principe que la justice n'est pas due aux étrangers; il invoquait seulement la règle qui veut que le défendeur soit cité devant le juge de son domicile : « Les étrangers domiciliés en France, disait-il, peuvent être poursuivis devant les juges de France pour toutes les actions qu'autorise le droit des gens, et, conséquemment, pour toutes les dettes qu'ils ont contractées, pour toutes les promesses qu'ils ont faites, sans distinguer si elles ont été faites ou contractées au profit d'un étranger ou d'un Français (3). » « En France, disait Bacquet, en actions personnelles, le demandeur est tenu de suivre le domicile du défendeur et le poursuivre par devant son juge naturel et domiciliaire, sans avoir égard au lieu auquel l'obligation a été passée (4). »

Ajoutons que les travaux préparatoires ne contiennent rien qui puisse faire présumer la volonté du législateur de déroger à ces principes. Nous avons parlé déjà plusieurs fois de la discussion sur l'article 14, qui eut lieu au Conseil d'État, dans la séance du 6 thermidor an IX. « M. Defermon demande si un étranger peut traduire devant un tribunal français un autre étranger qui a contracté envers lui une dette payable en France. M. Tronchet répond que le principe général est que le demandeur *doit porter son action devant le juge du défendeur*; que cependant, dans l'hypothèse proposée, le tribunal aurait le droit de juger, si sa juridiction n'était pas déclinée (5). » De ce passage des travaux préparatoires et de la discussion toute entière au sujet de l'article 14 du Code civil, il

(1) Paris, 7 août 1732, Merlin, *Répert.*, v° *Étranger*, § 2.
(2) Douai, 15 juillet 1782, 24 décembre 1785, Merlin. *Questions de droit*, v° *Étranger*, § 2, n°ˢ 4 et 5.
(3) Merlin, *Questions de droit*, v° *Étranger*, n° 4.
(4) Bacquet, *Traité des droits de justice*, ch. VIII, n° 6.
(5) Locré, t. II, pp. 43 et 44.

résulte trois choses, dit Merlin (1): la première, que les étrangers peuvent, pour les dettes ordinaires qu'ils se sont obligés de payer en France à d'autres étrangers, reconnaître volontairement la juridiction des tribunaux français qui prennent alors à leur égard le caractère d'arbitres ; la deuxième, que l'un des deux étrangers qui ont contracté ensemble, soit en France, soit en dehors, venant à décliner la juridiction des tribunaux français, les principes veulent qu'on le renvoie à son juge domiciliaire ; la troisième, que cette règle admet une exception, relativement aux marchés faits en foire. Ce sont là les règles du droit commun à l'égard des Français, et rien, ni dans l'ancien droit, ni dans les travaux préparatoires, n'autorise la jurisprudence à déroger à ces règles dans les contestations qui s'élèvent entre étrangers. Le tribunal compétent pour statuer sur des actions personnelles est le tribunal du domicile du défendeur, que ce défendeur soit Français ou qu'il soit étranger. Telle était la règle suivie dans l'ancien droit, telle est la règle consacrée aujourd'hui par notre Code de procédure.

176. *Deuxième argument.* La justice n'est due qu'aux nationaux, dit la jurisprudence (2). Affirmer une telle doctrine, c'est méconnaître les vrais principes du droit international. Il est admis en effet, dans le droit des gens européen (suivant le témoignage de Vattel, Martens, Wheaton, Mittermaier, etc.), que le pouvoir judiciaire de chaque nation s'étend sur la personne et sur tous les biens de l'étranger qui y réside, comme sur la personne et sur les biens des régnicoles. Les étrangers doivent être reçus, comme les nationaux, à invoquer l'intervention des juges de chaque lieu, soit contre un citoyen, soit contre un autre étranger, et le défendeur ne saurait se soustraire à cette juridiction (3). « La justice, dit Bonfils, est un devoir social ; son règne est une obligation morale pour chaque homme et pour chaque nation. La justice est la dette commune des nations et de leurs gouvernements. L'obligation où ils sont de la rendre est sacrée ; elle est de droit naturel. La justice est, il est vrai, un apanage de la souveraineté. Mais la souveraineté s'étend à tout le territoire, aux personnes comme aux biens qui se trouvent sur le sol français (4). » « Tous les jours, disait le comte Portalis, on contraint des

___
(1) Merlin, *Répert.*, v° *étranger*, § 2.
(2) *Suprà*, jurisprudence, p. 26, n° 52, note.
(3) Fœlix, t. Ier, p. 308, n° 147 ; Vattel, *le Droit des gens européen*, t. II, § 84, p. 64, et § 103, p. 83 ; De Martens, *Précis de droit des gens moderne de l'Europe*, t. Ier, §§ 92 et 93, pp. 253 et 254 ; Wheaton, *Éléments de droit international*, t. Ier, p. 144, § 19, alinéa 3 ; Bluntschli, *Droit international codifié*, traduit de l'allemand par Lardy, n° 386, p. 227 ; Pradier-Fodéré, sur Vattel. t. II, p. 83, n. 1.
(4) Bonfils, n° 193, p. 164.

etrangers à subir la juridiction du pays où ils se trouvent pour
l'application des lois de police et de sûreté, et on voudrait qu'ils
ne puissent l'invoquer dans leur intérêt, quand ils ont besoin de
sa protection et de son équité (1) ! » Les tribunaux français se
doivent à tous ceux qui, en France, ont besoin de la justice, car il
est absolument nécessaire dans une nation qu'on arrête toutes les
conflagrations d'intérêt privé qui sont de nature à pouvoir dé-
ranger l'harmonie des rapports civils, et sociaux qui relient les
particuliers entre eux. « La justice n'est ni un droit, ni un avantage, ni un intérêt; c'est, avant tout, un devoir que la société
est tenue de remplir. Ne doit-elle la justice qu'aux indigènes?
Non. La justice est universelle de sa nature, comme l'idée
divine d'où elle émane ; elle est donc due à l'homme et non au
citoyen. C'est pour sauvegarder l'ordre public qu'il y a des tribunaux, et l'ordre public demande que tout procès soit vidé; il
n'y a pas à s'enquérir si les parties sont Françaises ou étrangères; l'ordre public est troublé, dès qu'un litige reste sans solution;
peu importe qu'il s'élève entre étrangers ou entre Français, car
c'est dire à ceux que l'on renvoie qu'ils se fassent eux-mêmes justice, ce qui conduit à l'anarchie, à la dissolution de la société(2). »
« L'ordre, la justice exigent que toute contestation soit décidée
là où elle s'élève. L'ordre demande que tout procès soit vidé dès
qu'il prend naissance. La justice ne connaît pas d'étrangers (3).»

D'ailleurs, où puise-t-on la règle que la justice n'est due qu'aux
nationaux ? Nous avons vu qu'elle n'était pas admise dans notre
ancien droit. Quant au Code, aucun article ne défend à nos tribunaux de connaître des contestations entre étrangers, et il résulte
clairement des travaux préparatoires que nos législateurs n'ont
jamais eu l'intention de faire aux étrangers, au point de vue de la
juridiction, une situation différente de celle qui est faite aux Français.

177. *Troisième argument.* Mais, dit la jurisprudence, les contestations entre étrangers ne donneront-elles pas lieu à l'application des lois étrangères ? Les juges français vont donc être
obligés de prendre connaissance de toutes les lois étrangères, dès
lois de tous les pays de l'univers? N'est-ce pas aux tribunaux
d'un pays, et à ces tribunaux seuls, qu'il appartient d'interpréter
et d'appliquer les lois en vigueur dans ce pays? Il y a là une
confusion entre deux idées absolument distinctes. Quand deux

(1) Rapport à l'Académie des sciences morales et politiques. Bonfils, *eod. loc.*
(2) Laurent, *Droit civ. int*, 1, p. 549, notes 3 et 4.
(3) Laurent, *Droit. civ. int.*, I, p. 558.

parties se présentent devant un tribunal pour faire juger leur différend, il y a lieu d'abord de se demander si le tribunal saisi est bien celui qui doit connaître de l'affaire ; en d'autres termes, s'il est compétent. Lorsque sa compétence sera établie, il devra alors statuer sur le fond du débat, et, pour cela, il devra suivre les prescriptions des lois d'un pays ou d'un autre. Chacune de ces deux questions doit être résolue d'après les règles qui lui sont propres, et la solution donnée à l'une ne saurait entraîner, comme une conséquence, nécessaire, une solution correspondante de l'autre. Autant il serait inexact de prétendre que c'est la loi française qui doit être appliquée parce que c'est le juge français qui est appelé à connaître de la contestation, autant il serait inexact de soutenir que le juge français est incompétent, par cela seul qu'il faut appliquer une loi étrangère, à supposer d'ailleurs que sa juridiction soit préalablement établie, en vertu de l'une ou de l'autre des règles sur la compétence (1).

Mais les juges français vont donc être obligés de prendre connaissance de toutes les lois étrangères, des lois de tous les pays de l'univers ? Nos Codes ne leur offrent-ils pas déjà un assez vaste sujet d'études sans aller les surcharger d'un travail impossible ? Vouloir leur imposer un si vaste labeur serait assurément une prétention inadmissible (2). Aussi bien n'est-ce pas la nôtre. Nous sommes les premiers à reconnaître que la tâche serait bien lourde pour nos juges s'ils devaient connaître toutes les lois étrangères ; mais il n'en est pas ainsi ; la tâche de nos juges sera singulièrement facilitée par la preuve qui incombe aux plaideurs ; pour le juge français, la loi étrangère est un fait que la partie qui l'invoque doit justifier, dont elle doit établir l'existence, sauf la preuve contraire. Le juge français apprécie ce fait souverainement. Toutes les fois que cette loi se trouvera en contradiction avec les principes de la législation française, nos juges ne devront pas l'appliquer et décideront d'après les lois françaises et d'après les règles de l'équité (3).

Ne résulte-t-il pas d'ailleurs de plusieurs dispositions de nos lois que les tribunaux français seront tenus de juger, d'après les lois étrangères, des contestations entre Français et étrangers et même des procès entre étrangers ? Le législateur a-t-il jamais

(1) Gerbaut, n° 295, p. 371. — Nous verrons que plusieurs arrêts des Cours d'Italie distinguent très nettement la question de compétence et celle de la loi à appliquer. — V. not. Milan, 1er juillet 1872. Clunet, 1876, p. 213 ; Lucques, 1er sept. 1875, cod. loco., p. 215.
(2) V. Bonfils, n° 196, p. 167.
(3) V. Bonfils, n° 196, p. 167 ; Cass., 4 avril 1881. Le Droit, 4 et 5 avril.

songé à voir dans cette nécessité une cause d'incompétence? Aux termes des articles 14 et 15 du Code civil, nos tribunaux connaissent des contestations entre Français et étrangers, et la disposition de l'article 3 C. civ. semble bien établir que, dans la pensée des rédacteurs du Code civil, il a été entendu que l'état et la capacité de l'étranger en France seraient déterminés par la loi étrangère, comme l'état et la capacité du Français sont déterminés par la loi française, sur le territoire d'une autre nation (1). Ne faut-il pas, même dans les procès entre Français et étrangers, appliquer à chaque individu le statut inhérent à sa personne, qui détermine en tous lieux son état et sa capacité? C'est un étranger débiteur d'un Français qui, majeur suivant la loi française, a contracté en état de minorité, sa loi personnelle plaçant la majorité à vingt-cinq ans, comme au Mexique ou au Danemark. Ne voyons-nous pas, tous les jours, nos tribunaux prononcer la nullité de l'engagement en s'appuyant sur le statut personnel de cet étranger (2)? Et, dans les difficultés qui peuvent s'élever à propos des articles 47, 170 et 999 du Code civil, qui sont autant d'applications de la règle *locus regit actum*, nos tribunaux ne seront-ils pas obligés de se conformer aux lois d'un pays étranger (3)? L'étranger, autorisé par le gouvernement à établir son domicile en France, toujours étranger jusqu'au jour de la naturalisation, reste soumis aux lois personnelles de son pays (4). Cependant, toutes les contestations qui l'intéressent activement ou passivement sont de la compétence des tribunaux français. L'article 13 du C. civil est formel : cet étranger jouit des droits civils. Ne faudra-t-il pas apprécier sa capacité, son statut personnel déterminé par la loi étrangère (5) ? D'après l'article 11, le gouvernement peut, par des traités diplomatiques, accorder aux membres

---

(1) Aubry-et-Rau, t. I, § 31, p. 90, n. 23. — *V.* arrêt de la Cour de Paris (30 janv· 1877, sous Cass. S., 1879, 1, 447.) appliquant la loi Espagnole pour déterminer les effets du mariage d'un Espagnol au point de vue de la légitimation d'un enfant naturel.

(2) Bonfils, n° 196, p. 167.

(3) C'est la Cour d'Aix (20 mars 1862. S., 1862, 2, 387) qui déclare vaiable un mariage célébré à Constantinople en faisant application des lois et usages de cette ville. C'est la Cour de Paris (30 janv. 1877, sous Cass. S., 1879, 1, 447) qui examine la validité d'un acte de mariage, au point de vue des règles admises dans les pays soumis à la domination Espagnole. Enfin, c'est la Cour de Bordeaux (5 août 1872. S., 1872, 2, 269), qui fait application de la législation de la Louisiane pour déterminer les effets d'un testament fait dans ce pays par un Américain. — *V.* également: Bastia, 7 mai 1859. S., 1860, 2, 333; Lyon, 21 juin. 1871. S., 1872, 2, 201; Paris, 24 avril 1874. S., 1875, 2, 49; 2 août 1876. S., 1879, 2, 250; Cour de la Martinique, 18 mai 1878. S., 1878, 2, 238; Alger, 28 juillet 1879. Clunet, 1880, p. 395·

(4) Demolombe, t. I, n° 266,

(5) Bonfils, n° 196, p. 168.

d'une nation étrangère le droit de saisir les tribunaux français de la connaissance de leurs litiges. La compétence est donc obligatoire pour nos tribunaux à l'égard des étrangers appartenant à ces nations et le juge français aura encore à apprécier leurs lois personnelles. Enfin, nos tribunaux ne sont-ils pas compétents pour donner à un jugement étranger la force exécutoire en France? (Art. 2123 C. civ. et 546 C. pr.) Ne devront-ils pas se pénétrer de la connaissance des lois étrangères, puisque la jurisprudence admet que les jugements étrangers n'ont pas en France l'autorité de la chose jugée, et doivent être revisés au point de vue de l'intérêt privé des parties, avant d'être mis à exécution sur le territoire français (2)?

Mais, dit encore la jurisprudence, si les tribunaux français sont obligés de statuer sur les contestations entre étrangers et de faire application des lois étrangères, ils seront exposés à de graves erreurs. La dignité de la justice pourra se trouver compromise par la contrariété des décisions qui pourront intervenir sur la même demande en France et à l'étranger (2). Mais il nous semble, tout d'abord, que des décisions contradictoires pourront tout aussi bien intervenir en France et à l'étranger et des erreurs tout aussi bien se produire, dans les diverses circonstances où nous avons vu que la jurisprudence se déclarait compétente, que dans celles où elle refuse en général de statuer; de sorte que l'argument prouverait beaucoup trop s'il prouvait quelque chose, et si l'on voulait en faire le fondement de l'incompétence des tribunaux français entre étrangers. Ce n'est d'ailleurs là qu'une considération de fait qui ne saurait exercer aucune influence sur la solution de la question qui nous occupe. Nous recherchons si les tribunaux français sont compétents au point de vue de la législation française. Si la réponse est affirmative, elle ne saurait être modifiée, et la dignité de la justice ne saurait être regardée comme compromise par cela seul qu'un jugement français, qui sera d'ailleurs respecté dans toute l'étendue des possessions françaises, cessera d'avoir toute sa force et son autorité sur un territoire étranger, en vertu du principe de la souveraineté et de l'indépendance des États. D'ailleurs, cet argument serait-il fondé, nous avons vu que la tâche du juge était singulièrement facilitée par la charge de la preuve qui incombe aux plaideurs, et dans les cas difficiles nos tribunaux ont toujours la ressource de s'éclairer en consultant les autorités étrangères.

178. *Quatrième argument.* Peut-on obliger des tribunaux fran-

---

(1) Gerbaut, n° 295, p. 376.
(2) *V.* la jurisprudence, *suprà*, p. 27, n° 33, notes.

çais, dit encore la jurisprudence, à assurer l'exécution de lois
étrangères qui n'ont rien d'obligatoire en France et qui peuvent
même être contraires à notre état social ? Peut-on les obliger à
juger dans des cas où la situation des parties ne permet pas d'assurer une sanction sérieuse aux décisions qui interviendraient ?
Mais, nous l'avons dit déjà, le juge français apprécie la loi
étrangère, comme tout autre fait, dans toute la souveraineté de
son indépendance, et toutes les fois que cette loi se trouvera en
contradiction avec les principes de la législation française, toutes les
fois qu'elle se trouvera contraire aux lois de police ou de sûreté
en France, ou incompatible avec les règles de notre droit public,
nos tribunaux en écarteront l'application et décideront d'après
la loi française ou d'après les règles de l'équité (1). Quant à la
sanction des jugements que nos tribunaux rendront contre des
étrangers, nous avons vu qu'ils étaient exécutoires dans toute
l'étendue des possessions françaises, et par cela seul qu'ils cesseront d'avoir toute leur force et leur autorité sur un territoire
étranger, en vertu du principe de la souveraineté et de l'indépendance des États, peut-on dire que nos tribunaux soient incompétents? Ce n'est là, nous le répétons, qu'une considération de fait,
absolument impuissante à fonder un principe juridique. D'ailleurs,
cet argument pourrait être invoqué aussi quand il s'agit de contestations entre Français et étrangers? Or, l'article 14 C. civ. est
formel pour attribuer dans ces contestations compétence aux tribunaux français.

179. *Cinquième argument.* Mais le temps employé par nos
juges à connaître des procès entre étrangers sera perdu pour les
justiciables français? L'expédition des affaires qui les concernent
va peut-être en souffrir et subir des retards fort préjudiciables ?
Est-ce donc perdre le temps que de faire respecter la justice, que
de la faire régner en France? C'est du reste prendre un soin superflu que d'avoir une semblable idée. Il est bien certain, comme
le dit M. Demangeat, que jamais il n'y aura en France un encom-
brement de procès entre étrangers tel que les Français puissent en
souffrir un notable préjudice (2). « Une coalition abusive d'étrangers pour infliger à une juridiction française le jugement de leurs
procès est peu à craindre (3). » On a tort de supposer que les étrangers, contre leurs intérêts, contre leurs préjugés, conspireront
pour dérober aux Français le temps que nos juridictions doivent

(1) Bonfils, n° 196, p. 167.
(2) Bonfils, n° 194, p. 165.
(3) Bertauld, *Questions pratiques et doctrinales sur le Code Napoléon*, t. I,
n° 188.

aux justiciables. « Cette inquiétude est dénuée de tout fondement, dit M. Bertauld (1); si elle n'était pas purement chimérique, je dirais: créez une juridiction pour les étrangers. Cette juridiction serait après tout, comme elle le fut à Rome, chargée de purger les lois nationales de ce qu'elles peuvent avoir de trop local, de trop exclusif; elle hâterait la réalisation de cette communauté de droit qui doit de plus en plus rapprocher toutes les nations civilisées et les relier entre elles comme les branches d'une même famille. » Si nos tribunaux sont surchargés, qu'on en augmente le nombre, qu'on en multiplie les chambres ; mais qu'on ne vienne pas arguer de leur insuffisance numérique pour justifier leur incompétence (2)! Comment d'ailleurs invoquer un pareil argument quand on propose de supprimer un certain nombre de tribunaux à cause du petit nombre d'affaires qu'ils ont à juger tous les ans (3). » On ne peut donc pas dire que le temps employé par nos tribunaux à juger les contestations entre étrangers soit du temps perdu. « Dans tous les cas, dit M. Féraud-Giraud lui-même, j'espère bien que ce ce ne serait pas là la raison déterminante (4). » Et alors même que serait du temps perdu pour nos nationaux, l'État n'est-il pas intéressé à faciliter à tous l'accès de ses tribunaux? Il attirera ainsi les étrangers qui se trouveront en sécurité sur son territoire. Les nationaux eux-mêmes y trouveront leur profit, en obtenant plus facilement le droit de se faire rendre justice devant les tribunaux étrangers. Nous n'avons donc pas à redouter de faire perdre à nos magistrats un temps précieux au préjudice des Français, en les forçant à statuer sur les contestations qui s'élèvent entre des étrangers. C'est là une objection empreinte d'une exagération évidente, et, fût-elle justifiée dans une certaine mesure, elle serait encore impuissante à faire échec à la compétence de nos tribunaux.

180. *Sixième argument.* La maxime *actor sequitur forum rei* s'oppose, dit-on, à ce que les tribunaux soient obligés de connaître des différends entre étrangers (5). Nous croyons, en effet, que le tribunal compétent est celui du domicile du défendeur, en vertu de l'article 59 du Code de procédure. Mais cette règle ne saurait servir de fondement à une théorie sur la compétence à l'égard des étrangers, car l'article 59, qui la consacre dans nos lois, n'établit

(1) Bertauld, *Questions pratiques*, t. I, n° 190.
(3) Weiss, *Droit int.*, p. 934.
(3) *V.* le rapport de M. Béranger au nom de la Commission du Sénat, *Le Droit*, 10 mars 1881 et suiv.
(4) Clunet, 1880, p. 144.
(5) Cass., 22 janv. 1866. D., *Rép.*; v° *Comp. civ. des trib. d'arrond.*, n° 277.

qu'une règle de compétence spéciale qui suppose reconnue la compétence générale des tribunaux français, et ne peut, dès lors, être invoqué lorqu'il s'agit précisément d'établir le principe de la compétence (1). Lorsque nous établirons le système de la compétence, ce sera, il est vrai, en vertu de l'article 59, § 1er, que nous attribuerons compétence au tribunal français du domicile du défendeur. Mais il n'y aura là rien d'illogique, car nous aurons eu soin de démontrer auparavant que d'une manière générale nos tribunaux sont compétents à l'égard des étrangers, et que ceux-ci ont le droit de les saisir comme les Français. D'ailleurs, nous verronsque notre système, qui est cependant le contrepied de celui de la jurisprudence, se concilie parfaitement avec la règle *actor sequitur forum rei* et qu'il ne s'écarte jamais du principe d'après lequel le débiteur doit être assigné devant le tribunal de son domicile.

181. *Septième argument*. Il faudrait un texte, dit la jurisprudence, pour établir la compétence de nos tribunaux à l'égard des étrangers. Le silence de la loi dans le cas où les deux parties sont étrangères est d'autant plus significatif que, dans les articles 14, 15, 16, elle règle les hypothèses dans lesquelles un seul des plaideurs est étranger. Ne faut-il pas conclure de là que le législateur a voulu refuser aux étrangers l'accès de nos tribunaux, toutes les fois qu'un national ne se trouve pas impliqué dans l'affaire (2)? Et d'abord est-il bien exact de dire qu'il n'y a aucun texte sur lequel on puisse fonder la compétence de nos tribunaux dans les contestations entre étrangers? Nous ne le croyons pas. Qu'il n'y ait aucune règle spéciale pour ces contestations, aucun texte édictant spécialement la compétence de nos juges, nous sommes les premiers à le reconnaître. Mais s'il n'y a pas de texte spécial; il y a un texte général, l'article 14. Nous verrons en effet, en étudiant le système de la compétence, que cet article bien interprété conduit à reconnaitre aux étrangers le droit de saisir le juge français de toutes les contestations qu'ils peuvent avoir entre eux, dans les mêmes formes et aux mêmes conditions que les nationaux. Mais alors même qu'il n'y aurait aucun texte, on devrait conclure à la compétence de nos tribunaux. Le droit d'ester en justice est un élément du *jus gentium*, et il n'est pas besoin de texte pour consacrer ce droit (3). « Il nous semble, dit Laurent (4), que les principes admis par le Code Napoléon sur les droits des étrangers doivent avoir pour conséquence que

(1) Bonfils, n° 189, p. 160.
(2) V. Trib. civ. Seine, 27 déc. 1881. Clunet, 1881, p. 309.
(3) Fœlix, *Droit int. privé*, I, p. 307.
(4) Laurent, *Droit civ. int.*, t. I, p. 552, n° 440.

les tribunaux sont compétents pour décider leurs contestations.
On leur reconnaît tous les droits privés qui dérivent du droit des
gens, la propriété, le droit de contracter ; or, les droits ne sont
rien s'ils ne sont sanctionnés. Donc, par cela seul que les étrangers peuvent être propriétaires et créanciers, il faut qu'ils aient
le droit de faire valoir leurs créances et leur propriété en justice.
Il faudrait un texte bien positif pour leur enlever un droit qui
leur appartient en vertu des principes les plus élémentaires. On
conçoit l'incompétence quand l'étranger est sans droit. On ne la
conçoit plus quand il a presque tous les droits privés dont jouissent les Français. » Or, il n'y a pas de loi qui défende aux étrangers de s'adresser à la justice française ; aucun texte n'établit
des règles spéciales pour les procès entre étrangers, et, d'autre
part, les rédacteurs de l'article 14 n'ont pas mis en doute le droit
qu'a l'étranger, en principe, de porter sa demande contre un
autre étranger devant les tribunaux français : « Le principe général, disait Tronchet, est que le demandeur doit porter son action
devant le juge du défendeur ; mais le tribunal aura le droit de juger, si sa juridiction n'est pas déclinée. » Voilà bien l'application
du droit commun. Si donc on voulait s'attacher uniquement aux
travaux préparatoires, il faudrait en conclure que l'étranger
peut, en principe, demander justice aux tribunaux français ; que,
les auteurs du Code n'ayant pas établi de règles spéciales pour les
étrangers plaidant entre eux, les règles du droit commun, c'est-
à-dire de l'article 59 du Code de procédure, leur sont applicables
aussi bien qu'aux Français eux-mêmes. En tous cas, le silence
du Code, comme cela résulte de la déclaration de M. Tronchet,
constitue plutôt une lacune que la manifestation de la volonté d'é-
carter les étrangers des tribunaux français.

D'ailleurs, le silence du Code ne doit pas être interprété comme
le fait la jurisprudence. Sans doute, la loi a prévu les hypothèses
où des Français et des étrangers sont parties au même procès. Mais
elle a eu pour but principal d'apporter des dérogations aux règles
ordinaires de la compétence. Elle a enlevé l'étranger défendeur
à ses juges naturels et imposé à l'étranger demandeur la caution
judicatum solvi. Lorsqu'on sort de l'exception, on rentre dans le
droit commun. Si donc le législateur ne parle pas des contestations
entre étrangers, c'est qu'il faut leur appliquer les principes ordinaires de la compétence. En dérogeant formellement aux règles
générales de la compétence dans les procès entre étrangers et
Français, la loi a admis une compétence implicite dans l'hypothèse
qui nous occupe.

Citons en terminant un arrêt de la Cour de cassation de Belgi-

que, rendu le 3 août 1848 sur les conclusions du procureur général, M. Leclercq : «On objecte vainement, dit cet arrêt, que le droit
d'ester en justice devant les tribunaux belges constitue un droit
civil qui ne peut appartenir aux étrangers qu'en vertu d'une disposition expresse de la loi. Ce droit d'ester en justice pour la conservation de sa personne et de ses biens tient au droit de défense
légitime et dérive du droit des gens ; dès lors, ce droit appartient
à l'étranger aussi bien qu'à l'indigène (1). »

182. Tous ces arguments nous paraissent donc tout à fait insuffisants pour faire admettre le principe de l'incompétence des tribunaux français dans les contestations entre étrangers. Les inconvénients pratiques de ce système en sont du reste la condamnation (2).
« Cette théorie, dit M. Glasson, autorise, à notre avis, de véritables dénis de justice entre étrangers qui sont domiciliés de fait
ou résident en France depuis un temps plus ou moins long. Qu'ils
soumettent une contestation à nos tribunaux, et ceux-ci auront le
droit de les renvoyer devant les juridictions de leur pays, c'est-à-
dire peut-être à plusieurs milliers de lieues, et il n'est pas impossible, dans certains cas, qu'ils n'aient conservé aucune relation
dans leur pays d'origine (3). » Voilà un étranger qui a quitté son
pays depuis très longtemps ; il s'est établi chez nous avec sa famille, et la France est devenue le centre de ses intérêts et de ses
affections ; il ne songe peut-être plus à retourner jamais dans son
pays d'origine. Néanmoins, quand un créancier, également étranger, le poursuivra devant les tribunaux français pour l'exécution
des obligations qu'il a contractées à son profit, le tribunal français
répondra à ce créancier qu'il ne peut donner satisfaction à sa demande, parce que la justice ne lui est pas due ! Mais alors à quel
tribunal devra-t-il s'adresser ? Car il faut bien que, dans un cas
donné, un individu, à quelque nationalité qu'il appartienne, puisse
trouver quelque part un juge qui fasse respecter ses droits méconnus. Il devra donc s'adresser à un juge étranger ; mais il se peut
que le défendeur, comme le cas s'est présenté, n'appartienne pas
à une nationalité bien déterminée ; et, en supposant qu'elle soit
connue, devant lequel des tribunaux de ce pays devra-t-il porter
sa demande ? Il se peut que le défendeur n'ait conservé aucune
trace du domicile de ses ancêtres, et que lui-même n'ait aucun
domicile connu hors de France ! Et quand on aura déterminé le
tribunal compétent, celui-ci consentira-t-il toujours à se présenter

(1) Dans le même sens : jugement du Tribunal de Lyon, du 13 août 1856, infirmé
par la Cour de Lyon, le 25 février 1857.
(2) V. Bonfils, nos 190 et 191, pp. 161 et suiv.
(3) Glasson. Clunet, 1881, p. 120.

sur une action intentée contre un individu qui n'a aucun domicile dans le pays, et qui est peut-être même considéré comme ayant perdu sa nationalité d'origine, par suite de son établissement en France sans esprit de retour? Voilà donc un créancier qui sera dans l'impossibilité de se faire rendre justice; car, en vertu du principe de la jurisprudence, les tribunaux français ne peuvent être tenus de connaître d'un procès entre deux étrangers. En vain, le demandeur fera-t-il valoir cette considération que les tribunaux étrangers eux-mêmes refuseront de lui rendre justice ; on pourrait alors lui répondre avec l'arrêt de rejet de la Cour de cassation : il se peut que, pour une cause ou pour une autre, vous soyez dans l'impossibilité d'obtenir justice dans votre pays ; mais c'est là une question à régler entre vous et votre gouvernement; vous êtes étranger, et cela suffit (1) !

« Admettons un instant qu'ils puissent trouver des juges dans leur pays ; il n'en est pas moins vrai que, fort souvent, ils seront encore obligés de revenir devant les tribunaux français pour obtenir la formule exécutoire qui leur permettra d'exécuter en France le jugement obtenu. Si l'on admet, avec la plupart des arrêts, que les tribunaux français ont le droit de reviser au fond les jugements étrangers, il en résultera que nos tribunaux n'auront renvoyé les étrangers devant la justice de leur pays que pour les faire revenir devant eux, sans qu'ils puissent parfois tirer profit du jugement obtenu. Tous ces inconvénients disparaissent si l'on applique à l'étranger comme aux Français l'art. 59 du Code de proc. et si on permet de l'actionner devant le tribunal de son domicile, ou, à défaut de domicile, devant celui de sa résidence. Le domicile ou la résidence est le fait qui fixe entre Français la compétence. Pourquoi en serait-il autrement entre étrangers (2) ? »

Et qu'on le remarque bien, nous ne faisons pas ici un tableau exagéré d'une situation qui ne se présentera jamais en fait. Outre l'arrêt du 16 mai 1849 (3) déjà cité, et dans lequel nous avons vu un Polonais réfugié en France et frappé de mort civile par les lois de l'Empire de Russie renvoyé à se pourvoir devant les juges de son pays et mis ainsi dans l'impossibilité d'obtenir justice, nous trouvons deux jugements du Tribunal de la Seine, l'un du 4 décembre 1884 (4) et l'autre du 7 mai 1885 (5) consacrant la même doc-

(1) Cass., 16 mai 1849. S., 1849, 1, 478; Gerbaut, n° 296, p. 377.
(2) Glasson. Clunet, 1881, pp. 120 et 121.
(3) Cass., 16 mai 1849. S., 1849, 1, 478.
(4) *Revue critique*, 1885, pp. 579 et suiv.—V. dans le même sens : Trib. civ. Seine, 5 janv. et 14 fév. 1887. Clunet, 1887, p. 609, et 1889, p. 812; Paris, 6 janv. 1888, p. 786. Ces trois décisions ont conduit en fait à des dénis de justice.
(5) Clunet, 1886, p. 84.

trine et conduisant l'un et l'autre à un véritable déni de justice. Dans le jugement du 24 avril 1884, il s'agissait d'une demande en séparation de corps formée par la femme Eskoff contre son mari. Les époux s'étaient mariés en France et ils y habitaient depuis très longtemps. Par un jugement par défaut du 24 avril 1884, le tribunal autorisait la femme Eskoff à faire la preuve des divers faits articulés par elle. Mais sur l'opposition du sieur Eskoff le tribunal s'est déclaré incompétent par jugement en date du 4 décembre 1884, l'incompétence résultant de ce que les époux Eskoff étaient étrangers. Le sieur Eskoff ne rapportait pas la preuve exacte de sa nationalité, mais le tribunal dit qu'il est constant qu'il est d'origine étrangère; « il paraît certain qu'il est né dans une ville du nom de Wislika, qui fait aujourd'hui partie de la Pologne Russe ; il n'a été ni naturalisé Français, ni même autorisé à établir son domicile en France ; il est donc étranger. »

Ainsi voilà la situation : des époux se sont mariés en France, ils y ont habité depuis longtemps. La femme demande la séparation de corps; par cela seul qu'elle ne pourra pas établir la nationalité de son mari, elle ne sera pas admise à plaider devant les tribunaux français. A quelle juridiction va-t-elle s'adresser, puisque le tribunal ne peut dire à quelle nationalité appartient le mari? Même lorsque le mari a une nationalité bien déterminée, la déclaration d'incompétence des tribunaux français met l'époux demandeur dans une situation fâcheuse, puisqu'il lui sera le plus souvent impossible, en fait, d'aller plaider devant les tribunaux d'un pays éloigné, avec lequel il n'a aucune relation, où les époux peuvent n'avoir jamais résidé; il arrivera même quelquefois que ces tribunaux se déclareront incompétents parce que les époux n'ont aucun domicile dans le ressort du tribunal saisi. Ici, c'est bien autre chose, puisqu'on ne peut pas même dire à l'époux demandeur que les tribunaux d'un pays déterminé sont *a priori* compétents pour connaître de sa demande. Cela ne revient-il pas à mettre hors la loi les individus (et ils sont encore nombreux) qui n'ont aucune nationalité déterminée ?

Un Français a pris du service militaire à l'étranger sans autorisation du gouvernement, il a perdu sa nationalité (Art. 21 C. civ.) sans en avoir acquis une autre; il rentre en France et il se marie. Sa femme demande la séparation de corps; il oppose l'incompétence. Ne doit-il pas triompher avec la doctrine du Tribunal de la Seine, puisque, s'il n'appartient pas à une nationalité étrangère déterminée, il est constant qu'il n'est pas Français?

Il y avait une particularité dans l'espèce soumise au Tribunal de la Seine. La dame Eskoff soutenait qu'Eskoff ne pouvait ren-

trer dans son pays ; l'exception soulevée par lui, si elle était accueillie, la mettrait dans l'impossibilité d'obtenir la justice qu'elle
réclamait. Le tribunal répondit, comme avait déjà répondu la
Cour de cassation en 1849 (1), que, « quelle que soit, au point de vue
de l'exercice des droits civils et politiques, la situation résultant
pour Eskoff des lois de son pays d'origine, ces lois concernent les
rapports existant entre Eskoff et son gouvernement, mais ne
peuvent influer sur l'application, en France, des principes en matière de juridiction et de compétence ».

Il faudrait, ce semble une règle bien impérieuse, bien formelle
pour contraindre un juge à admettre un pareil résultat. Voilà des
individus qui vivent en France sous la protection des lois françaises ; un différend s'élève entre eux, ils n'ont conservé aucune
relation avec aucun pays autre que la France, ne pouvant même
pas rentrer dans le pays qui a pu être le leur, et tout accès aux tribunaux de ce pays leur est interdit ; ils s'adressent donc aux tribunaux du pays où ils résident, les seuls qui, en fait, puissent être
compétents : ces tribunaux refusent de les juger. Que reste-t-il
alors aux malheureux plaideurs ? Un pareil déni de justice n'est-il
pas contraire à l'ordre public ? « Il y a là, à mon avis, dit M. Renault (2),
une réforme à faire dans la législation, s'il est impossible de faire
revenir la jurisprudence sur ses errements. » Car, ainsi que le dit
M. Laurent, « voilà des personnes hors la loi, il n'y a point de justice
pour elles. Au sein d'un pays qui se vante de sa civilisation, elles
seront dans cet état de sauvagerie que l'on a faussement appelé
l'état de nature ; il n'y aura d'autre justice pour eux que la force ;
le droit du poing régnera comme au moyen-âge (3) ».

Enfin le principe de l'incompétence est préjudiciable aux Français ; le déni de justice, dont les étrangers seront victimes en
France, provoquera souvent de la part des autres nations des mesures de rétorsion par lesquelles seront mis en péril les droits et les
intérêts de nos nationaux expatriés. Fœlix cite plusieurs exemples
de ces représailles (4).

183. Ainsi, les principes juridiques, la raison, l'équité, l'absence
de toute loi contraire, le principe général de la procédure : *actor
sequitur forum rei*, les déclarations de M. Tronchet au Conseil
d'État, les inconvénients pratiques du système opposé, l'intérêt
bien entendu de la France, tout concourt pour faire rejeter le principe de l'incompétence des tribunaux français à l'égard des con-

(1) Cass., 16 mai 1849. S., 1849, 1, 478.
(2) *Revue critique*, 1885, p. 151.
(3) Laurent, *Droit civ. int.*, t. IV, n° 57, p. 121 ; Bonfils, n° 193, p. 164.
(4) Fœlix, t. I, n°ˢ 146 et 157, pp. 306 à 308 et 329.

testations entre étrangers et pour affirmer au contraire leur compétence (1). Ajoutons que c'est, du reste, un principe du droit des gens que tout étranger qui s'établit dans un pays se soumet par là même à la juridiction des tribunaux du pays (2) : « Les différends qui peuvent s'élever entre étrangers, dit Vattel, doivent être terminés par les juges du lieu et suivant les lois du lieu. Et comme le différend naît proprement par le refus du défendeur qui prétend ne pas devoir ce qu'on lui demande, il suit, du même principe, que tout défendeur doit être poursuivi devant son juge qui, seul, a le droit de le condamner et de le contraindre... Le juge du défendeur est le juge du lieu où le défendeur a son domicile (3). » « Tout État est strictement obligé d'administrer aux étrangers une justice aussi prompte et aussi impartiale qu'aux naturels du pays (4). » « Est-il possible en effet, dit Glasson, d'admettre sérieusement, dans un État civilisé, l'existence de personnes qui n'auraient pas le droit de s'adresser à la justice du pays? Ce serait les mettre hors la loi. Personne n'a jamais soutenu que telle soit aujourd'hui la condition des étrangers en France. Dès que ceux-ci mettent le pied sur notre territoire, ils sont soumis à nos lois, sauf en ce qui concerne leur statut personnel, et sont aussi protégés par elles. Mais cette protection ne deviendrait qu'un vain mot si elle ne consistait pas précisément dans le droit de s'adresser à la justice du pays (5). »

SECTION II

CRITIQUE DE LA COMPÉTENCE OBLIGATOIRE

SOMMAIRE. — 184. La jurisprudence admet que nos tribunaux sont compétents quand l'étranger défendeur a en France un simple domicile de fait. Cette solution n'est pas juridique dans le système de l'incompétence. — 185. Compétence également quand la même demande est dirigée à la fois contre deux défendeurs dont l'un est Français ; en cas de demande en intervention ou en garantie. Critique. Le principe de la jurisprudence doit conduire à l'incompétence. — 186. La condamnation du système de la jurisprudence se trouve dans la jurisprudence elle-même, qui étend exceptionnellement la compétence des tribunaux français aux contestations commerciales entre étrangers. — 187. En matière d'exécution, la jurisprudence admet encore la compétence obligatoire. C'est l'incompétence qu'elle devrait admettre. — 188 Conclusion.

184. Le système de l'incompétence en notre matière aboutissait

(1) *V.* Bonfils, n°ᵉ 192 et 198, pp. 163 et 167.
(2) Bonfils, n° 195, p. 166.
(3) Vattel, *Droit des gens*, liv. 2, § 103.
(4) Martens, *Précis du droit des gens*, § 92.
(5) Glasson, 1881. Clunet, p. 111.

à des iniquités si révoltantes que les juges ont été entraînés par un invincible sentiment d'équité à se déclarer compétents, même malgré le défendeur (1). Dans un grand nombre de cas, en effet, nos tribunaux se déclarent compétents d'une manière obligatoire.

C'est ainsi que nos tribunaux se reconnaissent compétents pour juger, même entre étrangers, toutes les fois que le défendeur ne justifie pas de l'existence, hors de France, d'un domicile devant le tribunal duquel la demande puisse être portée ; nos tribunaux estiment que dans ce cas le domicile établi en France par un étranger, même sans autorisation du Gouvernement, est suffisant pour attribuer juridiction aux tribunaux français. Le tribunal français se déclare compétent par application de l'article 59, § 1, et en vertu de la règle : *actor sequitur forum rei.* — Cette solution est équitable et juridique. Mais la jurisprudence, en adoptant cette solution, méconnaît le principe de l'incompétence qu'elle défend. Il ne suffit pas, en effet, pour appliquer l'article 59, § 1, à l'étranger défendeur dans une contestation entre deux étrangers, d'admettre que l'étranger peut avoir en France un véritable domicile, ou tout au moins un domicile de fait équivalant au domicile légal au point de vue de la compétence. L'art. 59, § 1, établit bien la compétence du tribunal du domicile du défendeur, mais il n'établit qu'une règle de compétence spéciale et par conséquent il faudrait d'abord admettre que les tribunaux français sont compétents d'une manière générale à l'égard des étrangers pour qu'on puisse parler d'appliquer l'article 59. La jurisprudence, qui prétend que la justice n'est pas due aux étrangers, ne peut trouver dans l'article 59 un argument suffisant pour justifier une dérogation à son principe : le raisonnement qu'elle fait est entaché d'un vice radical (2).

185. La jurisprudence permet encore à l'étranger de citer un autre étranger devant les tribunaux français par application de l'article 59, § 2, quand la même demande est dirigée à la fois contre deux défendeurs, dont l'un est Français. Nos tribunaux se reconnaissent également le droit de statuer sur le litige que l'intervention d'un étranger peut faire naître entre lui et un autre étranger, toutes les fois que la décision de la contestation originaire est subordonnée à celle de ce litige, ou bien encore sur la demande en garantie dirigée par un étranger contre un autre étranger, lorsque le garant a été ou est réputé avoir été partie au contrat principal. — Pourquoi encore ces dérogations au principe de l'in-

(1) Laurent, *Droit civil int.*, t. I, n° 443, p. 556.
(2) V. Bonfils, n° 241, p. 184.

compétence ? Toutes les dispositions de l'article 59 du Code de procédure sont des règles de compétence spéciale, en vertu desquelles il est impossible d'attribuer juridiction à nos tribunaux, à l'égard de personnes qui n'ont pas, en principe, droit à la justice française.

186. La condamnation du système de la jurisprudence se trouve encore dans la jurisprudence elle-même, qui étend exceptionnellement la compétence des tribunaux français aux contestations commerciales élevées entre deux étrangers. « A raison de la célérité que demandent les affaires commerciales, dit Marcadé, les deux adversaires sont légalement présumés avoir eu l'intention d'être jugés, le cas échéant, par les tribunaux du pays (1). » — Mais cette présomption légale ne peut exister sans loi, et aucun texte ne la justifie, pas plus que la loi ne consacre une exception aux principes généraux sur les pouvoirs de nos tribunaux quand il s'agit de contestations commerciales. La jurisprudence invoque l'article 420 du Code de procédure : toutes les fois que les conditions d'application de cet article se trouvent réunies, nos tribunaux doivent rester saisis, dit-elle. L'article 420 ne distingue pas entre les Français et les étrangers. Il est donc applicable aux uns et aux autres. — Mais l'article 420 n'avait pas à faire cette distinction, car il ne décide pas la question de savoir qui est justiciable des tribunaux français ; il reconnaît seulement au demandeur, lorsque les parties sont justiciables de nos tribunaux, la faculté de saisir l'une des trois juridictions indiquées. Il faut donc rechercher avant tout qui est justiciable des tribunaux français. L'étranger est-il soumis à cette juridiction ? C'est là une question à laquelle l'article 420 ne répond pas. La jurisprudence, nous l'avons vu, pose en principe l'incompétence de nos juges et, par conséquent, elle ne saurait se prévaloir de cet article pour établir leur juridiction dans un cas où elle est contestée, alors que cette disposition suppose reconnue la compétence générale qu'elle refuse d'admettre (2). « Je comprends très bien, dit avec raison M. Bonfils, que, dans un cas où la compétence de nos tribunaux est déjà reconnue et établie en principe, l'article 420, comme l'article 59, soit applicable aux étrangers pour décider la question de savoir devant quel tribunal de France la demande devra être portée ; mais je ne puis admettre une argumentation qui se base sur cet article, sur cette loi spéciale pour établir la compétence générale de nos juges, dans les cas où elle est contestée. Supposant cette compétence générale

(1) Marcadé, t. Ier, p. 105, n° 2.
(2) V. Gerbaut, n° 360, p. 465.

reconnue, cet article ne peut être invoqué pour la fonder. Ce raisonnement me parait donc entaché d'un vice radical (1). » Il faut en dire autant de l'article 631 C. comm., aux termes duquel les tribunaux de commerce doivent connaître entre toutes personnes des contestations relatives au commerce, car ces mots « toutes personnes » ont pour but d'effacer toute distinction entre les commerçants et les non commerçants, et de décider que tous seront jugés par les tribunaux consulaires, pour les contestations relatives à des actes de commerce. Cet article établit donc une règle de compétence spéciale; pour l'appliquer aux étrangers, il faudrait reconnaître à ceux-ci le droit d'ester devant nos tribunaux comme les nationaux. Ni l'article 420, ni l'article 631 C. comm. ne sauraient donc justifier la dérogation que la jurisprudence veut apporter à son principe.

Mais la jurisprudence invoque un autre argument : « Les actes de commerce sont des contrats de droit des gens, et, comme tels, soumis, dans leur exécution, aux lois et aux tribunaux du pays où ils ont eu lieu (2) ». — Mais, comme le disait fort bien la Cour de Caen, le 5 janvier 1866, « on ne voit pas en quoi les actes de commerce sont du droit des gens plus que du droit civil ; on ne conçoit pas qu'un contrat commutatif, tel qu'une vente, un prêt, soit du droit des gens et soumis, comme tel, aux tribunaux français, s'il a un but commercial, et du droit civil, s'il n'est pas commercial. Il faut donc dire que les tribunaux français sont compétents pour juger les uns aussi bien que les autres (3). » La jurisprudence invoque là « un motif gros de conséquence, dit M. Laurent (4). Est-ce que tous les droits dont jouissent les étrangers, ne dérivent pas d'actes ou de contrats qui ont leur source dans le droit des gens ? La vente cesse-t-elle d'être du droit des gens, quand elle se fait entre non commerçants ? Si vendre et acheter sont toujours des actes du droit des gens, les tribunaux civils doivent être compétents, aussi bien que les tribunaux de commerce. Ainsi le motif qui fonde l'exception renverse la règle. Le motif est excellent et il établit la vraie règle, celle qui admet la compétence des tribunaux français comme conséquence du droit de contracter ».

« M. Demolombe, tout en invoquant l'article 420, ne parait pas très sûr que cette disposition s'applique aux étrangers; il cherche un autre appui et il le trouve dans l'article 3 du Code civil. N'est-

---

(1) Bonfils, n° 211, p. 184.
(2) Cass., 24 avril 1827. Dalloz, *Répertoire*, v° *Droits civils*, n° 344.
(3) Massé, *Droit commercial*, p. 614.
(4) Laurent, *Droit civ. int.*, t. I, n° 441, p. 554.

ce pas une loi de police, dit-il, que celle qui concerne la rapidité et la bonne foi si nécessaires dans les affaires de commerce (1)? — La compétence une loi de police! On peut dire, en un certain sens, que la justice est d'ordre public, puisqu'elle maintient la paix et la tranquillité entre les hommes. Mais ce motif, encore une fois, dépasse de beaucoup l'exception ; il fonde une règle toute contraire, celle de la compétence générale, universelle des tribunaux français. Dira-t-on que la paix publique est moins intéressée à un débat civil qu'à un débat commercial? Quoi! l'ordre public demande que les tribunaux décident une contestation entre étrangers née d'une vente commerciale! Et l'ordre public permet que ces étrangers se fassent eux-mêmes justice, quand il s'agit d'une vente civile (2) ! »

En réalité, cette dérogation de la jurisprudence n'est motivée par aucune raison juridique et ne repose que sur une considération d'utilité pratique et de nécessité sociale. Remarquons, en terminant, que nous ne repoussons pas la solution donnée par la jurisprudence, et nous croyons que l'étranger a le droit d'actionner un autre étranger devant les tribunaux français, lorsqu'on se trouve dans l'un des cas prévus par l'article 420 du Code de procédure. Si nous avons critiqué longuement cette solution, c'est pour montrer que la condamnation de la jurisprudence se trouve dans la jurisprudence elle-même, qui consacre dans ses décisions des règles contraires à celles qui devraient logiquement découler de son principe(3).

187. La jurisprudence se déclare encore compétente pour rendre exécutoire en France un jugement étranger, quelles que soient les parties en cause. Elle puise son attribution de compétence dans les art. 546 et 2123 C. civ., qui, dit-elle, ne distinguent pas. Tout le monde est d'accord sur ce point : le droit de rendre exécutoire sur le territoire français un acte quelconque, ne saurait évidemment appartenir qu'à une juridiction émanant de la souveraineté française. Mais quels seront exactement les pouvoirs de cette juridiction? Une grande controverse s'est élevée à ce sujet. La jurisprudence admet que tout jugement étranger, dans l'intérêt même des parties, doit être révisé au fond, tant au point de vue du droit qu'au point de vue du fait, et que les juges français ne sont nullement liés par la décision étrangère. Ce qui rend cette révision au fond possible, c'est l'extranéité des autorités qui ont rendu le juge-

(1) Demolombe, t. Ier, p. 422, n° 261.
(2) Laurent, *Droit civ. int.*, t. I, n° 441, p. 554.
(3) Bonfils, n° 211; Laurent, *Droit civ. int.*, t. IV, p. 61, n°* 28 et suiv.; Fœlix, t. I, n° 156, p. 328; Massé, t. I, n° 658, p. 613.

ment et non l'extranéité des parties (1). C'est un second procès qui s'engage sur la même affaire. Nos juges sont obligés d'étudier le litige sous toutes ses faces. On aboutit alors à une conséquence absurde. A propos de la même question, de la même affaire, la jurisprudence se déclare incompétente ou compétente, selon que la difficulté est portée devant elle pour la première ou pour la deuxième fois. Il y a là un résultat contraire à la logique. A quoi aboutit donc le refus de la part des tribunaux français de juger la cause? A un circuit d'actions qui ramènera la même cause devant les mêmes juges. Après avoir obtenu la condamnation de son adversaire par les juges de sa nation, l'étranger reviendra devant le magistrat français qui a refusé de l'écouter une première fois et qui ne pourra plus, maintenant, sous peine de déni de justice, se déclarer incompétent pour prendre connaissance de la contestation et donner au jugement étranger la force exécutoire. (Art. 2123 C. civ. et 546 C. pr. civ.) On arrivera ainsi à débattre au fond des contestations entre étrangers qui peuvent ne résider ni l'un ni l'autre en France et relatives à des faits ou à des conventions passés à l'étranger, pourvu que l'étranger qui a été condamné possède des biens en France. Cette doctrine et le résultat auquel elle conduit ne sont-ils pas en contradiction avec le principe de la jurisprudence? Les tribunaux français ne vont-ils pas être obligés de prendre connaissance des lois étrangères? Ne doivent-ils pas réserver tout leur temps aux nationaux? Comment donc, en l'absence d'un texte formel, la jurisprudence peut-elle apporter une dérogation aussi importante à son principe? La Cour de Paris, poussant à l'extrême, mais suivant, avec une rigoureuse logique, le principe admis par la jurisprudence, que nos tribunaux ne peuvent connaître des contestations entre étrangers, et déterminée, sans doute, par cette idée qui prévaut en jurisprudence que la force exécutoire ne peut être accordée qu'après une revision au fond du jugement étranger, se déclara incompétente pour connaître de l'exécution d'un jugement étranger : « La voie d'exécution disparaît, dit cet arrêt (2), attendu que le droit d'agir est absent. » Cette décision rendait insaisissables les biens d'un étranger résidant en France et lui assurait l'impunité. Aussi, reculant devant ces conséquences désastreuses, la Cour de cassation (3) cassa l'arrêt de la Cour de Paris en s'appuyant sur la généralité des termes des articles 546 et 2123 et sur ce que ce refus constituait un déni de justice, puis-

(1) Pau, 17 janvier 1872, cité plus haut.
(2) Paris, 15 juin 1861, cité plus haut.
(3) Cass., 10 mars 1863, cité plus haut.

que l'étranger ne peut s'adresser qu'aux tribunaux français pour
obtenir l'exécution, en France, des décisions judiciaires rendues à
l'étranger. Mais cet arrêt de la Cour de cassation semble bien
arbitraire, car en quoi l'article 546 est-il plus général que les autres articles du Code de procédure, et comment la jurisprudence
peut-elle parler de déni de justice, puisqu'elle admet en principe
que les étrangers n'ont pas droit à la justice française ? Nous n'approuvons certainement pas l'arrêt de la Cour de Paris, mais nous
devons du moins reconnaître que la Cour était logique avec elle-
même en refusant compétence aux tribunaux français pour reviser
au fond le jugement étranger, c'est-à-dire pour rendre justice aux
étrangers et prendre connaissance des lois de leur pays.

188. De cette longue discussion, il résulte clairement que la
plupart des dérogations sous lesquelles la jurisprudence étouffe le
principe de l'incompétence manquent de logique et sont incom-
patibles avec ce principe. Nous avons déjà démontré que ce système ne peut être lui-même solidement établi, les contradictions,
auxquelles les exigences de la pratique condamnent la jurisprudence, prouvent, une fois de plus, combien le principe qui sert de
base au système de la jurisprudence est peu conforme au droit
et à la vérité.

SECTION III

RÉFUTATION DE LA COMPÉTENCE FACULTATIVE

SOMMAIRE. — 189. Décider que l'incompétence n'est que relative, comme le font en
général nos tribunaux, c'est se mettre en contradiction formelle avec le principe
de la jurisprudence. Ce principe conduit logiquement à décider que l'incompétence est d'ordre public. — 190. De plus, la jurisprudence ajoute à la notion de
l'incompétence relative des éléments qu'elle ne comporte pas.

189. En dehors des cas où la compétence est obligatoire, les
juges peuvent retenir l'affaire s'ils le jugent convenable, à la condition que les parties soient d'accord et que le défendeur ne soulève pas l'exception d'incompétence *in limine litis ;* en d'autres termes, les parties peuvent renoncer à se prévaloir de l'incompétence du tribunal en portant, d'un commun accord, leur différend
devant lui, et, en vertu de ce consentement, le juge peut retenir
la connaissance de la cause ; il n'est pas tenu de se dessaisir
d'office. On retrouve bien là les caractères de l'incompétence relative. Mais décider que l'incompétence de nos tribunaux à l'égard
des contestations entre étrangers n'est que relative, n'est-ce pas
se mettre en contradiction formelle avec le principe général que dé-

fend la jurisprudence, surtout en présence des motifs sur lesquels elle base ce principe ? La justice n'est due qu'aux nationaux, dit la jurisprudence; les tribunaux n'ont pas été institués pour juger les étrangers; le temps des magistrats doit être employé au profit des Français; la dignité de la justice nationale serait compromise, par suite des erreurs auxquelles le juge serait exposé, s'il devait appliquer la loi étrangère, et par suite de la contrariété des décisions qui pourraient intervenir sur la même question, en France et à l'étranger. Et c'est sur de tels motifs que la jurisprudence établit une incompétence *ratione personæ* ? Est-ce que ce ne sont pas là des raisons qui touchent à l'ordre public? N'y a-t-il pas là, comme l'a dit M. l'avocat général Foucher, une incompétence qui tient au defaut absolu du principe même de juridiction (1) ? Entraver le cours de l'administration de la justice au profit des Français, porter atteinte à la dignité des juges nationaux, n'est-ce pas porter atteinte à l'ordre public lui-même ? Il n'est pas possible, selon les expressions de la Cour d'Alger, de trouver une incompétence qui, malgré son apparence de personnalité, touche plus, en réalité, à la matière (2) ? Le système de la jurisprudence conduit donc logiquement à décider que l'incompétence des tribunaux français à l'égard des contestations entre étrangers est absolue et d'ordre public; que le seul consentement des parties est impuissant à la faire disparaître, et que le juge doit toujours la prononcer d'office. « Si la juridiction est essentiellement nationale, si elle n'est établie que pour les Français, si les lois ne sont faites que pour eux, comment la volonté des étrangers pourrait-elle donner compétence à des tribunaux radicalement incompétents? Une pareille anomalie exigerait, certes, un texte. Et où est-il ? On cite l'article 111, qui attribue compétence au juge du domicile élu. Mais cet article, pas plus que l'article 420 du Code de procédure, ne parle des étrangers (3). » « Nous ne demanderons plus, dit encore M. Laurent, comment on concilie cette exception avec les motifs sur lesquels on fonde l'incompétence des tribunaux français ; la contradiction est évidente (4). » On ne peut comprendre, en effet, que le seul consentement des parties en cause puisse permettre à un tribunal de statuer sur une contestation entre étrangers, alors qu'il n'a été institué que pour rendre la justice aux Français (5). On en arrive à cette conséquence qu'en consentant à laisser juger

(1) M. l'avocat général Foucher, devant la Cour de Rennes. S., 1842, 2, 211.
(2) Alger, 4 mars 1874. S., 1874, 2, 103.
(3) Laurent, *Droit civ. int.*, n° 442, p. 555.
(4) Laurent, *Droit civ. int.*, n° 442, p. 554.
(5) Despagnet, *Cours de droit int.*

leurs différends par nos tribunaux, les étrangers s'attribuent un droit civil qui, au dire de la jurisprudence elle-même, ne peut leur être accordé que par un traité ou une loi. Le point de départ de la jurisprudence conduit donc logiquement à décider qu'il n'est jamais possible à nos juges de retenir la connaissance de la cause, et ainsi se trouve entièrement miné le système de la compétence facultative.

190. Enfin, on peut reprocher à la jurisprudence d'ajouter à la notion de l'incompétence relative des éléments qu'elle ne comporte pas. En effet, le défendeur doit proposer l'exception d'extranéité *in limine litis*, il ne pourrait l'invoquer utilement en cours d'instance ou en appel, encore moins en cassation. Mais nos tribunaux, de leur côté, ne sont pas liés par le consentement des parties ; tant que la décision définitive n'est pas intervenue, nos tribunaux, dit la jurisprudence, peuvent très également se dessaisir d'office ; non seulement la Cour d'appel pourra refuser de connaitre des procès dont les premiers juges ont connu ; mais les tribunaux de première instance eux-mêmes peuvent très légalement, après leur investissement et en cours d'instance, se dessaisir de l'affaire et renvoyer les parties devant qui de droit (1). Comme le fait remarquer M. Glasson, l'incompétence des tribunaux français, à raison de l'extranéité des plaideurs, semble être, dans le système de la jurisprudence, d'une nature toute spéciale. Relative vis-à-vis des parties, en ce sens qu'elle peut être couverte par leur renonciation, elle tient cependant de l'incompétence absolue, en raison du droit reconnu au tribunal de se dessaisir d'office en tout état de cause (2). La jurisprudence crée donc une incompétence relative *sui generis* que ne mentionne et ne suppose aucun article de nos lois. Nos tribunaux s'arrogent ici des droits qu'ils ne sauraient puiser ni dans le Code civil, ni dans le Code de procédure. Ainsi, en créant ce système de la compétence facultative, pour échapper aux conséquences désastreuses du système de l'incompétence, la jurisprudence se met en contradiction formelle avec ses principes. Bien plus, en ajoutant à l'incompétence relative des éléments qu'elle ne comporte pas, la jurisprudence crée une incompétence qui n'est pas reconnue par les textes et elle viole ouvertement la loi. Toutes ces contradictions ne sont-elles pas la condamnation du système de l'incompétence ?

(1) Féraud-Giraud, 1880. Clunet, p. 232.
(2) Glasson, 1881. Clunet, p. 132.

CHAPITRE III

SYSTÈME DE LA COMPÉTENCE

191 « *La justice*, dit Rodière, *est dans l'ordre moral ce qu'est l'air*
« *ou l'eau dans l'ordre physique, c'est-à-dire une de ces choses commu-*
« *nes auxquelles les étrangers ont droit comme les régnicoles* (1). »
Nous posons en principe que les tribunaux français sont compétents pour statuer sur les contestations entre étrangers comme
ils le sont entre Français, et nous appliquons aux uns comme aux
autres les règles de droit commun, les articles 59 et 420 C. pr. civ..,
etc...

Nous ne prétendons pas que les tribunaux français seront toujours obligés de prendre connaissance de tous les procès portés
devant eux par des étrangers, qu'il s'agisse d'une question civile
ou commerciale, sans distinguer si les parties en cause ont en
France un véritable domicile, ou seulement une simple résidence
momentanée. Ce que nous soutenons, c'est que la justice est due
aux étrangers comme aux nationaux ; c'est que les tribunaux français ne sont pas incompétents par cela seul que les deux parties
sont étrangères, si du moins leur compétence résulte des règles de
procédure établies par la loi française.

Tel est, croyons-nous, le véritable principe en cette matière, et
ce principe a été soutenu par toute une école de publicistes et de
jurisconsultes, qui ont montré que les tribunaux français ne pouvaient refuser de rendre la justice à ceux qui la réclamaient pendant leur séjour sur le sol français et d'acquitter ainsi une dette
dérivant du droit des gens (2).

---

(1) Rodière, t. II, p. 41.
(2) Vattel, liv. II, ch. vii, § 84; viii, § 103; De Martens, *Précis du droit des gens*,
§§ 92 et 93; Calvo, *le Droit intern.*, 2ᵉ éd., t. I, §§ 251 et suiv., p. 370; Wheaton
Éléments de droit intern., t. Iᵉʳ, p. 144, § 19, al. 3 : Bluntschli, trad. par Lardy
nᵒ 386, p. 227; Mittermaïer, *Principes du droit privé Allem.*, § 109, note 5; Fœlix
Traité de droit int., 4ᵉ éd., t. Iᵉʳ, nᵒ 146, p. 307, et nᵒ 157, p. 429; Laurent, *Principes de droit civil*, t. Iᵉʳ p. 515; *Droit civil int.*, t. IV, nᵒ 25, et Clunet, 1877, p. 503;
Massé, *Droit comm.*, t. Iᵉʳ, nᵒ 658; Legat, *Code des étrangers*, p. 305; Roger,

Nous allons d'abord justifier notre système. Puis nous en ferons ensuite l'application aux principales matières du droit, et nous réfuterons en même temps, à propos de chaque matière, les diverses opinions des auteurs.

SECTION I

JUSTIFICATION DU SYSTÈME DE LA COMPÉTENCE

Revue étrangère de législation, t. V, p. 181 ; Demangeat, De la condition des étrangers, n° 85, p. 388; Rapetti, Thèses pour le doctorat; Bonfils, De la compétence des trib. fr. à l'égard des étrangers, n° 211 ; Pradier-Fodéré, sous Vattel, loc. cit. suprà; C. Norsa, Revue de jurisprudence italienne, dans la Revue de droit int., 1871, n° 34, p. 264; Ch. Rocher, même revue, 1871, p. 413 ; Bertauld, Questions pratiques, t. Ier, pp. 147 et suiv.; Glasson, De la compétence des tribunaux français entre étrangers. Clunet, 1881, p. 105 et 133, et France judiciaire, 1881. Demangeat. Clunet, 1877, pp. 109, 113, 1882, pp. 288, 291; Asser, Éléments de droit int., privé, pp. 147 et suiv.; Weiss, Droit int. privé, p. 923; Gerbaut, De la compétence des trib. fr. à l'égard des étrangers ; Haus. Du droit privé qui régit les étrangers en Belgique, n° 106, p. 270, et n° 108, p. 281 ; Jay, Revue pratique, 1857, t. III, pp. 197 et suiv. ; Hennequin, Revue de lég., 1852, p. 93.—Contrà : Demolombe, t. Ier, n° 261, p. 425; Aubry et Rau. t. VIII, n° 748 bis, p. 143 ; Sapey, Les étrangers en France, pp. 214 et suiv. et les autorités qu'il cite dans le cours de cette étude; Féraud-Giraud, De la comp. des trib. fr. Clunet, 1880, pp. 140 et suiv., et 1885, pp. 225 et 375; Portalis, Revue de législation, t. XVI, pp. 122, 157; Toullier, t. Ier, p. 265; Duranton, t. I, n° 152; Pardessus, Dr. comm., 1477, n° 3; Delvincourt, I, 15; Merlin, Rép., v° Étrangers. § 2; Favard, eod. verb.; Coin-Delisle, Jouissance des droits civils, p. 40, n° 25; Bioche, Dict. de procéd., v° Étranger, n°s 50 et suiv. ; Nouguier, Trib. de comm., t. II, p. 417; Despréaux, Comp. des trib. de comm., n°s 265 et suiv.; Demante, I, n° 29 bis, 4; Massé et Vergé, § 62, notes 12 et suiv. ; Dragoumis, p. 133; Gand, Code des étrangers, n° 200; Trochon, Les étrangers devant la justice fr., pp. 270 et suiv.

auteurs refusent de voir dans l'article 11 une base suffisante pour établir le système de la compétence. Réfutation. — 207. Application de ce système à notre question. Compétence. — 208. Il s'agit et il ne peut s'agir que d'une question de jouissance. — 209. Résumé. Conclusion. Assimilation complète des étrangers et des nationaux au point de vue de la compétence.

192. Ce qui crée des difficultés dans notre matière, c'est l'absence complète de textes. Aussi, plus que dans toute autre question, est-il essentiel de poser un principe qui serve de guide et permette de résoudre les principales difficultés qui pourront surgir. Tout le monde est d'accord sur ce point. Mais quel peut bien être exactement ce principe? Là commence la difficulté. Il s'agit à la fois pour les étrangers du droit d'obtenir justice, et pour nos tribunaux de l'obligation de la leur rendre. Et, suivant que l'on s'attache au premier ou au second de ces points de vue, on voit dans la difficulté une question de jouissance des droits civils ou une question de compétence (1).

Nous allons d'abord examiner la question en nous plaçant au point de vue de la jouissance des droits civils ; nous verrons ensuite s'il y a lieu de se placer au point de vue de la compétence. Mais, il importe de le dire dès à présent, c'est en s'attachant aux difficultés relatives à la jouissance des droits civils que le problème doit être résolu. Le point de vue de la compétence n'est qu'un point de vue secondaire. Suivant qu'il est décidé que les étrangers ont ou n'ont pas la jouissance du droit de s'adresser à la justice, la compétence ou l'incompétence de nos tribunaux s'ensuit nécessairement. Nous y reviendrons bientôt.

193. Si l'on examine la question en se plaçant au point de vue de la jouissance des droits civils, tout dépend de l'explication que l'on donne de l'article 11 du Code civil, qui contient la base du système du Code à l'égard des étrangers. Il est bien certain que, d'après les articles 8, 11 et 13 de ce Code, les étrangers, à la différence des Français, ne sont admis que par exception et sous certaines conditions à la jouissance des droits civils. Mais la controverse commence dès qu'il s'agit de savoir quelle est l'acception qu'il faut attribuer aux expressions droits civils.

Aux termes de l'article 11, « l'étranger jouira en France des mêmes droits civils que ceux qui sont ou seront accordés aux Français par les traités de la nation à laquelle cet étranger appartiendra ». Cet article, nous l'avons vu, consacre le système de la réciprocité diplomatique, qui accorde à l'étranger en France les droits civils reconnus aux Français par les traités conclus entre le gou-

(1) Glasson. Clunet, 1881, p. 105.

vernement français et le gouvernement du pays auquel cet étranger se rattache. Mais, en l'absence d'un traité, quels sont les droits dont jouissent les étrangers en France? Cette question a donné lieu à trois systèmes principaux. Nous allons les examiner successivement. Nous en ferons ensuite l'application à notre question.

194. *Premier système*. Les étrangers ne peuvent jouir des droits civils en France qu'autant que ces droits leur sont concédés. C'est le système de M. Demolombe (1). « Aux termes de l'article 8, dit M. Demolombe, tout Français jouira des droits civils. D'où il résulte que les droits civils français sont faits pour les Français et que, en principe, en règle générale, l'étranger ne peut pas en réclamer la jouissance, à moins qu'elle ne lui ait été concédée. » Cette concession peut être expresse ou tacite.

Expresse, elle peut résulter des traités faits par le gouvernement français avec la nation à laquelle l'étranger appartient, ou des lois françaises. C'est ainsi que les étrangers peuvent acquérir des actions de la Banque de France (2), devenir concessionnaires de mines (3), avoir un droit de propriété littéraire et artistique (4), succéder, disposer et recevoir de la même manière que les Français (5), obtenir en France des brevets d'invention (6), faire protéger en France leurs marques de fabrique (7), faire des versements à la Caisse des retraites pour la vieillesse aux mêmes conditions que les nationaux (8), enfin les étrangers peuvent, à certaines conditions, être admis à enseigner en France (9).

La concession peut être tacite, c'est-à-dire que la concession d'une faculté principale peut emporter, comme conséquence virtuelle, la concession des droits civils qui sont les moyens d'exercice de cette faculté principale. Ainsi les articles 3, 14, 15 du Code civil supposent et consacrent, au profit des étrangers, la faculté d'être propriétaires, même de biens immeubles, en France; d'être créanciers et débiteurs d'après la loi civile française. Or, la conséquence virtuelle et directe de cette faculté principale, c'est la concession de tous les droits civils au moyen desquels les créan-

(1) Demolombe, t. 1er, n° 240, p. 379.
(2) Décret du 16 janv. 1808, art. 3.
(3) Décret du 21 avril 1810, art. 13.
(4) Décret du 5 févr. 1810, art. 40; Décret du 28 mars 1852.
(5) Loi du 14 juillet 1819.
(6) Loi du 5 juillet 1844, art. 27.
(7) Loi du 13 juin 1857, art. 5 et 6; Loi du 26 nov. 1873, art. 9.
(8) Loi 28 mai 1853; Loi 12 juin 1861, art. 3.
(9) Loi 15 mars 1850, art. 78.

ces et les dettes se forment et s'éteignent, comme aussi de tous les droits civils relatifs à la preuve des différentes causes, des différents événements par lesquels la propriété est acquise ou aliénée, par lesquels les créances sont contractées ou éteintes. (Art. 544, 902, 1123, 1316.) (1). De même peut-on voir dans les articles 12 et 19 la reconnaissance implicite du droit de l'étranger à contracter mariage en France (2).

195. Ce système n'a prévalu ni en doctrine, ni en jurisprudence. Il est aujourd'hui généralement repoussé. « Comme toute théorie conçue *a priori,* » il ne s'harmonise ni avec les précédents historiques, ni avec les travaux préparatoires. Il laisse en outre un vaste champ ouvert à la controverse , parce qu'il ne fournit par lui-même aucun moyen de reconnaître quels sont les droits tacitement accordés aux étrangers (3) et qu'on se trouve ainsi réduit à errer dans le vague, ou à chercher dans un autre ordre d'idées la solution de la difficulté (4). Il serait d'ailleurs singulier que le législateur eût consacré au profit de l'étranger, par une voie aussi détournée que celle des articles 3, 12, 14, 15 et 19 du Code civil, le droit de se marier, de posséder, de contracter, que les termes généraux de l'article 11 paraissent lui refuser. De plus, ce système aboutit à une véritable pétition de principe. En effet, la portée des articles 3, 12, 14 et 19 est nécessairement subordonnée à l'interprétation que l'on donne à l'article 11, dont ils sont voisins, et l'on peut dire que ces articles 3, 12, 14, 15 et 19, qui reconnaissent implicitement qu'un étranger peut être propriétaire, marié, créancier ou débiteur en France, supposent remplie la condition de l'article 11, c'est-à-dire l'existence d'un traité. Or , il s'agit précisément de savoir si un étranger peut jouir d'un droit civil en l'absence d'un traité de réciprocité. « Le sous-entendu par lequel les partisans de ce système essaient d'en atténuer la rigueur et de le rendre acceptable, n'a donc aucune base et ne peut être accepté. Si ce système devait prévaloir, la législation française frapperait l'étranger de mort civile et, plus barbare que celle de l'ancien régime, le priverait des droits les plus essentiels à la vie (5). » Enfin, les travaux préparatoires du Code sont en contradiction formelle avec ce système.

196. *Deuxième système.* Ce système distingue entre les facultés et avantages qui, communément envisagés par les diverses

(1) Demolombe, t. Ier, no 243, p. 383.
(2) *Cf.* Weiss, p. 350.
(3) Aubry et Rau, § 78, p. 289, et note 6.
(4) Aubry et Rau, § 78, p. 290, et note 7.
(5) Weiss, p. 351.

nations policées comme découlant du droit naturel,.ou qui, se
trouvant de fait, généralement admis dans leurs législations et faisant ainsi partie du *jus gentium*, ne sont point à considérer comme
particuliers au droit national de tel ou tel peuple, et les facultés
et avantages dont l'établissement est plus spécialement l'œuvre du
Droit national qui les consacre (1). L'étranger jouit des premiers de
droit commun et sans aucune condition ; il ne peut, au contraire,
prétendre aux seconds qu'exceptionnellement et sous les conditions indiquées aux art. 11 et 13. C. civ.(2). C'est aux tribunaux
qu'il appartient d'appliquer cette distinction aux différentes
hypothèses.

Ce système, qui est généralement admis par le jurisprudence,
s'appuie exclusivement sur les précédents historiques et sur les
travaux préparatoires. La distinction sur laquelle repose ce système était généralement admise dans le dernier état de notre
ancienne jurisprudence française (3). Pothier dit que les étrangers
aubains participent aux droits qui dérivent du droit des gens et
non à ceux que les lois civiles n'ont établis que pour les citoyens (4). Il est si vrai que c'était là la doctrine universelle, qu'on
la trouve dans des ouvrages qui ne font que reproduire les opinions courantes. On lit dans le Répertoire de Guyot, devenu si
célèbre depuis que Merlin y a attaché son nom : « Tout étranger
est capable, dans le royaume, des actes du droit des gens. Il peut
librement vendre, échanger, et en général passer toutes sortes de
contrats que ce droit autorise, mais il ne peut recevoir ni disposer à cause de mort. Les actes du droit civil lui sont interdits, et
comme la capacité pour les successions, actives et passives, est
du droit civil, il en résulte que tout étranger en est exclu. Cette
incapacité est un des principaux fondements du droit d'aubaine (5). »

Les travaux préparatoires prouvent de la manière la plus évidente que l'intention formelle des rédacteurs du Code a été de
maintenir la doctrine antérieurement établie (6). « Nous traite-
rons les étrangers comme ils nous traiteraient eux-mêmes, dit
Portalis, dans l'exposé général présenté au Corps législatif, dans
la séance du 3 frimaire an X ; le principe de la réciprocité sera
envers eux la mesure de notre conduite et de nos égards. Il est

(1) *V.* Aubry et Rau, § 78, t. Ier, p. 291.
(2) Aubry et Rau, § 78, t. Ier, p. 291. *V.* Laurent, t. Ier, pp. 540 et suiv., nos 405
et suiv., pp. 548 et suiv., nos 440 et suiv.
(3) Aubry et Rau, § 78, t. Ier, p. 291 et note 8.
(4) Pothier, *Des personnes*, partie Ire, titre 1er, sect. 2.
(5) Merlin, *Répertoire*, vo *Aubaine*, no 4.
(6) Aubry et Rau, § 78, t. Ier, p. 292, et notes 11, 12 et 13.

pourtant des droits qui ne sont pas interdits aux étrangers : ces droits sont tous ceux qui appartiennent bien plus au droit des gens qu'au droit civil et dont l'exercice ne pourrait être interrompu sans porter atteinte aux diverses relations qui existent entre les peuples (1). » « Un État n'est autre chose qu'une unité d'obéissance, de domination, de lois et de police, dit le tribun Siméon dans le rapport fait au Tribunat, dans la séance du 25 frimaire an X unité à la faveur de laquelle les citoyens unis participent aux effets civils du Droit de la nation. Ceux qui forment cette unité sont les seuls qui puissent réclamer les avantages qu'elle produit. Ce qui caractérise essentiellement le Droit civil, c'est donc d'être propre et particulier à un peuple, et de ne point se communiquer aux autres nations. *Quod quisque populus sibi jus constituit, id ipsius proprium civitatis est, vocaturque jus civile, quasi jus proprium ipsius civitatis.* |Les successions étant de droit civil, parce que c'est la loi qui les défère ou qui permet d'en disposer, la capacité de succéder est un des principaux effets du droit civil proprement dit. Au contraire, les effets du droit naturel se communiquent partout à l'étranger comme au citoyen. Pour en jouir, il n'est pas nécessaire d'être membre d'une certaine nation plutôt que d'une autre : il suffira d'être homme. C'est du droit naturel que dérivent presque tous les contrats. Les particuliers sont obligés entre eux et dans le même État, et d'un État à l'autre, par toutes les conventions licites qu'ils font réciproquement. Si les étrangers ne peuvent réclamer les droits qui naissent de la loi civile, tels que ceux des successions et des testaments, ils peuvent tout comme les citoyens, *exercer les actions qui descendent des contrats.* C'est là le droit général. Ils peuvent, à moins d'une loi prohibitive expresse, acquérir et posséder des biens, les échanger, les vendre, les donner entre vifs ; mais ils ne peuvent ni disposer ni recueillir à cause de mort. En un mot, le droit civil proprement dit est celui de chaque cité ou de chaque nation. Le droit civil général est celui de tous les peuples civilisés (2). »

C'est à la doctrine et à la jurisprudence à déterminer quelles sont les facultés qui doivent faire partie du *jus gentium* et quelles sont celles qui doivent être considérées comme étant de droit civil. Le droit des gens n'est pas un droit stationnaire, mais un droit progressif. L'expérience prouve que les différentes législations civiles tendent incessamment à se rapprocher, et depuis la promulgation du Code, ce travail d'assimilation a fait de sensibles

(1) Locré, *Lég. civ.*, t. Ier, p. 330, n° 13.
(2) Locré, *Lég. civ.*, t. II, pp. 246 et 247, n° 8.

progrès (1). Les rédacteurs du Code semblent être partis de l'idée que du jour où une institution successivement admise par les différents peuples civilisés se trouverait sanctionnée par le consentement unanime de tous, et serait ainsi devenue une institution du droit des gens, le principe de la réciprocité exigeait que les étrangers puissent invoquer en France le bénéfice de cette institution, tout comme les Français seraient admis à le réclamer à l'étranger. Ils pensèrent que la barrière à opposer aux prétentions des étrangers ne devait pas être fixée d'une manière immuable par la législation, et qu'il fallait laisser à la jurisprudence et à la doctrine la possibilité de la déplacer, suivant la marche progressive du droit des gens (2). Cette théorie n'est, du reste, pas plus contraire à nos mœurs qu'à nos lois, puisque, mobile de sa nature, elle se prête admirablement à tous les progrès de la civilisation (3).

197. Nous reconnaissons que ce système est fondé sur des bases très sérieuses. Mais nous ne croyons pas que le Code ait pu laisser à nos tribunaux le pouvoir de faire la loi en cette matière. « Ce système est très dangereux, dit M. Valette, et son application soulève des controverses interminables. Comment, en effet, distinguer d'une manière sûre les droits qui sont une création du droit civil proprement dit, par opposition au droit général qui se retrouve chez toutes les nations (*jus gentium*)? On peut toujours discuter sur le point de savoir ce qui appartient au droit des gens universel et au droit particulier de chaque nation ; et là dessus les traditions du droit romain et celles de notre ancien droit français sont en contradiction manifeste sur plusieurs points (4). » Laisser à nos tribunaux le soin de distinguer les facultés de droit civil et les facultés de droit des gens, c'est leur attribuer un pouvoir immense dont l'abus est à craindre. L'esprit de nos institutions, les principes de l'école française moderne, ne sont-ils pas contraires à un pareil arbitraire ? Si ce système devait être admis, pourquoi avoir proclamé si haut la séparation des pouvoirs législatif et judiciaire, la nécessité des lois écrites, les bienfaits de la codification (5) ?

198. *Troisième système.* Les étrangers jouissent en France de tous les droits privés qui ne leur ont pas été formellement refusés par des textes spéciaux (6). En d'autres termes, les étrangers

(1) Aubry et Rau, n° 78, p. 293, note 15.
(2) Aubry et Rau, n° 78, p. 294, note 15.
(3) Aubry et Rau, § 78, t. I, p. 293.
(4) Valette. *C. de C. civ.*, t. I, p. 67.
(5) Valette. *Explic. somm. C. civ.*, p. 416.
(6) Ce système, enseigné par Zachariæ (I, § 76, *in fine*), est adopté par M. Deman-

peuvent prétendre à toutes les parties du droit civil général (*jus privatum*) qu'une disposition expresse ne leur a pas enlevées (1). Quant aux droits qu'un texte réserve exclusivement aux Français, les étrangers n'en peuvent jouir qu'en vertu d'un traité conclu par leur gouvernement avec la France sur la base de la réciprocité. D'après ce système, les articles 8, 11 et 13 ne sont que des dispositions provisoires dont on se réservait de déterminer la portée en s'occupant de chaque matière spéciale, par exemple à propos des successions, des donations et des legs (art. 726 et 912 C. civ.), de la cession de biens (art. 905 C. pr. civ.) (2). Les dispositions particulières de ces articles, qui établissent entre les Français et les étrangers certaines inégalités de condition, sont tout à fait limitatives. L'article 11 n'a d'autre force réelle que d'empêcher, toutes les fois qu'il existe un de ces traités dont il parle, l'application de ces inégalités (3).

Cette opinion, la plus simple, la plus facile à appliquer, et en même temps la plus libérale, est confirmée par les travaux préparatoires où apparaît plusieurs fois cette idée que les divers titres du Code indiqueraient les droits enlevés aux étrangers. Au Tribunat, notamment, plusieurs membres ayant demandé que l'on définît et que l'on énumérât les droits civils refusés aux étrangers, Grenier répondit que le législateur le ferait dans la suite du Code, et que, dans le titre Ier, il suffisait de poser un principe général (4). « On objecte, dit Grenier, qu'en disant que tout Français jouira des droits civils résultant de la loi française, ce n'est pas assez déterminer ces droits ; on aurait dû les expliquer. Mais il y a une détermination exacte; et sans suivre le rapporteur dans des questions abstraites tenant à des définitions, je me bornerai à dire que les droits civils sont ceux qui seront établis successivement dans les recueils de nos lois. Les Français pourront les exercer dans toute leur plénitude. Les étrangers ne seront pas privés de tous, tels que ceux qui, quoique établis par le droit civil ou par la loi française, peuvent prendre leur source dans ce qu'on appelle, dans le domaine de la science, le droit naturel, le droit des gens. Mais ils sont privés de certains. Voilà ce qui établit la nuance entre les Français et les étrangers, entre l'exercice et le non-exercice

geat (n° 56) et par M. Valette (*Explic. somm.*, pp. 408 à 416) et *Cours de Code civil*, t. I, p. 68; il tend de plus en plus à prévaloir dans l'enseignement.

(1) Valette, *Cours de Code civil*, t. I, pp. 67.68.

(2) Valette, *Cours de Code civil*, t. I, p. 68.

(3) Demangeat, *Condition civ. des étrangers*, p. 252; Valette, *Explic. somm.*, pp. 408 à 416; Chavegrin, *Revue critique*, 1883, p. 521.

(4) Séance du Tribunat du 29 frimaire an X (*Archives parlementaires*, t. III, p. 188). Fenet, t. VIII, p. 240.

des droits civils. *Les droits dont les étrangers sont privés seront marqués successivement dans les titres du Code qui y auront trait.* On ne les oubliera certainement pas, lorsqu'il sera question de la faculté de tester, de la capacité de recevoir par testament, de succéder, etc. «Mais dans un titre où il s'agit seulement de la jouissance et de la privation des droits civils, cette énumération n'était pas nécessaire. Si on y avait parlé de chacun de ces droits, on aurait pu dire que ce détail devait être renvoyé à chacun des titres dont je viens de parler (1). » L'article 11 n'est qu'une pierre d'attente; écrit dans la loi avant qu'on sût bien précisément quelle en serait la portée, dans quelles limites on en restreindrait l'application (2), il doit être expliqué par les autres dispositions de notre droit relatives aux étrangers.

Les partisans de ce système font remarquer, en outre, ce qu'il y a d'inhumain dans la doctrine de ceux qui voient dans l'incapacité de l'étranger la règle de sa condition juridique, et ce qu'il y a d'arbitraire dans la distinction des droits naturels et des droits civils, telle que la professent les partisans du second système. Il n'a pu, disent-ils, entrer dans l'esprit du législateur de refuser à l'étranger tous les droits privés qui ne lui ont pas été concédés, et, d'autre part, d'accorder aux juges un pouvoir aussi exorbitant que celui de décider souverainement quels sont les droits de l'étranger (3).

199. Nous n'hésitons pas à nous rallier à ce système. Il a cependant soulevé plusieurs objections.

I. — Si les étrangers ont la jouissance de tous les droits qui ne leur sont pas refusés, on ne s'explique pas pourquoi des lois nombreuses postérieures au Code civil leur ont attribué expressément la jouissance de certains droits, pourquoi ces lois ont déclaré, en termes formels, que les étrangers auraient droit par exemple aux brevets d'invention, à la propriété littéraire, etc. — Mais cette manière de procéder s'explique très bien par l'intention de prévenir toute espèce de doute, relativement aux droits dont on voulait que l'étranger pût jouir, quoique d'ailleurs les principes bien interprétés dussent conduire à un résultat tout à fait semblable (4). La jurisprudence attribuant à l'article 11 un sens restrictif, le législateur a craint que son silence ne pût être interprété d'une manière défavorable aux étrangers. Cette manière de procéder s'explique d'autant mieux que ces lois traitaient de matières nouvelles

(1) Fenet, t. VIII, p. 240.
(2) Demangeat, p. 251.
(3) Weiss, *Droit int.*, p. 354.
(4) Valette, *Explic. somm.*, p. 409.

ayant échappé jusque-là à toute réglementation et que le silence du législateur aurait pu être interprété dans un sens défavorable aux étrangers.

200. II. — Mais, dit-on, ce système conduit à une assimilation presque complète des Français et des étrangers, surtout depuis que la loi du 14 juillet 1819 a abrogé les articles 726 et 912 du Code civil et que la loi du 22 juillet 1867, en supprimant la contrainte par corps en matière civile et commerciale, a enlevé à l'article 905 du Code de procédure presque toute son importance. L'article 11 aurait ainsi perdu presque toute sa raison d'être et il serait en réalité virtuellement abrogé (1). — Il n'en est rien : il y a encore des droits qui sont réservés aux seuls Français et pour lesquels l'article 11 conserve toute son utilité. Ce sont : 1° Le droit, pour le défendeur, d'invoquer à son profit la règle *actor sequitur forum rei* dans le cas de l'article 14 C. civ. ; 2° Le droit, pour le demandeur, d'assigner devant le tribunal de son propre domicile le défendeur étranger (C. civ., art. 14); 3° Le droit de plaider comme défendeur sans être soumis à l'obligation de fournir la caution *judicatum solvi* (C. civ., art. 16 ; C. pr. civ., art. 166 [et suiv.]; 4° Le droit, pour le demandeur, d'exiger de son défendeur étranger la caution *judicatum solvi* (C. civ., art. 16); 5° Le droit, pour le débiteur, de se soustraire à la contrainte par corps en opérant la cession de biens (C. civ., art. 1268; C. proc. civ., art. 905; Loi 22 juillet 1867); 6° Le droit de participer aux affouages. (C. for., art. 105 ; Loi 23 nov. 1883 (2).

Tous ces droits n'appartiennent aux étrangers qu'autant qu'ils en ont obtenu la concession, soit par un traité, soit par l'admission à domicile. (Art. 11 et 13 C. civ.) L'article 11 conserve donc encore une certaine utilité. Et d'ailleurs, ces droits fussent-ils moins nombreux, on ne pourrait qu'applaudir à leur diminution, comme un symptôme heureux de l'abandon des vieux préjugés et des vieilles défiances. L'Italie est entrée dans cette voie par son Code civil de 1865 et l'Institut de droit international l'y a résolument suivie, en votant, en 1880, sur le rapport de MM. Arntz et Westlake, la proposition suivante : «L'étranger, quelle que soit sa nationalité ou sa religion, jouit des mêmes droits civils que le régnicole, sauf les exceptions formelles établies par la législation actuelle (3). »

(1) Aubry et Rau, § 78, t. I, p. 288.
(2) *V.* Weiss, p. 357.
(3) Weiss, p. 358 et note 1. Il résulte de la discussion soulevée par cette proposition que par droits civils l'Institut entend tous les droits qui ne sont pas politiques. *Annuaire de droit international*, t. V, pp. 41, 43, pp. 56, 57.—*Cf.* Asser et Rivier, *Éléments de droit international privé*, 1884, p. 41.

201. III. — Ce système, dit-on encore, méconnaît la distinction des droits naturels et des droits civils. Or, cette distinction admise par notre ancienne jurisprudence a été maintenue dans notre Code civil, ainsi que le prouvent les travaux préparatoires. — Nous croyons en effet que les rédacteurs du Code, ont voulu reproduire dans ses traits généraux, la doctrine du droit romain et de notre ancienne jurisprudence sur la distinction des facultés du droit civil et des facultés du droit des gens : nous sommes d'accord sur ce point avec MM. Aubry et Rau; mais nous ne croyons pas que les rédacteurs du Code aient entendu maintenir cette distinction avec le caractère de vague et d'arbitraire que lui attribuait notre ancienne jurisprudence; ils n'ont pu, ainsi que le prétendent MM. Aubry et Rau, laisser à la jurisprudence et à la doctrine le pouvoir de modifier la situation civile des étrangers suivant la marche progressive du droit des gens (1). L'esprit de nos institutions modernes ne permet pas de rejeter sur toutes les juridictions, grandes ou petites, une tâche aussi lourde que celle de reconnaître ce qui découle du droit civil proprement dit et ce qui est admis par la législation écrite et même non écrite de tous les peuples policés (2). Les rédacteurs du Code ont au contraire affirmé plusieurs fois, leur intention de déterminer avec précision, les droits qui seraient refusés aux étrangers (3). « Les travaux préparatoires du Code civil laissent plusieurs fois apparaître cette idée que les divers titres de ce Code indiqueraient les droits enlevés aux étrangers; ce qui rentre complètement dans notre manière de voir. L'ensemble de ces droits ainsi spécifiés constitue dès lors ce qu'on appellera *droits civils*, dans le sens restreint et limité du mot (4).» Donc, les droits civils sont tous ceux dont la loi n'attribue la jouissance qu'aux nationaux, ou, en renversant la proposition, ceux qu'elle a refusés aux étrangers. Les autres sont, au regard de la loi, des droits naturels, des dépendances du droit des gens. L'art. 11 conserve toute son utilité à l'égard des premiers, puisque les étrangers ne peuvent invoquer ces droits qu'en vertu d'un traité conclu entre la France et la nation à laquelle ils appartiennent . Ainsi la théorie de M. Valette , loin de faire abstraction de la distinction traditionnelle des facultés de droit civil et des facultés de droit des gens, nous fournit au contraire un criterium certain pour les distinguer, et elle écarte ainsi, dans une matière aussi importante, «le vague et l'arbitraire

---

(1) Aubry et Rau, § 78. t. I, p. 293, note 15.
(2) Valette, *Explic. somm.*, p. 415.
(3) *Archives parlementaires*, t. III, p. 188.
(4) Valette, *Cours de C. civ.*, t. I, p. 68.

des systèmes ». C'est cette théorie que nous adoptons dans toutes ses conclusions.

202. Il nous faut maintenant appliquer ces divers systèmes à notre question.

Pour ceux qui, comme nous, admettent le troisième système, celui qui accorde aux étrangers la jouissance de tous les droits civils qui ne leur ont pas été refusés par un texte spécial (et nous croyons avoir démontré qu'il était le seul acceptable), il ne saurait y avoir la moindre difficulté; aucun texte ne refuse aux étrangers le droit de plaider entre eux devant nos tribunaux. Par suite, ils peuvent plaider devant les juges de France, comme les Français eux-mêmes, et leur droit n'est limité, comme celui des nationaux, que par les principes généraux du droit et les règles de procédure.

203. Mais il y a mieux. Même en admettant le système qui distingue entre les facultés qui naissent du droit civil et celles qui naissent du droit des gens, on arrive au même résultat: « reconnaître aux étrangers le droit de saisir les tribunaux français comme pourraient le faire les Français eux-mêmes; » car le droit d'ester en justice est de droit des gens. C'est un droit de l'homme et non du citoyen, et qui doit être reconnu à tout ceux qui habitent le territoire, aux étrangers aussi bien qu'aux régnicoles. « Le droit d'ester en justice, a dit la Cour de Bruxelles (1), n'est pas un de ces droits civils uniquement attachés à la qualité de Belge, mais plutôt un de ces droits qui, comme le droit d'acheter ou de se marier, doit être rangé dans la catégorie des droits appartenant, ainsi que le dit Portalis, bien plus au droit des gens qu'au droit civil, et dont l'exercice ne pourrait être interrompu sans porter atteinte aux diverses relations qui existent entre les peuples. » Et dans un autre arrêt : « Aucun texte de loi ne contient le principe que les tribunaux Belges ne peuvent connaître des contestations qui s'élèvent entre étrangers, alors même qu'il s'agit d'obligations contractées à l'étranger ; le principe contraire est consacré par le droit des gens qui reconnaît aujourd'hui en Europe, comme une règle de droit commun nécessitée par le développement de la civilisation et les relations fréquentes des peuples entre eux, que *le pouvoir judiciaire d'une nation s'étend sur la personne et sur les biens de l'étranger, comme sur la personne et sur des biens des régnicoles* (2). » Citons encore un arrêt de la Cour de cassation de Belgique, d'autant plus remarquable qu'il a été rendu sur une demande en séparation de corps: « Attendu que la faculté d'es-

---

(1) Arrêt du 28 mai 1867. Pasicrisie, 1867, 2, 294.
(2) Arrêt du 28 avril 1858. Pasicrisie, 1858, 2, 217.

ter en Belgique, soit en demandant, soit en défendant, n'est pas un droit civil attaché uniquement à la qualité de Belge; que *cette faculté*, bien qu'on puisse la considérer comme un droit civil, *est une de celles qui prennent leur source dans le droit des gens, qui appartient bien plus à ec droit qu'au droit civil et qui n'est pas plus interdite aux étrangers que celle d'acheter, d'acquérir une hypothèque et de se marier*, etc.; que le droit ou la faculté d'ester en justice n'est limitée en Belgique, pour les étrangers, que comme elle l'est pour les Belges, par les principes généraux du droit et les règles de la procédure.... (1). » Il est absolument impossible d'admettre que le droit à la justice soit un droit civil réservé aux nationaux; c'est une dette de l'État envers tous ceux qui habitent le territoire. « Le droit d'ester en justice pour la conservation de sa personne et de ses biens, disait M. le procureur général Leclercq (2), tient au droit de défense légitime et dérive du droit des gens. » Cette opinion est d'ailleurs confirmée par les paroles du tribun Siméon, qui, parlant de la distinction des droits civils proprement dits et des droits civils généraux, dit : « L'étranger ne pourra-t-il se marier, *ester en justice*? Sera-t-il au milieu de nous comme un mort civilement ? Ce serait absurde et ce n'est certainement pas l'esprit du projet. »

Notre jurisprudence française, qui, pour l'interprétation de l'article 11, a admis la distinction entre les droits naturels et les droits civils *stricto sensu*, devrait, comme conséquence, reconnaître aux étrangers le droit de plaider devant nos tribunaux ; mais elle apporte, sans motifs, dans notre question, une dérogation à son système général. Nous avons constaté déjà cette contradiction qui prouve, une fois de plus, combien son système est faux, illogique et arbitraire.

204. Reste le premier système, celui qui n'accorde aux étrangers que la jouissance des droits civils qui leur ont été expressément ou tacitement concédés. Certains auteurs, MM. Demolombe et Féraud-Giraud notamment, se sont appuyés sur ce système pour soutenir la théorie de l'incompétence de nos tribunaux entre étrangers (3). « Aucun texte, disent-ils en substance, n'accorde aux étrangers le droit de plaider entre eux devant nos tribunaux; donc ils sont en principe incompétents pour statuer sur les contestations de ce genre. Le droit de réclamer et d'obtenir justice est un avan-

(1) Arrêt du 3 août 1848, rapporté par Haus, *Du droit privé qui régit les étrangers en Belgique*, n° 106, p. 270.
(2) Rapporté dans Haus. *Droit des étrangers en Belgique*, p. 270.
(3) Demolombe, I, n° 240, et Féraud-Giraud. Clunet, 1880, pp. 131 et 225, et 1885, pp. 225 et 375.

tage que le Français est seul fondé à exiger du souverain. «Il est impossible, dit M. Féraud-Giraud, de trouver dans l'article 11 un droit pour les étrangers d'exiger des tribunaux français, à peine de déni de justice, qu'ils statuent sur les contestations qui pourraient s'élever entre eux. Ce droit ne leur est nullement conféré par la loi française, et c'est par la volonté expresse du législateur qu'il ne leur a pas été reconnu. » C'est pour essayer d'établir, sur des bases juridiques, le système de l'incompétence soutenu par la jurisprudence, que M. Féraud-Giraud et les auteurs qui professent les mêmes théories que lui ont été amenés à recourir à l'interprétation la plus restrictive de l'article 11. Mais il est facile de démontrer qu'ils se trompent. Nous ferons remarquer tout d'abord, sans vouloir insister, qu'il est tout au moins bizarre de s'appuyer, pour essayer de justifier la jurisprudence, sur une interprétation condamnée par elle, comme le fait M. Giraud-Féraud, dans l'espèce.

Tout le monde sait en effet que, sur l'interprétation de l'art. 11, la jurisprudence admet le système qui distingue entre les facultés de droit civil et les facultés de droit des gens, et condamne énergiquement le système invoqué par M. Féraud-Giraud pour la soutenir dans la question qui nous occupe. Ce système d'ailleurs est aujourd'hui universellement repoussé. Mais ce n'est là qu'un détail.

Même en admettant ce système, on est amené à conclure au principe de la compétence des tribunaux français dans les contestations entre étrangers. En effet, d'après ce système tel qu'il est formulé par M. Demolombe lui-même, qui peut en être considéré comme le véritable créateur, la concession de la jouissance des droits civils aux étrangers pour chaque matière n'a pas besoin d'être expressément formulée par la loi, elle peut aussi être tacite. Or, il résulte, d'une façon certaine, des travaux préparatoires du Code civil, et spécialement des observations échangées au Conseil d'État le 6 thermidor an IX, que le législateur n'a pas entendu refuser le secours de la juridiction française aux étrangers qui sont en procès les uns avec les autres; mais qu'il a voulu, au contraire, leur ouvrir l'accès de cette juridiction, toutes les fois que le refus de les juger prendrait le caractère d'un véritable déni de justice et serait susceptible de nuire aux intérêts français, en dissuadant les étrangers de s'établir en France (1). Il résulte de cette discussion que l'État doit la justice aux étrangers comme à ses nationaux, et, de fait, il serait indigne d'un pays civilisé, que quelqu'un ne pût s'adresser à ses tribunaux et fût

(1) Locré, *op. cit.*, t. II, pp. 43 et 44.

soumis à ses lois, sans être protégé par elles. Bien plus, en admettant le raisonnement de MM. Féraud-Giraud et Demolombe relativement à l'article 11 du Code civil, au sujet de la question qui nous occupe, on aboutit à des solutions absolument illogiques et contradictoires. On ne contestera pas, en effet, que la disposition de l'article 11 du Code civil, quel que soit son sens, est nécessairement d'ordre public. Il suit de là que, si les étrangers n'ont pas le droit, en principe, d'obtenir justice des tribunaux français, à cause de l'article 11, l'incompétence est absolue et non pas relative; elle peut être opposée par les plaideurs en tout état de cause, aussi bien par le demandeur que par le défendeur, et ceux-ci ne peuvent renoncer d'un commun accord à s'en prévaloir ; elle doit être proposée par le ministère public et le tribunal est tenu de se dessaisir d'office. Au lieu de cela, que décident les auteurs et arrêts qui se fondent sur l'article 11 pour décider que les étrangers n'ont pas droit à la justice française? Que l'incompétence de nos tribunaux est purement relative, que le défendeur seul peut s'en prévaloir, à l'exclusion du demandeur, et qu'il doit la proposer au début de l'instance (1)! C'est admettre une solution en contradiction manifeste avec la doctrine même sur laquelle on la fait reposer. D'une part, on invoque l'article 11 et on prétend que le droit d'ester en justice doit être, en principe, réservé aux Français; d'autre part, on autorise les étrangers à saisir valablement les tribunaux français, si le défendeur renonce à opposer l'incompétence. N'est-ce pas reconnaître que les étrangers peuvent se donner à eux-mêmes la jouissance des droits civils (2) ?

D'ailleurs, ne suffit-il pas que la loi française concède aux étrangers certains droits pour qu'elle leur accorde par cela même, d'une manière implicite, l'accès de la justice française? Qui dit droit reconnu à un étranger, dit aussi, faculté pour cet étranger de le faire respecter par les autres personnes, et, s'il est troublé, de s'adresser à la justice. Un droit qui n'est pas garanti par l'action en justice, n'est pas un droit, dans le vrai sens du mot.

Faux dans son point de départ, illogique et contradictoire dans ses conséquences, le raisonnement de MM. Féraud-Giraud et Demolombe doit être rejeté et il ne saurait en aucune façon être invoqué pour servir de base au système de l'incompétence.

Cette interprétation de l'article 11 conduit, comme les deux autres, à reconnaître aux étrangers le droit de s'adresser aux tribunaux français, comme les Français eux-mêmes, pour obtenir une solution dans les procès qu'ils ont entre eux.

(1) Demolombe, I, n° 261 ; Féraud-Giraud. Clunet, 1881, p. 225.
(2) Glasson. Clunet, 1881, p. 109.

Et nôtre système de la compétence, tel que nous l'avons formulé au début de cette discussion, se trouve ainsi établi juridiquement d'une façon indiscutable.

205. La question de jouissance du droit pour les étrangers de s'adresser aux tribunaux francais une fois résolue, la question de compétence peut-elle même se poser? Non. Il suffit de démontrer que les étrangers ont le droit de saisir nos tribunaux de leurs contestations, pour que ceux-ci soient obligés de statuer. Les deux questions sont corrélatives l'une de l'autre. Qui dit droit pour les étrangers de s'adresser à nos tribunaux, dit devoir pour ceux-ci de connaître des contestations qui leur sont soumises, car l'objet et le but de leur institution est de rendre la justice dans le ressort de leur juridiction. La question de jouissance résolue, la question de compétence générale de nos tribunaux se trouve résolue par là même, et il ne peut plus se poser qu'une question de compétence spéciale ; or, comme il n'y a pas de règles spéciales établies par la loi pour les contestations entre étrangers, il faut appliquer, aux étrangers comme aux Français, les articles 59 et 420 du Code de procédure, ainsi que nous l'avons déjà dit.

206. Quelques auteurs, cependant, repoussent l'article 11 et refusent d'y voir une base suffisante pour établir le système de la compétence. Mais les motifs sur lesquels ils fondent l'exclusion de l'article 11 nous paraissent bien peu sérieux. C'est parce que la question qui nous occupe reçoit une solution différente, suivant que l'on se place dans tel ou tel système, qu'il n'est pas possible, disent-ils, de trouver dans l'article 11 un fondement indiscutable pour établir l'incompétence de nos tribunaux dans les contestations entre étrangers. Il faudrait, d'après eux, abandonner à cause de cela cet article et chercher ailleurs une base plus solide.

Nous venons de démontrer que cette affirmation, consistant à dire que la question qui nous occupe reçoit une solution différente suivant qu'on adopte tel ou tel système d'interprétation de l'article 11, est absolument fausse. Nous n'y reviendrons pas. Mais en supposant même qu'elle fût exacte, serait-ce une raison suffisante pour repousser cet article et refuser d'y chercher la solution de notre question ? Eh quoi ! parce qu'un texte donnera lieu à des divergences d'interprétation il faudra en faire abstraction dans la législation ? Il suffit d'indiquer un pareil argument pour en faire apprécier la valeur!

207. Malgré cela, comme nous avons entrepris une étude complète de la question qui fait l'objet de nos recherches, il nous faut examiner le système des auteurs qui, laissant complètement de côté l'article 11 du Code civil, se placent exclusivement au point de

vue de la compétence, et voir à quelles conséquences on aboutit dans leur système.

Le système a été construit de toutes pièces par M. Glasson (1). Il consiste à voir la solution de la difficulté dans l'article 14 du Code civil, ou tout au moins dans son esprit, et dans le texte de l'article 59 du Code de procédure. Il conduit à l'assimilation complète des étrangers et des nationaux au point de vue de la compétence. « Sans doute, dit M. Glasson, l'article 14 s'occupe seulement des contestations entre Français et étrangers et, pour déroger en un point au droit commun, il permet au Français de citer, devant nos tribunaux, l'étranger même non résidant en France, pour l'exécution des obligations dont il est tenu envers ce Français, même si elles sont nées à l'étranger. C'est, comme on le voit, une dérogation remarquable aux principes ordinaires de la compétence. Mais nous en conclurons que, dans tous les autres cas, le droit commun, c'est-à-dire l'article 59 du Code de procédure, reprend son empire, qu'il s'agisse d'une contestation entre Français et étrangers ou que cette contestation concerne des étrangers entre eux (2). » « De plus, dans la discussion du Conseil d'État sur l'article 14 les rédacteurs du Code civil n'ont pas mis en doute le droit pour les étrangers de s'adresser, pour les procès qui les concernent entre eux, aux tribunaux français (3). M. Defermon demande si un étranger peut traduire devant un tribunal français un autre étranger qui a contracté envers lui une dette payable en France. M. Tronchet répond que le principe général est que le demandeur doit porter son action devant le juge du défendeur; que cependant, dans l'hypothèse proposée, le tribunal aurait le droit de juger si sa juridiction n'était pas déclinée (4). C'est, comme on le voit, l'application des principes ordinaires de compétence aux contestations entre étrangers. » « Il n'y a donc pas de loi, conclut M. Glasson, qui défende aux tribunaux français de connaître des contestations entre étrangers, ni de lois qui établissent, en pareil cas, des règles de compétence ; mais il résulte nettement, de la discussion au Conseil d'État, que les étrangers ont le droit de s'adresser, même entre eux, à nos tribunaux. Dès lors et dans le silence de la loi, pour déterminer le tribunal compétent, il faudra bien appliquer le droit commun, l'article 59 du Code de procédure (5). »

208. Nous adoptons toutes ces conclusions; mais nous ferons re-

(1) Glasson, *op. cit.* Clunet, 1881, pp. 110 et suiv.
(2) Glasson, 1881. Clunet, p. 110.
(3) Glasson, 1881. Clunet, p. 111.
(4) Locré, t. II, p. 44.
(5) Glasson, 1881. Clunet, p. 112.

marquer que les arguments de M. Glasson pourraient peut-être prouver que nos tribunaux ont la faculté de connaître des contestations entre étrangers, mais ils sont insuffisants pour établir le droit des étrangers d'agir devant nos tribunaux. Nous croyons avoir suffisamment démontré que l'article 11 seul peut justifier l'assimilation complète des Français et des étrangers, au point de vue de la compétence. Il s'agit avant tout d'une question de jouissance de droit; nous l'avons dit plus haut, la situation des étrangers devant la justice d'un pays dépend de la condition générale qui leur est faite par la législation de ce pays. Par suite, pour apprécier les droits que les étrangers peuvent invoquer devant la justice française, il faut se reporter aux règles de la loi relatives à leur condition en France. Or, un seul texte général relatif à ce sujet est inséré dans le Code civil de 1804, c'est l'article 11. C'est donc cet article seul qui peut nous fournir une base juridique suffisante pour établir le système de la compétence. Tous autres arguments que l'on peut invoquer, l'équité, l'intérêt bien entendu des Français, l'absence de textes, la tradition, la discussion au Conseil d'État relative à l'article 14, les articles 59 et 420 du Code de procédure, tous ces arguments ne sont que secondaires et insuffisants à eux seuls, pour établir l'assimilation complète des Français et des étrangers au point de vue de la compétence. Raisons de sentiments, considérations de fait, règles de compétence spéciale, tous ces arguments ne pourraient pas faire échec à un texte de loi (l'article 11), si le texte consacrait un système contraire. C'est donc cet article, et c'est cet article seul, qui peut nous servir à justifier l'égalité de condition des Français et des étrangers devant la juridiction française.

Malgré cela, nous sommes heureux de constater qu'en se plaçant au point de vue exclusif de la compétence et en laissant de côté l'article 11 du Code civil, on arrive au même résultat qu'en prenant cet article pour base de la discussion. C'est un argument de plus en faveur de la justesse de notre système. On ne saurait sérieusement soutenir qu'une question que l'on résout en se plaçant à tous les points de vue juridique auxquels il est possible de l'envisager, n'est pas juridiquement bien résolue, quand, à quelque point de vue qu'on l'envisage, on arrive à la même solution.

209. Résumant cette longue discussion, nous dirons avec Fœlix : « Non seulement en vertu d'une généreuse hospitalité, mais aussi par une justice réciproque (et nous ajoutons : en vertu des principes généraux bien interprétés, en vertu des règles de la loi qui régissent la condition des étrangers en France), l'étranger jouit,

pour sa personne et pour ses biens, quant à la juridiction civile, d'une protection semblable à celle que les lois accordent au régnicole (1). »

« Attendu, disait le Tribunal civil de Lyon, le 13 août 1856, qu'on ne lit dans aucune loi que les tribunaux français ne sont institués que pour rendre la justice aux nationaux; qu'un principe aussi exclusif répugne à l'état actuel de la civilisation; que, quand on a vu la société romaine organiser dans son sein, dès une époque reculée, une juridiction à l'usage des étrangers et constituer pour eux un droit privé destiné à suppléer au droit civil, et qui a fini par l'absorber, on ne pourrait pas comprendre que la société française de nos jours, bien plus libérale et bien plus généreuse, eût inscrit dans ses lois cette règle répulsive pour les étrangers : qu'il n'y a pas en France de justice pour eux, qu'en ouvrant ses frontières aux étrangers, en les invitant à venir s'établir sur son territoire, en leur assurant des droits qui, dans la sphère des droits privés, ne diffèrent plus de ceux des nationaux que par des exceptions de plus en plus rares, la France entend assurément leur accorder la garantie de nos juridictions, et que l'étranger qui se place, en établissant son domicile en France, sous la protection de nos tribunaux, se soumet, par cela même, à leur autorité; attendu qu'il est donc vrai de dire qu'institués pour faire régner le bon ordre dans les familles et dans tout le pays, les tribunaux français doivent être, pour remplir cette mission, compétents à l'égard de tous les habitants de l'empire, quelle que soit d'ailleurs ou quelle qu'ait été leur nationalité originaire, etc. (2). »

Ainsi donc, assimilation complète des Français et des étrangers, au point de vue de la compétence, ou plutôt, *application des règles de droit commun aux contestations entre étrangers*, voilà notre règle générale. Nous allons exposer les conséquences de ce système et l'on verra, par nos applications, qu'en réalité cette doctrine donne complètement satisfaction aux intérêts des étrangers, sans aboutir, comme le système de la jurisprudence, à des solutions illogiques et contradictoires.

(1) Fœlix, n° 146, p. 308.
(2) Trib. civ. Lyon, 13 août 1856. S., 1857, 2, 625.

SECTION II

APPLICATION DES PRINCIPES ORDINAIRES DE COMPÉTENCE

(Article 59, § 1er, C. pr. civ.)

SOMMAIRE. — 210. En France, la règle générale est que l'action doit être portée devant le tribunal du domicile du défendeur; à défaut de domicile, devant le tribunal de sa résidence. Cette règle s'applique aux étrangers comme aux nationaux.

210. En France, la règle générale est que l'action doit être portée devant le tribunal du domicile du défendeur : *actor sequitur forum rei* (art. 59, § 1er, C. pr. civ.) (1) : « En matière personnelle le défendeur sera assigné devant le tribunal de son domicile; s'il n'a pas de domicile, devant le tribunal de sa résidence. » Nous appliquerons cette règle aux étrangers comme aux Français.

§ Ier

ÉTRANGERS DOMICILIÉS AVEC AUTORISATION DU GOUVERNEMENT

SOMMAIRE. — 211. Les étrangers admis à domicile peuvent invoquer les mêmes règles que les français. — 212. Étranger défendeur domicilié. Il peut être actionné même par un étranger non domicilié. — 213. Etranger demandeur domicilié. Il peut revendiquer le bénéfice de l'article 14. — 214. Peu importe que les étrangers appartiennent ou non à la même nationalité, ou que l'engagement qui fait l'objet du procès ait été contracté avant ou après l'admission à domicile. — 215. L'étranger peut renoncer au bénéfice de l'article 14. — 216. L'autorisation d'établir son domicile en France est personnelle à l'étranger qui la demande. Elle ne s'étend ni à sa femme ni à ses enfants.

211. Aux termes de l'article 13 , les étrangers qui ont été admis par le gouvernement à établir leur domicile en France, y jouissent de tous les droits civils, tant qu'ils continuent de résider. Appelés à jouir des droits civils, ils doivent, au point de vue de la compétence, être assimilés à de véritables Français : ils pourront, activement et passivement, invoquer les mêmes règles que les Français (2). Il suffit que l'une des deux parties en cause ait été

---

(1) Cette maxime forme la règle générale dans tous les pays qui ont emprunté au droit romain une partie de leurs lois. Wheaton, t. I, § 21, p. 179; Fœlix, t. I, n° 158, p. 347.

(2) Orillard, *Compétence des tribunaux de commerce*, p. 577.

autorisée à établir son domicile en France, pour que nos tribunaux soient compétents.

212. Tout d'abord, aucune difficulté ne saurait s'élever, si c'est le défendeur qui a été autorisé à établir son domicile en France; comme il a incontestablement un domicile légal en France, aucune hésitation n'est possible, sur l'application de la maxime *actor sequitur forum rei*. Cet étranger pourra être actionné devant nos tribunaux, même par tout étranger non domicilié (1).(Articles 12 et 15 du Code civil.) Mais, dit M. Gand, « le droit de jouissance accordé à l'étranger est un avantage purement personnel et facultatif; lui seul peut en invoquer les effets; il est libre de s'en abstenir et nul ne peut, contrairement à sa volonté, puiser dans ce droit le principe, contre lui, d'une obligation telle que celle de subir la juridiction des tribunaux de France (2). » Sans doute, le droit accordé aux étrangers de demander l'autorisation de fixer leur domicile en France, et d'acquérir ainsi la jouissance des droits civils, est un avantage purement personnel : l'étranger peut, sans aucun doute, conserver, s'il le préfère, la condition qui lui est propre. Rien ne le force à demander le bénéfice de l'article 13; mais dès qu'il a demandé et obtenu l'autorisation de fixer son domicile en France et qu'il a ainsi consenti à changer sa situation primitive contre celle que lui offre l'article 13, il se trouve régi, activement et passivement, par la disposition de cet article. Il accepte dès lors les droits et les devoirs que lui impose la loi sous l'empire de laquelle il s'est volontairement placé, et, étranger autorisé à domicile, il conserve toujours cette qualité qu'il a prise et qui le suit partout, qu'il soit demandeur ou défendeur (3). La jurisprudence elle-même a fait application des règles qui précèdent : elle a reconnu notamment à la femme le droit de porter, devant les tribunaux français, sa demande en séparation de corps et en divorce contre son mari autorisé à s'établir en France, sans que celui-ci puisse opposer un déclinatoire fondé sur l'incompétence du tribunal saisi (4).

213. Nous venons d'examiner la règle quand l'étranger domicilié est défendeur; s'il est demandeur, il peut revendiquer le bénéfice de l'article 14 et actionner devant nos tribunaux des étrangers qui

(1) Glasson. Clunet, 1881, p. 112; Féraud-Giraud. Clunet, 1880, p. 155; Aubry et Rau, t. VIII, § 748 *bis*, p. 145; Demolombe, t. I, n° 266, p. 437; Sapey, *Les étrangers en France*, p. 216; Massé, *Droit comm.*, t. I, n° 661, p. 573; Dall., *Rép.*, v° *Droit civil*, n° 394.
(2) Gand, *Code des étrangers*, n° 148, p. 84.
(3) Féraud-Giraud, 1880. Clunet, p. 155.
(4) Duranton, t. II, n° 582, p. 531; Demangeat, sur Fœlix, t. I, n° 158, p. 331. — V. Jurisprudence, *suprà*, pp. 101 et suiv., n° 165 et suiv.

auraient le droit de décliner leur compétence si le demandeur
n'avait pas la jouissance des droits civils (1). M. Massé a prétendu
cependant que l'article 14 ne pouvait être invoqué par l'étranger
admis à jouir des droits civils. « L'article 14 établit en faveur des
Français un privilège exceptionnel en dehors des droits civils dont
il jouit comme Français. L'étranger admis à jouir des droits civils,
restant étranger, ne peut donc aspirer à l'exercice d'un privilège
qui n'est pas un droit civil, mais une prérogative attachée à la
qualité de Français et incompatible dès lors avec la qualité d'étranger (2). » On ne pourrait soutenir cette doctrine que par un argument de texte, fondé sur ce que l'article 14 n'accorde qu'aux nationaux le privilège dont il est question. Mais cet argument n'est pas
concluant en présence de l'article 13, qui confère à l'étranger la
jouissance de tous les droits civils.

214. Il importerait peu que les étrangers appartinssent ou non à
la même nationalité; de même qu'il serait indifférent que l'autorisation d'établir son domicile en France, pour l'une ou l'autre des
parties en cause, fût postérieure à l'engagement qui forme l'objet
du procès, car la compétence se détermine par le domicile du jour
de la demande et non par le domicile du jour du contrat.
M. Fœlix est cependant d'un avis contraire. «Il est nécessaire, dit-
il, que le domicile ait été établi antérieurement à la naissance de
l'engagement qui fait l'objet du procès (3). En effet, à la différence
de la naturalisation, qui entraine un changement d'état, les droits
attribués à l'étranger, par suite de l'établissement de son domicile
en France, constituent des privilèges, des exceptions au droit commun et, en cette matière, les jurisconsultes n'admettent point une
interprétation restrictive. On peut dire, d'ailleurs, comme motif
accessoire, que l'autre contractant a pu et dû croire qu'il ne se
soumettait qu'à la juridiction des tribunaux de son pays et qu'il
ne devait pas s'attendre à des poursuites en France (4). » MM. Aubry
et Rau refusent aussi à l'étranger admis à domicile de se prévaloir,
dans ce cas, de l'art. 14, car, décider autrement, disent-ils, ce serait
accorder à l'étranger une position plus favorable qu'au Français.
D'après eux, l'article 14, quand il parle d'obligations contractées
avec ou envers un Français, suppose que le créancier possédait
déjà la qualité de Français au moment de la formation de l'obligation. D'ailleurs, ajoutent-ils, le changement qui peut s'opérer
dans la condition du créancier ne doit pas empirer la position du

(1) Glasson, 1881. Clunet, p. 112.
(2) Massé, t. 1, nos 683, p. 596.
(3) Fœlix, t. 1, p. 318, no 152.
(4) Fœlix, t. 1, p. 320, no 152.

débiteur (1). Mais, dit M. Féraud-Giraud, l'exercice des droits, en justice en dehors de la validité de l'obligation elle-même, est subordonné à la capacité des parties au moment où ces droits sont exercés et cette capacité, en ce qui concerne cet exercice, ne peut être modifiée et réglée par la situation des parties, au moment où l'obligation a été contractée. Donc, qu'il s'agisse de l'admission au domicile du demandeur ou du défendeur, si elle a été prononcée avant l'exercice de l'action, il n'y aura pas à distinguer entre le cas où la convention, base de l'action, a été formée avant l'autorisation et celui où elle aura été conclue après (2). »

215. L'étranger admis à domicile pourrait d'ailleurs renoncer au bénéfice de l'article 14 (3).

216. Il y a controverse sur le point de savoir si l'autorisation accordée à un étranger d'établir son domicile en France s'étend, virtuellement, à sa femme et à ses enfants mineurs soumis à la puissance maritale ou paternelle de cet étranger. MM. Zachariæ, Aubry et Rau, Demante enseignent que les effets de l'autorisation accordée à un étranger s'étendent à sa femme et à ses enfants en sa puissance, pourvu qu'ils remplissent la condition de résidence indiquée dans l'art. 13 du Code civil (4). Ils s'appuient sur ce que, d'une part, l'obtention de l'autorisation n'est pas, comme la naturalisation, soumise à l'accomplissement de conditions préalables, et que, d'autre part, une concession dont le seul effet est de faire jouir l'étranger des droits civils en France, sans entraîner la perte de sa nationalité d'origine, ne peut être qu'avantageuse à ceux qui l'obtiennent. M. Demolombe au contraire prétend qu'en principe, les effets de l'autorisation sont personnels, parce que telle est, en matière de concession et d'autorisation, la règle générale ; et qu'il n'y a pas de motif suffisant pour y déroger dans notre hypothèse. Cette opinion n'a pas d'inconvénient, puisque, si l'étranger désire l'autorisation pour toute sa famille, il lui est loisible de la demander. Elle a de plus l'avantage de ne pas étendre de plein droit, à sa femme et à ses enfants, l'effet d'une autorisation qu'il n'a demandée et obtenue que pour lui-même. En ne la demandant pas aussi pour sa famille, il a pu avoir ses motifs; il a pu craindre de l'exposer, dans son pays, à quelque défaveur, à quelque déchéance, peut-être (5). C'est l'opinion à laquelle nous croyons devoir nous rallier.

(1) Aubry et Rau, t. VIII, p. 45, § 748 bis, n. 2, note 40.
(2) Féraud-Giraud, 1880. Clunet, p. 457.
(3) V. Bertauld, n. 172, p. 140.
(4) Zachariæ, § 71, texte et note 11; Aubry et Rau, § 79, t. I, p. 313, note 20 ; Demante, t. III, n° 28 bis; Bordeaux, 14 juillet 1845. S., 1846, 2, 394.
(5) Demolombe, t. 1, n° 269, p. 445. —Dans ce sens : Massé et Vergé, sur Zachariæ,

Quel que soit, d'ailleurs, le système que l'on admette à ce sujet, notre théorie sur la compétence des tribunaux français entre étrangers reçoit toujours son application, car, d'après la loi française, « la femme mariée n'ayant point d'autre domicile que celui de son mari et le mineur non émancipé ayant son domicile chez ses père et mère ou tuteur (article 108), il faut bien admettre que cette femme et ce mineur ont tout au moins en France un domicile de fait, et cela suffit pour donner compétence aux tribunaux français (1).

§ II

ÉTRANGERS DOMICILIÉS SANS AUTORISATION

SOMMAIRE. — 217. L'étranger peut-il avoir en France un véritable domicile sans autorisation? — 218. 1er Système. Non. Il faut dans tous les cas une autorisation du gouvernement. — 219. 2ue Système. Cette autorisation n'est pas nécessaire. — 220. L'étranger, même non autorisé, peut avoir en France un domicile légal dans les termes de l'article 102 C. civ. — 221. Ce domicile est insuffisant pour faire acquérir à l'étranger la jouissance des droits civils. — 222. Mais il est suffisant pour le soumettre à la juridiction des tribunaux français. — 223. Et la compétence de nos tribunaux doit être maintenue, non seulement en matière personnelle, mais encore toutes les fois que la loi a gardé le silence sur la compétence. — 224. Cette solution doit être donnée *a fortiori* quand il s'agit d'individus de nationalité incertaine. Critique de la jurisprudence.

217. La solution que nous venons de donner, pour les étrangers autorisés à établir leur domicile en France, ne saurait donner lieu à de sérieuses difficultés. Il y en a davantage quand il s'agit d'étrangers domiciliés sans autorisation. Nous ajouterons aussi que la question de compétence se présentera beaucoup plus souvent pour eux que pour les étrangers admis à domicile, car ils sont bien plus nombreux que ces derniers. Une question préalable se pose : un étranger peut-il acquérir un véritable domicile en France sans l'autorisation du gouvernement? Dans le droit ancien et sous la législation intermédiaire, on reconnaissait généralement à l'étranger la faculté d'acquérir un domicile en France, en y établissant sa résidence, avec l'intention d'y fixer le siège de ses affaires (2). Depuis la publication du Code, la question a fait l'objet d'une vive controverse, qui a longtemps partagé la jurisprudence et qui divise encore les auteurs, bien qu'en fait, au point de vue

t. Ier, p. 74 ; Laurent, *Principes de droits civils*, t. Ier, n°457 ; Féraud-Giraud. Clunet, 1880, p. 162 ; Weiss. p. 428.

(1) V. Glasson, 1881. Clunet, p. 113.
(2) Merlin, *Rép.*, v° *Domicile*, § 13.

de la question qui nous occupe, les dissentiments soient plus apparents que réels.

218. Un premier système, soutenu par MM. Duranton, Soloman, Demolombe, se refuse à voir dans la résidence de l'étranger non autorisé, si longue, si persistante qu'elle soit, un véritable domicile : il faut, de toute nécessité, l'autorisation des pouvoirs publics (1).«Notre loi, dit M. l'avocat général Aubépin, ne saurait attacher aucun effet juridique à la constitution d'un domicile établi en dehors des conditions qu'elle-même a fixées. L'article 13 du Code civil est formel et sa disposition est rigoureuse : tout étranger qui veut établir son domicile en France est astreint à l'autorisation du gouvernement. En dehors de cette attache de la puissance publique, il pourra constituer une résidence, jamais un domicile ; il fera un acte qui sera destitué de toute force légale, et sur lequel il pourra baser des rapports de fait, jamais des rapports de droit (2). »

Ce système revient à dire que le droit d'avoir un domicile en France est un droit civil qui ne peut appartenir à l'étranger qu'en vertu d'une concession du gouvernement (3). Ceux qui le soutiennent s'appuient : 1° Sur l'article 13 qui met, dit-on, à l'établissement du domicile de l'étranger en France, la même condition qu'à l'obtention des droits civils : l'autorisation du gouvernement ; 2° Sur les paroles prononcées à propos de cet article par le tribun Gary devant le Corps législatif : « J'observe, sur l'article 13, qu'il n'y a aucune objection contre la disposition qui veut que l'étranger ne puisse établir son domicile en France, s'il n'y est autorisé par le gouvernement (4) ; 3° Sur l'article 102 Code civ. qui, en définissant le domicile, ne s'occupe que du domicile du Français : « Le domicile de tout Français, quant à l'exercice de ses droits civils, est au lieu où il a son principal établissement » (article (102) (5) ; 4° Enfin sur l'avis du Conseil d'État des 18-20 prairial an XI déclarant que, « dans tous les cas où un étranger veut s'établir en France, il est tenu d'obtenir la permission du

---

(1) Duranton, t. I, p. 353 ; Pardessus, *Droit commercial*, t. V, p. 1524 ; Coin-Delisle, *Commentaire de la loi du 17 avril 1832*, art. 14, n° 2 ; Troplong. *De la contrainte par corps*, n° 496. Demangeat, sur Fœlix, *Droit int. privé*, t. I n° 81 : p. 55, *Condition des étrangers en France*, p. 366 ; Demolombe, t. I, n° 268 et 349 ; Desfontaines, *Influence de l'émigration sur l'état des personnes*, p. 131. — *Cf.* Demante, t. I, n° 242 *bis.* Aubry et Rau, t. I, § 141, n. 4 et 5 ; Soloman, *Condition des Etrangers*, p. 68.

(2) Conclusions de M. l'avocat général Aubépin à la Cour de Paris. D., 1872, 2, 66.

(3) Weiss, *Droit international*, p. 421.

(4) Locré, t, II, p. 343.

(5) Demolombe, t. I, n° 268, p. 441.

gouvernement (1). » C'est le système de la jurisprudence. L'étranger qui n'a pas été autorisé par le gouvernement à établir son domicile en France ne peut y avoir qu'un simple domicile de fait, et on trouve de nombreux arrêts décidant que cet étranger, n'est pas justiciable de nos tribunaux (2). Mais, en général, les partisans de ce système ne sont pas aussi absolus dans leur doctrine; comme le font remarquer MM. Aubry et Rau, s'ils admettent, en principe, que l'étranger ne peut, sans autorisation du gouvernement, avoir un véritable domicile en France, ils ne le décident cependant ainsi qu'au point de vue de l'application de l'article 13 et de l'exemption des mesures exceptionnelles auxquelles l'étranger se trouve soumis à raison de son extranéité et reconnaissent, au moins virtuellement, que l'étranger peut acquérir en France un domicile de fait qui produit, en général, notamment au point de vue de la compétence des tribunaux et du lieu où doit se faire la signification des actes, les mêmes effets que la loi attache au domicile du Français (3).

219. Un second système soutient, au contraire, que l'étranger peut acquérir un véritable domicile en France sans l'autorisation du Gouvernement. Qu'est-ce en effet que le domicile? C'est, d'après M. Demolombe lui-même, un lieu qui est « le siège légal d'une personne, où elle est présumée ne rien ignorer de ce qui y est adressé pour elle, un lieu qui la représente à l'égard des tiers (4)». « Le domicile civil, lit-on dans l'exposé des motifs du titre III du livre Ier du Code civil, présenté par M. Emmery, est le lieu où une personne, jouissant de ses droits, a établi sa demeure, le centre de ses affaires, le siège de sa fortune (5)... » « La règle du droit est certaine, disait M. Tronchet au Conseil d'État, les lois appellent domicile, le lieu où un individu a établi *larem rerumque ac fortunarum suarum summam.* Il n'y a jamais eu de procès et de questions que sur le fait (6)... » Le domicile n'est, en définitive, que la relation ou le rapport d'une personne avec son principal établissement; or, il est certain, quoi qu'on en ait dit, que l'étranger peut avoir en France un établissement de ce genre (7). Les conditions constitutives du domicile peuvent être réalisées, aussi bien par un étranger que par

---

(1) Loiré, t. II, p. 408.
(2) *V.* sur tous ces points la jurisprudence citée, *suprà,* chapitre II.
(3) Aubry et Rau, § 141, t. I, p. 557, note 5.
(4) Demolombe, n° 338, t. I, p. 354. — *Cf.* Bonfils, n° 188, p. 157.
(5) Locré, t. III, p. 434.
(6) Locré, t. III, p. 406.
(7) Valette, *Cours de Code civil,* p. 69.

un Français. Elles supposent un fait accompagné d'intention (1). Toutes les fois qu'un étranger vient se fixer en France, il y acquiert légalement un domicile, sans qu'il soit besoin d'aucune autorisation du gouvernement. Il va sans dire, toutefois, qu'il s'agit là d'une question de fait abandonnée à l'appréciation des tribunaux : l'étranger a-t-il voulu quitter son pays pour s'établir en France? L'affirmative établie, le tribunal de son domicile devient compétent, pour toutes les actions civiles personnelles intentées contre lui, aussi bien par des étrangers que par des Français. C'est l'application pure et simple de l'article 59 C. pr. civ. (2).

Il est vrai que l'article 102 C. civ. ne parle que du domicile du Français ; mais cela provient de ce qu'il statue sur le *quod plerumque fit* et de ce qu'il avait pour but de distinguer le domicile civil du domicile politique, lequel s'établissait alors, suivant un mode spécial réglé par la constitution (3). L'article 102 n'oppose pas les Français aux étrangers, mais les Français aux citoyens : il doit être interprété à l'aide des articles 7 et 8. *Article 7* : « L'exercice des droits civils est indépendant de la qualité de citoyen. » *Article 8 :* « Tout Français jouira des droits civils. » L'article 102 ne fait que compléter ces articles.

Quant à l'article 13, il n'a pas pour but d'indiquer comment l'étranger pourrait acquérir un domicile en France, mais à quelles conditions il pourrait jouir des droits refusés, en principe, aux étrangers. Le mot domicile n'arrive qu'accidentellement dans ce texte. L'objet principl, c'est la jouissance des droits civils (4). Les travaux préparatoires ne peuvent laisser aucun doute sur ce point (5). L'article du projet portait : « L'étranger qui aura fait la déclaration de vouloir se fixer en France pour y devenir citoyen et qui y aura résidé un an depuis cette déclaration y jouira de la plénitude des droits civils (6). » On faisait par là allusion à la Constitution de l'an VIII qui exigeait, pour l'acquisition de la qualité de Français, une déclaration d'intention et une résidence de dix années consécutives à la suite de cette déclaration. Sur une observation du premier Consul, l'article fut ainsi modifié : « L'étranger qui aura été admis à faire en France la déclaration de vouloir devenir citoyen, et qui aura résidé un an depuis cette déclaration, y jouira de tous les droits civils, tant qu'il continuera

---

(1) Glasson, 1887. Clunet, p. 113.
(2) Glasson, 1887. Clunet, p. 114.
(3) Valette, *Cours de Code civil*, p. 69.
(4) Bonfils, n° 188, p. 158. L'article 13 se réfère à une mesure politique, à la loi de la naturalisation.
(5) Renault. Clunet, 1875, pp. 422 et suiv.
(6) Locré, t. II, p. 33.

d'y résider (1). » C'est à peu près la disposition de l'article 13 actuel, sauf le délai d'un an qui a été supprimé. C'était donc dans le but de faciliter le stage exigé par la Constitution de l'an VIII, que le projet accordait la jouissance des droits civils, après une résidence d'un an. Ce qui préoccupait donc le législateur, c'était de faire une concession, et non de déterminer les conditions du domicile (2).

Les partisans du 1er système invoquent encore, à l'appui de leur opinion, l'avis du Conseil d'État des 18-20 prairial an XI ; mais cet argument n'est nullement concluant ; car, ainsi que l'a fait remarquer M. Demangeat (3), il faut interpréter cet avis *secundum subjectam materiam*, et le Conseil d'État était consulté seulement sur la question de savoir si l'autorisation du gouvernement, requise pour que l'étranger puisse arriver à la jouissance des droits civils en France, l'était aussi pour celui qui voulait s'y fixer, dans le but de parvenir à la naturalisation. Merlin constate que cet avis du Conseil d'État ne reçut aucune publicité légale (4); n'ayant pas été inséré au Bulletin des lois, il n'a jamais été considéré comme ayant force législative.

Il ne reste donc que les paroles du tribun Gary, qui soient contraires à ce système, mais il faut remarquer que ces paroles ne sont que la reproduction des termes du projet, que, de plus, l'orateur était uniquement préoccupé de la manière dont l'étranger pourrait acquérir la jouissance des droits civils, et c'est à cet objet, seulement, qu'il entendait rapporter ces paroles, qui sembleraient avoir une portée beaucoup plus générale.

On pourrait objecter que l'étranger a dans sa patrie un domicile d'origine qu'il ne peut avoir abandonné, s'il conserve l'esprit de retour. Mais l'absence d'esprit de retour n'est pas un des éléments essentiels du domicile : « Le changement de domicile, dit l'article 103 C. civ., s'opère par le fait d'une habitation réelle jointe à l'intention d'y fixer son principal établissement. » « A défaut de déclaration expresse, la preuve de l'intention dépendra des circonstances. » (Article 105 C. civ.) C'est donc une pure question de fait que celle de savoir si l'étranger a, ou non, l'intention de se fixer en France, question que les juges décideront suivant les circonstances et qui ne touche nullement à la solution juridique (5).

(1) Locré, t. II, pp. 42, 43 et 68.
(2) Weiss, p. 423.
(3) Demangeat, sur Fœlix, t. Ier, p. 296.
(4) Merlin, *Répertoire*, v° *Domicile*, § 13 ; Demangeat, sur Fœlix, t. I, p. 97, n. *b*, et p. 317, n. *a*.
(5) Bonfils, n° 188, p. 159.

Si, du reste, l'objection avait une valeur réelle, elle s'opposerait aussi bien au changement de domicile d'un Français. Or, la Cour de cassation admet, sans difficulté, qu'un Français peut avoir un domicile en pays étranger, bien qu'il n'ait pas perdu l'esprit de retour dans notre pays (1).

Enfin un dernier argument nous est fourni par la loi du 23 août 1871 sur l'enregistrement, dont l'article 4 soumet « aux droits de mutation par décès les fonds publics, actions, obligations, etc., dépendant de la succession d'un étranger domicilié en France, avec ou sans autorisation, reconnaissant ainsi que l'autorisation gouvernementale n'est pas pour l'étranger, en France, une condition indispensable du domicile.

220. Nous croyons donc que l'étranger, même non autorisé, peut avoir sur le sol français un domicile légal, dans les termes de l'art. 102 du Code civil (1).

221. Il est bien évident que ce domicile est insuffisant pour faire acquérir à l'étranger, domicilié sans autorisation, la jouissance des droits civils expressément réservés aux Français. Ainsi, avant la loi de 1819, il n'aurait pu réclamer le droit de succéder et aujourd'hui encore, il ne saurait exiger la caution *judicatum solvi* d'un autre étranger qui le poursuit, ni prétendre être dispensé de la fournir lui-même, lorsqu'il est demandeur contre un Français, pas plus qu'il ne pourrait invoquer le bénéfice de l'art. 14 pour citer, devant les tribunaux français, un étranger qui n'aurait pas de domicile en France (3). Admettre le contraire serait non seulement ne pas reconnaître la distinction établie par la loi et

(1) Cass., 21 juin 1865. S., 1865, 1, 313; Cass., 27 avril 1868. S., 1868, 1, 257; Cass., 17 janv. 1837. S., 1837, 1, 701; Paris, 13 août 1873, sous Cass. D., 1875, 1, 271; Cass., 14 févr. 1832. S., 1833, 1, 70; Massé et Vergé sur Zachariæ, t. I, § 90, p. 124, n. 4; Demangeat, sur Fœlix, t. Ier, no 28, p. 58, n. b; Aubry et Rau, t. Ier, § 141, p. 576, n. 4. — *Contrà :* Demolombe, t. Ier, no 349; Fœlix, t. Ier, no 28; Trib. civ. Seine, 25 juin 1875, sur Cass. S., 1879, 1, 307.

(2) En ce sens : Demante et Colmet de Santerre, t. Ier, no 128 *bis;* Proudhon, *De l'état des personnes,* t. Ier, p. 245; Valette, *Cours de Code civil,* t. Ier, p. 126, et sur Proudhon, t. Ier, p. 237, n. a; Bonfils, *Compétence des trib., r.,* pp. 157 et suiv., nos 187 et 188; Renault. Clunet, 1875, pp. 329 et 422; Gerbaut, *Compétence des trib. fr.,* pp. 389 et suiv. ; Glasson, *Compétence des trib. fr.* Clunet, 1881, p. 113; Rougelot de Lioncourt, *Du Conflit des lois personnelles et françaises* (Mémoire couronné), Paris, 1883, pp. 137 et suiv.; Jay, *Revue pratique,* 1856, t. Ier, pp. 228 et suiv. — La jurisprudence Belge paraît fixée en ce sens. — V. not. Cass. Belgique, 3 août 1848 (Haus, *Du droit privé des étrangers en Belgique,* no 106); Trib. civ. de Bruxelles, 5 janv. 1872. *Revue de Dr. int.,* 1872, t. IV, p. 654.

(3) Merlin, *Rép.,* vo *Domicile,* no 13; Aubry et Rau, t. VIII, § 748 *bis,* n. 41; Demangeat, sur Fœlix, t. Ier, p. 317, n. a; Massé et Vergé sur Zachariæ, t. I, § 62, p. 86, n. 14; Renault, Clunet, 1875, p. 424; Rouen, 29 juin 1840. S., 1840, 2, 256; Paris, 13 mars 1849. S. 1849, 2, 637; Trib. civ. Seine, 18 mars 1880. Clunet, 1880, p. 191. — *Contrà :* Fœlix, t. Ier, no 152, p. 317, et arrêts cités *suprà.*

violer les règles les plus élémentaires d'interprétation, en étendant, par voie d'analogie, la disposition de l'article 13 restreinte aux seuls étrangers qui ont été admis à domicile par le gouvernement français; mais ce serait encore méconnaître l'esprit de la loi, car, en accordant à ces étrangers la jouissance des droits civils, le législateur a voulu principalement adoucir leur situation pendant le temps du stage qui leur est imposé avant d'obtenir la naturalisation. Or, ce temps de stage ne court pas au profit de celui qui a établi son domicile en France par sa seule volonté (1). Il n'y aurait d'exception et on ne pourrait admettre l'étranger domicilié sans autorisation à imposer la juridiction française à son adversaire non domicilié, que si l'on se trouvait dans un des cas de compétence de l'article 420 du Code de procédure. (Art. 14-16.)

222. Mais s'il est vrai que ce domicile de fait ne place pas l'étranger sur la même ligne que celui de l'art. 13, il produit néanmoins certains effets, et a spécialement pour résultat de le soumettre à la juridiction des tribunaux français. Nous avons démontré que nos tribunaux étaient compétents, d'une manière générale, à l'égard des contestations entre étrangers. L'étranger dont il est question pourra donc être assigné devant le tribunal du domicile qu'il a établi en France, conformément à la disposition de l'art. 59 C. pr. : « En matière personnelle, le défendeur sera assigné devant le tribunal de son domicile. » Cette solution est équitable et juridique. La jurisprudence elle-même, tout en admettant, dans un grand nombre d'arrêts, que l'étranger ne peut, sans autorisation, acquérir un véritable domicile, a cependant décidé, à plusieurs reprises, qu'il pouvait du moins y acquérir un domicile de fait, suffisant pour le soumettre à la juridiction de nos tribunaux (2). Nos tribunaux ont surtout l'habitude de retenir la connaissance de l'affaire, toutes les fois que l'étranger défendeur, qui n'a en France qu'un domicile de fait, ne peut pas prouver qu'il a un domicile à l'étranger (3). Nous acceptons toutes les solutions de la jurisprudence, mais si elles sont logiques dans notre système qui proclame la compétence générale de nos tribunaux à l'égard des contestations entre étrangers, elles ne le sont plus dans le système de la jurisprudence qui pose en principe que la justice n'est due qu'aux nationaux. Partant de ce principe, la jurisprudence ne saurait trouver dans les articles 59 et 420 du Code de procédure, qui tous deux établissent des règles de compétence spé-

(1) Gerbaut, n° 304, p. 397.
(2) Cass. req., 7 juillet 1874. S., 1875, 1, 19. — V. Gerbaut, note 815, et *suprà*, n° 62, pp. 35 et 36, notes.
(3) V. Weiss, p. 930, note 3, et *suprà*, n° 62, *in fine*, p. 36.

ciale, un argument suffisant pour justifier la solution qu'elle donne dans notre hypothèse, et que nous approuvons d'ailleurs en elle-même, indépendamment des motifs sur lesquels on a voulu la fonder (1).

223. Nous avons dit que l'étranger domicilié en France était justiciable des tribunaux français. Nous appliquerons notre solution non seulement en matière personnelle, mais encore toutes les fois que la loi aura gardé le silence sur la compétence, notamment pour les actions réelles mobilières, et les questions d'état et de capacité. Nous le verrons plus loin, il n'y a pas de raison pour écarter l'application des règles du droit commun relativement aux questions d'état et de capacité concernant deux étrangers ; là comme ailleurs, il faut appliquer le droit commun, c'est-à-dire l'article 59 du Code de procédure. Nos tribunaux seront compétents toutes les fois que le défendeur aura son domicile en France.

224. Cette solution que nous donnons pour les étrangers appartenant à un État déterminé domiciliés en France, nous la donnerons, *a fortiori*, pour les étrangers dont la nationalité est incertaine ; pour ceux, par exemple, qui, ayant abdiqué leur patrie d'origine et qui, s'étant établis en France à perpétuelle demeure, n'ont pas cependant acquis la qualité de Français (2). Pour tous ces étrangers qui n'ont pas conservé de domicile à l'étranger, le tribunal du lieu de leur domicile en France est leur juge naturel et ordinaire (3). Pour eux, en effet, l'incompétence du tribunal français aurait les plus désastreux effets, puisque, étrangers partout, ils n'ont plus de juridiction nationale, devant laquelle ils puissent porter leurs griefs ; ils seraient donc dans la situation de parias, hors la loi et la justice (4). D'un autre côté, le demandeur serait dans l'impuissance de les assigner devant aucun tribunal étranger. Or, il ne peut être permis à ces étrangers défendeurs de braver toutes les lois et toutes les juridictions (5).

La jurisprudence est en ce sens et elle admet à peu près unanimement que l'étranger défendeur excipe vainement de son extranéité pour décliner la compétence des juges, lorsqu'il est hors d'état de justifier d'un domicile à l'étranger, ou d'une nationalité déterminée (6). M. Féraud-Giraud a même appliqué cette solution

---

(1) Laurent, *Droit civil int.*, t. IV, n° 36, p. 76.
(2) Trib. Seine, 23 février 1883. Clunet 1883, p. 388. — *Contrà :* Trib. civ. Dijon, 26 janvier 1885. *Gazette des Tribunaux* du 2 mai.
(3) Bonfils, n° 200, p. 173.
(4) Weiss, p. 935.
(5) Bonfils, *loc. cit.*
(6) Aix, 3 juillet 1873. Clunet, 1875, p. 274 ; Paris, 19 décembre 1876. Clunet, 1877, p. 37 ; Trib. Seine, 1er août 1879. Clunet, 1879, p. 546 ; Trib. Seine, 18 mars 1880.

aux questions d'état : « Lorsque des époux habitant le territoire
français ne seront pas Français, mais qu'il sera impossible de les
rattacher à une nationalité quelconque étrangère, ils devront être
jugés par les tribunaux français dès que le défendeur, devenu demandeur dans son exception d'incompétence, ne pourra pas justifier
d'une nationalité étrangère certaine qu'il aurait le droit de revendiquer et qui, en attribuant compétence au tribunal étranger, devrait
avoir pour conséquence de désinvestir le tribunal français. Ce
n'est pas une difficulté plus ou moins grande, en fait, de recourir
au tribunal étranger qui dicte la règle ; cette difficulté, purement
de fait, quelque grave qu'elle soit, ne pouvant modifier les principes eux-mêmes ; c'est l'impossibilité légale de justifier, en droit,
d'un tribunal compétent, pour dessaisir le tribunal français investi par le demandeur (1). »

Cette solution est fort équitable assurément et elle répond certainement aux exigences de la pratique. Nous n'avons aucune
difficulté à l'admettre, puisque nous admettons la compétence générale de nos tribunaux à l'égard des contestations entre étrangers, sous la seule condition du domicile ou de la résidence.
Mais cette solution est-elle juridique dans le système de la jurisprudence? Si les tribunaux français sont institués pour rendre la
justice aux nationaux seuls, il n'y a aucune raison pour faire
une faveur spéciale aux étrangers dont nous parlons. Il est vrai
qu'on a proposé de faire de ces individus sans nationalité, de ces
heimatloses, une classe spéciale sous le nom d'incolats (2). Nous
n'avons pas à examiner quelle est la loi qui régit l'état de ces
étrangers, il se peut que ce soit la loi de leur domicile (3). Mais
l'heimatlose ne reste pas moins étranger sur notre territoire, et
logiquement la jurisprudence devrait lui refuser justice, comme
aux autres étrangers. Nous ne blâmons certes pas sa décision,
mais nous en critiquons les motifs, et nous constatons une fois
de plus que, pour satisfaire aux exigences de la pratique, la jurisprudence, partie d'un principe faux, est obligée de rendre des
décisions arbitraires, contradictoires ou illogiques.

Clunet, 1880, p. 191; Trib. Seine, 22 décembre 1881. Clunet, 1882, p. 414; Trib.
Seine , 21 février 1884. Clunet, 1884, p. 499; Trib. Seine, 21 janvier 1885. Clunet,
1885, p. 176 et autres arrêts cités *suprà*, n° 62, pp. 35 et 36, notes.
(1) Féraud-Giraud, 1885. Clunet, p. 390.
(2) Proudhon, *Etat des personnes*, t. I, pp. 190 et suiv. — *V.* Weiss, p. 428, 515
et 936.
(3) Weiss, p. 515.

§ III

ÉTRANGERS AYANT EN FRANCE UNE SIMPLE RÉSIDENCE

SOMMAIRE. — 225. La résidence tient lieu de domicile quand il est inconnu. — 226. Il n'y a pas à distinguer si la résidence a été établie avant ou après la naissance de l'obligation qui donne lieu au procès, ou si les'étrangers en cause sont ou non de la même nationalité. — 227. Étrangers ayant une résidence en France et un domicile dans leur pays.

225. La question de compétence devient plus délicate lorsqu'il s'agit d'un étranger défendeur qui n'a qu'une simple résidence en France. La jurisprudence, et avec elle plusieurs auteurs, n'hésitent pas à déclarer que la simple résidence du défendeur ne saurait être attributive de compétence pour nos tribunaux (1). En règle générale, dit Fœlix, la simple résidence en France du défendeur étranger ne suffit pas pour autoriser un autre étranger non domicilié à le traduire devant les tribunaux français (2). La même opinion est enseignée par M. Féraud-Giraud (3). Pour nous, nous continuerons à appliquer purement et simplement l'article 59, comme si le défendeur était Français. « A défaut de domicile, dit l'article 59, le défendeur sera assigné devant le tribunal de sa résidence. » Si donc le défendeur étranger, en opposant l'exception d'incompétence, démontre qu'il a un domicile ailleurs, soit en France, soit à l'étranger, le tribunal saisi de la demande devra se déclarer incompétent; mais si l'étranger défendeur n'a pas de domicile à l'étranger, ou si ce domicile est inconnu, le tribunal de sa résidence devient compétent (4). Une solution contraire conduirait, comme le fait remarquer la Cour de cassation, à cette conséquence inique que, par de vagues allégations, l'étranger défendeur pourrait se jouer en quelque sorte de son adversaire et le réduire à l'impossible (5).

226. L'étranger résidant en France sera justiciable des tribunaux français, sans distinguer s'il a établi sa résidence en France avant ou après la naissance de l'obligation qui donne lieu au procès (6), ou s'il appartient ou non à la même nationalité que le demandeur.

(1) V. Glasson, 1881. Clunet, p. 114 et note 1; Féraud-Giraud, 1880. Clunet, p. 158, note 4. — V. Jurisp., n° 63, p. 36, notes.
(2) Fœlix, I, n° 152, p. 320.
(3) Féraud-Giraud, 1880. Clunet, p. 158.
(4) V. Glasson, 1881. Clunet, p. 114; Bertauld, *Questions pratiques*, t. I, p. 146.
(5) Cass., 8 avril 1851. S., 1851, 1, 335; Cass., 7 mars 1870. S., 1872, 1, 361.
(6) *Contrà* : Cass., 28 juin 1820; Paris, 23 juillet 1870. D., 1871, 2, 24.

227. Si l'étranger défendeur n'a en France qu'une simple résidence et un domicile connu à l'étranger, il pourra renoncer à se
prévaloir de l'exception d'incompétence et nos juges pourront
également retenir la connaissance de l'affaire ; mais il ne sera certainement pas soumis à leur juridiction, de la même manière que
dans l'hypothèse où il a en France un domicile. Nous reviendrons sur cette question dans le § suivant, à propos de la nature
de l'incompétence.

§ IV

ÉTRANGER DÉFENDEUR N'AYANT EN FRANCE NI DOMICILE NI RÉSIDENCE

SOMMAIRE. — 236. Il faut assimiler l'étranger au Français.

228, Enfin, il peut se faire que l'étranger défendeur soit seulement de passage en France, qu'il n'y ait ni domicile, ni résidence.
Que décider dans cette hypothèse ? Il faut examiner quelle serait
la situation d'un Français dans ces conditions et lui assimiler
l'étranger.

]

PRINCIPE — INCOMPÉTENCE — NATURE DE CETTE INCOMPÉTENCE

SOMMAIRE. — 229. Nos tribunaux, sont incompétents comme ils le seraient entre
Français domiciliés aux colonies dont l'un actionnerait l'autre devant un tribunal
du continent. — 230. Caractère de l'exception d'incompétence. L'incompétence
est purement relative. — 231. Retour à la jurisprudence. — 232. Opinion des
auteurs. Réfutation de l'opinion de Massé. — 233. Opinion de M. Dalloz. Réfutation. — 234. Résumé. — 235. Quid si le tribunal, quoique saisi en temps utile
de l'exception d'incompétence, refuse d'y faire droit et retient la connaissance
de la cause ? — 236. Litispendance. — 237. L'étranger défendeur peut renoncer
à se prévaloir de l'exception d'incompétence. Inconséquence de la jurisprudence. — 238. Quand le défendeur accepte la juridiction française, le tribunal a
le choix ou de retenir la connaissance de l'affaire ou de s'en dessaisir. —
239. Le tribunal a le pouvoir de juger. Arguments. Mais il peut, s'il le
préfère, se déclarer incompétent.—Arguments. — 240. Opinion de M. Bertauld.
— Réfutation. — 241. Opinion de MM. Demangeat et Rocco. Réfutation. —
242. Retour à la jurisprudence. Critique. — 243. Lorsque l'incompétence a été
couverte en 1re instance, ni les juges d'appel ni ceux de 1re instance, pas plus
que ceux de cassation, ne peuvent se dessaisir de l'affaire et refuser de juger.
— 244. Si le tribunal français saisi refuse de juger, il faudra s'adresser aux tribunaux étrangers du domicile ou de la résidence. S'il s'agit de ces individus
qui n'ont ni domicile ni résidence nulle part, le demandeur devra porter sa
demande devant le tribunal de son propre domicile.

229. Nos tribunaux sont incompétents dans ce cas, comme ils le
seraient entre deux Français domiciliés aux colonies, dont l'un
actionnerait l'autre devant un tribunal du continent. Il faut recon-

naître à l'étranger le droit d'élever devant les tribunaux français l'exception d'incompétence, toutes les fois qu'il n'a en France ni domicile, ni résidence, et qu'il a au contraire, dans un autre pays, un véritable domicile, devant le tribunal duquel le débat peut être porté. Dans ce cas, le tribunal français fera droit au déclinatoire proposé et renverra les parties à se pourvoir devant qui de droit (1). « Que fait, en effet, le défendeur non domicilié ? Il réclame l'application de la règle générale du droit, il demande à être renvoyé devant ses juges naturels ; il invoque les droits sacrés de la défense. La demande de l'étranger est donc juste et raisonnable, conforme aux principes de notre législation à l'équité : elle doit lui être accordée (2). »

230. Mais quelle est la nature de l'incompétence alléguée par le défendeur ? L'incompétence de nos juges, dans ce cas, est-elle d'ordre public, *ratione materiæ,* ou au contraire n'est-ce qu'une incompétence *ratione personæ* qui ne touche pas à l'intérêt privé du défendeur ? Cette incompétence ne repose pas sur la nature même du litige ; car la contestation rentre dans les attributions générales du tribunal qui a été saisi de la connaissance de l'affaire. Elle ne repose même pas, selon nous, sur la nationalité des parties ; car nous avons admis que nos tribunaux sont compétents, d'une manière générale, pour statuer sur les contestations entre étrangers. Elle résulte de ce seul fait, que la partie a été appelée devant un autre juge que celui qui, d'après le domicile du défendeur, doit connaître du litige. C'est donc une incompétence purement relative, *ratione personæ.* Il en résulte : 1° que le défendeur seul peut l'invoquer ; 2° qu'il peut y renoncer et que, s'il veut la proposer, il doit le faire avant toutes autres exceptions et défenses ; il ne pourrait l'opposer pour la 1re fois en appel ni en cassation ; 3° que le tribunal n'est pas tenu de la prononcer d'office (3), (Art. 163, 168, 169 et 170 C. pr.)

231. La jurisprudence, elle aussi, a reconnu qu'il s'agissait ici d'une incompétence purement relative ; mais nous avons déjà fait remarquer combien sa décision est en contradiction avec le point de départ de sa doctrine ; s'appuyant sur un principe d'ordre public, elle aurait dû logiquement décider que l'incompétence de nos tribunaux était d'ordre public, *ratione materiæ.*

232. Quant aux auteurs, ils sont à peu près unanimes pour décider qu'il s'agit ici d'une incompétence relative. M. Massé cependant veut voir ici une incompétence d'une nature parti-

(1) Fœlix, t. Ier, n° 152, p. 320 ; Féraud-Giraud, 1880. Clunet, p. 158.
(2) Bonfils, p. 187, n° 218.
(3) Demangeat, sur Fœlix, t. Ier, p. 300 ; Bonfils, n° 219, p. 188, et n° 227, p.193

culière : « Il est certain, dit-il, que cette exception n'est pas, l'exception d'incompétence personnelle dont s'occupent les articles 168 et 169 du Code de procédure, et qui doit être nécessairement proposée dès le début de l'instance. Ces articles, en disant que l'incompétence doit être proposée *in limine litis*, ne parlent que de l'incompétence résultant de ce que les parties ne sont pas domiciliées dans le ressort du tribunal saisi de la demande; tandis que, dans le cas actuel, c'est la qualité des parties et non leur domicile qui rend les tribunaux incompétents. « Cela est si vrai que, dans le cas d'incompétence personnelle, si elle n'est pas proposée par les parties, elle ne peut être prononcée d'office, tandis qu'il est reconnu que, lorsque deux étrangers se présentent devant les tribunaux français, les tribunaux français peuvent toujours d'office refuser de juger la contestation. Et, d'autre part, il est également certain que cette incompétence n'est pas matérielle, puisqu'elle repose, non sur la nature de la contestation qui rentre dans les attributions générales du pouvoir judiciaire, mais sur la qualité des parties. C'est donc une incompétence d'une espèce particulière, une incompétence qu'on peut appeler facultative, avec la Cour de cassation, au système de laquelle je crois qu'il faut se rattacher. Car s'il n'est pas possible d'admettre que deux étrangers, qui ont volontairement procédé devant un tribunal français et l'ont accepté pour juge, puissent en tout état de cause se soustraire à la juridiction à laquelle ils se sont soumis, et contraindre le tribunal à se déclarer incompétent après lui avoir demandé un jugement, il faut reconnaître que les juges qui peuvent, en tout état de cause, se déclarer incompétents, ont par la même raison la faculté d'accueillir le déclinatoire, quelle que soit l'époque à laquelle il leur est proposé. En d'autres termes, les juges ne sont tenus d'admettre le déclinatoire et de prononcer le renvoi que lorsqu'il est proposé avant toutes exceptions et défenses; plus tard, ils ont un pouvoir discrétionnaire pour l'admettre ou le rejeter (1). »

Nous admettons avec M. Massé que le tribunal n'est pas incompétent à raison de la nature de la contestation; mais nous ne saurions admettre que c'est la qualité des parties qui est la cause de cette incompétence. Nous croyons, en effet, avoir suffisamment démontré que le droit d'ester en justice est un droit naturel ; c'est un droit de l'homme et non du citoyen. Dès lors, l'étranger,

Féraud-Giraud, 1880. Clunet, pp. 225 et suiv.; Demolombe, t. Ier, n° 264 4°, p. 423; Aubry et Rau, t. VIII, § 748 *bis*, p. 148; Zachariæ, édit. Massé et Vergé, t. Ier, § 62, p. 86; Fœlix, t. Ier, n° 155, p. 325; Demangeat, sur Fœlix, t. Ier, n° 153, p. 322, n. *a*; Clunet, 1875, p. 356; Bertauld, *Questions pratiques*, t. Ier, n° 185, p. 147; Dalloz, v° *Dr. civ.*, n° 310, p. 109.
(1) Massé, *Dr. comm.*, t. Ier, n° 671, pp. 584-585.

comme le Français, a le droit de réclamer la protection des tribunaux français et si, dans le cas actuel, il est admis à décliner
leur juridiction, c'est uniquement parce qu'il n'a pas son domicile
dans le ressort du tribunal saisi de l'affaire. De plus, M. Massé
appuie son système sur deux arguments qui nous paraissent
inexacts. Il ne peut s'agir d'une incompétence relative, dit-il,
car les juges ont le droit de la prononcer d'office; et, de plus, ils
peuvent se dessaisir d'office en tout état de cause. Nous croyons
au contraire que, même quand l'incompétence du tribunal est
simplement relative, les juges ont le droit de se dessaisir d'office.
Mais nous nions qu'ils le puissent en tout état de cause. La jurisprudence l'affirme, il est vrai, mais sa décision n'est basée sur
aucun texte de loi; admettre une telle solution, c'est ajouter à
l'incompétence relative des éléments qu'elle ne comporte pas, c'est
tomber dans l'arbitraire, c'est violer ouvertement la loi.

233. Cette opinion de M. Massé n'est pas la seule opinion fantai-
siste qui ait été émise sur notre question. M. Dalloz, niant que l'incompétence de nos juges soit absolue, d'ordre public, veut appeler
cette exception: péremptoire, « en ce sens qu'on pourrait la faire
valoir en tout état de cause; elle aurait de l'analogie avec celle
qui se tire de la prescription. En un mot, il faudrait une renonciation bien expresse au droit de l'invoquer, pour que les juges dé-
clarassent leur incompétence. Mais, d'une part, entre une exception péremptoire de sa nature et celle qui est fondée sur la violation de l'ordre public, la différence est très grande; l'une ne peut
être proposée que devant les juridictions du premier et du second
degré, l'autre peut l'être, même en Cour de cassation, parce que le
moyen est toujours subsistant, *res perpetuo clamat*, et qu'on opposerait en vain qu'il est possible que les parties aient formellement
renoncé ou ne soient pas fondées à faire valoir le moyen (1) ».
Nous repoussons vivement cette doctrine; elle ne repose sur aucun
fondement juridique, elle est inacceptable. Car, ainsi que le dit fort
bien M. Bonfils, « pour caractériser une exception, il faut remonter
à sa cause. Celle-ci a pour base la qualité de la personne du
défendeur, qui n'a pas été cité devant le juge de son domicile:
elle est donc purement personnelle; l'article 169 veut qu'elle soit
proposée au début de l'instance. En outre, il n'y a nulle analogie
entre les déclinatoires, par lesquels le défendeur soutient qu'il
n'est pas tenu de se défendre devant tel juge déterminé, et les
exceptions péremptoires en la forme, les seules qu'ait conservées
notre Code de procédure. Les différences qui les séparent sont

(1) Dalloz, *Répertoire*, v° *Droit civil*, n° 323.

au contraire fort nombreuses. Quant aux exceptions péremptoires du fond, comme le moyen tiré de la prescription, ce
sont en réalité de véritables défenses au fond, et notre Code, plus
correct que l'ancien droit, les a justement laissées dans la classe
des défenses proprement dites (1) ».

234. Ainsi donc, l'incompétence de nos tribunaux, dans le cas
qui nous occupe, est purement relative : le défendeur seul peut l'invoquer, il doit la proposer *in limine litis*, il ne le pourrait pas en cours
d'instance, il ne le pourrait pas en appel, il ne le pourrait pas non
plus en cassation. C'est une exception personnelle au défendeur, qui
ne saurait être invoquée ni par ses créanciers (art. 1166), ni par
ses héritiers, à moins qu'ils ne fussent eux-mêmes étrangers non
domiciliés.

235. Qu'arriverait-il si le tribunal, quoique saisi, en temps
utile, de l'exception d'incompétence, refusait d'y faire droit et
retenait la connaissance de la cause?

Aux termes de l'article 19 du titre II de l'ordonnance du mois
d'août 1737 : « La partie qui aura été déboutée du déclinatoire, par
elle proposé, dans la cour ou dans la juridiction qu'elle prétendra
être incompétente, et de sa demande en renvoi dans une autre
cour ou dans une juridiction d'un autre ressort, pourra se pourvoir à notre grande Chancellerie ou à notre Conseil, en rapportant le jugement rendu contre elle et les pièces justificatives de
son déclinatoire, moyennant quoi, il lui sera accordé des lettres ou
un arrêt, ainsi qu'il a été dit ci-dessus (2). » Cette ordonnance n'a
pas été abrogée par les articles 363 et suivants du Code de procédure. Par conséquent, le règlement de juges peut être demandé
à la Cour de cassation, non seulement en cas de conflit, mais par
cela seul que le déclinatoire proposé par le défendeur a été rejeté.

Maintenant, si c'est un étranger qui avait proposé le déclinatoire, pourra-t-il, à la suite du jugement par lequel le tribunal se
déclare compétent, introduire une demande en règlement de juges?
Oui, s'il demande à être renvoyé devant un autre tribunal appartenant à l'ordre judiciaire. Non, s'il demande à être renvoyé devant
le juge étranger; il n'aura dans ce dernier cas que la voie de l'appel (3). Le principe de la souveraineté des nations s'oppose à ce
qu'il puisse être question de règlement de juges entre tribunaux de
pays différents, et la Cour de cassation admet ce principe, même
lorsque, en vertu de traités diplomatiques, il s'agit de tribunaux

(1) Bonfils, n° 222, p. 191.
(2) Recueil général des anciennes lois françaises, t. XXII, p. 33.
(3) Demangeat, sur Fœlix, p. 344, n. *a*.

12

d'un pays dont les jugements sont de plein droit exécutoires en France (1).

236. « Mais l'étranger défendeur peut toujours proposer l'exception de litispendance, même sous prétexte que l'affaire est déjà pendante devant un tribunal étranger ; il se borne à dire, en pareil cas, que le tribunal français est incompétent à cause de l'instance engagée devant le tribunal de son pays (2). » La jurisprudence prétend que la litispendance ne peut exister entre les tribunaux français et les juges étrangers et que, si le défendeur soulève l'exception de litispendance, sa demande doit être rejetée. Mais il ne faut pas s'arrêter au langage impropre des parties, il faut examiner la question en elle-même. Or, que fait le défendeur ? Il se refuse à proroger la juridiction de nos magistrats ; il refuse de se laisser juger par nos magistrats, il propose, en réalité, le déclinatoire pour incompétence. Devant son refus, nos juges doivent s'arrêter et se dessaisir du litige (3).

237. Nous venons de voir que l'étranger peut faire valoir l'exception d'incompétence devant les tribunaux français, jusqu'à quel moment il le peut, et enfin ce qui arriverait dans l'hypothèse où le tribunal se déclarerait compétent malgré le déclinatoire d'incompétence. Mais l'étranger défendeur peut aussi renoncer à se prévaloir de l'incompétence de nos tribunaux. Cette solution résulte de ce que l'incompétence n'est pas d'ordre public, *ratione materiæ*. La jurisprudence reconnaît au défendeur la faculté de renoncer à l'exception d'incompétence. Nous avons déjà fait remarquer la contradiction de la jurisprudence à ce sujet. Si, comme elle le prétend, le droit d'ester en justice est un droit civil, si nos tribunaux sont institués pour rendre la justice aux nationaux seuls, le consentement du défendeur serait insuffisant pour changer la nature de ce droit et pour rendre les plaideurs étrangers justiciables des tribunaux français ; ce consentement ne saurait déroger à une règle qui touche à l'ordre public. (Art. 6 C. civ.) Pour nous, qui admettons la compétence générale de nos tribunaux à l'égard des contestations entre étrangers, et qui ne voyons dans l'espèce qu'une incompétence relative, provenant du défaut de domicile de l'étranger défendeur, nous devons logiquement reconnaître à cet étranger la faculté de renoncer à invoquer cette incompétence. Cette renonciation peut être expresse ou tacite, elle peut résulter de l'acte même qui donne lieu à l'engagement, soit des termes mêmes de l'engagement, soit des circonstances de fait

(1) Glasson, 1881. Clunet, p. 114.
(2) Glasson, 1881. Clunet, p. 115.
(3) Bonfils, n° 225, p. 192.

qui l'ont accompagné. Nos tribunaux ont toute latitude pour apprécier si les parties ont entendu ou non accepter la juridiction des
juges français. Quand il est reconnu que, d'après les termes de
l'engagement ou les circonstances dans lesquelles il est intervenu, les parties ne peuvent être considérées comme ayant renoncé
à opposer l'exception d'incompétence, elles conservent toujours le
droit de soumettre, d'un commun accord, leur différend à la décision du juge français. Cette soumission résulterait du fait, de la
part du demandeur, d'intenter son action devant la juridiction
française, et, de la part du défendeur, de ne pas proposer l'exception *in limine litis*.

238. Nous avons vu que le tribunal, saisi de la demande, devait
faire droit à l'exception d'incompétence soulevée par l'étranger
défendeur et renvoyer les parties à se pourvoir devant le juge
compétent. Mais quels sont les pouvoirs des juges français, si l'é-
tranger renonce à se prévaloir de l'exception d'incompétence ?
Nous appliquerons purement et simplement à cette question
les principes qui régissent l'incompétence relative. « Quand un tribunal, dit Glasson (1), est saisi d'une affaire, qu'il appartient à l'ordre et au degré déterminé par la loi, mais qu'il n'est pas celui du
domicile du défendeur, son incompétence est purement relative ;
il dépend du défendeur de la couvrir, et, en pareil cas, le tribunal
peut statuer ou refuser de juger, à son choix, tandis que si l'incompétence était absolue, il devrait, même d'office, se dessaisir de
la contestation. Il est en effet de principe général qu'un tribunal
n'est pas obligé de juger, sous peine de déni de justice, quand il
n'est pas celui du domicile du défendeur, alors même que le défendeur renoncerait à invoquer la compétence. »

239. Le tribunal saisi a incontestablement le pouvoir de statuer,
car l'objet et le but de son institution est de rendre la justice
dans les limites de son ressort. Mais il peut, s'il le préfère, se déclarer incompétent, car la prorogation volontaire de juridiction,
extension de la juridiction ordinaire d'un tribunal, n'est pas obligatoire pour les juges qui en sont l'objet. Ce principe n'est pas, à
la vérité, directement écrit dans la loi, mais il résulte bien nettement d'une exception que le législateur y a apportée dans l'article 7 du Code de procédure pour les juges de paix. « Les parties
pourront toujours se présenter volontairement devant un juge de
paix, auquel cas il jugera leur différend, soit en dernier ressort, si
les lois ou les parties l'y autorisent, soit à la charge de l'appel,
encore qu'il ne fût le juge naturel des parties, ni à raison du domicile

(1) Glasson, 1881. Clunet, p. 115.

du défendeur, ni à raison de la situation de l'objet litigieux. »
(Article 7 C. pr. civ.) Cette disposition ne peut s'expliquer que si
on la considère comme une dérogation au droit commun. On arrive ainsi à établir qu'en général, sauf exception pour les juges de
paix, un tribunal peut refuser de statuer toutes les fois qu'il n'est
pas celui du domicile du défendeur. C'est donc par application
des principes ordinaires de compétence, que nous déclarons facultative la compétence du tribunal français pour une contestation
entre étrangers, toutes les fois que le défendeur n'a ni domicile ni
résidence en France. Cette opinion est généralement admise (1).

240. M. Bertauld cependant, tout en admettant que le tribunal
français peut refuser de juger, les contestations entre Français
dont il n'est pas le juge naturel, décide qu'au contraire les tribunaux français sont tenus de juger, sous peine de déni de justice.
« La considération de droit, dit-il, c'est qu'il n'y a pas parité de
situation entre le défendeur français qui renonce à l'exception de
l'incompétence *ratione personæ* et le défendeur étranger qui ne revendique pas une juridiction étrangère. En refusant de juger le
Français qui s'offre à leur jugement, nos tribunaux ne lui refusent
pas la justice française; même sans qu'ils aient besoin de recourir
à l'appel, les justiciables français pourront, en vertu de l'article
19 de l'ordonnance de 1737, se pourvoir directement devant la
Cour de cassation qui, par voie de règlement, désignera le juge
qui doit connaître de la contestation. Les étrangers n'ont pas cette
ressource; le juge français, en ne retenant pas la cause entre des
étrangers, en dessaisit d'une manière absolue la justice française
et en saisit forcément les juridictions étrangères (2). »

Mais ce système aboutit, dans certains cas, à traiter les étrangers beaucoup mieux que les Français. Nos tribunaux français du
continent auraient le droit de renvoyer deux Français des colonies
devant nos tribunaux établis au delà des mers, tandis que, s'il
s'agissait d'étrangers appartenant peut-être à un pays limitrophe,
ils n'auraient pas le droit de se dessaisir. Cette solution est-elle
équitable? De plus, l'intérêt des étrangers sera-t-il compromis si
nos tribunaux se déclarent incompétents. Nous ne le croyons pas;
car si l'étranger n'a ni domicile ni résidence en France, il préférera
certainement être renvoyé devant le tribunal de son domicile, et

---

(1) Carré, *Org. jud.*, art. 261 ; Merlin, *Répert.*, vᵒ *Prorogation;* Boncenne, t. III,
p. 254 ; Boitard, sur l'art. 169; Chauveau, sur Carré, quest. 724; Demolombe, t. I,
nᵒ 261-4° ; Fœlix, t. I, nᵒ 155, pp. 325 et 326; Bonfils, nᵒ 229 et s., pp. 193 et suiv.;
Aubry et Rau, t. VIII, § 748 *bis*, p. 449 ; Féraud-Giraud, 1880. Clunet, p. 230 ;
Marcadé, t. I, sur l'art. 15, nᵒ 142; Massé et Vergé, sur Zachariæ, t. I, § 62, p. 86 ;
Massé, *Droit comm.*, t. Iᵉʳ, nᵒ 670, p. 624 ; Dalloz, *Rép.*, vᵒ *Droit civil,* nᵒ 313.

(2) Bertauld, *Questions pratiques*, t. I, nᵒ 188.

s'il est domicilié en France, nous avons vu que la jurisprudence elle-même se déclarait compétente.

241. M. Demangeat critique également notre manière de voir et il adopte une solution opposée : « Tout le monde accorde, dit-il, que l'étranger défendeur peut renoncer à opposer l'exception d'incompétence; mais on a soutenu que le tribunal, suivant les cas, pouvait d'office se déclarer incompétent. Quant à moi, je ne puis admettre ce système. » J'ai toujours cru que nos tribunaux sont institués pour rendre la justice, pour faire régner le droit en France, d'une manière absolue et sans acception de personne. « Quand on dit que l'étranger peut se refuser à être jugé par eux, c'est une faveur qu'on lui fait et une ressource qu'on lui laisse, pour le cas où il pourrait douter de leurs connaissances ou de leur impartialité; mais quand son amour de la justice le porte à renoncer à cette faveur, le juge français ne doit pas être reçu à mettre obstacle à cette justice (1). »

M. Rocco prétend, lui aussi, que le consentement des parties, suffisant pour donner à nos tribunaux le pouvoir de statuer, est assez puissant pour les empêcher de se déclarer incompétents. « En droit, dit-il, le consentement des parties suffit pour proroger la juridiction d'un tribunal incompétent (*ratione personæ*) à raison de la qualité des personnes. Le consentement des juges n'est point requis ; c'est la décision des jurisconsultes romains. En fait, c'est mettre obstacle à la libre communication des peuples et repousser les étrangers du territoire de la patrie, que de leur refuser un jugement qu'ils réclament d'un commun accord. D'ailleurs, la justice est la dette commune des nations et de leur gouvernement; l'obligation où ils sont de la rendre est de droit naturel. Il y a plus, l'arbitrage, cet ordre judiciaire primitif, les arbitres, ces juges institués par le libre choix des parties, appartiennent au droit des gens. Si la juridiction proprement dite est circonscrite dans les limites d'un territoire déterminé, l'arbitrage n'en connaît point. Si des conditions de capacité sont imposées à ceux qui remplissent les fonctions de juges, la confiance des parties suffit aux arbitres. Qui pourrait empêcher des juges de devenir arbitres et des parties de remettre la décision de leur différend à l'arbitrage d'un tribunal ? Dans ce cas, les membres de ce tribunal, quoique arbitres, n'en seront pas moins juges ; en tant que juges, ils sont tenus d'accepter la mission qui leur est conférée par la mutuelle confiance de ces justiciables volontaires ; en tant qu'arbitres, ils rendent des sentences auxquelles doit s'attacher en

---

(1) Demangeat, *Condition des étrangers*, n° 85, p. 394, et sur Fœlix, t. I, p. 322, n. *a*.

tous lieux l'autorité de la chose jugée. Aucun obstacle sérieux ne s'oppose donc à ce que les étrangers trouvent partout, dans les tribunaux établis, des juges naturels et forcés ; l'intérêt de toutes les nations en fait une loi (1). »

Cette théorie est assurément fort séduisante, mais nous ne saurions l'accepter, car elle ne repose pas sur une base juridique suffisante. Nous reconnaissons que le tribunal choisi par des individus qui ne sont pas ses justiciables rentre dans la classe des arbitres ; il n'est plus qu'un juge volontaire. Il n'a de plus que les arbitres que son caractère public, qui imprime à ses décisions l'authenticité la plus complète et leur assure une exécution actuelle. Mais de même que les arbitres sont maitres d'accepter ou de refuser le compromis qui les constitue juges du différend, de même aussi un tribunal peut refuser ou accepter la prorogation (2). « *Requiritur etiam consensus magistratús cujus jurisdictio prorogatur, quum invitus compelli nequeat ut non subjectis jus dicat, quamvis expressus ipsius consensus minime requiratur* (3). »

M. Rocco invoque la décision des jurisconsultes romains, la loi 2, § 1, Digest., *de Judiciis*. En voici le texte : « *Convenire autem utrum inter privatos sufficit, an vero etiam ipsius Prætoris consensus necessarius est ? Lex Julia Judiciorum ait : Quo minus inter privatos conveniat ; sufficit ergo privatorum consensus. Proinde si privati consentiant, prætor autem ignoret consentire, et putat suam jurisdictionem, an legi satisfactum sit, videndum est ? Et puto posse defendi, ejus esse jurisdictionem* (4). » Cette loi s'occupe du cas où un préteur, se croyant compétent, prononce dans l'ignorance du consentement des parties. Malgré cette erreur et cette ignorance réunies, le jurisconsulte décide qu'il a pu valablement prononcer. Qui n'aperçoit la différence sensible qui sépare l'hypothèse prévue par ce texte de celle où le juge, connaissant à la fois son incompétence et le consentement des parties, ne veut pas accepter la juridiction qui lui est offerte (5) ?

Quant à la critique de M. Demangeat, nous ne la croyons pas fondée non plus. Nous croyons, avec M. Demangeat, que nos tribunaux sont, en principe, institués pour rendre la justice, pour faire régner le droit en France d'une manière absolue et sans acception de personnes. Mais nous voulons traiter également les Français et les étrangers. Assurément on prétend que les exceptions *ratione*

---

(1) Compte-rendu des séances de l'Académie des sciences morales et politiques, t. 1er, p. 473.
(2) Bonfils, n° 230, p. 194.
(3) Beckmann, *Introd. in jus Digest.*, ad tit. *De jurisdict.*, § 21.
(4) Loi 2, § 1, D., *De judiciis*. 5. 1.
(5) Bonfils, n° 230, p. 195.

personæ sont créées dans l'intérêt et pour la commodité du défendeur, et que si, à son défaut, le tribunal pouvait les invoquer, ce serait les rapprocher singulièrement des exceptions *ratione materiæ*, car la seule différence serait que le tribunal pourrait invoquer d'office les exceptions *ratione personæ* tandis que, pour les exceptions *ratione materiæ*, il le devrait. Mais, dans ce système, comment expliquer la présence de l'article 7 dans le Code de procédure ? Cet article serait au moins inutile. Nous ne le pensons pas : cet article indique la volonté même du législateur. La prorogation volontaire de juridiction confère au juge la faculté, sans lui imposer l'obligation de sortir du cercle de ses attributions relativement aux parties en cause.

« La loi a tracé à tous les magistrats les limites de leur juridiction, disait M. le substitut Daniel devant la Cour de cassation en 1807, et comme il leur est défendu de les franchir sans le consentement des parties, comme il est de leur devoir de faire droit sur le déclinatoire que le défendeur propose, avant de contester en cause, ils ont également la liberté de se renfermer dans les limites de leurs attributions, quand même les parties demanderaient le contraire. » Puis il ajoutait : « Ce principe résulte encore de la nature des choses. Et en effet, par quel motif permettrait-on aux parties d'imposer au juge une charge qui pourrait lui devenir bien pénible ? Peut-on prétendre raisonnablement que le juge soit tenu de se prêter à tout le monde, d'épuiser ses forces pour rendre justice à tous ceux qui, appelés devant lui, ne voudront pas proposer le déclinatoire ? Il n'aurait donc plus aucune excuse, pas même dans la multitude des causes dont le jugement lui appartient par la nature de ses fonctions, pas même dans l'impossibilité physique de suffire à tout (1). »

Aussi est-il admis par des jurisconsultes, les autorités les plus recommandables, qu'un défendeur assigné devant un tribunal compétent *ratione materiæ*, mais autre que celui de son domicile, peut être renvoyé devant le juge qui devrait être régulièrement saisi de la contestation (2). Pourquoi cette solution, généralement admise à l'égard des Français, serait-elle inapplicable aux étrangers ?

Nous concluons avec Glasson : « Il vaut donc mieux s'en tenir à la même solution entre étrangers qu'entre Français ; il est vrai

(1) Merlin, *Rép.*, v° *Prorogation de juridiction*, n° 3.
(2) Carré, *Organisation judiciaire*, t. IV, p. 89, art. 262; Chauveau, sur Carré, *Lois de la procédure*, t. II, question 721 ; Boncenne, t. III, pp. 254 et suiv.; Boitard, t. I, p. 332 ; Mourlon, *Répétitions écrites sur le Code de procédure*, n° 314, p. 173; Merlin, *Rép.*, v° *Prorogation de juridiction*, n° 3. — *V.* cependant Massé, t. I, p. 629, *in fine*.

qu'elle nous oblige à décider que le juge de paix choisi par deux étrangers sera tenu de juger en vertu de l'article 7 C. pr., sous peine de commmettre un déni de justice. Mais cette conséquence est très acceptable, car les abus ne sont pas à craindre ; il serait puéril de redouter qu'un grand nombre d'étrangers soient tous pris de la fantaisie de se rendre en France pour y soumettre une contestation de médiocre importance à un juge de paix. Quant à ceux qui sont simplement de passage, l'accès de cette justice leur sera très utile sans nuire aux Français (1). »

242. La jurisprudence reconnaît également aux tribunaux français le pouvoir de retenir la connaissance d'une affaire portée devant eux, alors que leur juridiction a été acceptée par les deux parties en cause. Nous avons déjà fait remarquer que la jurisprudence était encore, par cette solution. en contradiction avec son principe. Il a été reconnu, il est vrai, lors de la discussion au Conseil d'État, que le tribunal aurait le droit de juger si sa juridiction n'était pas déclinée, mais on ne saurait trouver le fondement d'une règle semblable dans une observation tout à fait incidente et personnelle, surtout en présence de la déclaration de M. Tronchet, que la disposition de l'article en discussion est toute positive et ne préjuge en rien la question de compétence entre étrangers. D'ailleurs, la jurisprudence prétend que les tribunaux français sont institués pour rendre la justice aux nationaux seuls. Dès lors, comment admettre que le seul consentement des parties en cause puisse permettre à un tribunal de statuer sur une contestation entre étrangers, alors qu'il n'a été institué que pour rendre la justice aux Français !

243. La jurisprudence admet encore que nos tribunaux ne sont pas liés par le consentement des plaideurs étrangers à se laisser juger ; ils peuvent, s'ils le croient préférable, se dessaisir d'office de l'affaire. Nous approuvons ces décisions en elles-mêmes, et nous croyons, avec la jurisprudence, que nos tribunaux de première instance peuvent très légalement se dessaisir de la contestation, malgré le consentement des plaideurs à accepter leur juridiction, lorsque le tribunal saisi n'est pas celui du domicile du défendeur. Nous avons suffisamment démontré l'exactitude de cette proposition. Mais nous ne saurions admettre les solutions que donne la jurisprudence, lorsque, les tribunaux de première instance ayant retenu la connaissance du procès, l'affaire est portée devant les juges d'appel. M. Féraud-Giraud, qui expose et défend le système de la jurisprudence, a soutenu que si, en pareil cas,

(1) Glasson, 1881. Clunet, p. 117.

l'incompétence ne peut plus être proposée par le défendeur, le tribunal du second degré n'en conserve pas moins le droit de refuser sa juridiction. Il a même prétendu que le tribunal de première instance lui-même peut, après avoir accepté la contestation, refuser d'en connaître. Quant à la Cour de cassation, elle n'aurait pas le droit de s'abstenir, car, dit-on, cette abstention priverait les parties d'un recours que la loi autorise : en outre, la Cour de cassation statue bien plutôt sur les jugements des tribunaux que sur les prétentions des parties (1). On ne saurait admettre toutes ces conclusions, du moins dans leur ensemble; car, ainsi que nous l'avons déjà fait remarquer, c'est apporter à l'incompétence relative des éléments nouveaux que cette incompétence ne comporte pas légalement. C'est créer une incompétence spéciale, « tenant le milieu, ainsi que l'a dit un arrêtiste, entre l'incompétence *ratione materiæ* et l'incompétence *ratione personæ* (2), » et que ne mentionne aucun texte de loi. Sans doute, la Cour de cassation n'a pas le droit de s'abstenir, lorsque la décision intervenue est légalement portée devant elle. Nous sommes sur ce point d'accord avec M. Féraud-Giraud. Mais pourquoi faire une distinction entre les juges d'appel et les juges de cassation? Pourquoi imposer à la Cour de cassation l'obligation de statuer, alors qu'on accorde aux Cours d'appel la faculté de se dessaisir de la contestation? La Cour de cassation ne constitue pas un degré de juridiction, cela est vrai; mais elle n'apprécie pas moins les jugements dans l'intérêt des parties que dans celui de la loi. Nous repoussons donc cette décision de la jurisprudence, comme arbitraire et illogique, et nous décidons, comme si la contestation s'élevait entre Français, que, l'incompétence ayant été couverte par les premiers juges, ceux-ci ne peuvent plus ensuite se dessaisir au cours du procès et que le tribunal d'appel n'a pas davantage que la Cour de cassation le droit de refuser sa juridiction (3).

244. Si le tribunal français saisi d'une contestation par deux étrangers refuse d'en connaître, le demandeur devra porter sa demande devant le tribunal étranger du domicile ou de la résidence du défendeur. Mais s'il s'agit d'un de ces personnages ambulants que l'on ne peut saisir nulle part, qui n'ont ni domicile ni résidence connus, soit en France, soit à l'étranger, devant quel tribunal l'étranger demandeur doit-il porter son action? Il n'y a pas de règle à ce sujet. Boitard a prétendu que le tribunal compétent serait celui dans le ressort duquel a été contractée l'obliga-

(1) Féraud-Giraud, 1880. Clunet, p. 231.
(2) S., 1872, 2. 202.
(3) Glasson, 1881. Clunet, p. 132.

tion d'où dérive l'action intentée (1). Mais rien ne justifie cette solution en matière civile : cette règle est posée par l'article 420 C. pr. pour les matières commerciales, mais ne peut être étendue aux matières civiles(2). Aussi croyons-nous que l'action intentée contre un étranger qui n'a ni domicile ni résidence connus soit en France, soit à l'étranger, pourra valablement être portée devant le tribunal du domicile du demandeur (3).

II

EXCEPTIONS. — COMPÉTENCE

Sommaire. — 245. Il y a des cas où, malgré l'absence de domicile et de résidence en France, nos tribunaux sont cependant compétents.

245. Lorsque le défendeur étranger n'a en France ni domicile ni résidence, l'application des principes généraux en matière de compétence amène à cette conséquence que l'étranger doit être cité, non devant les tribunaux français, mais devant le tribunal de son domicile à l'étranger. Il y a des cas cependant où, malgré le défaut de domicile en France, les tribunaux français sont les seuls juges compétents. Dans tous ces cas, la compétence de nos tribunaux est obligatoire, c'est-à-dire qu'ils ne peuvent pas se dessaisir de la connaissance du litige et que le défendeur étranger, même non domicilié, soulève vainement l'exception d'incompétence.

A

LOIS DE POLICE ET DE SURETÉ

(Article 3 C. civ.)

Sommaire. — 246. L'étranger est soumis aux lois de police et de sûreté.

246. « Les lois de police et de sûreté obligent tous ceux qui habitent le territoire. » (Article 3 C. civ.) « Il est des lois, disait Portalis en son exposé des motifs du Code Napoléon, il est des lois sans lesquelles un État ne saurait subsister. Ces lois sont toutes celles qui maintiennent la police de l'État et qui veillent à sa sûreté. Nous déclarerons que les lois de cette importance obligent indistinctement tous ceux qui habitent le territoire. Il ne peut à

---

(1) Boitard, t. Ier, n° 184, p. 145.
(2) Carré et Chauveau, *Lois de la procédure*, t. III, question 1508, p. 519.
(3) Chauveau, sur Carré, t. Ier, question 371 *bis*, p. 448.

cet égard exister aucune différence entre les citoyens et les étrangers. Un étranger devient le sujet casuel de la loi du pays dans
lequel il passe ou dans lequel il réside. Dans le cours de son
voyage ou pendant le temps plus ou moins long de sa résidence,
il est protégé par cette loi; il doit donc la respecter à son tour;
l'hospitalité qu'on lui donne appelle et force sa reconnaissance.
D'autre part, chaque État a le droit de veiller à sa conservation,
et c'est dans ce droit que réside la souveraineté. Or, comment un
État pourrait-il se conserver et se maintenir, s'il existait dans son
sein des hommes qui pussent impunément enfreindre sa police et
troubler sa tranquillité? Le pouvoir souverain ne pourrait remplir
la fin pour laquelle il est établi, si des hommes, étrangers ou nationaux, étaient indépendants de ce pouvoir. Il ne peut être limité
ni quant aux choses, ni quant aux personnes. Il n'est rien s'il
n'est tout. La qualité d'étranger ne saurait être une exception
légitime pour celui qui s'en prévaut contre la puissance publique
qui régit le pays dans lequel il réside. Habiter le territoire, c'est
se soumettre à la souveraineté. Tel est le droit politique de toutes
les nations (1). »

«L'effet des lois de police et de sûreté est d'obliger tous ceux qui
habitent le territoire. Tous... étrangers ou nationaux. Qui habitent,
c'est-à-dire qui s'y trouvent, même accidentellement, même pas-
sagèrement. Et il faut bien qu'il en soit ainsi : 1° Il n'y aurait,
sans cela, ni ordre ni police possibles; 2° Ces mêmes lois protègent
tous les individus sans distinction; car non seulement l'étranger
est obligé par elles, mais il en profite, il peut les invoquer. Les
devoirs de l'hospitalité, de l'humanité, l'ordre public enfin du pays,
c'est-à-dire notre propre intérêt, le commandent, et telle est certainement la pensée de l'article 3. Dès lors aussi, la réciprocité et
le propre intérêt de l'étranger lui-même exigent qu'il se soumette
à ces lois; car c'est tout à la fois la condition et le moyen de la
protection qu'il reçoit d'elles... *Intrasti urbem, ambula juxta ritum
ejus* (2). » (V. art. 272 C. pénal.)

Parmi les lois de police et de sûreté, il faut avant tout comprendre celles qui ont été établies dans le but de garantir le bon ordre de la société et dont la violation est réprimée par une sanction pénale. Ces lois protègent l'étranger dans sa personne et
dans ses biens, dès qu'il a mis le pied sur notre territoire ; mais de
son côté l'étranger doit respecter l'ordre et les lois établis sur ce
territoire. Toutes les nations ont consacré cette règle. « Le pouvoir

(1) Locré, t. Ier, p. 579.
(2) Demolombe, § 71, t. Ier, pp. 88, 89.

judiciaire de chaque État s'étend à la poursuite de toutes les offenses commises contre les lois de l'État dans ses limites territoriales, quels que soient l'auteur de ces offenses et l'individu lésé (1).

Nous n'avons pas à nous occuper ici de l'action publique, intentée par ceux à qui la loi en a confié l'exercice; mais nous devons examiner si les tribunaux français sont compétents pour statuer sur l'action civile naissant d'un crime ou délit commis en France par un étranger contre un autre étranger.

a). — *Action civile résultant d'un crime ou délit commis en France.*

Sommaire. — 247. Pas de difficulté dans le cas où l'action civile est exercée concurremment à l'action publique. La compétence est admise par tous. — 248. Controverse lorsque l'action civile est poursuivie séparément devant les tribunaux civils. A notre avis, la compétence s'impose.

247. Tout le monde est d'accord pour le cas où l'action civile est exercée concurremment avec l'action publique devant les tribunaux de répression; ces deux actions sont alors intimement liées l'une à l'autre, et le Code d'instruction criminelle donne compétence à nos tribunaux de répression, dans les termes les plus absolus. (Art. 3, 627, 638, 640 du Code d'instruction criminelle.) Il est d'ailleurs rationnel que la compétence du juge territorial, qui possède tous les éléments du procès, s'étende également sur l'action privée, qui est l'accessoire de l'action publique à laquelle donne lieu le fait incriminé (2). La compétence dans notre hypothèse étant fondée sur l'art. 3 C. civ., il est inutile de faire observer que, dès lors, l'exception ne peut se justifier que lorsque les faits qui motivent l'action ont eu lieu sur le territoire français et non à l'étranger.

248. Mais on a soutenu que la compétence des tribunaux français n'était pas obligatoire, lorsque l'action civile était poursuivie séparément devant les tribunaux civils. L'article 3 du Code d'instruction criminelle, a-t-on dit, a pour objet unique de prévoir la réparation des deux actions, sans indiquer les règles de procédure à suivre pour l'exercice de l'action en indemnité devant les juges civils. Le fond de la prétention du demandeur peut sans

(1) Bonfils, n° 8, p. 8.
(2) Fœlix, t. Ier, n° 165, p. 344; Aubry et Rau, t. VIII, § 748 *bis*, p. 146; Massé, *Dr. comm.*, t. Ier, n° 665, p. 619; Massé et Vergé, sur Zachariæ, t. Ier, § 62, p. 87 ; Demangeat, *Condition*, n° 85, p. 393; Bonfils, n° 203, p. 175; Bertauld, *op. cit.*, n° 180, p. 144; Mangin, *Act. publique*, t. Ier, n° 125, p. 178; Faustin-Hélie, *Inst. cr.*, t. Ier, n° 548, p. 657; Duranton, t. Ier, n° 153; Demolombe, t. Ier, n° 261, p. 315; Avis du Conseil d'Etat, 4 juin 1806; Féraud-Giraud. Clunet, 1880, p. 164; Glasson. Clunet, 1881, p. 118. La question était controversée dans l'ancien droit. Bacquet, *Droits d'aubaine*, ch. XXXI, refusait l'action. Laplanche, t. II, p. 124, la concédait.

doute être basé sur cet article, mais cette disposition est étrangère
à la question de compétence qui doit être résolue, ici, d'après les
règles applicables aux actions civiles en général (1).

M. Massé au contraire déclare : « que l'article 3 du Code d'instruction criminelle, en permettant de poursuivre l'action civile
soit devant les juges saisis de l'action publique, soit séparément,
ouvre une faculté dont il n'y a pas de raison pour priver l'étranger qui, autrement, serait forcé de se rendre partie civile sur l'action
publique et de courir ainsi la chance de supporter tous les frais de
la poursuite criminelle, sous peine d'être déchu de toute
action en France (2). »

« Si grave que soit cette raison, dit M. Glasson, elle ne suffit
pourtant pas pour donner compétence à un tribunal civil. Dira-
t-on que la compétence naît, en pareil cas, du fait qui donne lieu
à l'action ? Mais alors on devrait aussi logiquement décider que
le tribunal civil compétent est celui du lieu où le fait a été commis. Or, tout le monde admet qu'en pareil cas il faut appliquer les
principes ordinaires de l'article 59 du Code de procédure; le
Français demandeur devrait agir devant le tribunal du domicile
du Français défendeur, et si le défendeur était un étranger
n'ayant ni domicile ni résidence en France, le Français n'aurait le
droit de saisir les tribunaux de notre pays qu'en vertu de l'article
14 du Code civil. Dès lors, il faut bien reconnaître que toute base
fait défaut pour attribuer compétence à nos tribunaux civils lorsque les deux plaideurs sont des étrangers qui n'ont ni domicile
ni résidence en France. Qu'on ne reproche pas à cette solution
d'être sévère contre les étrangers, car nous la donnerions aussi
si la contestation s'élevait entre Français qui n'auraient ni domicile ni résidence en France, comme, par exemple, s'ils étaient
nés et établis à l'étranger ou dans une de nos colonies loin-
taines (3). »

Nous croyons cependant devoir nous ranger à l'opinion de
M. Massé. Pour nous, l'étranger lésé dans sa personne ou dans
ses biens par un crime ou délit commis par un autre étranger
en France, a le droit de poursuivre la réparation du dommage qui
lui a été causé, aussi bien devant les tribunaux civils, que devant
les tribunaux répressifs, et le tribunal civil saisi est tenu de se
déclarer compétent. Si le défendeur a son domicile ou une résidence en France, nos tribunaux sont compétents en vertu de

(1) Fœlix, t. Ier, n° 165, p. 344; Demangeat, sur Fœlix, idem, note a; Bonfils,
p. 175, n° 203; Glasson. Clunet, 1881, p. 118; Soloman, p. 94.
(2) Massé, t. Ier, n° 665, p. 576.
(3) Glasson. Clunet, 1881, p. 118.

l'article 59, § 1. Si le défendeur n'a, en France, ni domicile ni résidence, nous croyons que les tribunaux français seront encore compétents pour connaître entre étrangers d'une action civile résultant d'un crime ou d'un délit commis en France et exercée séparément de l'action publique : la compétence, en pareil cas, est basée sur le principe posé par l'article 3 du Code civil, que les lois de police et de sûreté obligent et protègent tous ceux qui habitent le territoire. Il est admis par tous que cet article ouvre à l'étranger un droit pour agir devant la justice française, et y réclamer la réparation du préjudice qu'il a souffert en France par suite d'un fait délictueux. Tout le monde admet, en effet, que cet article est attributif de compétence pour tous les cas rentrant dans l'application des lois de police et de sûreté. Or, le droit de réclamer la réparation d'un préjudice causé par un fait délictueux prévu et puni par la loi pénale est fondé au premier chef, sur l'application des lois de police et de sûreté, dans les termes de l'article 3 du Code civil; et le fait que l'action est intentée devant les tribunaux civils ne saurait lui changer son caractère. Ainsi que le fait remarquer M. Féraud-Giraud, la compétence naît du caractère même du fait qui donne lieu à l'action ; or, le Code d'instruction criminelle porte dans son article 1er que les actions civiles en réparation du dommage causé par un crime, par un délit ou par une contravention, peuvent être exercées par tous ceux qui ont souffert de ce dommage, et l'article 3 ajoute que l'action civile peut être poursuivie, en même temps que l'action publique et devant les mêmes juges que l'action publique ou séparément. Dès lors que l'étranger est reconnu bénéficiaire de cette action, il doit pouvoir l'intenter dans les conditions prévues par la loi pour son exercice sans distinctions (1). Il serait d'ailleurs fort extraordinaire, que les tribunaux français fussent compétents obligatoirement, quand l'action civile est intentée en même temps que l'action publique et qu'ils ne le fussent plus, parce que l'action civile est intentée séparément. L'étranger qui a droit à la protection des lois de police et de sûreté, et auquel on accorde le bénéfice de cette action, ne saurait en être privé par cela seul qu'il aura pris l'une plutôt que l'autre des voies qui lui sont tracées par la loi elle-même. Enfin, nous ne voyons pas pourquoi on ne pourrait pas invoquer l'article 3 C. civ. pour attribuer compétence à nos tribunaux, lorsqu'il s'agit de la réparation du préjudice causé en France par un fait prévu et puni par la loi pénale, lorsque, de l'aveu de M. Glasson lui-même, ce texte est attributif de juridic-

(1) Féraud-Giraud, 1880. Clunet, p. 164.

tion, lorsqu'il s'agit de la réparation du préjudice causé par un quasi-délit.

Nous repoussons donc toute distinction et nous concluons à la compétence obligatoire de nos tribunaux, pour connaître d'une action civile résultant d'un crime ou délit commis en France par un étranger contre un autre étranger, sans distinguer si l'action civile est intentée en même temps que l'action publique ou séparément (1).

b). — *Action civile résultant d'un quasi-délit commis en France.*

Sommaire. — 249. Nos tribunaux ne sauraient refuser d'en connaître sans porter atteinte au principe de l'article 3 C. civ.

249. Il faut aller plus loin et reconnaître, ainsi que le fait la jurisprudence, que non seulement l'action civile résultant d'un crime ou d'un délit commis en France, par un étranger contre un autre étranger, peut être exercée séparément de l'action publique devant les tribunaux civils; mais encore, que l'étranger lésé dans sa personne ou dans ses biens par un autre étranger, à la suite d'un quasi-délit dont il a été victime, a le droit de poursuivre devant les tribunaux français la réparation du dommage qui lui a été causé, alors même que l'étranger auteur du dommage n'aurait ni domicile ni résidence en France, et que le fait qui donne naissance à l'action ne constituerait pas un délit caractérisé et puni par les lois pénales, pourvu seulement que ce fait se soit produit en France. L'étranger demandeur revendique l'application des articles 1382 et 1383 du Code civil. Nos tribunaux ne sauraient refuser de prendre connaissance de sa demande, sans porter atteinte au principe posé par l'article 3 C. civ., car les lois de police et de sûreté ne comprennent pas seulement celles dont les dispositions sont sanctionnées par voie de répression pénale, mais, d'une manière plus générale, toutes celles qui ont pour objet la sécurité des personnes et des propriétés (2).

c). — *Mesures d'ordre public.*

Sommaire. — 250. Compétence de nos tribunaux pour connaître des mesures d'ordre public. Obligation de cohabitation des époux. — 251. Puissance paternelle. Protection due à l'enfant. — 252. Demandes d'aliments. — 253. Opinion de M. Féraud-Giraud relativement aux mesures d'ordre public. Critique. — 254. Brevets d'invention.

250. Les tribunaux français sont encore compétents pour sta-

(1) Massé, *Droit comm.*, t. Ier, n° 665, p. 620; Féraud-Giraud, 1880. Clunet, p. 164; Massé et Vergé, sur Zachariæ, t. Ier, § 62, p. 87, n. 21; Aubry et Rau, t. VIII, § 748 *bis*, p. 146, n. 44.
(2) Demolombe, t. Ier, n° 261, p. 421; Aubry et Rau, t. VIII, § 748 *bis*, p. 146; Féraud-Giraud, 1880. Clunet, p. 165; Bertauld, *Questions*, t. Ier, p. 145.

tuer sur des contestations entre étrangers, lorsque la demande se rapporte à l'exercice d'un droit ou à l'accomplissement d'un devoir dérivant d'une loi d'ordre public (1). De ce nombre sont en général toutes les actions qui ont trait aux obligations qui naissent du mariage et aux droits et devoirs respectifs des époux. Aux termes de l'article 214 C. civ. : « La femme est obligée d'habiter avec le mari, et de le suivre partout où il juge à propos de résider : le mari est obligé de la recevoir et de lui fournir tout ce qui est nécessaire pour les besoins de la vie, selon ses facultés et son état.»

Dans quelques hypothèses, la femme doit contribuer, dans une certaine proportion, aux frais du ménage et d'éducation des enfants communs, et même supporter entièrement ces frais, s'il ne reste rien au mari. (C. civ. 1448, 1537, 1575.) Nul doute que les tribunaux français soient compétents pour connaître de toutes les demandes qui peuvent naître à l'occasion de ces articles. C'est ce qu'a plusieurs fois jugé la jurisprudence et nous ne saurions que l'approuver (2).

251. Ils sont encore compétents pour contraindre l'enfant à rentrer sous l'autorité paternelle qu'il a méconnue, ou pour prendre des mesures de sûreté dans son intérêt, organiser la tutelle ou ordonner qu'il restera confié à la garde de la mère ou d'une tierce personne (3).

252. Enfin, ils pourront encore statuer sur les demandes alimentaires entre mari et femme ou autres ascendants et descendants (4).

S'il existe une loi de police à laquelle les étrangers doivent être astreints par les tribunaux français, c'est assurément l'obligation alimentaire. Il y a là un devoir que le droit naturel impose aux membres d'une même famille dans tous les pays civilisés. Nos tribunaux sont certainement compétents pour connaître d'une telle demande dirigée par un étranger contre un autre étranger; peu importe la nationalité des plaideurs ; il y a là un intérêt d'ordre public à satisfaire. « Ne serait-il pas contraire à la dignité d'une nation que, sur son territoire, un fils laisse périr misérablement l'auteur de ses jours sous les étreintes de la faim? Non, il est des lois immuables, générales, universelles qui obligent tous les hommes. Ces lois, l'article 3 du Code civil les sanctionne. Nos juges,

(1) Bonfils, n° 204, p. 175; Gerbaut, n° 318, p. 411; Aubry et Rau, VIII, § 748 bis, p. 146, n. 45.
(2) Aubry et Rau, VIII, § 748 bis, p. 146, n. 45; Fœlix. I, p. 338; Bertauld, Questions pratiques, I, n° 181, p. 145; Féraud-Giraud, 1880. Clunet, p. 169. — V. Jurisprudence, citée suprà, pp. 41 et suiv., n°° 77 et suiv.
(3) Féraud-Giraud, 1880. Clunet, p. 169; Fœlix, t. 1er, p. 338. Jurisprudence citée suprà, pp. 41 et suiv., n°° 78 et suiv.
(4) V. la jurisprudence dans Clunet, 1876, p. 184; 1877, p. 339; 1878, p. 184; 1879, p. 489.

chargés d'assurer l'obéissance à la loi française, le respect des
bonnes mœurs, ont donc le droit et le devoir d'apprécier toute
demande qui touche à l'ordre public, à ces lois suprêmes de police
générale, à ces mesures d'urgence pour lesquelles l'humanité et
le bon ordre du pays exigent que les magistrats soient toujours
compétents. La jurisprudence et la doctrine ont toujours admis
cette solution équitable et juridique (1). »

253. M. Féraud-Giraud, cependant, n'admet la compétence de nos
tribunaux dans ce cas, (et nous avons vu qu'une partie de la jurisprudence s'était prononcée dans ce sens), que pour ordonner de
simples mesures provisoires ou conservatoires. Après avoir admis, par application de l'art. 3 C. civ., la compétence de nos tribunaux pour connaître d'une action civile résultant d'un quasi-délit commis en France, M. Féraud-Giraud ajoute : « Mais en donnant
à l'article 3 cette large interprétation, je crois qu'il serait illégal
d'étendre davantage en ces matières la compétence des tribunaux
français, en y faisant rentrer, comme on a paru vouloir le tenter,
toutes les questions pouvant intéresser l'ordre public, à moins
qu'il ne s'agisse de simples mesures provisoires ou conservatoires
et qui peuvent être considérées comme des mesures de police ou
de sûreté, le plus souvent du moins (2). »

Mais nous croyons qu'il faut aller plus loin et décider que nos
tribunaux sont compétents pour ordonner toutes les mesures,
quelles qu'elles soient, qui leur paraîtront nécessaires afin d'assurer sur le territoire français le maintien de l'ordre public et
des bonnes mœurs. « Car ce sont là des mesures pour lesquelles
l'humanité, et par conséquent l'ordre public et la bonne police du
pays, exigent que les magistrats du lieu soient toujours compétents (3). »

254. Remarquons que l'énumération que nous avons donnée des
cas dans lesquels l'ordre public est intéressé n'est nullement limi-
tative. Nous ne l'avons donnée qu'à titre d'exemple. Aussi ne sau-
rions-nous qu'approuver le jugement du 29 juillet 1879 par lequel
le Tribunal civil de la Seine (4) s'est déclaré compétent pour connaître d'une demande en nullité de brevet formée par un étranger
contre un autre étranger, en se fondant sur cette considération que
les brevets sont des actes émanants de l'autorité souveraine, qui
créent des privilèges s'étendant sur tout le territoire (V. loi du

(1) Bonfils, n° 204, p. 176.
(2) Féraud-Giraud, 1880. Clunet, p. 165.
(3) Demolombe, t. Ier, n° 70, p. 88; Comp. Locré, Législ. civ., t. II, p. 69;
Demangeat, Condit. civ. des étrangers, pp. 311 à 314.
(4) D., 1880, 3, 39. Clunet, 1880, p. 100.

5 juillet 1844), et constituent à ce titre des lois d'ordre public s'imposant au respect de tous.

Cette solution était d'ailleurs commandée par l'esprit même de la loi du 5 juillet 1844; car, si l'on ne trouve dans cette loi aucune disposition attribuant d'une manière expresse, compétence exclusive aux tribunaux français, lorsque la validité d'un brevet est contestée entre étrangers, il résulte, de toute l'économie de ses dispositions, que la compétence de nos tribunaux est générale, absolue, entre quelles que parties que s'agite le débat, qu'elle existe *ratione materiæ* et est indépendante de toute question de personnes. (Art. 27, 37, 30, 32, 34, 36, 37, 39.)

Sans qu'il soit besoin de relever celles des causes de nullité ou de déchéance qui ne peuvent être caractérisées que par la justice française et au point de vue des intérêts français, et qui pourraient ne trouver à l'étranger qu'une appréciation indulgente ou indifférente, il est certain que l'obligation imposée au ministère public de prendre connaissance de toutes les affaires de cette nature, et le droit de se rendre partie intervenante et de faire prononcer, sur ses réquisitions, la nullité ou la déchéance, indiquent suffisamment le caractère d'ordre et d'intérêt public français que la loi attache à ces affaires, et sa volonté qu'il ne soit statué sur aucune d'elles sans que le représentant de cet ordre et de cet intérêt ait été entendu, ce qui présuppose nécessairement l'intervention obligatoire et exclusive des tribunaux français. D'autre part, ce n'est que d'une décision émanée des tribunaux que la loi a pu parler, lorsque, dans l'article 39, elle a prescrit que tout jugement prononçant la nullité d'un brevet serait immédiatement transmis au Ministre de l'agriculture et du commerce, pour cette nullité être publiée dans la forme déterminée pour la constitution des brevets. Enfin, en autorisant un étranger à se faire breveter en France et, par conséquent, à poursuivre en France l'étranger qui se rendrait coupable de contre-façon, la loi a nécessairement aussi, et par une juste réciprocité, autorisé l'étranger lésé par le monopole, à poursuivre en France, contre l'étranger breveté, l'annulation de son brevet; ce que l'étranger pourrait incontestablement faire par voie d'exception, il doit pouvoir le faire avant toute poursuite et par voie d'action.

Abstraction faite des principes et des dispositions législatives que nous venons de rappeler, la compétence des tribunaux français découle encore de ce fait, qu'en matière de brevet l'étranger breveté s'est soumis par avance à la juridiction de nos tribunaux. En effet, aux termes de l'article 111 C. civ., l'élection de domicile faite dans un acte a pour effet d'attribuer compétence, quant aux poursuites relatives à cet acte, au juge du domicile élu ; dans la demande d'un brevet, toute personne qui n'est pas domiciliée dans le département où elle forme sa demande doit y élire domicile. Cette obligation s'impose naturellement à l'inventeur étranger ; il importe que chacun puisse trouver dans la demande même l'indication du lieu où il pourra saisir le breveté et protester contre ses revendications. L'autorité à laquelle la demande est soumise représente, en pareille matière, tous les intéressés, de quelque nationalité qu'ils soient, et stipule en leur faveur par l'exigence du domicile élu. Ce domicile appartient donc à tous, avec toutes les conséquences de juridiction qui s'y rattachent (1).

d). — Mesures provisoires et conservatoires.

SOMMAIRE. — 255. Compétence de nos tribunaux pour ordonner des mesures provisoires et conservatoires dans l'intérêt de la personne et des biens d'un étranger, même non domicilié.

255. Nous avons vu que dans un intérêt d'ordre public et par application des principes posés dans l'article 3 du Code civil, la jurisprudence admet que les tribunaux français sont compétents à l'effet d'ordonner des mesures urgentes ayant un caractère provisoire ou conservatoire : autoriser la femme plaidant en séparation de corps ou en divorce à quitter provisoirement le domicile conjugal, lui allouer une pension alimentaire ou une provision *ad litem* (2), prendre des mesures de sûreté dans l'intérêt des enfants, ordonner des mesures provisoires pour l'administration de la personne ou des biens d'un aliéné, etc., etc. (3).

Nous admettons également la compétence de nos tribunaux en cette matière (4), et nous acceptons toutes les solutions de la jurisprudence en tant qu'elles sont des applications de l'art. 3 du Code civ.

Mais dans notre doctrine sur la compétence des tribunaux français entre étrangers, elles n'ont pas la même importance qu'avec celle de la jurisprudence. Du moment qu'un domicile de fait, ou même, dans certains cas, une résidence de l'étranger défendeur suffit par donner compétence aux tribunaux français, il ne devient nécessaire à l'étranger d'invoquer l'article 3 comme source

(1) *V*. en ce sens : Dalloz. *Rép*., v° *Domicile élu*, n° 33.
(2) Sauf controverse pour la provision *ad litem*.
(3) *V*. n°ˢ 81 et suivants.
(4) En ce sens : Massé, I, n°ˢ 668-669 ; Fœlix, I, n° 162, p. 337 et suiv.; Féraud-Giraud. Clunet, 1880, pp. 168 et suiv.; 1885, pp. 392 et suiv.; Bonfils, n° 204, p. 175; Bertaud, *Questions pratiques*, I, n° 184, p. 146 ; Massé et Vergé, sur Zachariae, I, § 62, p. 87, n. 22; Demangeat, *Cond. des étrangers*, p. 392; Demolombe, I, n° 70, p. 87; Aubry et Rau, VIII, § 748 *bis*, p. 144, n. 36; Massol, *Séparation de corps*, p. 103, n° 2; Haus, n° 28, 2ᵉ, p. 125; et 103, p. 261; Glasson. Clunet, 1881, p. 120; Gerbaut, n°ˢ 323 et suiv.

de compétence que dans des cas fort rares ; ce point d'appui n'est
utile dans notre système que dans l'hypothèse où l'étranger défendeur n'a en France ni domicile ni résidence, tandis que si l'on
pose en principe, comme le fait la jurisprudence, que les tribunaux
français sont incompétents entre étrangers, il devient souvent
fort utile de trouver dans l'article 3 une exception à ce principe
pour éviter de vraies injustices.

B

EXTRANÉITÉ ACQUISE FRAUDULEUSEMENT

SOMMAIRE. — 256. Contrairement à la doctrine de la jurisprudence, noùs croyons
que l'extranéité acquise dans le but de frauder la loi française ne doit avoir
aucune influence sur les règles de compétence.

256. La jurisprudence, désireuse d'empêcher que la naturalisation obtenue par un Français en pays étranger ne lui fournisse un
moyen facile d'éluder la loi française et de se soustraire à ses
prescriptions ou à ses prohibitions, a imaginé une théorie en
vertu de laquelle cette naturalisation est tenue pour non avenue
en France, lorsqu'elle a été poursuivie exclusivement en vue
d'atteindre un résultat que la loi française empêchait de réaliser,
c'est-à-dire en vue de faire fraude à la loi (1). Nous avons vu que
plusieurs applications de cette théorie avaient été faites en matière de compétence à l'occasion de demandes en séparation de
corps et en divorce, et tout récemment encore à propos d'une demande en dation de conseil judiciaire. Nos tribunaux décident
unanimement que la naturalisation acquise *in fraudem legis* ne
saurait être invoquée pour décliner la compétence des juges français, et de savants auteurs ont sanctionné de leur nom l'autorité
de ces décisions (2).

Ce système nous parait dangereux et fécond en difficultés. Du
moment que, rompant avec la doctrine de l'allégeance perpétuelle,
la législation française admet la liberté de l'émigration, nos tribunaux ne peuvent, sans violer le principe établi par la loi, s'enquérir des motifs de la naturalisation et décider si le Français a
eu tort ou raison de changer de nationalité. La liberté d'émigration suppose le droit absolu d'adopter une nouvelle nationalité,
quels que soient les motifs de cette adoption. « L'homme qui
quitte sa patrie, a dit M. l'avocat général Reverchon (3), devant

(1) Cogordan, *De la naturalisation*, p. 415, annexe G.
(2) *Cf.* Cogordan, p. 415, annexe G.; Pasquale-Fiore, trad. par Pradier-Fodéré,
Droit int. privé, n° 130 ; Labbé. Sirey, 1876, 1, 290, note; Féraud-Giraud, 1880.
Clunet, p. 171 ; Gerbaut, n° 364, p. 470.
(3) S., 1876, 1, 289, sous Cass., 19 juill. 1875. — *V.* aussi la dissertation publiée
par le même dans la *Revue critique*, 1877, pp. 65 et suiv.

la Cour de cassation, l'homme qui quitte sa patrie pour en adopter une autre, peut y être et y est souvent déterminé par la considération de certaines facilités que sa loi d'origine lui refuse et qu'il espère acquérir sous une loi nouvelle : en cela, il use d'un droit incontestable, et alors même que sa conduite pourrait encourir un blâme en morale, il demeure libre d'aller vivre sous une loi plus indulgente ou plus large. » La seule question que nos tribunaux aient à examiner est celle de savoir s'il y a eu acquisition sérieuse de la nationalité étrangère, *fraus omnia corrumpit*. Mais lorsque les conditions voulues pour que la naturalisation d'un Français à l'étranger soit régulière et valable ont été remplies, on ne saurait en contester les effets légaux en mettant en question l'intention qui a dicté l'acte et en subordonnant son efficacité à l'appréciation du point de savoir si cette naturalisation a été acquise dans le but de faire fraude à la loi française et d'obtenir un résultat qu'elle défend. Refuser de tenir compte à l'expatrié du bénéfice de sa loi nouvelle, c'est lui reprendre d'une main la liberté qu'on lui donne de l'autre, c'est ajouter à notre législation des éléments qu'elle ne comporte pas, c'est violer la loi. Comment d'ailleurs et d'après quels caractères reconnaitra-t-on si l'intention qui a dicté le changement de nationalité est frauduleuse ou ne l'est pas ? La décision du juge sera souveraine et trop souvent arbitraire. Et puis, si le Français commet une fraude à la loi française en se faisant naturaliser à l'étranger dans le but de se soustraire aux prescriptions ou aux prohibitions de sa loi originaire, par exemple s'il s'était fait naturaliser, avant 1884, dans un pays qui admet le divorce, pour arriver à la dissolution du mariage, il faudrait également dire que l'habitant de ce dernier pays aurait commis une fraude à sa loi nationale, en se faisant naturaliser dans un pays qui, comme la France sous l'empire de la législation de 1816, aurait exclu le divorce. La conséquence serait forcée : nous ne voyons pas comment on l'éviterait ; nous ne voyons pas non plus comment on peut justifier le système qui la produit (1). Nous repoussons donc sur ce point la doctrine de la jurisprudence, et nous croyons que, même obtenue dans le dessein d'éluder certaines prescriptions de la loi française, la naturalisation d'un Français à l'étranger peut être utilement invoquée sur notre territoire.

(1) *Cf.* Conclusions de M. l'avocat général Reverchon. S., 1876, 1, 289. D., 1876, 1, 60 ; Weiss, *D. int.*, p. 186. — *V.* égal. Merlin, *Questions de droit*, v° *Divorce*, § 11 ; Wharton, *Treatise of the conflict of laws*, p. 214 ; Labbé. Clunet, 1877, p. 23 ; Lehr, *eod. loc.*, 1877, p. 120.

SECTION III

APPLICATION DES RÈGLES EXCEPTIONNELLES DE COMPÉTENCE
(Art. 59, §§ 2 à 9, et n° 420 C. pr. civ.)

SOMMAIRE. — 257. Généralités. Division.

257. Nous venons d'appliquer, entre étrangers comme entre
Français, la règle fondamentale de compétence établie par l'art.
59, § 1. Il nous faut maintenant passer aux exceptions que ce
même article consacre au droit commun et rechercher ce qu'elles
deviennent si la contestation s'élève entre étrangers.

§ Ier

PLURALITÉ DE DÉFENDEURS. — INTERVENTION
(Application de l'article 59, § 2, C. pr. civ.)

SOMMAIRE. — 258. Lorsqu'il y a plusieurs défendeurs, les tribunaux français sont
compétents, si parmi ces défendeurs il y en a un qui soit justiciable des tribunaux français. — 259. Intervention. Compétence. Critique de la jurisprudence.

258. « S'il y a plusieurs défendeurs, ils seront assignés en matière personnelle devant le tribunal du domicile de l'un d'eux, au
choix du demandeur. (Article 59, § 2, C. pr.)
En vertu de cette disposition, nous devons reconnaitre la compétence des tribunaux français pour statuer sur la demande formée par un étranger contre un autre étranger, lorsque, parmi les
défendeurs, il s'en trouve un qui est soumis à la juridiction de ces
tribunaux (1), quelle que soit la nationalité de ce dernier. C'est la
conséquence du principe que nous avons admis, à savoir, que les
tribunaux français sont en principe compétents à l'égard des
étrangers, et que les articles du Code de procédure leur sont applicables comme aux nationaux.
Ceux qui posent en principe l'incompétence des tribunaux
français entre étrangers admettent eux-mêmes qu'il est permis
de citer, devant les tribunaux français, un étranger quelconque,
lorsque la demande formée contre lui est la même que celle diri-

(1) Zachariæ, édit. Massé et Vergé, t. Ier, § 62, p. 87, n° 7; Fœlix, t. Ier, p. 332,
n. 1; Féraud-Giraud, 1880. Clunet, p. 171; Bonfils, n° 213; Glasson, 1884. Clunet,
p. 123.

gée contre un Français (1). Nous allons plus loin et nous décidons qu'un étranger peut citer devant nos tribunaux d'autres étrangers, dès que l'un des défendeurs, Français ou étranger, a son domicile en France, peu importe que les autres étrangers habitent ou non sur notre territoire. Mais ici la résidence ne suffit plus pour donner compétence ; l'article 59 est formel et exige le domicile.

259. Il va sans dire que nous permettons aussi à tout étranger d'intervenir en France dans un procès quelconque, pourvu qu'il ait un intérêt sérieux ; soit qu'il s'agisse pour lui de conserver ou faire valoir ses propres droits, soit qu'il veuille joindre ses moyens d'attaque ou de défense à ceux de l'une des parties en cause. Le tribunal français devant lequel a été portée la demande principale sera compétent pour statuer sur le litige que l'intervention de l'étranger peut faire naître entre lui et un autre étranger déjà partie au procès (2). La jurisprudence admet aussi ces interventions et M. Féraud-Giraud se prononce également en ce sens (3). Nous nous demandons s'il n'y a pas là une contradiction lorsqu'on pose en principe que l'accès de la justice française est réservé aux Français; est-il permis, en l'absence de tout texte, de donner la jouissance de ce droit aux étrangers sous la forme d'une intervention (4).

Et ce que nous disons des demandes en intervention s'applique également au cas où il y a plusieurs défendeurs dont l'un est justiciable des tribunaux français; car la justice n'étant due, d'après la jurisprudence, qu'aux seuls nationaux, il est impossible d'appliquer aux étrangers, sans manquer de logique, l'article 59, § 2, qui suppose reconnue la compétence générale de nos tribunaux et n'a pour but que de déterminer, parmi les tribunaux français, celui qui doit connaître de l'affaire.

---

(1) Glasson, 1881. Clunet, p. 123, note 1. — *V.* jurisprudence, n° 15, note 115, et les trois premiers auteurs cités note précédente.
(2) Aubry et Rau, t. VIII, § 748 *bis*, p. 147, n° 49; Zachariæ, édit. Massé et Vergé, t. Ier, § 62, p. 87, texte et note 24; Féraud-Giraud, 1880. Clunet, p. 171; Fœlix, t. Ier, n° 162, p. 338; Gand, n° 204, p. 131 ; Bonfils, n° 213, p. 186; Orillard, n° 629, p. 584 ; Gerbaut, n° 352, p. 452 ; Glasson, 1881. Clunet, p. 123.
(3) Féraud-Giraud, 1880. Clunet, p. 171. — *V.* jurisprudence, pp. 66 et suiv.
(4) Glasson, 1881. Clunet, p. 123.

§ II

ACTIONS RÉELLES IMMOBILIÈRES. — ACTIONS RÉELLES MOBILIÈRES
(Application de l'article 59, § 3, C. pr. civ.)

Sommaire. — 260. Compétence des tribunaux de la situation. — 261. Alors même
qu'il s'agirait d'immeubles appartenant à des Etats ou à des Souverains étrangers. — 262. Compétence des tribunaux étrangers lorsque les immeubles sont
situés à l'étranger. — 263. Actions réelles mobilières. Controverse. Elles doivent
être, au point de vue de la compétence, assimilées aux actions personnelles.

260. Les biens immeubles faisant partie du territoire, qui est
comme la base matérielle de chaque État, le principe de la souveraineté nationale donne à chaque nation le pouvoir absolu de
régler législativement tout ce qui concerne la possession, l'acquisition et l'aliénation des immeubles situés sur son territoire. C'est
la *lex loci rei sitæ* des Romains. « La souveraineté, disait Portalis,
est indivisible ; elle cesserait de l'être si les portions d'un même
territoire pouvaient être régies par des lois qui n'émaneraient
pas du même souverain. Il est donc de l'essence même des choses
que les immeubles dont l'ensemble forme le territoire public d'un
peuple soient exclusivement régis par les lois de ce peuple, quoiqu'une partie de ces immeubles puisse être possédée par des
étrangers(1). » C'est ce qu'a décidé le législateur français dans l'article 3, § 2, du Code civil, aux termes duquel : « *Les immeubles,
même ceux possédés par des étrangers, sont régis par la loi française.* »

« Une des conséquences les plus directes de cette règle, dit
M. Féraud-Giraud (2), c'est que les tribunaux de la situation des
biens seront seuls compétents pour appliquer les lois qui régissent
ces biens. Partant, les tribunaux français devront connaître de
toutes les actions immobilières ayant pour objet des immeubles
situés sur le territoire français, que les parties qui sont en cause
soient des nationaux ou des étrangers. » La même conséquence
a été déduite du principe posé par l'article 3, § 2, par plusieurs
auteurs (3).

La déduction nous paraît tout au moins hasardée, et s'il n'y
avait que cet article, nous ne croyons pas qu'il fût possible de décider que nos tribunaux doivent être nécessairement compétents
pour connaître des actions réelles immobilières ayant pour objet

(1) Locré, t. I, p. 582.
(2) Féraud-Giraud, 1880. Clunet, p. 146.
(3) *V.* notamment Bonfils, n° 36, p. 33; Demolombe, I, n° 90.

des immeubles situés en France; car, ainsi que nous l'avons déjà
fait remarquer, il est loin d'y avoir corrélation nécessaire entre
la juridiction compétente et la loi à appliquer, et il y a bien des
cas dans lesquels, malgré que ce soit la loi française qui soit applicable, ce sont des tribunaux étrangers qui sont appelés à connaître de l'affaire. Mais il y a un texte qui ne laisse aucun doute
sur la solution à donner à la question qui nous occupe : l'article 59,
§ 3, C. pr. civ. « En matière réelle, le défendeur sera assigné devant le tribunal de la situation de l'objet litigieux. » En vertu de
cet article, « la loi de la situation des biens a pour organe et pour
gardien le juge français ; les immeubles sont soumis à la juridiction de nos tribunaux, aux termes du statut réel. Le défendeur
étranger est dans la même position que le défendeur français (1) ».
La compétence se détermine d'après la situation de l'immeuble,
sans tenir compte ni de la qualité, ni du domicile des parties (2).
Et il devait en être nécessairement ainsi. Soumettre notre territoire
aux tribunaux étrangers eût été porter atteinte à l'indépendance
et à la souveraineté nationale (3). La juridiction est une émanation
de la souveraineté française, qui doit, comme cette dernière, s'é-
tendre sur tous les immeubles qui font partie du territoire français. Ce tribunal est aussi plus à même que tout autre de terminer
promptement le procès, et d'apprécier certaines circonstances que
l'examen des lieux ou l'usage de l'endroit peuvent seuls expliquer (4). Aussi, toute action réelle immobilière, pétitoire ou possessoire, relative à des immeubles situés en France, doit-elle, quand
même elle est intentée par un étranger contre un autre étranger,
être portée devant les juges français qui ne pourraient se refuser de
juger sans violer les articles 59, § 3, C. pr. civ., et 3, § 2, C. civ. (5).

261. Le principe posé par ces articles est tellement absolu que

---

(1) Bertauld, n° 178, p. 143 ; Fœlix, I, p. 335; Massé, I; n° 651, p. 559; Aubry et
Rau, § 748 *bis*, t. VIII, p. 143 ; Demolombe, t. Ier, n° 261, p. 421.
(2) Rocco, p. 200.
(3) Bonfils, n° 36, p. 33.
(4) Brocher, *Rev. de droit int.*, 1873, p. 412.
(5) Vattel, *le Droit des gens*, livre II, ch. VIII, § 103 ; Fœlix, t. I, n° 160, p. 334 ;
Massé, t. Ier, n° 651, p. 603 ; Merlin, *Rép.*, v° *Compétence*, § 2, n° 9 ; Dal., *Rép.*, v°
Droit civil, n° 302 ; Zachariæ, édit. Massé et Vergé, t. I, § 62, p. 87, n° 3, texte et
note 20 ; Marcadé, t. 1, sur l'art. 14, III, 139, et sur l'art. 15, II, 142 : Legat, pp. 295 ,
296 ; Valette, *Cours de Code civil*, p. 75; Aubry et Rau, t. VIII, § 748 *bis*, p. 143,
n. 31; Demolombe, t. 1, n° 261, § 3, p. 421; Bonfils, n° 173, p. 147; Bertauld, *Questions pratiques*, t. I, n° 178, p. 143 : Féraud-Giraud, 1880. Clunet, p. 146 ; Glasson,
1881. Clunet, p. 124 : Gerbaut, p. 333, n° 271; Renault, *Revue critique*, 1885, p. 708 ;
Calvo, *le Dr. int.*, 2° édit., § 255, p. 373 ; Le Royer, p. 113; Gand, n. 215, pp. 139 et
201, p. 128 ; Ch. Brocher, 1873, *Rev. de dr. int.*, p. 412; C. Norsa, *Rev. de dr. int.*
1876, p. 654 ; Rocco, l. II, ch. XVI et XVII ; Dragoumis, *Cond. de l'étranger*, p. 132.
— *V.* jurisp., n°s 65 et suiv., pp. 37 et suiv., notes.

l'on devrait reconnaître la compétence des tribunaux français alors même qu'il s'agirait d'immeubles appartenant à des États ou à des Souverains étrangers. Ceux-ci ne pourraient pas invoquer leur souveraineté, car, en tant que propriétaires d'immeubles situés en France, ils deviennent de simples personnes privées et ils ne sauraient en effet élever sérieusement la prétention d'être souverains sur notre sol (1).

262. De ce que la situation de l'immeuble, objet de la contestation, est la base de la compétence des tribunaux français, il résulte que c'est au tribunal étranger qu'il appartiendra de connaître de l'affaire lorsque l'immeuble sera situé en pays étranger, quelle que soit d'ailleurs la nationalité des parties (2).

· 263. Bien que la loi dise d'une manière générale qu'en matière réelle le défendeur doit être assigné devant le tribunal de la situation de l'objet litigieux (art. 59, 3, C. pr.) sans paraître faire aucune distinction entre les actions mobilières et les actions immobilières, on est loin de s'entendre sur le point de savoir si une action réelle mobilière peut être intentée entre étrangers devant nos tribunaux. MM. Aubry et Rau pensent que les tribunaux français sont compétents pour connaître de ces sortes d'actions entre étrangers lorsqu'il s'agit de meubles qui se trouvent en France. Le tribunal compétent est celui de la situation du meuble. Ce n'est toutefois qu'avec une certaine hésitation qu'ils expriment cette opinion. « La même règle (celle applicable aux actions réelles immobilières qui prescrit la compétence de nos tribunaux), disent ces savants auteurs, *semble* devoir s'appliquer aux actions réelles mobilières concernant des meubles qui se trouvent en France » (3). MM. Massé et Vergé sont encore moins explicites, et ce n'est qu'en rapprochant le texte de la note qui l'accompagne que l'on peut en inférer qu'ils acceptent la compétence des tribunaux français pour le cas qui nous occupe (4). M. E. Haus (5) l'admet plus nettement pour les tribunaux Belges, de même que M. C. Norsa (6) pour les tribunaux italiens; mais, ainsi que le fait remarquer M. Féraud-Giraud (7), les législations Belge et Italienne, calquées d'abord sur la loi française, ont été modifiées depuis, et dès lors ce

(1) Glasson. Clunet, 1881, p. 124.
(2) Gand, *Code des étrangers*, n 218, p. 142 ; Gerbaut, n. 271, p. 333.
(3) Aubry et Rau, t. VIII, § 748 *bis*, n. 32.
(4) Massé et Vergé, sur Zachariæ, § 62, note 20, t. I, p. 87.
(5) Haus, *Du droit privé des étrangers en Belgique*.
(6) C. Norsa, *Revue de jurispr. ital.*, n° 33. *Revue de droit int.*, 1874, p. 263, et 1876, p. 655, qui cite dans le même sens : Turin, Cass., 25 juin 1870; Cour de Turin, 24 oct. 1870.
(7) Clunet, 1880, p. 148.

qui se passe chez nos voisins ne peut être considéré comme une interprétation de notre loi méritant d'être prise en considération.

Il est impossible, selon nous, de voir un principe de compétence dans ce fait que les meubles se trouvent en France(1); car les meubles, à la différence des immeubles, n'ont pas, à proprement parler, de situation, c'est-à-dire d'assiette fixe; ils peuvent être déplacés d'un moment à l'autre. Une situation aussi mobile, si essentiellement accidentelle, ne peut pas servir à fixer la compétence d'un tribunal. Or, du moment que les actions réelles mobilières n'appartiennent pas au tribunal de la situation de l'objet litigieux, elles échappent à l'exception pour rentrer dans la règle générale, et l'on est ainsi conduit à reconnaître qu'en parlant d'actions réelles, la loi n'a entendu parler que des actions réelles immobilières, et a voulu placer sur la même ligne, au point de vue de la compétence, les actions personnelles et les actions réelles mobilières (2).

Aussi la plupart des auteurs qui proclament le principe de l'incompétence de nos tribunaux dans les contestations entre étrangers, à l'exception de ceux déjà cités, déclinent en général toute compétence, lorsque la demande présente le caractère des actions réelles mobilières, tout en permettant cependant au juge de la situation d'ordonner les mesures provisoires nécessaires pour sauvegarder la conservation des droits qui devraient se débattre devant les tribunaux étrangers (3).

Pour nous, la solution n'est pas douteuse : les tribunaux français seront compétents si le défendeur a un domicile ou une résidence en France, ou si, n'ayant ni domicile ni résidence, l'on se trouve dans un des cas où nous avons vu que la compétence était obligatoire. Dans toute autre hypothèse ils seront incompétents (4). Nous reconnaissons toutefois que lorsqu'il y aura certaines dispositions à prendre à l'occasion de meubles sis en France et disputés par des étrangers entre eux, il faudra bien que l'action réelle dont les meubles peuvent être l'objet soit vidée par le tribunal dont les dé-

(1) Il n'y a guère que les États-Unis qui admettent en principe général que la règle relative à la juridiction d'un État à l'égard [des biens meubles qui se trouvent sur son territoire est la même que celle qui régit les immeubles ; les législations de la plupart des grandes nations considèrent, par suite d'une fiction légale, les biens meubles comme situés dans le lieu du domicile ou de la nationalité de leur propriétaire, et assujettis aux lois qui y sont en vigueur.

(2) Bonfils, n° 42, p. 36; Mourlon, *Procéd. civile,* n° 87, p. 46; Boncenne, *Procéd. civ.*, II, p. 252; Bonnier, *idem,* p. 24, n° 53; Boitard, *Procéd. civ.*, I, p. 91. — *Cpr.* Féraud-Giraud, 1880. Clunet, pp. 147-148.

(3) *V.* notamment Féraud-Giraud. Clunet 1880, p. 147.; Fœlix, I, n. 61, p. 125.

(4) Glasson, 1881. Clunet, p. 121 ; Gerbaut, n° 273, p. 334 ; Bonfils, n° 42, pp. 36-37.

cisions peuvent seules avoir force exécutoire dans les lieux où se trouvent ces meubles; mais alors la compétence des tribunaux français ne sera pas fondée sur l'article 59, § 3, du Code de procédure, mais sur le § 1er de l'article 3 du Code civil (1).

§ III

ACTIONS MIXTES

(Application de l'article 59, § 4.)

SOMMAIRE. — 264. Controverse sur la détermination des éléments constitutifs des actions mixtes et des signes qui les caractérisent. — 265. L'action mixte peut être considérée soit comme action personnelle, soit comme action réelle, et les règles de compétence relatives à ces deux sortes d'actions lui sont applicables.

264. La détermination des éléments constitutifs des actions mixtes et des signes qui les caractérisent ont fait de tout temps l'objet des plus vives controverses. On a même été jusqu'à nier leur existence. Nous n'avons pas à prendre parti dans la discussion. Cela nous entraînerait en dehors de notre sujet; il nous suffit de constater que notre législation admet le principe de ces actions (art. 59, § 4, C. pr. civ.) pour que nous nous demandions si nos tribunaux sont compétents pour en connaître, lorsqu'elles sont nées entre étrangers.

265. L'action mixte, comme son nom l'indique, renferme tout à la fois les deux éléments de personnalité et de réalité; elle peut être considérée soit comme action personnelle, soit comme action réelle. Aussi les règles de compétence relatives à ces deux sortes d'actions sont-elles applicables aux actions mixtes. La loi laisse le choix au demandeur. « En matière mixte, dit l'article 59, § 4, le défendeur sera assigné devant le juge de la situation, ou devant le juge du domicile du défendeur. » Cette disposition est applicable aux étrangers comme aux Français.

Dès lors, l'action pourra toujours être portée devant les juges de notre pays, toutes les fois qu'il s'agira d'un immeuble situé dans le ressort d'un tribunal français. Il suffira au demandeur de considérer son action comme réelle pour qu'elle participe de la nature de cette dernière et que les mêmes règles lui soient applicables. Mais si, au contraire, l'action a pour objet un immeuble situé en pays étranger, nos tribunaux ne pourront en connaître qu'autant qu'elle rentrera dans leur compétence, d'après les règles

_____

(1) Féraud-Giraud, 1880. Clunet, p. 146.

que no us avons exposées dans la section II de ce chapitre, à propos des actions personnelles, c'est-à-dire si le défendeur a son domicile ou sa résidence en France (1).

§ IV

SOCIÉTÉ

(Application de l'article 59, § 5, C. pr. civ.)

SOMMAIRE.— 266. Sociétés formées en France par des étrangers. Application de l'article 59, § 5, C. pr. civ. — 267. Sociétés formées à l'étranger. Application de la loi du 30 mai 1857.

266. En matière de société, l'article 59, § 5, donne compétence au tribunal du lieu où la société est établie tant qu'elle existe. « Tant qu'elle existe », c'est-à-dire même après la dissolution, jusqu'au partage ; et il est admis que le tribunal du lieu où la société est établie est encore compétent quand il s'agit de l'action en rescision du partage ou de l'action en garantie. (Arg. art. 822 et 1872 C. civ.) (2).

Il faut appliquer ces dispositions aux sociétés civiles ou commerciales formées en France par des étrangers ; ce sont en réalité des sociétés françaises. Toutes les demandes qui pourront être formées par un Français comme par un étranger contre une semblable société, défenderesse, ou par un associé français ou étranger contre un autre associé également français ou étranger (en y comprenant les demandes en rescision ou en garantie), devront être portées devant le tribunal du lieu où cette société a été établie (3).

267. Quant aux sociétés étrangères, elles ne peuvent ester en justice en France que sous les conditions de la loi du 30 mai 1857. Cette loi a autorisé les sociétés anonymes et autres associations commerciales, industrielles ou financières Belges, qui sont soumises à l'autorisation du gouvernement (Belge) et qui l'ont obtenue, à exercer tous leurs droits et ester en justice en France en se conformant à nos lois. (Art. 1.)

Il a été ajouté que ce bénéfice pourrait être étendu par simple décret à d'autres pays. (Art. 2.) C'est ce qui a eu lieu pour : la Turquie et l'Égypte, par décret du 7 mai 1859 ; le Portugal, par dé-

---

(1) Bonfils, n° 174, p. 147 ; Fœlix, t. I, p. 134, n° 160 ; Gerbaut, n° 272, p. 333 ; Aubry et Rau, t. VIII, 748 bis, p. 143, n° 31 ; Glasson. Clunet, 1881, p. 124 ; Jurisprudence, pp. 37 et suiv., notes.

(2) Boitard, I, p. 105 ; Glasson. Clunet, 1881, p. 124 ; Gerbaut, n° 339.

(3) Glasson. Clunet, 1881, p. 124 ; Gerbaut, n° 339 ; Bertauld, I, n° 182, p. 146.

cret du 27 février 1861 ; le grand duché de Luxembourg, par décret du 27 février 1861; la Sardaigne, par décret du 8 sept. 1860; la Suisse, par décret du 11 mai 1861; la Russie, par décret du 25 février 1865 ; l'Espagne, par décret du 5 août 1861 ; la Grèce, par décret du 9 nov. 1861; les États Romains, par décret du 5 fév. 1862 ; les Pays-Bas, par décret du 22 juillet 1863; la Prusse, par décret du 19 déc. 1866 ; la Saxe, par décret du 23 mai 1868 ; l'Autriche, par décret du 20 juin 1868 ; la Suède et la Norwège, par décret du 14 juin 1872.

L'Angleterre a cru devoir régler sa situation par une convention spéciale. C'est ce qui a été fait par le traité du 30 avril 1862. En vertu de ce traité, « toutes les compagnies et autres associations commerciales, industrielles et financières, constituées ou autorisées suivant les lois anglaises, auront la faculté d'exercer tous leurs droits et d'ester en justice devant les tribunaux français, soit pour intenter une action, soit pour y défendre sans autre condition que de se conformer à nos lois ». (Art. 1.)

Pour les sociétés étrangères auxquelles le bénéfice de la loi de 1857 n'a pas été étendu, ou dont la situation n'a pas été réglée par un traité, il faut décider que les poursuites intentées par ou contre ces sociétés sont non recevables tant qu'un décret d'autorisation ne leur a pas donné la vie sur le sol français (1).

§ V

SUCCESSION

(Application des articles 59, § 6, C. pr. civ. et 822 C. civ.)

SOMMAIRE. — 268. Principes de compétence en matière de succession. — 269. Loi applicable à la transmission à cause de mort en droit international. — 270. Détermination des règles de compétence entre étrangers. *De cujus* domicilié en France et y ayant l'intégralité de ses biens. — 271. Le *de cujus* a ses biens situés en France et à l'étranger et n'est pas domicilié. Distinction de la jurisprudence. Compétence des tribunaux français pour les demandes relatives aux immeubles situés en France si le *de cujus* a son domicile dans notre pays. — 272. Compétence des tribunaux étrangers quand les immeubles sont situés à l'étranger et que le *de cujus* y est domicilié. — 273. *Quid* si le défunt étant domicilié en France les immeubles sont situés à l'étranger ? Jurisprudence. — 274. En ce qui concerne les meubles, compétence du tribunal du lieu où s'ouvre la succession. — 275. A notre avis, il faut dans tous les cas appliquer les articles 59, § 6, C. pr. civ., et 110 C. civ. Nos tribunaux seront compétents toutes les fois que la succession sera ouverte en France. Il faut en cette matière admettre l'unité de juridiction. — 276. Mesures provisoires et conservatoires. —

(1) Orléans, 10 mars 1860. D., 1860, 2, 126; Orléans, 19 mai 1860. D., 1860, 2, 127; Cass., 1er août 1860. D., 1860, 1, 444; Aix, 17 janv. 1861. D., 1861, 2, 177; Paris, 15 mai 1863. D., 1863, 2, 84.

268. En matière de succession, le tribunal compétent est, d'après l'article 59, § 6, « celui de l'ouverture de la succession pour les demandes entre héritiers jusqu'au partage inclusivement ». (Art. 59, § 6,1°.) L'article 822 du Code civil établit la même compétence pour l'action en rescision du partage et pour l'action en garantie. C'est devant ce tribunal qu'il est procédé aux licitations. (Art. 822 C. civ., §§ 1, 2.) Enfin, c'est encore ce tribunal qui connaît des actions intentées par les créanciers ou les légataires jusqu'au partage. (Art. 59, § 6-2°-3°.)

La loi a voulu centraliser devant un même tribunal toutes les opérations et toutes les difficultés, auxquelles peut donner lieu l'ouverture d'une succession. Elle a choisi le tribunal de l'ouverture de cette succession, qui est celui du dernier domicile du défunt (art. 110 C. civ.) parce que c'est là que se trouveront, la plupart du temps, la masse des biens à partager, les papiers à consulter, les documents à recueillir ; c'est là que se réunissent tous les héritiers, et là qu'on est sûr de les trouver ; les juges auront ainsi sous la main les principaux éléments de décision et ils pourront instruire en parfaite connaissance de cause, rapidement et avec économie (1).

269. La question de savoir quelle est, en droit international, la loi applicable en matière successorale a donné lieu à plusieurs systèmes.

I. D'après MM. Marcadé (2), Ducaurroy, Bonnier et Roustain (3), c'est la loi de la situation matérielle des biens qui doit régir la succession, pour distinguer s'il s'agit de meubles ou d'immeubles. Mais ce système aboutit à diviser le patrimoine en autant de successions particulières qu'il y a de pays où le défunt possède des biens, et à soumettre chacune à des règles différentes. Aussi est-il généralement repoussé.

II. On admet en général, tant en doctrine qu'en jurisprudence,

(1) La matière de la transmission des successions en droit international a fait l'objet de plusieurs monographies intéressantes : Renault, *De la succession ab intestat des étrangers en France et des Français à l'étranger.* Clunet, 1875, p. 329, et 422, et 1876, p. 15 ; Antoine, *De la succession légitime et testamentaire en droit international privé.* Paris 1876 ; Pillet, *Des successions en droit int. privé.* Rennes, 1885. — V. également : *Discours de M. le procureur général Beltgens à la séance de rentrée de la Cour de Liège* (15 octobre 1873).
(2) I, nos 70 et 78.
(3) I, n° 25; Rouen, 25 mai 1813. *Journal du palais*, 1813, p. 412.

qu'il y a lieu de faire une distinction suivant la nature des biens compris dans le patrimoine du *de cujus.* La dévolution et le partage des immeubles doivent être faits conformément à la loi de leur situation ; pour les meubles, au contraire, c'est la loi du domicile de leur propriétaire décédé qui doit les régir, en quelque endroit qu'ils soient présents au jour de l'ouverture de la succession (1).

III. Enfin, d'après un troisième système, c'est toujours d'après la loi personnelle du *de cujus* que doit être faite la dévolution des biens héréditaires, quelles que soient leur nature et leur situation (2). C'est le système qui tend à prévaloir, c'est celui que nous adopterions si nous avions à discuter la question de savoir quelle loi régit la transmission des biens à cause de mort (3). On supprime ainsi toutes les incertitudes et les difficultés auxquelles on aboutit dans les autres systèmes et on arrive à une solution des plus juridiques (4).

270. Ces principes posés, il s'agit de déterminer les règles de compétence. Aucune difficulté ne saurait se produire si l'étranger (*de cujus successione agitur*) meurt domicilié en France en y laissant l'intégralité de ses biens. Il n'est pas douteux que le tribunal de l'arrondissement dans lequel le défunt avait son domicile ne soit compétent pour connaître des actions héréditaires. (Art. 59, § 6, C. pr. civ., 110 et 822.)

271. Mais il peut arriver (et il arrive souvent en fait) que les biens soient situés en France et à l'étranger et que le *de cujus* n'ait pas son domicile en France. Que décider dans ces hypothèses ? —

(1) Dargentré, art 218, gl. 6, n° 24; Bourgoigne, n° 36; Merlin, *Rép.,* v° *Loi,* § 6, n° 3; Chabot, *Des successions,* sur l'art. 712, n° 2; Demangeat, *Hist. de la cond.,* pp. 336 et suiv.; Aubry et Rau, I, p. 84 et p. 102; Massé, I. n°ᵃ 554 et suiv.; Demangeat, sur Fœlix, II, p. 444; Westlake. Clunet, 1881, pp. 318 et suiv.; Wheaton et Laurence, III, p. 124. La jurisprudence est presque unanime en faveur de ce système : Cass.. 2 juin 1806. S., 1806, 1, 967; 14 mars 1837. S., 1837. 1, 195; 8 déc. 1840. S., 1841, 1, 56; 2 déc. 1843. S., 1844, 1, 74; Paris, 6 janv. 1862. S., 1862, 2, 237; Cass., 13 juill. 1869. D., 1870, 1. 130; Pau, 17 janv. 1872. Clunet, 1875, p. 79; Paris, 29 juillet 1872. D., 1872, 2, 223; Trib. civ. Seine, 14 mai 1878; Cass., 24 mai 1878. Clunet, 1879, p. 285; Toulouse, 22 mai 1880. Clunet, 1881, p. 60; Trib. civ. Seine, 25 juin 1880. Clunet, 1881, p. 163: Cass., 22 févr. 1882. Clunet, 1883. p. 64. Les plus récents auteurs, tout en déclarant conforme à l'esprit du Code civil la distinction des immeubles et des meubles, au point de vue de la loi applicable à leur transmission à cause de mort, soumettent ces derniers, non plus, à la loi du domicile du *de cujus,* mais à la loi nationale. Conclusions de M. Aubépin devant la Cour de Paris. D., 1871, 2, 65; Renault. Clunet, 1875, p. 342; Laurent, *Droit int.,* VI, p. 289; Rougelot de Lioncourt, p. 292.

(2) Savigny, VIII, §§ 375 et suiv.; Laurent VI, p. 227; Bertauld, p. 63; Fiore, p. 604; Arntz, *Droit civil,* I, n° 72; Antoine, p. 65; Dubois. Clunet, 1875, pp. 54 et 54; Asser et Rivier, p. 136; Esperson. Clunet, 1881, p. 220; Weiss, p. 875.

(3) A notre avis, cette loi personnelle est la loi nationale du *de cujus.*

(4) Weiss, *Droit int.,* pp. 835 et suiv.

La jurisprudence fait ici la même distinction que nous lui avons déjà vu faire à propos de la détermination de la loi applicable.

272. *A.) Immeubles.* — La jurisprudence admet en général que les tribunaux français sont compétents pour toutes les demandes relatives aux immeubles situés sur notre territoire. Si le *de cujus* avait son domicile en France, la succession s'est ouverte au lieu où était établi ce domicile (art. 110 C. civ.) et le tribunal de ce lieu est compétent aux termes des articles 59, § 6, C. pr. civ., et 822 du Code civil. Si le défunt, propriétaire d'immeubles en France, n'y avait aucun domicile, le tribunal compétent pour connaître des contestations relatives à cette succession sera celui du lieu où est situé l'un de ces immeubles. (Art. 3, § 2, C. civ.)(1). « L'article 3 du Code civil, soumettant les immeubles situés en France, même possédés par des étrangers, à la loi française, soumet, par une conséquence nécessaire, ces mêmes immeubles à la juridiction française, le droit de juridiction étant, comme celui de législation, une émanation de la souveraineté, et l'un embrassant, comme l'autre, toute l'étendue du territoire (2). »

273. Les tribunaux étrangers seront au contraire seuls compétents, toutes les fois qu'il s'agira de contestations relatives à des immeubles situés en pays étranger, si le domicile du défunt était également situé hors de France. C'est au lieu où était fixé ce domicile que sera faite l'ouverture de la succession et c'est le tribunal de ce lieu qui sera le tribunal compétent. (Art. 59, § 6, C. pr. civ., 822 C. civ.) (3).

274. Mais que décider dans le cas où, le défunt étant domicilié en France, les immeubles de la succession sont situés à l'étranger? Nos tribunaux devront-ils statuer sur les contestations relatives à ces immeubles? La Cour de Besançon, dans un arrêt du 23 juillet 1875, a affirmé sa compétence absolue, exclusive (4). Le premier juge s'était déclaré incompétent pour opérer la liquidation, en se fondant sur ce que la loi française soumettait à la juridiction française tous les immeubles situés en France. (Art. 3.) Quand même ils

---

(1) Colmar, 12 août 1817. S., 1817, 2, 316; Cass., 14 mars 1837. S., 1837, 1, 195; Cass., 10 nov. 1847. S., 1848, 1, 52; Cass., 22 mars 1865. S., 1865, 1, 175. — En ce sens : Féraud-Giraud, 1880. Clunet, p. 146; Bonfils, n° 40, p. 35; Fœlix, t. Iᵉʳ, n° 160, p. 335; Glasson, 1881. Clunet, p. 124. — *V.* le traité avec la Russie, 1874 (art. 10). S., 1874, 3, 556.

(2) Colmar, 12 août 1817. S., 1817, 2, 316.

(3) Paris, 22 juill. 1815. S., 1815, 2, 53; Paris, 29 mars 1862, sous Cass. S., 1865, 1, 175; Cass., 22 mars 1865. S., 1865, 1, 175; Féraud-Giraud, 1880. Clunet, p. 152, n° 8.

(4) Besançon, 28 juillet 1875. S., 1876, 2, 20. Clunet, 1876, p. 273. Le principe de l'unité de juridiction est également affirmé par la Cour de Paris, 14 janv. 1873. D., 1881, 2, 234.

sont possédés par des étrangers, disait le tribunal, il y a lieu de décider, par analogie, que les immeubles sis en pays étranger doivent être soumis à la juridiction du tribunal étranger dans le ressort duquel ils sont situés. La Cour de Besançon, sur appel, réforma cette décision, considérant que « s'agissant d'une succession ouverte en France et dans l'arrondissement de Lure, le Tribunal de cet arrondissement avait seul compétence pour en ordonner la liquidation et juger toutes les questions qui s'y rattachaient ; qu'il importait peu qu'une partie de ces immeubles fût située à l'étranger ; qu'en cette matière l'égalité des partages doit prévaloir sur les règles du statut réel, et que cette égalité exige l'unité dans la liquidation. »

275. *B.) Meubles.* — En ce qui concerne les meubles, la compétence appartient toujours au tribunal du lieu où s'ouvre la succession, c'est-à-dire à celui du domicile du défunt. La jurisprudence se contente d'un domicile de fait, sans exiger que l'étranger fixé en France ait obtenu l'autorisation gouvernementale qui lui confère la jouissance des droits civils (1). Une résidence de plusieurs années, la possession d'un établissement de commerce, le mariage en France avec une Française, ont été jugés suffisants pour établir ce domicile de fait (2). Si donc l'étranger était domicilié, même de fait, en France, les tribunaux français se déclareraient compétents, sauf à appliquer aux meubles la loi étrangère. Si l'étranger était domicilié à l'étranger, la compétence appartiendrait aux tribunaux du pays où est fixé ce domicile. Les tribunaux français ne se déclareraient compétents que s'il y avait des héritiers français en cause.

276. Pour nous, qui posons en principe la compétence de nos tribunaux dans les contestations entre étrangers et appliquons à ceux-ci les mêmes règles qu'aux Français, la solution n'est pas douteuse. L'article 59, § 6, C. pr. civ. établit la compétence du tribunal du lieu d'ouverture de la succession : 1° pour les demandes entre héritiers jusqu'au partage inclusivement; 2° pour les demandes qui seraient intentées par des créanciers du défunt avant le partage, et 3° pour les demandes relatives à l'exécution des dispositions à cause de mort, jusqu'au jugement définitif. La même compétence est établie par l'article 822 du Code civil pour les demandes en garantie des lots entre copartageants et celles en res-

<hr>

(1) Cass., 7 juillet 1874. S., 1875, 1, 19. Clunet. 1876, p. 28; Bordeaux, 19 août 1879. Clunet, 1880, p. 586. — V. Clunet, 1876, p. 377 ; 1877, p. 867; 1884, p. 405. — *Contrà :* Paris, 14 juillet 1871. S., 1871, 2, 141; Trib. civ. Seine, 16 déc. 1879. Clunet, 1879, p. 54 ; Cass., 12 janv. 1869. S., 1869, 1, 138; Paris, 29 juillet 1872. Clunet, 1874, p. 122. — V. également Clunet, 1880, p. 586.
(2) Bordeaux, 19 août 1879. Clunet, 1880, p. 586.

cision de partage. Et l'article 110 décide que « le lieu où la succession s'ouvrira, sera déterminé par le domicile ». Nous appliquerons purement et simplement ces articles. Les tribunaux français seront compétents pour statuer sur les demandes dont nous venons de parler, quelle que soit la nationalité des parties en cause, toutes les fois que la succession sera ouverte en France (1), c'est-à-dire toutes les fois que le défunt aura son domicile en France (2). (Art. 110 C. civ.) Dans le cas contraire, c'est devant les tribunaux étrangers que devra être portée la demande, quelle que soit également la nationalité des parties. Il importe peu, dans l'un et l'autre cas, que le défunt soit Français ou étranger, qu'il soit mort en France ou à l'étranger, que la succession soit mobilière ou immobilière, et que les biens se trouvent tous en France ou soient situés dans des pays différents. « C'est dans la nature des actions intentées, et dans l'intérêt bien entendu des plaideurs qu'il faut chercher ici des raisons de décider. Or, la solution qui s'impose, si l'on se place à ces deux points de vue, c'est l'unité de juridiction. En effet, d'un côté, les actions en pétition d'hérédité et en partage ayant pour objet le patrimoine du défunt, c'est-à-dire une universalité, sont universelles de leur nature, et, par conséquent, doivent être exercées d'une manière indivisible, devant un tribunal unique. D'un autre côté, l'intérêt évident des parties est d'éviter l'aggravation des frais, et surtout la possibilité d'une contrariété dans les jugements. Cela étant, où placer le siège de cette juridiction unique, si ce n'est au lieu de l'ouverture de la succession, qui est en même temps et nécessairement celui du domicile du défunt? Toute autre solution serait arbitraire (3). »

(1) Glasson, 1881. Clunet, p. 125 ; Féraud-Giraud, 1880. Clunet, p. 153 ; Demangeat, sur Fœlix, t. I, n° 159, note *a*, p. 334 ; Gerbaut, n° 340, p. 443 ; Cass., 2 février 1832. S., 1832, 1, 133 ; Orléans, 4 août 1859. S., 1860, 2, 37 ; Cass., 19 avril 1859. S., 1859, 1, 411 ; Toulouse, 7 décembre 1863. S., 1864, 2, 241 ; Paris, 12 août 1873, sous Cass. S., 1874, 1, 19 ; Cass., 7 juillet 1874. S., 1875, 1, 19 ; Bordeaux, 19 août 1879. Clunet, 1880, p. 586 ; Trib. civ. Albi, 2 mars 1881. *Le Droit*, 21 et 22 mars 1881.—*Contrà :* Paris, 13 mars 1850. S., 1851, 2, 791 —*V.* aussi Paris, 28 juin 1834. S., 1834, 2, 385. Par cet arrêt, la Cour de Paris a sans doute reconnu sa compétence pour statuer sur une action héréditaire, mais ce n'est qu'après avoir posé le principe de la compétence facultative et indiqué les circonstances qui l'autorisaient à retenir la connaissance de l'affaire.

(2) L'autorisation du gouvernement n'est pas nécessaire pour l'acquisition de ce domicile. Il suffit que le défunt ait eu l'intention d'avoir en France son principal établissement et une résidence effective en France, pour qu'il ait acquis un véritable domicile. La simple résidence du défunt en France, au moment de son décès, ne suffirait pas pour attribuer compétence aux tribunaux français. L'art. 110 est formel et exige le domicile. (Art. 110 C. civ.)

(3) Dubois, 1875. Clunet, p. 141, note 3.—En ce sens : Antoine, *Succ. en droit int. privé.* Paris, 1875, p. 132 ; Gerbaut, *op. cit.*, n° 340, pp. 434, 435.—*V.* aussi : Req. rej., 19 avril 1852. S., 1852, 1, 801.—*Contrà :* Féraud-Giraud, 1880. Clunet, p. 147.

En vain nous objecte-t-on que si l'adoption de cette doctrine se recommande en théorie pure et en législation, elle a contre elle le droit positif français. L'article 3, § 2, du Code civil, dont la jurisprudence prétend tirer argument en faveur de la distinction qu'elle établit entre les immeubles et les objets mobiliers dépendant de la succession, n'est nullement décisif. Est-il nécessaire de le répéter? On confond deux questions absolument distinctes : la question de la loi applicable et la question de la compétence. L'article 3, § 2, n'a pour but que de résoudre la première. « Les immeubles, même ceux possédés par des étrangers, sont régis par la loi française. » La seconde est résolue par les articles 59, § 6, C. pr. civ., et 822 du Code civil, qui consacrent l'unité de juridiction (1). De cette façon on évite l'antinomie entre l'article 3 C. civ. et les articles 59, § 6, C. pr. civ. et 822 C. civ., tandis qu'elle existe dans le système de la jurisprudence.

277. Quoi qu'il en soit, d'ailleurs, et quel que soit le système que l'on adopte, il faut reconnaître que nos tribunaux seront toujours compétents pour prendre des mesures provisoires et conservatoires, bien qu'ils ne soient pas compétents pour statuer au fond. Nous avons déjà indiqué les applications qui ont été faites à ce sujet par la jurisprudence. Nous ne pouvons qu'y renvoyer (2). (*V.* n⁰ˢ 81 et suiv., pp. 45 et suiv.)

278. Un grand nombre de traités autorisent les consuls à intervenir dans l'administration et la liquidation des successions laissées par leurs nationaux en France, pour faire respecter leurs intérêts quand ils sont absents ou insuffisamment représentés et prendre toutes les mesures nécessaires pour sauvegarder leurs droits éventuels (3). La juridiction accordée à ces consuls est plus

Glasson, 1881. Clunet, p. 125; Req. rej., 19 avril 1859. S., 1859, 1, 411; Toulouse, 7 déc. 1863. S., 1864, 2, 241.

(1) La distinction que nous indiquons a été faite par le *Rapporteur de l'arrêt*, du 7 juillet 1874. D., 1875, 1, 171. S., 1875, 1, 19. « Il faut distinguer avec soin les règles régissant le domicile, et par suite, la compétence et les règles déterminant l'ordre des dévolutions successorales. »

(2) V. la convention avec la Russie, du 1ᵉʳ avril 1874, pour le règlement des successions (art. 14). S., 1874, 3, 556.

(3) Voici l'énumération des conventions et des traités actuellement en vigueur : Autriche, conv., 11 déc. 1866, art. 1, 6. S., *Lois annot.*, p. 103; Bolivie, traité, 26 juillet 1834, art. 24; Brésil, conv., 10 déc. 1860, art. 7; Chili, traité, 15 sept. 1846, art. 23; Costa-Rica, traité, 12 mars 1848, art. 1; République Dominicaine, traité, 8 mai 1852, art. 24; Equateur, traité, 6 juin 1843, art. 22; Espagne, conv., 7 janv. 1862, art. 20; Grèce, conv., 7 janv. 1876, art. 12 et suiv.; Guatemala, traité, 8 mars 1848, art. 22; Honduras, traité, 22 fév. 1856, art. 22; Italie, conv., 26 juillet 1862, art. 9; Nicaragua, traité, 11 avril 1859, art. 22; Pérou, traité, 9 mars 1861, art. 37; Portugal, conv., 11 juillet 1866, art. 8; Russie, conv. 1ᵉʳ avril 1874, art. 2 et suiv.; Salvador, conv., 5 juin 1878, art. 12 et suiv.; Sandwich, traité, 29 oct. 1857, art. 20.

ou moins étendue, suivant la teneur de chacun des traités. Nous ne pouvons reproduire toutes leurs dispositions. Nous devons nous borner à donner un aperçu général : a. — Limites assignées à cette juridiction. b. — Attributions qu'elle comporte.

279. a.)—Certaines conventions, telles que celles conclues avec l'Espagne et l'Italie, n'autorisent le consul à intervenir que dans trois cas : 1) Si le défunt n'a pas fait de testament ; 2) Si l'exécuteur testamentaire est absent ; 3) S'il y a des héritiers mineurs incapables ou absents. Hors de là, ce sont les tribunaux français qui sont compétents.

La convention avec le Portugal contient des dispositions similaires. Aux termes des conventions avec la Bolivie, la République Dominicaine, l'Équateur, le Guatemala, le Costa-Rica, le Honduras, le Nicaragua, le Pérou, les îles Sandwich, les consuls n'interviennent que si le défunt n'a pas fait de testament ou n'a pas désigné d'exécuteur testamentaire. Les conventions avec l'Autriche, le Chili, la Grèce, la Russie, le Salvador, ne contiennent pas de restriction semblable. Les conventions avec la Grèce, le Salvador déclarent que les consuls devront procéder à l'apposition des scellés, « quelles que soient les qualités et la nationalité des héritiers, qu'ils soient majeurs ou mineurs, absents ou présents, connus ou inconnus ».

Ces deux dernières conventions méritent une attention particulière, comme étant les plus complètes sur cette matière, et le gouvernement français, dans son exposé des motifs à l'appui du projet de loi portant approbation de celle conclue avec le Salvador, a manifesté le désir que cet acte devînt le point de départ d'arrangements semblables avec d'autres États du Nouveau-Monde.

280. b.) — Les fonctions dévolues aux consuls par les traités consistent dans le droit :

1° D'apposer et de lever les scellés, soit seuls, soit avec le concours de l'autorité locale; de faire inventaire ; d'administrer et de liquider la succession, et dans ce but de procéder aux ventes qui, à raison de leur caractère d'urgence, sont classées parmi les mesures conservatoires et d'administration ; ce droit de faire vendre est limité, dans la majorité des traités, aux seuls effets mobiliers.

Les consuls sont tenus de ne délivrer le reliquat de la succession qu'après un certain délai et des annonces faites, soit par leurs soins, soit par ceux de l'autorité locale. Pendant ce délai, les réclamations relatives à la succession sont jugées par les tribunaux locaux. Ces mesures ont pour but d'assurer le paiement intégral des dettes et de sauvegarder les droits des habitants du pays où a eu lieu le décès, en leur permettant de les faire valoir, avant que la succession ne soit envoyée au pays d'origine du défunt;

2° De représenter, dans certains cas, leurs nationaux en justice sans pouvoir être mis eux-mêmes en cause;

3· D'organiser, s'il y a lieu, la tutelle de leurs nationaux. Cette dernière disposition ne se rencontre toutefois que dans les traités avec l'Espagne, la Grèce, l'Italie, le Portugal et le Salvador.

§ VI

FAILLITE

(Application des articles 59, § 7, C. pr. civ., 437, 438, 440 C. comm.)

SOMMAIRE. — 281. Indication du sujet. — 282. 1ʳᵉ Question. Les tribunaux français sont-ils compétents pour déclarer la faillite d'un étranger en France? Importance de la question. Division. — 283. Compétence lorsque l'étranger dont on réclame la déclaration de faillite a été autorisé à établir son domicile en France. — 284. Compétence lorsque l'étranger n'a en France qu'un domicile de fait. — 285. Mais peut-il lui-même demander sa déclaration de faillite? — 286. *Quid* si l'étranger poursuivi n'a en France qu'une simple résidence ou un établissement de commerce secondaire? Controverse. Opinion généralement admise : compétence; car les lois relatives à la faillite sont des lois de police et de sûreté. — 287. Réfutation. — 288. Ne pourrait-on pas soutenir que nos tribunaux sont compétents en se fondant sur cette considération, qu'il s'agit d'une contestation entre étrangers en matière commerciale? Réfutation. — 289. Système Ripert. Les lois relatives à la faillite rentrent dans le statut réel. — 290. Réfutation. — 291. Il faut admettre le système de M. Dubois. Système de l'unité de faillite. La faillite doit toujours être déclarée par le tribunal du domicile. Diverses hypothèses possibles. — 292. 1ʳᵉ hypothèse. Le tribunal étranger du domicile a déjà prononcé la faillite. L'incompétence du tribunal de la résidence, admise quand le domicile et la résidence sont situés dans le même pays, ne saurait non plus être contestée dans le cas où le failli a ses diverses maisons de commerce situées dans des pays différents. — 293. Distinction faite par quelques auteurs. — 294. Réfutation. — 295. Mais il serait impossible de ne pas admettre la pluralité des faillites et des juridictions, si le même commerçant était associé dans des établissements distincts.— 296. 2ᵐᵉ hypothèse. Le Tribunal étranger du domicile n'a pas prononcé la faillite. Compétence du tribunal français de la résidence. — 297. L'étranger dont on demande en France la faillite n'a en France ni domicile ni résidence. Incompétence de nos tribunaux. — 298. Cet étranger peut-il être déclaré en faillite en France sur la poursuite d'un créancier français? — 299. Toutes les règles que nous venons de tracer s'appliquent aux sociétés comme aux individus. — 300. Détermination du principal établissement. Affaire du Crédit foncier Suisse. 301. 2ᵐᵉ Question. Tribunal compétent pour connaître des actions intentées à la suite du jugement déclaratif. — 302. Traité Franco-Suisse du 15 juin 1869.

281. La faillite a donné lieu, en droit international, à de nombreuses et sérieuses difficultés. Ce n'est pas ici le lieu de les passer en revue. Un volume serait nécessaire pour cela. A propos d'une faillite, toutes les règles du droit international privé peuvent être

mises en jeu. Nous n'examinerons que deux questions : 1° les tribunaux français sont-ils compétents pour déclarer la faillite d'un étranger en France? 2° le sont-ils pour statuer sur les actions qui peuvent être intentées à la suite du jugement déclaratif de faillite, lorsque le procès s'agite entre étrangers (1).

282. 1ʳᵉ Question. *Les tribunaux français sont-ils compétents pour déclarer la faillite d'un étranger en France?* La question offre un véritable intérêt pratique, car il y a en France un nombre considérable d'étrangers ayant formé des établissements de commerce. (Ce sont notamment des étrangers qui sont à la tête des principales maisons de banque.) Il faut distinguer suivant que l'étranger a un domicile autorisé en France, un domicile non autorisé, une simple résidence, ou ni domicile ni résidence.

283. — 1° *L'étranger a été autorisé à établir son domicile en France.* Il n'y a pas de doute possible. Cet étranger jouit, aux termes de l'article 13 du Code civil, de tous les droits civils comme les Français. Il est, de l'avis de tous, assimilé aux Français au point de vue de la compétence. Il pourra bien certainement être déclaré en faillite par un tribunal français. Les auteurs et la jurisprudence sont unanimes sur ce point (2). On appliquera l'article 59, § 7, C. pr. civ. Le tribunal compétent sera celui de l'arrondissement dans lequel l'étranger a établi son domicile.

284. — 2° *L'étranger a son domicile en France, mais ce domicile a été établi sans l'autorisation du gouvernement.* La solution est la même que dans l'hypothèse précédente. Ce sera le tribunal du lieu où l'étranger a établi son principal établissement qui sera compétent pour déclarer la faillite (3). Et cette solution est admise

(1) Ce sujet a été l'objet de plusieurs études spéciales. *V.* notamment Dubois, sur Carle, *La Faillite en droit international privé*, 1875 ; Ripert, *Quelques questions sur la faillite dans le droit international privé. Revue critique de législation*, 1877, pp. 705 et suiv.; Stelian, *La Faillite, étude de législation comparée et de droit international ;* Thomas, *Etudes sur la faillite*, 1880; Renault, *La Faillite dans les rapports internationaux. Le Droit*, 11 et 12 décembre 1880. — *V.* également Fiore, *Del fallimento secondo il diritto privato internazionale*, 1873.

(2) Bertauld, *Questions pratiques*, t. Iᵉʳ, n° 204, p. 159; Dubois, sur Carle : *La Faillite dans le droit int. privé*, n° 50, 1, p. 42; Gerbaut, *Comp. des trib. fr. à l'égard des étrangers*, n° 344, p. 438;

(3) Alauzet, *Code de comm.*, 2ᵉ édit., t. VI, n° 2427; Bertauld, *Questions pratiques*, t. Iᵉʳ, n° 204, p. 159; Bioche, *Dict. de procédure civile et comm.*, 4ᵉ édit., vᵒ *Faillite*, n° 28; Bravard-Veyrières, *Traité de droit comm.*, t. V, p. 10, note 2; Dubois, sur Carle, *La Faillite en d. int. pr.*, n° 50, I, p. 42; Goujet et Merger, *Dict. de droit comm.*, vᵒ *Faillite*, n° 14; Massé, *droit comm.*, t. Iᵉʳ, n° 504, t. II, n° 40; Ruben de Couder, *Dict. de dr. comm. ind. et marit.*, t. IV, vᵒ *Faillite*, n° 27; Gerbaut, *Compétence des trib. fr.*, n° 344, p. 438; Lyon-Caen et Renault, *Précis de droit comm.*, t. II, nᵒˢ 3136 et suiv.; Bonfils, n° 204 *bis*; Renouard, *Des faillites*, t. II, p. 170, 2ᵉ édit.; Demangeat, *Cond. civ. des étrangers*, p. 397; Paris, 22 janv. 1857. S., 1858, 1, 65; Req. rej., 24 nov. 1857. S., 1858, 1, 65; Req.

non seulement par ceux qui, comme nous, reconnaissent qu'un étranger peut acquérir en France un véritable domicile sans l'autorisation du gouvernement, mais même par ceux qui exigent pour l'acquisition de ce domicile l'autorisation du gouvernement. Nous savons, en effet, que si la jurisprudence et les auteurs qui ont adopté sa théorie admettent la nécessité d'une autorisation gouvernementale pour que l'étranger puisse acquérir en France un domicile légal, ils reconnaissent cependant, que l'étranger non autorisé peut acquérir en France un domicile de fait susceptible de produire certains effets juridiques, notamment celui de le soumettre à la juridiction des tribunaux français (1). Or, il n'y a aucune raison qui puisse faire déroger, en matière de faillite, à la règle ordinaire. Bien au contraire, les textes, la nature de la faillite, le caractère des lois qui l'organisent exigent que ce soit le tribunal du domicile du failli qui soit compétent pour déclarer la faillite. Les textes : car l'article 437, en déclarant en état de faillite tout commerçant qui cesse ses paiements, ne fait aucune distinction entre les Français et les étrangers. La nature de la faillite : car l'état de faillite, loin d'être le résultat de l'exercice d'un droit civil soumis à la réciprocité exigée par l'article 11 du Code civil, n'est que la conséquence du fait de la cessation des paiements, fait dont la constatation judiciaire est ordonnée dans un intérêt d'ordre public. Enfin, d'après quelques-uns, le caractère même des lois qui organisent la faillite, lesquelles, à raison des obligations qu'elles imposent et des peines qu'elles infligent au failli, constituent des lois de police et de sûreté, obligeant tous ceux qui habitent le territoire (2).

285. Nous discuterons plus loin la valeur de ces arguments. Pour le moment, nous nous contentons de constater le résultat ; l'étranger qui n'a qu'un simple domicile non autorisé en France peut être déclaré en faillite par le tribunal de ce domicile. Aux termes de l'article 440 C. comm., le jugement peut être rendu, soit sur la demande du failli lui-même, soit d'office par le tribunal compétent, soit à la requête des créanciers. Que l'étranger

rej., 19 mars 1872. S., 1872, 1, 238 ; Paris, 20 mai 1878. Clunet, 1878, p. 375. S., 1880, 2, 193 ; Cass., 4 fév. 1885. Clunet, 1886, p. 83. S. 1886, 1, 200.

(1) Cass., 19 mars 1872. S., 1872, 1, 238 ; Cass., 7 juillet 1874. S., 1875, 1, 19. — V. jurisprudence, n° 51 et suiv. pp. 30 et suiv. notes.

(2) Massé, Droit commercial, I, n° 504 ; Alauzet, Commentaire des faillites, I, n. 2427 ; Bonfils, op. cit, n° 204 bis ; Laroque-Sayssinel et Dutruc, Dict. de contentieux comm., I, v° Faillite, n° 19 ; Ruben de Couder, Dict. de dr. comm. ind. et marit., IV, v° Faillite, n° 27 ; Rousseau et Defait, Code annoté des faillites, p. 577, n° 1 et suiv. ; Cass., 24 nov. 1857. S., 1858, 1, 65 ; Caen, 12 juillet 1870. S., 1871, 2, 57 ; Paris, 20 mai 1878. S., 1880, 2, 193.

domicilié sans autorisation puisse être déclaré en faillite d'office par le tribunal ou sur la demande de ses créanciers français ou étrangers admis à domicile, on ne saurait le contester et tout le monde est d'accord pour l'admettre (1). Mais on a mis en doute que l'étranger qui n'a qu'un domicile non autorisé pût lui-même demander sa déclaration de faillite. La faillite, a-t-on dit, protection et garantie pour le débiteur, est un droit civil ; or, il n'y a que les étrangers autorisés à avoir leur domicile en France, qui aient, aux termes de l'article 13 du Code civil, la jouissance des droits civils français.

Sans répondre ,avec notre théorie générale, que les étrangers ne sont privés que des droits civils que la loi leur dénie taxativement, nous ferons remarquer, avec la jurisprudence, que la faillite, bien qu'elle constitue une garantie et une protection pour le débiteur, n'est pas un droit civil réservé aux Français. C'est une conséquence attachée à la cessation des paiements, qui doit s'appliquer à quiconque fait le commerce en France et qui intéresse autant les créanciers que le failli lui-même. On peut dire aussi que si l'on admet que les lois qui organisent la faillite sont des lois de police et de sûreté, ces lois, si elles existent contre, existent aussi pour les étrangers ; et à ce point de vue encore on ne comprendrait pas qu'il fût défendu à l'étranger de réclamer les avantages attachés à la qualité de failli (2). Mais cet argument ne nous satisfait pas. Nous ne croyons pas que le caractère d'ordre public puisse être reconnu aux lois sur les faillites, quand on laisse de côté les dispositions concernant les banqueroutes. Le commerçant étranger peut demander sa mise en faillite, comme ses créanciers ont le droit de la requérir eux-mêmes, uniquement parce que l'article 440 du Code de commerce lui est applicable aussi bien qu'aux nationaux.

286. — 3°. *Mais il se peut que l'étranger ait conservé son domicile dans son pays et qu'il n'ait en France qu'une simple résidence, ou un établissement de commerce secondaire. Le tribunal français du lieu où est située cette résidence ou cet établissement de commerce sera-t-il compétent pour déclarer la faillite ?* La question est délicate. M. Dubois (3) soutient qu'en pareille hypothèse l'étranger ne peut être déclaré en faillite en France : « Le tribunal de son domicile à l'étranger est seul compétent pour le mettre en faillite, en vertu du principe que le tribunal du domicile du failli

---

(1) Paris, 20 mai 1878. Clunet, 1878, p. 375.
(2) Bertauld, *Questions pratiques*, t. Iᵉʳ, n° 204, p. 159. — *V.* aussi Bonfils, *loc. cit.* ; Massé, *loc. cit.* ; Dubois, *loc. cit.* ; Gerbaut, n° 344, p. 439.
(3) Dubois, sur Carle, *La Faillite en droit int.*, note 50, p. 42.

est seul compétent pour déclarer la faillite. » Mais la doctrine
contraire est plus généralement suivie. Les auteurs admettent, en
général, que l'étranger qui n'a qu'une simple résidence ou un établissement de commerce secondaire en France peut y être déclaré
en faillite (1). Et c'est aussi la théorie de la jurisprudence. Le tribunal de commerce de la Seine a jugé, tout récemment, que les
tribunaux de commerce français étaient compétents pour déclarer
la faillite en France d'une maison de commerce étrangère, ayant
son siège à l'étranger et une succursale en France, si, par suite
de ses opérations en France, cette succursale se trouve en état de
cessation de paiements (2). Et pour décider ainsi, les auteurs et la
jurisprudence se fondent sur cette considération que les lois qui
organisent la faillite sont des lois de police et de sûreté, qui
obligent, quelle que soit leur nationalité, tous ceux qui habitent le
territoire. (Art. 3 C. civ.) (3).

287. Il est certain que si les lois sur la faillite étaient véritablement des lois de police et de sûreté, obligeant, par suite, tous ceux
qui habitent le territoire, il serait difficile de refuser, dans notre
hypothèse, compétence aux tribunaux français. Mais nous ne
croyons pas qu'il soit possible de reconnaître aux lois de faillite
le caractère des lois de police et de sûreté. Car, ainsi que le dit
fort bien M. Ripert (4), « pour qu'une loi puisse être ainsi qualifiée,
il ne suffit pas qu'elle ait été édictée par des motifs d'intérêt général, dans le but, par exemple, d'assurer le crédit public ou
d'augmenter la prospérité nationale, car alors on devrait considérer comme telle la loi qui organise la propriété, celle qui réglemente les droits réels et, d'une façon générale, à peu près toutes
les lois. Il faut, comme on l'a dit excellemment, pour qu'une loi
puisse être considérée comme ayant le caractère des lois de police
et de sûreté, « qu'elle ait pour objet la sûreté des personnes et
le maintien du bon ordre (5). » Or, tel n'est pas évidemment le but
de la loi sur les faillites. Cette loi peut bien être destinée à rendre
plus sûres les transactions commerciales, et, par cela même, à
développer le crédit public; mais elle ne touche à aucun degré à la
conservation de la société. « Il est vrai que la loi sur les faillites

(1) En ce sens : Massé, *Droit comm.*, t. II, n° 809, p. 80; Bertauld, *op. cit.*, t. I,
n° 204, p. 159; Laroque-Sayssinel et Dutruc, *Formul. des faillites et banq.*, t. I,
n° 13; Ruben de Couder, *Dict. de droit comm., indust. et marit*, t. IV, v° *faillite*, n° 27; Alauzet, *Code de comm.*, t. VI, n° 2431 ; Lyon-Caen, *Précis de droit
comm.*, t. II, n° 3136 *bis*, p. 927.
(2) Trib. comm. Seine, 18 août 1875. Clunet, 1876, p. 455. — V. également :
Paris, 23 décembre 1847. S., 1848, 2, 355; Paris, 17 juillet 1877. S., 1880, 2, 195.
(3) Mêmes décisions.
(4) Ripert *Revue critique de lég.*, 1877, p. 721.
(5) Aubry et Rau, t. Iᵉʳ, § 31, p. 81.

contient des dispositions pénales, rentrant, par cela même, dans l'esprit comme dans la lettre de l'article 3 du Code civil ; mais ce ne sont pas quelques dispositions accessoires qui peuvent déterminer le caractère d'une loi, et de ce que, par exemple, la loi sur la capacité nécessaire pour contracter mariage a apporté une sanction pénale à quelques-unes de ses prescriptions (art. 157 C. civ.), nul n'a jamais conclu que ce soit là une loi de police et de sûreté (1). »

288. On pourrait, ce semble, au premier abord, arriver à la même solution en se plaçant à un autre point de vue. Un étranger demande la faillite d'un autre étranger : il s'agit là d'une contestation entre étrangers en matière commerciale. Or, la jurisprudence décide que si, en général, les tribunaux français sont incompétents pour statuer sur les contestations entre étrangers, ils sont compétents pour statuer entre étrangers en matière commerciale (2).

Mais cela ne serait pas décisif. En effet, la demande en déclaration de faillite n'est pas une contestation ordinaire. La faillite n'intéresse pas seulement les biens, elle affecte l'état de la personne; à ce dernier point de vue, et malgré son caractère commercial, la demande en déclaration de faillite échapperait encore, en suivant la théorie de la jurisprudence, à la compétence de nos tribunaux, car d'après la jurisprudence elle-même, nos tribunaux sont en principe incompétents pour statuer sur les questions d'état.

Et cet argument ne vaudrait pas davantage dans le système de ceux qui, comme nous, admettent que les tribunaux français peuvent connaître entre étrangers des contestations relatives à l'état des personnes, même quand les étrangers n'ont qu'une simple résidence en France. Car, en matière de faillite, l'article 420 du Code de procédure civile est annihilé par l'art. 59, § 7, du même Code, en vertu de ce principe que : *specialia generalibus derogant.* Or, cet article établit la compétence exclusive du tribunal du domicile du failli.

289. Il est un autre système que nous ne pouvons pas passer sous silence. C'est celui qui a été soutenu, il y a quelques années, par un jeune professeur de droit, M. Ripert (3). D'après cet auteur, les étrangers peuvent être déclarés en faillite en France, non pas parce que les lois sur la faillite seraient des lois de police, mais

(1) Ripert, *loc. cit.*
(2) Paris, 13 mars 1879. S., 1879, 2, 289. — V. jurisp.; nᵒˢ 98 et suiv., pp. 56 et suiv.
(3) *Revue critique de législation et de jurisprudence,* 1877, pp. 705 et suiv.

parce qu'elles font partie du statut réel, en sorte que si la compétence ne s'impose pas en vertu du § 1 de l'article 3 C. civ.,
elle leur est imposée en vertu du § 1. Pour soutenir ce système,
on dit que la faillite a pour objet immédiat, non la personne du débiteur, mais son patrimoine. « La faillite n'est qu'une voie
d'exécution, mise au service des créanciers non payés, qu'une
sorte de *venditio bonorum,* à cela près qu'elle porte à la fois sur les
biens à venir et sur les biens présents du débiteur. Et par cela
même, nous pouvons conclure que les lois qui la régissent, de
même que toutes les dispositions concernant les voies d'exécution
sur les biens, rentrent dans le statut réel (1). »

290. Nous ne pensons pas que l'on puisse soutenir la compétence de nos tribunaux en disant que les lois sur la faillite rentrent
dans le statut réel, nous croyons cette idée fausse. Les lois sur la
faillite ne rentrent pas plus dans le statut réel, qu'elles ne sont
des lois de police et de sûreté, car leur but n'est pas de régler la condition des biens du failli, de fixer les droits qui peuvent les grever
et leur mode de transmission; mais de protéger les intérêts des
créanciers et de maintenir entre eux l'égalité; et on ne saurait
assimiler complètement les lois sur la faillite aux lois sur les voies
d'exécution dont le caractère réel n'est pas contestable (2).

On s'éloigne aujourd'hui de plus en plus de cette idée que
toutes lois rentrent dans la théorie des statuts. Cette théorie n'est
pas applicable, notamment en matière de commerce.

Quoi qu'il en soit d'ailleurs, et alors même que l'on s'accorderait
à reconnaître que les lois sur la faillite rentrent dans le statut
réel, il n'en serait pas moins vrai, que l'on se trouverait toujours
en face de cette objection capitale, que l'article 3, § 2, du Code civil
ne règle qu'une question de loi applicable et non une question de
compétence.

291. Un seul système nous semble admissible : c'est celui qui a
été soutenu par MM. Carle et Dubois et que l'on connaît sous
le nom de système de l'unité et de l'universalité de la faillite.
Le tribunal compétent pour déclarer la faillite d'un commerçant
(national ou étranger) est celui du lieu où ce commerçant a établi
son domicile. L'étranger, qui n'a en France qu'une simple résidence
ou un établissement de commerce secondaire, ne pourra donc pas
être déclaré en faillite par nos tribunaux; le seul juge compétent
est celui de son domicile à l'étranger. Des créanciers qui récla-
meraient dans ces conditions la déclaration de faillite d'un étranger en France devraient être renvoyés à se pourvoir devant le tri-

(1) Ripert. *loc. cit.*
(2) Lyon-Caen et Renault, *Droit comm.,* t. II, p. 931, n° 3440.

bunal de commerce du domicile de leur débiteur à l'étranger (1).

Deux hypothèses sont à prévoir : ou le tribunal étranger du domicile a déjà déclaré la faillite, ou au contraire il ne l'a pas déclarée. Nous allons examiner successivement ces deux hypothèses.

292. *Première hypothèse.* — Le tribunal étranger du domicile a prononcé la faillite. La solution pour nous n'est pas douteuse : l'étranger ne pourra pas être déclaré en faillite en France. C'est une conséquence du principe de l'unité de faillite. On sait en effet que, d'après la pensée même de notre loi (art. 59, § 7, C. pr-civ., 438, 440, 443 C. comm.), la faillite est un état général, indivisible, embrassant l'universalité des biens du débiteur, actif et passif. Légalement prononcée par le tribunal du domicile (art. 59, § 7, C. pr. civ.), elle s'applique virtuellement à tous les établissements que le failli peut posséder dans l'étendue du territoire, et il y aurait lieu à règlement de juges si un autre tribunal prononçait un nouveau jugement déclaratif. Un instant contestée par la jurisprudence (2), cette solution est aujourd'hui universellement admise, et on peut la tenir pour définitivement démontrée (3). Or, s'il en est ainsi quand les diverses maisons de commerce du même individu sont situées sur le territoire d'un même État, pourquoi en serait-il autrement quand elles sont situées dans des États différents ? On ne saurait le dire. Car dans les deux cas les raisons de décider sont les mêmes.

a.) — Quand une personne se livre au commerce, les tiers qui traitent avec elle, en suivant sa foi, considèrent l'ensemble de ses biens quel que soit le territoire où ils sont situés ; il est sous-entendu entre eux, que l'universalité de leurs patrimoines respectifs répond des engagements pris de part et d'autre. C'est un principe inscrit dans les lois positives de toutes les nations, et que le Code civil a formulé dans l'art. 2092 : « Quiconques est obligé personnellement est tenu de remplir son engagement sur tous ses biens mo-

---

(1) Dubois, sur Carle, n° 50, II ; Gerbaut, n° 344, p. 439. — *V.* aussi Clunet, 1881, pp. 240 et suiv. —*Contrà :* Bertauld, 1, n° 204, p. 159 ; Massé, II, n° 809 ; Alauzet, *Code de comm.*, VI, n° 2431 ; Trib. comm. Seine, 18 août 1875. Clunet, 1876, p. 455 ; Bravard-Veyrières, *Traite de droit comm.*, t. V, n° 43 ; Norsa, *Revue de droit int. de Gand*, t. VIII, pp. 627 et suiv.

(2) Req., 23 août 1853. D., 1855, 1, 59 ; Paris, 30 août 1867. D., 1868, 2, 113 ; Lyon, 12 juillet 1869. D., 1870, 2, 10.

(3) Req. rej., 6 avril 1840. S., 1840, 1, 700 ; 30 déc. 1840. S., 1841, 1, 125 ; Douai, 3 mai 1841. S., 1842, 2, 57 ; Req. rej., 7 déc. 1841. S., 1842, 1, 361 ; 4 mai 1857. S., 1857, 1, 461 ; Paris, 7 mai 1867. S., 1868, 2, 149 ; Req. rej., 26 déc. 1871. D., 1872, 1, 200 ; 16 mars 1874. S., 1875, 1, 51 ; Rouen, 11 juillet 1874. S., 1875, 2, 236 ; Req, rej., 29 juin et 21 juillet 1875. S., 1875, 1, 358 ; 21 décembre 1875. S., 1877, 1, 341 ; 28 avril 1880. D., 1880, 1, 327 ; 17 août 1881. *Le Droit*, 18 août.

(4) Carle, *La Faillite en droit int.*, traduit par Dubois, n° 21, p. 38.

biliers et immobiliers, présents et à venir. » Or, la faillite, n'étant
que la conséquence de l'inexécution des engagements du débiteur,
doit forcément, comme ces engagements eux-mêmes, porter sur
l'universalité des biens du failli, et s'étendre à tous les établissements qu'il possède, quel que soit le territoire où ils sont situés.
Ainsi que le fait remarquer M. Carle : « Quelle que soit l'activité d'une
personne, quelque vastes et multipliées que soient ses relations, en
quelque lieu du monde qu'elle ait porté ses entreprises, on se
trouve toujours en présence de ce principe de raison que le patrimoine entier du débiteur est le gage commun de ses créanciers. »

b.) Autre considération. La faillite est un état qui affecte non
seulement les biens du failli, mais encore sa capacité. Le commerçant, par le fait de sa faillite, est proclamé mauvais administrateur et déchu de la gestion de ses affaires; il devient incapable,
il ne peut plus s'engager, il est pourvu d'une sorte de tuteur qui
le remplace, et est substitué à lui dans l'administration de sa fortune. Comment concevoir qu'un tel individu soit incapable dans
un pays, celui où la faillite a été prononcée, et capable dans un
autre, celui où est situé son deuxième établissement ? On n'admet
plus qu'un individu, interdit pour cause de démence ou de fureur
dans un pays, et comme tel privé de l'exercice de ses droits civils,
soit capable dans tout autre pays que celui où le jugement d'interdiction a été prononcé. Il en est de même du mineur ; son incapacité le suit, quels que soient ses changements de résidence ; mineur, suivant sa loi personnelle, il n'acquerra pas une majorité pré-
maturée, parce que le pays où il se fixe considère comme majeurs
les hommes de son âge (1). Il est impossible de concevoir qu'un
commerçant déclaré en faillite à Paris soit *integri status* à Marseille, au Havre ou à Lyon, et l'esprit se refuse à admettre un état
juridique où le commerçant, déchu de ses droits par le fait de la
déclaration de faillite dans un pays, se trouve en quelque sorte
réhabilité par le seul fait de franchir la frontière (2).

c.) Enfin tous les actes qui constituent la procédure de la faillite,
depuis celui qui la commence jusqu'à celui qui la termine, impliquent l'unité des opérations et résistent à l'idée de deux faillites
marchant si multanément. — Aux termes de l'article 438 du Code de
commerce : « Tout failli sera tenu, dans les trois jours de la cessation de ses paiements, d'en faire la déclaration au greffe du tribunal de commerce de son domicile. » Faut-il, s'il possède plusieurs

(1) Cass., 16 janvier 1861. S., 1861, 1, 305; Sénat de Varsovie, 1873. Clunet, 1874,
p. 48 ; Cour suprême d'Autriche, 4 janvier 1870. Clunet, 1876, p. 53.
(2) Clunet, 1881, p. 244.

établissements, qu'il fasse aussi plusieurs déclarations ? Nullement. Une seule suffira. Elle aura un effet général et vaudra pour tous ses établissements. — Quand le jugement déclaratif est rendu, il doit être publié. (Art. 442 C. comm.) Aux termes de l'article 442 C. comm., cette publication doit être faite « tant au lieu où la faillite aura été déclarée que dans tous les lieux où le failli aura des établissements ». Qu'est-ce à dire, sinon que ce jugement aura, comme la déclaration de l'article 438, un effet général, et qu'il atteindra en même temps que la personne du failli tous les établissements qui lui appartiennent ? — Pourquoi l'article 439, 1 C. comm. permet-il de ne déposer le bilan que postérieurement à la déclaration? Pourquoi l'article 462 C. comm. autorise-t-il à nommer jusqu'à trois syndics, si ce n'est en prévision des retards et des difficultés auxquelles peuvent donner lieu les vérifications à faire, les mesures à prendre dans les établissements éloignés du lieu où la faillite se poursuit ! Que l'on examine une à une les règles relatives à la vérification des créances, à la formation du concordat, aux répartitions des deniers en cas d'union, toutes supposent qu'il n'y a qu'un actif et qu'un passif, une masse de créanciers, qu'un juge commissaire et qu'un syndicat. Enfin l'article 443 (C. comm.), qui est relatif aux effets du jugement, déclaratif et décide que ce jugement emporte de plein droit dessaisissement du failli, nous dit, en termes catégoriques, que ce dessaisissement est général et comprend non seulement les biens présents du débiteur, mais tous ses biens à venir sans exception ; ce qui suppose bien que la faillite déclarée englobe la situation entière du débiteur et qu'elle rend superflu et impossible un second jugement déclaratif (1).

293. D'après certains auteurs, on ne saurait ici admettre une doctrine absolue, soit dans le sens de l'unité, soit dans le sens de la pluralité de faillite. Il faudrait distinguer deux cas : 1° celui où les divers établissements ont entre eux un lieu de dépendance, l'un étant une maison principale, les autres de simples succursales ; 2° et celui où il s'agit d'établissements de commerce distincts ayant une administration séparée. Dans le premier cas, la compétence pour déclarer la faillite appartiendrait au tribunal du lieu où est situé le principal établissement, et la faillite déclarée par ce tribunal ferait obstacle à une nouvelle déclaration. Dans le second cas, au contraire, il serait impossible de ne pas admettre la pluralité de juridiction : elle résulterait de la force des choses. Il conviendrait de déclarer autant de faillites qu'il y aurait d'établissements (2).

(1) Carle, n° 22, et Dubois, note 49. Clunet, 1881, p. 240.
(2) V. Merlin, *Rép.*, v° *Faillite*, sect. II, § 2, art. 10 ; Demangeat sur Fœlix,

294. Il nous semble impossible de pouvoir soutenir une semblable distinction. Tous les arguments que nous venons de donner et qui militent en faveur de l'unité de faillite et de juridiction, dans le cas où les divers établissements ont entre eux un lien de dépendance, exigent que l'on donne la même solution dans le cas où il s'agit d'établissements distincts, ayant une administration séparée. Décider, dans cette dernière hypothèse, qu'il peut y avoir autant de faillites distinctes qu'il y a d'établissements, ce serait admettre une solution contraire à la nature de la faillite, qui constitue un état indivisible, contraire à son but, qui est d'arriver à une liquidation prompte, économique et équitable, et contraire à tous les textes de notre Code, ainsi que nous l'avons fait remarquer plus haut. N'y a-t-il pas, d'ailleurs, quelque chose d'exorbitant à soutenir que deux maisons de commerce tenues au nom et pour le compte du même individu ont une existence assez séparée pour que l'une puisse être mise en faillite sans y entraîner l'autre? Est-ce que les commerçants qui contractent avec l'une d'elles ne considèrent pas le patrimoine entier de la personne au nom de laquelle le commerce est exercé dans les deux maisons? Ainsi que le fait fort justement remarquer M. Carle (1) : « Quand une personne se livre à un commerce, elle engage tout son patrimoine à ses créanciers, elle ne peut pas leur en soustraire une partie sous prétexte que ce patrimoine doit servir à un autre commerce, fût-ce un commerce distinct et séparé ; que si elle ne veut engager ses biens que dans des limites déterminées, elle en trouvera le moyen, soit dans une société anonyme, soit dans une société à responsabilité limitée, soit dans une commandite où elle jouera le rôle de commanditaire. Mais du moment où, sans recourir à l'un de ces moyens, elle exerce deux commerces, la ruine de l'un doit entraîner la ruine de l'autre. On ne comprend pas que la même personne puisse s'enrichir dans un négoce, tandis qu'elle fait faillite dans un autre. »

Du reste, une raison de droit dominante s'oppose à la déclaration de faillites multiples. La faillite est une mesure juridique, qui affecte autant la personne du failli que ses biens. C'est la personne physique ou morale, l'individu ou la société trafiquante, qui est mise en faillite. « Qu'importe que l'être individuel ou collectif trafique en plusieurs lieux; ce fait ne peut avoir pour conséquence de multiplier la personne. Derrière ces administra-

1. II, n° 468, p. 204, note a ; Massé, t. II, n° 810 ; Fiore, pp. 20, 21; Bar. Das int. priv. recht., § 128, p. 494 : Bonfils, n° 249, p. 213 ; Req. rej., 23 août 1853. D., 1855, 1, 59; Paris, 30 août 1867. D., 1868, 2, 113 ; Lyon, 12 juillet 1869. D., 1870, 2, 10.
(1) Carle, La Faillite en droit int. privé, n° 21, p. 37.

tions même distinctes, un seul individu agit, mérite ou démérite ;
pour justifier la pluralité des faillites, il faudrait que l'analyse
juridique rencontrât plusieurs personnes : or, il n'y en a qu'une (1). »

295. Mais, par la force même des choses, il serait impossible de
ne pas admettre la pluralité des faillites et la pluralité de juridictions, si le même commerçant était associé dans des établissements distincts. Il faut alors évidemment plusieurs faillites et
plusieurs tribunaux compétents, parce qu'il y a autant d'êtres
juridiques distincts que de sociétés auxquelles prend part le
commerçant (2).

296. *Deuxième hypothèse.* —Le tribunal étranger du domicile n'a
pas prononcé la faillite. Dans ce cas, il faut reconnaître au juge
français du lieu où le commerçant a son établissement secondaire
le pouvoir de déclarer la faillite pour sauvegarder les intérêts des
créanciers, qui, sans cela, pourraient être à tout jamais compromis. Seulement, le tribunal français devra suspendre immédiatement toute procédure, dès que la faillite sera déclarée à l'étranger (3). La déclaration de faillite peut dans ce cas être considérée
comme une mesure conservatoire, pour laquelle, de l'avis de
tous, nos tribunaux sont compétents.

297. — 4° *Enfin il peut arriver que l'étranger n'ait même pas de resi-
dence ou d'établissement de commerce en France.* Cet étranger ne
pourra pas être déclaré en faillite en France. Nous avons donné
cette solution dans le cas où l'étranger a une résidence ou un
établissement de commerce secondaire en France. *A fortiori* doit-
elle être admise dans le cas où il n'y a ni résidence, ni établissement de commerce.

298. Il n'y a pas de difficulté quand la déclaration de faillite
est poursuivie par un créancier étranger. Tout le monde reconnaît
que nos tribunaux ne sauraient être compétents (4) ; mais bon
nombre d'arrêts décident que l'étranger, même non résidant en
France, peut y être déclaré en faillite, sur la demande d'un
créancier français, attirant en France, en vertu de l'article 14 du
Code civil, son adversaire étranger (5). Nous ne croyons pas que

(1) Clunet, 1881, p. 245; Dubois, sous Carle, note 49, p. 40.
(2) Carle, *op. cit.*, p. 86 et note 86 de Dubois; Alauzet, *Code de comm.*, t. VI, n° 2430.
(3) Bertauld, *Questions pratiques*, p. 159; Glasson. Clunet, 1881, p. 128.
(4) En ce sens : Paris, 20 nov. 1874. Clunet, 1875, p. 434; 17 juil. 1877. Clunet, 1878, p. 271; Trib. civ. Seine, 20 juill. 1877 et Paris, 7 mars 1878. S., 1879, 2, 164; et note de Dubois; Bertauld, I, 204, p. 160; Dubois, sous Carle, note 50, III.
(5) Paris, 23 déc. 1847. S., 1848, 2, 355; Paris, 23 nov. 1874. Clunet 1875, p. 434; Paris, 17 juill. 1877. Clunet, 1878, p. 271. S., 1880, 2, 195; Trib. civ. Seine, 26 juill. 1877, confirmé par Paris, 7 mars 1878. S., 1879, 2, 164 et la note.

cet article soit applicable dans l'espèce. Il doit être écarté par l'article 438 du Code de commerce et par l'article 59 du Code de procédure (1). Il ne s'agit pas pour le Français d'obtenir un jugement déclaratif de son droit; c'est un jugement constitutif d'état qu'il réclame. Or, comme le fait justement observer M. Bertauld (2) : « L'article 14 est une disposition trop exorbitante, trop hostile aux principes, pour l'étendre à une classe de décisions qui ne sont pas entrées vraisemblablement dans la prévision de la loi (3). »

299. Les règles que nous venons de tracer s'appliquent aux sociétés comme aux individus. Pour une personne morale pas plus que pour une personne physique, il ne saurait y avoir plusieurs faillites, ni plusieurs tribunaux compétents pour déclarer la faillite. La seule autorité judiciaire compétente pour déclarer la faillite est celle où se trouve le domicile du failli, c'est-à-dire le principal établissement de la société. (Art. 438, § 2, C. comm.)

300. En droit, la règle est donc certaine : pour qu'un individu étranger ou une société étrangère puissent être déclarés en faillite en France, il faut que cet individu ou cette société aient (ce qui est tout un), leur domicile ou leur principal établissement en France. Mais il restera toujours à résoudre cette question de fait : où est le domicile? où est le principal établissement? Question délicate et qui donnera lieu bien souvent, à de sérieuses difficultés. Le juge la résoudra en tenant compte des circonstances. Sa décision sera souveraine, et suivant ce qu'il aura décidé, nos juges pourront ou non déclarer la faillite. C'est ainsi qu'il a pu être décidé qu'une société commerciale ayant son siège social à l'étranger et des succursales dans différentes villes d'Europe, notamment à Paris, peut, malgré un jugement déclaratif de faillite, émané du tribunal du lieu de son siège social, être déclarée en faillite à Paris, si, en fait, il est reconnu que son principal établissement se trouve dans cette ville (4). L'indication dans les statuts d'un siège social dans un autre lieu que le principal établissement ne

(1) Cpr. Lyon-Caen, *Condition des Sociétés étrangères en France*.
(2) Bertauld, *Questions pratiques*, t. Ier, n° 204, p. 160.
(3) V. dans ce sens : Dubois, sous Carle, n° 50, III, p. 42; Gerbaut, n° 344-4°, p. 441.
(4) Trib. civ. Seine, 10 août 1872. Clunet, 1874, p. 124; 11 oct. 1872. Le Droit, 19 oct., 5 mars 1874, confirmé par Paris, 20 juin 1874. Clunet, 1874, p. 95; Nancy, 8 mai 1875. S., 1876, 2, 137; Req. rej., 13 mars 1865. D., 1865, 1, 228; 9 août 1881. Le Droit, 11 août. La jurisprudence a décidé également qu'une société est valablement assignée à son principal établissement, alors même que les statuts auraient fixé le siège social dans un autre lieu. Req. rej., 21 fév. 1849. S. 1850, 1, 112. Civ. rej., 4 mars 1857. S., 1858, 1, 204; Bordeaux, 11 et 12 août 1857. S., 1858, 2, 258. Req. rej., 5 déc. 1877. S., 1878, 1, 220.

saurait prévaloir contre la réalité (1). Le domicile échappe à la convention ; il est au lieu où l'on a son principal établissement. (Art. 102 C. civ.) Et ce qui est vrai de l'individu, l'est *à fortiori* d'une société, pure abstraction juridique, qui n'a d'existence réelle que par l'établissement qu'elle exploite. Le transport du siège de l'administration dans un autre endroit que celui de l'exploitation ne saurait changer le lieu du domicile, s'il n'est accompagné du transfert effectif du principal établissement (2). Pour transférer son domicile, la volonté seule est impuissante ; il faut le fait d'une habitation réelle dans un autre lieu, joint à l'intention d'y fixer son principal établissement. (Art. 103 C. civ.)

Ces principes ont été appliqués, il y a quelques années, par la jurisprudence française dans une affaire qui a donné lieu à un conflit de juridiction entre les tribunaux français et les tribunaux genevois et qui mérite qu'on s'y arrête. Une société financière, sous le nom de Crédit foncier Suisse, était venue s'installer à Paris ; elle avait aussi des bureaux à Genève. Le désastre de cette société, dans son double fonctionnement, avait amené une double déclaration de faillite : à Genève le 3 février 1874 et à Paris le 5 février suivant. Les syndics suisses formèrent opposition au jugement déclaratif. Le Tribunal de commerce de la Seine (3) les débouta de leur opposition, en se fondant sur ce que la société avait non seulement son principal, mais son unique établissement en France. De leur côté les créanciers qui avaient fait déclarer la société en faillite à Paris, firent opposition au jugement déclaratif en Suisse. Le Tribunal de commerce de Genève (4), comme le Tribunal de la Seine, repoussa la demande, par cette raison que la société commerciale ne pouvait être déclarée en faillite qu'à son domicile commercial, c'est-à-dire à son siège social, tel qu'il était déterminé par les statuts. Frappés d'appel, ces deux jugements furent confirmés, le premier par arrêt de la Cour de Paris du 20 janvier 1874 (5) ; le second par arrêt de la Cour de Genève, du 25 mai 1874 (6). Il y avait ainsi conflit de juridiction entre tribunaux d'États différents, et à défaut d'autorité supérieure pouvant le trancher par un règlement de juges, le conflit menaçait de

---

(1) Carle, *op. cit.*, p. 38, note 46 de Dubois; Alauzet. *Code de comm.*, VI, n° 2430. Renouard, *Traité des faillites*, I, p. 265; Boistel, *Droit comm.*, p. 629; Vavasseur. Clunet, 1875, pp. 345 et suiv.

(2) Req. rej., 28 nov. 1842. D., *Rép.*, v° *Société*, n° 194; 16 mars 1874. S., 1875, 1, 51; Vavasseur, *op. et loc. cit.* ; Gerbaut, n° 345.

(3) 5 mars 1874. Clunet, 1874, p. 95.

(4) 19 mars 1874. Clunet, 1874, p. 96.

(5) Clunet, 1874, p. 154, note 2.

(6) Clunet, 1874, p. 154.

s'éterniser, lorsque le Conseil fédéral, par arrêté du 20 janvier
1875 (1), a annulé le jugement du Tribunal de Genève et renvoyé
la liquidation de la faillite devant les tribunaux de France, par la
raison que le Crédit foncier Suisse, ayant son siège principal à
Paris, c'était à Paris que la société devait être considérée comme
exerçant son commerce. Le vrai motif de sa création à Genève paraissait être d'avoir voulu éluder les lois françaises sur les sociétés anonymes. C'était assurément bien jugé. *Plus valet quod agitur
quam quod simulatur* (2). Mais il eût pu se faire que pour un motif
ou pour un autre, le Conseil fédéral eût persisté à affirmer la compétence exclusive des tribunaux Genevois, et ce qui n'a pas eu
lieu dans cette espèce peut se produire à propos d'une autre. Que
décider si les tribunaux de chaque État maintiennent leur compétence exclusive en fixant le domicile du failli dans leur ressort ?
Il n'existe pas encore d'autorité supérieure qui puisse, par un
règlement de juges, mettre fin à un pareil conflit de juridiction.
Peut-être ne sommes-nous pas éloignés du jour où il y en sera
établi un. En attendant, les conflits entre tribunaux d'États différents ne relèvent que du tribunal de l'opinion. C'est justement à
cause de cette absence de juridiction supérieure pouvant donner
une solution au conflit, que M. l'avocat général Hémon combattait,
devant la Cour de Paris, le principe de l'unité de faillite (3). Un
pareil inconvénient pourra sans doute se produire ; mais peut-on
repousser un principe d'une manière absolue, par cette raison que
son adoption ne ferait pas disparaître les difficultés dans tous les
cas? Un droit cesserait-il donc d'exister par cela seul que son exercice pourrait donner lieu à un conflit insoluble, par suite de l'absence
d'une juridiction supérieure organisée pour la résoudre (4) ?

301. **Deuxième question.** *Les tribunaux français sont-ils compétents
pour statuer sur les questions qui peuvent être intentées à la suite du
jugement déclaratif, lorsque le procès s'agite entre étrangers ?* — Il faut
appliquer la même règle que pour la déclaration de faillite. Si le
jugement déclaratif a été rendu par un tribunal français, ce tribunal sera également compétent pour connaître des actions qui peuvent être intentées à la suite de la déclaration de faillite. Si au contraire la faillite a été déclarée par le tribunal étranger du principal
établissement du commerçant, c'est également devant ce tribunal
que devront être portées les actions dont nous nous occupons (5).

(1) Clunet, 1875, p. 80.
(2) S., 1879, 2, 164.
(3) S., 1879, 2, 164 :
(4) Dubois. Clunet, 1879, p. 81.
(5) Gerbaut, n° 348, p. 447; Bonfils, n° 249; Demangeat, sous Fœlix, II, p. 206,
n. a. — *Contrà :* Fœlix, II, p. 206.

Cette solution découle naturellement du principe que nous avons adopté sur la compétence des tribunaux entre étrangers. Elle est de plus commandée par le but et la nature même de la faillite qui doit être, nous venons de le voir, une et universelle, et elle a été consacrée par la Cour de cassation dans un arrêt du 30 novembre 1868. « Attendu que la faillite crée une situation indivisible, qui ne permet à aucun tribunal, autre que celui devant lequel existe la faillite, d'intervenir pour régler les droits des divers intéressés (1). »

302. Il nous reste à dire quelques mots du traité du 15 juin 1869 entre la France et la Suisse, qui contient des stipulations spéciales pour la faillite. L'article 6 est ainsi conçu: « La faillite d'un Français ayant un établissement de commerce en Suisse pourra être prononcée par le tribunal de sa résidence en Suisse, et, réciproquement, celle d'un Suisse ayant un établissement de commerce en France pourra être prononcée par le tribunal de sa résidence en France. » Cette disposition mérite d'être critiquée. Elle est non seulement condamnée par les principes qui régissent la faillite, dont le caractère est d'être une et universelle, elle est aussi contraire à l'intérêt bien entendu des faillis et de leurs créanciers ; car elle facilite un conflit de juridiction et la déclaration simultanée de plusieurs faillites d'une seule et même personne (2).

Il faudrait qu'il ne pût jamais être déclaré qu'une seule faillite, et pour cela il faudrait attribuer, dans tous les cas, compétence au tribunal du principal établissement. L'article 6 devrait être revisé en ce sens ; et il faudrait y ajouter une disposition attribuant compétence à une autorité supérieure pour procéder par voie de règlement de juges, en cas de conflit entre les tribunaux des deux pays (3).

Signalons en terminant la disposition de l'article 7 ainsi conçu : « Les actions en dommages, restitution, rapport, nullité et autres, qui, par suite d'un jugement déclaratif de faillite ou d'un jugement reportant l'ouverture de la faillite à une époque autre que celle primitivement fixée, ou pour toute autre cause, viendraient à être exécutées contre des créanciers ou des tiers, seront portées devant le tribunal du domicile du défendeur, à moins que la contestation ne porte sur un immeuble ou un droit réel et immobilier. »

(1) Les règles de compétence que nous avons posées à propos de la faillite s'appliqueraient également en cas de liquidation judiciaire.
(2) Voir supra, affaire du Crédit Foncier. Suisse.
(3) V. Dubois, sous Carle, note 92, VIII, n° 3.

D'après l'article 9 : « La faillite d'un étranger établi, soit en France, soit en Suisse, et qui aura des créanciers français et suisses, et des biens situés en France ou en Suisse, sera, si elle est déclarée dans l'un des pays, soumise aux dispositions des articles 7 et 8. »

§ VII

DEMANDES INCIDENTES ET EN GARANTIE

(Application des articles 59, § 8, et 181 C. pr. civ.)

SOMMAIRE. — 303. Demandes en garantie. Application de l'article 59, § 8, C. pr. civ. — 304. Nos tribunaux sont compétents dans tous les cas, où le garant, s'il était Français, serait tenu de se soumettre à la juridiction du tribunal devant lequel la demande originaire est pendante. — 305. Demandes incidentes. Compétence. — 306. Inconséquence de la jurisprudence. Réfutation.

303. Notre doctrine générale sur l'application de l'article 59 C. pr. civ. entre étrangers, comme entre Français, nous conduit à décider que, quand une demande originaire est pendante devant un tribunal français (soit entre étrangers, soit entre Français et étrangers), rien ne s'oppose à ce que l'étranger appelle en garantie un autre étranger. L'article 59, § 8, donne en effet compétence au tribunal saisi de la demande principale pour connaitre de l'action en garantie. « En matière de garantie, le défendeur sera assigné devant le juge où la demande originaire sera pendante. »

La jurisprudence, nous l'avons vu, n'a pas, en cette matière, une théorie bien ferme. Quelquefois elle se déclare compétente, d'autres fois incompétente, sans que l'on puisse donner un criterium certain de ses décisions. On peut dire cependant, ainsi que nous l'avons déjà fait remarquer, que si d'assez nombreux arrêts ont déclaré l'incompétence des tribunaux français en cette matière, la jurisprudence en général semble incliner à admettre la compétence de nos tribunaux dans deux cas : 1° lorsque l'étranger appelé en cause (le garant) a été partie dans le contrat primitif intervenu entre le demandeur originaire et le garanti et servant de base à la demande principale (1); et 2° lorsque les actions récursoires en garantie ou en sous-garantie sont la suite d'un contrat passé en France.

(1) En ce sens : Aubry et Rau, t. VIII, § 748 bis, p. 148, n. 51 ; Bonfils, n° 213. p. 186 ; Zachariæ, édit. Massé et Vergé, t. I, § 62, p. 87, texte et note 24 ; Féraud-Giraud, 1880. Clunet, p. 173.

304. Il faut aller plus loin et décider que les tribunaux français sont compétents pour statuer sur la demande en garantie ou en sous-garantie, formée par un étranger contre un autre étranger, non seulemet quand l'étranger appelé en garantie peut être réputé avoir été partie au contrat primitif, mais encore toutes les fois que le Français garant serait tenu lui-même de se soumettre à la juridiction du tribunal devant lequel la demande originaire est pendante (1). L'art. 59, § 8, du Code de procédure, l'article 181 du même Code, la connexité entre les demandes, la nécessité d'éviter la contrariété des jugements, l'avantage de réunir deux affaires en une seule et d'éviter des lenteurs et des frais, sont autant de motifs pour faire adopter cette solution, sans qu'il y ait lieu de distinguer d'ailleurs, comme le font quelques arrêts, si le contrat fondement de la demande a été passé en France ou à l'étranger Le lieu où l'acte originaire a été passé ne saurait avoir aucune influence pour la détermination de la compétence.

305. Nous donnerons la même solution en cas de demandes incidentes. Nos tribunaux seront compétents pour connaître entre étrangers, comme entre Français, de toutes les question sincidentes qui se produiront au cours d'un procès qu'ils ont compétence pour juger; et il en serait ainsi, alors même que la question incidente soulevée, si elle faisait l'objet d'une action principale, devrait être soumise à une autre juridiction, en vertu des règles sur la compétence *ratione personæ*, toutes les fois que ladite question doit être appréciée pour la solution du litige régulièrement porté devant le tribunal saisi (2).

306. Ici, comme dans le cas de l'article 59, § 2 (pluralité de défendeurs), et comme dans la plupart des cas où la jurisprudence apporte des dérogations à son principe, les décisions de la jurisprudence qui admettent la compétence de nos tribunaux sont fort équitables, mais on ne peut plus arbitraires. Nous ne voulons pas revenir sur ce que nous avons déjà dit en réfutant le système de la jurisprudence; mais sur quoi se fonder pour apporter en notre matière une dérogation au principe de l'incompétence? Sur l'article 59, § 8? Mais pourquoi appliquer cette disposition et ne pas appliquer les autres du même article? Sur l'article 181 C. pr. civ.? Mais, outre qu'on ne voit pas non plus pourquoi on appliquerait cet article, quand on refuse d'appliquer les §§ 1, 3, 4, 5, etc., de l'article 59,

---

(1) Bonfils, n° 213, p. 186; Glasson, Clunet, 1881, p. 128; Gerbaut, n° 353, p. 453. — *Contrà* : Féraud-Giraud, *op. cit.*, p. 172; Aubry et Rau, t. VIII, § 748 *bis*, p. 147, n. 50.

(2) Féraud-Giraud. Clunet, 1880, p. 172; Fœlix, I, n° 162, p. 348 ; Massé, I, n° 699 ; Gerbaut, n° 350, p. 454.

l'article 181 n'est que la reproduction, sous une autre forme, de l'article 59, § 8. Et pour qu'un garant puisse être utilement cité devant le tribunal saisi de la demande principale, il ne faut pas qu'il puisse invoquer d'autre exception que celle fondée sur l'existence de son domicile hors du ressort du tribunal (1). Or, ce n'est pas, d'après le système de la jurisprudence, à raison de son domicile hors de France que l'étranger n'est pas justiciable des tribunaux français, mais à raison de sa qualité d'étranger et parce que les tribunaux français n'ont pas la mission de statuer sur les contestations qui s'élèvent entre étrangers.

Aussi croyons-nous que la Cour de cassation a rendu une décision tout à fait logique, lorsqu'elle a déclaré, dans son arrêt du 15 janvier 1878 (2), que l'article 181 déroge à la règle de compétence établie par l'article 59, § 1, C. pr. civ., mais qu'il ne peut autoriser au tribunal à retenir, sous prétexte qu'il s'agit d'une demande en garantie, une contestation dont la connaissance ne lui appartient pas, à cause de la nature du litige ou de la nationalité des parties. Logiquement appliqué, le principe de la jurisprudence conduit à décider que nos tribunaux sont, dans tous les cas, incompétents pour statuer sur les demandes en garantie ou en sous-garantie intentées par un étranger contre un autre étranger.

§ VIII

ELECTION DE DOMICILE

(Application de l'art. 59, § 9, C. civ., et 111 C. civ.)

307. « Enfin, en cas d'élection de domicile pour l'exécution d'un acte, le défendeur sera assigné devant le tribunal du domicile élu

(1) Cass., 29 avril 1859. S., 1859, 1, 595; Paris, 28 mai 1877. D., 1878, 2, 211.
(2) S., 1878, 1, 300.

ou devant le tribunal du domicile réel du défendeur, conformément à l'article 111 du Code civil. » (Art. 59, § 9, C. pr. civ.)

L'élection de domicile faite pour l'exécution d'un contrat équivaut à un domicile réel et place les contractants parmi les justiciables du juge du lieu. L'élection de domicile est attributive de juridiction à ce tribunal et l'étranger devient dès lors non recevable à proposer l'incompétence du juge qu'il s'est donné (1).

308. L'élection de domicile ne pourrait être révoquée, que du consentement mutuel des contractants, à moins toutefois qu'elle n'ait eu lieu que dans l'intérêt exclusif de l'un d'eux. Mais cela ne se présume pas (2).

309. La compétence du tribunal français élu pour l'exécution d'un contrat n'est pas seulement obligatoire pour les plaideurs, elle l'est également pour le tribunal qui ne pourrait s'abstenir de retenir le litige et de juger, sans commettre un déni de justice. Car, si l'on admet que cette faculté de l'élection d'un domicile pour l'exécution d'un contrat en France s'applique aux étrangers comme aux nationaux (et c'est l'avis de tous les auteurs et de la jurisprudence), il faut l'admettre avec toutes ses conséquences. Or, il est incontestable qu'entre Français le tribunal élu qui refuserait de connaître de la contestation qu'on lui soumet commettrait un déni de justice (3).

310. Mais il va sans dire que l'élection de domicile ne se présume pas. Elle ne saurait résulter, par exemple, du seul fait d'avoir indiqué un lieu de paiement en France. En matière civile, la simple indication du lieu de paiement ne donne pas compétence aux tribunaux du lieu. Fœlix est d'un avis contraire (4); il place sur la même ligne l'élection de domicile et l'indication d'un lieu de paiement. Mais son opinion est en général repoussée (5). L'article 1258, § 6, distingue avec soin ces deux clauses. On comprendrait, d'ailleurs, difficilement que, parce qu'un étranger aurait promis, dans son pays, à un autre étranger de lui payer, en France, telle somme à tel endroit, il en résultât forcément pour nos juges l'obligation de juger les questions relatives à ce paiement (6).

---

(1) Massé, *Droit comm.*, I, n° 671, p. 582; Bonfils, n° 209, p. 182; Glasson. Clunet, 1881, p. 117; Demangeat, sur Fœlix, I, p. 325, note a: Soloman, p. 98. — *V.* également : Paris, 24 juin 1853. D., 1854, 5, 324 ; Cass., 8 avril 1851. S., 1851, 1, 335; Féraud-Giraud, 1880. Clunet, p. 226.

(2) Aubry et Rau, § 146, p. 591 ; Demolombe, I, n° 375, p. 609; Zachariæ, § 146, texte et notes 11 et 12.

(3) *Contrà* : Féraud-Giraud, 1880. Clunet, p. 226.

(4) Fœlix, *loc. cit.*, I, n° 155, p. 325.

(5) Demangeat, sur Fœlix, I, p. 325, n. a; Bonfils, n° 210, p. 182; Merlin, *Rép.*, v° *Domicile élu*, § 2, n° 4 ; Aubry et Rau, I, § 146, p. 587, n. 3 et 4 ; Valette, sur Proud'hon, I, p. 240; Demolombe, I, n° 374.

(6) Bonfils, n° 210, p. 182.

311. A' plus forte raison ne pourrait-elle résulter de cette circonstance que le contrat a été passé en France ou doit y être exécuté, s'il n'y a pas eu une élection spéciale de domicile dans l'acte.

M. Massé (1) soutient, que si l'acte a été passé en France, la compétence de nos tribunaux est obligatoire. « Admettre les étrangers dans l'État, leur permettre d'y faire tous les contrats du droit des gens, non seulement avec les nationaux, mais encore avec d'autres étrangers, et néanmoins leur refuser la faculté de poursuivre devant les tribunaux français l'exécution de ces contrats, c'est ne leur accorder qu'un droit illusoire et sans sanction... Si les étrangers peuvent faire en France tous les contrats du droit des gens, c'est parce que la loi ne les leur interdit pas ; ne pas les leur interdire, c'est les leur permettre ; les leur permettre, c'est leur garantir tacitement le moyen d'en assurer l'exécution. »

Personne n'a jamais contesté que les étrangers puissent contracter en France, mais de ce que la loi française ne prohibe pas cette faculté, dont il lui serait du reste impossible d'entraver l'exercice, il ne s'ensuit pas nécessairement que nos tribunaux soient obligés de juger les contestations auxquelles ces contrats peuvent donner naissance. Il y a une distance immense entre ces deux propositions. Quand on a posé en principe que les étrangers peuvent poursuivre l'exécution des obligations contractées à leur profit, on n'a nullement, par cette maxime générale et vraie, résolu la question de savoir devant quel juge sera poursuivie cette exécution. La question reste entière. Dire qu'en permettant aux étrangers de faire les contrats de droit des gens on leur garantit tacitement le moyen d'en assurer l'exécution, c'est affirmer le point en discussion. Cette garantie tacite ne découle pas du tout de l'absence d'interdiction (2).

312. De savants auteurs, qui repoussent également l'opinion de M. Massé, touchant les actes passés en France, admettent cependant la compétence obligatoire de nos tribunaux lorsque la contestation s'élève à l'occasion d'un acte dont l'exécution doit avoir lieu en France, car il y a là, d'après eux, une élection tacite de domicile faite par les étrangers en cause (3). Nous ne croyons pas que l'on puisse adopter cette opinion, car, ainsi que le dit M. Bonfils, il faut en général se défier des fictions, qui mettent le plus sou-

---

(1) *Droit comm.*, n° 172. — Dans le même sens : Rodière, *Revue de législation*, t. I, p. 70.
(2) Bonfils, *loc. cit.*, p. 183, n° 211.
(3) *V.* Merlin, *Rép.*, v° *Etranger*, § 2; Pardessus, *Droit comm.*, n° 1477; Dalloz, v° *Droit civil*, n° 338.

vent la volonté du jurisconsulte à la place de celle du législateur ou des parties, et rien ne prouve que deux étrangers, en déclarant qu'un contrat serait exécutoire en France, aient voulu par là déférer à nos tribunaux la connaissance des contestations que cette exécution pourrait enfanter. Peut-être, en effet, ne prévoyaient-ils aucunement la possibilité d'un procès, et ne consultaient-ils que leur commodité personnelle, sachant, par exemple, qu'ils se trouveraient en France, à l'époque fixée pour l'exécution de leur convention. Qui les empêchait, du reste, d'élire domicile expressément dans leur contrat ? Pour que le fait que le contrat a été passé en France ou doit y être exécuté puisse engendrer la compétence obligatoire de nos tribunaux, il faudrait que nos lois de procédure eussent, à l'exemple du droit Romain (1), consacré la compétence du *forum contractus*. L'article 420 du Code de procédure a, il est vrai, créé cette fiction ; mais, ainsi que nous l'avons déjà fait remarquer plusieurs fois, cet article est spécial aux matières commerciales et ne peut être étendu aux matières civiles. C'est une lacune regrettable que le Code civil Italien (art. 91) et le nouveau Code de procédure Belge (art. 41) ont réparée, mais il faudrait que nos législateurs imitassent cet exemple, pour que le tribunal du lieu où l'obligation est née ou doit être exécutée pût être obligatoirement compétent.

313. Mais entendons-nous bien : si ces différentes circonstances sont insuffisantes, en matière civile, pour entrainer la compétence obligatoire de nos tribunaux, ceux-ci ont toujours la faculté de retenir la connaissance de la cause et juger, si le défendeur ni domicilié ni résidant (ce qui est notre hypothèse) n'oppose pas le déclinatoire d'incompétence.

Nous irons même plus loin, et nous dirons que si ces circonstances n'entrainent pas élection de domicile, et par suite compétence obligatoire pour nos juges, elles doivent cependant, en fait, être prises en considération par eux. Dans la pratique, ils doivent, dès que les deux parties acceptent leur juridiction, éviter de faire usage de la faculté qu'ils ont de se déclarer incompétents, bien qu'en droit ils soient absolument libres.

(1) LL. 19, §§ 1, 2, 4; 20, D., *de Judiciis*. 5. 1.

§ IX

MATIÈRES COMMERCIALES

(Applications de l'art. 420 du Code de procédure.)

314. Aux termes de l'article 420 du Code de procédure, en matière commerciale : « le demandeur pourra assigner à son choix devant le tribunal du domicile du défendeur ; devant celui dans l'arrondissement duquel la promesse a été faite et la marchandise livrée ; devant celui dans l'arrondissement duquel le paiement devait être effectué. »

C'est dans l'ordonnance de 1673 qu'a été puisée cette disposition. Elle est la reproduction textuelle de l'article 17 du titre XII. Les auteurs et la jurisprudence sont unanimes à reconnaître qu'elle s'applique aussi bien aux étrangers qu'aux nationaux (1).

On ne peut qu'approuver cette solution. Elle est conforme aux exigences de la pratique et aux besoins du commerce qui, ayant pour marché l'univers, exige que l'on puisse se faire rendre partout promptement et simplement justice. Mais il est permis de se demander si, en l'absence de textes précis, il n'y a pas une con-

---

(1) Aubry et Rau, VIII, § 748 *bis*, p. 146, n° 46 ; Alauzet, *Code de commerce*, VI, n° 2953 ; Bertauld, *Questions pratiques*, I, n° 182, p. 446 ; Bonfils, *op. cit.*, n° 211 *bis ;* Demangeat, *Cond. des étr.*, n° 85, p. 391 ; Demante, I, n° 29 *bis*, IV, p. 86 ; Demolombe, I, n° 261-3° ; Dalloz, *Rép.*, v° *Dr. civ.*, n° 337 et suiv. ; Duranton, I, n° 152, p. 102 ; Féraud-Giraud. Clunet, 1880. p. 165 ; Haus, *Droit des étrangers en Belgique*, n° 108, p. 278 ; Fœlix, I, n° 156, p. 327 ; Glasson. Clunet, 1884, p. 130 ; Gerbaut. n° 355 et suiv., pp. 457 et suiv.; Legat, *Code des étrangers*, p. 301 ; Laurent, *Dr. civ. int.*, IV, n° 27 et suiv.; Massé, *Droit comm.*, I, n° 658 ; Massé et Vergé, sur Zacharire, I, § 62, n° 6, p. 87, n° 23 ; Merlin, *Rép.*, v° *Etrang.*, § 2 ; Nouguier, *Trib. de comm.*, II. p. 417, n. 7 ; Orillard, *Compét. des trib. de comm.*, n° 626 et suiv.; Pardessus, *Droit comm.*, IV, n° 1477 ; Sapey, *Les étrangers en France*, n° 216 ; Toullier, I, n° 265, p. 186. — V. cependant Marcadé, I, sur l'art. 15, n° 142 ; Bonfils, n° 214.

tradiction manifeste à poser, comme la jurisprudence et le plus grand nombre des auteurs (1), une règle en matière civile et une exception en matière commerciale, dans les contestations entre étrangers. « Il est déjà bien étrange, écrit M. Glasson (2), de dire dans le silence de la loi, qu'entre étrangers nos tribunaux sont incompétents. Mais après avoir posé ce principe, n'est-il pas plus extraordinaire encore d'y apporter une exception qui n'est consacrée par aucun texte? Pourquoi fait-on abstraction de la qualité d'étranger en matière commerciale, et pourquoi se préoccupe-t-on de cette qualité dans les procès civils ? Il n'y a aucune trace de cette distinction dans les articles 59 et 420 du Code de procédure, et logiquement on devrait ou appliquer aux étrangers les deux articles ou leur en retirer le bénéfice. »

La jurisprudence et les auteurs qui admettent son système sont dans l'impossibilité de justifier l'exception qu'ils apportent au principe de l'incompétence. Nous avons déjà réfuté les arguments que donne la jurisprudence à l'appui de sa théorie. (V. *suprà*, pp. 115 et suiv.) Ceux que donnent les auteurs sont les mêmes, nous n'y reviendrons pas. Ainsi que nous l'avons déjà fait remarquer, l'intérêt du commerce est le seul fondement de cette dérogation. On a compris que ce serait porter un coup fatal à la prospérité et à l'existence même des relations commerciales, que de refuser aux étrangers le droit de réclamer contre d'autres étrangers, la faculté établie par l'article 420, et on a décidé que cet article serait applicable aux étrangers comme aux nationaux. Comme l'a très bien exprimé M. Massé (3), « les tribunaux, trop éclairés pour ne pas voir que le commerce étranger ne pourrait pas subsister dans l'État si l'on refusait aux commerçants étrangers le droit de s'y actionner réciproquement, et qui pouvaient se considérer comme liés pas leur jurisprudence antérieure sur la compétence des tribunaux français entre étrangers, ont mieux aimé faire un mauvais raisonnement que de rendre de mauvais arrêts ».

Pour nous, qui avons admis le système de la compétence, nous ne faisons que tirer une conséquence logique de notre principe en appliquant aux étrangers l'article 420 C. pr. civ., comme nous leur appliquons les autres règles de procédure.

315. M. Bonfils, se fondant sur l'ordonnance de 1673, d'où a été textuellement tiré notre article 420 C. pr. civ., pense que nos tri-

---

(1) V. notamment : Aubry et Rau, *loc. cit.;* Féraud-Giraud, *loc. cit.*
(2) Glasson. Clunet, 1881, p. 130.
(3) *Loc. cit.*

bunaux ne sont obligatoirement compétents que dans le cas où les obligations commerciales ont été contractées en foire (1). « L'article 420, dit-il, ne peut par lui seul fonder la compétence générale de nos juges et l'étranger défendeur non domicilié en France n'est pas plus tenu de se laisser juger en matière commerciale qu'en matière civile. Mais lorsque les obligations commerciales ont été contractées en foire, nos tribunaux sont obligatoirement compétents en vertu des ordonnances spéciales de 1535, 1565 et 1673, que nulle disposition législative postérieure n'est venue abroger. »

Nous reconnaissons avec M. Bonfils que l'ordonnance de 1673, dans son article 17, titre XII, d'où est tiré l'article 420 C. pr. civ., ne visait exclusivement que les engagements pris en foire. Mais cela ne prouve rien à l'appui de la thèse de M. Bonfils. Car, ainsi que le fait remarquer fort judicieusement M. Féraud-Giraud (2), « cette limitation de la règle tenait bien plus aux habitudes commerciales de l'époque qu'au caractère même de cette règle, » et elle ne saurait être admise aujourd'hui avec notre système de transactions. Nous avons admis, et nous croyons avoir prouvé, que nos tribunaux étaient compétents d'une manière générale, pour connaître des contestations qui s'élèvent entre étrangers, et que nos règles de procédure leur étaient applicables aussi bien qu'aux Français. Or, l'article 420 établit, au gré du demandeur, la compétence du *forum domicilii*, celle du *forum contractus* ou celle du *forum solutionis*. Ce sont là au premier chef, des règles de procédure. Elles doivent donc être appliquées aux étrangers de la même manière et aux mêmes conditions qu'aux Français. Dès lors, de même qu'un Français assigné en matière commerciale, en vertu de l'article 420 C. pr. civ., devant un des tribunaux désignés par cet article, ne pourrait décliner la compétence du tribunal devant lequel il est assigné, ni celui-ci refuser de juger ; de même, l'étranger qu'un autre étranger assigne en vertu du même article devant un des tribunaux que cet article indique ne pourrait pas davantage décliner la compétence de ce tribunal, pas plus que celui ci refuser de juger. (Argt. art. 631 C. comm.) (3).

316. L'article 420, § 1, n'est que la reproduction de l'article 59, § 1. Les mêmes règles que nous avons suivies dans l'application de l'article 59, § 1, devront donc être suivies dans l'application de

(1) N° 211 *bis*, p. 185.
(2) Clunet, 1880, p. 166.
(3) Orillard, *op. cit.*, n° 627, p. 682.

l'article 420, §1. Il n'est pas nécessaire, pour que cet article puisse être appliqué, que le défendeur étranger ait été autorisé à établir son domicile en France; il suffit qu'il ait en France le centre de ses affaires, son principal établissement, pour qu'il soit justiciable du tribunal de cet établissement. La jurisprudence admet sans difficulté que l'établissement commercial qu'un étranger aura fondé en France constituera un *domicile de fait* suffisant pour que le juge du lieu de cet établissement soit compétent (1).

347. L'article 420, § 2, établit pour les matières commerciales la compétence du *forum contractus* qui n'est pas admise dans la procédure ordinaire devant les tribunaux civils. Nul doute que le tribunal du lieu du contrat soit compétent pour connaître des contestations qui peuvent s'élever à l'occasion de ce contrat (2) ; mais il faut pour qu'il en soit ainsi la réunion de ces deux circonstances : que la promesse ait été faite et que la marchandise ait été livrée à ce lieu (3).

348. L'article 420, § 3, établit la compétence du tribunal dans l'arrondissement duquel le paiement doit être effectué. Aucune difficulté ne saurait se produire, lorsque ce lieu est expressément déterminé, soit dans le titre de l'obligation, soit dans un acte postérieur. Nul doute que le tribunal de ce lieu soit compétent (4). Mais il peut arriver, et il arrive souvent, que les parties ne déterminent pas d'une manière expresse le lieu où le paiement doit être effectué. On s'est demandé, dans ce cas, s'il fallait considérer l'étranger non domicilié en France, mais y ayant une maison de commerce, comme étant censé avoir contracté l'obligation de payer en France (et maintenir par conséquent la compétence des tribunaux français), ou au contraire s'il fallait le considérer, ainsi que le veut la règle générale de l'article 1247 C. civ., comme étant présumé s'être engagé à payer à domicile (et renvoyer par conséquent la connaissance des difficultés qui pourraient s'élever, aux tribunaux étrangers de ce domicile).

(1) Aix, 17 mai 1831. S., 1831, 2, 209; Cass., 26 avril 1832. S., 1832, 1, 455. D., 1832, 1, 184; Paris, 17 avril 1852. D., 1854, 5, 325; Paris, 24 juin 1853. D., 1854, 5, 324 ; Trib. comm. Seine, 7 janv. 1874. Clunet, 1875, p. 114; Cass., 22 nov. 1875. S., 1876, 1, 213; Paris, 19 déc. 1876. Clunet, 1877, p. 39; Paris, 9 nov. 1878. Clunet, 1879, p. 62; Trib. comm. Lille, 23 mars 1885. Clunet, 1885, p. 291 ; Paris, 10 juillet 1880. Clunet, 1880, pp. 474 et 475; Paris, 21 mai 1885. Clunet, 1885, p. 542. D., 1886, 2, 15.

(2) Cass., 9 nov. 1863. S., 1863, 1, 225; 10 juillet 1865. S., 1865, 1, 350 ; Bordeaux, 5 août, 1808 S., 1869, 2, 77; Cass., 12 janv. 1875. Clunet, 1876, p. 102.

(3) Trib. comm. Seine, 15 mai 1872. Clunet, 1874, p. 122 ; Demangeat, sous Fœlix, p. 327, note *b*; Bravard, *Droit comm.*, VI, p. 450.

(4) Trib. comm. Havre, 14 mars 1881. Clunet, 1882, p. 73.

On admet en général la première opinion (1). Nous croyons que c'est celle qu'il faut adopter, du moment qu'on admet que les règles de l'article 420 doivent s'appliquer dans les contestations entre étrangers. Sans doute, d'après l'article 1247 C. civ., le débiteur est présumé s'être engagé à payer au lieu de son domicile; mais, comme le fait remarquer M. Merlin, l'article 1247 lui-même admet que la règle qu'il pose ne s'applique pas, si on est convenu de payer ailleurs qu'au domicile, et cette convention peut être tacite. L'article 420, § 3, n'exige pas en effet que le lieu du paiement soit déterminé d'une manière expresse. Or, c'est un usage commercial qu'un commerçant paie à sa caisse; et, dans notre hypothèse, l'étranger, en ayant fait sa caisse à sa maison de commerce en France, doit être censé s'être obligé à faire là tous ses paiements, et il n'y a pas de doute qu'il puisse être poursuivi devant le tribunal de ce lieu. On ne saurait sérieusement prétendre qu'un négociant qui fait des affaires en France, peut-être depuis fort longtemps, doive être cité devant un tribunal étranger, à deux ou trois cents lieues de sa résidence, par cette raison qu'il est sujet d'un État étranger, et qu'il n'a pas entendu transporter son domicile en France.« Un pareil système, dit la Cour de Paris (2), indé_ pendamment de son absurdité, irait à paralyser, ou plutôt à anéantir l'action de la justice à l'égard de ce négociant. »

Cette solution, conforme à l'équité et à la bonne foi, est aussi favorable à l'intérêt du commerçant lui-même, qui ne tarderait pas à voir son crédit diminuer et le cours de ses opérations entravé, s'il prétendait renvoyer ses créanciers à son domicile étranger pour y recevoir le paiement de ce qui leur est dû (3).

319. Hors les cas que nous venons de passer en revue, les tribunaux de commerce français sont incompétents pour connaître des contestations entre étrangers. Justice est due aux étrangers qui se trouvent en situation d'invoquer un texte de loi donnant compétence aux tribunaux français; mais justice n'est pas due aux étrangers qui se trouvent en dehors des cas prévus pour que nos tribunaux soient compétents; ils doivent être renvoyés à se pourvoir devant les juges de leur pays (juges du domicile du lieu où la promesse a été faite et la marchandise livrée, juges du lieu où

---

(1) Merlin, *Rép.*, v° *Étranger*, §§ 2 et 3; Aubry et Rau, VIII, § 748 *bis*, p. 147, n. 47; Pardessus, *Dr. comm.*, IV, n° 1477.

(2) 24 mars 1817. C., n., 5, 2, 257.

(3) Merlin, *op. cit., loc. cit.*, § 3; Aubry et Rau. *loc. cit.*; Pardessus, *loc. cit.*; Req. rej., 26 avril 1832. S., 1832, 1, 455; Douai, 10 nov. 1854. D., 1855, 2, 104 et note.

ce paiement doit être effectué, etc., etc.), sans préjudice, toutefois, de la faculté ou du devoir, pour nos juges, de retenir la connaissance de l'affaire lorsque les deux parties acceptent leur juridiction, suivant les règles que nous avons posées plus haut.

320. Il n'a jamais fait de doute pour personne que nos tribunaux fussent compétents pour prendre en matière commerciale, en dehors des règles ordinaires de la compétence (art. 59 et 420), toutes les mesures provisoires et conservatoires que peut nécessiter une contestation entre étrangers. Nous ne pouvons que renvoyer à ce que nous avons déjà dit. (V. *suprà*, pp. 45 et suiv., nos 81 et suiv.) Nos tribunaux n'ont pas seulement, dans ce cas, la faculté, ils ont le devoir de juger.

321. Il en serait de même s'il y avait plusieurs défendeurs, en cas d'intervention, en matière incidente et de garantie. (V. *suprà*, pp. 65 et suiv., nos 114, 115 et suiv.)

§ X

EXÉCUTIONS. — SAISIE-ARRÊT

SOMMAIRE. — 322. Les décisions émanées d'une autorité étrangère ne peuvent être exécutées en France qu'après que nos tribunaux leur ont donné la force exécutoire. — 323. Compétence de nos tribunaux pour donner cette force exécutoire aux décisions étrangères. — 324. Mais quels seront leurs pouvoirs? Controverse. Ils n'ont pas le droit de reviser au fond. — 325. Quelle que soit la solution que l'on adopte, elle ne saurait rien modifier touchant la compétence. — 326. Critique de le jurisprudence. Son principe devrait conduire à l'incompétence pour reviser les jugements étrangers. — 327. Lois politiques et traités. — 328. Saisie-arrêt. Position de la question. Nos tribunaux sont-ils compétents pour connaître des difficultés qui peuvent naître entre étrangers à propos de saisies ? — 329. Il faut distinguer deux phases. — 330. *1re phase :* Saisie-arrêt en elle-même. Opposition. Le créancier étranger peut pratiquer en France une saisie-arrêt contre son débiteur étranger. — 331. Lorsque le créancier pratique la saisie en vertu d'un jugement étranger, il n'est pas nécessaire que ce jugement ait au préalable été revêtu de la force exécutoire. — 332. Le président du tribunal peut, si l'étranger n'est porteur d'aucun titre, user de la faculté que donne l'article 533, et permettre à l'étranger de faire saisie-arrêt. — 343. Critique de la jurisprudence. — 334. *2me phase :* Demande en validité de la saisie. Nos tribunaux sont compétents si le saisissant a opéré la saisie au moyen d'un titre exécutoire. — 335. *Quid* si la saisie a été pratiquée en vertu d'un titre privé ou avec la permission du juge ? Compétence de nos tribunaux dans toutes les hypothèses où ils sont compétents pour statuer sur le fond. — 336. Mais que décider si nos tribunaux sont incompétents quant au fond ? Système de la jurisprudence. Distinction qu'elle fait. — 337. Inconvénients de ce système. C'est cependant le seul admissible. — 338. Maintenue provisoire de la saisie. — 339. Délai accordé au saisissant. — 340. Jugement sur la validité de la saisie au point de vue des formalités qu'on a dû remplir. Approbation de la jurisprudence. — 341. Résumé.

322. Le principe de la souveraineté et de l'indépendance réciproque des États, s'oppose à ce qu'un acte émané de la puissance souveraine d'un État puisse, en vertu du seul mandat de cette puissance, être exécutoire de plein droit, hors des limites de cet État. Chaque État possède et exerce seul, exclusivement à tout autre, la souveraineté et la juridiction dans toute l'étendue de son territoire, et les agents d'exécution ne peuvent obéir qu'aux autorités nationales. Aussi, pour qu'une décision émanant d'une autorité étrangère puisse être exécutée dans un État, il faut, auparavant, que le gouvernement de cet État ait autorisé cette exécution, et toutes les nations ont réservé ce pouvoir à leurs tribunaux. Il y a des divergences nombreuses sur le rôle que doit jouer l'autorité locale; mais le principe en lui-même n'a jamais été contesté (1).

Ce principe a été consacré dans notre droit positif par les articles 545, 546 C. pr. civ. et 2123 C. civ. *in fine.* — *Article 545 C. pr. civ.* : « Nul jugement ni acte ne pourront être mis à exécution, s'ils ne portent le même intitulé que les lois et ne sont pas terminés par un mandement aux officiers de justice, ainsi qu'il est dit article 546.» — *Article 546 C. pr. civ.* : « Les jugements rendus par les tribunaux étrangers, et les actes reçus par les officiers étrangers, ne seront susceptibles d'exécution en France, que de la manière et dans les cas prévus par les articles 2123 et 2128 du Code civil. » — *Article 2123, § 4, C. civ.* : « L'hypothèque ne peut résulter des jugements rendus en pays étranger, qu'autant qu'ils sont déclarés exécutoires par un tribunal français, sans préjudice des dispositions contraires qui peuvent être dans les lois politiques ou les traités. »

323. Un étranger peut-il invoquer ces articles, et demander à un tribunal français de rendre exécutoire en France un acte qu'il a passé ou un jugement qu'il a obtenu hors de France, avec ou contre un autre étranger ?

Il est un point sur lequel tout le monde est d'accord et qu'il importe d'écarter du débat : c'est qu'un tribunal français ne pourrait rendre exécutoire un jugement ou un acte contraire à la souveraineté de la France ou à l'ordre public; ainsi, par exemple, un jugement consacrant la polygamie, validant une vente de blé français en herbe (loi du 6 messidor an XIII), autorisant un étranger à arrêter son esclave fugitif chez nous, etc., ne pourrait certainement pas être rendu exécutoire en France; l'action ne serait pas recevable.

(1) Une conférence avait été convoquée à la Haye en 1874, par le gouvernement dès Pays-Bas pour régler cette question de droit international, mais le projet n'a pas abouti.

Mais en dehors de ces cas exceptionnels, c'est le système contraire qui doit être adopté ; et il doit en être ainsi, quelle que soit
l'opinion que l'on adopte sur la compétence des tribunaux entre
étrangers (1). Car, ainsi que le fait remarquer M. Gerbaut (2) :
« Décider le contraire serait faire une confusion évidente entre
l'action et l'exécution. La partie qui se présente n'est pas un plaideur qui vient soumettre aux tribunaux français une prétention
non vérifiée ; c'est un étranger porteur d'un jugement, qui demande
aux magistrats français, un ordre d'exécution, que les officiers
étrangers n'ont pu lui délivrer que dans les limites de la souveraineté de laquelle ils tiennent leurs pouvoirs. Ce qu'il requiert,
par conséquent, ce n'est pas une condamnation contre son débiteur, mais uniquement la permission d'exécuter une condamnation qui a déjà été prononcée. »

Les juges français qui refuseraient de donner au jugement étranger la force exécutoire qui lui manque commettraient un déni
de justice et violeraient les articles 546 C. pr. civ. et 2123 du
Code civil. Ces articles, en effet, ne font aucune distinction, selon
que le jugement a été rendu entre Français et étrangers ou entre
étrangers seulement. Ils ne sont que la conséquence de cette loi
d'ordre public : qu'aux tribunaux français seuls, il appartient de
faire mettre à exécution, sur le territoire français, les décisions
émanées d'une juridiction étrangère. Ou il faut supprimer ces
articles, ou il faut décider qu'il en résulte la compétence obligatoire du juge français, pour statuer sur la demande d'exécution
d'un jugement étranger.

Une solution contraire entraînerait d'ailleurs cette déplorable
conséquence, qu'un étranger ayant contracté une obligation envers un de ses concitoyens et possédant des biens en France,
pourrait impunément soustraire ces biens à l'action de ses
créanciers (3).

324. Mais quels seront, en pareil cas, les pouvoirs du juge français appelé à donner force exécutoire au jugement étranger? C'est
là une question des plus controversées du droit international. On
compte jusqu'à quatre systèmes. Mais comme la question sort un peu
du cadre de notre étude, nous n'insisterons pas. La jurispru-

(1) Si toutefois on se prononce contre le système du droit de revision et en faveur du simple *pareatis*.
(2) *Op. cit.*, n° 365. p. 472.
(3) Gerbaut, n° 365, p. 472; Bonfils, n° 208, p. 181; Féraud-Giraud. Clunet, 1880,
p. 233 ; Glasson, 1881 : Clunet, p. 130; Aubry et Rau, VIII, § 748 *bis*, p. 149; Fœlix,
I, n° 161, p. 335; Demangeat, sous Fœlix, p. 336, n. *a; Condit. des étrangers,*
n° 85, p. 392; Dragoumis, *Cond, civ. de l'étranger*, p. 133.

dence reconnaît au tribunal français, nous l'avons vu, un droit de
revision intégral sur le jugement qui lui est déféré (1), mais nous
ne croyons pas ce système admissible. A notre avis, le tribunal
français saisi d'une demande d'*exequatur* pour un jugement étranger doit se borner à examiner si ce jugement est régulier, s'il
est valable en la forme, s'il a été rendu par un juge compétent et
s'il ne contient aucune disposition contraire à l'ordre public. Indépendamment de l'argument que fournit en faveur de notre système la lettre même de l'article 2123, qui attache l'hypothèque au
jugement étranger lui-même, on peut faire remarquer en sa faveur
l'antithèse frappante qui existe entre les articles 546 et 547 du
Code de procédure. L'un s'occupe de l'exécution des jugements
étrangers en France, et les soumet à l'*exequatur* ; l'autre, statuant
sur l'exécution des jugements français en dehors du ressort des
juridictions dont elles émanent, dispose que ces dernières décisions seront par elles-mêmes exécutoires « sans *visa* ni *pareatis* ».
N'est-ce pas dire que l'*exequatur* exigé par le texte précédent pour
les jugements étrangers, et dont l'article 547 a pour objet de prévoir l'extension aux actes de la justice française, se réduit à une
simple formalité de *visa* ou *pareatis* (2)? Du reste, si on admet le
droit de revision, ce n'est plus un jugement étranger qui sera exécutoire ; ce sera, en réalité, un jugement rendu par des juges français. Enfin, le droit de revision sera le plus souvent très préjudiciable au Français, en mettant les étrangers en garde contre
lui, en ruinant son crédit vis-à-vis d'eux, parfois même en pro-
voquant des mesures de rétorsion de la part des tribunaux
étrangers (3).

325. Quelle que soit, d'ailleurs, la solution que l'on adopte au sujet
de cette question, elle ne saurait modifier celle que nous avons
adoptée touchant la compétence. Nous avons reconnu que les tribunaux français sont, en principe, compétents pour statuer sur les
contestations entre étrangers; il leur appartient, par conséquent,
de rendre exécutoires, aux termes de l'article 546 C. pr. civ., les
jugements rendus entre étrangers, aussi bien que ceux rendus entre
Français et étrangers. Si l'on accorde à nos tribunaux le droit
de revision, ils reviseront au fond, sinon (et c'est notre avis)
ils accorderont un simple *pareatis*, mais toujours ils seront compétents.

(1) V. jurisprudence, *suprà*, pp. 63 et suiv.
(2) Weiss, *Droit int. privé*, p. 968.
(3) Demangeat, *Hist. de la condition des étrangers*, p. 408; Massé, II, n° 800;
Labbé. S., 1865, 1, 61; Bertauld, *op. cit.*, I, p. 123; Bonfils, pp. 251 et s.; Weiss,
p. 968.

326. Nous ne pouvons cependant nous empêcher de nous demander comment la jurisprudence et les auteurs qui admettent en principe l'incompétence de nos tribunaux pour statuer sur les contestations entre étrangers, peuvent attribuer compétence à ces mêmes tribunaux pour reviser au fond les jugements étrangers rendus entre deux étrangers (1). Car, avec le système de la revision intégrale, c'est en réalité un nouveau jugement que rend le tribunal français, et toutes les raisons qu'on invoque pour faire admettre le principe de l'incompétence se rencontrent ici avec la même force que partout ailleurs. S'il est un principe avec lequel le système de la revision des jugements étrangers est incompatible, c'est assurément le principe général d'incompétence que soutient la jurisprudence quand il s'agit de contestations entre étrangers.

327. L'article 2123 du Code civil, après avoir posé en principe qu'un jugement rendu en pays étranger ne peut sortir ses effets sur notre territoire que s'il a été préalablement rendu exécutoire par un tribunal français, ajoute « sans préjudice des dispositions contraires qui peuvent être dans les lois politiques ou dans les traités ».

En vertu de traités passés avec certains pays, les jugements émanés des tribunaux de ces pays sont rendus exécutoires en France, sans être soumis au droit de revision. Nous ne connaissons que trois traités de ce genre : 1° le traité Franco-Badois du 16 avril 1846 ; 2° le traité Franco-Sarde du 24 mars 1760, confirmé par la déclaration échangée entre la France et l'Italie, le 1er septembre 1860 ; 3e le traité Franco-Suisse du 15 juin 1869 (2).

Quant aux lois politiques, nous n'en connaissons qu'une ayant pour objet de dispenser l'exécution de sentences étrangères de l'observation du droit commun. Cette loi, du 21 avril 1832, dans son article 5, accordait la force exécutoire, en France, aux décisions des tribunaux mixtes chargés de statuer sur les difficultés qui pouvaient s'élever à propos de la navigation du Rhin, pourvu que ces décisions fussent revêtues, en dehors de toute revision, d'un *exequatur* délivré par le Tribunal de Strasbourg. La France ayant cessé d'être riveraine du Rhin, la loi de 1832 a, par la force des choses, perdu toute son utilité.

328. Saisie-arrêt. — La question de savoir si nos tribunaux sont compétents pour statuer sur les demandes d'exécution des

---

(1) *V.* Féraud-Giraud. Clunet, 1880, p. 234.
(2) *V.* pour les détails, Weiss, *Droit int.*, pp. 974 et suiv.

actes étrangers nous amène naturellement à nous occuper de la saisie-arrêt. Doit-on reconnaître au créancier étranger le droit de saisir-arrêter en France, pour avoir le paiement de ce qui lui est dû par un autre étranger, les valeurs qui appartiennent à ce dernier? Le juge français est-il compétent pour autoriser et valider une pareille saisie? Cette difficulté, de nature à être soulevée fréquemment dans la pratique, mérite d'attirer toute notre attention, d'autant plus qu'elle a été résolue dans des sens divers par les auteurs et la jurisprudence.

329. Nous avons vu que la jurisprudence, répudiant sa première doctrine, que la saisie-arrêt est exclusivement un acte d'exécution(1), admet aujourd'hui qu'il y a lieu, dans toute procédure de saisie-arrêt, de distinguer nettement deux phases, et que, si elle admet que dans la seconde elle constitue bien un acte d'exécution, elle reconnait que dans la première elle est avant tout un acte conservatoire et de pure précaution. C'est le système généralement adopté dans la doctrine (2), et c'est le seul qui nous semble juridique. Il nous faut donc, pour les explications qui vont suivre, distinguer nettement ces deux phases.

330. Première phase. *Saisie-arrêt en elle-même. Opposition.* — La saisie débute par une défense, adressée par le créancier (saisissant) à un tiers (tiers saisi), de disposer des sommes dont il est débiteur. Cette opposition constitue, à proprement parler, la saisie-arrêt. C'est un acte conservatoire, une mesure de pure précaution. Nul doute qu'un créancier étranger puisse, comme un créancier Français, pratiquer en France une saisie-arrêt, bien que le débiteur soit aussi un étranger. Et cette solution doit être maintenue, alors même que le débiteur n'aurait en France ni domicile ni résidence, selon la solution que nous avons admise en établissant notre système (3). Il n'y a pas lieu de distinguer, non plus, si le tiers saisi est Français ou étranger (4), si le titre du créancier est, ou non, revêtu de la formule exécutoire(5), s'il est authentique ou sous seing privé (art. 557 C. pr. civ.), s'il a été passé en France ou à l'étranger, et si les obligations sont payables en France ou hors de notre pays.

---

(1) V. *suprà*, pp. 51 et suiv., nos 91 et suiv.
(2) En ce sens : Fœlix, I, pp. 340 et suiv. ; Chauveau et Carré, IV, *Questions* 1933 *bis* et 1953 *quater;* MM. Aubry et Rau, dans leur 3e édition, avaient également enseigné cette doctrine qu'ils ont abandonnée dans leur dernière édition.
(3) V. *suprà*. pp. 195 et suiv.
(4) V. *suprà*, pp. 51 et suiv..
(5) Bertauld, *Questions pratiques*, I, n° 202; Gerbaut, n° 329.

331. MM. Roger (1) et Griolet (2) prétendent que, dans le cas où le créancier étranger pratique la saisie en vertu d'un jugement étranger, ce jugement devra, pour produire effet, avoir, au préalable, été revêtu de la force exécutoire, à cause de l'article 546 C. pr. civ. Nous ne croyons pas pouvoir suivre cette doctrine, car, pour le moment, la saisie-arrêt ne constitue pas encore une mesure d'exécution, et l'exploit de l'huissier n'est, en réalité, qu'une mesure d'urgence toute provisoire, ainsi que le prouve bien l'article 552 C. pr. civ., en se contentant d'un simple titre sous seing privé (3).

332. Mais si l'étranger n'est porteur d'aucun titre, le président du tribunal pourra-t-il user de la faculté que lui donne l'article 558 et lui permettre de faire saisie-arrêt ? Nous avons vu que la jurisprudence, se fondant sur le caractère purement provisoire de l'exploit de saisie-arrêt, admettait l'affirmative. Nous ne saurions être plus rigoureux qu'elle. Le président du tribunal peut autoriser un étranger à faire saisie-arrêt, aussi bien qu'un Français (4). Cette solution résulte de l'article 558 C. pr. civ., qui ne fait aucune distinction entre Français et étrangers et elle est commandée par l'équité et par l'intérêt même des Français (5). Le président du tribunal verra, d'après les circonstances et les probabilités, s'il convient d'accorder la permission réclamée, et l'on peut se fier à la sage prudence de nos magistrats qui ne l'accorderont pas facilement, devant l'allégation d'une créance née en pays étranger et dont on ne représente pas de titre. Mais c'est là une pure question de fait ; en droit, il n'est pas douteux que le président ait plein pouvoir d'autoriser la saisie (6). En agissant ainsi, d'ailleurs, il ne rend pas un véritable jugement, il ne fait qu'œuvre de juridiction gracieuse.

333. Nous ne pouvons qu'approuver la jurisprudence qui se déclare compétente pour prendre de semblables mesures à l'égard des étrangers. Toutefois, il est permis de se demander, comme le

---

(1) *Traité de la saisie-arrêt.*
(2) Note sous Cass. D., 1868, 1, 369. — En ce sens : Paris, 31 janv. 1873. S., 1874, 2, 33.
(3) Bertauld, *loc. cit.* ; Gerbaut, *loc. cit.*
(4) Aubry et Rau, VIII, § 748 *bis*, pp. 149, 150; Bertauld, *Questions pratiques*, I, nº 202; De Belleyme, *Ord. sur req. et référés*, I, p. 183; Bonfils, nº 205, p. 178; Demangeat, sur Fœlix, I, p. 341, *a; Cond. des étrang.*, nº 85, p. 392; *Revue pratique*, I, pp. 305 et suiv.; Dal., *Rép.*, vº *Droit civil*, nº 332; Féraud-Giraud, 1880. Clunet, pp. 234-235; Fœlix, I, nº 162, p. 337; Gerbaut, nº 329; Massé, I, nº 668. — *Contrà :* Chauveau et Carré, IV, *Question* 1933 *bis*, p. 569.
(5) Gerbaut, nº 329.
(6) Bonfils, nº 205.

fait remarquer M. Gerbaut (1), « jusqu'à quel point cette solution est
une conséquence bien logique du principe de l'incompétence des
tribunaux français à l'égard des étrangers. Il ne s'agit, nous le
voulons bien, que d'une mesure conservatoire ; mais enfin, si les
tribunaux français n'ont été institués que pour rendre la justice
aux nationaux, et si les différentes raisons alléguées à l'appui de
ce prétendu principe sont réellement fondées, on ne voit pas trop
pourquoi, dans une rigoureuse logique, elles cesseraient de produire leurs effets, par cela seul que la justice n'exige qu'une mesure conservatoire au lieu d'une décision sur le fond ». Il nous
semble, d'ailleurs, bien difficile de dire que les lois de procédure
sur la saisie-arrêt constituent des lois de police et de sûreté, à
moins de faire rentrer dans cette catégorie toutes ou presque
toutes nos lois.

334. Deuxième phase. *Demande en validité de la saisie.*— Nous arrivons maintenant à la seconde phase de la saisie. Il s'agit, pour
le créancier, de soumettre sa procédure à l'homologation du tribunal sous forme de demande en validité de la saisie. Là est vrai-
ment pour nous la question. Nos tribunaux seront-ils compétents
pour apprécier la validité d'une saisie pratiquée par un étranger
sur un autre étranger, ou, au contraire, devront-ils renvoyer les
parties à se pourvoir à l'étranger ?

Pas de difficulté si le saisissant a opéré la saisie au moyen d'un
titre exécutoire, soit qu'il émane d'une autorité française, soit
qu'il émane d'une autorité étrangère. Nos tribunaux seront nécessairement compétents pour connaître de la demande en validité.
Nous savons en effet que nos tribunaux sont compétents pour statuer sur l'exécution, en France, des titres français ou des titres
étrangers qui ont reçu la force exécutoire de la juridiction française. Compétents pour cette exécution, ils doivent l'être égale-
met pour l'examen de la régularité des actes de procédure exigés
pour sa validité (2).

335. La question est plus complexe lorsque le créancier n'est pas
porteur d'un titre exécutoire et que la saisie a été faite en vertu
d'un titre privé ou avec la permission du juge. Le tribunal saisi
de la demande en validité est, en pareil cas, appelé à apprécier
l'existence de la créance. Les juges français seront-ils compétents

---

(1) N° 329, p. 422.
(2) Féraud-Giraud. Clunet, 1880, p. 235; Fœlix, I, n° 161, p. 336, et n° 163, p. 341;
Demangeat, sous Fœlix, p. 341, *a*, et *Revue pratique,* 1856, p. 387; Massé, I,
n° 668, p. 623; Bonfils, n° 207, p. 181; Paris, 7 fév. 1833. S.,1833, 2, 245; Paris, 17 mai
1836. S., 1836, 2, 309.

pour le faire ? Oui assurément dans toutes les hypothèses où, malgré l'extranéité des parties, ils sont compétents pour statuer sur le fond et condamner le défendeur étranger. Qu'ils puissent alors valider la saisie-arrêt, cela est naturel. En effet, la connaissance du fond même de la cause leur appartient, nous le supposons par hypothèse ; d'un autre côté, il faut bien admettre aussi qu'ils sont compétents pour apprécier, au point de vue de la forme, des actes de procédure qui ont pour cause et fondement le droit reconnu au profit du créancier saisissant. Ils ont dès lors tous les pouvoirs nécessaires pour apprécier les divers éléments de la validité de la saisie-arrêt.

De là il résulte, que le tribunal français sera compétent pour valider la saisie—arrêt, non seulement dans l'hypothèse où le débiteur saisi aura en France un domicile autorisé par le gouvernement, mais encore toutes les fois que la connaissance du litige lui appartiendra, en vertu de l'une ou l'autre des règles indiquées au cours de cette étude, et notamment lorsque l'on se trouvera dans l'un des cas prévus par l'article 420 du Code de procédure, lorsque l'étranger défendeur sera dans l'impossibilité d'indiquer un domicile à l'étranger ou qu'il n'aura pas opposé l'exception d'incompétence dans les délais voulus (1).

336. Mais en dehors de ces hypothèses, il semble qu'on va se trouver dans une impasse. En effet, d'un côté, les tribunaux étrangers ne peuvent statuer sur la validité d'une saisie-arrêt pratiquée en France ; cela n'est pas admissible, et il n'y a qu'un tribunal français évidemment qui soit compétent sur une pareille question ; et, d'un autre côté, les tribunaux français sont, en vertu de nos règles de procédure, incompétents pour statuer sur le fond de la cause, c'est notre hypothèse. La saisie va donc être nulle par application de l'article 565 C. pr. civ.

Pour sortir de cette difficulté, la jurisprudence admet la distinction que nous avons déjà indiquée. Le tribunal se bornera à apprécier la saisie-arrêt sous le rapport de la forme et des droits du tiers saisi et il pourra la maintenir provisoirement, afin que le tiers saisi ne puisse payer et enlever toute sûreté au saisissant ; il surseoira à prononcer sur la validité de la saisie-arrêt, jusqu'à ce que le saisissant ait pu faire juger sa prétention par les juges compétents, et il lui fixera un délai pour obtenir ce jugement. Dès que cette décision aura été rendue, le tribunal français examinera alors ce jugement, lui attachera la force exécutoire et pro-

(1) Glasson. Clunet, 1884, p. 130; Gerbaut, n° 332, p. 424.

noncera ensuite la mainlevée ou la validité de la saisie, suivant que les formalités auront été violées ou observées.

337. Ce système a l'inconvénient d'entraîner un circuit d'actions ; car après avoir obtenu un jugement en pays étranger, le créancier sera tenu de faire revêtir ce jugement de la formule exécutoire, afin de pouvoir en faire usage vis-à-vis du tiers saisi. Cela entraînera bien des lenteurs et bien des frais, mais c'est pourtant le seul système admissible toutes les fois que les juges français seront incompétents pour connaître des prétentions du saisissant(1). Il faudrait en effet, pour qu'ils puissent trancher la question de validité de la saisie-arrêt, que nos Codes eussent admis, comme l'a fait l'article 52-5° du nouveau Code de procédure Belge, la compétence du *forum arresti*, à l'égard de tout débiteur saisi, Français ou non, résidant en France ou à l'étranger. Or, si nous admettons que l'étranger a droit à la justice comme le Français, nous admettons, aussi, qu'il ne peut imposer à nos tribunaux une juridiction qui ne résulte pas de nos lois de procédures. Aussi pensons-nous que dans toutes les hypothèses où nos tribunaux sont incompétents, en vertu des dispositions mêmes de notre Code de procédure sur la compétence, ils devront, pour la question de fond, renvoyer le saisissant devant le tribunal compétent, et, alors seulement, ayant à faire exécuter un jugement étranger, ils pourront et devront trancher la question de la validité de la saisie-arrêt. (Art. 567 C. pr. civ.) Remarquons d'ailleurs que les inconvénients de cette doctrine se produiront rarement dans notre système ; il n'y a en effet guère que dans le cas où l'étranger aura son domicile à l'étranger que les tribunaux étrangers seront compétents.

338. Quant à la maintenue provisoire de la saisie, nous pensons que cette mesure est légitime ; car, rappelons-le, l'étranger a, suivant nous, droit à la justice française, comme les Français eux-mêmes, et cette compétence est corroborée par l'article 564 C. pr. civ., qui déclare que, « si les difficultés élevées sur l'exécution des actes ou jugements requièrent célérité, le tribunal du lieu surseoira provisoirement, et renverra la connaissance du fait au tribunal d'exécution ».

339. Le délai qu'on accorde au saisissant pour obtenir ce jugement nous paraît également admissible ; car on l'accorderait sans difficulté à un Français qui, pour prouver son droit, aurait besoin de s'adresser à un autre tribunal, seul compétent pour connaître

(1) Bonfils, n° 205; Massé, I, n° 668; Demangeat, sous Fœlix, I, p, 344, n. *a*; Aubry et Rau, VIII, § 748 *bis*, p. 150; Féraud-Giraud, Clunet, 1880, p. 235; Gerbaut, n° 334.

de la question en litige, ainsi que cela aurait lieu, par exemple, si, dans une instance en réparation d'un délit ou d'une contravention commise dans un bois soumis au régime forestier, le prévenu se prétendait propriétaire du bois. (Art. 128 C. forest.) Du reste, il faut bien remarquer que l'article 563 doit être complété par l'article 73 C. pr. civ., et que, assez souvent, dans ce délai prolongé, le saisissant aura pu notifier la saisie-arrêt à son débiteur, et obtenir à l'étranger le jugement qui reconnaitra ses droits, grâce à la rapidité actuelle des communications.

340. Quant au jugement sur la validité de la saisie-arrêt, au point de vue des formalités qu'on a dû remplir, il est évident qu'un tribunal français peut seul en connaitre; car, avec la pratique de la jurisprudence, il ne s'agit en réalité que de l'exécution d'un jugement étranger dans notre pays. Mais ne peut-on pas dire que cette solution viole ouvertement la disposition de l'article 567 C. pr. civ. qui décide que « la demande en validité et la demande en mainlevée formées par la partie saisie seront portées devant le tribunal de la partie saisie » ? Et en effet, si on applique aux étrangers les règles de notre Code de procédure sur la saisie-arrêt, il faut évidemment les leur appliquer toutes. Mais cette objection toutefois ne nous paraît pas décisive. D'abord, on peut faire observer que cet article ne prévoit que le *quod plerumque fit*, c'est-à-dire une saisie pratiquée par un français sur un autre français, mais il faut surtout remarquer que si on voulait appliquer l'article 567 à la lettre, on empêcherait par là l'application de l'art. 546 C. pr. civ., qui permet aux jugements étrangers d'être exécutés en France, après avoir obtenu la force exécutoire d'un tribunal français. En effet, la saisie-arrêt rentre évidemment dans ces mesures d'exécution dont parle cet article, et pourtant l'étranger ne pourrait s'en servir, parce que le débiteur serait domicilié à l'étranger à cause de l'article 567. Il y a donc antinomie entre ces deux dispositions du Code de procédure, et nous pensons qu'on peut, sans scrupule, négliger l'article 567 et appliquer l'article 699 C. pr. civ. ; l'assignation en validité sera remise au domicile du procureur de la République près le tribunal où la demande sera portée, et celui-ci la fera parvenir, par le ministère des affaires étrangères, au débiteur saisi.

Mais devant quel tribunal cette demande sera-t-elle portée? Dans l'ancien droit, l'exploit de saisie-arrêt était, en général, attributif de juridiction, c'est-à-dire que la question de validité de la saisie-arrêt se débattait devant le tribunal dans le ressort duquel elle avait eu lieu; en d'autres termes, devant le tribunal du

domicile du tiers saisi. C'est cette solution qui doit être suivie, à
notre avis, toutes les fois que l'article 563 est impossible à appliquer, par suite de l'absence de tout domicile ou résidence en
France, du débiteur saisi. Ce qui nous autorise du reste à l'adopter,
c'est qu'elle a été consacrée par la convention du 15 juin 1869 entre la France et la Suisse. Nous avons vu que cette convention
abroge le privilège de l'article 14 C. civ. et établit la maxime *actor
sequitur forum rei*, comme règle de compétence internationale entre
Français et Suisses. Mais lorsque, soit un Français, soit un Suisse
voudra exécuter en France un jugement obtenu à l'étranger, quel
tribunal français sera compétent? Ce sera (art. 16) le tribunal
du lieu où l'exécution doit être poursuivie. Or, dans le système
de la jurisprudence que nous adoptons, le tribunal français ne
devra examiner la validité de la saisie-arrêt qu'après avoir rendu
exécutoire le jugement étranger; l'analogie est donc frappante,
d'autant plus que nous assimilons les étrangers aux Français
quant au droit d'ester en justice, ce que fait également la conven-
vention de 1869 pour les Suisses, et nous croyons par conséquent
qu'on peut sans scrupules, décider, malgré l'article 563, que le
tribunal compétent sera le tribunal du lieu où la saisie-arrêt
a été pratiquée, c'est-à-dire du domicile ou de la résidence du
tiers-saisi.

341. Que ressort-il, en résumé, de cette longue discussion? Que
nous adoptons en pratique, presque entièrement, le système de la
jurisprudence en matière de saisie-arrêt. Seulement, celle-ci est
obligée, pour être logique, de proclamer qu'en principe les tribunaux français sont incompétents pour prononcer sur la validité
de la saisie-arrêt, quant au fond. Selon elle, ils ne peuvent la valider qu'exceptionnellement, dans les hypothèses où ils sont
compétents pour statuer sur le fond. Pour nous, qui admettons
qu'en principe compétence appartient à nos tribunaux pour
connaître du fond de la cause, nous renversons la proposition
de la jurisprudence et nous disons : en règle générale, les
tribunaux français sont compétents pour valider d'une façon
complète et définitive la saisie-arrêt, sauf dans les cas exceptionnels où ils ne peuvent connaître du fond, par exemple
lorsque l'étranger défendeur n'a ni domicile ni résidence en
France (1).

(1) En ce sens : Bonfils, n° 205, pp. 177 et suiv.; Glasson. Clunet, 1880, pp. 130-
131.

§ XI

LOIS ET DÉCRETS PARTICULIERS

342. La compétence des tribunaux français dans les contestations entre étrangers résulte encore de diverses lois ou décrets particuliers.

343. — 1° La loi du 21 avril 1810, concernant les mines, les minières et les carrières, déclare, dans son article 13, que « tout Français ou tout étranger naturalisé ou non en France, agissant isolément ou en société, a le droit de demander, et peut obtenir une concession de mines » ; et, d'autre part, dans l'article 8, elle dispose que « les mines sont immeubles ». Dès lors, par application des articles 3 C. civ. et 59, § 3, C. pr. civ., nos tribunaux devront connaître des contestations relatives à des mines situées en France, quelle que soit la qualité des parties contractantes, et pourvu, du reste, que le litige ne concerne pas « les actions ou intérêts dans une société ou entreprise pour l'exploitation des mines (art. 8, loi de 1810), car ces actions ou intérêts sont réputés meubles, conformément à l'article 529 du Code civil ».

344. — 2° La loi du 5 juillet 1844 sur les brevets d'invention admet également (art. 27) que « les étrangers pourront obtenir en France des brevets d'invention » et l'article 34 de la même loi décide que « l'action en nullité et l'action en déchéance pourront être exercées par toutes personnes ayant intérêt ». C'est dire que les étrangers pourront, comme les Français, s'adresser à la justice française pour exercer ces actions. (V. au surplus les raisons données par la jurisprudence à l'appui de la compétence en ces matières. (N°88, p. 129.)

345. — 3° Le décret du 28 mars 1852 admet également (art. 1er) qu'un étranger pourra poursuivre la contrefaçon en France, même d'ouvrages publiés à l'étranger.

346. De même la loi du 27 juin 1857, sur les marques de fabrique, dispose, dans son article 5, que « les étrangers qui possèdent en France des établissements d'industrie ou de commerce jouissent,

pour les produits de leur établissement, du bénéfice de la présente loi, en remplissant les formalités qu'elle prescrit ». « Quant aux étrangers qui possèdent leurs établissements hors de France, ils ne jouissent du bénéfice de la présente loi, pour les produits de ces établissements, que si, dans les pays où ils sont situés, des conventions diplomatiques ont établi la réciprocité pour les marques françaises. » (Art. 6.) On sait que la loi du 26 nov. 1873 se contente pour ce dernier cas de la réciprocité légale. (Art. 19.)

347. Il semble que ces deux dernières hypothèses (décret du 28 mars 1852, loi du 23 juin 1857) ne rentrent pas dans notre sujet, car on se trouve en réalité en matière pénale. Mais il peut se faire que l'étranger lésé porte sa demande devant les tribunaux civils pour obtenir réparation du dommage qu'il a éprouvé, ainsi que le lui permet l'article 3 du Code d'instruction criminelle, et nous nous trouvons alors dans notre sujet. Nos tribunaux civils seront nécessairement compétents.

SECTION IV

TRAITÉS DIPLOMATIQUES

SOMMAIRE. — 348. De nombreux traités accordent aux sujets de certaines puissances le droit d'ester devant nos tribunaux qui deviennent alors obligatoirement compétents. — 349. Convention consulaire avec l'Espagne, du 7 janvier 1862. Traité du 6 février 1850. — 350. Iles Sandwich. Traité du 29 octobre 1857. — 351. Traités divers. — 352. Italie, 24 mars 1760 et 1er septembre 1860. — 353. Perse, 12 juillet 1855. — 354. Difficulté relative à l'interprétation de ces conventions. — 355. Suisse. Traité du 15 juin 1869. — 356. Les tribunaux français compétents entre deux Suisses domiciliés en France ou y possédant un établissement commercial, le sont-ils également si l'un d'eux n'avait en France ni domicile ni établissement commercial? Controverse. Il faut faire application des règles du droit commun. — 357. L'article 2, qui donne compétence aux tribunaux français lorsque les deux parties ont un domicile en France, s'applique-t-il aux questions d'état? — 358. Russie. Traité de commerce et de navigation, du 1er avril 1874. Il met fin aux controverses sur le point de savoir si le traité du 11 janvier 1787 est encore en vigueur. — 359. Etats-Unis. Conventions de 1778, 1788, 1800, 1801, 1853; elles n'ont trait qu'au commerce et à la navigation. — 360. Angleterre. Convention du 30 avril 1862 ; elle ne modifie en aucune façon les règles ordinaires de compétence. — 361. La simple réciprocité ne suffit pas pour donner compétence à nos tribunaux, il faut la réciprocité diplomatique.

348. L'article 11 C. civ. réserve au gouvernement la faculté d'accorder à des étrangers, par des traités internationaux, sous la condition de la réciprocité diplomatique, la jouissance de tout ou partie des droits civils. Nous n'avons pas à discuter en ce moment, si le droit d'ester en justice est ou non un de ces droits civils visés par l'article 11. Nous devons reconnaitre seulement, que le pouvoir exécutif a fréquemment usé de cette délégation de l'autorité législative et que de nombreux traités ont accordé, aux sujets de certaines puissances, le droit d'ester devant la justice française, qui devient alors compétente obligatoirement par suite de cette attribution spéciale.

349. — **Espagne.** Une convention consulaire, conclue avec l'Espagne le **7** janvier 1862, contient une disposition qui accorde aux nationaux des deux pays le droit de plaider devant les tribunaux de chacune des deux nations contractantes. Cette disposition est ainsi conçue : « Article 2. Les Français en Espagne et les Espagnols en France jouiront, réciproquement, d'une constante et complète protection, pour leurs personnes et leurs propriétés. Ils auront, en conséquence, un libre et facile accès auprès des tribunaux de justice, tant pour réclamer que pour défendre leurs droits, à tous les degrés de juridiction établis par les lois. Ils pourront employer, dans toutes les instances, les avocats, avoués et experts de toute classe qu'ils jugeront à propos, et jouiront, sous ce rapport, des mêmes droits ou avantages déjà accordés, ou qui seront accordés aux nationaux (1). » Cette disposition a été reproduite dans le traité du 6 février 1882, entre la France et l'Espagne; elle forme l'art. 3 de ce traité (2).

350. — **Iles Sandwich.** L'article 4 du traité conclu entre la France et le roi des îles Sandwich, à Honolulu, le 29 octobre 1857, édicte une règle semblable : « Les sujets respectifs auront un libre et facile accès auprès des tribunaux de justice pour la poursuite et la défense de leurs droits, en toute instance et dans tous les degrés de juridiction établis par les lois; ils jouiront des mêmes droits et privilèges que ceux qui sont ou seront accordés aux nationaux (3). »

351. — **Traités divers.** La même disposition conçue dans des termes à peu près semblables se retrouve dans les traités conclus par la France avec le Chili le 15 septembre 1846 (art. 3, § 1) (4); avec la République Dominicaine le 8 mai 1852 (art. 3,§1) (5) ; avec le Paraguay le 4 mars 1353 (art. 9, § 3) (6); avec la République des Hon-

(1) D., 1862, 4, 32.
(2) *Journal officiel*, 14 mai 1883.
(3) Décret du 21 janv. 1859. S., *Lois annotées*, 1860, p. 6.
(4) S., *Lois annotées*, 1850, p. 68, et 1853, p. 144.
(5) S., *Lois annotées*, 1852, p. 179.
(6) S., *Lois annotées*, 1854, p. 15.

duras le 22 février 1856 (art. 4, § 1) (1); avec la Nouvelle-Grenade
le 15 mai 1856 (art. 4) (2); avec la République de San-Salvador le
2 janvier 1858 (art. 4) (3); avec le Nicaragua le 11 avril 1859 (art. 4,
§ 1) (4); avec le Pérou le 9 mars 1861; avec la Serbie le 18 juillet
1883 (art. 4) (5), etc., etc.

352. L'article 22 du traité conclu entre la France et la Sardaigne, le 24 mars 1760, rendu applicable à tous les Italiens aujour-
d'hui, et confirmé le 1er septembre 1860, assimile également, quant
au droit d'ester en justice, les Italiens aux nationaux (6).

353. Enfin, le traité d'amitié et de commerce, conclu avec la
Perse, le 12 juillet 1855 (7), assure aux sujets persans, en ce qui
concerne la compétence, le traitement de la nation la plus favorisée. Article 5, § 4 : « En France, les sujets persans seront, dans
toutes leurs contestations, soit entre eux, soit avec des sujets français ou étrangers, jugés suivant le mode adopté dans cet empire
envers les sujets de la nation la plus favorisée. » En réalité,
cela revient à dire qu'ils seront assimilés aux Français pour
l'exercice des actions en justice, dans le même sens qu'il est indiqué par les traités précités.

354. Mais quel est exactement le sens de cette assimilation ?
Faut-il admettre que les étrangers appartenant aux nations que
nous venons d'énumérer pourront invoquer le bénéfice de l'article 14 C. civ. et citer, comme pourraient le faire les Français,
devant les tribunaux de France, leurs débiteurs étrangers, alors
même que ceux-ci n'auraient en France ni domicile ni résidence?
Cette solution semblerait bien, à première vue, résulter de la généralité des expressions employées par les traités dont il s'agit.
Nous ne croyons pas cependant que telle soit la véritable interprétation des articles de ces divers traités. Car, ainsi que le fait
remarquer M. Bonfils (8), « argumenter strictement de la lettre
d'un article, n'est pas toujours le moyen sûr de saisir sa véritable
portée ». La lettre d'une convention doit être éclairée par son
esprit, par les motifs qui l'ont dictée, par le but que l'on s'est
proposé. Or quel est le but que se sont proposé les auteurs de
ces traités ?

(1) S., *Lois annotées*, 1857, p. 147.
(2) S., *Lois annotées*, 1857, p. 141.
(3) S., *Lois annotées*, 1860, p. 14.
(4) S., *Lois annotées*, 1860, p. 3.
(5) D., 1884, 4, 21.
(6) Clunet, 1879, p. 56.
(7) S., *Lois annotées*, 1857, p. 7.
(8) Nº 179, p. 152.

« Dispenser les étrangers présents en France de l'obligation de recourir à des juges souvent fort éloignés, leur éviter des déplacements coûteux, un retard préjudiciable, et favoriser ainsi, en les activant, les transactions internationales. » Mais ils n'ont pu vouloir, que le Péruvien ou le Persan, fortuitement présent en France, pût poursuivre devant les tribunaux français l'exécution d'une obligation contre un étranger resté dans son pays, loin des terres de France, dont il ignore peut-être l'existence. Quelle utilité, d'ailleurs, procurerait un jugement rendu dans de semblables conditions ? Ne faudrait-il pas aller le mettre à exécution sur la terre étrangère, et quel effet y produirait-il (1)? Ce n'est que lorsque les deux plaideurs étrangers se trouvent tous deux présents sur le sol français, au moment de l'introduction de l'instance, qu'ils peuvent valablement saisir nos juges de la connaissance de leurs contestations.

On ne peut, en effet, sans s'exposer à méconnaître la véritable portée de ces traités, s'attacher à un article pris isolément; il faut, au contraire, interpréter les uns par les autres les différents textes d'une même convention qui sont appelés à jeter une mutuelle lumière sur le sens des dispositions qu'ils renferment. Or, la plupart des textes qui précèdent ou qui suivent supposent la présence, sur le sol d'une des nations contractantes, d'individus appartenant à l'autre nation.

Enfin, cette interprétation trouve un nouvel appui dans cette considération, que quelques-uns de ces traités statuent, d'une manière non équivoque, sur cette hypothèse, dans le texte même qui reconnaît aux étrangers le droit de saisir les tribunaux français du règlement de leurs contestations (2).

355.— Suisse. La nation la plus favorisée à ce sujet est certainement la Suisse, avec laquelle la France a conclu un traité, le 16 juin 1869, beaucoup plus explicite que tous les précédents. Ce traité a remplacé le traité du 18 juillet 1828, qui avait soulevé quelques difficultés d'interprétation. Il apporte une dérogation expresse aux articles 14 et 16 du Code civil, quand le procès s'élève entre Suisses et Français. Quand la contestation s'élève entre deux Suisses en France ou entre deux Français en Suisse, il faut consulter l'article 2 du traité de 1860, qui est ainsi conçu : « Dans les contestations entre Suisses qui seraient tous domiciliés ou auraient un

(1) Bonfils, n° 179, p. 152.
(2) V. notamment l'art. 2 du Traité avec l'Espagne, 7 janv. 1862 (article cité dans le texte). D., 1864, 4, 32.

17

établissement commercial en France, et dans celles entre Français domiciliés ou ayant un établissement commercial en Suisse, le demandeur pourra aussi saisir le tribunal du domicile ou du lieu de l'établissement du défendeur, sans que les juges puissent se refuser de juger et se déclarer incompétents à raison de l'extranéité des parties contractantes. Il en sera de même, si un Suisse poursuit un étranger domicilié ou résidant en France devant un tribunal français, et réciproquement, si un Français poursuit en Suisse un étranger domicilié ou résidant en Suisse, devant un tribunal suisse (1). »

Aux termes de l'article 3 : « En cas d'élection de domicile dans un autre lieu que celui du domicile du défendeur, les juges du lieu du domicile élu seront seuls compétents pour connaître des difficultés auxquelles l'exécution du contrat pourra donner lieu. »

« En matière immobilière, le tribunal compétent sera celui de la situation de l'immeuble. » (Article 4.)

D'après l'article 5 : « Toute action relative à la liquidation et au partage d'une succession testamentaire ou *ab intestat*, et aux comptes à faire entre les héritiers ou légataires, doit être portée devant le tribunal de l'ouverture de la succession, tel qu'il est déterminé par la convention (2). »

Les articles 6 à 11 sont relatifs à la compétence des tribunaux français ou suisses, en matière de faillite ou de tutelle. En vertu de l'article 6, « la faillite d'un Suisse ayant un établissement de commerce en France pourra être prononcée par le tribunal de sa résidence en France ». Aux termes de l'article 10, « la tutelle des mineurs et interdits français résidant en Suisse sera réglée par la loi française, et réciproquement, la tutelle des mineurs et interdits suisses résidant en France sera réglée par la législation de leur canton d'origine. En conséquence, les contestations, auxquelles l'établissement de la tutelle et l'administration de la fortune des mineurs ou interdits pourront donner lieu, seront portées devant l'autorité compétente de leur pays d'origine, sans préjudice, toutefois, des lois qui régissent les immeubles, et des mesures conservatoires que les juges du lieu de la résidence pourront ordonner. » Article 11 : « Le tribunal français ou suisse, devant lequel sera portée une demande qui, d'après les articles précédents, ne serait pas de sa compétence, devra d'office, et même

(1) S., 1869, 3, 429.
(2) Trib. civ. Seine, 9 déc. 1880. *Le Droit*, 2, 3 et 4 janv. 1881.

en l'absence du défendeur, renvoyer les parties devant les juges qui doivent en connaître. »

356. Ces textes ont donné lieu à des difficultés sérieuses. — On s'est demandé si les tribunaux français, compétents aux termes de l'art. 2 (convention 1869), pour juger les contestations qui s'élèvent entre deux Suisses, domiciliés en France, ou y possédant un établissement commercial, le seraient également, si l'un d'eux n'avait en France ni domicile ni établissement commercial. Quelques tribunaux, séduits par un raisonnement *à contrario*, tiré de l'article 2, ont décidé que nos juges, compétents dans la première hypothèse, étaient au contraire incompétents dans la seconde ; qu'il fallait appliquer le droit commun résultant de l'article 11 ; que l'incompétence était d'ordre public, et que le tribunal devait la prononcer d'office ; qu'elle pouvait être opposée par le défendeur en tout état de cause, et qu'il n'était pas permis aux parties d'y renoncer (1).

Tel n'est pas notre avis. Nous ne croyons pas que l'incompétence, dont il s'agit, ait été prévue par le traité, et nous croyons qu'il faut, pour résoudre cette difficulté, faire application des règles du droit commun. Quel a été, en effet, le but que se sont proposé les auteurs de ce traité ? Exclure, dans les rapports des contractants des deux pays, la doctrine de l'incompétence. Loin de tendre à réduire les cas de compétence, les auteurs ont entendu au contraire les augmenter. En défendant aux juges français de se déclarer incompétents dans les contestations entre Suisses domiciliés ou ayant un établissement commercial en France, ils n'ont pas voulu, pour cela, leur imposer l'obligation de le faire, lorsque l'une ou l'autre de ces conditions ferait défaut. Il faut, dans ce cas, suivre les règles du droit commun. C'est ce qu'a décidé le Tribunal civil de Genève dans un arrêt du 15 mars 1879 (2). « Considérant, dit ce tribunal, que, s'il résulte des termes de l'article 2 de la convention que, dans les contestations entre Français, tous domiciliés ou ayant un établissement commercial en Suisse, le tribunal du domicile du défendeur, s'il est saisi de l'affaire, doi juger et ne peut se déclarer incompétent, il n'en résulte nullement, que, dans le cas où le défendeur seul est domicilié ou a un établissement commercial en Suisse, le tribunal du lieu du domicile ou de l'établissement devra refuser de juger et se déclarer

(1) Paris, 8 juillet 1870. S., 1871, 2, 177; Trib. civ. Seine, 12 août 1881. *Le Droit*, 6 août 1881 ; Trib. civ. de Genève, 27 déc. 1878. Clunet, 1880, p. 399.
(2) Clunet, 1880, p. 400. — En ce sens : Cour de Genève, 26 avril 1880, p. 401.

incompétent; qu'en d'autres termes, si l'article 2 de la convention interdit aux juges de se déclarer incompétents dans un certain cas, il prohibe toute exception d'incompétence dans le premier cas, mais il n'en prescrit aucune dans le second... »

Nous croyons donc qu'en dehors des cas prévus par le traité, ce sont les règles du droit commun qui doivent être appliquées. Le défendeur suisse qui n'a ni domicile ni établissement commercial en France pourra être cité devant les tribunaux français, d'après les règles du droit commun si, son domicile étant inconnu, il a sa résidence en France, et alors même qu'il n'aurait en France ni domicile, ni résidence, si l'on se trouve dans un des cas où nous avons vu que la compétence était obligatoire. Enfin, en dehors de ces cas, le défendeur suisse cité devant un tribunal français peut accepter sa juridiction, il doit opposer l'exception d'incompétence *in limine litis*, et ce tribunal, dans l'hypothèse de cette acceptation, et en dehors des cas où sa compétence est obligatoire, aura la faculté de retenir la connaissance de l'affaire ou de la renvoyer devant d'autres juges.

357. La question la plus grave qui s'est élevée à l'occasion de ce traité, c'est de savoir si cet article 2, qui donne compétence aux tribunaux français, lorsque les deux parties ont un domicile en France, s'applique, même au cas où le litige porte sur des questions d'état, notamment en matière de séparation de corps.

On a soutenu la négative. Le mot *aussi* employé par l'article 2 démontre clairement, dit-on, que cet article n'est que le complément de l'article 1. Or, l'article 1 ne vise que les contestations en matière mobilière et personnelle, civile ou de commerce, et il résulte expressément des protocoles explicatifs, que l'on avait uniquement en vue les réclamations civiles ou commerciales ayant pour objet une dette d'argent ou une dette pouvant se ramener directement ou indirectement au paiement d'une somme d'argent. On en conclut que les questions relatives à l'état des personnes et, spécialement, les demandes en séparation de corps, n'ont pas été prévues par le traité de 1869, qu'elles restent sous l'empire du droit commun et que des Suisses ne peuvent pas plus en saisir les tribunaux français que des Français ne pourraient en saisir un tribunal suisse (1). Cette interprétation a été admise par la Cour de Paris (2).

(1) Ernest Lehr. Clunet, 1878, pp. 247 et suiv.
(2) 28 avril 1882. Clunet, 1882, p. 546. — Dans le même sens : Trib. civ. Seine, 12 août 1881. Clunet, 1882, p. 627; Trib. civ. Seine, 13 février 1883. Clunet, 1883, p. 295.

Elle a, au contraire, été rejetée par la Cour de cassation (1).

Nous n'hésitons pas à penser que c'est l'interprétation de la Cour de cassation qui doit être suivie. D'abord, le texte de l'article 2 est aussi large et aussi compréhensif que possible, il est conçu dans les termes les plus généraux. D'un autre côté, en supposant même que l'article 2 ne vise que les contestations en matière mobilière et personnelle, civile ou de commerce, dont il est parlé dans l'article 1, il n'en résulte nullement que l'on ne puisse y faire entrer les actions relatives à l'état des personnes. Sans doute, ces actions peuvent, dans une certaine mesure, être assimilées aux actions réelles, et il est bien vrai aussi que, dans un langage rigoureusement exact, on ne peut pas dire que la demande en séparation de corps constitue une action mobilière et personnelle ayant pour but de faire condamner le débiteur à exécuter ses obligations. Mais, au point de vue de la compétence, le législateur oppose les actions en matière personnelle aux actions en matière réelle, et, dans sa pensée, ces derniers mots ne comprennent que les actions réelles immobilières, comme le prouve l'article 59, § 3, C. pr. civ., qui attribue compétence au tribunal de la situation de l'objet litigieux, expression qui ne saurait s'appliquer qu'aux immeubles, seuls susceptibles d'avoir une situation fixe, de laquelle on puisse faire dépendre une attribution de compétence. Aux actions personnelles, il faut, pour l'application des règles sur la compétence, assimiler les autres actions qui ne sont pas réelles immobilières. Dans cette catégorie, on doit placer les actions relatives à l'état des personnes, les demandes en séparation de corps. Or, les rédacteurs de la convention parlent le même langage que notre législateur. Il faut donc reconnaître que les expressions qu'ils emploient: *contestations en matière personnelle et mobilière, civile et de commerce*, comprennent toutes les contestations qui s'élèvent entre particuliers, à l'exception toutefois de celles dont s'occupe l'article 4, c'est-à-dire des contestations en matière réelle immobilière et des actions personnelles concernant la propriété ou la jouissance d'un immeuble (2).

358. — Russie. Le traité de commerce et de navigation, conclu le 1er avril 1874 (et approuvé par une loi du 17 juin), contient une disposition ainsi conçue (3) : Article 2. « Les Français en Russie

(1) 17 juillet 1878. Clunet, 1879, p. 177. — Dans le même sens : Rouen, 12 mai 1874. Clunet, 1875, p. 356.
(2) Demangeat. Clunet, 1878, p. 450; Gerbaut, n° 274, pp. 339-340.
(3) D., 1875, 4, 11. S., 1874, 3, 553.

et les Russes en France auront réciproquement un libre accès auprès des tribunaux de justice, en se conformant aux lois du pays,
tant pour réclamer que pour défendre leurs droits, à tous les degrés de juridiction établis par les lois. Ils pourront employer, dans
toutes les instances, les avocats, avoués et agents de toute classe
autorisés par les lois du pays, et jouiront, sous ce rapport, des
mêmes droits et avantages qui sont ou seront accordés aux nationaux. »

Ce traité a mis fin aux controverses qui s'étaient élevées sur le
point de savoir si le traité conclu entre la France et la Russie,
le 11 janvier 1787, devait être considéré comme étant encore en
vigueur (1). L'article 7 de ce traité décidait que, lorsqu'une contestation s'élève en France entre deux Russes, les deux parties
peuvent de leur consentement mutuel soumettre leur différend au
consul de leur nation. Mais si l'une d'elles ne consent pas à recourir à l'autorité de ce consul, elle peut s'adresser au juge ordinaire du lieu de sa résidence, et toutes les deux sont tenues de
se soumettre à sa juridiction. L'article 16 du même traité décidait en outre que : « dans le cas où il s'élèverait des contestations
sur l'héritage d'un Russe mort en France, les tribunaux du lieu
où les biens du défunt se trouvaient devaient juger le procès,
suivant les lois de la France, » sans distinguer entre les meubles
et les immeubles, et si la contestation s'élevait entre un Français
et un Russe, ou entre deux Russes. Un jugement du Tribunal de la
Seine, du 24 décembre 1844 (2), déclara que ce traité était encore en
vigueur. Mais cette opinion nous paraît devoir être repoussée, car
l'article 46 de ce traité en fixait la durée à douze ans, et aucune
convention ne l'a prolongée ; le traité de paix entre la France et
la Russie, du 8 octobre 1801, et l'article 27 du traité de Tilsitt (1807)
déclarent bien que les relations de commerce reprendront sur le
même pied qu'avant la guerre, mais ces termes peuvent être regardés comme n'ayant remis en vigueur le traité de 1787 que pour
le temps qui restait à courir, déduction faite de celui pendant lequel
il avait été suspendu par les deux guerres. Le traité de 1874 a
consacré des règles nouvelles de compétence et dès lors le traité
de 1787 est nécessairement abrogé.

L'article 2 du traité de 1874 a remplacé l'article 7 du traité de
1787. L'article 16 de ce traité de 1787 est aboli par l'article 10 de

(1) *Recueil des anciennes lois françaises*, t. XXVIII, p. 290.
(2) Trib. civ. Seine, 24 décembre 1844. *Gaz. des Trib.*, 29 déc.; Fœlix, t. II,
p. 124, n. 3. — *Contrà :* Bonfils, n° 270, p. 249; Fœlix, t. II, n° 375, p. 123.

la convention du 1ᵉʳ avril 1874, sur le règlement des successions (1). Cet article 10 est ainsi conçu : « La succession aux biens immeubles sera régie par les lois du pays dans lequelles immeubles sont situés, et la connaissance de toute demande ou contestation concernant les successions immobilières appartiendra exclusivement aux tribunaux du pays. Les réclamations relatives au partage des successions mobilières, ainsi qu'aux droits de succession sur les effets mobiliers laissés dans l'un des deux pays par des sujets de l'autre pays, seront jugées par les tribunaux ou autorités compétentes de l'État auquel appartenait le défunt et conformément aux lois de l'État, à moins qu'un sujet du pays où la succession s'est ouverte n'ait des droits à faire valoir sur ladite succession. » L'article 7 de la même convention est ainsi conçu : « Si, pendant le délai déterminé par l'article 5, il s'élève quelque contestation à l'égard des réclamations qui pourraient se produire contre la partie mobilière de la succession, de la part de sujets du pays ou de sujets d'une tierce puissance, la décision concernant les réclamations, en tant qu'elles ne reposent pas sur le titre d'hérédité ou de legs, appartiendra exclusivement aux tribunaux du pays. » Aux termes de l'article 12, les dispositions de cette convention s'appliquent également à la succession d'un sujet de l'un l'un des deux États, qui, étant décédé hors du territoire de l'autre, y aurait laissé des biens mobiliers ou immobiliers.

L'article 13 de la conventoin consulaire, conclue le 20 mars 1874 avec la Russie, admet également la compétence de nos tribunaux « lorsqu'un navire russe, ayant éprouvé des avaries en mer, vient relâcher dans un port français, volontairement ou non, et qu'il s'élève une contestation sur l'avarie, dans laquelle sont intéressés des sujets français ou d'une tierce puissance, si d'ailleurs aucun compromis amiable n'est intervenu (2) ».

359. — États-Unis. Les conventions diplomatiques passées entre la France et les États-Unis, en 1778, 1788, 1800, 1801 et 1853, ne stipulent que ce qui est relatif au commerce et à la navigation. C'est pour cet objet seulement que « les parties contractantes jouissent des faveurs particulières accordées à une autre nation ». Il a été jugé que ces traités ne pouvaient permettre aux citoyens américains d'invoquer en France une faveur particulière pour la compétence (3).

---

(1) Merlin, *Rép.*, vᵒ *Jugement*, § 7 *bis.*
(2) S., 1874, 3, 555.
(3) Trib. comm. Havre, 6 mars 1878. Clunet, 1878, p. 382.

360. — **Angleterre.** De même, la convention conclue entre la France et l'Angleterre, le 30 avril 1862 (1), ne modifie, en aucune façon, les règles ordinaires qui déterminent la compétence des tribunaux à l'égard des étrangers (2). Des Anglais ont soutenu que le traité d'Utrecht, du 11 avril 1713, leur donnait le droit de plaider entre eux devant nos tribunaux. Ils se fondaient sur l'article 8 ainsi conçu : « Les voies de la justice ordinaire sont ouvertes et le cours en sera libre réciproquement dans tous les royaumes, terres et seigneuries de l'obéissance de Leurs Majestés, et leurs sujets de part et d'autre pourront librement faire valoir leurs droits, actions et prétentions, suivant les lois et les statuts de chaque pays. » Cet article fut invoqué pour la première fois en France, en 1857, et donna lieu devant la Cour de cassation à un débat célèbre. M. le conseiller Nachet, dans un long rapport, démontra que ce traité n'était plus en vigueur. En effet le décret du 14 mars 1793, article 5, porte que : « Tous les traités d'alliance ou de commerce, existant entre l'ancien gouvernement français et les puissances avec lesquels la République est en guerre, sont annulés. » D'ailleurs, l'article 8 du traité d'Utrecht ne faisait qu'établir la règle édictée aujourd'hui dans l'article 15 C. civ., et il est douteux qu'il ait jamais conféré aux Anglais le droit de porter devant nos tribunaux les contestations nées entre eux. Enfin, les principes de notre ancien droit public ne permettaient pas d'exiger des tribunaux l'application des stipulations diplomatiques non enregistrées et non suivies de lettres patentes en ordonnant l'exécution et enregistrées elles-mêmes. Or, la déclaration du 19 juillet 1739 montre que le traité de 1713 n'a pas été enregistré. C'est ce qui explique pourquoi les Parlements de Paris et de Douai, dans les arrêts de 1732, 1781, 1785, se déclarent incompétents sur des contestations entre Anglais (3). La Cour de cassation adopta les conclusions du rapport de M. Nachet et repoussa la demande des plaideurs.

361. Dans les cas de silence des traités, la simple réciprocité ne suffirait pas pour établir, au profit des étrangers, le droit de porter leurs contestations devant les tribunaux français. Il ne suffit pas que, de fait, et d'après l'usage, la jurisprudence ou la législation du pays auquel appartiennent ces étrangers, les Français soient admis à s'actionner entre eux devant les tribunaux de ce pays ; il faut qu'ils soient admis à réclamer la jouissance de ce

(1) Décret du 17 mai 1862. S., *Lois annotées*, 1862, p. 28.
(2) Paris, 19 mars 1875, confirmé par Cass., 17 juil. 1877. S., 1877, 1, 449.
(3) V. Merlin, *Rép.*, v° *Etranger*, § II ; Cass., 27 janvier 1857. S., 1857, 1, 161.

droit, en vertu d'une convention diplomatique. Mais il n'est pas nécessaire que cette convention stipule, au profit des sujets du pays avec lequel elle est conclue, la réciprocité des droits dont elle concède la jouissance aux Français; cette réciprocité a lieu de plein droit (1).

SECTION V

QUESTIONS D'ÉTAT ET DE CAPACITÉ

SOMMAIRE. — 362. Indication du sujet. — 363. Opinion des auteurs qui admettent le principe de la jurisprudence. C'est là surtout que ce principe se justifie. — 364. Opinion de MM. Massé, Asserot et Brocher. Contrairement à ce qu'il faut décider pour les autres matières, c'est aux tribunaux nationaux qu'il appartient de connaître des questions d'état entre étrangers.—365. Arguments invoqués par les auteurs à l'appui de l'incompétence en matière de questions d'état. — 366. Réfutation de ces arguments. Le motif tiré de ce que l'état d'une personne dépend de son statut provient d'une confusion entre le statut personnel et la compétence. — 367. Réfutation du motif qu'appliquer les lois étrangères, c'est porter atteinte à la souveraineté. — 368. Décider que les questions d'état doivent toujours être jugées par les tribunaux nationaux, c'est s'isoler de notre époque et aboutir à des conséquences désastreuses pour les intérêts privés. Inconvénients du principe de la nationalité. La compétence doit ici, plus que partout ailleurs, être déterminée par le domicile. — 369. Mais les juges français vont être exposés à des erreurs qui compromettraient leur dignité. Réfutation. Il faut conclure que c'est d'après le domicile que doit être déterminée la compétence.— 370. Il n'y a pas à distinguer si le domicile est autorisé ou non. — 371. A défaut de domicile connu, la résidence en tient lieu. — 372. Etranger simplement de passage en France. Nos tribunaux sont compétents pour ordonner des mesures provisoires et conservatoires. En dehors de là, ils sont incompétents. Nature de l'incompétence. Renvoi. — 373. Application de ces principes. Distinction. — 374. L'objet principal de la demande concerne l'état ou la capacité. Renvoi. — 375. La question d'état se présente incidemment. Opinion des auteurs. Critique de la jurisprudence. — 376. Application de ces principes aux principales questions relatives à l'état ou à la capacité des personnes.

362. Nous avons vu que c'était en matière d'état et de capacité que la jurisprudence appliquait avec le plus de rigueur le principe de l'incompétence. Nous avons fait avec elle les principales applications de ce principe et donné les arguments qu'elle invoque pour légitimer sa rigueur. Il nous faut maintenant indiquer la doctrine des auteurs.

363. Pour ceux qui admettent le principe de la jurisprudence, ils sont unanimes à reconnaître que, s'il est une matière où

(1) Bonfils, n° 185, p. 156; Fœlix, I, n° 154, p. 323; Gerbaut, n° 282, p. 350. Nous nous plaçons ici dans l'hypothèse où un traité serait nécessaire pour donner compétence aux tribunaux français.

ce principe peut se justifier, c'est assurément en matière d'état et de capacité, et que c'est là, surtout, qu'il convient de l'appliquer avec le plus de rigueur. Il n'y a pas lieu, dit M. Féraud-Giraud (1), de faire une distinction entre les questions d'état et les autres questions. Cette distinction n'aurait aucune base légale. Seulement les tribunaux, en ces matières spéciales, pourront user plus largement de la faculté qu'ils ont, de se déclarer incompétents. « C'est là surtout, dit M. Fœlix (2), que le principe de l'incompétence peut se justifier, à raison de la difficulté qu'il y a pour les tribunaux français de juger ces sortes de questions et de leur importance pour les étrangers eux-mêmes. » Et c'est aussi l'avis de MM. Aubry et Rau (3), Demangeat (4), Demolombe (5).

364. Parmi ceux-là même, qui ont refusé d'admettre, relativement aux autres contestations, la théorie de la jurisprudence, il en est qui se sont ralliés à son système à propos des questions dont nous nous occupons, notamment M. Massé (6). « Il est certain, dit cet auteur, que les tribunaux français sont incompétents pour connaitre de l'état des étrangers, et spécialement des demandes en séparation de corps entre étrangers, si ceux-ci ne sont pas autorisés à établir leur domicile en France, à moins que les époux n'y consentent. » « En effet, lors même que le mariage aurait été contracté en France et que les époux y résideraient de fait, les juges du domicile de droit seraient seuls compétents pour connaitre de leur état de famille et du maintien du lien conjugal, qui n'ont pas cessé d'être régis par leur statut personnel. » La même opinion est soutenue par M. Brocher. « La question d'état, se rapportant directement et principalement à l'état ou à la capacité des personnes, semble ressortir naturellement à la juridiction du pays dont la législation doit le régir. Cette unité de juridiction parait une garantie nécessaire de l'unité, quant au fond. Il faudrait s'attendre à des disparates, si les mêmes questions devaient être soumises à des tribunaux différents (7). » C'est aussi l'opinion de M. Asser (8). « Dans les procès civils, la nationalité des parties doit être sans influence sur la compétence des juges, sauf dans les cas où la nature même du litige doit faire admettre la

(1) Clunet, 1880, p. 225.
(2) *Op. cit.*, n° 158, p. 329.
(3) VIII, § 748 *bis*, n° 3, note 34, p. 144.
(4) Demangeat, sous Fœlix, p. 331, note *a*.
(5) *Du mariage*, II, n° 432, p. 531.
(6) Massé, *Droit commercial*, t. I, p. 576, n° 667.
(7) *Nouveau traité du droit int. privé*, 1876, p. 405.
(8) *Revue de droit int.*, 1875, p. 276.

compétence des juges nationaux de l'une des parties, comme dans les procès concernant la nationalité, les questions d'état et la famille. »

365. Les arguments invoqués par les auteurs à l'appui de leur opinion sont les mêmes que ceux donnés par la jurisprudence, et que nous avons déjà indiqués. Nous les résumons. Nos tribunaux sont incompétents pour connaître des questions d'état entre étrangers :

1° Parce que l'état d'une personne dépend de son statut personnel (1) ;

2° Parce que, ce statut étant un attribut de la souveraineté étrangère, la courtoisie internationale s'oppose à toute atteinte portée à cette souveraineté (2) ;

3° Parce qu'une personne doit, toujours et partout, rester soumise à une même loi personnelle, unité qui ne peut être maintenue qu'en donnant compétence aux tribunaux du pays dont la législation doit la régir (3) ;

4° Enfin, parce que, le statut personnel suivant l'étranger en tous lieux, il incomberait aux tribunaux français d'appliquer la loi étrangère, au risque d'incertitudes et d'erreurs qui engageraient la dignité de la justice et l'autorité de ses décisions (4).

366. — 1° Le motif tiré de ce que l'état d'une personne dépend de son statut personnel et que, par cela même, le tribunal d'origine est seul compétent pour connaître des difficultés concernant cet état, provient d'une confusion regrettable, que nous avons déjà constatée (5), faite entre le statut personnel et la compétence. Le statut détermine la loi d'après laquelle un litige doit être jugé, mais il ne détermine pas le juge qui doit le décider. Un Néerlandais, mineur d'après la loi de son pays, contracte en France ; il demande la nullité de son engagement. C'est une question de statut, en ce sens que la décision dépend de la loi nationale de l'étranger. Est-ce à dire que le procès sera aussi de la compétence des tribunaux étrangers ? Non certes. Ainsi que l'a fort justement fait observer M. Laurent (6), si les tribunaux étrangers étaient seuls compétents pour déclarer quel est l'état d'un étranger, il n'y aurait

(1) Aubry et Rau, VIII, § 747 bis; Massé, Droit comm., t. I, p. 576, n° 667; Demolombe, Du mariage, t. II, n° 432, p. 538; Conclusions de M. l'avocat général Foucher, sous Rennes, 16 mars 1842. S., 1842, 2, 211.

(2) Alger, 19 mars 1851 ; Cass., 26 juillet 1852. D., 1852, 1, 249.

(3) Brocher, Droit int. privé, p. 405.

(4) Lyon, 25 fév. 1857. S., 1857, 2, 625; Trib. civ. Seine, 5 mai 1880; Clunet, 1880, p. 299; Asser, op. cit., p. 105.

(5) V. suprà, n° 177, p. 118.

(6) Droit civ. int., t. IV, n° 46, p. 96.

jamais eu de débat sur la personnalité des statuts ; car il est bien
évident qu'un tribunal néerlandais, appelé à juger si un Néerlandais est mineur, et, à ce titre, incapable, jugera nécessairement
d'après le Code néerlandais. C'est parce qu'on suppose que le
procès est porté devant un tribunal français qu'il s'élève un doute :
le juge décidera-t-il d'après la loi française ou d'après le Code
des Pays-Bas ? L'article 3 C. civ. pose en principe que l'état dépend du statut personnel, par conséquent de la loi étrangère qui
règle ce statut. Mais l'article 3 dit-il aussi que le tribunal étranger est seul compétent pour juger la contestation qui doit être
décidée par la loi étrangère ? Non certes; il est muet sur ce point,
et du statut, on ne peut conclure à la compétence. Bien au contraire, il résulte de l'article 3 lui-même que c'est aux tribunaux
français qu'il appartient de statuer sur les questions d'état entre
étrangers en France. Que dit en effet cet article ? Que le statut personnel de l'individu le suit partout, même à l'étranger pour les
Français, même en France pour les étrangers. Cela ne veut-il pas
dire que les tribunaux du domicile doivent appliquer ce statut, et,
par voie de conséquence, être compétents ?

Enfin, il peut fort bien se faire que la loi du pays d'origine
rattache le statut au domicile, et alors le demandeur pourrait se
voir ainsi renvoyé sans solution aucune, d'une juridiction à une
autre.

367. — 2° Le motif déduit de ce que le statut personnel est un
attribut de la souveraineté étrangère et que, par cela même, les tribunaux du pays empiéteraient sur cette souveraineté en connaissant des règles du statut personnel d'un étranger, ne saurait non
plus être pris en considération, car toutes les lois sont des actes et
des manifestations d'une souveraineté, et certes ce n'est pas blesser,
mais, au contraire, respecter une souveraineté étrangère que d'appliquer ses lois. Et l'on ne saurait voir, sans parti pris, une infrac-
tion quelconque à cette courtoisie internationale, dans le fait que
les tribunaux d'un pays jugent tous ceux qui y habitent, régnicoles
ou étrangers, venant de leur propre gré résider dans ce pays, se
soumettre à ses lois et par conséquent à sa justice !

368. — 3° Sans doute, il serait désirable, à certains points de vue,
que l'état d'une personne étant soumis à une législation déterminée, celle du pays d'origine, toutes les questions qui dérivent de
cet état soient soumises à une seule et même compétence, celle des
tribunaux nationaux. Mais, outre que les partisans de ce système
font complètement abstraction du principe général établi par notre
législation, que la compétence se détermine par le domicile et non
par la nationalité ; et (pour discuter en théorie pure) les mêmes

partisans ne tiennent aucun compte des nécessités de notre époque et oublient que la facilité apportée dans les transports augmente tous les jours les migrations des populations et aboutit, de plus en plus, à un enchevêtrement inextricable des nationalités.

Loin de nous la pensée qu'il n'y ait pas convenance et utilité à appuyer l'état des individus sur une base solide, en les soumettant à une seule et même législation, dont les prescriptions doivent suivre la personne en tous lieux. Le principe de la nationalité est ici presque sans rival. Mais aller plus loin et décider, pour la sauvegarde d'un intérêt purement métaphysique, que toutes les questions d'état devront être jugées par les tribunaux nationaux, c'est s'isoler de notre époque, vouloir oublier les nécessités sociales, et aboutir, en pratique, à des conséquences souvent désastreuses pour les intérêts privés.

En quoi d'ailleurs la nationalité offre-t-elle de nos jours, quant à la compétence, une base plus solide que le domicile ? Cette nationalité n'est-elle pas tous les jours plus variable? Combien d'individus sont sans patrie ? Le nombre en devient tous les jours plus considérable (1). Combien de gens qui ont un intérêt à dissimuler leur nationalité ou qui bénéficient de nationalités multiples? Et quelle sera la nationalité de la veuve, de la femme divorcée, des enfants mineurs? Cette prétendue nationalité originelle a-t-elle été réellement acquise, conservée? Ne s'est-elle pas éteinte ? Que décider enfin, dans ces questions nombreuses d'indigénat, de citoyenneté, de bourgeoisie, d'habitation ? N'en résulte-t-il pas aussi une inégalité flagrante au préjudice de la femme comparativement à l'homme ?

L'étranger n'est souvent pas né dans son pays d'origine, n'y est jamais allé, y est complètement inconnu et trop souvent, n'ayant pas satisfait à certaines obligations militaires ou civiles, n'ose s'y transporter. Trop souvent encore, le renvoi obstiné devant les tribunaux d'origine n'aboutit qu'à une circonvolution inutile et coûteuse de procédure. Après qu'un jugement aura été prononcé dans le pays d'origine de l'étranger, il faudra, dans maintes occasions, revenir devant les autorités du domicile pour faire déclarer exécutoire cette décision rendue par un tribunal étranger; une revision plus ou moins minutieuse du procès sera peut-être imposée ; on aboutit ainsi à des longueurs, à une augmentation de frais, alors qu'il aurait été bien plus simple de statuer d'emblée au fond.

(1) Bard, *Droit int. privé*, n° 118; Demolombe, I, n° 172; Laurent, *Droit. int.*, n°* 153-242.

Voilà les conséquences qu'une rigoureuse logique force à déduire du principe de la nationalité appliquée à notre question. Est-ce bien là ce qu'a voulu la loi ? Nous ne le croyons pas. Le principe admis par notre législation (art. 59 C. pr. civ.) et par la plupart des nations civilisées, est que le défendeur doit être assigné devant le juge de son domicile : *actor sequitur forum rei*. C'est une règle générale. Il n'y a pas de raison pour qu'elle ne s'applique pas aux questions d'état, comme elle s'applique aux actions personnelles et mobilières. Car, d'une part, nous avons démontré (1) que les tribunaux français sont compétents à l'égard des étrangers comme à l'égard des Français, et d'autre part, il est admis par tous que les questions d'état et de capacité doivent, au point de vue de la compétence, être assimilées aux actions personnelles et mobilières. Et au point de vue pratique, il y a pour les contestations relatives à l'état et à la capacité une raison de plus de maintenir strictement la compétence du tribunal du domicile, parce que, d'ordinaire, ces questions se compliquent de circonstances de fait qui se seront, le plus souvent, accomplies en France, et sur le territoire soumis à la juridiction du tribunal saisi, et que le juge du domicile peut mieux apprécier que tout autre. La connaissance des faits s'altère par l'éloignement, le juge national risquerait de mal apprécier les éléments du débat, et par conséquent de mal juger (2).

369. — 4° Mais, dit-on (et c'est là le 4ᵉ argument que nous avons noté), il est très difficile aux tribunaux français d'apprécier l'état et la capacité d'un étranger, sans s'exposer à des incertitudes ou à des erreurs qui pourraient compromettre la dignité de la justice et l'autorité de ses jugements. Le seul moyen d'assurer une bonne justice, c'est d'attribuer la connaissance de chaque contestation au juge établi par la loi d'après laquelle le litige doit être décidé (3).

Nous ne reviendrons pas sur la valeur de cette objection, que nous avons déjà réfutée plus haut. Rappelons seulement que, dans bien d'autres cas, notamment lorsque l'étranger est justiciable des tribunaux français, en vertu des articles 14 et 15, ceux-ci ne se font pas faute d'examiner et d'appliquer les lois étrangères, soit pour déterminer la capacité de l'étranger, soit pour apprécier la validité de l'acte au point de vue de la forme, en vertu

---

(1) V. *suprà*, nᵒˢ 194 et s.
(2) Laurent, *D. civ. int.*, IV, nᵒ 47, p. 98.
(3) Asser, *op. cit.*, p. 105.

de la règle *locus regit actum;* et cependant, dans ces différentes hypothèses, la difficulté objectée existera et le juge sera exposé à commettre de graves erreurs !

Ces dangers ne font pas d'ailleurs toujours reculer la jurisprudence et les auteurs qui ont adopté son système, même en ce qui concerne les questions d'état. Il est admis en effet par tous que les tribunaux français sont compétents pour connaître de ces sortes de questions, lorsqu'elles sont soulevées incidemment à une demande principale dont ils sont régulièrement saisis. Et cependant, c'est la loi étrangère qu'il faudra appliquer ! De plus, n'est-il pas généralement reconnu par cette même jurisprudence et ces mêmes auteurs que, même dans les questions qui nous occupent (notamment en séparation de corps), nos tribunaux sont compétents quand l'un des étrangers en cause a été admis à établir son domicile en France ? Or, malgré l'admission à domicile, la nationalité de l'étranger n'en subsiste pas moins et c'est d'après sa loi nationale qu'il devra être jugé (1) ! Il faudra donc encore que le tribunal interprète et applique une loi étrangère !

Pour être logique, il faudrait admettre que, même dans le cas où l'étranger aurait été autorisé à établir son domicile en France, nos tribunaux devraient se déclarer incompétents et que, tant que la nationalité persiste chez l'individu, il ne peut relever que de sa juridiction nationale, relativement aux contestations qui touchent à sa personne juridique. C'est bien là en effet le principe formulé par M. Asser tel que nous l'avons rapporté (2). (*Suprà*, p. 266.) Mais alors on retombe dans les difficultés et les contradictions que nous avons signalées en réfutant le troisième argument. (P. 268.) Aussi persistons-nous à croire que c'est au domicile qu'il faut s'attacher pour déterminer la compétence dans les questions d'état et de capacité comme dans toutes les autres questions (3) .

370. Il importe peu que les étrangers en cause aient ou non été autorisés à établir leur domicile en France. Dans l'un et l'autre cas, la compétence s'impose. Il n'y a aucune raison de faire ici une distinction que nous avons repoussée pour les autres matières.

(1) Aubry et Rau, t. Ier, § 31, n. 24, p. 91; Demolombe, t. I, n° 266, p. 437; *Du mariage*, II, 432, 540. — *Contrà :* Demangeat, *Cond. des étrangers,* n°s 81 et 82, et sur Fœlix, I, p. 58, note *b*, et p. 337, note *a*.
(2) Cette théorie est également défendue par M. Labbé dans une dissertation publiée dans le *Journal du droit int. privé*, 1877, pp. 1 et suiv. (De la nationalité et du divorce au point de vue des rapports internationaux.)
(3) En ce sens : Rocco, *Dell'uso è autorita delle leggi del regno delle due Sicilie*, pp. 221 et suiv.; Dubois. Clunet, 1876, p. 214.

371. Mais faut-il aller plus loin, et décider, comme nous l'avons fait en matière personnelle ordinaire, que la résidence tient lieu de domicile quand ce domicile est inconnu? Nous le croyons. C'est la disposition de l'article 59 C. pr. civ.; et il n'y a pas de raison pour en faire écarter l'application. Le défendeur étranger ne pourra demander à nos tribunaux de se déclarer incompétents qu'autant qu'il prouvera avoir un domicile à l'étranger. La simple indication de son domicile d'origine ne suffirait pas, il faut qu'il prouve qu'il l'a conservé (1).

372. Si les étrangers n'étaient que de passage en France, ils pourraient s'adresser à la justice française, pour réclamer la protection qui leur est due, en vertu des lois de police et de sûreté, et faire prononcer les mesures provisoires et conservatoires nécessaires pour la sauvegarde de leurs droits. Mais, en dehors de là, nos tribunaux devraient se déclarer incompétents. L'incompétence sera, ce qu'elle est dans toutes les autres matières, purement relative, fondée, non sur la nature du litige, ni sur la nationalité des parties, mais exclusivement sur l'absence de domicile du défendeur dans le ressort du tribunal saisi, ne pouvant être proposée que par le défendeur et seulement en première instance, avant toutes exceptions ou défenses. C'est l'opinion admise par la grande majorité des auteurs, et c'est aussi celle que tend de plus en plus à adopter la jurisprudence (2).

373. Dans l'application du principe, nous ferons une distinction, suivant que la question d'état ou de capacité formera l'objet principal de la demande, ou, au contraire, ne sera soulevée qu'incidemment à une autre question.

374. Si l'objet principal de la demande concerne l'état ou la capacité, l'action devra être portée devant le tribunal du domicile et, à défaut de domicile, devant celui de la résidence, d'après les principes que nous venons de poser. En dehors d'un domicile ou d'une résidence en France, les tribunaux français seront incompétents.

375. Si, au contraire, la question d'état se présente incidemment dans un procès pour lequel nos tribunaux sont déjà compétents, le juge saisi de la demande principale sera compétent pour connaître de l'état ou de la capacité contestés ou réclamés. J'intente une action en pétition d'héridité; on conteste ma légitimité et par conséquent mon droit à la succession. Le tribunal

---

(1) V. *suprà*, pp. 35 et suiv., 170 et suiv.
(2) *V.* pour les détails, pp. 73 et suiv., nos 124 et suiv., pp. 111 et suiv., nos 171 et suiv.

compétent pour l'action principale le sera aussi pour décider la question d'état. En effet, il doit juger à qui appartient l'hérédité, et il ne le peut qu'en décidant la question de légitimité. C'est l'application du droit commun. Et c'est le vrai principe. Il n'y a rien de particulier pour les questions d'état. Elles doivent rentrer sous l'empire de la règle générale. Tous les auteurs sont d'accord sur ce point. Même ceux qui posent en principe l'incompétence de nos tribunaux (1), et la jurisprudence elle-même, n'hésitent pas à reconnaître à nos juges le pouvoir de statuer sur une question d'état soulevée incidemment à une autre question pour laquelle ils sont compétents. C'est encore un nouveau défaut de logique à reprocher au système de l'incompétence. Logiquement appliqué, le principe de l'incompétence devrait conduire à une solution toute différente. Car le juge sera forcé d'appliquer une loi étrangère et les mêmes inconvénients, les mêmes dangers qui font repousser à nos tribunaux la connaissance des questions d'état au principal, se rencontreront ici. Pour être logique, il faudrait décider que c'est au juge étranger qu'il appartient d'appliquer la loi étrangère et que nos tribunaux doivent surseoir à statuer sur la demande principale, tant que la question incidente n'a pas été jugée par les tribunaux étrangers.

Mais, dit-on, le juge de l'action est le juge de l'exception. Sans doute, mais, à ce point de vue encore, le principe de la jurisprudence conduit à décider que le tribunal français est incompétent, car, ainsi que le fait remarquer M. Gerbaut (2), « s'il est vrai que la règle générale est que les tribunaux français sont incompétents à l'égard des étrangers, s'il est vrai que cette incompétence a pour fondement les motifs indiqués dans les arrêts, s'il est vrai enfin que les raisons invoquées et les dangers signalés se rencontrent surtout dans le jugement des questions d'état, il faut en conclure qu'il n'y a pas là une incompétence *ratione personæ*, et que le juge ne peut, dès lors, connaître incidemment d'une question dont il ne pourrait être valablement saisi par voie d'action principale, à raison d'une incompétence d'ordre public ».

376. Ayant posé le principe, nous allons en faire application à quelques questions importantes.

(1) Fœlix, I, n° 161, p. 338; Massé, I, n° 699, p. 674; Gerbaut, p. 515, n° 397, et la plupart des auteurs cités notes précédentes.
(2) N° 397, p. 516; Chauveau et Carré, *Lois de procédure*, III, 194; Massé, I, 699, 674.

I

ACTIONS RELATIVES A LA NATIONALITÉ

Sommaire. — 377. Les questions qui naissent à l'occasion de la nationalité ne pouvant se présenter qu'incidemment, c'est le tribunal saisi du litige principal qui sera dans tous les cas compétent.

377. La nationalité confinant à la fois au droit civil et au droit public, on pourrait se demander quelle doit être, de l'administration ou de la justice, l'autorité compétente pour statuer sur les contestations qui s'y rapportent et pour la constater légalement.

En France, par cela même que les lois qui régissent la perte et l'acquisition de la qualité de Français font partie intégrante du Code civil, c'est à l'autorité judiciaire qu'il appartient de les interpréter et d'en surveiller la stricte application (1).

La conséquence de cette compétence, c'est que les questions qui naissent à propos de la nationalité ne peuvent être résolues qu'à l'occasion d'un litige et incidemment. On ne peut s'adresser aux tribunaux pour leur demander un avis, il faut de toute nécessité, pour les saisir, qu'un demandeur actionne un défendeur.

La question peut se présenter dans de nombreux litiges : à l'occasion d'un mariage, d'un divorce, d'une succession, d'un contrat, d'une société et sous les mille modes divers que nos lois de procédure offrent aux parties. Il peut même arriver que la nationalité d'un tiers soit agitée entre les plaideurs pour savoir, par exemple, si un témoin testamentaire était Français.

Dans tous ces cas, il ne saurait y avoir de difficulté. Le tribunal saisi du procès principal sera seul compétent pour dire droit sur la question incidente de nationalité. C'est l'opinion de la jurisprudence. Et c'est aussi la nôtre. Renvoyer les parties devant le tribunal d'origine (tribunal qui se rattache à une origine qui elle-même est contestée), ce serait non seulement retarder indéfiniment la solution du litige principal, mais quelquefois refuser même toute solution, car, en définitive, il n'est pas possible de déterminer à priori, dans ce cas, quel est véritablement, quant à l'origine de la partie dont la nationalité est contestée, la juridiction compétente. La compétence du tribunal d'origine dépend de

(1) V. Cogordan, La Nationalité au point de vue des rapports internationaux, pp. 381 et suiv.

la nationalité; or, c'est précisément cette nationalité qui est soumise à controverse (1).

II

ACTIONS RELATIVES AUX ACTES DE L'ÉTAT CIVIL

SOMMAIRE. — 378. Généralités. — 379. Principales difficultés qui peuvent surgir. — 380. Les actions relatives aux actes de l'état civil peuvent être portées devant nos tribunaux par les étrangers aussi bien que par les Français. — 381. Différentes manières dont elles peuvent être exercées. — 382. Tribunal compétent quand elles sont exercées par voie principale. Tribunal du lieu du registre pour l'action en constitution d'état. Tribunal du greffe où est déposé le double du registre pour l'action à rectification. — 383. Mais il faut qu'il s'agisse bien de demandes en constitution ou en rectification d'actes de l'état civil. — 384. Tribunal compétent quand l'action est formée incidemment dans une instance principale.

378. Les actes de l'état civil étant « des procès-verbaux destinés à recevoir et à conserver la preuve des principaux événements relatifs à l'état des personnes (2) » (naissance, mariage, décès, naturalisation, adoption, etc...), il est naturel que nous nous occupions des difficultés qui peuvent naître à leur sujet.

379. Les deux principales difficultés qui peuvent revêtir un caractère contentieux et qui naissent au sujet des registres de l'état civil proviennent: 1° de l'omission d'un acte de l'état civil sur les registres; 2° des erreurs dont un acte peut être entaché sur ces mêmes registres : difficultés qui donnent par conséquent lieu à deux actions différentes: l'action en constitution et l'action en rectification d'un acte de l'état civil.

380. Il n'y a pas de doute que ces deux actions puissent être portées devant nos tribunaux, par les étrangers aussi bien que par les Français. Outre les arguments que nous avons donnés pour établir la compétence des tribunaux français à l'égard des étrangers, il y a ici des arguments spéciaux qui ne peuvent laisser subsister aucun doute.

831. Comme la plupart des questions d'état que nous aurons à passer en revue, les actions en constitution et en rectification d'acte de l'état civil peuvent être exercées par voie principale ou surgir incidemment.

382. Lorsque ces actions sont exercées par voie principale, le tribunal compétent pour en connaître entre Français est : 1° pour

(1) Cass., 7 janv. 1879. Clunet, 1879, pp. 68-69.
(2) Demolombe, I, n° 271.

l'action en constitution : le tribunal du lieu du registre sur lequel l'acte dont on demande la constitution aurait dû être inscrit (lieu de naissance, mariage, décès, etc.); 2° et pour l'action en rectification : le tribunal au greffe duquel a dû être déposé le double du registre sur lequel se trouve l'acte dont on réclame la rectification. Il ne saurait en être autrement pour les étrangers (1).

Les auteurs donnent en général deux raisons pour établir la compétence des tribunaux ci-dessus entre Français (2) : 1° c'est devant ces tribunaux que la constitution ou la rectification sera le plus facile, les registres se trouvant soit au greffe même, soit dans l'arrondissement; 2° et c'est dans le ressort de ces tribunaux que seront ordinairement domiciliés les parents, amis ou autres personnes qu'il faudra entendre. Ces raisons s'appliquent aussi bien aux étrangers qu'aux nationaux.

Mais il y a plus. Les actions relatives aux actes de l'état civil n'intéressent pas seulement les individus pris isolément, mais aussi l'État et la Société. Elles sont, par la force des choses, intimement liées à l'organisation de l'État dans lequel se trouve l'étranger et font partie intégrante des mesures indispensables qui obligent tous ceux qui habitent le territoire.

Renvoyer les étrangers à se pourvoir dans leur pays d'origine, ce serait non seulement leur créer des difficultés presque insurmontables, — tous les éléments de preuves se trouvant en général réunis dans les lieux où se sont produits les faits qu'il s'agit de prouver, — mais encore violer ce principe tutélaire de notre droit : que les lois de police et de sûreté obligent tous ceux qui habitent le territoire.

383. Mais pour que les règles spéciales de compétence que nous venons d'établir s'appliquent, il faut qu'il s'agisse bien de demandes en constitution ou en rectification d'actes de l'état civil. Si, sous couleurs de semblables demandes, se cachent de véritables actions en réclamation d'état, ce ne sera plus au tribunal du lieu du registre sur lequel aurait dû être inscrit l'acte dont on demande la constitution qu'il faudra s'adresser, ni à celui au greffe duquel a dû être déposé le double du registre sur lequel se trouve l'acte dont on réclame la rectification. L'action en réclamation d'état constitue une demande purement personnelle, qui devra être portée devant le tribunal du domicile du défendeur, et à défaut de domi-

---

(1) Aubry et Rau, I, § 63, n° 19, p. 213; Demolombe, I, n° 333, p. 550; Duranton, I, n° 342, p. 260; Toullier, I, p. 341.

(2) Demolombe, I, n° 333, p. 550; Duranton, I, n° 342, p. 260.

cile connu, devant celui de sa résidence, d'après les principes que nous avons posés au début de cette section. Le tribunal saisi statuera sur la question d'état et ordonnera, s'il y a lieu, la constitution sur les registres de l'état civil de l'acte qui y aurait été omis ou la rectification des omissions ou erreurs qu'on y aurait faites (1). Nous reviendrons sur cette question à propos des questions de filiation.

384. Lorsque les actions en constitution ou en rectification des actes de l'état civil seront formées incidemment, dans une autre instance principale déjà pendante, le tribunal compétent pour connaître de ces actions sera, de même que pour les autres actions incidentes, le tribunal déjà saisi de la demande principale. Ce n'est que l'application de la règle que nous avons posée dans notre discussion générale sur la compétence des tribunaux français en matière d'état et de capacité (2).

III

QUESTIONS DE FILIATION

SOMMAIRE. — 385. Chaque genre de filiation peut donner lieu à des difficultés. — 386. Les questions de filiation peuvent se présenter directement ou par voie incidente. — 387. Principes de compétence dans ces deux hypothèses. — 388. Ces principes s'appliquent entre étrangers.

385. Chaque genre de filiation, légitime, naturelle ou adoptive, peut donner lieu à de difficiles contestations qui, aussitôt qu'elles tombent dans le domaine du droit international privé, sont rendues, on le conçoit, encore plus ardues.

386. Les questions de filiation peuvent se présenter de deux manières : directement et en principal, ou indirectement et par incident. D'après Proudhon (3), une question de filiation est agitée directement et en principal, lorsqu'elle tend à faire déclarer légitime ou illégitime un enfant, abstraction faite des droits auxquels peut l'appeler sa naissance. Elle est au contraire mue indirectement et par incident, lorsque l'action s'engage sur une autre question, comme par exemple sur la liquidation et le partage d'une

(1) Demolombe, I, n° 334, p. 537 ; Cass., 14 mai 1834. D., Rép., v° Droits civils, n° 138, note ; Trib. civ. Seine, 13 déc. 1873. Clunet, 1875, p. 16. Nous n'approuvons le jugement du Tribunal de la Seine qu'autant qu'il aura été démontré que le défendeur, dans l'espèce, était domicilié hors de France.
(2) V. suprà, pp. 265 et suiv.
(3) L'État des personnes, II, p. 114.

hérédité, et qu'afin seulement d'en écarter un prétendant, on remonte à la question de son état, pour lui en contester la légitimité et détruire par là le titre qu'il se donne à la succession.

387. Le tribunal compétent pour connaître des questions de filiation varie, suivant que l'on se trouve dans l'une ou l'autre de ces deux hypothèses. Dans la première hypothèse, comme c'est l'état de la personne qui fait l'objet direct et même unique du procès, et qu'il s'agit, dès lors, d'une action purement personnelle, c'est au tribunal du domicile du défendeur qu'elle doit être portée (1). Dans la seconde, au contraire, comme la question d'état ne vient que d'une manière accessoire et comme un moyen de parvenir à une autre fin, que les parties intéressées se proposent, c'est le tribunal saisi de la contestation principale (partage et liquidation de succession), qui devra prononcer sur la question d'état (2).

388. Ces règles, admises sans conteste pour les contestations entre Français, doivent être les mêmes pour les étrangers que pour les Français. En outre des raisons données à l'origine de ces études (V. *suprà*, pp. 265 et suiv.), il convient d'observer que, si on refusait aux tribunaux français de dire droit sur certaines questions de filiation intéressant les étrangers, on aboutirait parfois à d'étranges anomalies. Nous prenons un exemple : le cas de suppression d'état. Le plus souvent, lorsqu'un enfant est amené à faire la preuve de sa filiation, c'est à la suite d'un crime ou d'un délit qui a eu pour résultat de faire disparaître les titres justificatifs de son état (art. 345 C. pén.) et que l'on désigne dans la doctrine sous la dénomination générique de crime de suppression d'état. Lorsqu'un tel crime a été commis, il y a lieu à une double action : 1° à l'action criminelle que le ministère public doit diriger contre l'auteur du fait; 2° à l'action civile en réclamation d'état, que l'enfant peut former contre ceux qu'il prétend être les auteurs de ses jours ou contre leurs représentants. D'après le droit commun, lorsqu'un fait donne lieu à deux actions, l'une criminelle et l'autre civile, l'action civile peut être poursuivie en même temps et devant les mêmes juges que l'action publique, et lorsqu'elle est poursuivie séparément, l'exercice en est suspendu, tant qu'il n'a pas été prononcé définitivement sur l'action civile. (Art. 3 Instr. crim.) Le Code a dérogé à ces règles à l'égard de l'action en réclamation d'état. Les tribunaux civils sont seuls compétents pour connaître de cette action (art. 326 C. civ), et l'action criminelle contre un

---

(1) Proudhon, *L'État des personnes*, II, p. 114.
(2) Proudhon, *loc. cit. sup.*

délit de suppression d'état ne peut commencer qu'après le jugement définitif sur la question d'état. (Art. 327 C. civ.) Dès lors, si l'on applique le système qui refuse aux tribunaux français de dire droit sur les questions de filiation intéressant des étrangers, on arrive à ce résultat étrange : nos tribunaux, compétents pour punir un crime ou un délit commis sur le territoire soumis à leur juridiction et incompétents pour statuer sur la question de filiation, dont la solution préjudicielle est indispensable pour permettre ou refuser l'exercice de l'action pénale, obligés d'attendre, pour punir le coupable, la décision des tribunaux étrangers, et contraints de s'en rapporter obligatoirement, sur cette question civile et préalable de filiation, à l'appréciation souveraine d'une autorité étrangère !

A. — QUESTIONS DE FILIATION LÉGITIME

SOMMAIRE. — 389. Diverses actions relatives à la filiation légitime.

389. Les actions relatives à la filiation légitime peuvent être groupées sous deux chefs principaux : l'action en réclamation d'état et les actions en contestation de ce même état.

a). Action en réclamation d'état.

SOMMAIRE. — 390. Définition. — 391. Personnes qui peuvent l'exercer. — 392. Tribunal compétent pour en connaître entre Français. — 393. Faut-il admettre une autre solution entre étrangers? Controverse. — 394. C'est le tribunal du domicile qui est compétent. Réfutation des autres systèmes. — 395. Action en réclamation d'état intentée incidemment.

390. L'action en réclamation d'état est celle par laquelle un enfant légitime qui n'est pas en possession de son état, c'est-à-dire de sa qualité d'enfant légitime, réclame cet état.

391. Elle peut être exercée, soit par l'enfant lui-même, soit par ses héritiers (dans deux cas) (Art. 328, 329, 330 C. civ.), contre ses père et mère ou leurs représentants.

392. Le tribunal compétent pour en connaître entre Français est, comme pour la plupart des questions d'état, le tribunal du domicile du défendeur et à défaut de domicile connu, celui de sa résidence. (Art. 59, § 1, C. pr. civ.)

393. Faut-il admettre une autre solution entre étrangers? On l'a prétendu. Deux systèmes sont en présence : l'un soutenant que nos tribunaux seront toujours compétents, pourvu que l'acte ou le fait qui donne lieu à la réclamation ait été passé ou se soit accompli en France, et que le défendeur se

trouve résider encore en France au moment de la réclamation (1) ; l'autre soutenant au contraire que nos tribunaux seront
toujours incompétents parce qu'il s'agit d'une question d'état
régie par le statut personnel que les tribunaux nationaux ont seuls
droit d'interpréter (2).

394. Les deux systèmes nous paraissent l'un et l'autre beaucoup
trop absolus. S'il est une matière parmi les questions d'état pour
laquelle nous n'approuvions pas le système de l'incompétence,
c'est, entre toutes, celle que nous traitons. Car, outre les arguments
que nous avons fournis en établissant le système de la compétence
de nos tribunaux pour toutes les contestations entre étrangers
comme entre Français (*V.* n° 203, pp. 140 et s.), nous nous trouvons ici en face d'inconvénients graves inhérents à la matière
que nous traitons et qui ne laissent aucun doute sur la nécessité
qu'il y a à donner compétence à nos tribunaux. (*V.* p. 279.)

Mais nous ne saurions non plus décider, avec M. Rodière, que
les tribunaux français ont nécessairement compétence, par cela
seul que le défendeur réside en France et que le fait qui donne
lieu à la réclamation s'est accompli en France. Nous sommes ici
en matière civile et personnelle ; l'endroit où a été passé
l'acte qui donne lieu à la réclamation n'influe en rien sur la
détermination de la compétence. Cette considération n'est un
élément de juridiction qu'en matière réelle (Art. 59, § 3, C. pr.
civ.) et pour les affaires commerciales. (Art. 420 C. pr. civ.) (3).
Et quant à la résidence en France, elle n'est attributive de compétence qu'autant que le défendeur ne justifie pas d'un domicile ailleurs.

Pour nous, la solution est toujours la même. Le demandeur
étranger sera recevable à former sa demande devant les tribunaux français, toutes les fois que le défendeur aura son
domicile en France, ou qu'ayant une simple résidence il se
trouvera dans l'impossibilité de justifier qu'il a conservé un domicile dans son pays d'origine. Et il faudrait maintenir cette solution
dans le cas même où l'étranger défendeur n'aurait en France ni
domicile ni résidence, si, en fait, il se trouvait dans l'impossibilité de justifier de la possession d'un domicile ou d'une résidence
quelque part.

(1) Rodière, *Revue de législation*, t. Ier, p. 70.
(2) Demolombe, V, n° 277 ; Trib. civ. Seine, 13 déc. 1873. Clunet, 1875, p. 16 ;
Cass., 14 mai 1834. D., 1834, 1, 245 ; Paris, 5 juin 1829. D., 1829, 1, 289. — *V.* également : Trib. civ. Seine, 5 mai 1880. Clunet, 1880, p. 299.
(3) Dal., *Rép.*, v° *Droits civils*, n° 305 ; Merlin, *Rép.*, v° *Etranger*, § 2 ; Bonfils,
n° 211, p. 182. — *Contrà :* Massé, I, n° 657, p. 609.

Dans ce cas, le demandeur devra porter sa demande devant le tribunal de son propre domicile, qui sera aussi le plus souvent celui dans l'arrondissement dans lequel a été dressé l'acte qui sert de base à la réclamation.

395. Lorsqu'au lieu d'être intentée par voie principale l'action en réclamation d'état aura été formée incidemment à une autre instance déjà pendante devant un tribunal français, personne ne fait de difficulté pour reconnaître à ce tribunal le droit de statuer sur la question d'état ainsi formée incidemment (1).

b). Action en contestation d'état.

SOMMAIRE. — 396. Diverses sortes d'actions en contestation d'état. — 397. Compétence du tribunal du domicile, comme pour l'action en réclamation d'état. — 398. Difficultés à propos de l'action en désaveu, quand l'enfant objet du désaveu est mineur ou interdit. L'action doit être portée, non devant le tribunal du tuteur *ad hoc*, mais devant celui du domicile commun du père et de la mère. — 399. En cas de séparation de corps, devant le tribunal du domicile de la mère.

396. De même qu'un enfant peut réclamer un état qu'il ne possède pas, on peut lui contester l'état qu'il possède. Les actions que l'on peut intenter, dans ce cas, prennent le nom générique d'actions en contestation d'état et sont de plusieurs sortes. Elles se subdivisent en :

1° Action en désaveu, par laquelle on conteste la légitimité d'un enfant né ou conçu pendant le mariage et placé sous l'égide de la règle *pater is est quem nuptiæ demonstrant*. On nie que l'enfant soit issu des œuvres du mari;

2° Action en contestation de légitimité, par laquelle on conteste la légitimité d'un enfant qui, à l'époque de sa naissance, se trouve en dehors de la présomption *pater is est quem nuptiæ demonstrant* (soit parce que sa mère n'aurait jamais été mariée, soit qu'il n'aurait pas été conçu ou qu'il ne serait pas né pendant son mariage) (art. 315 C. civ.);

3° Action en contestation d'état proprement dite, par laquelle on prétend que l'enfant de telle personne n'est pas l'enfant de telle autre (en déniant soit la maternité de la femme dont il se dit issu, soit son identité avec l'enfant dont cette femme serait accouchée);

4° Action en contestation de légitimation, qui rentre plus ou moins dans la précédente et a pour but, son titre l'indique suffi-

(1) *V.* Discussion générale, p. 272.

samment, de faire prononcer la nullité d'une légitimation obtenue par le mariage subséquent des père et mère, ou de toute autre manière.

397. Nous donnerons dans toutes ces hypothèses les mêmes solutions que nous venons de donner pour l'action en réclamation. Nos tribunaux seront compétents toutes les fois que le défendeur aura son domicile en France, ou qu'ayant une simple résidence, voire même ni domicile ni résidence, il sera dans l'impossibilité de prouver qu'il a conservé un domicile dans son pays d'origine (1).

398. Il s'est élevé une difficulté à propos de la détermination du tribunal compétent pour connaître de l'action en désaveu, lorsque l'enfant objet du désaveu est mineur ou interdit (2). On a soutenu que l'action devait être portée, dans ce cas, devant le tribunal du tuteur *ad hoc* que le Code ordonne de donner à l'enfant pour l'assister dans l'instance. Nous ne le croyons pas. Tant que l'enfant n'est pas désavoué par un jugement qui aura dit droit sur l'action intentée, le père demandeur sera toujours le père, e son enfant n'aura pas d'autre domicile que celui de son père. En effet le tuteur *ad hoc* n'est pas un tuteur dans le sens réel et véritable du mot, c'est bien plutôt un curateur à l'instance, chargé, pour ainsi dire, d'éclairer le ministère public et le tribunal, qu'un réel tuteur obligé de prendre d'une manière active la défense de l'enfant, défense qui la plupart du temps, dans ce genre d'actions, ne sera sérieuse et effective que de la part de la mère et de la famille. L'examen des faits est la base de toute procédure en désaveu, et par conséquent, obliger le demandeur à porter son instance devant le tribunal du domicile du tuteur *ad hoc* c'est, dans certains cas, éloigner de plus en plus la justice de cette vérité relative qu'elle doit chercher pour toutes ses décisions, car le tuteur *ad hoc* pourrait être domicilié fort loin et même hors du pays d'origine. Aussi croyons-nous que l'action en désaveu devrait, dans ce cas, être portée devant le tribunal du domicile commun des époux (3), cela, alors même que la maternité de la femme du désavouant ne serait pas certaine (4).

399. Toutefois, nous apporterions un tempérament à cette règle, lorsqu'il y a absence totale de domicile commun, par le fait que les époux sont séparés de corps. Force pourrait être alors d'at-

---

(1) Merlin, *Rép.*, vᵉ *Légitimité*, sect. 4, § 3. Clunet, 1880, p, 469.
(2) Aubry et Rau, VI, § 545 *bis*, p. 60; Caen, 18 mars 1857. S., 1857, 2, 529.
(3) Clunet, 1880, p. 467.
(4) D., 1854, 1, 89; 1862, 1, 115.

tribuer juridiction, non pas au tribunal du domicile du tuteur *ad hoc*, mais bien à celui du domicile de la mère séparée de corps.

400. Les actions relatives à la filiation naturelle peuvent, de même que celles relatives à la filiation légitime, être groupées sous deux chefs principaux : les actions en recherche de la filiation naturelle et l'action en contestation de cette même filiation.

a). Action en recherche de la filiation naturelle.

401. L'action en recherche de la filiation naturelle peut s'appliquer à la paternité ou à la maternité.

1º Recherche de la paternité.

402. Interdite par certaines lois (sauf dans des cas tout à fait exceptionnels), tolérée par d'autres, la recherche de la paternité naturelle sera toujours un des plus difficiles problèmes de législation.

403. La recherche de la paternité est interdite en France, sauf dans le cas d'enlèvement, lorsque l'époque de cet enlèvement correspond avec celle de la conception. Elle est au contraire autorisée en Angleterre, en Autriche, en Bavière, en Espagne, aux États-Unis, en Portugal, en Prusse, en Saxe et dans la plupart des cantons Suisses. En Italie, elle n'est possible qu'en cas d'enlèvement ou de viol, lorsque, comme en France, la date de ces faits correspond à celle de la conception de l'enfant.

404. Qu'arrivera-t-il si un étranger, dans le pays duquel la recherche de la paternité est admise, poursuit en France, en déclaration de paternité, un autre étranger dont loi personnelle admet également cette recherche? Cette poursuite devra-t-elle être accueillie par nos tribunaux ? — La négative ne nous semble pas douteuse. Mais, nous tenons à le dire de suite, si nous donnons cette solution, ce n'est pas à cause de l'extranéité des parties, mais uniquement à cause de la nature de la contestation. La nationalité des parties est absolument indifférente dans le débat : c'est l'action qui n'est pas recevable. Ce n'est pas une question de compétence, mais une question de recevabilité d'action. L'article 340 du Code civil est une disposition d'ordre public international qui s'applique, quelle que soit la nationalité des parties. En effet, sur quelles raisons est fondée la règle qui interdit la recherche de la paternité ? Le législateur a voulu tarir la source de procès qui donnaient lieu aux plus scandaleux débats, et qui d'ailleurs, par la nature des choses, ne pouvaient aboutir à un résultat certain ; il a reculé devant les difficultés et le scandale d'une preuve toujours incertaine, devant les spéculations immorales, dont elle n'eût pas manqué d'être l'occasion (1). Or, ces difficultés, ce scandale, ces spéculations, ne sont pas moins à craindre dans une instance en déclaration de paternité introduite en France par un étranger, que dans celle dont un Français aurait pris l'initiative (2).

405. Mais par la raison même que ce n'est pas la nationalité des parties en cause, mais la nature de la contestation qui nous fait admettre l'incompétence de nos tribunaux, il faut apporter entre étrangers la même restriction que l'article 340 apporte entre Français. « Dans le cas d'enlèvement, lorsque l'époque de cet enlèvement se rapportera à celle de la conception, le ravisseur pourra être, sur la demande des parties intéressées, déclaré père de l'enfant. » Si un étranger poursuit un autre étranger en déclaration de paternité devant nos tribunaux, en invoquant une disposition semblable à celle de l'article 340 in fine, ceux-ci devront, s'ils sont compétents à raison du domicile ou de la résidence, retenir la connaissance de l'affaire et juger, de la même manière qu'ils feraient entre Français. Car les raisons d'ordre public international que nous avons invoquées pour refuser à nos tribunaux la connaissance des actions en recherche de paternité entre étrangers ne se rencontrent plus ici. Le législateur a pensé que l'enlèvement de la mère, étant un événement extérieur susceptible d'une preuve certaine, et que la coïncidence de l'époque de la conception avec celle de l'enlèvement pouvant être facilement déterminée à l'aide des présomptions établies par les articles 312, 314 et

(1) Bigot-Préameneu, *Exposé des motifs*, Locré, III, p. 94 ; Duveyrier, *Discours*, eod loc., III, p. 136. V. aussi p. 115.
(2) En ce sens : Fiore, *Droit int.*, p. 247 ; Phillimore, *Private int. law.*, p. 386 ; Paris, 2 août 1866. S., 1866, 2, 342 ; Cass., 25 mars 1868 ; *Journal du palais*, 1868, p. 939. — V. cep. Laurent, *Droit int.*, V, p. 547.

315, il n'y avait pas lieu de s'arrêter au seul inconvénient pouvant subsister dans cette hypothèse : le scandale possible. Or, toutes ces considérations s'appliquent aussi bien aux étrangers qu'aux Français.

Le tribunal compétent pour connaître de la demande sera celui du domicile du père présumé. Si ce domicile est en France, nos tribunaux seront compétents; s'il est situé à l'étranger, c'est devant les tribunaux étrangers que l'action devra être portée. A défaut de domicile dans un pays, l'action devra être portée devant le tribunal de la résidence. Enfin, si le père présumé était un de ces personnages ambulants, n'ayant ni domicile ni résidence nulle part, il y aurait lieu de saisir le tribunal du domicile de la mère (1).

2° Recherche de la maternité.

SOMMAIRE. — 406. Compétence du tribunal du domicile du défendeur. Jurisprudence.

406 Contrairement à ce que nous venons de voir pour la paternité, « la recherche de la maternité est admise ». (Art. 341 C. civ.) Elle est dirigée en général contre la mère présumée (2) et peut être exercée, soit par l'enfant lui-même ou son représentant, soit par toute personne intéressée (3).

L'action devra, comme toutes les actions personnelles, être intentée devant le tribunal du domicile du défendeur, suivant les règles établies par l'article 59, § 1, C. pr. civ., et elle pourra l'être, aussi bien par un étranger que par un Français.

Un arrêt de la Cour de cassation du 19 juillet 1848 (4) a admis, pour le cas où l'enfant était né en France, mais exceptionnellement, la compétence des tribunaux français, sous prétexte que la maternité engendrait au profit de l'enfant des obligations dans le sens de l'article 14 du Code civil et qu'il n'est pas de plus sainte obligation pour une mère, que celle de reconnaître son enfant, d'assurer son état, de lui fournir des aliments et de pourvoir à ses besoins, proclamant en outre que, sous ce rapport, l'obligation qui peut résulter pour elle de la reconnaissance de l'état de celui auquel elle a donné le jour est, au plus haut degré, l'une de celles

---

(1) V. Ullmer. *Le droit public, Suisse*, I, n°⁸ 261 et suiv., II, n°⁸ 274 et suiv.
(2) Elle est admise aussi contre l'enfant, soit pour empêcher la violation des prohibitions du mariage, portées aux art. 161 et 162 C. civ., soit pour demander la réduction des libéralités excessives que la mère lui aurait faites. (Art. 908 C. civ.); Aubry et Rau, VI, § 570, pp. 198-199 et note 6.
(3) Aubry et Rau, VI, § 570, p. 196.
(4) D., 1848, 1, 129. — V. égal. D., 1847, 2, 34.

pour lesquelles la loi autorise la citation de l'étranger devant les tribunaux français.

Bien qu'il s'agisse en réalité d'une contestation entre Français et étrangers, il est probable, étant donnés les motifs invoqués par la Cour de cassation, qu'elle se serait aussi déclarée compétente si, au lieu d'exister entre Français et étrangers, la contestation avait eu lieu entre étrangers seulement. On est heureux d'enregistrer de semblables exceptions à une jurisprudence trop exclusive.

b). Action en contestation d'état d'enfant naturel.

SOMMAIRE. — 407. Mêmes solutions que pour l'action en réclamation et en contestation d'état d'enfant légitime.

407. L'action en contestation d'état d'enfant naturel est celle par laquelle un membre d'une famille conteste à une personne la filiation naturelle qu'elle s'attribue. Elle peut se traduire en une action par laquelle ceux qui sont intéressés contestent la reconnaissance, en soutenant qu'elle n'est pas l'expression de la vérité, par exemple, parce qu'elle aurait été viciée par erreur, dol, violence ou reçue par un officier public incompétent. Tout ce que nous avons dit sur les précédentes actions nous dispense de nous arrêter sur cette dernière. Les solutions sont les mêmes que pour les actions en réclamation et en contestation d'état d'enfant légitime. (V. *suprà*, pp. 279 et suiv.)

C. — QUESTIONS DE FILIATION ADOPTIVE

SOMMAIRE. — 408. Diverses sortes d'actions. — 409. Actions incidentes. — 410. Actions exercées au principal. Renvoi.

408. De même qu'en matière de filiation légitime et naturelle, il peut y avoir lieu, en matière d'adoption, à des actions en réclamation et en contestation de filiation adoptive. Dans l'action en réclamation, on cherche à prouver que l'adoption est valable; dans l'action en contestation, au contraire, on cherche à établir qu'elle est nulle.

409. Ces actions se présenteront rarement au principal, l'action en réclamation surtout. Elles seront le plus souvent exercées par voie incidente. Dans ce cas, le tribunal compétent sera, d'après la règle générale, le tribunal français ou étranger saisi de la demande principale.

410. Il arrivera parfois, cependant, que ces actions seront intentées directement et par voie principale. Dans ce cas, les règles que nous avons données pour les actions touchant à la filiation légitime trouveront ici une large application. (V. *suprà*, pp. 279 et suiv.)

IV

ACTIONS EN MATIÈRE DE TUTELLE ET DE CURATELLE

SOMMAIRE. — 411. Indication du sujet.

411. Nous comprenons sous l'expression de tutelle, dans un sens large et général, toute institution qui a pour but de suppléer à une incapacité personnelle.

A. — ACTIONS RELATIVES A LA TUTELLE DES MINEURS.

SOMMAIRE. — 412. Généralités. Principales difficultés qui peuvent surgir. — 413. Des conventions internationales réglant ces difficultés ont été conclues avec divers pays. Dans ce cas, nos tribunaux n'ont pas à intervenir. — 414. *Quid* s'il n'y a pas de convention? Solution donnée ordinairement. Réfutation. — 415. Il faut distinguer deux hypothèses. — 416. *Première hypothèse :* Il n'y a pas de traité, ou le traité ne prévoit pas la difficulté. Les autorités compétentes sont celles du domicile. — 417. Mineur domicilié en France. — 418. Mineur simplement résidant. — 419. C'est aux tribunaux français qu'il appartient d'homologuer les délibérations du conseil de famille et statuer sur les attaques dirigées contre ces délibérations. — 420. Mineur de passage en France ou résidant, mais ayant un domicile dans son pays d'origine. — 421. *Deuxième hypothèse :* Il existe un traité attribuant compétence aux consuls, mais ceux-ci s'abstiennent de juger. Nos tribunaux ne peuvent prendre que des mesures provisoires.

412. La création, soit l'établissement proprement dit, pas plus que l'extinction de la tutelle des mineurs, ne sont ordinairement du domaine contentieux. Mais il peut naître, et il naît souvent, à l'occasion de ces faits, des difficultés qui réclament une rapide solution. Y a-t-il lieu à l'ouverture de la tutelle? Dans quel lieu et suivant quelle loi doit-elle être constituée? Quelles personnes doivent être appelées soit à la gérer, soit à la contrôler ? Quelles sont les fonctions du tuteur, subrogé-tuteur, conseil de famille ? Y a-t-il lieu à cessation de la tutelle ? A destitution du tuteur ? etc., etc. Il importe de savoir à quelle juridiction il faudra s'adresser pour avoir la solution de ces difficultés.

413. Des conventions internationales, relatives à la tutelle des mineurs, ont été conclues avec l'Espagne (1), l'Italie (2), le Portu-

(1) Convention consulaire du 7 janvier 1862, art. 20-7', promulguée par décret du 18 mars 1862. D., 62, 4, 34.
(2) Convention consulaire du 26 juillet 1862, art. 9-7°, promulguée par décret du 24 sept. 1862. D., 62, 4, 118.

gal (1), la Grèce (2) et l'État de Salvador (3). En vertu de ces conventions, les consuls de chaque pays contractant sont admis : 1° à organiser la tutelle de leurs nationaux en France ; 2° à prendre toutes les mesures conservatoires nécessaires pour la conservation de leurs biens, et 3° à assurer le remplacement du tuteur, lorsque, pour une cause quelconque, il vient à cesser ses fonctions (4).

De la sorte, si un étranger établi en France et appartenant à l'un ou l'autre des États ci-dessus vient à mourir, laissant des enfants mineurs, le consul, vice-consul ou agent consulaire de son pays, le plus rapproché, préside à l'organisation de la tutelle, prend les mesures nécessaires à la conservation des biens du mineur, et procède au renouvellement du tuteur, s'il y a lieu. Nos tribunaux n'ont pas, en général, à intervenir.

414. Mais les conventions de ce genre ne sont pas encore fort nombreuses; la France n'en a point signé avec l'Allemagne, l'Angleterre, l'Autriche et la Russie..., etc. (5). D'autre part, même quand l'État en cause est un de ceux qui nous sont unis par des traités particuliers, il peut arriver que, par suite de l'éloignement ou de toute autre cause, le consul compétent s'abstienne d'agir. Enfin il peut se faire que, dans le cas même où le consul serait à même d'agir, la difficulté qu'on lui soumet ne rentre pas dans les cas prévus par le traité et soit en dehors de sa compétence. Dans toutes ces hypothèses, quelle solution donner? Faudra-t-il, soit pour l'organisation de la tutelle, soit pour les difficultés contentieuses qui pourraient s'élever, donner compétence aux autorités françaises, ou, au contraire, renvoyer les parties à se pourvoir devant les autorités étrangères? On part en général de ce prin-

(1) Convention consulaire du 11 juillet 1866, art. 8-7°. D., 67, 4, 129.
(2) Convention consulaire ldu 7 janvier 1876, art. 15-4° promulguée par décret du 2 mars 1878. D., 78, 4, 32.
(3) Convention consulaire du 5 juin 1878, art. 15-1°. D., 80, 4, 13.
(4) Cette dernière attribution ne résulte pas de la lettre des traités, mais elle en sort virtuellement; car remplacer un tuteur, c'est, en définitive, constituer la tutelle. C'est la solution consacrée par la jurisprudence. La Cour de cassation a jugé, le 19 juin 1878 (D., 1878, 1, 317. S., 1878, 1, 448. Clunet, 1878, p. 508), que le tuteur d'un mineur Espagnol ne peut être remplacé en France que par le consul d'Espagne. La nomination du nouveau tuteur par le conseil de famille, sur la convocation du juge de paix, est radicalement nulle.
(5) Nous avons bien avec l'Autriche et la Russie et nombre d'autres puissances, des traités chargeant les consuls de veiller à la conservation et à la liquidation des successions laissées par leurs nationaux; mais ces traités sont muets sur la tutelle des mineurs et, par suite, à notre avis, n'accordent nullement aux agents étrangers le pouvoir de l'organiser.

cipe que c'est la loi nationale du mineur qui régit la tutelle (1), et on en conclut que c'est dans le pays d'origine que doit être constituée la tutelle et que doivent être jugées toutes les difficultés qui peuvent s'élever au sujet de cette institution (2). C'est toujours cette même confusion regrettable entre la loi à appliquer au fond et la juridiction. Comme si nos juges n'appliquaient pas chaque jour les lois étrangères dans les contestations entre Français et étrangers et dans les nombreuses hypothèses où ils se reconnaissent compétents ! Certes, nous ne nous faisons pas illusion sur la difficulté qu'il peut y avoir à appliquer en France une loi étrangère, lorsque cette loi ne cadre pas parfaitement avec les institutions de notre pays. Mais ce n'est là qu'une difficulté de fait, qui ne saurait faire échec à un principe juridique. Elle se produira d'ailleurs rarement, et il est facile d'y remédier à l'aide de traités. En l'absence même de traités, nos tribunaux pourront toujours pourvoir à la protection des mineurs en cas de nécessité, en se fondant sur l'article 3 du Code civil. Au contraire, vouloir toujours renvoyer devant les tribunaux d'origine les difficultés relatives à la tutelle des mineurs, ce n'est pas chercher une solution, c'est souvent la refuser.

Dans quel endroit précis, dans quelle ville, dans quelle commune, établira-t-on le siège de la tutelle ? A quel tribunal devra-t-on s'adresser pour obtenir la solution des difficultés qui pourront s'élever ? Sera-ce à celui du dernier domicile des parents (3) ? Mais outre que cette solution est absolument arbitraire, il arrivera souvent que ce domicile n'existera plus ou sera inconnu. Serait-il connu, le mineur n'y aura ordinairement aucun bien et le plus souvent, ni parents ni amis capables de gérer et de surveiller convenablement la tutelle ! Quel parti prendra-t-on, lorsque les mineurs cumuleront plusieurs nationalités, lorsqu'ils appartiendront à des nationalités différentes, lorsqu'ils n'auront pas la même nationalité que leurs parents, lorsqu'ils seront sans patrie ?...

415. Pour la solution de ces difficultés, à notre avis, deux hypothèses doivent être distinguées : 1° celle où l'on se trouve en dehors de la compétence des consuls, soit qu'il n'y ait pas de traité, soit que le traité ne prévoie pas la difficulté ; 2° et celle où

---

(1) Aubry et Rau, I, § 31 ; Demolombe, I, pp. 109 et 423 ; Laurent, *Droit civ. int.*, VI, p. 95, et II, pp. 185 et suiv. ; Esperson, 1880. Clunet, p. 340 ; Fiore, p. 295 ; Chavegrin, *Revue critique*, 1883, p. 501. — *Contrà :* Demangeat, sur Fœlix, p. 58, note *b ;* Rocco, p. 605.

(2) Chavegrin, *Revue critique*, 1883, p. 501 ; Loiseau, *Conflits des lois françaises et étrangères en matière de tutelle des mineurs*, pp. 165 et suiv. ; Fiore, p. 296.

(3) Chavegrin, *Revue critique*, 1883, p. 501, note 1.

l'on se trouve en face d'une difficulté de la compétence des consuls, mais que ceux-ci n'agissent pas.

416. — I. Il n'y a pas de traité ou le traité ne prévoit pas la difficulté. La question doit être résolue d'après les principes généraux, soit qu'il s'agisse d'organiser la tutelle, soit qu'il s'agisse de dire droit sur les difficultés qui peuvent se produire à propos de cette institution. En droit français, et dans la plupart des législations Européennes, c'est au domicile du mineur que s'ouvre la tutelle. (Art. 406 C. civ.) C'est le juge de paix qui est chargé de l'organisation, et c'est devant le tribunal de l'arrondissement que sont portées les difficultés à résoudre. Il faut appliquer ces dispositions aux étrangers comme aux nationaux. On admet en général, en droit international, que c'est d'après la loi nationale du mineur que doit être organisée la tutelle; c'est d'après la loi nationale du mineur qu'il faudra décider s'il y a ou non lieu à la tutelle, de quelle manière elle doit être organisée, qui doit être nommé tuteur, subrogé-tuteur, quelles sont leurs attributions respectives,... etc... Mais lorsqu'il s'agit de déterminer le lieu où doit être organisée la tutelle et quels sont les juges compétents pour statuer sur les difficultés qui pourront se produire relativement à cette institution, comme il s'agit, en réalité, de questions de procédure, ce n'est plus à la loi nationale qu'il faudra se référer, mais à la loi du domicile. Conformément à l'article 406 C. civ., c'est au domicile du mineur que devra s'ouvrir la tutelle, et c'est au tribunal de l'arrondissement où est situé ce domicile qu'il appartiendra de dire droit sur les difficultés qui se produiront. C'est là que le mineur aura le centre de ses affaires, qu'il aura ses biens mobiliers et immobiliers, que résideront le plus souvent ses parents, ses amis et tous ceux qui seront à même de gérer et de surveiller convenablement ses intérêts.

417. Dès lors, si le mineur a son domicile en France, c'est en France, à l'endroit où est fixé ce domicile, qu'il faudra organiser la tutelle, et c'est au tribunal français de l'arrondissement qu'il faudra s'adresser pour qu'il soit dit droit sur les difficultés qui se produiront. Nous avons vu que le Tribunal de la Seine (1) avait considéré comme valable et régulière la délibération d'un conseil de famille ayant pour objet de nommer un tuteur à un mineur étranger domicilié en France. Dans l'espèce, des circonstances particulières venaient se joindre à celle du domicile. Il s'agissait d'un enfant abandonné par son père qui se trouvait détenu dans

(1) Trib. civ. Seine, 10 avril 1877. Clunet, 1878, p. 275.

une prison de la Suisse, par suite d'une condamnation prononcée contre lui par la Cour criminelle de Genève. Mais cette solution doit être maintenue, quelles que soient les circonstances dans lesquelles la question se présente, dès qu'il s'agit d'un mineur domicilié en France.

418. Ce que nous venons de dire du mineur domicilié en France doit être également appliqué au mineur simplement résidant, s'il n'a pas de domicile connu dans un autre pays. Et la solution serait la même pour un mineur simplement de passage et qui n'aurait, par conséquent, ni domicile ni résidence en France, s'il n'avait aucun domicile connu ou n'appartenait à aucune natio·nalité déterminée. Mais dans cett edernière hypothèse, ce ne serait plus d'après la loi nationale du mineur qu'il faudrait organiser la tutelle et juger ; celle-ci étant inconnue, c'est à la loi française que l'on serait contraint de se référer.

419. Faisant application du principe que nous avons posé relativement à la compétence en matière de tutelle, nous dirons que c'est aux tribunaux français qu'il appartient d'homologuer, s'il y a lieu, les délibérations du conseil de famille et de statuer sur les attaques dirigées contre ces délibérations. C'est encore au tribunal français qu'il appartient de donner au tuteur, en se conformant aux lois du pays du mineur, l'autorisation nécessaire pour contracter un emprunt, et nous croyons cette solution exacte, même dans le cas où le mineur appartient à un État avec lequel il aurait été passé une convention diplomatique. Dans ce cas, en effet, les pouvoirs des consuls en matière de tutelle sont limités à l'organisation de la tutelle ; une fois la tutelle organisée, leurs pouvoirs sont expirés. Ils n'ont pas qualité pour s'immiscer dans la tutelle, ni pour habiliter le tuteur. C'est aux tribunaux qu'appartient ce pouvoir (1).

420. Si, au contraire, le mineur de passage ou même résidant en France se trouve avoir un domicile dans son pays d'origine, c'est à ce domicile qu'il devra être pourvu à l'organisation de la tutelle, et c'est par les magistrats de ce domicile que devront être résolues toutes les difficultés qui pourront s'élever.

Mais comme, la plupart du temps, il faudra un temps assez long pour que les autorités étrangères, dûment averties, puissent organiser la tutelle et prendre les mesures nécessaires à la protection du mineur et de ses biens, et qu'il importe au bon ordre de la société (art. 3 C. civ.) que tout incapable ait, sur notre territoire,

---

1) Clunet, 1879, p. 271.

un protecteur légal qui le représente dans les actes de la vie civile et procède à l'administration de son patrimoine, les magistrats français seront souvent appelés à procéder à l'organisation de la tutelle et à juger les difficultés qui pourront se produire à cette occasion. (Art. 3 C. civ.)

Cette situation n'aura, en droit, rien de définitif ; elle cessera aussitôt que les autorités compétentes du pays étranger auront établi une tutelle. Mais, en fait, il arrivera souvent que le mineur, ayant rompu tout lien avec sa patrie et n'y possédant ni famille, ni relations, ni intérêts, aucun tuteur ne lui soit nommé hors de France. Alors, par la force même des choses, celui qu'il a reçu chez nous conservera ses pouvoirs et nos tribunaux continueraient, en vertu de l'article 3 C. civ., à être juges des difficultés qui pourraient se produire à ce sujet.

421. — II. Reste la deuxième hypothèse : il existe un traité attribuant compétence aux consuls, mais ceux-ci, soit par ignorance des faits, soit par suite d'éloignement ou tout autre cause, s'abstiennent d'agir. La solution sera la même que s'il s'agissait d'un mineur domicilié à l'étranger. Les consuls étant, de par les conventions diplomatiques, seuls compétents, il ne saurait être question, pour nos tribunaux, de prendre des mesures définitives. Mais ils devront prendre les mesures provisoires de protection et de conservation vis-à-vis de la personne et des biens de l'incapable. Ces mesures sont commandées par l'ordre public international. Elles seront réglementées par la loi française et cesseront aussitôt que les consuls auront statué. Dans le cas où ceux-ci ne statueraient pas, les mesures prises par nos tribunaux deviendraient, en fait, définitives.

B. — ACTION EN INTERDICTION ET EN DATION DE CONSEIL JUDICIAIRE.

422. Ce n'est pas seulement aux mineurs, à ceux que l'âge rend incapables de veiller par eux-mêmes à leurs intérêts, que le légis-

lateur doit sa protection. Il est des majeurs qui, à raison de certaines infirmités intellectuelles, sont dans l'impossibilité d'administrer leur patrimoine et d'accomplir raisonnablement les actes de la vie civile. Pour ceux-là comme pour les mineurs, on trouve dans tout pays des institutions protectrices, dont le caractère et l'efficacité varient avec l'altération plus ou moins grande des facultés qui les rend nécessaires.

423. Un étranger, faible d'esprit ou porté à la prodigalité, se trouve sur le territoire français. Pourra-t-il être pris, par l'autorité locale, des mesures pour le protéger dans sa personne ou dans ses intérêts ? Sans aucun doute, le tribunal français sera fondé à ordonner des actes conservatoires, nécessités par l'entretien des biens de l'aliéné : lui nommer, par exemple, un conseil ou un administrateur provisoire ; les autorités françaises auront, en cas de danger public, de démence furieuse, par exemple, le droit de le faire enfermer dans une maison de santé. Mais ces mesures, qui trouvent leur justification dans l'art. 3, § 1, C. civ., et dans le droit supérieur de police, que l'État exerce dans toute l'étendue de son territoire, auront un caractère provisoire et n'influeront pas d'une manière directe sur la capacité de l'étranger.

424. Faut-il aller plus loin et permettre aux tribunaux français de prononcer l'interdiction d'un étranger ou de lui donner un conseil judiciaire ? La question est très discutée. « En thèse générale, dit M. Gand(1), la demande en interdiction (ou en dation de conseil judiciaire) d'un étranger devra, comme toute question qui modifie l'état et la capacité des étrangers (2), être portée devant les juges régnicoles et être décidée par eux, conformément à la loi de sa patrie. Mais si un étranger, possédant des meubles ou des immeubles en France, se trouvait dans un état d'imbécillité, de démence ou de fureur, faisant craindre qu'il ne vînt à faire, relativement à ces sortes de biens, ou même par simples obligations personnelles, des actes capables, ou de compromettre ses intérêts, ou d'exposer la société à quelque danger, alors la mesure de l'interdiction ou du conseil judiciaire pourra être provoquée contre lui devant les tribunaux français. Elle le sera, savoir : par ses parents français et par ses parents même étrangers, s'il a son domicile ou sa résidence en France, et par des Français seulement, en vertu de l'art. 14 du Code civil, s'il n'y a ni domicile, ni résidence. Enfin, l'action pour-

(1) *Code des étrangers*, n° 508, p. 326.
(2) *Code des étrangers*, n° 507, p. 325.

rait être intentée par le ministère public dans les deux cas prévus par l'art. 491 C. civ. (1).

« Lorsque, dans ces diverses circonstances, l'action en interdiction ou en dation de conseil judiciaire aura été portée devant les tribunaux français, ceux-ci pourront, si les deux parties sont étrangères, user de la faculté que nous leur avons reconnue (2), ou de se refuser à statuer, ou d'appliquer, s'ils le jugent convenable, celle des législations française ou étrangère que bon leur semblera choisir (3). Il n'y a que dans le cas de poursuite d'office du ministère public (4) et lorsque la cause de la poursuite reposera sur un intérêt de sûreté publique (5) que les juges ne pourront pas user de la faculté de s'abstenir, l'article 3 C. civ. leur faisant un devoir rigoureux de statuer.

« Dans tous les cas, d'ailleurs, ils ne pourront prononcer contre l'étranger une interdiction générale et absolue, comme à l'égard des Français, mais seulement une interdiction spéciale, portant sur les contrats et obligations qu'il pourrait consentir en France, ou sur les actes d'aliénation ou de disposition des biens qu'il y possède. Ils seront aussi tenus de ne statuer jamais que provisoirement, c'est-à-dire jusqu'à ce qu'il ait été prononcé sur l'état de l'étranger (6). »

On le voit, c'est la doctrine de la compétence facultative mitigée par l'obligation de ne statuer que provisoirement et au point de vue exclusivement français.

425. M. Féraud-Giraud (7), au contraire, soutient le système de l'incompétence absolue. « Je crois, dit-il, que les tribunaux français seraient complètement incompétents pour priver cet étranger de l'exercice de ses droits civils ; ils devraient, d'ailleurs, au point de vue des conséquences légales de la situation de santé et d'intelligence, se rapporter à la loi de l'étranger, qui pourrait être entièrement contraire à la loi française, et ils donneraient ainsi à des individus, en France, une situation civile complètement anormale et incompatible avec les conditions civiles où se trouvent les personnes régies par la loi française sur notre territoire. D'ailleurs, ces déclarations ne vaudraient qu'en France, et la ca-

(1) Code des étrangers, n° 510, p. 528.
(2) Code des étrangers, n°ˢ 185 à 187 et 223 à 228.
(3) Code des étrangers, n° 509, p. 327.
(4) Code des étrangers, n° 510, p. 328.
(5) Code des étrangers, n° 509, p. 327.
(6) Code des étrangers, n° 508, pp. 326 et 327.
(7) Clunet, 1880, pp. 153-154.

pacité d'un individu se trouverait ainsi modifiée suivant les lieux où se produiraient les actes contenant des engagements de sa part. On pourra requérir des autorités administratives et judiciaires des mesures de sûreté, dans l'intérêt de la sécurité publique, et des mesures conservatoires, dans l'intérêt de la personne et des biens de l'imbécile ou du dément; mais, en dehors, il ne pourra être soumis qu'aux mesures légales réglant la capacité, qui sont autorisées par ses lois propres et déterminées par ses juges. Cependant, tout en admettant que les tribunaux français sont incompétents d'une manière absolue pour prononcer l'interdiction d'un étranger, ou une dation de conseil judiciaire, si une pareille action avait été admise, et que le jugement eût acquis l'autorité de la chose jugée, faute d'être attaqué en temps utile, il faudrait bien l'exécuter. »

426. Ces deux systèmes doivent, l'un et l'autre, être rejetés; aussi bien celui de M. Gand (qui est à peu de chose près le même que celui de la jurisprudence) que celui de M. Féraud-Giraud. En matière d'interdiction comme en matière de tutelle des mineurs, ce n'est ni le système de l'incompétence absolue, ni celui de l'incompétence relative, mais le système de la compétence qu'il faut admettre. Ici comme en toute autre matière, la juridiction se détermine par le domicile, jamais d'après la nationalité. On admet exclusivement cette solution dans l'ordre interne (1). Il faut l'admettre aussi dans l'ordre international.

La compétence du tribunal du domicile du défendeur apparaît dans les actions en interdiction comme devant s'imposer avec plus de rigueur que dans toute autre matière. Et en effet, ce n'est pas seulement l'intérêt de l'interdit lui-même et de sa famille qui est en question, mais bien aussi celui des tiers du pays dans lequel l'interdit est domicilié et, sans oser assimiler l'interdiction à une simple mesure de police et de sûreté, on ne saurait néanmoins méconnaître qu'il y a dans cette mesure une protection accordée aussi bien au profit de tous qu'à celui de l'interdit lui-même.

De plus, un intérêt de procédure doit aussi, dans la plupart des cas, influer sur la compétence. Presque toujours les enquêtes ne peuvent être faites, les témoignages ne peuvent être recueillis, l'interrogatoire ne peut avoir lieu ou ne peut être utilement fait dans une instance en interdiction, qu'au lieu du domicile même où les faits qui démontrent l'utilité de l'interdiction se sont passés.

Cette question de compétence peut se compliquer, lorsque la

(1) Demolombe, VIII, n° 482; Valette, sur Proudhon, II, p. 521.

personne à interdire est un incapable, un mineur, une femme mariée et que leur résidence n'est pas la même que le domicile du
père, du tuteur ou du mari, qui, selon les circonstances, doivent
être mis en cause.

La question de compétence peut s'aggraver encore par la nécessité qu'il y a de faire convoquer un conseil de famille pour
préaviser sur l'interdiction réclamée, convocation qui, dans bien
des cas, ne peut avoir lieu que dans le pays même dont le défendeur en interdiction est ressortissant.

Toutes les fois donc que l'étranger dont on demande l'interdiction sera domicilié en France, les tribunaux français devront reconnaître leur compétence. Il importe peu que le défendeur accepte ou dénie leur juridiction; ils devront rejeter le déclinatoire
qu'il pourrait proposer; il n'y a pas à distinguer, non plus, s'il a été
ou non autorisé à établir son domicile. Nos tribunaux seront compétents dans tous les cas.

427. Mais faut-il admettre la même solution quand le défendeur
n'a qu'une simple résidence en France ? On admet, en général, la
négative, même parmi ceux qui admettent comme nous le système
de la compétence déterminée par le domicile. La simple résidence,
dit M. Gerbaut (1), suffit pour que le tribunal puisse prendre des
mesures comme la nomination d'un curateur ou d'un conseil provisoire, car ce sont là des mesures de police et de sûreté, mais non
pour qu'il puisse prononcer une véritable interdiction.

Dans toutes les autres questions, nous avons décidé, conformément au principe de notre Code, que la résidence tenait lieu de
domicile lorsque le domicile était inconnu. (Art. 59, § 1er C. pr.
civ.) Nous ne voyons pas de raison pour faire ici une exception.
Mais il faut évidemment qu'il soit bien démontré que l'interdit ne
possède aucun domicile nulle part. S'il justifie d'un domicile, soit
dans son pays d'origine, soit même dans un autre pays, c'est devant le tribunal de ce domicile que devra être poursuivie l'interdiction, sauf au tribunal français de la résidence à prendre provisoirement toutes les mesures nécessaires pour assurer la protection
de l'interdit et de ses biens, en même temps que celle des tiers.
Et nous croyons que de semblables mesures pourraient être prises,
soit à la requête des intéressés, soit sur la poursuite du ministère
public, dans le cas même où l'interdit n'aurait en France ni domicile ni résidence, s'il était urgent qu'il soit statué sur son sort. On
ne devra, à notre avis, prononcer définitivement l'interdiction,

(1) Op. cit., n° 404, p. 526.

dans cette dernière hypothèse, que lorsqu'il sera bien établi qu'il s'agit d'un individu qui n'a ni domicile ni résidence nulle part, ou qui ne se rattache à aucune nationalité déterminée.

428. Nous avons vu que la jurisprudence française n'offrait que peu de documents sur la question et ne semblait pas être bien fixée. (N° 160.) Les tribunaux belges, au contraire, se prononcent couramment en faveur de la doctrine que nous avons établie (1). La jurisprudence des tribunaux italiens est encore hésitante sur l'admission du for du domicile. Un arrêt de la Cour de Milan, du 1er juillet 1872, qui admettait la pleine compétence des tribunaux italiens pour prononcer l'interdiction d'un étranger domicilié en Italie, fut cassé par la Cour de cassation de Turin (2). Mais un arrêt de la Cour de Lucques, du 1er septembre 1875, revient au for du domicile (3). En Suisse, la jurisprudence fédérale ne paraît pas avoir eu souvent l'occasion de trancher ces questions d'interdiction. Dans un seul cas, le tribunal fédéral a paru affirmer la compétence exclusive du tribunal du domicile (4). Le Code de procédure civil allemand, dans son art. 594, renvoie l'action en interdiction à la juridiction à laquelle le défendeur est soumis à raison de son statut de juridiction général, statut qui est déterminé par le domicile (Art. 13 C. pr. civ.), sans qu'une distinction soit faite entre le national et l'étranger. Enfin, en Angleterre, d'après une réponse du *Foreign-Office* au ministère de la justice d'Autriche, les tribunaux admettent la compétence du tribunal du domicile, et même celui de la résidence, en matière d'interdiction (5).

429. L'interdiction judiciaire une fois prononcée, il reste à organiser la tutelle même de l'interdit. Ce que nous avons dit de la tutelle des mineurs sera ici pleinement applicable. Elle devra être organisée au domicile, ou, à défaut de domicile, à la résidence de l'interdit, selon la loi de la nation à laquelle il appartient. Et toutes les difficultés contentieuses qui pourront se produire à ce sujet seront de la compétence du tribunal du domicile, ou de celui de la résidence.

430. Enfin, il peut se faire que les causes qui ont déterminé l'in-

(1) V. notamment l'arrêt de la Cour de Bruxelles, 30 juin 1873, confirmant un jugement du tribunal de la même ville, du 5 janvier 1872, analysé par Laurent. *Droit civil int.*, IV, p. 114. — *V.* également : Liège, 19 juin 1879. Pasicrisie, 1879, 2, 353.

(2) Arrêt du 13 juin 1874. Clunet, 1874, p. 330.; Norsa, *Jurisprudence italienne*, n° 197.

(3) Clunet, 1876, p. 245.

(4) Trib. féd., 10 juin 1876. *Gaz. des Trib. Suisses*, 1876, p. 169.

(5) *V.* Clunet, 1879, p. 521 ; 1881. p. 313.

terdiction venant à cesser, il y ait lieu de procéder à la mainlevée de l'interdiction. Le tribunal compétent pour statuer sera,
comme toujours, celui du domicile de l'interdit. Cette compétence
est d'autant plus incontestable que le domicile de l'interdit n'est
autre que celui de son tuteur, et que le domicile de la tutelle une
fois déterminé par les circonstances ou les lois qui la régissent,
il ne doit pas être loisible au tuteur de l'interdit de déplacer, selon
son pur caprice, pendant la durée de l'interdiction, le domicile
de la tutelle (1).

431. Pour la nomination d'un conseil judiciaire comme pour
l'interdiction, les tribunaux français ont en général réservé la
question de compétence. Il n'y a guère qu'un seul arrêt qui ait
prononcé directement sur la question. C'est un arrêt de la Cour
d'Alger du 4 mars 1874 (2). Elle se prononce nettement pour l'incompétence. (Voir *suprà*, n° 160.) L'importance des considérants
mérite que nous nous y arrêtions.

La Cour reproduit d'abord le principe consacré par la Cour de
cassation : que les tribunaux français ne doivent la justice qu'aux
Français; que, s'agissant de l'état et de la capacité des personnes, il
y aurait lieu d'appliquer les lois étrangères, lois que nos tribunaux sont exposés à ignorer ou à ne connaître qu'imparfaitement;
que leurs décisions pourraient être contredites par les juges de
la nation des parties; etc., etc...

Nous nous demandons, si la Cour a bien réfléchi aux conséquences de sa doctrine. Ainsi que le fait remarquer M. Laurent (3),
« l'interdiction et le conseil judiciaire sont des mesures de protection, mais on doit les imposer à ceux que l'on veut interdire ou
placer sous conseil. A-t-on jamais rencontré un fou qui avouât sa
folie, et un prodigue qui reconnût sa prodigalité? Devant quelque tribunal qu'on les assigne, ils résisteront de toutes leurs forces à la protection qu'on leur veut infliger; ils appelleront cette
protection tyrannie, et ils ne manqueront pas d'opposer l'incompétence du tribunal devant lequel on les traduit ». Qu'en résultera-
t-il? « C'est que des personnes qui ont besoin de protection, plus
encore que les mineurs, ne jouiront pas de la protection que la loi
veut leur assurer; les prodigues auront le temps de se ruiner et
les fous de faire des actes de folies (4). » Les tribunaux français

(1) *V.* Bioche, n° 66; Demolombe, VIII, n° 682.
(2) S., 1874, 2, 103. D., 1875, 2, 62.—*V.* également un jugement du Trib. de la Seine du 22 nov. 1881. Clunet, 1882, p. 300.
(3) *Droit civil int.*, IV, p. 117.
(4) *Droit civil int.*, IV, p. 118.

ne leur doivent pas la justice et le renvoi devant le juge de leur patrie ne sera, le plus souvent, qu'un déni de justice. La Cour d'Alger, il est vrai, admet des exceptions. Mais l'exception compromet la règle, comme toujours, quand la règle n'a pas de fondement rationnel. La Cour de cassation de Turin a décidé (1) que les tribunaux italiens étaient incompétents pour donner un tuteur à un aliéné étranger, mais elle leur permet de nommer un conseil provisoire. Où est la différence, sinon dans la durée des fonctions? Et si le juge peut nommer un tuteur provisoire pour cinq ans, pourquoi pas pour toute la durée de la maladie? L'interdiction et la dation d'un conseil judiciaire sont toujours temporaires, puisqu'elles cessent avec les causes qui les ont provoquées (2). Un arrêt de la Cour de Bruxelles, du 9 juin 1873 (3), se prononce en sens contraire. Il reconnaît la compétence des tribunaux belges pour donner un conseil judiciaire à un étranger, toutes les fois que le défendeur aura son domicile en Belgique. « Chose singulière! fait remarquer M. Laurent (4), la Cour française et la Cour belge invoquent l'une et l'autre la souveraineté, mais l'une pour en induire que les tribunaux français ne doivent pas la justice aux étrangers, et l'autre, pour en conclure que les tribunaux belges exercent leur juridiction sur les étrangers résidant en Belgique aussi bien que sur les nationaux. » Quelle est la vraie notion de la souveraineté? La jurisprudence française voit dans la souveraineté un pouvoir égoïste, n'ayant en vue que l'intérêt français, ce qui conduit à cette conséquence, peu digne d'une nation civilisée, c'est que l'on abandonne à eux-mêmes des malheureux dont la raison n'a jamais été saine, ou dont les facultés intellectuelles sont troublées par une cruelle maladie. La jurisprudence belge, au contraire, estime que la puissance souveraine a pour mission de protéger tous les intérêts individuels, qu'ils concernent les étrangers ou les nationaux, pourvu que les étrangers aient, ce qui détermine la compétence dans tous les pays civilisés, un domicile ou une résidence en Belgique. La vérité n'est évidemment pas du côté de la jurisprudence française!

432. Signalons, en terminant, certaines dispositions concernant la tutelle et l'interdiction, contenues dans les traités passés entre la France et la Suisse. Le traité franco-suisse du 15 juillet 1828,

(1) 13 juin 1874. Clunet, 1874, p. 330.
(2) Laurent, *Droit civil int.*, IV, p. 118.
(3) Pasicrisie, 1873, 2, 359; *Revue de droit. int. privé*, 1874, p. 279; Laurent. *Droit civil. int.*, IV, p. 118.
(4) Laurent, *loc. cit.*, p. 118.

après avoir décidé que les contestations entre les héritiers d'un Français mort en Suisse et d'un Suisse mort en France, seraient portées devant le juge du dernier domicile dans le pays d'origine, ajoutait (Art. 3, *in fine*) : « Le même principe sera suivi pour les contestations qui naitront au sujet des tutelles (1). »

Deux interprétations différentes furent données à ce texte : tandis qu'à Genève on croyait conforme à son esprit d'autoriser l'ouverture de la tutelle des mineurs français qui y avaient leur domicile, en France, et dans les autres cantons Suisses, on renvoyait, pour l'ouverture de cette tutelle, au lieu d'origine (2).

Le traité de 1828 fut remplacé, en 1869 (15 juin), par un nouveau traité dont l'article 10 dispose (3) : « La tutelle des mineurs et interdits français, résidant en Suisse, sera régie par la loi française et, réciproquement, la tutelle des mineurs et interdits suisses résidant en France sera régie par la législation de leur canton d'origine. En conséquence, les contestations auxquelles l'établissement de la tutelle et l'administration de la fortune pourront donner lieu seront portées devant l'autorité compétente de leur pays d'origine, sans préjudice, toutefois, des lois qui régissent les immeubles et des mesures conservatoires que les juges du lieu de la résidence pourront ordonner. »

Mais on ne s'entendit pas plus sur la portée du traité de 1869 que sur le sens du traité de 1828. Peu de temps après sa conclusion, un Genevois établi à Paris y provoque la réunion d'un conseil de famille et la nomination d'un subrogé-tuteur. Le juge de paix français saisi de sa demande, d'accord avec la législation suisse, refusa d'y donner suite en se fondant sur l'article 10 du traité de 1869. Les autorités de Genève consultées décidèrent, au contraire, que la tutelle devait être organisée en France et par les autorités françaises. Le Conseil fédéral trancha le différend en décidant que l'article 10 du traité établit, en matière de tutelle, la compétence exclusive des autorités du lieu d'origine (4). Le message du Conseil fédéral qui accompagnait la présentation du traité ne laisse, parait-il, aucun doute sur ce point (5).

433. Le traité de 1869 (art. 10) ne parle que de la tutelle

(1) S., *Lois annotées*, 1779-1830, p. 1197.
(2) Rapport de la légation Suisse à Paris, du 26 mars 1870. Clunet, 1879, p. 130.
(3) S., *Lois annotées*, 1869, p. 429.
(4) Clunet, 1879, p. 130.
(5) *V.*, sur la question : Louiche Desfontaines, *op. cit.*, p. 320; Lehr, Clunet, 1879, p. 533; Al. Martin. Clunet, 1879, p. 131; Brocher, *Commentaire du traité franco-suisse*, p. 75.

des mineurs et de l'interdiction. Faut-il étendre son application à la dation d'un conseil judiciaire ? C'est l'avis de M. Brocher (1) et c'est aussi le nôtre. A défaut du texte même, cette solution es commandée par l'esprit de la convention et le caractère même de la demande. La nomination d'un conseil judiciaire n'est en effet, ainsi que le fait remarquer la Cour de Nîmes (2), qu'une diminution et une dépendance de la tutelle, et il est certain qu'en réservant au juge du lieu d'origine la connaissance des contestations relatives à l'établissement de la tutelle des interdits, les rédacteurs du traité n'ont pas entendu exclure de cette réserve les contestations relatives à la dation d'un conseil judiciaire. Les unes et les autres doivent être soumises aux mêmes règles et jugées de la même manière.

C. — ÉMANCIPATION ET CURATELLE.

SOMMAIRE. — 434. Généralités. — 435. Les étrangers résidant peuvent être émancipés en France de la même manière que les Français. — 436. Le juge de paix est tenu de recevoir la déclaration du père ou de la mère comme s'il s'agissait de Français. — 437. Compétence des tribunaux français pour les difficultés qui peuvent se produire.

434. En général, le mineur n'est relevé des incapacités résultant de son âge qu'en devenant majeur. C'est alors seulement qu'il devient maître de ses droits et échappe presque complètement à la puissance paternelle. Mais bien souvent il arrive, que le développement intellectuel précédant la majorité légale, le mineur entreprenne une industrie ou un commerce, parvienne à des fonctions dont l'exercice réclame une certaine indépendance incompatible avec le maintien de l'autorité paternelle ou tutélaire. On permet alors au mineur de se faire émanciper, ce qui lui donne la capacité de faire seul les actes relatifs à son commerce et ceux qui concernent l'administration de son patrimoine. Mais comme il est à craindre qu'il manque d'expérience, on lui donne un guide et un conseil, un curateur qui doit l'assister dans les actes qui demandent une certaine maturité.

435. Tout ce que nous avons dit à propos de la tutelle s'applique en matière de curatelle et d'émancipation. Les étrangers résidant en France pourront être émancipés en France de la même

---

(1) Ch. Brocher, *Commentaire du traité franco-suisse du 15 juin 1869*, p. 75.— Dans le même sens : Gerbaut, n° 407 *ter*. — V. également : Nîmes, 28 fév. 1881. Clunet, 1881, p. 351.
(2) Cité note précédente.

manière que les Français. C'est à la loi nationale du mineur qu'il faut se reporter pour savoir s'il peut y avoir lieu à émancipation et si les conditions exigées se trouvent remplies. Mais lorsqu'il s'agit de déterminer le magistrat devant lequel il doit être procédé à l'émancipation, c'est la loi locale qu'il faut consulter; il faut appliquer la règle *locus regit actum*. L'émancipation devra être faite, suivant les cas, soit par la déclaration du père ou de la mère devant le juge de paix, soit par déclaration de celui-ci après délibération du conseil de famille. Le curateur sera, dans tous les cas, nommé par le conseil de famille.

436. On a soutenu que le juge de paix pouvait recevoir la déclaration du père ou de la mère étrangers, mais qu'il n'y était pas tenu (1). C'est étendre à la juridiction volontaire le principe consacré par la jurisprudence pour la juridiction contentieuse : « les tribunaux ne sont institués que pour rendre la justice aux Français, mais ils peuvent consentir à juger les contestations que les étrangers portent devant eux. »

Nous avons déjà combattu cette doctrine dans son principe. (Voir nos 174 et suiv.) Nous pouvons encore moins l'accepter dans l'extension qu'on veut lui donner. C'est improprement qu'on qualifie de juridiction l'intervention des officiers publics pour donner de l'authenticité aux actes ou recevoir des actes concernant l'état des particuliers; c'est plutôt une protection que la loi accorde aux personnes; c'est en vertu de la règle *locus regit actum* que les étrangers réclament cette protection. Refuser de satisfaire à leur demande serait, non seulement proclamer que nos magistrats n'ont été institués que dans l'intérêt exclusif des Français, que la justice n'est pas de droit des gens, mais encore décider que la règle *locus regit actum* ne peut pas être invoquée par les étrangers. Or, c'est justement dans leur intérêt qu'elle a été introduite.

Enfin, le mariage étant un droit naturel, les étrangers, en se mariant, sont émancipés, lorsque tel est leur statut personnel. Si l'émancipation a lieu de plein droit, en vertu de la loi, par le mariage, pourquoi ne pourrait-elle pas avoir lieu par déclaration devant nos magistrats?

437. Toutes les difficultés qui pourront se produire à l'occasion de cette émancipation et de la curatelle qui en est la suite, de même que toutes celles qui pourront survenir entre l'émancipé et le curateur, seront de la compétence de nos tribunaux.

---

(1) Gand, *Code des étrangers*, n° 501, p. 321.

V.

ABSENCE.

438. On a soutenu que l'absence n'était pas une véritable question d'état ou de capacité. Il n'en est rien, croyons-nous. Car si l'absence, même déclarée, ne crée pas une incapacité général et permanente, on ne saurait nier, cependant, que l'état ou la capacité de l'absent soient fortement affectés tant qu'il demeure tel. Constatons que, dans cette matière de l'absence, des intérêts divers s'entremêlent, sans toutefois se combattre ; l'intérêt de l'absent, qui a besoin de la protection de la loi; l'intérêt des tiers, qui peuvent avoir des droits sur les biens de l'absent ; l'intérêt de la société, qui exige que les biens ne restent pas longtemps sans possesseur et sans maître et que l'exercice régulier de la possession ne soit pas interrompu pendant un temps indéterminé. Le droit public et le droit privé s'y rencontrent et s'y combinent.

439. La loi française divise en trois périodes le laps de temps qui s'écoule à compter du jour où la personne disparue a cessé de donner de ses nouvelles : 1° la présomption d'absence pendant laquelle, la probabilité de l'existence de l'absent étant encore forte, la justice, se borne, sur la réquisition des intéressés, à ordonner les mesures propres à conserver son patrimoine; 2° la déclaration d'absence, prononcée après un certain délai, dont l'expiration rend probable le décès de l'absent ; 3° l'envoi en possession définitif, accordé aux intéressés lorsqu'il s'est écoulé un laps de trente ans depuis la disparition de l'absent, ou de cent ans depuis sa naissance. Les lois étrangères contiennent des dispositions analogues.

440. A. — *Présomption d'absence.* Dans la période de présomption d'absence, le présumé absent est réputé plutôt vivant que mort ; les mesures prescrites ont exclusivement pour but la conservation de son patrimoine ; elles ont un caractère purement administratif et ne peuvent être ordonnées qu'en cas d'urgence et dans les limites mêmes de la nécessité. (Art. 112 à 115 C. civ.) Nul doute que nos tribunaux soient compétents pour constater la présomption d'absence et prendre les mesures prescrites pendant cette période. La présomption d'absence n'est qu'un simple fait qui doit, préalablement à toute mesure, être constaté, et nous savons que, de l'avis de tous, les tribunaux français sont toujours compétents pour ordonner des mesures urgentes et conservatoires à l'égard de toutes les personnes et de tous les biens qui se trouvent sur le territoire français.

358. Les tribunaux français devraient se déclarer compétents pour constater la présomption d'absence et prendre les mesures nécessaires à la conservation des biens du présumé absent, alors même que la loi nationale de celui-ci ne contiendrait aucune disposition à cet égard, comme la loi hollandaise, par exemple, pourvu que le présumé absent ait des biens en France.

De l'avis général, c'est d'après la loi nationale que doivent être résolus tous les conflits qui peuvent se produire en matière d'absence (1). Mais, il n'en est ainsi toutefois, qu'autant que l'intérêt de l'État français n'y fait pas obstacle (2). Or, cet intérêt se manifeste assurément dans les mesures conservatoires ordonnées par les articles 112 à 115 du Code civil. La fortune publique étant formée de l'ensemble des fortunes particulières, il importe à l'État que ces dernières ne soient pas compromises par un défaut d'administration. Nos tribunaux devront appliquer la loi française (3).

Et nous croyons que les tribunaux français auraient encore le droit, sinon de déclarer la présomption d'absence, et de nommer un curateur chargé de représenter l'absent d'une manière générale (4), du moins de prendre toutes les autres mesures autorisées par la loi dans l'intérêt des présumés absents, et toutes celles qu'ils jugeraient nécessaires, alors même qu'au lieu d'un individu remplissant toutes les conditions exigées pour qu'il y ait lieu à déclaration de présomption d'absence, c'est-à-dire sur l'existence

---

(1) Demolombe. *De l'absence*, n° 34.
(2) Fiore, *op. cit.*, pp. 162 et suiv.; Louiche-Desfontaines, *op. cit.*, pp. 139 et s. — *Cf.* Laurent, *Droit civil int.*, VI, p. 568; Brocher, *Droit civil int.*, I, p. 260; Rougelot de Lioncourt, *op. cit.*, pp. 153 et suiv; Weiss, *Droit int.*, p. 588.
(3) Brocher, *Dr. int.*, I, p. 264.
(4) Aubry et Rau, I, § 148, p. 593 et note 4.

duquel il y a des doutes, il s'agirait d'une personne simplement non présente, sur l'existence de laquelle il n'y aurait aucun doute, mais qui se trouverait éloignée de son domicile ou de sa résidence, toutes les fois que ses biens seraient en souffrance et qu'il serait possible d'y remédier par des mesures quelconques (1).

La doctrine opposée serait contraire non seulement à l'intérêt de l'individu éloigné de ses affaires, mais à celui des tiers et de l'État lui-même, auxquels il importe que des mesures d'administration et de conservation soient employées (2), et qu'aucune fortune ne demeure en souffrance. Il y a là un intérêt d'ordre général, touchant aux lois de police et de sûreté, qui ne laisse aucun doute sur la compétence de nos tribunaux.

442. Mais quel sera, parmi les tribunaux français, celui qui devra connaitre des questions dont nous venons de parler ? La question est discutée. Les uns attribuent toujours compétence au tribunal de la situation des biens, comme la juridiction la plus capable d'en apprécier les besoins (3). D'autres attribuent à la fois compétence au tribunal du domicile pour constater l'état de présomption d'absence, et au tribunal de la situation des biens pour ordonner les mesures à prendre (4). Enfin, la majorité des auteurs se prononce avec raison, ce nous semble, pour le tribunal du domicile (5).

Les raisons invoquées sont les suivantes : 1° il est de principe que les questions d'état sont de la compétence du tribunal du domicile du défendeur; 2° la présomption d'absence n'est que la préface et l'introduction de la déclaration d'absence pour laquelle le tribunal du domicile est certainement compétent ; 3° le tribunal du domicile, placé au centre des affaires du présumé absent, est mieux à même que tout autre de servir ses intérêts ; 4° enfin, s'il n'en était pas ainsi, il y aurait autant de tribunaux compétents que la personne aurait de propriétés situées dans des arrondissements différents, et il pourrait en résulter une contrariété fàcheuse entre les décisions (6).

Le tribunal compétent pour déclarer la présomption d'absence

---

(1) Demolombe, II. 18; Aubry et Rau, I, § 148, p. 593; Proudhon, I, pp. 253 et s.; Zachariæ, I, p. 288. — *Contrà :* Toullier: I, 386.

(2) Demolombe, *De l'absence,* 18.

(3) Gand, *Code des étrangers,* n° 404.

(4) Proudhon, I, p. 258; Toullier, I, n° 390; Talandier, *Nouveau traité des absents,* 1824, p. 33.

(5) Aubry et Rau. I, § 149. p. 595; Demolombe, II, 20; Duranton, I, 104; Zachariæ, § 149; Delvincourt, I, part. II, p. 83.

(6) Demolombe. II, 20.

d'un étranger en France et prendre des mesures conservatoires relativement à ses biens sera donc le tribunal de son domicile et, à défaut de domicile connu, celui de sa dernière résidence, d'après les principes généraux.

443. Toutefois, s'il y a urgence, ou qu'il ne s'agisse que de l'exécution, des dispositions ordonnées par le tribunal ci-dessus, les parties intéressées pourront aussi s'adresser au tribunal du lieu où se trouvent les biens au sujet desquels il y a lieu de prendre des mesures d'administration (1).

444. Si l'étranger n'avait en France ni domicile, ni résidence, la demande pourrait toujours être portée devant le tribunal de la situation des biens (2).

445. B. — *Déclaration d'absence. Envoi en possession provisoire.* Après un certain nombre d'années, qui varie suivant les pays, naît l'action en déclaration d'absence. Cette deuxième période amène un nouvel ordre de choses : l'ouverture de la succession de l'absent (3), qui est présumé plutôt mort que vivant.

446. Nous trouvons encore ici en lutte le *for* de la situation des biens (4) (arg. art. 3 C. civ.), le *for* d'origine (5) et celui de domicile. Comme en matière de présomption d'absence, c'est d'après le principe du domicile que doit être déterminée la compétence. Les raisons de décider sont les mêmes : à quelque point de vue que l'on se place, c'est la compétence du tribunal du domicile qui s'impose : 1•) Avant de procéder à l'envoi en possession provisoire ou définitif, il y a lieu de prononcer la déclaration d'absence. Cette déclaration modifie considérablement l'état de l'individu disparu. A ce point de vue, la compétence est déterminée par l'article 59, §1er, du Code de procédure. Compétence du tribunal du domicile ; 2e) L'absence déclarée, il faut procéder à l'envoi en possession, qui n'est qu'une dévolution de succession provisoire. A ce point de vue encore, compétence du tribunal du domicile (arguments, art. 110 et 822 C. civ., 59, § 6, C. pr. civ.); 3e) C'est le tribunal du domicile qui est le mieux à portée d'apprécier s'il y a ou non lieu à déclaration d'absence. C'est là que l'individu disparu est connu, c'est là qu'il a ses relations, ses parents, ses amis, c'est là qu'on aura de ses nouvelles et que l'on pourra savoir s'il a chargé quelqu'un de veiller à ses intérêts ; etc., etc.

(1) Aubry et Rau, Demolombe, Proudhon et Zachariæ, *loc. cit.*
(2) Bonfils, n° 78, p. 74.
(3) Aubry et Rau, I, p. 594.
(4) Gand. *Code des étrangers*, n° 406.
(5) Bonfils, n° 78, p. 74.

447. Les objections que l'on a fait valoir pour refuser aux tribunaux du domicile la juridiction nécessaire pour déclarer l'absence d'un étranger seraient, en résumé : « Que la loi qui organise le régime de l'absence est un statut personnel, que cette loi modifie trop profondément la personnalité tout entière de l'absent, ses droits d'époux, de chef de la communauté, de père, d'administrateur du patrimoine commun…, etc… (1).

C'est toujours cette même confusion entre la loi à appliquer au fond et la juridiction qui doit statuer. Qu'importe que la loi qui organise l'absence soit la loi nationale de l'absent ou toute autre loi ? Les tribunaux d'un pays n'ont pas été établis pour appliquer une loi déterminée, mais pour rendre la justice à quiconque la réclame. La question de savoir quelle est la loi applicable est une question de fond, qui ne vient qu'après la question de compétence résolue et n'a rien à faire dans la détermination de cette dernière.

448. Ceci dit, faisons application des principes posés. La solution varie suivant que l'étranger absent a son domicile ou sa résidence en France ou au contraire à l'étranger. Nos tribunaux seront compétents toutes les fois que l'étranger dont on demande la déclaration d'absence aura son domicile ou, à défaut d'un domicile quelconque en France ou à l'étranger, sa résidence en France.

Mais il nous paraît certain que nos tribunaux seraient incompétents pour déclarer l'absence d'un étranger qui n'aurait en France ni domicile, ni résidence. C'est le tribunal du domicile ou, à défaut de domicile connu, celui de la résidence, qui doit connaître de la demande en déclaration d'absence. C'est là qu'il faudra renvoyer les parties à se pourvoir. Comme le fait remarquer M. Demolombe, avec la Cour de Douai (2), outre que la compétence des tribunaux français ne reposerait, dans ce cas, sur aucun principe de droit, « il y aurait impossibilité matérielle de remplir les formalités tutélaires de la déclaration d'absence, qui supposent essentiellement que la personne qui a disparu avait son domicile ou sa résidence en France ».

449. Mais que décider si l'étranger dont on veut faire déclarer l'absence, et qui n'a en France ni domicile ni résidence, y possède des biens immobiliers ? Y a-t-il lieu de faire une exception et d'admettre la compétence de nos tribunaux ? On l'a soutenu. — La déclaration d'absence, dit-on, n'est en réalité que l'ouverture provisoire d'une

---

(1) Bonfils, n° 78, p. 74. — V. Douai, 2 août 1854. S., 1854, 2, 700. D., 1855, 2, 4.
(2) Demolombe, II, n° 14 *bis*; Bonfils, n° 78; Douai, 2 août 1854, *loc. cit.*

succession. Comme en matière de succession, c'est d'après la loi nationale de l'absent que devront être dévolus les biens meubles, mais pour les immeubles, il faut s'attacher rigoureusement à la loi de la situation. L'article 3, § 2, l'exige ainsi. Comme conséquence, ce sont les tribunaux français qui seront compétents pour déclarer l'absence et procéder à l'envoi en possession, toutes les fois que l'absent, Français ou étranger, aura des biens situés en France (1).

Nous ne croyons pas que la nature même des choses, dans la question qui nous occupe, permette d'aller aussi loin. L'absence est une modification de l'état de la personne disparue. L'existence de cette dernière étant devenue incertaine, ses droits sont en quelque sorte paralysés, sa capacité suspendue. Les principes généraux · obligent à appliquer la loi nationale (2). Le système contraire conduit à l'émiettement du patrimoine et à des difficultés pratiques insurmontables. Il pourra se faire qu'un tribunal présume une personne morte par rapport à tels biens, et qu'un autre tribunal la considère comme vivante par rapport à tels autres. Un tel résultat est évidemment inadmissible. La nature même des choses exige qu'on procède avec unité. Quant à l'article 3, § 2, du Code civil, il n'a pas la portée qu'on lui prête. Les immeubles possédés par des étrangers, en France, nous croyons l'avoir démontré, ne sont soumis à la loi française, et on n'exclut l'application des lois étrangères, qu'autant qu'il y a un intérêt général en jeu (3), non lorsqu'il ne s'agit que d'intérêts privés. Or, les lois qui attribuent aux héritiers présomptifs de l'absent la jouissance et la disposition de ses biens, sont des lois d'ordre privé, dont la souveraineté territoriale n'a aucun intérêt à restreindre l'application (4).

Quoi qu'il en soit d'ailleurs, et alors même que l'on admettrait l'interprétation que donnent de l'article 3 les partisans de la doctrine traditionnelle des statuts, et que tous les immeubles situés en France devraient, à quelque point de vue que l'on se place, même en matière d'absence, même en matière de succession, être régis par la loi française, il n'en résulterait pas, pour cela, que la demande en déclaration d'absence dût être portée devant le tribunal de la situation. Car, ainsi que nous l'avons déjà fait remar-

(1) Consult. sur la question : Rocco, 3ᵉ partie, ch. 28; Barde, *Théorie traditionnelle des statuts*. Bordeaux, 1880, p. 109; Gand, *Code des étrangers*, n° 405, p. 265.
(2) Consult. Fiore, p. 162; Louiche-Desfontaines, p. 139; Brocher, I, 260; Laurent, VI, 568; Rougelot de Lioncourt, pp. 153 et suiv.
(3) Par exemple, lorsqu'il s'agit de déterminer le régime de la propriété foncière, quels biens sont meubles et immeubles, in commercium, extra commercium, etc., etc.
(4) Weiss, *Droit int.*, p. 590.

quer plusieurs fois, l'article 3 ne s'occupe que de la loi applicable, non de la question de compétence. Celle-ci ne peut être déterminée que d'après des règles de procédure, et il faut se reporter nécessairement à l'article 59 du Code de procédure, où elles sont contenues. Or, la déclaration d'absence donnant lieu, d'une part à l'ouverture provisoire de la succession de l'absent, et entraînant d'autre part une modification importante dans la capacité de la personne disparue, il ne saurait être question d'appliquer que le § 1 ou le § 6 de l'article 59 C. pr. civ. (Arg. Art. 110, 822 et 116 C. civ.) Dans les deux cas, la compétence indiquée est celle du tribunal du défendeur (1).

450. Mais n'y aurait-il pas lieu de faire une distinction et de partager la juridiction : au tribunal étranger du domicile le droit de statuer sur la déclaration d'absence, à celui de la situation le droit de statuer sur l'envoi en possession. C'est le système que semble avoir voulu consacrer la Cour de Douai, dans son arrêt du 2 août 1854 (2). Nous ne croyons pas qu'il puisse être sérieusement soutenu. Toutes les observations que nous venons de faire au sujet du système précédent trouvent leur place ici. La Cour et les partisans de ce système séparent deux idées absolument inséparables l'une de l'autre, celle de la déclaration d'absence et celle de l'envoi en possession. L'envoi en possession n'est que la conséquence de la déclaration d'absence. Comme telle, il est rationnel que la demande en soit portée devant le même tribunal que la déclaration d'absence ; il résulterait d'ailleurs du système de la Cour de Douai qu'il y aurait autant de tribunaux compétents que l'absent aurait de biens situés dans des pays ou arrondissements différents, ce qui pourrait entraîner des contrariétés fâcheuses de décisions, en même temps que des lenteurs et des frais considérables. Dans la pratique, il est d'usage de demander à la fois la déclaration d'absence et l'envoi en possession provisoire, de manière qu'il soit statué sur le tout par un même jugement. Cette solution, admise presque par tous dans l'ordre interne, doit l'être aussi dans l'ordre international.

C'est donc aux tribunaux étrangers du domicile que devront s'adresser les intéressés qui voudront obtenir la déclaration d'absence et l'envoi en possession des biens d'un étranger, n'ayant en France, ni domicile ni résidence, mais possédant des biens situés sur notre territoire. Le tribunal du domicile statuera. Le juge-

---

(1) V. au surplus : Proudhon, *L'état des personnes*, I, 272.
(2) S., 1854, 2, 700. D., 1855, 2, 4, déjà cité au système de la jurisprudence. Interprété autrement, l'arrêt de la Cour de Douai n'a pas de sens.

ment rendu par le tribunal étranger (du domicile) aura autorité de la chose jugée en France (1), et il ne pourra être question pour nos tribunaux de statuer que si les intéressés réclament des mesures d'exécution ; il y aura alors lieu à *exequatur* (2).

451. Mais nous reconnaissons aux tribunaux de la situation des biens le droit de prendre des mesures provisoires, au besoin même, d'aviser d'une manière plus permanente, lorsqu'aucune décision ne serait prise par l'autorité compétente pour déclarer l'absence, sauf à ces mesures à cesser aussitôt que l'autorité compétente aura statué. Il peut se rencontrer des hypothèses où l'ordre public exige qu'une décision prompte soit rendue. On ne saurait, dans ce cas, discuter la compétence des tribunaux de la situation.

452. C. — *Envoi en possession définitif.* Après l'absence déclarée, l'envoi en possession provisoire prononcé, et lorsque cet état de choses a duré un certain temps, les intéressés peuvent faire convertir l'envoi provisoire en un envoi définitif, qui leur confère la propriété des biens de l'absent. C'est surtout à cette époque que l'envoi en possession présente, entre les envoyés, l'image d'une succession. A ce titre (Art. 110, 822 C. civ., 59 C. pr, civ.), comme aussi parce que l'envoi en possession définitif n'est le plus souvent que la confirmation de l'envoi en possession provisoire, il est incontestable que le tribunal compétent pour le prononcer soit le même que celui qui est compétent pour statuer en matière de succession et déclarer l'absence, c'est-à-dire le tribunal du domicile de l'absent, ou, à défaut de domicile, celui de sa résidence, sans distinction de nationalité.

VI

ACTIONS EN MAINLEVÉE D'OPPOSITION AU MARIAGE

SOMMAIRE. — 453. Généralités. — 454. Compétence des tribunaux français pour prononcer la mainlevée. Compétence du tribunal élu. — 455. Le demandeur peut aussi porter sa demande devant le tribunal du domicile de l'opposant. — 456. Mise en cause de l'officier de l'état civil français.

453. Il est plus expédient de prévenir le mal qu'il n'est facile de le réparer, disait Portalis dans son exposé de la loi relative au mariage. De là le droit conféré à certaines personnes de s'opposer

___

(1) Argument. C. inst. crim., art. 7 ; C. civ., art. 3, § 3. — *Cf.* Clunet, 1885, pp. 399 et 453. — *Contrà :* Aubry et Rau, VIII, p. 414.
(2) *V.* sur cette question : Moreau, *Effets internationaux des jugements en matière civile.*

au mariage. Nous n'avons pas à nous occuper des formes de l'opposition ni de ses effets, pas plus que des personnes auxquelles il appartient de former opposition, mais seulement de la mainlevée de cette opposition.

454. Lorsqu'il y a opposition, il est de principe que le mariage ne peut être célébré qu'autant qu'il y a mainlevée de l'opposition.

Un étranger veut contracter un mariage en France. Un de ses parents, son père, par exemple, forme opposition au mariage et refuse de donner mainlevée volontaire. Il y a lieu de recourir à la justice. En France, c'est au futur époux, du chef duquel l'opposition est formée, à prendre l'initiative contre l'opposant de l'action en mainlevée. Pourra-t-il, quand il est étranger, et qu'il agit contre un autre étranger (comme dans notre hypothèse), intenter son action devant la justice française, ou devra-t-il, au contraire, s'adresser aux tribunaux étrangers?

La question s'est présentée devant la Cour de Rennes, le 16 mai 1842 (1). Dans l'espèce, il s'agissait d'une jeune fille étrangère qui, s'étant engagée solennellement, par une promesse obligatoire suivant les lois de son pays, à épouser un jeune homme français, voulait passer outre au consentement de son père. Le père ayant formé opposition au mariage, il s'agissait de statuer sur la mainlevée formée par la future épouse étrangère contre son père, également étranger. La cour n'hésita pas à se déclarer incompétente (2). Elle était déterminée, dans sa décision, par les conclusions conformes de M. l'avocat général Foucher, déjà rapportées (3). « La fille étrangère veut se marier en France sans le consentement de son père; le père forme opposition au mariage; il y a débat entre eux sur l'étendue de la puissance paternelle d'après les lois de la mère-patrie; les tribunaux seuls de ce pays peuvent juger entre le père et la fille, et ce sera lorsque l'autorité nationale aura prononcé que, forte de sa décision, la fille pourra se présenter devant l'officier de l'État civil français afin de contracter un mariage valable. » Fœlix, dans son *Traité de droit international*, approuve cette doctrine (4). Et elle a été consacrée récemment par un jugement du tribunal de la Seine (5).

Nous ne croyons pas que l'on puisse adopter ce système. C'est

(1) S., 1842, 2, 211. D., v° *Mariage*, n° 307.
(2) V. Jurisp., n° 162.
(3) Sous Rennes, 16 mars 1842. D., v° *Mariage*, n° 307.
(4) I, n° 158, p. 332.
(5) 22 août 1878. Clunet, 1878, p. 503.

assurément une des questions où la compétence des tribunaux français nous semble le plus indiscutable (1). En effet, aux termes de l'article 176 du Code civil, « tout acte d'opposition doit contenir élection de domicile dans le lieu où le mariage doit être célébré. » Par application de la règle *locus regit actum*, il est indiscutable que la formalité de l'article 176 s'applique aussi bien aux étrangers qu'aux nationaux. Tout étranger qui voudra former opposition au mariage qu'un autre étranger se propose de contracter en France devra donc s'y conformer. Or, nous savons que l'élection de domicile faite par un étranger, dans un lieu situé en France, donne compétence au tribunal de ce lieu. L'étranger demandeur pourra donc, en vertu même de ces principes, porter son action en mainlevée devant le tribunal du domicile élu. Et cette solution est d'autant plus admissible ici que, de l'avis unanime, le but poursuivi par la loi en édictant cette formalité d'une élection de domicile dans l'acte d'opposition a été de donner au futur époux contre lequel l'opposition est dirigée le moyen d'en obtenir promptement la mainlevée (2). Cette attribution de juridiction sera d'autant plus nécessaire que le domicile de l'opposant sera situé plus loin.

M. Demangeat (3) fait en outre remarquer, qu'une solution contraire aboutirait à ce singulier résultat, que l'étranger qui s'oppose au mariage de son enfant serait investi, à cet égard, d'une puissance bien plus grande que le Français ; car, en fait, il y aura souvent des obstacles insurmontables à ce qu'on puisse obtenir en pays étranger mainlevée de l'opposition.

Enfin, exiger que l'opposition soulevée soit jugée par un tribunal étranger, ce serait exiger l'accomplissement d'une formalité sans portée en France, où le jugement devra toujours être soumis à la justice française pour sortir à effet (4). Ce serait entraîner des longueurs et des frais qu'aucun principe ne justifie. Mais, dit-on, c'est d'après le statut personnel, d'après la loi étrangère que devra être appréciée la validité de l'opposition (5). C'est toujours la même confusion entre le statut et la compétence, la loi applicable et la

---

(1) En ce sens : Demangeat, sous Fœlix, I, p. 332, n. *a*; Féraud-Giraud. Clunet, 1880, p. 151.; Gerbaut, n° 411, p. 539.

(2) Observation de la section de législation du Tribunat. Locré. II, pp. 454-455, n° 13; Merlin. v° *Opposition*, n° 4, quest. I, sur l'art. 177; Proudhon, I, 427 ; Demolombe, *Du mariage*, I, n° 157, p. 257; Laurent, *Droit civ.*, II, 398; Req. rej., 1859. S., 1859, 1, 301; Rouen, 13 nov. 1878. S , 1879, 2, 71, et arrêts cités par Gerbaut, note 1080.

(3) Demangeat, sous Fœlix, I, p. 332, n. *a*.

(4) Féraud-Giraud. Clunet, 1880, p. 151.

(5) Conclusions de M. l'avocat général Foucher, et arrêt cité *supra*.

juridiction. M. Féraud-Giraud le reconnaît lui-même (1) : « Ce n'est pas une raison pour en conclure que les tribunaux français sont incompétents. Combien de fois ne sont-ils pas obligés d'appliquer la loi étrangère ! Ainsi, un acte passé entre Français à l'étranger, et qui doit recevoir exécuton en France, doit être apprécié, au point de vue de la validité de la forme, d'après la loi étrangère, suivant la règle *locus regit actum ;* mais cette soumission à la loi étrangère n'autorise pas l'incompétence des tribunaux français. »

Quant à l'argument tiré de l'élection du domicile en France, que doit contenir l'acte d'opposition, d'après la Cour de Rennes (2) et M. l'avocat général Foucher, il n'y aurait pas lieu de s'y arréter, car c'est confondre la forme et le fond (3). Mais ici la forme emporte le fond au point de vue de la compétence, car c'est précisément pour que celui dont le projet de mariage est frappé d'opposition puisse en faire apprécier le mérite judiciairement, sans être tenu d'aller plaider au loin, que cette élection de domicile est exigée (4).

455. Mais l'étranger demandeur n'est pas forcé d'intenter son action devant le tribunal du domicile élu ; il peut, s'il le préfère, la porter devant le tribunal du domicile de l'opposant (5). (Art. 59, §9, C. pr. civ.). Et de ce chef encore, nos tribunaux peuvent être compétents, toutes les fois que l'opposant aura son domicile en France, quel que soit d'ailleurs le lieu où il ait dû faire élection de domicile.

456. Dans l'affaire sur laquelle était appelée à se prononcer la Cour de Rennes, le futur époux, appartenant à la nationalité française, avait été mis en cause. La Cour n'a pas cru devoir s'arrêter à cette circonstance, estimant, en fait, qu'il n'était intervenu dans l'instance que pour attribuer compétence aux tribunaux français par un moyen frauduleux. « Je doute, dit M. Féraud-Giraud (6), qu'une pareille appréciation pût intervenir, si c'était l'officier de l'état civil lui-même qui était mis en cause, pour entendre dire que, malgré l'opposition, il serait tenu de passer outre, ou que, par suite de l'opposition, il serait obligé de s'abstenir, suivant que la mise en cause serait le fait de la personne qu'atteint l'opposition, ou de la personne qui l'a produite. » Il est probable qu'alors, la

---

(1) Clunet, 1880, p. 151.
(2) Et après elle le Tribunal de la Seine, *loc. cit. suprà.*
(3) *V.* n° 162.
(4) Féraud-Giraud, 1880. Clunet, p. 151.
(5) Proudhon, I, p. 427; Aubry et Rau, V, § 457.
(6) *Loc. cit.*

contestation ne s'élevant plus exclusivement entre étrangers, la jurisprudence se départirait de sa rigueur et consentirait à juger. Nous ne saurions que conseiller ce moyen en pratique.

VII

ACTION EN AUTORISATION MARITALE

SOMMAIRE. — 457. Généralités. Diversité des législations sur l'étendue de la puissance maritale. — 458. Quel sera le tribunal compétent pour accorder l'autorisation? Distinction — 459. *1re hypothèse :* La femme est demanderesse. Compétence du tribunal du domicile commun des époux. - 460. *Quid* si les époux n'ont qu'une simple résidence en France? — 461. *Quid* s'ils n'ont ni domicile ni résidence? — 462. Demande d'autorisation pour contracter. — 463. Femme séparée de corps. — 464. *2me hypothèse :* Femme défenderesse. Compétence du tribunal devant lequel doit être portée la demande.

457. L'étendue de la puissance maritale varie suivant les diverses législations. Il en résulte nécessairement des divergences assez notables dans la capacité de la femme mariée pour pouvoir contracter et s'obliger volontairement ou judiciairement. Certaines législations absorbent complètement la personnalité juridique de la femme dans celle du mari (1); d'autres, au contraire, la considèrent comme se trouvant dans un état de capacité complète (2); enfin, entre ces deux systèmes absolus, se place un système intermédiaire qui, à l'exemple de la loi française (Art. 215 et s. C. civ.), reconnaît à la femme une capacité personnelle, mais la mitige par les droits du mari, sans l'autorisation duquel aucun acte juridique important ne lui est permis. C'est le système le plus généralement admis (3). Après quelques hésitations (4), la doctrine et la jurisprudence sont aujourd'hui fixées dans le sens de la personnalité du statut de la capacité de la femme mariée (5). Par suite, la femme étrangère dont la législation nationale n'exige pas d'autorisation n'y sera pas astreinte en France (6). Celles, au contraire, qui y seraient soumises dans leur pays le seront en France, dans les cas et aux conditions fixées par leur loi nationale.

(1) *V.* notamment les législations anglaise et américaine. Ce système tend de plus en plus à disparaître. — *V.* Weiss, note 5, p. 667, et note 1, p. 668.
(2) Loi Autrichienne. Loi Russe.
(3) Ce système est appliqué en Belgique, aux Pays-Bas, en Italie, en Pologne, dans le canton de Genève, et en Espagne.
(4) Merlin, *Rép.*, v° *Effet rétroactif*, sect. III, § 2, art. 5, n° 3.
(5) Aubry et Rau, I, p. 303, n° 78, note 59; Laurent. *Droit int.*, V, pp. 129 et suiv.: Fiore, *op. cit.*, pp. 203 et suiv.; Bard, *op. cit.* p. 224; Bastia, 16 fév. 1844. S., 1844, 2, 663; Trib. civ. Seine, 12 avril 1882. Clunet, 1882, p. 619.
(6) Aubry et Rau, *loc. cit.* Clunet, 1880, pp. 186 et suiv.; Trib. civ. Seine, 6 août 1878. Clunet, 1879, p. 62.

458. L'incapacité de la femme mariée peut s'appliquer à deux ordres de faits: contracter et ester en jugement. Dans ces deux hypothèses, lorsque sa loi nationale l'y soumet, la femme mariée aura besoin de l'autorisation maritale. Rien à dire si le mari consent à donner son autorisation. Cette autorisation sera donnée en se conformant à la *lex loci* pour la forme, et à la loi nationale pour le fond. Mais il se peut que le mari refuse son autorisation, ou qu'étant incapable ou absent, il soit dans l'impossibilité de la donner. Il faut alors que la justice intervienne. Mais à quel tribunal faudra-t-il s'adresser? La demande pourra-t-elle être portée devant les tribunaux français ou, au contraire, faudra-t-il se pourvoir devant les tribunaux étrangers?

Il faut distinguer deux cas parfaitement caractérisés : 1° le cas où la femme mariée agissant spontanément prend l'initiative d'un contrat ou d'un procès, se porte demanderesse et prétend jouer un rôle actif, et 2° le cas où la femme se refusant à contracter volontairement, une demande judiciaire est dirigée contre elle. Voyons ces deux hypothèses.

459. *Première hypothèse.* — La femme mariée prend l'initiative d'un contrat volontaire ou judiciaire. — C'est alors évidemment à elle-même qu'incombe l'obligation de requérir l'autorisation de son mari. Si celui-ci refuse ou ne peut donner son autorisation, à quel tribunal faudra-t-il qu'elle s'adresse? Conformément au droit commun en matière de compétence, c'est au tribunal de première instance de l'arrondissement du domicile du défendeur, c'est-à-dire au tribunal du domicile commun (car le défendeur ici, c'est le mari), que doit être portée la demande de la femme. La doctrine et la jurisprudence sont sur ce point parfaitement d'accord, dans l'ordre interne (1). Conformément à tout ce que nous avons déjà dit en matière de juridiction, nous ne voyons absolument rien qui, dans le domaine international, puisse s'opposer à l'application de cette même règle, bien qu'on ait signalé un jugement et une doctrine contraires (2).

Aux termes de l'article 219 du Code civil, « si le mari refuse d'autoriser sa femme à passer un acte, la femme peut faire citer son mari devant le tribunal du domicile commun. » C'est là une disposition de procédure applicable aux étrangers comme aux na-

---

(1) *V.* Demolombe, IV, n°ˢ 254 et suiv.; Merlin, *Rép.*, v° *Autorisation maritale*, sect. VIII, n° 2; Carré, *Lois de procédure*, quest. 2909; Proudhon, I, p. 469; Aubry et Rau, V, § 472, p. 145; Paris, 24 avril 1843. S., 1843, 2, 264.

(2) Fœlix, I, 158; Trib. civ. Seine, 27 nov. 1839. *Gaz. Trib.*, 28 nov.

tionaux. De l'avis général (1), il n'y a aucune différence à faire au point de vue de la compétence et du mode de procéder, quel que soit le but de l'autorisation, qu'il s'agisse de contracter ou d'ester en jugement. A quel autre tribunal, d'ailleurs, la femme pourrait-elle s'adresser? Sous tous les rapports, le tribunal du domicile du mari, qui sera (sauf le cas de séparation de corps) le domicile de la femme elle-même, est celui qui convient le mieux à cette mission (2).

460. A défaut de domicile connu, ce sera, d'après les principes généraux, toujours applicables quand il n'y a pas de texte qui y déroge, devant le tribunal de la résidence du mari que la femme devra porter sa demande en autorisation.

461. Mais si le mari n'a ni domicile ni résidence connus, à quel tribunal la femme devra-t-elle s'adresser? La renvoyer à se pourvoir devant les autorités de son pays d'origine, ce serait non pas éliminer les difficultés, mais bien en créer de nouvelles. Dans la plupart des législations, la règle est qu'en matière personnelle et mobilière, la compétence se détermine d'après le domicile ou la résidence. Il est plus que probable que, quel qu'il soit, le tribunal auquel s'adresserait la femme mariée, dans son pays d'origine ou celui de son mari, la renverrait à se pourvoir ailleurs, car, le mari n'y ayant ni domicile ni résidence connus, le tribunal saisi serait nécessairement incompétent *ratione loci*.

Dans le domaine interne, on a admis pour ce cas le *forum litis*, en concédant à la femme le droit de porter sa demande en autorisation devant le tribunal compétent pour connaitre de la contestation (3). Il n'y aurait certes pas lieu internationalement à être plus rigoureux, plus strict, au contraire (4).

462. Si, au lieu d'une autorisation pour ester en jugement, il s'agissait, pour la femme, d'obtenir l'autorisation de contracter et qu'il n'y eût aucune contestation judiciaire, il faudrait, à notre avis, si le mari n'avait, comme dans notre hypothèse, ni domicile ni résidence connus, que l'autorisation fût demandée au tribunal du domicile ou de la résidence de la femme.

463. Il y a lieu d'étudier séparément l'hypothèse où la femme est séparée de corps. Le but principal de cette séparation, appelée autrefois séparation d'habitation, était de dispenser les époux de

---

(1) *V*. Demolombe, IV, *loc. cit.*; Aubry et Rau, *loc. cit.*, p. 145.
(2) Demolombe, IV, 251.
(3) D., 1864, 5, 23.
(4) En ce sens : Besançon, 20 mai 1864. S., 1864, 2, 146. — *V*. aussi Demolombe, IV, 251 *bis*.

l'obligation de vivre ensemble; il ne saurait être question, pour la femme, de porter sa demande en autorisation devant le tribunal du domicile commun, car ce domicile n'existe plus. D'un autre côté, obliger la femme à rechercher son mari devant toutes les autorités des différents endroits de l'étranger où il plaira au mari de stationner, ce serait souvent refuser à la femme séparée de corps la possibilité d'obtenir cette autorisation qui, pour elle plus que pour toute autre, devient fréquemment nécessaire.

Il faut chercher un autre tribunal auquel on puiss attribuer compétence. Dans l'ordre international, comme dans l'ordre interne, et à plus forte raison même, dans l'ordre international, à cause de l'éloignement, des frais et des difficultés, ce tribunal ne peut être que celui du propre domicile de la femme (1).

464. *Deuxième hypothèse.* — La femme mariée, se renfermant dans un rôle purement passif et de défenderesse, est citée en justice. Les demandeurs ont alors intérêt à plaider contre une personne qui a le libre exercice de ses droits et qui est autorisée à ester en jugement, de la manière fixée par les lois qui règlent son état et sa capacité. C'est à eux qu'il appartient de provoquer l'autorisation maritale, de requérir l'intervention de l'autorité constituée pour suppléer à cette autorisation, quand le mari ne peut pas ou ne veut pas la donner. Obliger les tiers demandeurs à rechercher le mari devant les autorités de son domicile, de sa résidence, ou de son simple stationnement, ce serait rendre souvent illusoire la revendication de leurs droits. La connivence du mari et de la femme aidant, ce serait parfois refuser toute justice aux demandeurs.

On est d'accord pour admettre la compétence du tribunal devant lequel doit être portée la demande dirigée contre la femme. Ainsi que le faisait remarquer Berlier dans l'exposé des motif du titre VII (2), l'autorisation dont il s'agit ici n'est pas la même que celle qui a lieu quand la femme est demanderesse. L'autorisation n'est pas, dans ce cas, l'objet d'un débat *particulier et préalable*. Le tiers qui assigne la femme assigne également le mari à l'effet de l'autoriser. (Art. 218 et 2208 C. civ.) Si celui-ci refuse ou ne peut la donner, l'autorisation n'est « *qu'une simple formalité que la justice supplée* ». Ce n'est qu'un simple incident, une sorte de formalité accessoire, nécessaire pour régulariser la procédure ; or, le tribunal compétent pour juger la cause principale est compétent pour juger les incidents : « *Pertinet ad officium judicis universam quæstio-*

---

(1) Demolombe, IV, 254 *bis;* D., 1864, 2, 185; 1866, 2, 45; 1871. 2, 105.
(2) (II° partie, livre I.) Locré, XXIII, p. 151.

nem incidentem, quæ in judicium devocatur, examinare (1). » Il est d'ailleurs à remarquer que la femme étant défenderesse, le *forum litis* se confondra le plus souvent avec le *forum* normal de la femme et du mari. Les raisons qui ont fait admettre cette compétence spéciale existent avec bien plus de force dans l'ordre international que dans l'ordre interne, et les auteurs qui défendent avec le plus d'autorité le principe du *forum originis* pour les questions d'état et de capacité reconnaissent eux-mêmes que, dans cette matière, le renvoi devant les tribunaux d'origine ne saurait être appliqué rigoureusement (2).

VIII

DEMANDES EN NULLITÉ DE MARIAGE

SOMMAIRE. — 465. Généralités. — 466. Action formée incidemment à une demande principale. — 467. Demande en nullité formée par voie d'action principale. Distinction proposée suivant que la femme est d'origine française ou étrangère. — 468. Réfutation. Il y a lieu de faire une distinction suivant que le mariage est nul de nullité absolue ou simplement annulable.

465. Une demande en nullité de mariage constitue, sans contredit, une des plus graves et des plus importantes questions d'état.

466. Conformément à ce que nous avons dit au début de cette section, nos tribunaux seront toujours compétents, quelle que soit la nationalité des parties en cause, toutes les fois que l'action en nullité devra être examinée incidemment et comme moyen de statuer sur une demande principale régulièrement portée devant eux. Les auteurs et la jurisprudence sont d'accord pour le reconnaitre (3).

467. Mais il se peut que la demande en nullité soit portée directement et par voie d'action principale devant les tribunaux français. Devront-ils se déclarer compétents ou, au contraire, renvoyer les parties à se pourvoir devant les tribunaux étrangers? Il est d'abord une distinction que l'on a voulu faire et qu'il importe avant tout d'écarter. D'après la jurisprudence (4) et l'avis de certains auteurs (5), il faudrait distinguer, suivant que la femme est d'origine française ou étrangère. D'après eux, la question de compé-

(1) L. 1, Code, *de Ordine judiciorum.* Demolombe, IV, n° 266.
(2) Brocher, *Droit int.*, 165; Wheaton. §§ 267 et 268; Westlake, art. 102.
(3) Fœlix, I, n° 158, p. 332; Féraud-Giraud, 1880. Clunet, p. 151, et 1885, pp. 225 225 à 249, 375 à 396; Gerbaut, n° 413, p. 542. — *V.* Jurisprudence, *suprà.*
(4) V. *suprà*, n° 164, p. 99.
(5) Fœlix, I, n° 175, p. 363; Demangeat sur Fœlix, *idem*, note *a*; Aubry et Rau, VIII, § 748 *bis*, p. 444, et note 38; Féraud-Giraud. Clunet. 1880, p. 151. — *V.* égal. Gand, *Code des étrangers*, n°* 392 et suiv., pp. 254 et suiv.

tence entre étrangers ne se pose que dans le cas où la femme est d'origine étrangère. Dans le cas où elle est Française d'origine, le procès ne s'agite plus entre étrangers, mais entre Français et étrangers, et il y a lieu d'appliquer l'article 14 du Code civil lorsque la femme est demanderesse (1), et l'article 15 lorsqu'elle est défenderesse (2). Ce serait commettre une pétition de principe évidente que de s'appuyer sur l'acte de mariage argué de nullité pour prétendre que la femme d'origine française, étant devenue étrangère par son mariage, la contestation entre elle et son mari étranger (ou tout autre étranger ayant droit de demander la nullité du mariage) s'agite entre étrangers, car ce qui est en question, c'est précisément la validité du mariage et ses suites (3). En effet, la demande en nullité de mariage tend à faire déclarer, par voie de conséquence, que la femme n'a jamais perdu sa nationalité d'origine, de sorte que la question de compétence se confond avec la question de fond (4).

468. Malgré l'appui de la jurisprudence et l'autorité des auteurs qui la soutiennent, cette doctrine ne nous semble pas pouvoir être juridiquement soutenue. Pour qu'il y ait lieu à l'application des articles 14 et 15 du Code civil, il ne suffit pas que l'une des parties en cause (demandeur pour l'article 14, défendeur pour l'article 15) ait la qualité de Français au moment où s'est produit le fait générateur du droit en litige, il faut avoir cette qualité au moment de l'exercice de l'action. Or, nous nions que la femme française d'origine, mariée à un étranger, ait conservé dans la plupart des cas la qualité de Française au moment où se produit, de sa part ou contre elle, une demande en nullité de mariage. Les principes généraux sur la nullité des actes s'y opposent.

Il y a tout au moins lieu de faire une distinction. En matière de mariage, comme dans tous les contrats en général, on distingue deux sortes de nullités. — Le mariage, comme tout acte juridique, peut être, soit nul, soit inexistant. Un acte inexistant est celui qui n'a pas d'existence légale ; c'est une simple apparence sans réalité, autrement dit, le néant. Il ne peut produire aucun effet. La doctrine indique trois cas dans lesquels le mariage est inexistant : 1° lorsqu'il n'y a pas différence de sexe ; 2o l'absence de consentement ; enfin, 3° l'absence de manifestation du consentement des parties contractantes devant un officier de l'état civil.

---

(1) Demangeat sous Fœlix, *loc. cit.*
(2) Gand, *Code des étrangers*, n° 394, pp. 255 et 256.
(3) Clunet, 1874, p. 74.
(4) Aubry et Rau, VIII, § 748 *bis*, p. 144 et note.

Dans tous ces cas, le mariage, étant inexistant, ne saurait produire aucun effet. Nul doute que dans ces différentes hypothèses la
femme française d'origine qui plaide en nullité de mariage, ou
contre laquelle on plaide dans ce but, ne doive être considérée
comme Française, et que les art. 14 et 15 soient applicables à la
contestation. Mais cela ne se produira presque jamais. Ce sont
des cas que la pratique ignore presque complètement. Au contraire, il peut arriver fréquemment que le mariage soit entaché
d'un vice de constitution. Il y a impuberté des époux ou de l'un
d'eux, bigamie, inceste, clandestinité du mariage, incompétence de
l'officier de l'état civil, vice du consentement des époux, absence
de consentement des parents ou du conseil de famille, etc. Dans
tous ces cas, le mariage peut être attaqué au moyen d'une arme
redoutable créée par la loi à cet effet et qu'elle accorde à certaines
personnes déterminées : l'action en nullité. Mais tant que la
justice n'a pas prononcé, le mariage existe ; il a une existence
incertaine et précaire, provisoire, soit, mais il existe ; il existe et
produit tous ses effets. Or, l'un des effets du mariage contracté
par un étranger avec une Française, étant précisément de faire
perdre à celle-ci sa nationalité primitive et de lui conférer celle
de son mari, la femme française d'origine qui épouse un étranger
doit être réputée étrangère tant que la nullité du mariage n'a pas
été prononcée par la justice, et les articles 14 et 15 ne sauraient
être applicables. Nous cherchons en vain la pétition de principe.
En vain aussi la Cour de Paris, dans son arrêt du 2 mars 1868 (1),
et après elle MM. Aubry et Rau (2) objectent-ils « qu'il faudrait préjuger le fond du droit pour admettre l'exception d'incompétence
opposée par le défendeur et reconnaître d'avance à l'acte de mariage la valeur qui lui est contestée ». Car, ainsi que le fait remarquer M. Gerbaut (3), « ce n'est pas préjuger le fond du droit que
de dire que la femme, quelle que soit la décision du juge, doit provisoirement être réputée étrangère, par application de la règle
générale sur les effets des actes annulables. On préjuge au
contraire le fond du droit quand on permet à la femme de se prévaloir pour intenter son action devant les tribunaux français ou
pour y défendre, d'une qualité qui ne peut lui appartenir que par
l'effet du jugement qui prononcera la nullité de son mariage. »
Dans cette hypothèse, comme dans celle où il s'agit d'une femme

(1) S., 1869, 2, 232.
(2) VIII, § 748 bis, p. 144 et note.
(3) N· 134, p. 178.

d'origine étrangère, la contestation s'agite entre étrangers; et il
y a lieu, dans tous les cas, d'appliquer les mêmes règles. Ce sont
celles que nous avons déjà posées plusieurs fois. Les tribunaux
français sont compétents et le défendeur à la demande en nullité
n'est pas recevable à opposer le déclinatoire, toutes les fois que
les époux sont domiciliés en France (1) ou qu'étant simplement
résidants ils sont dans l'impossibilité de prouver qu'ils possèdent
un domicile quelque part.

IX

ACTION EN SÉPARATION DE BIENS

SOMMAIRE. — 469. Généralités. — 470. La compétence est fixée non d'après le
consentement des parties, mais d'après la nature des choses. Critique du système
qui renverrait les parties devant les tribunaux de leur pays d'origine. Compétence des tribunaux du domicile. — 471. Législations italienne et suisse.

469. Le règlement de l'association conjugale, quant aux biens,
donne·parfois lieu à un genre de difficultés que nous devons abor-
der dans cette étude.

Abstraction faite de la séparation de corps perpétuelle ou temporaire, qui amène avec elle une séparation de biens définitive ou
momentanée, la femme sous puissance de mari peut, dans certains
cas, avoir intérêt à soustraire à l'administration et à la plus ou
moins grande omnipotence de ce dernier ses propres biens ; il y a
lieu alors à une demande en séparation de biens qui doit, pour être
efficace, être prononcée par la justice, et donne lieu par conséquent à un débat contradictoire.

470. Dans une pareille instance, il y a en réalité plus d'un défendeur. Les tiers créanciers du mari ont le plus grand intérêt à
sauvegarder leur gage commun contre la connivence du mari et
de la femme. La compétence est alors fixée, non pas par le consentement exprès ou tacite de la demanderesse ou du défendeur, de
la femme ou du mari, mais bien par la nature des choses, abstraction faite de la volonté des parties en cause.

Et c'est ici que nous voyons éclater l'inopportunité complète du
système qui voudrait, d'une façon absolue, renvoyer les époux
étrangers devant les tribunaux de leur pays d'origine ; car, autant
vaudrait leur conseiller de frustrer les créanciers en faisant prononcer clandestinement à l'étranger leur séparation de biens. Le
tribunal du domicile s'impose ici, non plus seulement dans l'inté-

(1) *Contrà* : Féraud-Giraud, 1880. Clunet, p. 151, et 1885, pp. 225 à 249 et 375 à
396; Fœlix, I, n° 158, p. 132; et Jurisprudence, citée *suprà*.

rêt de la femme ou du mari, mais bien encore dans l'intérêt des créanciers eux-mêmes, régnicoles ou étrangers.

Le point de vue auquel nous nous plaçons a déjà été pleinement indiqué par un arrêt de la Cour de cassation du 18 novembre 1835 (1). « Attendu que, si, dans les art. 865 et suiv. C. proc., le législateur n'a pas textuellement désigné le tribunal devant lequel la demande en séparation devait être portée, c'est évidemment parce qu'il s'en est référé aux règles générales de compétence tracées par son art. 59; — que, suivant ce dernier article, la demande en séparation étant une action pure personnelle, qui tend à la dissolution, quant aux biens, de la société conjugale, cette action doit être portée devant le tribunal *du domicile du mari défendeur*, tribunal qui est aussi celui du lieu où cette société est établie et du domicile de la femme elle-même, pendant le mariage (art. 108 C. civ.); — Attendu que, sous l'empire de la législation antérieure au Code de proc. civ., les créanciers du mari avaient indéfiniment le droit de former tierce opposition à la sentence de séparation, à quelque moment qu'elle leur fût opposée ; — que ce Code, en prescrivant, par ses art. 866 et suivants, des formalités propres, par leur publicité, à avertir les créanciers de contredire une demande dont l'effet peut préjudicier à leurs droits, a statué, par son art. 873, que, si ces formalités ont été remplies, les créanciers du mari ne seront pas reçus, après le délai d'un an, à se rendre tiers opposants ; — qu'il a été aussi, pourvu très libéralement à la sécurité de la femme séparée, mais à la double condition par elle : 1° d'accomplir, aux termes des art. 866 et suiv., diverses formalités dont le but est d'appeler les créanciers dans l'instance même de séparation ; 2° de faire, suivant l'art. 872, publier la sentence qui l'aurait prononcée dans les tribunaux de première instance et de commerce du domicile du mari, ce qui achève de prouver que le législateur a considéré le tribunal du domicile de ce même mari comme essentiellement compétent pour connaître de la demande en séparation;—Attendu qu'il ne doit pas être loisible aux époux de porter la demande en séparation et de remplir les formalités de publicité préliminaires au jugement, dans un tribunal qui ne serait pas celui du domicile du mari et qui pourrait être choisi par eux à une telle distance que les créanciers, résidant le plus souvent dans le lieu même du domicile conjugal, et, dans tous les cas, ne pouvant raisonnablement chercher qu'au greffe ou dans l'auditoire du tribunal de ce domicile les notions indicatives du changement d'état de la

(1) Dalloz, v° *Compétence civ.*, n° 28. S., 1836, 1, 118.

femme, seraient dans l'impuissance, pour ainsi dire absolue, d'intervenir en temps opportun dans l'instance de séparation, pour la conservation de leurs droits ; — qu'il est hors de doute que, dans cette hypothèse, la limitation du délai de tierce opposition établie par l'art. 873 ne saurait être opposée aux créanciers qui ne seraient pas intervenus dans l'instance de séparation et qu'on ne pourrait conséquemment pas leur contester le droit de rentrer ainsi dans la faculté indéfinie de tierce opposition, dont le résultat pourrait être de faire rétracter la séparation elle-même ; —Attendu qu'un jugement de séparation, nul à l'égard d'un ou de plusieurs créanciers, ne saurait être valable à l'égard d'un ou de plusieurs autres, parce que l'état de la femme est lui-même indivisible ; d'où il faut conclure que, lorsqu'un tel jugement est encore à rendre, le créancier intervenant, qui a intérêt à ce que l'état de la femme soit fixé, à l'égard de tous les créanciers, d'une manière invariable, a droit (soit qu'il réside ou non dans le ressort du tribunal où la demande a été portée) de se prévaloir de l'exception d'incompétence, si elle existe, pour empêcher ce jugement d'être rendu ; — Attendu qu'il importe peu que le mari acquiesce, soit expressément, soit tacitement, à la juridiction du tribunal incompétemment saisi (ce qui paraît avoir été le motif déterminant des premiers juges), parce que, dans une instance de séparation, la collusion des époux est toujours présumable, ainsi que le témoigne l'art. 870, portant que l'aveu du mari ne fera pas preuve, lors même qu'il n'y aurait pas de créanciers. »

Ce raisonnement, vrai dans le domaine interne, l'est *a fortiori* dans le domaine international, et nos tribunaux doivent être compétents toutes les fois que les époux étrangers sont domiciliés en France, ou qu'étant simplement résidants ils n'ont aucun domicile nulle part (1).

Les tribunaux français n'osent pas encore aller ouvertement jusque-là, mais ils manifestent néanmoins une tendance à se rapprocher d'une jurisprudence qui devrait être celle de notre époque. On trouve en effet un certain nombre de jugements et arrêts qui admettent la compétence de nos juges pour prononcer la séparation de biens au profit d'une femme étrangère, lorsqu'elle est d'o-

(1) Gerbaut, nº 419, p. 551; Weiss, *Droit int.*, p. 935; Glasson. Clunet, 1881, p. 122.—*V.* également : Massé et Vergé, sur Zachariæ, I, § 62, p. 87, note 22; Coin-Delisle, *Droit civ.*, sur les art. 14 et 15, n. 22. — *Contrà :* Aubry et Rau, VIII, § 748 *bis*, p. 144, n. 35 et 37; Féraud-Giraud. Clunet, 1880, p.150, 1885, p. 375; Dutruc, *Sép. de biens*, nº 102; Bioche, vº *Sép. de biens*, nº 12.

rigine française (1), que le contrat de mariage a été reçu par un notaire français (2), en conformité du Code civil français (3) et que le mariage a été célébré en France (4), ou bien parce que les parties avaient fait, dans leur contrat de mariage, élection de domicile en France (5), parce que le mari défendeur n'a pas de domicile connu hors de France et qu'alors la demanderesse aurait été dans l'impossibilité de faire valoir judiciairement ses droits (6), etc...

Nous ne pouvons qu'approuver ces décisions quant au résultat qu'elles prononcent : la compétence; mais, quant aux motifs, elles nous paraissent devoir être critiquées. Nous croyons, avec M. Féraud-Giraud (7), qu'il faut tenir pour une circonstance indépendante pour modifier la compétence le fait que la femme avant son mariage était Française, et que le mariage a été célébré en France, de même que l'existence d'un contrat de mariage fait en France et dans lequel les époux auraient adopté le régime de la communauté, tel qu'il est établi par le Code civil français (8).

Il n'en serait autrement que si les juges du fait constataient que des circonstances il résulte que les parties ont entendu faire, dans leur contrat, élection de domicile en France (car, dans ce cas, l'élection de domicile est, de par la loi française, attributive de juridiction à nos tribunaux); ou bien encore si le mari ne possédait aucun domicile hors de France, ainsi que nous l'avons admis pour les autres matières.

En matière de séparation de biens, comme en toutes autres matières, c'est d'après les principes ordinaires, c'est-à-dire d'après le domicile et, à défaut de domicile, d'après la résidence, que doit être résolue la question de compétence. Il y a même ici un motif de plus pour décider en ce sens. A toutes les raisons déjà données au sujet de questions d'état et de capacité en général, s'ajoute cette considération que l'action en séparation de biens offre, dans certains cas, un tel caractère d'urgence, que renvoyer la femme à

(1) Trib. civ. Seine, 29 juin 1872. Clunet, 1874, p. 127; Cass., 7 mars 1870. S., 1872, 1, 361.— Contrà : Paris, 13 mars 1879. S., 1879, 2, 289.

(2) Trib. civ. Seine, 29 juin 1872. Clunet, 1874, p. 127.

(3) Trib. civ. Seine, 29 juin 1872. Clunet, 1874, p. 127; 17 janv. 1878. Clunet, 1878, p. 370; Cass., 7 mars 1870. S., 1872, 1, 361.—Contrà : Paris, 13 mars 1879. S., 1879, 2, 289.

(4) Mêmes arrêts. Massé, Droit comm., I, n° 667, p. 576.—Contrà : Aubry et Rau, VIII, § 748 bis, p. 144, n. 37; Féraud-Giraud. Clunet, 1880, p. 150.

(5) Cass., 7 mars 1870. S., 1872, 1, 361.— En ce sens : Féraud-Giraud, 1880, p.150.

(6) Même arrêt.

(7) Clunet, 1880, p. 150.

(8) En ce sens : Paris, 13 mars 1879. S., 1879, 2, 289; Trib. civ. Seine, 17 janv. 1878. Clunet, 1878, p. 370.

se pourvoir devant les tribunaux du pays d'origine de son mari
serait, le plus souvent consommer sa ruine, que, dans son propre
intérêt et celui de ses enfants, elle cherche précisément à éviter.

471. En Italie, les tribunaux admettent sans difficultés leur
compétence pour connaître des demandes en séparation de biens
entre étrangers domiciliés (1). Il en est de même en Suisse.

X

ACTION EN SÉPARATION DE CORPS

SOMMAIRE. — 472. Importance de la question. Divers systèmes proposés. —
473. Critique du système de l'incompétence, soit relative, soit absolue. Compétence du tribunal du domicile. — 474. Dans le cas où nos tribunaux statueront,
ils devront, en appréciant les contestations qui divisent les époux étrangers, se
référer aux lois personnelles des parties. — 475. Sauf si les mesures ordonnées
sont contraires à l'ordre public. — 476. Jurisprudence étrangère.

472. C'est surtout en matière de séparation de corps que nos
tribunaux ont eu à se prononcer sur la compétence entre étrangers. Plus que partout ailleurs, l'indécision règne dans la doctrine
et la jurisprudence. Trois systèmes ont été, tour à tour, vivement
soutenus et attaqués.

I. — Quelques auteurs et un nombre considérable d'arrêts (2)
soutiennent que nos tribunaux sont radicalement incompétents
pour connaître d'une instance en séparation de corps entre étrangers. L'incompétence est une incompétence absolue, d'ordre public, sur laquelle la volonté des parties est insuffisante pour
exercer une influence juridique. D'après M. Demolombe (3), c'est
une incompétence *ratione materiæ* ordinaire « dérivant de la
nature même de la contestation » et qui doit s'appliquer même
aux étrangers autorisés à établir leur domicile en France. D'après
M. Lesenne (4), au contraire, l'incompétence serait d'une nature
spéciale, *ratione patriæ* ou *ratione gentium*.

II. — La majorité des auteurs soutient que l'incompétence est,
comme dans les autres matières, simplement relative (5), devant
être admise quand elle est proposée par le défendeur et pouvant
l'être ou non, au gré de nos tribunaux, lorsque les parties acceptent
leur juridiction.

(1) Fiore, *Droit int.*, p. 654 ; Norsa, *Jurisp. italienne*, n° 196.
(2) Massol, *Séparat. de corps*, p. 121 ; Demolombe, IV, 432 ; Lesenne, *Revue pratique*, 1867, p. 508.
(3) Demolombe, *loc. cit.*
(4) Lesenne, *Revue pratique*, 1867, p. 508.
(5) Favard de Langlade, *Rép.*, v° *Sép. entre époux*, sect., II, § 2, art. 1, n° 1 ;
Vazeille, *Du mariage*, II, p. 562 ; Duranton, II, n° 533 ; Aubry et Rau, VIII, § 748 *bis;*
Gand, *Code des étrangers*, n° 211 ; Fœlix, I, p. 331.

III. —Enfin, quelques rares auteurs, dont le nombre va sans cesse grossissant, pensent que les tribunaux français sont compétents pour déclarer la séparation de corps entre étrangers comme
entre Français (1).

473. Nous avons vu, en examinant le système de la jurisprudence, à quelles impossibilités pratiques on aboutissait en soutenant
l'incompétence soit absolue, soit facultative de nos tribunaux; nous
avons cité des arrêts qui consacraient en fait de véritables dénis
de justice : l'arrêt de la Cour de Poitiers, notamment, qui refuse de statuer sur une demande en séparation de corps formée
par une femme française contre son mari étranger frappé de
mort civile par la loi de son pays d'origine (2). Devant quel tribunal la femme pourra-t-elle porter son action? Le mari n'ayant
plus de domicile dans son pays d'origine, aucun tribunal ne voudra connaître de la demande. « Vous condamnez donc les époux,
dit M. Bonfils(3), aux tourments d'une vie commune impossible où,
perpétuellement enchaînés l'un à l'autre, ils ne verront leur salut
que dans un effroyable scandale, ou peut-être dans un crime vers
lequel les pousse la folie du désespoir! La femme torturée, le mari
outragé viennent vous demander la paix et le repos; et lorsqu'ils
s'adressent à la justice, faut-il qu'ils voient se fermer devant eux
les portes de ses temples? »

« La belle justice, dit M. Laurent (4)! Le défendeur, en général,
c'est le coupable; il se gardera bien de se laisser juger en France,
parce qu'il sait qu'il y serait couvert d'opprobre, sans compter
la lésion de ses intérêts pécuniaires. La femme n'a qu'à aller
plaider à l'étranger : il y a, il est vrai, une difficulté, c'est que, le
mari n'ayant plus de domicile dans son pays d'origine, les tribunaux de son pays devront aussi se déclarer incompétents. Admirable justice! » Que répond la Cour : « Si des mesures de rigueur ont
été prises par le gouvernement russe pour suspendre l'exercice des droits civils des individus qui se trouvent dans la position
du défendeur, ces mesures tiennent aux rapports qui existent
entre ces étrangers et leur gouvernement, mais ne peuvent avoir
d'influence sur l'application, en France, des principes en matière
de juridiction et de compétence. N'est-ce pas le cas de s'écrier :

(1) Glasson. Clunet, 1881, p. 122 ; Bonfils, n° 198, p. 171; Gerbaut, n° 414, p. 544 ;
Weiss, p. 935.— V. aussi : Demangeat, sous Fœlix, I, p. 334, n. a.
(2) Poitiers, 15 juin 1847. S., 1848, 2, 438; confirmé par Cass., 16 mai 1849. S.,
1849, 1, 478. — V. également : Trib. civ. Seine, 4 déc. 1884. Clunet, 1886, p. 95;
(3) N° 199, p. 172.
(4) Droit civ. int., IV, n° 57, p. 122.

Summum jus, summa injuria ? L'arrêt, dépouillé de ses formes juridiques, revient à ceci : «Nous, juges français, nous avons mission de rendre justice aux Français. Vous êtes étranger, nous ne vous connaissons point; allez plaider devant les tribunaux de votre pays. Nous sommes cependant disposés à vous prêter notre ministère, si le défendeur y consent. C'est une grande condescendance de notre part, et une marque de la 'générosité française. Il est vrai que cette générosité ne nous est pas très onéreuse, car nous savons d'avance que le défendeur, le coupable, ne tient pas à être déclaré coupable. Il reste au demandeur à aller plaider à Lublin. Vous nous dites que les juges russes vous opposeront également leur incompétence. C'est votre affaire, cela ne nous regarde pas. »

On objecte que nos juges pourront toujours ordonner des mesures provisoires propres à sauvegarder l'intérêt des époux, la sécurité de la femme et des enfants (1). Mais ce n'est là « qu'un palliatif impuissant et vain. Ce n'est que du provisoire. Et si la femme ne poursuit pas sa demande devant les tribunaux du pays d'origine de son mari, les juges français pourront-ils indéfiniment l'autoriser à avoir un domicile séparé? Mais ce sera prononcer indirectement une véritable séparation de corps plus nuisible à la femme, qui ne pourra obliger le mari ni à la liquidation de la communauté, ni à la restitution de ses apports nuptiaux, à la femme sans cesse menacée d'une demande en réintégration de domicile conjugal. Si cette autorisation indéfinie n'est pas possible, si, d'autre part, la femme ou le mari ne peuvent saisir valablement aucun tribunal étranger parce qu'ils sont domiciliés en France, si, par suite, la séparation de corps ne peut être prononcée, nous voilà dans une véritable impasse, sans autre issue que le retour à la vie commune, c'est-à-dire, à la guerre, au scandale (2) ».

« Le système de l'incompétence aboutit donc à des impossibilités pratiques; il doit être rejeté et il faut, sans réserves, proclamer la compétence de nos tribunaux à l'égard de toutes les actions intentées contre un étranger domicilié en France, même sans l'autorisation du gouvernement français. »

« Nous croyons même, dit M. Demangeat (3), qu'on peut aller plus loin et que, suivant les cas, les tribunaux français devraient, relativement à des étrangers simplement résidant en France, être plus disposés à retenir la connaissance d'une demande en sépa-

(1) *V.* not. Paris, 23 avril 1822; 28 avril 1823. S., 1824, 2, 203.
(2) Bonfils, n° 199, pp. 172-173.
(3) Demangeat, sur Fœlix, I, p. 331, n. *a, in fine.*

ration de corps, que celle de bien des procès ayant trait à des intérêts pécuniaires. »

C'est à cette solution que nous conduit l'application pure et
simple des principes que nous avons établis, et nous n'avons pas
besoin, comme M. Demangeat, pour la justifier, de nous appuyer
sur l'article 3, § 1, du Code civil(1). Nous disons simplement : les
tribunaux français sont, en principe, compétents pour connaître des contestations, de quelque nature qu'elles soient, qui s'é-
lèvent entre étrangers, comme ils le sont entre Français. Entre
Français, c'est devant le tribunal du domicile du défendeur, qui
est aussi celui du demandeur, que doit être portée la demande.
(Art. 875 C. pr. civ. et 108 C. civ.) Il en est de même entre étrangers. A défaut de domicile, la résidence en tient lieu. Il faudrait
même reconnaître à la femme étrangère le droit de porter sa
demande en séparation de corps devant le tribunal de sa propre
résidence, si le domicile et la résidence du mari étaient inconnus. « Ce serait en effet blesser la conscience publique,
autant que la raison et le droit, que de permettre ainsi à un
mari d'abandonner sa femme, sans qu'on puisse savoir où il se
trouve, et de la mettre dans l'impossibilité de faire relâcher le
lien qui les unit, par la séparation de corps légale. »

Mais nous ne croyons pas que le fait du mariage contracté en
France et suivant la loi française puisse avoir une influence quelconque sur la compétence (2).

474. Dans le cas où nos tribunaux statueront, ils devront, en
appréciant les contestations qui divisent les époux étrangers, se
référer aux lois personnelles des parties (3). M. Demangeat (4) a
cependant soutenu l'opinion contraire, en se fondant sur ce que les
séparations de corps ne constituent pas une question d'état, ce
qui est fortement contestable, depuis surtout que la législation
française a rétabli le divorce. Que, sous l'empire d'une loi qui n'admet pas le divorce, on soutienne que la séparation de corps ne
constitue pas une véritable question d'état, cela peut se comprendre (5); car, prise en elle-même et isolément, la séparation de
corps, alors même qu'on lui donne un caractère définitif, permanent et perpétuel, n'apparait sous une législation qui n'admet pas

---

(1) Loc. cit. — V. Mailher de Chassat, Traité des statuts, n° 200, p. 269.
(2) Contrà : Aix, 3 juillet 1873. Clunet, 1875, p. 273.
(3) Laurent, Droit civ. int., V, p. 337; Weiss, p. 706; Féraud-Giraud, 1885,
p. 244.
(4) Clunet, 1878, p. 453.
(5) En ce sens : outre M. Demangeat, V. Carré et Chauveau, question 2279 ;
Lehr. Clunet, 1878, p. 349. — Contrà : Proudhon, I, 535.

le divorce, que comme une mesure de bon ordre, quoique cependant il en résulte une modification considérable au régime matrimonial des époux, à leurs droits et devoirs personnels. Mais sous
l'empire d'une législation qui admet le divorce, la séparation de
corps pouvant être considérée comme un acheminement au divorce,
on ne peut nier qu'elle soulève une véritable question d'état ; car
elle tend à porter atteinte à la qualité d'époux, à dissoudre le lien
conjugal, à anéantir le mariage (1). Considérée comme telle, la séparation de corps doit forcément être régie par la loi personnelle
des époux.

475. Toutefois, il faudrait reconnaître que si les mesures ordonnées par la loi étrangère pouvaient être considérées comme
contraires à l'ordre public français, on ne pourrait les solliciter, et dans tous les cas les obtenir des tribunaux français (2).

476. Signalons ce fait important, que déjà avant la loi du
25 mars 1876 les tribunaux belges se déclaraient compétents pour
connaître des demandes en séparation de corps entre étrangers
domiciliés en Belgique (3). « C'est sans fondement, dit la Cour
suprême, que, du chef de la souveraineté, et, partant, de la juridiction des tribunaux qui en dérive, on voudrait établir une différence entre un Belge et un étranger domicilié en Belgique. Tous
deux restent soumis à cette juridiction, suivant les distinctions
dérivant des principes généraux du droit et des règles de procédure, qui veulent que justice soit rendue à tous ceux qui la réclament, soit à raison du bien situé en Belgique, soit à raison des
personnes qui y sont domiciliées, quelle que soit leur nationalité. »
En Italie, nous voyons une séparation de corps prononcée au
profit d'une femme dont le mari étranger est sans domicile ni
résidence connus (4). En Angleterre, le seul tribunal compétent
pour statuer sur la demande d'une femme mariée, qui veut faire
reconnaître ses droits lésés par son mari, est le tribunal du domicile du mari. Toutefois, à raison de circonstances spéciales,
le tribunal du lieu où la femme réside sans y être domiciliée peut
ordonner certaines mesures contre son mari (5).

(1) V. *Revue pratique*, 1867, p. 505; Proudhon, I, p. 535.
(2) Féraud-Giraud. Clunet, 1885. pp. 225 à 249 et 375 à 396.
(3) Liège, 24 avril 1847, confirmé par Cass., 3 août 1848. Pasicrisie, 1848, 1, 358.
Arrêts rapportés par Haus, *op. cit.*, p. 270, et analysés par Laurent, *Droit int.*, IV,
pp. 131 et suiv. — Dans le même sens : Bruxelles, 28 mai 1867 ; Laurent, *op. cit.*, IV,
p. 134.
(4) Venise, 6 oct. 1876. Clunet, 1879, p. 298.
(5) Clunet, 1879, p. 288 : 1881, p. 316.

XI

ACTIONS EN DIVORCE

477. La question de compétence de nos tribunaux peut encore se présenter (depuis les lois des 27 juillet 1848 et 18 avril 1886) à l'occasion des instances en divorce que les époux étrangers soumettent aux juges français.

M. Féraud-Giraud soutient l'incompétence de nos tribunaux, dans ce cas, avec une rigueur spéciale (1). « Nous pensons, dit M. Féraud-Giraud, que les époux étrangers, quelle que soit leur résidence en France et le lieu où ils auront contracté leur union, ne pourront pas porter une demande en divorce devant les tribunaux français, et nous n'hésitons pas à appliquer ici la règle relative à l'incompétence de ces tribunaux, parce qu'il s'agit, en pareil cas, de modifier d'une manière absolue l'état civil des parties, de détruire une union qui peut en autoriser d'autres, et de jeter une perturbation déplorable dans les familles, suivant les pérégrinations de l'un des deux époux. La séparation de biens est un *modus vivendi* légal, substitué aux conventions matrimoniales qui, tout en les modifiant profondément, ne les annule pas; la séparation de corps est encore une modification apportée au régime du mariage qui subsiste toujours. Dans les deux cas, la situation des époux avec leur état civil subsiste, et on comprend qu'il puisse être nécessaire de statuer sur les conditions de cette existence dans le lieu du domicile et de la résidence prolongée, où elle se développe et fonctionne; par suite, à la rigueur, il est possible d'admettre que, hors la frontière, le régime puisse être modifié, être plus ou moins rigoureusement respecté; mais ces modifications dans l'existence maritale ne sont plus possibles lorsqu'il s'agit de l'existence du mariage lui-même, qu'on ne peut s'exposer à voir maintenir sur le territoire voisin, lorsqu'il a été dissous dans un autre État. D'ailleurs, les législations qui admettent le divorce ne l'admettent point dans les mêmes cas et les mêmes conditions, et la situation des parties ne peut varier suivant la loi

(1) Clunet, 1885, pp. 225 et suiv., 375 et suiv.

du territoire où un séjour plus ou moins prolongé les a placées accidentellement. Le divorce prononcé suivant chaque législation a également des effets divers, et comment admettre que ces effets se produiront en France, avec ces différences, suivant la nationalité des justiciables ? Je n'hésite dès lors pas à me rattacher à la règle générale sur l'incompétence de nos tribunaux pour statuer sur l'état civil des étrangers entre eux par mesure directe et principale, et je crois qu'il y a lieu de repousser l'action en divorce formée par ces étrangers en France, qu'elle soit ou non autorisée dans des conditions déterminées (1). M. Glasson (2), qui pose en principe que les tribunaux français sont compétents entre étrangers comme entre Français, et dans les mêmes conditions pour statuer sur les questions d'état et spécialement sur les demandes en interdiction et en dation de conseil judiciaire, ajoute : « seulement il va sans dire que nos tribunaux seraient obligés d'appliquer la loi étrangère et que leur décision aurait seulement effet en France. On voit les conséquences déplorables que produirait l'application de ce système en matière de divorce. »

478. Nous ne croyons pas du tout que le système de M. Glasson puisse aboutir à des conséquences déplorables. M. Glasson pose en principe que nos tribunaux sont compétents pour juger toutes les questions, quelles qu'elles soient, qui peuvent s'élever entre étrangers, comme ils le seraient entre Français. Nous ne pouvons l'en blâmer, nous croyons avoir suffisamment démontré (3) que le principe établi par ce savant maître est le seul conforme à la vérité et aux principes généraux du droit. Ceci posé, M. Glasson reconnait que les étrangers sont régis, quant à leur état et leur capacité, par leur loi nationale. (Arg. *a contrario*, art. 3 C. civ.) Tout le monde est d'accord sur ce point. Et M. Glasson ajoute : « Quand une contestation relative à l'état et à la capacité d'un étranger sera portée devant nos tribunaux, ceux-ci devront statuer en se référant à la loi nationale de cet étranger. » Quoi de plus juridique et de plus équitable ? et en quoi ce système peut-il conduire à des conséquences déplorables ? M. Glasson nous dit-il qu'il faudra toujours appliquer la loi personnelle de cet étranger, dans tous les cas, alors même que cette loi se trouverait en contradiction avec les principes de la législation française et contraire à l'ordre public fran-

---

(1) *V.* E. Rittner avec les notes de M. E. Chavegrin. Clunet, 1885, pp. 353 et suiv.
(2) Clunet, 1881, p. 122.
(3) Nos 173 et suiv., pp. 115 et suiv.

çais ? Nullement. M. Glasson nous dit seulement que, pour apprécier l'état d'un étranger, il faut se référer à la loi personnelle de cet étranger. Voilà tout. Le juge français appréciera la loi étrangère dans toute la souveraineté de son indépendance, et il est bien évident que si cette loi se trouve contraire aux lois de police et de sûreté de la France, ou incompatible avec les règles de notre droit public, nos juges ne devront pas l'appliquer. Ce sont d'ailleurs là des questions de recevabilité d'action et non point des questions de compétence. Nos tribunaux sont compétents, mais ils refuseront le divorce parce que l'ordre public s'oppose à ce qu'il soit accordé dans les conditions ou pour la cause invoquées.

M. Glasson ajoute que la décision du tribunal français n'aura d'effet qu'en France. C'est le système admis par la jurisprudence française, qui incline en général à refuser un effet quelconque aux décisions étrangères, auxquelles l'exequatur n'a pas été donné. Mais ce système nous paraît beaucoup trop restrictif. A notre avis, l'exequatur n'est nécessaire qu'autant qu'il s'agit de faire appel à la force publique et de procéder à un acte d'exécution. En dehors de là, toute décision émanée de la justice compétente doit produire à l'étranger le même effet que dans le pays où elle a été rendue (1). Le divorce prononcé en France entre étrangers par le tribunal compétent, d'après les règles de procédure française, devrait à notre avis, et d'après les principes rationnels, produire effet à l'étranger comme en France, sauf à procéder à l'exequatur pour les mesures d'exécution.

Quoi qu'il en soit, d'ailleurs, presque toujours la décision du tribunal français interviendra pour régler l'état d'étrangers domiciliés en France, et il leur suffira que cette décision produise son effet au lieu de leur domicile. En ce sens, le système de M. Glasson donnera encore, dans la plupart des cas, satisfaction aux intérêts des parties en cause.

479. L'objection de M. Féraud-Giraud n'a donc aucune valeur. Nous ajoutons que M. Féraud-Giraud est en contradiction avec lui-même en formulant cette objection. On ne peut donner compétence à nos tribunaux pour statuer sur les demandes en divorce présentées par deux étrangers, dit M. Féraud-Giraud, parce qu'il faudrait appliquer une loi étrangère, parce que ces lois admettent le divorce pour des causes diverses et avec des effets divers, et qu'il n'est pas possible d'admettre que ces effets se produisent en France, avec ces différences, suivant la nationalité des justicia-

---

(1) Arg., C. inst. crim., art. 7. — V. également Clunet, 1885, pp. 399 et 453.

bles. Mais si l'on tirait rigoureusement les conséquences de pareils
motifs, il faudrait dire que jamais les tribunaux français ne peuvent
appliquer les lois étrangères et que les étrangers ne doivent pas
être régis par leur statut personnel. Voilà les conséquences déplorables auxquelles conduit l'application du système de M. Féraud-
Giraud. Il ne peut pas en être ainsi, et M. Féraud-Giraud lui-même
le reconnaît bien, quand il déclare que nos tribunaux peuvent connaître des demandes en séparation de corps formées par deux
étrangers, qu'il est impossible, dans les cas où nos tribunaux statuent, de ne pas prendre les lois étrangères en considération, et
que « si les faits constatés pouvaient donner lieu à des mesures
plus radicales encore, autorisées par la loi nationale des époux
et repoussées par la loi française, on ne pourrait les solliciter et,
dans tous les cas, les obtenir d'un tribunal français ». Voilà bien
les vrais principes qui doivent régir notre matière. Mais ce sont
ceux que défend M. Glasson et que nous voulons, avec lui, appliquer aux demandes en divorce formées par deux étrangers. Pourquoi donc M. Féraud-Giraud, qui en fait l'application aux demandes en séparation de corps, les repousse-t-il quand il s'agit de
demandes en divorce? Les motifs de décider ne sont-ils pas les
mêmes? Ces deux matières ne doivent-elles pas être régies par les
mêmes règles ?

480. Le tribunal compétent sera celui du domicile commun.
Lorsque les époux vivent réunis, il n'y a, en fait et en droit, qu'un
seul domicile, celui du mari, qui est en même temps le domicile
commun. Si les époux sont séparés de corps, la femme a le droit
d'avoir un domicile autre que celui de son époux (1). Enfin, lorsque
la femme mariée est abandonnée, elle a, en fait seulement, son
domicile distinct de celui de son mari. En matière de divorce, il
ne peut être question que du domicile commun, c'est-à-dire du
domicile matrimonial. Il faut repousser, quant à la détermination de
la compétence, tout domicile spécial à un seul époux. Ce domicile
ne dériverait trop souvent que du bon plaisir et permettrait de
choisir, parfois arbitrairement, un juge plutôt qu'un autre.

481. Le Code de procédure allemand (art. 13, 568) détermine,
comme tribunal compétent pour connaître des contestations auxquelles peuvent donner lieu la dissolution, l'invalidité ou la nullité
du mariage, le tribunal du domicile du mari. L'Autriche, en matière de divorce, admet que le tribunal du domicile peut concourir
avec celui du lieu d'origine. Les tribunaux anglais admettent

(1) V. à ce sujet Massol, *Sép. de corps*, 196; Dalloz, C. A., art. 108, et Clunet,
1876, p. 191.

pour criterium de leur compétence le domicile ou la résidence, ou plus exactement encore, le *matrimonial home*, alors surtout qu'il est situé en Angleterre, sans jamais tenir compte de la nationalité (1). La jurisprudence écossaise, au point de vue de la juridiction, se contente du simple domicile de la partie défenderesse en Écosse, pour attribuer compétence aux tribunaux du pays (2). Elle ne s'inquiète ni de la loi sous laquelle le mariage a été contracté, ni de la nationalité. Elle exige simplement que le domicile soit établi de bonne foi, et non pas simplement simulé dans le but d'introduire l'instance. La même doctrine serait généralement acceptée en Amérique (3). En Suisse (4), il y a lieu de distinguer les instances en divorce entre Suisses et celles entre étrangers. Entre Suisses, le tribunal compétent est celui du domicile du mari, et si le mari n'a pas de domicile en Suisse, l'action peut être intentée au lieu d'origine ou au dernier domicile du mari en Suisse; entre étrangers, le principe est également la compétence du tribunal du domicile du mari. Mais relativement au divorce, « aucune action ne peut être admise par les tribunaux, s'il n'est pas établi que l'État dont les époux sont ressortissants reconnaîtra le jugement qui sera prononcé (5) ».

(1) Haute Cour de justice, *Divorces*, 26 mars 1878. Clunet, 1879, pp. 195 et 288 ; 1881, pp. 193 et 316.
(2) Story, *Conflict of Law*, §§ 205, 216, 217, 221. — *V.* également : Clunet, 1879, p. 200.
(3) Story, *Conflict of Law*, § 230.
(4) Loi fédérale du 24 déc. 1874, art. 43, 46, 54.
(5) Art. 56, Loi fédérale 24 déc. 1874.

CHAPITRE V

CAUTION JUDICATUM SOLVI

482. Aux termes de l'article 16 du Code civil : « En toutes matières, autres que celle de commerce, l'étranger qui sera demandeur sera tenu de donner caution pour le payement des frais et dommages-intérêts résultant du procès, à moins qu'il ne possède en France des immeubles d'une valeur suffisante pour assurer le paiement. » Les articles 166 et 167 du Code de procédure complètent l'article 16 à ce sujet. En voici le texte : « Tous étrangers, demandeurs principaux ou intervenants, seront tenus, si le défendeur le requiert, avant toute exception, de fournir caution de payer les frais et dommages-intérêts auxquels ils pourraient être condamnés. » (Art. 166 C. pr. civ.) « Le jugement qui ordonnera la caution fixera la somme jusqu'à concurrence de laquelle elle sera fournie : le demandeur qui consignera cette somme ou qui justifiera que ses immeubles situés en France sont suffisants pour en répondre sera dispensé de fournir caution. » (Article 167 C. pr. civ.)

483. Nous n'avons pas à examiner les difficultés qui peuvent s'élever quand le défendeur est Français : une seule question nous intéresse; il s'agit de savoir si l'obligation de donner caution pèse également sur le demandeur étranger lorsque le défendeur est lui-même étranger.

484. Il ne saurait y avoir difficulté lorsque le défendeur est un étranger autorisé à établir son domicile en France. (Article 13 C. civ.) Il pourra, comme le Français, exiger de l'étranger deman-

deur qu'il lui fournisse la garantie établie par la loi au profit des nationaux.

485. A l'inverse, l'étranger autorisé à établir son domicile en France ne peut être astreint à l'obligation de fournir la caution *judicatum solvi* quand il est demandeur; car il est assimilé au Français, quant à la jouissance des droits civils, tant qu'il continue de résider en France. (Article 15 C. civ.) (1).

486, Il faudrait en dire autant de l'étranger qui aurait été assimilé au Français pour la jouissance des droits civils par un traité diplomatique (art. 11 C. civ.); il pourrait, en vertu d'une convention de ce genre, demander la caution *judicatum solvi*, s'il est défendeur; il ne peut pas être astreint à la fournir, s'il est demandeur.

487. Il ne saurait non plus être question de caution *judicatum solvi* si la contestation est relative au commerce, ou si l'étranger demandeur a des immeubles suffisants en France, car, dans ces deux cas, le demandeur étranger ne serait pas tenu de la fournir même s'il plaidait contre un Français.

488. Mais en dehors de ces cas, dans l'hypothèse où les deux étrangers ne jouissent, ni l'un ni l'autre, des droits civils, l'étranger défendeur peut-il exiger du demandeur étranger la caution *judicatum solvi?*

Un premier système, enseigné par Merlin, Carré, Boncenne, Boitard, Demangeat, Bonfils, etc., déclare que l'étranger demandeur doit fournir la caution *judicatum solvi*, quelle que soit la nationalité du défendeur. Dans notre ancien droit, les Parlements qui n'étaient soumis à aucune loi précise sur la matière étaient généralement dans l'usage d'obliger respectivement les étrangers plaidant l'un contre l'autre, demandeur comme défendeur, à fournir la caution *judicatum solvi*. « Si ce sont deux étrangers demeurant en France qui plaident l'un contre l'autre, dit Bacquet, et soient respectivement demandeurs, ils seront condamnez bailler respectivement caution l'un à l'autre de l'événement du procès et de payer le juge, tant pour le principal que despens (2). » Et il cite en ce sens un arrêt du Parlement de Paris du 23 août 1571 (3). Brillon, dans son *Dic-*

---

(1) Bonfils, n° 121, p. 110, et n° 234, p. 198; Aubry et Rau, t. Iᵉʳ, § 79, p. 312, t. VIII, § 747 *bis*, p. 129, n. 15, et p. 131, n. 21; Demolombe, t. Iᵉʳ, n° 266, p. 437; Boitard, *Procédure civile*, t. III, p. 180; Carré et Chauveau, *Question* 701; Fœlix, t. Iᵉʳ, n° 133, p. 293, n° 135, p. 297; Massé, *Dr. comm.*, t. II, n° 741, p. 18; Laurent, *Dr. civ.*, t. Iᵉʳ, n° 458.

(2) Bacquet, *Droit d'aubaine*, 2ᵉ partie, chapitre XVI, § 2.

(3) *V.* aussi Merlin, *Répert.*, v° *Caution judicatum solvi*, § 1ᵉʳ, n° 7.

tionnaire des arrêts, cite un arrêt du 27 mai 1567 dans le même sens.
C'était aussi l'opinion de Pothier. « Lorsque deux étrangers plaident ensemble, si le défendeur l'exige du demandeur il ne peut l'y faire condamner qu'il ne l'offre respectivement de son côté (1). »
« La caution, disait aussi Bourjon, est de nécessité en demandant, encore que ce fût contre un autre étranger. La loi est générale et ne distingue pas (2). » Quelques auteurs pensaient même que le défendeur étranger avait le droit de proposer cette exception, sans offrir lui-même la caution (3).

Sous l'empire du Code civil, disent les partisans de ce premier système, les articles 13 du Code civil et 166 du Code de procédure civile n'ont pas pour but d'accorder un privilège au défendeur français, mais bien de prendre une précaution contre le demandeur étranger, à cause de sa position spéciale et du peu de garantie qu'il présente, par suite de la facilité qu'il aurait à disparaître pour éviter le paiement des frais et des dommages-intérêts s'il était condamné. Or, cette sûreté est tout aussi nécessaire au défendeur étranger qu'au défendeur français.

La formule même employée par le législateur vient confirmer cette interprétation. La loi ne dit pas : Tout Français défendeur pourra exiger du demandeur étranger, etc. ; elle dit au contraire : l'étranger qui sera demandeur, etc. (Article 16), et dans l'art. 166 : Tous étrangers demandeurs principaux ou intervenants seront tenus si le défendeur le requiert, etc... Quel défendeur? Est-ce seulement le Français ? Non (4) : les articles 166 C. civ. et 16 du Code de proc. civ. sont conçus dans les termes les plus généraux et ils ne contiennent aucune distinction entre le cas où le défendeur est Français et celui où il est étranger.

Les auteurs qui soutiennent ce système ajoutent même qu'il ne pourrait en être autrement, car les articles précités, disent-ils, n'ont pas pour but d'accorder au défendeur étranger un privilège spécial, celui d'exiger d'un demandeur étranger la caution *judicatum solvi.* Cette interprétation serait contraire au texte et à l'esprit de l'article 16 du Code civil : « Qu'ont fait les législateurs? dit M. Bonfils (5). Ils venaient de dire dans l'article 11 du Code civil, que jouiraient des droits civils : les étrangers admis à cette jouissance par des traités internationaux ou ceux qui seraient autorisés à établir leur domicile en France. (Art. 13.) Ils traitent, dans l'ar-

---

(1) Pothier, *Traité des personnes,* partie I, tit. II, section II, n° 2.
(2) Bourjon, *Droit commun de la France,* liv. I, tit. VII, chap. Ier.
(3) Fœlix, t. I, n° 134, p. 296, n° 2.
(4) Bonfils, n° 237, p. 202.
(5) Bonfils, n° 237, p. 201.

ticle 14, du droit d'attirer les étrangers devant les tribunaux français et résolvent ensuite, dans l'article 16, la question de savoir si le droit de se porter demandeur sans donner caution est aussi un droit civil. La question est résolue affirmativement. C'est bien le droit de plaider sans caution qui est un droit civil, et non celui de l'exiger. La preuve en est dans les termes des articles 16 C. civ. et 166 C. proc.; les termes sont généraux et ils ne pouvaient pas ne pas l'être, puisque la question à résoudre était celle de savoir si le droit de se porter demandeur sans caution est un droit civil. Donc l'étranger est-il demandeur, la caution peut être exigée, quelle que soit la nationalité du défendeur. En principe général et en l'absence de tout traité, l'étranger ne jouit pas du droit de pouvoir se porter demandeur sans fournir caution (1). »

« Il y a mieux, dit M. Demangeat : l'argument de M. Fœlix se réduit à un cercle vicieux. Suivant lui, « le droit de plaider en France comme demandeur sans donner caution, ainsi que le droit d'exiger cette caution, sont des droits privilégiés qui n'appartiennent qu'aux Français.» Or, quand le demandeur et le défendeur sont étrangers, de toute nécessité, l'un de ces deux droits appartiendra à un étranger : lequel des deux ? Là est toute la difculté. Il faudrait dire, dans le système de Fœlix, que la question de savoir si le droit de plaider comme demandeur, sans fournir caution, est ou n'est pas un droit civil, un privilège exclusivement réservé aux nationaux : que cette question doit être résolue diversement suivant la nationalité du défendeur. En d'autres termes, dans l'opinion que nous repoussons, la libre faculté de se porter demandeur devant un tribunal français n'est pas essentiellement un droit civil. N'est-il pas aussi simple, en présence du texte législatif, de dire que la faculté de plaider comme demandeur, sans fournir caution, est toujours un droit civil dans le sens de l'article 11, tandis que la faculté d'exiger la caution appartient au défendeur, qu'il jouisse ou non de la plénitude des droits civils (2) ? »

On invoque dans l'opinion contraire, disent encore les partisans de ce premier système, les garanties de solvabilité et de stabilité qu'offre généralement le Français, et les inconvénients qui résultent pour lui d'un procès nouveau en pays étranger. Mais ces inconvénients existent aussi pour le défendeur étranger, qui ne pourra en pays étranger faire mettre à exécution la sentence française qu'avec les mêmes peines et les mêmes frais que supporterait un Français. Et peut-on dire que le Français

(1) Bonfils, n° 237, p. 202.
(2) Demangeat, sur Fœlix, t. 1er, p. 296, n. a.

offre des garanties de solvabilité et de stabilité que ne présente pas l'étranger, et que la caution a pour but de faire disparaître cette inégalité de condition, tandis que deux étrangers qui plaident l'un contre l'autre se trouvent dans une situation absolument semblable, de telle sorte qu'on ne pourrait, sans créer une véritable inégalité, établir au profit de l'un une faveur que l'on n'accorderait pas également à l'autre (1)? « La Cour de cassation établit, de sa propre autorité, une présomption qui n'est attachée par aucune loi spéciale à la qualité de Français, quand, pour expliquer l'art. 16 C. civ., elle dit que le justiciable français est présumé solvable. La conséquence logique de cette présomption est que le Français qui forme une demande contre un étranger peut exiger que celui-ci fournisse caution. La Cour n'oserait assurément pas aller aussi loin (2). »

La garantie du paiement des frais et dommages-intérêts qui doit être accordée à tout défendeur n'est d'ailleurs pas le seul but que la loi a voulu atteindre. « Le législateur, dit la Cour de Paris (3), a eu en vue un intérêt plus élevé, celui de la dignité du pouvoir judiciaire national, lequel ne doit pas condamner en vain des étrangers qui pourraient se jouer de sa décision. »

Ainsi donc, conclut M. Bonfils, le droit de plaider comme demandeur, sans fournir caution, est un droit civil; par suite, l'étranger non admis à la jouissance des droits civils peut être tenu de fournir la caution *judicatum solvi*, quelle que soit la nationalité du défendeur. (4).

489. Mais cette opinion a été combattue par un grand nombre d'auteurs, par MM. Ducaurroy, Colmet d'Aage, Legat, Massé, Valette, Demolombe, Aubry et Rau, Bufnoir, qui enseignent que le défendeur étranger ne peut exiger la caution.

Il est vrai que, dans l'ancien droit, le demandeur étranger était tenu de donner caution au défendeur étranger; mais il était généralement admis que le défendeur ne pouvait l'exiger sans offrir de la donner aussi (5). Il n'en est plus de même sous l'empire du Code civil. Le demandeur seul est soumis à l'obligation de

---

(1) Cass., 15 avril 1842. S., 1842, 1, 473.
(2) Bonfils, n° 237, p. 203.
(3) Paris, 30 juillet 1834. S., 1834, 2, 434.
(4) Bonfils, n° 237, p. 203.—V. en faveur de ce système : Demangeat, sur Fœlix, t. Ier, p. 275; Demangeat, *Condit. des étrangers*, p. 400; Chauveau, sur Carré, *Lois de la procédure*, sur l'article 166, *Question*, 702; Valette, sur Proudhon, t. Ier, p. 157; Merlin, *Répert.*, v° *Caution judicatum solvi*, § Ier, n° 7: Bonccnne, t. III, pp. 183 et suiv.; Boitard, t. Ier, n° 346, p. 325; Faustin-Hélie, *Instruct. crim.*, t. Ier, n° 550, p. 659.
(5) V. Pothier, *Traité des personnes*, titre II.

fournir caution. De plus, l'obligation de fournir caution était motivée, non pas seulement par l'intérêt des particuliers, mais encore par un certain intérêt public, celui de la magistrature à
laquelle étaient dus des épices et autres frais. « L'étranger, dit
Bourjon, ne peut plaider qu'il ne donne caution qu'il se soumet
de payer le juge; autrement, il pourrait impunément troubler les
sujets du roi, seconde incapacité que sa qualité produit et pour
laquelle notre jurisprudence a conservé l'intérêt des particuliers,
comme elle a conservé les intérêts du roi (1). » Ces motifs n'ont
certainement pas inspiré les rédacteurs du Code civil. On ne peut
invoquer les traditions de l'ancien droit, qui n'ont pu être main-
tenues sur ce point par le Code civil. Les travaux préparatoires
ne laissent, d'ailleurs, aucun doute sur la question. Dans la
séance du Conseil d'État du 6 thermidor an IX, lors de la discussion sur l'article 8 de la première rédaction du projet (aujourd'hui
l'article 4 du Code civil), Cambacérès dit que, si l'on veut maintenir la caution *judicatum solvi*, il est nécessaire de s'en expliquer formellement. Le Ministre de la justice répond que cette
caution est indispensable, qu'elle est la garantie du *citoyen* qui
plaide contre un étranger. M. Tronchet fait observer que les dispositions qui la concernent trouveront leur place dans le Code de
procédure civile. Mais Cambacérès répond qu'il y aurait du danger
pour les *Français* de remettre à un temps plus éloigné le soin de
leur donner les sûretés résultant de la caution *judicatum solvi* (2).
Cette discussion, dans laquelle fut adopté le principe de la caution, fut close par l'observation de M. Tronchet, que la loi ne
statuait que sur la manière de décider les contestations entre un
*Français et un étranger, et ne s'occupait pas des procès entre étran-
gers*. C'est également à propos des actions intentées par un
étranger contre un Français que M. Boulay cherchait à justifier
la caution dans son exposé des motifs (3).

Ainsi l'article 16 C. civ. n'a certainement en vue que les contestations entre Français et étrangers. Si nous le rapprochons des
articles 14 et 15 C. civ., nous ne pouvons éprouver aucun doute.
L'article 14 suppose que le Français se porte demandeur contre
un étranger et il lui permet de le citer devant les tribunaux français. L'article 15 reconnaît à l'étranger la faculté de traduire son
débiteur français devant les tribunaux de France. Mais, prévoyant
une fraude possible, le législateur, dans l'article 16, oblige le de-

(1) Bourjon, *Droit commun de la France*, t. Ier, titre VII, chapitre Ier, section 1re,
n° 4.
(2) Locré, t. II, p. 43.
(3) Locré, t. II, pp. 225 et 226.

mandeur étranger à fournir une caution au Français défendeur. Ces trois articles ne sont applicables qu'aux procès entre Français et étrangers. Comment invoquer dès lors la généralité des termes dans lesquels ont été conçus les articles 16 C. civ. et 166 C. pr. civ. pour imposer au demandeur étranger l'obligation de fournir la caution *judicatum solvi*, quelle que soit la nationalité du défendeur ? L'article 16 n'a pu avoir en vue que l'hypothèse régie par les dispositions précédentes, et non une situation différente et plus générale dont tout le monde s'accorde, sous d'autres rapports, à constater l'omission de la part du législateur (1) ! L'article 16 établit donc, en faveur du Français défendeur, un privilège spécial destiné à le protéger, et non une obligation imposée au demandeur étranger, obligation dont serait exempté le demandeur français. Si celui-ci est dispensé de fournir la caution, c'est que la loi donne seulement au défendeur français le droit d'exiger la caution dans le cas où il s'agit d'un demandeur étranger. De plus, la disposition qui donne au défendeur le droit d'imposer à tout demandeur étranger l'obligation de fournir caution est placée sous le titre de la jouissance des droits civils. Le droit d'exiger la caution *judicatum solvi* est un privilège accordé aux Français et aux Français seuls, c'est un droit civil et les droits civils, celui de l'article 15 comme celui de l'article 14, ne peuvent appartenir qu'aux Français et aux étrangers assimilés par des traités aux nationaux ou autorisés par le gouvernement à s'établir en France. L'intention du législateur à cet égard nous paraît suffisamment démontrée par le rapprochement de l'article 16 et des dispositions qui précèdent, ainsi que par la discussion qui eut lieu au Conseil d'État.

La différence qui existe entre la situation du Français et celle de l'étranger plaidant en France suffirait seule, d'ailleurs, à expliquer la garantie spéciale accordée au Français assigné en France par un étranger devant les tribunaux français. Le Français défendeur, à raison des intérêts qui l'attachent au sol français, présente à son adversaire des garanties que le demandeur ne lui offre pas. Celui-ci, son procès perdu, pourrait se soustraire à l'exécution des condamnations prononcées par un tribunal français, en se retirant dans sa patrie. La loi a rétabli l'égalité entre les deux parties, en autorisant le Français défendeur à exiger une caution du demandeur étranger. Entre deux étrangers plaidant l'un contre l'autre la même inégalité n'existe pas. La loi qui permettrait à l'étranger défendeur d'exiger la caution romprait une égalité naturelle pour une inégalité arbitraire. On ne peut donc étendre à

_____

(1) Gerbaut, n° 431, p. 573.

l'étranger, dont l'intérêt n'est pas identique à celui du Français, une disposition que l'intérêt particulier du Français peut seul justifier (1).

Les difficultés que le Français est exposé à rencontrer auprès des tribunaux étrangers pour obtenir l'exécution des condamnations qu'il aura obtenues contre le demandeur étranger sont aussi bien plus grandes que celles que pourra rencontrer un défendeur étranger. Le Français devra se rendre à l'étranger, porter sa demande devant les juges étrangers, subir les frais et les lenteurs d'un nouveau procès, ainsi qu'un déplacement coûteux et souvent inutile. L'étranger auquel échappe le demandeur étranger n'est certainement pas exposé à des inconvénients aussi grands, s'il est obligé de suivre son débiteur en pays étranger. Le dérangement qu'il éprouve ne peut être comparé à celui que supporte le Français.

D'ailleurs, les inconvénients seraient-ils les mêmes pour l'étranger demandeur et pour l'étranger défendeur, cette considération de fait ne pourrrait nous amener à donner à l'étranger défendeur le droit de réclamer un bénéfice aussi exorbitant que celui de la caution *judicatum solvi*. Le droit d'exiger une sûreté destinée à assurer le paiement des frais et l'exécution des condamnations éventuelles est une création de la loi positive, ce n'est pas une règle qui trouve son origine dans un de ces principes de droit naturel, antérieurs à tous les Codes. Un privilège de cette nature, qui a pour résultat d'entraver la liberté d'agir en justice, est certainement un privilège réservé aux nationaux seuls et, pour l'accorder aux étrangers, il faudrait un texte formel, ce qui n'existe pas.

La Cour de Paris, pour justifier l'extension de ce privilège aux étrangers, a prétendu que la garantie du paiement des frais et dommages-intérêts, qui doit être accordée à tout défendeur, n'est pas le seul but que la loi a voulu atteindre. « Le législateur, dit-elle, a eu en vue un intérêt plus élevé, celui de la dignité du pouvoir judiciaire national, lequel ne doit pas condamner en vain des étrangers qui pourraient se jouer de sa décision (2). » Mais cette considération suppose l'ordre public intéressé; or, il est impossible de soutenir qu'il s'agit ici d'une exception basée sur un intérêt public, en présence de l'article 166 du Code de procédure, qui n'oblige tous demandeurs étrangers, principaux ou intervenants, à fournir la caution *judicatum solvi*, que si le défendeur le requiert,

(1) *V.* Bonfils, n° 236, p. 200.
(2) Paris, 30 juillet 1834. S., 1834, 2, 434.

avant toute exception. Il s'agit donc d'une exception créée dans un intérêt purement privé, dans un but de protection et de garantie accordée au défendeur seul et que le défendeur français seul peut invoquer.

490. Nous concluons donc en disant que l'art. 16 du Code civil ne s'applique pas aux procès entre étrangers ; que, si la caution est exigée de l'étranger demandeur, c'est à titre de garantie, de sûreté pour les intérêts du défendeur ; que le droit, pour le défendeur, d'imposer au demandeur étranger l'obligation de fournir caution est une garantie accordée aux nationaux, un privilège réservé aux Français et qu'en l'absence d'un texte formel il n'est pas permis d'accorder la même faveur au défendeur étranger.

Ce système a de très nombreux partisans (1), et il semble définitivement adopté par la jurisprudence (2).

(1) Aubry et Rau, t. VIII, § 747 *bis*, p. 131, n. 22; Demolombe, t. Ier, n° 255; Fœlix, t. Ier, n° 134; Colmet-d'Aage, sur Boitard, t. Ier, n° 346, p. 325; Soloman, *Cond. des étrangers*, p. 112; Laurent, *Principes de droit civil*, t. Ier, n° 450; Massé, *Dr. comm.*, t. II, n° 744, p. 18.

(2) Cass., 15 avril 1842. S., 1842, 1, 473; Paris. 5 février 1840. D., 1840, 2. 80; Paris. 12 avril 1856. S., 1857, 2, 104; Paris, 2 juillet 1861. S., 1861, 2, 614; Nancy, 14 juin 1876. S., 1876, 2, 208; Douai, 28 juin 1877. D., 1877, 5, 247; Trib. corr. Seine, 9 janv. 1880. Clunet, 1880, p. 190; Trib. civ. Seine, 9 janv. 1881. Clunet, 1881, p. 58.

CHAPITRE VI

LÉGISLATIONS ÉTRANGÈRES

491. On peut dire, d'une façon générale, que les législations étrangères, contrairement au principe adopté par la jurisprudence française, reconnaissent que les étrangers ont droit à la justice nationale, aussi bien que les citoyens, et que, par conséquent, les tribunaux du pays sont compétents dans un procès entre étrangers, toutes les fois que, par application des règles ordinaires de compétence, ils le seraient à l'égard des régnicoles. Quelques législations stipulent formellement la compétence. Les autres édictent des principes d'où elle découle naturellement.

492. Allemagne. Fœlix affirme que, dans tous les pays allemands, l'étranger a le droit d'appeler en justice un autre étranger domicilié ou non dans le pays (1). Il cite à l'appui de son affirmation le § 45 de l'introduction au Code général de Prusse, le § 16 de l'édit de Bavière du 16 mai 1818, le § 45, n° 2, du Code de procédure civile de Bade de 1832, le § 14 de l'ordonnance du Grand duc de Hesse, du 21 juin 1817. Le nouveau Code de procédure civile pour l'empire d'Allemagne, du 30 juin 1877, ne paraît pas avoir modifié ces principes ; dans les dispositions qu'il consacre à la compétence des tribunaux, il ne fait aucune distinction entre les Allemands et les étrangers (2).

---

(1) V. Fœlix, t. Ier, pp. 310 et 311. — V. aussi Bonfils, n° 241, p. 205; Laurent, *Dr. civ. int.*, IV, n° 66; Roger, *Rev. étrang. et franç. de législ.*, V, p. 187. — V. aussi, en ce qui concerne plus spécialement la Prusse, *Rev. de droit int.*, 1875, VII, 412. Clunet, 1874. pp. 194-195.

(2) Féraud-Giraud. Clunet, 1880, p. 239. Le Code de procédure pour l'empire d'Allemagne fait partie d'un ensemble de lois votées à la même époque et que l'on est convenu d'appeler : Les nouvelles lois judiciaires. Elles comprennent : 1° la loi sur l'organisation judiciaire du 27 janvier 1877; 2° le Code de procédure civile du 31 janvier 1877; 3° le Code d'instruction criminelle du 1er février 1877 et une loi sur la faillite et la déconfiture du 10 février 1877. (*Annuaire de législation étrangère*, 1878, t. VII, p. 83.)

Le tribunal compétent est, en principe, le tribunal du domicile du défendeur, à moins qu'une juridiction exclusive ne soit établie pour certaines demandes (§§ 12 et 13). A défaut de domicile, c'est le tribunal de la résidence du défendeur qui doit être saisi (§ 18). Le tribunal de la résidence est compétent pour toutes les demandes d'intérêt matériel dirigées contre les personnes dont la résidence est accompagnée de circonstances qui font présumer un séjour prolongé. « Relativement aux demandes d'intérêt matériel dirigées contre une personne n'ayant pas de domicile dans l'empire d'Allemagne, le tribunal compétent sera celui dans le ressort duquel se trouveraient des biens de ladite personne ou l'objet litigieux. Lorsqu'il s'agit d'obligations, le domicile du débiteur sera réputé être le lieu où se trouvent les biens, et lorsqu'une chose aura été affectée à la garantie de l'obligation, aussi le lieu où se trouve cette chose (§ 24). » En matière d'obligations, les contestations doivent être portées devant le tribunal du lieu de l'exécution de l'obligation (§ 29). Les demandes ayant pour objet des affaires commerciales conclues pendant les foires et marchés, à l'exception cependant des marchés annuels ou hebdomadaires, sont portées devant le tribunal du lieu des foires et marchés, si, lors de l'introduction de la demande, le défendeur ou la personne chargée de le représenter au procès séjourne à la résidence ou dans le ressort de ce tribunal (§ 30).

Les actions résultant de délits ou de quasi-délits sont de la compétence du tribunal dans le ressort duquel ces délits ou quasidélits ont été commis (§ 32). Les actions relatives à une succession sont portées devant le tribunal dont le défunt était justiciable à l'époque de son décès (§ 28). Les actions relatives au mariage sont de la compétence exclusive du tribunal régional, à la juridiction duquel le mari est soumis, à raison de son statut de juridiction générale (§ 568). Si le mari a abandonné sa femme et se trouve domicilié à l'étranger, celle-ci ne peut porter sa demande devant le tribunal régional du dernier domicile en Allemagne, qu'autant que le défendeur aura appartenu à la nationalité allemande à l'époque où il a abandonné sa femme (§ 568).

D'après le § 594, le tribunal cantonal, à la juridiction duquel la personne dont l'interdiction est demandée est soumise, à raison de son statut de juridiction générale, sera exclusivement compétent. La demande contre un individu appartenant à la nationalité allemande, mais n'ayant un domicile qu'à l'étranger, pourra être portée devant le tribunal cantonal de son dernier domicile dans l'empire d'Allemagne. Les mêmes règles sont suivies pour la nomination d'un conseil à un aliéné ou à un prodigue. (Loi introductive, § 10.) Enfin, il y a des règles spéciales de compétence en matière de société (§§ 19 et 23); pour les actions relatives à l'exploitation d'une terre ou d'un établissement commercial ou industriel (§ 22); pour les actions intentées à l'occasion d'une administration de biens (§ 31); pour la contrainte et les mesures provisoires (§§ 584-613-799-815-816-822); pour les demandes reconventionnelles (§ 33); pour la prorogation de compétence par l'accord exprès ou tacite des parties (§§ 38 à 40); pour la compétence en matière réelle (§§ 25 et s.) et en matière de faillite. (*Code des faillites,* 10 février 1877, §§ 64, 207 et 208.)

L'article 27 porte : « Pourront également être portées devant le tribunal compétent en matière réelle les actions personnelles qui seraient formées contre le propriétaire ou le détenteur d'un immeuble comme tel, ainsi que les actions pour dommages causés à un héritage, ou pour indemnité à cause d'éviction d'un fonds. »

Le § 64 du Code des faillites est ainsi conçu : « La compétence pour la procédure de faillite appartient exclusivement au tribunal cantonal, à la juridiction duquel le failli est soumis à raison de son statut de juridiction générale. Si plusieurs tribunaux sont compétents, le tribunal devant lequel la demande en ouverture de faillite a été portée en premier lieu exclura les autres. (*V.* aussi §§ 134, 152, 202.)

§ 207. « Si un débiteur, sur le patrimoine duquel une procédure de faillite a été ouverte à l'étranger, possède des biens en Allemagne, l'exécution forcée sur ces biens peut avoir lieu. Des exceptions à cette règle pourront être établies par ordre du chancelier de l'empire avec l'assentiment du Conseil fédéral. »

§ 208. « Si un débiteur qui n'est soumis à aucun tribunal allemand, à raison de son statut de juridiction générale, possède en Allemagne un établissement pour l'exploitation d'une fabrique, d'un commerce ou d'une autre industrie, la procédure de faillite pourra être ouverte sur les biens de ce débiteur qui se trouvent en Allemagne, lorsque cet établissement est investi de la faculté de conclure directement des affaires; il en sera de même dans le cas où le débiteur qui n'est soumis à aucun tribunal allemand, à raison de son statut de juridiction générale exploite, en Allemagne, en qualité de propriétaire, d'usufruitier ou de fermier, une terre pourvue de bâtiments d'habitation et d'exploitation. Pour la procédure, la compétence appartient exclusivement au tribunal cantonal dans le ressort duquel se trouve situé l'établissement ou la terre. Lorsqu'une faillite a été ouverte à l'étranger, l'ouverture de la faillite en Allemagne pourra être déclarée sans qu'il soit nécessaire de justifier de l'insolvabilité du débiteur. »

493. Angleterre. Il n'y a pas de loi formelle qui règle la compétence à l'égard des étrangers ; mais il est de coutume et de jurisprudence que les étrangers peuvent plaider devant les tribunaux anglais contre un ou plusieurs étrangers. Les tribunaux anglais sont compétents pour statuer sur les actions réelles relatives à des biens meubles ou à des immeubles situés en Angleterre et sur les actions personnelles concernant un étranger, quel que soit le lieu où l'obligation ait pris naissance, pourvu que cet étranger ait son domicile ou sa résidence en Angleterre (1).

D'une manière générale, on peut dire que les tribunaux anglais admettent comme base de leur compétence le domicile ou la résidence, sans jamais tenir compte de la nationalité des parties. Toutefois, jusqu'en 1874, comme les étrangers ne pouvaient posséder à aucun titre un droit immobilier quelconque dans le Royaume-Uni, les tribunaux n'auraient pu faire droit aux demandes des étrangers à ce sujet. Un acte de 1844 a donné aux étrangers le droit de posséder, louer, acquérir les immeubles nécessaires à l'établissement de leur famille, de leur commerce ou de leur industrie, mais seulement pour 21 ans. Enfin, un acte du 12 mai 1870, sur la condition des étrangers, porte dans son article 2 : « L'étranger est assimilé au citoyen britannique de naissance, pour tout ce qui concerne la possession, jouissance, acquisition ou transmission par tous les modes légaux de la propriété immobilière ou mobilière (2). » Depuis cette époque, les tribunaux anglais se déclarent toujours compétents pour connaitre des actions réelles intentées par un étranger contre un autre étranger relativement à un immeuble situé en Angleterre. S'il s'agit d'un immeuble situé à l'étranger, au contraire, la jurisprudence se déclare incompétente (3).

Les tribunaux anglais se déclarent compétents pour ordonner des mesures provisoires entre époux étrangers résidant en Angleterre, pour contraindre l'un d'eux à la cohabitation ou pour statuer sur les droits ou obligations résultant du mariage. Ils se reconnaissent même compétents pour connaitre des questions d'état, et spécialement pour prononcer la nullité du mariage ou le divorce entre époux étrangers, pourvu que le mari ait en Angleterre un domicile ou une résidence prolongée (4).

(1) Alexander, 1881. Clunet, p. 193.
(2) *Annuaire de lég. étrang.*, t. Ier, p. 7.
(3) *V.* Clunet, 1875, p. 24, note.
(4) Westlake, *la Doctrine anglaise en matière de droit int. privé*, 1881. Clunet, pp. 316-317. Haute cour de justice (division des divorces), 26 mars 1878. Clunet, 1879, p. 288: Cour d'appel, 16-19 juill., 8 nov. 1878. Clunet, 1879, p. 195.

Les tribunaux anglais reconnaissent également leur compétence pour nommer des tuteurs aux étrangers mineurs ou *mente capti*. Ces nominations ont lieu, même dans le cas où l'étranger ne séjourne en Angleterre que provisoirement; elles ne sont pas faites seulement à titre provisoire, mais à titre définitif, sauf au tribunal à retirer, s'il y a lieu, les fonctions qu'il a conférées (1). Si un tuteur a déjà été nommé au mineur ou à l'aliéné étranger par le tribunal de son domicile, la justice anglaise ne doit en désigner un autre que dans le but de faciliter au premier l'exercice de son autorité aussi longtemps qu'il ne serait pas coupable d'abus (2).

La Cour d'appel de Chancellerie a jugé, le 14 mars 1873, que l'étranger qui a contracté des dettes en Angleterre peut y être mis en faillite, s'il a commis un acte de faillite, bien qu'il n'y soit pas domicilié et qu'il ait quitté le pays avant que la requête tendant à la mise en faillite ait été présentée (3). C'est une application des règles contenues dans l'acte de procédure commun de 1852, qui a établi la compétence du *forum contractus*.

La jurisprudence anglaise a également plusieurs fois décidé, en ce qui concerne spécialement des sociétés comprenant diverses maisons situées dans différents pays, qu'il y a, en pareil cas, autant de faillites qu'il y a d'établissements situés dans des pays différents (4).

Toutes ces règles ne s'appliquent pas aux étrangers appartenant aux pays avec lesquels l'Angleterre est en guerre. L'étranger ennemi ne peut, pendant toute la durée de la guerre, ni intenter ni soutenir aucune action en justice en Angleterre, car, suivant les idées de la jurisprudence anglaise, un ennemi de la patrie ne peut avoir droit à aucune protection. La paix faite, il reprend l'exercice de ses droits, sauf cependant si le contrat a été passé pendant la durée des hostilités; il ne peut en demander l'exécution même après le retour de la paix (5).

494. Annam. L'établissement du protectorat français dans le royaume d'Annam a provoqué une amélioration considérable dans la condition des étrangers en ce pays. Le traité du 6 juin 1884 a décidé que, dans tout le royaume, les étrangers seraient soumis à la

---

(1) Jurisprudence attestée par le Foreign-Office en réponse aux questions que lui avait adressées le ministre de la justice d'Autriche. Clunet, 1876, p. 215.

(2) Westlake, *op. cit.*, 1881, p. 313.

(3) Westlake, *Cas de droit international public ou privé, récemment jugés par les tribunaux anglais dans la Revue de Gand*, 1874, t. VI, p. 399, cité par Dubois sur Carle (n° 120 *bis*).

(4) *V.* Dubois, sur Carle, n° 44.

(5) *V.* Bonfils, n° 244, p. 205; Laurent, *Dr. civ. int.*, IV, n° 67.

juridiction française pour le règlement de tous les différends qu'ils pourraient avoir soit entre eux, soit avec les indigènes (1).

495. Autriche. Le Code civil autrichien de 1811 déclare, dans le § 16, que tout individu a certains droits innés auxquels l'homme peut prétendre par le seul fait qu'il existe. Au nombre de ces droits, le § 19 comprend la faculté d'ester en justice et de porter sa plainte devant le tribunal compétent. Enfin, le § 33 accorde à l'étranger les mêmes droits et lui impose les mêmes charges qu'au régnicole, à l'exception des droits et des charges spécialement réservés aux citoyens de l'État.

L'étranger demandeur bénéficie, comme le national, de l'article 29 de la loi sur la compétence du 20 novembre 1852. Cet article est ainsi conçu : « Les sujets des États étrangers peuvent être cités devant les tribunaux autrichiens : — *a.*) Devant le tribunal de leur résidence, quand ils l'ont établie en Autriche ; — *b.*) Dans tous les cas où les Autrichiens eux-mêmes peuvent être cités, devant un tribunal autre que celui de leur domicile ; — *c.*) Dans le lieu quelconque où ils sont trouvés, à raison des dettes qui ont été contractées en Autriche et qui doivent y être payées ; — *d.*) A raison de la réciprocité, dans tous les cas où, dans le pays auquel ils appartiennent, les actions contre les Autrichiens sont admises. »

D'après l'article 14 de la loi sur la compétence, le tribunal compétent pour les demandes en nullité et en dissolution du mariage est celui du dernier domicile commun des époux en Autriche (2). Si, au contraire, les époux n'ont jamais résidé en Autriche, le *for* du domicile peut concourir avec celui du lieu d'origine (3).

Aux termes de l'article 63 de la loi votée en 1877 par le Reichstag hongrois (4) : « Pour les biens meubles ou immeubles situés en Hongrie et appartenant à des étrangers placés en tutelle ou en curatelle à l'étranger, un curateur spécial est nommé par l'autorité tutélaire hongroise, sauf disposition contraire des traités internationaux. »

Aux termes de l'article 64 : « Il doit être nommé par l'autorité tutélaire hongroise un tuteur provisoire aux enfants mineurs qu'un étranger peut avoir laissés en Hongrie. Cette tutelle subsiste jusqu'à ce que les autorités nationales du pupille aient pris d'autres mesures. »

496. Belgique. La loi belge sur la procédure, du 25 mars 1876,

---

(1) Lenepveu de la Font, 1884. Clunet, p. 491.
(2) Cour suprême, 24 juillet 1872. Clunet, 1878, p. 386.
(3) Clunet, 1880, p. 348, n° 1.
(4) *Annuaire de législation étrangère*, 1878, p. 250.

range sur la même ligne, quant au droit de former une demande
en justice, les étrangers et les Belges (1). Cette règle n'est pas
formellement écrite dans la loi, mais elle résulte expressément
de la discussion des travaux préparatoires. « La loi belge, a dit
M. Allard, range sur la même ligne les étrangers et les Belges. »
Dans son rapport à la Chambre des représentants, M. Dupont
dit également : « Le principe qu'il faut admettre et que l'on a appliqué dans l'article 52, c'est que l'étranger peut être poursuivi
en Belgique, non seulement quand il y est domicilié, mais encore
chaque fois qu'un Belge peut être, à raison de circonstances spéciales, distrait de son juge naturel (2). »

Aux termes de l'article 52 : « Les étrangers pourront être assignés devant les tribunaux du royaume, soit par un Belge, soit
par un étranger dans les cas suivants :

1º En matière immobilière ;

2º S'ils ont en Belgique un domicile ou une résidence, ou s'ils y
ont fait élection de domicile. C'est par application de cet article 52,
§ 2, que la Cour de Liège a décidé que les tribunaux belges sont
compétents pour prononcer l'interdiction d'un étranger domicilié
ou résidant en Belgique. L'article est général et ne distingue pas
entre les demandes relatives aux biens et celles qui concernent
l'état et la capacité de la personne (3);

3º Si l'obligation qui sert de base à la demande est née, a été,
ou doit être exécutée en Belgique (4). Le Code de 1806 n'admettait
l'application de cette règle que s'il s'agissait de matières commerciales. Mais, ainsi que l'a fait remarquer le rapporteur du nouveau
Code de procédure de 1876, M. Allard : « Il n'existe pas de motif
pour traiter plus favorablement les matières commerciales que les
matières civiles. Ce qui est bon dans celles-là est précieux dans
toutes ; la célérité est impérieusement commandée par l'intérêt des
justiciables (5). Remarquons que le nouveau Code de procédure divise les actions en actions mobilières et immobilières. Nous admettons cette distinction, disait M. Allard dans son rapport, comme
pouvant servir à déterminer la compétence, mais nous rejetons
comme inutile, à cet égard, la distinction des actions en réelles et
personnelles (6);

4º Si l'action est relative à une succession ouverte en Belgique ;

(1) V. Laurent, 1877. Clunet, pp. 496 et suiv. ; Laurent, Dr. civ. int., t. IV, pp. 16
et suiv.
(2) Clunet, 1877, pp. 503 et 506.
(3) Cour de Liège, 19 juin 1879. Clunet, 1881, pp. 76.
(4) Trib. comm. Anvers, 19 fév. et 30 mai 1877. Clunet, 1878, p. 511.
(5) Laurent, 1877. Clunet. p. 508.
(6) V. Laurent, 1877. Clunet, p. 508.

5° S'il s'agit de demandes en validité ou en mainlevée de saisies-arrêts formées dans le royaume, ou de toutes autres mesures provisoires ou conservatoires ;

6° Si la demande est connexe à un procès déjà pendant devant le tribunal belge ;

7° S'il s'agit de faire déclarer exécutoires en Belgique les décisions judiciaires ou les actes authentiques passés en pays étranger ;

8° S'il s'agit d'une contestation en matière de faillite, quand cette faillite est ouverte en Belgique ;

9° S'il s'agit d'une demande en garantie ou d'une demande reconventionnelle, quand la demande originaire est pendante devant un tribunal belge, ou dans le cas où il y a plusieurs défendeurs dont l'un a en Belgique son domicile ou sa résidence. »

Aux termes de l'article 53 : « Lorsque les différentes bases indiquées au présent chapitre sont insuffisantes pour déterminer la compétence des tribunaux belges à l'égard des étrangers, le demandeur pourra porter sa cause devant le juge du lieu où il a lui-même son domicile ou sa résidence. »

Article 54 : « Dans les cas non prévus à l'article 52 ci-dessus, l'étranger pourra, si ce droit appartient au Belge dans le pays de cet étranger, décliner la juridiction des tribunaux belges, mais à défaut par lui de ce faire dans les premières conclusions, le juge retiendra la cause et y fera droit. Cette réciprocité sera constatée soit par des traités conclus entre les deux pays, soit par la production des lois ou actes propres à en établir l'existence. L'étranger défaillant sera présumé décliner la juridiction des tribunaux belges. »

497. Bolivie. L'article 19 de la constitution du 15 février 1878 porte : « Tout homme jouit en Bolivie des droits civils. L'exercice de ces droits est réglé par la loi civile. »

498. Brésil. Les lois du Brésil consacrent le principe de l'égalité civile entre l'étranger et l'indigène. La caution *judicatum solvi* est considérée comme une garantie accordée au défendeur, quelle que soit sa nationalité. Un règlement du 27 juillet 1878, sur l'exécution des jugements rendus par les tribunaux étrangers en matière civile et commerciale consacre, en principe, l'unité et l'universalité de la faillite. (Article 14.) (1). Cependant, aux termes de l'article 19 : « Le jugement étranger déclaratif de faillite d'un commerçant qui aura deux établissements, l'un dans le pays de son domicile et l'autre distinct et séparé au Brésil, ne comprendra pas dans

(1) V. une notice par le baron d'Ourem, *Ann. de législ. étr.*, 1879, t. VIII, p. 741.

ses effets l'établissement existant au Brésil. La faillite de cet établissement ne pourra être déclarée que par l'autorité brésilienne, et les créanciers de ce même établissement seront payés par la masse de celui-ci de préférence aux créanciers de l'établissement existant à l'étranger (1). » L'article 10 du même règlement admet l'unité de juridiction en matière de succession (2).

499. Danemark. L'étranger est traité comme le Danois au point de vue du droit d'ester en justice (3).

500. Espagne. En Espagne, tout étranger est soumis à la juridiction et aux lois espagnoles pour les délits commis dans le royaume. Tout étranger a également le droit de s'adresser aux tribunaux espagnols pour obtenir l'exécution d'obligations contractées en Espagne ou exécutoires dans ce pays (4), et il n'y a pas lieu de distinguer si l'on se trouve en matière civile ou en matière commerciale. De même, les tribunaux espagnols sont compétents pour prononcer sur les actions réelles, relatives à des immeubles situés dans leur ressort, sans distinction de nationalité.

En dehors de ces cas, les étrangers sont encore justiciables des tribunaux espagnols quand il y a lieu d'éviter une fraude, ou de prendre des mesures urgentes et provisionnelles pour retenir un débiteur qui cherche à se dérober à ses obligations par la fuite, ou pour vendre des objets qui risqueraient de se détériorer en magasin, ou pour pourvoir temporairement un dément d'un tuteur, ou dans tout autre cas analogue. D'après MM. Foelix et Bonfils, les étrangers domiciliés sont justiciables des tribunaux espagnols, comme les régnicoles; mais il existe un tribunal spécial pour les contestations entre deux étrangers non domiciliés. Il porte le nom de juge conservateur des étrangers (5).

En cas d'ouverture de la succession *ab intestat* d'un étranger, soit domicilié, soit de passage, l'autorité locale peut prendre les mesures provisoires et conservatoires qui lui paraissent nécessaires (6).

501. États-Unis. Aux États-Unis, dans les pays où le droit anglais forme la base du droit local, les contestations entre étrangers, qu'elles résultent d'un contrat ou d'un délit, peuvent être portées devant les tribunaux locaux (7). Comme en Angleterre, les natio-

(1) *Eod. loc.*, p. 747.
(2) *Eod. loc.*, p. 738, n° 4, et 754, n° 2.
(3) Hindenburg, 1884. Clunet, p. 37.
(4) Lehr, *Éléments de droit civil espagnol*, p. 26.
(5) Bonfils, n° 241, p. 206; Foelix, t. 1, p. 312.
(6) Lehr, *op. cit.*, p. 25.
(7) Bonfils, n° 241, p. 205; Foelix et Demangeat, 1, p. 309, n° 148; Roger, *Rev. étrang. et franç. de lég.*, V. p. 187. — V. sur la cond. de l'étrang. aux États-Unis,

naux des pays en guerre avec les États-Unis n'ont pas le droit d'ester en justice (1).

Le tribunal du domicile est compétent pour statuer sur les questions d'état et spécialement pour prononcer le divorce entre deux étrangers. Fœlix et Demangeat citent un arrêt de la Cour du vice-chancelier de New-York qui a prononcé le divorce entre deux Français (2).

Un congrès de juristes américains, tenu en 1877, a adopté les règles suivantes en ce qui concerne la compétence dans les contestations entre étrangers (3) :

1° — Les étrangers qui se trouvent domiciliés dans la République peuvent être actionnés devant les autorités judiciaires de la nation pour l'accomplissement des contrats formés en pays étrangers ;

2° — Peuvent être actionnés également devant les mêmes autorités, les étrangers non domiciliés, si ces contrats ont été conclus avec d'autres étrangers naturalisés ou domiciliés dans la République ;

3° — Sont exceptés des dispositions précédentes les contrats sur des objets prohibés par les lois de la République ;

4° — Les étrangers, même ceux qui sont absents, peuvent être cités devant les autorités judiciaires de la nation : a) pour l'accomplissement des obligations contractées ou qui doivent recevoir leur exécution dans la République ; b) lorsqu'on intente contre eux une action réelle concernant les biens qu'ils ont dans la République; c) quand il a été stipulé que le pouvoir judiciaire de la République jugera les différends relatifs aux obligations contractées dans un autre pays.

501. Hollande. L'article 9 de la loi du 15 mai 1829, qui forme le titre préliminaire du Code civil, décide que : « Le droit civil du royaume s'applique indistinctement aux Néerlandais et aux étrangers, tant que la loi n'établit pas expressément le contraire. » Or, aucune exception n'a été faite en ce qui concerne le droit d'ester en justice. On en conclut que l'étranger doit être admis à plaider contre un autre étranger devant les tribunaux néerlandais (4). C'est ainsi que la Cour du Sud-Hollande, par arrêt du 9 mai 1859, déclare que

---

Roguet, *Revue pratique*, 1857, pp. 145 et suiv., 218 et suiv., 279 et suiv.; Féraud-Giraud, 1880. Clunet, p. 239.

(1) Clunet, 1875, p. 167.

(2) Arrêt du 19 août 1842. *Gazette des Trib.*, 16 sept. ; Fœlix et Demangeat, t. I, n° 148, p. 309. — *V.* aussi, sur la comp. en mat. de divorce, Cour de Chancellerie de New-Jersey, mai 1879. Clunet, 1880, p. 311.

(3) *Bulletin de la Société de législation comparée*, 1877-78, t. VII, p. 531.

(4) Fœlix, t. I, p. 311, n° 148; Kœnigswarter, *Rev. étrang. et franç. de législ.*, 1839, t. VI, p. 368; Clunet, 1875, p. 318, note.

les juges néerlandais sont compétents pour connaître d'une demande en mainlevée d'une saisie-arrêt pratiquée entre les mains d'un tiers résidant aux Pays-Bas par un étranger à la charge d'un autre étranger, attendu que les étrangers doivent être protégés dans leurs propriétés comme les nationaux (1). Et il a été jugé plusieurs fois qu'un étranger peut citer un autre étranger résidant dans les Pays-Bas, devant les tribunaux néerlandais, sans qu'il y ait lieu de distinguer entre le cas où il s'agit de poursuivre l'exécution d'une obligation contractée à l'étranger et celui où le litige porte sur une convention conclue en Hollande (2).

502. **Italie.** Aux termes de l'article 3 du Code civil italien : « L'étranger est admis à jouir des droits civils attribués aux citoyens. »

Les règles de compétence édictées par les articles 105 à 107 du Code de procédure font application de ce principe et permettent aux étrangers comme aux nationaux d'invoquer l'intervention des juges, soit contre les Italiens, soit contre les étrangers.

Article 105 : « Les étrangers qui ne résident pas dans le royaume peuvent être assignés devant les juges du royaume, encore qu'ils ne s'y trouvent pas :

1° — S'il s'agit d'une action sur biens immobiliers ou mobiliers existant dans le territoire du royaume ;

2° — S'il s'agit d'obligations qui proviennent de contrats ou de faits accomplis dans le royaume ou qui doivent y recevoir leur exécution ;

3° — Dans tous les autres cas dans lesquels cela peut avoir lieu en vertu de la réciprocité. »

Article 106 : « L'étranger peut être cité devant les autorités judiciaires du royaume pour obligations contractées en pays étranger :

1° — S'il a une résidence dans le royaume, bien qu'il ne s'y trouve pas actuellement ;

2° — S'il se trouve dans le royaume, bien qu'il n'y ait pas de résidence, pourvu qu'il soit cité en parlant à sa propre personne. »

Article 107. « Lorsque l'étranger n'a ni résidence, ni demeure ou domicile élu dans le royaume, et qu'il n'est pas fixé de lieu pour l'exécution du contrat, l'action personnelle ou réelle sur les biens meubles est portée devant l'autorité judiciaire du lieu dans lequel le demandeur a son domicile ou sa résidence. »

En Italie, l'étranger peut donc exercer toutes les actions qui lui appartiennent devant les autorités italiennes, en suivant les règles de leur compétence, même contre un étranger appartenant à

(1) Clunet, 1875, p. 320.
(2) Clunet, 1875, p. 318 ; 1880, p. 240.

une autre nation, et ce dernier ne pourrait décliner la compétence des juges italiens.

Le Code civil italien a consacré, dans l'article 8 des dispositions préliminaires, le principe de l'indivisibilité de la succession. C'est la loi nationale du défunt qui régit la succession, mobilière ou immobilière (1). La connaissance des actions en pétition ou en partage d'hérédité, relatives à la succession d'un étranger, appartiendra aux juges du pays du défunt, quand bien même il y aurait dans la succession des immeubles situés en Italie; dans ce cas, l'article 105-1ᵉ du Code de procédure ne s'applique pas. C'est l'article 94 du Code de procédure qu'il faut consulter. Cet article admet, en principe, la compétence du tribunal de l'ouverture de la succession, et il ajoute : « Si la succession est ouverte hors du royaume, les actions en pétition d'hérédité ou en partage doivent être portées devant l'autorité judiciaire du lieu où se trouve la majeure partie des biens à partager, et, à défaut, devant celui du lieu où le défendeur a son domicile ou sa résidence. » Une vive controverse s'est élevée pour savoir si cette dernière disposition (article 94, § 2) doit recevoir son application quand il s'agit de la succession laissée par un étranger. La Cour de cassation de Turin s'est prononcée pour l'affirmative (2). Cependant, nous devons remarquer que la compétence du tribunal de l'ouverture de la succession constitue le principe ; la disposition de l'article 94, § 2, constitue une dérogation au droit commun et [par conséquent doit être appliquée seulement aux successions laissées par des Italiens (3).

Les tribunaux italiens admettent également la doctrine de l'unité et de l'universalité de la faillite. La Cour de Milan, notamment, dans un arrêt du 15 décembre 1876, a décidé que le dessaisissement du failli s'étend à tous les biens du failli dans quelque pays qu'ils se trouvent, et cela par le seul fait de la déclaration régulière de faillite (4).

Bien que l'article 3 du Code civil italien assimile les étrangers aux nationaux, la jurisprudence italienne se déclare, en général, incompétente pour connaître des contestations entre étrangers concernant des questions d'état. Les auteurs italiens sont unanimes en ce sens (5). Quant à la jurisprudence, elle a montré quelque hésitation. La Cour de Milan, par arrêt du 1ᵉʳ juillet 1872,

(1) La maxime : *Tot hereditates, quot territoria,* prévaut au contraire en France dans la doctrine et la jurisprudence.
(2) Turin, 30 janvier 1874. Clunet, 1875, p. 139.
(3) *Revue de droit international,* 1875, p. 221.
(4) Clunet, 1879, p. 77.
(5) Norsa, *Rev. de jurisp. ital.,* dans la *Rev. de dr. int.,* 1876, pp. 648 et 649.

s'était déclarée compétente pour prononcer l'interdiction d'un étranger domicilié en Italie, malgré le déclinatoire opposé par le défendeur (1). « L'article 6 des dispositions préliminaires du Code civil italien, disait la Cour, prescrit, à la vérité, que l'état, la capacité et les rapports de famille seront réglés par la loi de la nation à laquelle les personnes appartiennent; mais il ne parle aucunement de la compétence. » Il s'agissait, dans l'espèce, d'un Français établi en Italie depuis de longues années. La Cour de Milan avait pensé que le tribunal du domicile était mieux à même que tout autre de constater si un individu, bien qu'il fût étranger, se trouvait dans les conditions nécessitant son interdiction.

La Cour de cassation de Turin a été plus rigoureuse. Elle a cassé l'arrêt de la Cour de Milan, en disant : « Que les tribunaux nationaux ne sont pas compétents pour connaître des questions d'état entre étrangers, et qu'ils doivent, en conséquence, s'abstenir de juger des demandes en séparation de corps, en nullité de mariage, en reconnaissance d'enfant et autres, réglées par le statut personnel (2). » On retrouve dans cet arrêt la confusion du statut et de la compétence. La décision de la Cour de Milan était préférable à celle de la Cour de cassation.

Cependant, la Cour de Milan s'est conformée dans la suite à la doctrine de la Cour de cassation; elle a jugé, par arrêt du 15 février 1876, que les tribunaux italiens n'avaient pas de juridiction sur les étrangers, lorsque l'objet direct de la cause portée devant eux était relatif à l'état des personnes et aux rapports de famille : « L'article 6 précité, dit la Cour, n'est pas applicable aux questions d'état soulevées par voie principale, c'est-à-dire à celles que les Romains appelaient *præjudicia* et qui doivent produire des effets opposables à d'autres personnes que les parties en cause. Il faut, pour qu'il s'applique, que la question d'état se présente d'une manière secondaire, incidemment à une demande principale dont l'objet ne soit pas l'état lui-même, ou la capacité, ou le rapport de famille, bien qu'elle doive subir l'influence de cet état ou de ce rapport de famille (3).

Les tribunaux italiens se déclarent aussi compétents pour prendre des mesures provisoires ou conservatoires en faveur des étrangers résidant en Italie (4).

Quant à la nature de l'incompétence en matière de questions

(1) Clunet, 1876, p. 213, et note de M. Dubois.
(2) Cass., Turin, 13 juin 1874. Clunet, 1874, p. 330.
(3) Milan, 15 fév. 1876. Clunet, 1876, p. 220, et note de M. Dubois.
(4) Turin, 27 juin 1874.

d'état, ils décident en général qu'il s'agit d'une incompétence purement relative.

Ajoutons que l'arrêt de la Cour de cassation de Turin, déclarant les tribunaux Italiens incompétents, n'a pas fixé la jurisprudence italienne. Car, en 1875, la Cour de Lucques a reconnu, d'une manière générale, la compétence des tribunaux italiens dans les questions d'état entre étrangers (1).

503. Mexique. Le Code civil du Mexique, voté le 8 décembre 1870, établit la compétence des tribunaux du pays pour l'exécution des obligations contractées dans la République ou à l'étranger, même envers des étrangers, par des étrangers résidant sur le territoire ou même n'y résidant pas, pourvu toutefois, dans ce dernier cas, qu'ils y aient des biens affectés à ces obligations (2).

504. Pérou. En vertu de la règle : *Actor sequitur forum rei*, tout étranger domicilié au Pérou peut être traduit devant les tribunaux péruviens, quel que soit le lieu où l'obligation a pris naissance et quelle que soit la nationalité du demandeur. (Art. 37 C. civ.)

L'étranger non domicilié ne peut être traduit par un autre étranger devant les tribunaux péruviens, que s'il s'agit d'une action réelle relative à des immeubles situés au Pérou ou d'une action en réparation d'un délit ou quasi-délit, ou s'il y a' eu soumission expresse à la juridiction des tribunaux du Pérou. (Article 43 C. civ.) Cependant, M. Pradier-Fodéré dit que, par une faveur spéciale, l'étranger domicilié peut traduire devant les tribunaux du pays un étranger même non domicilié qui s'y trouve et qui a contracté avec lui (3).

505. Portugal. En Portugal, d'après M. Demangeat (4), on a institué un juge qui connaît de tout procès intéressant un Anglais et un juge qui connaît de tout litige concernant un Français. Au cas de contestation entre un Anglais et un Français, le privilège concédé aux Anglais étant le plus ancien, c'est le juge conservateur des droits de la· nation britannique qui serait compétent (5). M. Féraud-Giraud affirme que le Code de procédure portugais du 3 novembre 1876 ne contient rien de spécial à notre matière (6).

506. Russie. En Russie, l'article 2263 du Digeste ou Svod assimile, pour le règlement de la compétence, les procès entre nationaux et les procès entre Russes et étrangers. De plus, l'article 2295

(1) Cour de Lucques, 1er sept. 1875. Clunet, 1876, p. 215.
(2) *Revue de droit intern.*, 1872, t. IV, pp. 302 à 324 et 578 à 610.
(3) Pradier-Fodéré. Clunet, 1879, pp. 261 et suiv.
(4) Sur Fœlix, I, p. 312, n. *a*.
(5) *Gazette des tribunaux*, 16 et 17 octobre 1843; Bonfils, n° 241, pp. 206 et 207; Demangeat, sur Fœlix, t. Ier, p. 312, n. *a*.
(6) Féraud-Giraud, 1880. Clunet, p. 241.

soumet le Russe qui se trouve à l'étranger à la juridiction des tribunaux du pays dans ses contestations avec les indigènes, s'il n'y a pas d'exception dans les traités (1). M. Fœlix conclut de ces dispositions que dans l'esprit du législateur russe les tribunaux de chaque État sont compétents pour statuer sur les contestations qui s'élèvent dans cet État, que les parties soient régnicoles ou étrangères.

Il y a toutefois, d'après les lois russes, des procès pour le jugement desquels la compétence des tribunaux russes est exclusive et obligatoire. Ainsi, les tribunaux étrangers sont absolument incompétents pour connaître d'une action en divorce formée entre des sujets russes appartenant à l'église grecque orthodoxe, ou d'actions réelles concernant des immeubles situés en Russie (2).

507. Suède. En Suède, c'est le domicile du défendeur qui détermine la compétence du juge. Mais les étrangers peuvent être actionnés dans le royaume partout où ils se trouvent (3).

508. Suisse. « Pour les réclamations personnelles, le débiteur solvable ayant domicile en Suisse doit être recherché devant le juge de son domicile (4), » dit l'article 59 de la constitution fédérale suisse du 29 mai 1874; cette disposition est applicable aux étrangers comme aux nationaux. Mais pour qu'elle puisse être invoquée, il faut que le débiteur ait son domicile en Suisse. Elle ne saurait être invoquée par le débiteur domicilié à l'étranger (5).

C'est à la législation des différents cantons qu'il faut recourir pour savoir si un étranger domicilié dans son pays peut être actionné en Suisse, ou s'il doit, au contraire, être renvoyé devant les tribunaux étrangers compétents (6).

Pour certaines matières, des lois fédérales ont établi des règles spéciales et uniformes pour tous les cantons. Une loi sur l'état civil et le mariage, votée le 24 décembre 1874, et mise en vigueur depuis le premier janvier 1876, décide que les actions en divorce et en nullité de mariage doivent être portées devant le tribunal du domicile du mari (7).

A défaut d'un domicile dans la Confédération, l'action peut être intentée au lieu d'origine ou au dernier domicile du mari en Suisse (8). (Art. 43.) Cependant, l'article 56 apporte une restriction à

---

(1) *Rev. étr. et franç. de législ.*, 1836, pp. 270 et 271.
(2) Martens, *De l'exécution des jug. étrang. en Russie.* Clunet, 1878, p. 142.
(3) *Revue de dr. int.*, 1875, t. VII, p. 412. — *V.* Clunet, 1880, pp. 434 et suiv.
(4) *Ann. de législ. étrang.*, 1875, t. IV, pp. 462 et 465.
(5) Trib. fédéral, 6 juill. 1878. Clunet, 1880, p. 398.
(6) Trib. fédéral. Arrêt cité note précédente.
(7) *V.* Clunet, 1876, p. 231.
(8) *Ann. de législ. étr.*, 1876, t. V, p. 727.

ce principe : « Quant aux mariages entre étrangers, dit cet article, aucune action en divorce ou en nullité ne peut être admise par les tribunaux s'il n'est établi que l'État dont les époux sont ressortissants reconnaîtra le jugement qui sera prononcé (1).

La loi fédérale de 1874 laissait toutefois aux différents cantons le soin d'édicter les règlements nécessaires pour sa mise à exécution.

C'est ce qu'a fait le canton de Genève; qui a publié une loi (le 5 avril 1876) dont l'article 88 du chapitre Iᵉʳ du titre IV, intitulé : « Du divorce et de la nullité du mariage, » est ainsi conçu : « Une action en divorce ou en nullité de mariage ne peut être portée devant les tribunaux genevois que dans les cas suivants ; — a) Si le mari est citoyen suisse et domicilié dans le canton; — b) Si le mari n'a pas de domicile en Suisse, mais est citoyen genevois; — c) Si le mari originaire d'un autre canton n'a pas de domicile en Suisse, mais avait son dernier domicile suisse à Genève; — d) Si le mari est étranger à la Suisse, mais domicilié à Genève, et que l'époux demandeur justifie préalablement que l'État dont le mari est ressortissant reconnaîtra le jugement qui sera prononcé (2). »

L'article 125 (chapitre II, section VI, titre VI), de la séparation de corps, fixe les conditions et la durée de la séparation de corps : « Toutefois, lorsque les deux époux sont ressortissants d'un État qui ne reconnaîtrait pas le jugement prononçant le divorce, les tribunaux pourront prononcer la séparation de corps pour une durée illimitée (3).»

Le Code de procédure du canton de Neufchâtel, en vigueur depuis le 1ᵉʳ janvier 1879, porte, dans l'article 21 du chapitre Iᵉʳ du titre Iᵉʳ intitulé : « Des tribunaux, de leur juridiction ou compétence et du déclinatoire, » la disposition suivante : « En ce qui concerne les étrangers à la Suisse, aucune action en divorce, en séparation ou en nullité de mariage ne peut être admise, s'il n'est pas établi que l'État dont les époux sont ressortissants reconnaîtra le jugement qui sera prononcé. »

Il en est de même des autres actions concernant l'état des personnes (4).

509. **Tunisie.** La règle : *Actor sequitur forum rei*, s'appliquait aux contestations entre étrangers, avant l'établissement du protectorat français. La loi du 27 mars 1883 a établi en Tunisie des tribunaux

(1) *Ann. de législ. étr.*, 1876, t. V, p. 729.
(2) Clunet, 1879, p. 527.
(3) *Ann. de législ. étrang.*, 1877, t. VI, pp. 589 et 590.
(4) *Ann. de législ. étrang.*, 1879, t. VIII, p. 591, note.

français remplaçant la juridiction consulaire pour nos nationaux
et nos protégés. Les puissances étrangères ont toutes renoncé au
régime des capitulations, en sorte que nos tribunaux sont désormais chargés de rendre la justice en Tunisie à tous ceux qui y
résident (1).

(1) Lenepveu de la Font, 1883. Clunet, p. 444; 1884, p. 490.

CONCLUSION

Nos lois ne contiennent aucune disposition qui détermine la compétence des tribunaux pour statuer sur les procès qui s'élèvent entre étrangers. La jurisprudence française a conclu de ce silence que nos tribunaux étaient incompétents, en principe, pour connaître des actions intentées par un étranger contre un autre étranger, si ces étrangers n'étaient pas autorisés à établir leur domicile en France.

Nous avons démontré combien ce principe était contraire au droit et à la vérité : les principes juridiques, la raison, l'équité, l'intérêt même des nationaux, tout concourt pour affirmer la compétence de nos tribunaux, pour leur attribuer la connaissance des contestations qui s'élèvent entre étrangers.

Nous avons constaté, il est vrai, en examinant le système de la jurisprudence, la tendance qu'elle avait à affirmer peu à peu la compétence des tribunaux français pour connaître des contestations entre étrangers. Elle s'écarte ainsi progressivement de l'ancien principe en vertu duquel on estimait que le juge national était institué uniquement à l'effet de distribuer la justice aux nationaux, pour se rapprocher de la conception moderne du droit international qui envisage la distribution de la justice comme un devoir supérieur imposé à tout État civilisé au profit de tous sans distinction de nationalité (1).

Nous devons reconnaître que le système de la jurisprudence satisfait à peu près aux besoins de la pratique et à l'équité. La jurisprudence en effet apporte à son principe des exceptions si nombreuses qu'elles étouffent la règle, ou à peu près. Mais, pour arriver à ce résultat, elle est obligée de rendre des décisions illogiques et contradictoires. Partant d'un principe faux, elle doit, pour rendre de bons arrêts, faire de mauvais raisonnements. Ne vaudrait-il pas mieux, pour arriver au même résultat, partir d'un principe contraire et en appliquer rigoureusement toutes les conséquences ?

En fait, la jurisprudence reconnaît la compétence de nos juges,

(1) Clunet, 1875, p. 192 et note.

dans presque tous les cas où nous la leur avons attribuée. De sorte qu'on a pu dire que nous n'avons fait, ou à peu près, « que réédifier la même œuvre en la fondant sur des bases différentes (1)». Mais notre système présente au moins l'avantage de ne pas aboutir à des solutions illogiques et contradictoires.

Pour se conformer aux vrais principes, la jurisprudence n'a qu'un pas à faire : Qu'elle n'inscrive plus en tête de ses arrêts cette maxime empreinte de l'esprit d'un autre âge, que les tribunaux ne sont institués que pour rendre la justice aux nationaux; qu'elle reconnaisse au contraire que la justice est « dans l'ordre moral, ce qu'est l'air ou l'eau dans l'ordre physique, une de ces choses communes auxquelles les étrangers ont droit comme les régnicoles », et que le devoir de la rendre est un devoir social, une dette commune des nations, qui la doivent, non pas seulement au citoyen, mais à tout homme vivant en société. « Rendre la protection égale entre les étrangers et les nationaux, disait M. Ballot en 1860, les assimiler de plus en plus devant la justice française, dès que la loi n'y met pas d'obstacle, tel doit être, à notre avis, le but, j'oserai dire le devoir, de notre magistrature (2). » Le temps n'est plus où les peuples doivent se traiter en ennemis. Les droits doivent être les mêmes pour les étrangers comme pour les nationaux, et il faut qu'ils puissent être exercés partout, librement et sans entrave, sans distinction de nationalité.

Le Code italien et la loi belge de 1876 ont consacré ces principes en mettant l'étranger sur la même ligne que le régnicole ; il serait à désirer que notre législation proclamât, elle aussi, l'égalité de l'étranger et du Français. Peut-être ne sommes-nous pas éloignés du jour où ces principes seront législativement consacrés.

Mais en attendant que nos lois proclament ces principes de fraternité, il est indispensable qu'une loi intervienne pour déterminer la compétence de nos tribunaux à l'égard des contestations entre étrangers. Cette loi nous paraît nécessaire à un double point de vue : d'abord pour mettre fin aux controverses que cette question a soulevées, et puis pour introduire quelques améliorations dans les règles déjà existantes.

Nous avons reconnu la compétence obligatoire de nos tribunaux dans les hypothèses prévues par les articles 59 et 420 du Code de procédure. En dehors de ces cas, l'étranger défendeur a la faculté de décliner la compétence de nos tribunaux et, s'il accepte leur juridiction, nos tribunaux ont la faculté ou de juger

---

(1) Féraud-Giraud. Clunet, 1880, p. 145.
(2) M. Ballot, *Revue pratique*, 1860, t. X, p. 114.

l'affaire, ou de se déclarer d'office incompétents. Ces règles nous paraissent insuffisantes. Nous désirerions qu'après avoir proclamé, en principe, la compétence des tribunaux français pour juger les contestations entre étrangers, la loi décidât, comme l'a fait le législateur en Belgique et en Italie, que les tribunaux seront compétents toutes les fois qu'il s'agira d'intérêts nés, de contrats passés dans le pays ou qui doivent y recevoir leur exécution. Nous voudrions voir également le législateur enlever aux tribunaux français le pouvoir de refuser de juger toutes les fois que, d'une manière expresse ou tacite, deux étrangers manifestent l'intention certaine de se soumettre à leur juridiction. En portant leurs contestations devant nos juges, les parties ont suffisamment prouvé qu'elles trouvaient un avantage sérieux à suivre cette voie et que leurs intérêts pourraient être gravement compromis, si elles étaient obligées d'aller plaider devant un tribunal fort éloigné (1).

En résumé : déclarer applicables aux étrangers les règles de compétence applicables aux Français, étendre aux affaires civiles les règles de compétence spéciales (édictées par l'article 420 C. pr. civ. pour les affaires commerciales, enfin, dans les autres hypothèses, décider que le tribunal saisi ne pourra refuser de juger, toutes les fois que les deux parties seront d'accord pour accepter sa juridiction : telles sont les règles qu'il est à souhaiter de voir consacrer bientôt par une disposition législative. Ce sont les désirs de tous ceux qui ont écrit sur la matière.

Il semble qu'ils ne sont pas loin de se réaliser. En effet, le 21 décembre 1885, M. Brisson, alors garde des Sceaux, présentait à M. le Président de la République un rapport sur les travaux de la Commission extra-parlementaire, instituée par décret du 10 juillet 1883, à l'effet d'étudier un projet de revision du Code de procédure civile. Dans ce rapport, qui était accompagné d'un projet de loi, qui depuis a été déposé à la Chambre des députés, mais n'est pas encore venu en discussion, il était fait au sujet de la question qui nous occupe à peu près les mêmes observations que nous venons de faire.

L'article 10 du projet dispose que les tribunaux français pourront être saisis des contestations entre étrangers comme s'il s'agissait de contestations entre Français. Il est seulement fait réserve de l'application de l'article 16. (Caution *judicatum solvi.*)

Puissent nos législateurs comprendre que la réforme proposée par M. Brisson est urgente, et ne pas la faire attendre trop longtemps !

(1) *V.* notamment Bonfils, pp. 42 et 128.

TABLE DES MATIÈRES

8595. — POITIERS, IMPRIMERIE BLAIS, ROY ET Cⁱᵉ, 7 rue Victor-Hugo.

POSITIONS

DROIT ROMAIN

I. Le *Legatus Augusti* dans les provinces de l'Empereur avait le *jus edicendi*.

II. Les magistrats romains n'ont commencé à rendre des édits qu'après la loi *Hortensia*.

III. La loi *Cornelia* était applicable à l'édit provincial.

IV. L'édit perpétuel de Julien ne comprenait pas l'édit provincial.

V. L'édit provincial n'a jamais été l'objet d'un travail d'unification sanctionné par une proclamation officielle.

VI. Les magistrats ont conservé le *jus edicendi* après l'édit de Julien.

VII. Ils ne faisaient pas acte de législateur en publiant leur édit.

VIII. Il y avait un album spécial pour les formules.

IX. Le simple pacte produit une obligation naturelle.

X. Dans le cas où une portion reconnaissable de terrain a été détachée d'un fonds et portée par le courant d'un fleuve ou d'une rivière vers un fonds inférieur, ou sur la rive opposée, la portion de terrain ainsi détachée appartient, après un certain laps de temps passé sans réclamation, au propriétaire du fonds auquel elle est venue s'ajouter en même temps que les arbres qui y ont poussé leurs racines.

XI. Le contrat *litteris* constitue une véritable novation.

XII. La *fidejussio in duriorem causam* est nulle pour le tout.

XIII. Dans la vente pure et simple ou à terme d'un corps certain les risques sont pour l'acheteur : *res perit creditori*.

HISTOIRE DU DROIT

Sous la monarchie franque, c'est l'origine des personnes, et non leur libre choix, qui détermine leur loi et leur nationalité.

24

DROIT CONSTITUTIONNEL

La Chambre des députés doit être saisie la première des projets de loi en matière de finances, mais à part cette prérogative, le Sénat a les mêmes droits que la Chambre.

DROIT CIVIL ET DROIT INTERNATIONAL

I. L'héritier saisi est tenu du paiement des legs *etiam ultra vires successionis.*

II. Les enfants naturels reconnus peuvent être adoptés par leurs auteurs.

III. Pour la formation du contrat par correspondance la coexistence des volontés suffit ; en d'autres termes, le contrat se forme dès que celui qui a reçu l'offre s'est dessaisi de son acceptation.

IV. L'étranger peut acquérir un véritable domicile en France, sans autorisation du gouvernement.

V. L'autorisation accordée à un étranger d'établir son domicile en France ne s'étend pas, en principe, à sa femme et à ses enfants mineurs.

VI. Les étrangers jouissent en France de tous les droits privés qui ne leur ont pas été formellement refusés par des textes spéciaux.

VII. La loi compétente, au point de vue rationnel, pour régler la dévolution de la succession est la loi personnelle du défunt.

VIII. Les donations prohibées par l'article 1422 C. civ. sont valables, quand elles sont faites par le mari et la femme conjointement.

PROCÉDURE CIVILE

I. L'étranger demandeur n'est pas tenu de fournir la caution *judicatum solvi* au défendeur étranger.

II. Le principe de la jurisprudence conduit logiquement à décider que, dans toute contestation entre étrangers, l'incompétence des tribunaux français est *ratione personæ.*

DROIT COMMERCIAL

Le tribunal compétent pour déclarer la faillite d'un commerçant, national ou étranger, est celui du lieu où ce commerçant à son domicile.

DROIT ADMINISTRATIF

Les rivières non navigables ni flottables appartiennent aux riverains.

DROIT CRIMINEL

La tentative de crime n'est pas punissable quand le crime était impossible à raison des moyens employés pour l'accomplir.

———

Vu : le président de la thèse,
C. DE LA MÉNARDIÈRE.

Vu : le Doyen,
LÉOPOLD THÉZARD.

Vu et permis d'imprimer :
Poitiers, le 20 mai 1890.

Le Recteur,
A.-ED. CHAIGNET.

———

Imp. BLAIS, ROY et Cie